ミャンマー連邦共和国
Republic of the Union of Myanmar
0
100
200km
首都
州、地方域都
主要都市
主要空港
主要遺跡
国境
州、地方域境
主要鉄道
ハイウエイ
主要道路
N
カカーボラージー山
(5881m)
Mt.Hkakabo Razi
リド
Ledo
プーターオ
Putao
マリ川
Mali Kha River
メイ川
May Kha River
タナイ
Tanai
カチン州
Kachin State
カムティ
Khamti
コヒマ
Kohima
インド
India
ミッソン
Myitsone ▶P.209
ミッチーナー
Myitkyina
▶P.207
大理
インドーヂー湖
Indawgyi Lake
ホマリン
Homalin
インパール
Imphal
中華人民共和国
Peoples Rep.of China
ザガイン地方域
Sagain Region
モーレ
Moreh
タムー
Tamu
バンモー
Bhamo
ナバ
Naba
カザ
Katha
ルエジェー
Lweje
キュコク
Kyu-hkok
ムセ
Muse
ナムカム
Namkam
タガウン
Tagaung

バングラデシュ Bangladesh
カレーミョ Kalaymyo
Kalaywa
ハリン(ハンリン) Halin(Hanlin)
▶P.193
モゴック Mogok
ホーピン Hoping
ラーショー Lashio ▶P.204
ハーカー Haka
▶P.192
シュエボー Shwebo
チャウミャウン Kyaukmyaung ▶P.193
チャウッメー Kyaukme
ティーボー(シーポー) Thibaw (Hsipaw) ▶P.201
チンドウィン川 Chindwin River
ブダリン Budalin
マンダレー地方域 Mandalay Region
タンルウィン川 Thanlwin River
メーコーン Mekhon River
▶P.189 チャウッカ Kyaukka
▶P.169 ヤンキンヒル Yan Kine Hill
▶P.187 モンユワ Monywa
ミングォン ▶P.184 Mingun
マダヤ Madaya
ピンウールィン(メイミョー) Pyin Oo Lwin (Maymyo) ▶P.194
マイマ Maima
西双版納
チン州 Chin State
チャウンウー Chaung-Oo
▶P.182 ザガイン Sagain
マンダレー Mandalay ▶P.158
チャウセー Kyaukse ▶P.169
マドゥピー Madupi
ミンヂャン Myingyan
▶P.178 アマラプラ Amarapura
パレイッ Pelik ▶P.169
インワ Inwa ▶P.180
メンラー Mengla
コックス・バザール Cox's Bazar
パコック Pakokku
ニャウンウー ▶P.138 Nyaung Oo
▶P.149 ポッパ・マウンテン・リゾート Popa Mountain Resort
アウンバン Aungban
チャイントォン Kyaingtong ▶P.237
テクナフ Teknaf
▶P.124 バガン Bagan
ポッパ山 Mt.Popa ▶P.144
▶P.236 ターズィ Thazi
▶P.231 ピンダヤ Pindaya
ヤッサウ Yatsauk
パンロン Panglong
シャン州 Shan State
マウンドー Maungdaw
▶P.145 サレー Sale
チャウッパダウン Kyaukpadaung
メイッティーラ Meiktila ▶P.153
▶P.234 タウンヂー Taunggyi
シュエニャウン Shwe Nyaung
マインピャ Monhpayak
ミャウー Mrauk-U ▶P.116
マグェ地方域 Magway Region
▶P.227 カロー Kalaw
ニャウンシュエ Nyaung Shwe ▶P.218
モンサッ Monghsat
タチレイ Tachileik ▶P.239
ラオス Laos
ナンテイン Nan Taing ▶P.229
ヘーホー Heho
シットウェー Sittway ▶P.113
マグェ Magway
ベイタノー遺跡 Beikthano
インレー湖 Inle Lake ▶P.216
カックー Kakku ▶P.220
メーサーイ Mae Sai
ヤカイン州 Rakhaing State
タウンドゥインヂー Taungdwingyi
ピンロン Pinlon
ピンマナー Pyinmana
チェンラーイ
ルート・マップ
s Route Map
CBD 環状
空港シャトル
01 路線番号
おもな発着、経由地
Number 2 Main Rd.
Bandoola Housing
Dar Pai
Institute of Economics
Tha Yet Pin Chaung
South Dagon(106
Kyi Su
Yoma Avenue
South Dagon(104)
Dagon Seikkan Township
Dagon Seikkan (168 Ward)
Dagon Seikkan (89 Lan Sone)
Bago River Rd.
Yuzana Garden Housing (Bago River Rd.)
Dagon Seikkan Industrial Zone
Yuzana Garden Housing(Shwe Li Rd.)
East Yangon University
Myanmar Maritime University
Kyauktan
Kayan Thone Kwa
Thanlyin Technological University
の協力で作成されました。

地球の歩き方 D24 ● 2020～2021 年版

ミャンマー（ビルマ）

Myanmar (Burma)

地球の歩き方 編集室

MYANMAR  CONTENTS

14 特集1
どこを撮っても絵になる
フォトジェニック ミャンマー

16 特集2
アジアの豊かさを舌で実感
ミャンマーグルメを楽しもう

20 特集3
アレもコレも欲しくなる
かわいいミャンマーおみやげカタログ

22 特集4
これでバッチリ
ヤンゴン1日観光モデルコース

24 特集5
ミャンマーの伝統暦
八曜日

48 エリア特集
ヤンゴン最大の見どころ
シュエダゴォン・パヤー境内必見スポット

128 エリア特集
ココは絶対おさえたい!
オールドバガンハイライトMAP

130 エリア特集
広いバガンもこうして回れば効率的!
バガン寺院巡りモデルコース

基本情報
歩き方の使い方 …… 6
ジェネラルインフォメーション …… 8
早わかりミャンマーエリアNAVI …… 12

27 ヤンゴンとその周辺
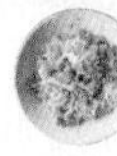
ヤンゴンとその周辺のオリエンテーション …… 28
ヤンゴン（ラングーン）…… 30
空港と市内のアクセス …… 30
ヤンゴン早わかりエリアナビ …… 40
国内交通の起点：空港、バスターミナル、鉄道駅 …… 42
ヤンゴンの市内交通ガイド …… 44
シュエダゴォン・パヤー …… 46
ヤンゴンの仏塔巡り …… 50
おもな見どころ …… 52
郊外の見どころ …… 56
ヤンゴンのホテル …… 58
ヤンゴンのレストラン …… 64
ヤンゴンのショップ …… 69
ヤンゴンのエンターテインメント …… 70
チャイティーヨーへ行こう！ …… 72
バゴー …… 75
パアン …… 80
ミャワディ …… 82
モウラミャイン …… 83
ダウェイ …… 88
ベイ …… 90
コータウン …… 92
ネーピードー …… 93
パテイン …… 98
チャウンター …… 102
ングエサウン …… 104
ピイ …… 106
ンガパリ …… 111
シットウェー …… 113
ミャウー …… 116

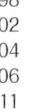

121 バガンとその周辺

バガンとその周辺のオリエンテーション …… 122
バガン …… 124
バガンへの行き方 …… 124
バガンの歩き方 …… 126
バガンの仏教建築年代表 …… 132
おもな見どころ …… 133
オールドバガンとその周辺 …… 133
ニャウンウーとその周辺 …… 138
ミィンカバー村とその周辺 …… 139
ニューバガンとプワーソー村 …… 140
ミン・ナン・トゥ村とその周辺 …… 142
ポッパ山&サレーへ ONE DAY TRIP …… 144
バガンのホテル …… 146
バガンのレストラン …… 150
バガンのショップ …… 151
メイッティーラ …… 153

出発前に必ずお読みください！　旅のトラブルと安全対策…11、56、276

155 マンダレーとその周辺

マンダレーとその周辺のオリエンテーション……………… 156
マンダレー ……………………… 158
マンダレーへの行き方 ……… 158
マンダレーの歩き方 ………… 159
マンダレーヒル ……………… 162
おもな見どころ ……………… 164
マンダレーヒル周辺の見どころ … 164
市街（ダウンタウン）の見どころ … 166
郊外の見どころ …………… 169
職人の手仕事を見学しよう …… 170
マンダレーのホテル…………… 171
マンダレーのレストラン ……… 174
マンダレーのショップ ………… 177
マンダレーのエンターテインメント … 177
アマラプラ ……………………… 178
インワ …………………………… 180
ザガイン ………………………… 182
ミングォン ……………………… 184
モンユワ ………………………… 187
シュエボー ……………………… 192
ピンウールィン（メイミョー）…… 194
ティーボー（シーポー）………… 201
ラーショー ……………………… 204
ミッチーナー …………………… 207

213 インレー湖とその周辺

インレー湖とその周辺のオリエンテーション… 214
インレー湖 ……………………… 216
インレー湖への行き方 ……… 217
インレー湖の歩き方 ………… 218
おもな見どころ ……………… 218
郊外の見どころ ……………… 220
インレー湖周辺のホテル …… 222
インレー湖周辺のレストラン … 224
インレー湖周辺のショップ …… 225
インレー湖周辺のマッサージ、スパ… 226
インレー湖周辺のエンターテインメント… 226
カロー …………………………… 227
ピンダヤ ………………………… 231
タウンヂー ……………………… 234
ターズィ ………………………… 236
チャイントォン…………………… 237
タチレイ ………………………… 239

241 ミャンマー旅の技術

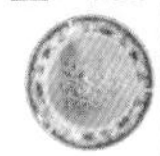

旅の情報収集 …… 242
旅のモデルプラン …… 243
旅の予算 …… 246
気候と旅の服装 …… 249
パスポートとビザ …… 253
通貨、両替、クレジットカード … 255
渡航手段の手配 …… 256
入国と出国の手続き …… 258
飛行機の旅 …… 262
鉄道の旅 …… 264
バスの旅 …… 266
船の旅 …… 267
ホテル …… 268
食事 …… 270
マナー、習慣 …… 273
通信事情 インターネット、電話、郵便… 274
旅のトラブルと安全対策 …… 276
ミャンマー史略年表 …… 279
旅の会話 …… 281
索引 …… 296

旅のヒント

市内移動のお役立ちビルマ語 …… 42
ヤンゴン国際空港行きバスは安くて便利…… 45
シュエダゴォン・パヤーのお参りスポット … 47
トラブル多発地帯ダラに関する注意…… 56
19th St. とナイトマーケット …… 66
ジャンクション・シティに
ヤンゴンの味が集結！ …… 68
サンセット＆サンライズを楽しめる
眺望の丘 …… 141
仏塔が散らばる大平原に浮かぶ熱気球…… 152
幻想的なバガンのライトアップ …… 152
マンダレー郊外を効率よく回る …… 183
マンダレー周辺の古都巡り …… 186
高原のコロニアルホテル …… 200
世界第 2 の高さがある鉄橋を渡る …… 200
ミャンマーの自然派化粧品タナカ …… 211
ロンヂーをはいてみよう …… 212
インレー湖畔をサイクリング！ …… 221
インレー湖周辺の五日市 …… 221
パヤー（パゴダ、仏塔）や寺院にお参り… 240
日本語フリーペーパーや観光地図で情報収集 242
人気の嗜好品ラペッ・ソーとキンマ …… 248
「ミャンマー」と「ビルマ」 …… 254
航空機内への持ち込み制限 …… 258
ミャンマーの料理あれこれ …… 271
日本の協力でミャンマーの郵便事情改善… 275
よく聞く言葉、どんな意味？ …… 282
ミャンマー三種の神器
－ロンヂー、ヤーバデー、サヤマ－ …… 288
無料アプリで快適にミャンマー旅行 …… 290
ミャンマー関連書籍案内 …… 291
ミャンマーの猫に歴史を見る …… 292
読者投稿 …… 294

歩き方の使い方

略号と記号について

本文中および地図中に出てくる記号は以下のとおりです。
❶は観光案内所（ツーリストインフォメーション）を表します。

ガイド部

紹介している都市の市外局番と、折込地図内の位置です。

紹介している都市の場所を示します。

目的地への行き方
- ✈ 飛行機
- 鉄道
- バス、ミニバン
- 船
- タクシー
- ピックアップ
- バイクタクシー

- MAP 地図内の位置
- 行き方 物件への行き方
- 住 住所（T/S→Township、Qtr.→Quarter）
- ☎ 電話番号
- FAX ファクス番号
- URL URLアドレス（http://、https://と末尾の/は略）
- E e-mailアドレス
- 開 開館時間
- 営 営業時間
- 休 休館、定休日（ミャンマー正月など祝祭日の休みは除く）
- 料 入場料、料金

見どころ名称のビルマ語表記です。指さすなどしてご活用ください

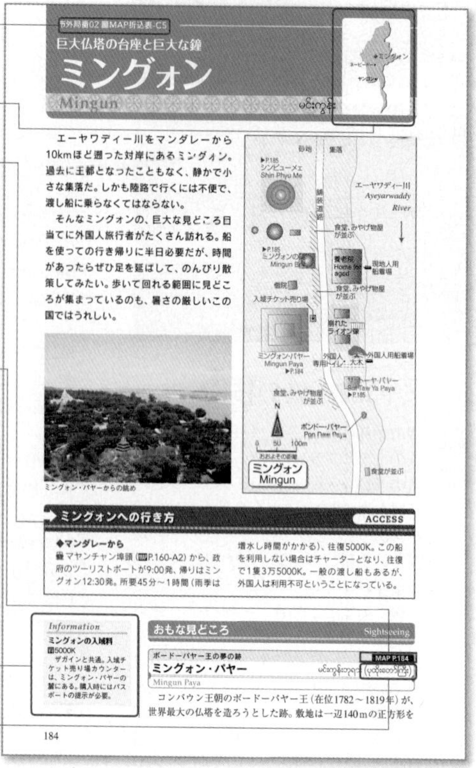

市外局番02 MAP折込表-C5

巨大仏塔の台座と巨大な鐘

ミングォン

Mingun

エーヤワディー川をマンダレーから10kmほど遡った対岸にあるミングォン。過去に王都となったこともなく、静かで小さな集落だ。しかも陸路で行くには不便で、渡し船に乗らなくてはならない。

そんなミングォンの、巨大な見どころ目当てに外国人旅行者がたくさん訪れる。船を使っての行き帰りに半日必要だが、時間があったらぜひ足を延ばして、のんびり散策してみたい。歩いて回れる範囲に見どころが集まっているのも、暑さの厳しいこの国ではうれしい。

ミングォン・パヤーからの眺め

ミングォンへの行き方 ACCESS

◆マンダレーから

船 マヤンチャン埠頭（MAP P.160-A2）から、政府のツーリストボートが9:00発、帰りはミングォン12:30発。所要45分～1時間（雨季は増水し時間がかかる）、往復5000K。この船を利用しない場合はチャーターとなり、往復で1隻3万5000K。一般の渡し船もあるが、外国人は利用不可ということになっている。

Information

ミングォンの入域料

料5000K

ザガインと共通。入域チケット売り場カウンターは、ミングォン・パヤーの脇にある。購入時にはパスポートの提示が必要。

おもな見どころ Sightseeing

ボードーパヤー王の夢の跡

ミングォン・パヤー MAP P.184

Mingun Paya

コンバウン王朝のボードーパヤー王（在位1782～1819年）が、世界最大の仏塔を造ろうとした跡。敷地は一辺140mの正方形を

184

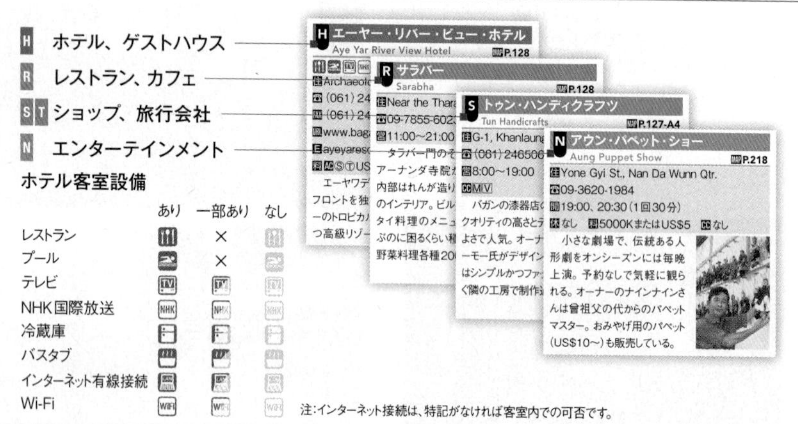
H ホテル、ゲストハウス

R レストラン、カフェ

S T ショップ、旅行会社

N エンターテインメント

ホテル客室設備

	あり	一部あり	なし
レストラン	○	×	○
プール	○	×	○
テレビ	○	○	○
NHK国際放送	○	○	○
冷蔵庫	○	○	○
バスタブ	○	○	○
インターネット有線接続	○	○	○
Wi-Fi	○	○	○

注：インターネット接続は、特記がなければ客室内での可否です。

H エーヤー・リバー・ビュー・ホテル
Aye Yar River View Hotel MAP P.128

R サラバー
Sarabha MAP P.128

S トゥン・ハンディクラフツ
Tun Handicrafts MAP P.127-A4

N アウン・パペット・ショー
Aung Puppet Show MAP P.218
住Yone Gyi St., Nan Da Wunn Qtr.
☎09-3620-1984
開19:00、20:30（1回30分）
休なし 料5000KまたはUS$5 CCなし
小さな劇場で、伝統ある人形劇をオンシーズンには毎晩上演。予約なしで気軽に観られる。オーナーのナインナインさんは曾祖父の代からのパペットマスター。おみやげ用のパペット（US$10～）も販売している。

地図の記号

- 寺院、僧院
- パヤー（仏塔）
- 中国寺院、廟
- モスク（イスラーム礼拝堂）
- ヒンドゥー寺院
- キリスト教会
- H ホテル、ゲストハウス
- R レストラン、カフェ
- S ショップ
- T 旅行会社
- N エンターテインメント
- B 銀行
- $ 両替所
- ATM ATM
- @ インターネット店
- i ツーリストインフォメーション
- M 博物館
- 郵便局
- 電話局
- 大使館、領事館
- 病院
- 船着場
- バスターミナル、バス会社オフィス
- バス停、バス乗り場
- ピックアップ（トラック改造バス）乗り場
- タクシー乗り場
- 空港

物件データの記号

- MAP 地図ページ、地図上の位置
- 住 住所
- 電話番号
- FAX ファクス番号
- URL URLアドレス（http://、https://と末尾の/は略）
- FB フェイスブック内検索ワード
- E e-mailアドレス
- 予 日本での予約、問い合わせ先
- 開 開館時間
- 営 営業時間
- 休 休館、定休日（ミャンマー正月など祝祭日の休みは除く）
- 料 入場料、料金
- FAN ファンのみ
- AC エアコン付き
- Ⓢ シングルルーム（1名利用の1室料金）
- Ⓣ ツイン、ダブルルーム（2名利用の1室料金）
- CC 利用できるクレジットカード
- A アメリカン・エキスプレス
- D ダイナース
- J JCB
- M MasterCard
- V VISA

■発行後の情報の更新と訂正について

発行後に変更された掲載情報や訂正箇所は、『地球の歩き方』ホームページ「更新·訂正情報」で、可能なかぎり案内しています（ホテル、レストラン料金の変更などは除く）。ご旅行の前にお役立てください。

◎ガイドブック更新情報掲示板アドレス
URL book.arukikata.co.jp/support

■掲載情報のご利用に当たって

編集部では、できるだけ正確な最新の情報を掲載するように努めていますが、現地の規則や手続きなどがしばしば変更されたり、またその解釈に見解の相違が生じることもあります。このような理由に基づく場合、または弊社に重大な過失がない場合は、本書を利用して生じた損失や不都合などについて、弊社は責任を負いかねますのでご了承ください。また、本書をお使いいただく際は、掲載されている情報やアドバイスがご自身の状況や立場に適しているか、すべてご自身の責任でご判断のうえご利用ください。

■データの取り扱い

本書は前年度版をもとに、2019年8～10月に取材を行って得られたデータを使って制作されています。特に注記のないかぎり、データは上記の取材時のものです。投稿記事は、多少主観的になっても、体験者の印象や評価をそのまま掲載しています。参考のために記事の最後、カッコ内に投稿者のデータを記載してあります。

■ビルマ語および英語表記

英語を正確に日本語で表記できないように、ビルマ語のカタカナおよび英語での表記も一定ではありません。本書の表記と他の出版物、もしくは現地の表記とでは若干異なることがありますのでご注意ください。

■ホテルの料金

掲載している料金は原則的にラックレート（定価）またはハイシーズンの税サ込み、ひと部屋、朝食付きのものです。予約方法や問い合わせ先によっては異なる料金が案内されることがあります。シーズンによる変動も大きいので、その点をお含みのうえご利用ください。

■物価が値上がりしています！

本書の発行後にも諸物価の値上がりが予想されますのでご注意ください。

ジェネラルインフォメーション

ミャンマーの基本情報

▶「ミャンマー」と「ビルマ」→P.254

山岳地帯の市場では、独自の衣装に身を包んだ山岳民族の姿も見られる

▶旅の会話→P.281

国　旗
　2010年10月21日に制定。黄色は国民の団結、緑は平和と自然、赤は勇気と決断力を意味している。

正式国名
ミャンマー連邦共和国
Republic of the Union of Myanmar
(Pyidaungsu Myanmar Naigandaw)
ပြည်ထောင်စုမြန်မာနိုင်ငံတော်

国　歌
われ、ミャンマーを愛さん
Gaba Ma Kyae Myanma

面　積
約67万8500km^2（日本の約1.8倍）

人　口
5399万9217人（2019年1月、ミャンマー労働・入国管理・人口統計省）

首　都
ネーピードー　Nay Pyi Taw
（2006年10月にヤンゴンより遷都）

元　首
ウィン・ミン大統領

政　体
共和制

民族構成
　ビルマ族が約70%、シャン族9%、カレン族7%、ラカイン族3.5%、華人2.5%、モン族2%、インド人1.25%など。現政権の発表によれば、国内には135の民族が居住している。

宗　教
　国民の85%が仏教徒（南方上座部仏教。ただし華人の大乗仏教徒もいる）、キリスト教徒4.9%（特に山岳地帯の少数民族には、20世紀初頭に入り込んだ宣教師によってキリスト教が広められた）。そのほかイスラーム教4%、ヒンドゥー教、アニミズムなど。

言　語
　公用語はビルマ語。少数民族はそれぞれ独自の言語をもっている。外国人の利用が多いホテルやゲストハウスでは英語が通じる。北部や東北部では中国語、シャン州東部ではタイ語も通じる。

通貨と為替レート

▶旅の予算→P.246

通　貨
　通貨はミャンマー・チャット（Kyat）。本書ではKと表記する。補助通貨としてピャー（Pya）があり、100ピャーが1チャットだが、インフレが進行しピャーはほとんど使われていない。おもに流通している紙幣の種類は50、100、200、500、1000、5000、1万Kの7種類。

為替レート
　2020年1月27日の両替レート
　1K≒0.08円

50K

100K

200K

500K

1000K　5000K

1万K

1000K札と500K札には、小ぶりの新札もある

電話のかけ方

▶通信事情→P.274

日本からミャンマーへかける場合

国際電話会社の番号（どれかひとつ）
001（KDDI）※1
0033（NTTコミュニケーションズ）※1
0061（ソフトバンク）※1
005345（au携帯）※2
009130（NTTドコモ携帯）※3
0046（ソフトバンク携帯）※4

＋ 国際電話識別番号 **010**

＋ ミャンマーの国番号 **95**

＋ 相手先の電話番号　市外局番と携帯電話の最初の0は取る

※1「マイライン・マイラインプラス」の国際区分に登録している場合は不要。詳細は URL www.myline.org　※2 auは、005345をダイヤルしなくてもかけられる。※3 NTTドコモは事前にWORLD WINGに登録が必要。009130をダイヤルしなくてもかけられる。※4 ソフトバンクは0046をダイヤルしなくてもかけられる。

祝祭日（おもな祝祭日）

2020 年の祝祭日

※印の祝日は旧暦やビルマ暦にのっとっているため、毎年変わる。祝日が週末にかかると月曜が、月曜が祝日の場合その前の土・日曜も振り替えで祝日となる。カッコ内が本来の祝日。8～11 月頃にあるイスラーム暦、ヒンドゥー暦で決まる祝日は、直前になって発表される。

1 月 1 日		元日	
1 月 4～6 日		独立記念日	イギリスから独立した日（4 日）
2 月 12 日		連邦記念日	各民族が団結し連邦制を築くためにピンロン条約が締結された日
2 月 29 日～3 月 2 日		農民の日	全国の農民に感謝する日。記念行事も各地で行われる（3 月 2 日）
3 月 7～9 日	※	タバウン祭	吉日として、仏塔の建立などが行われる（8 日）
3 月 27 日		国軍記念日	アウンサン将軍が 1945 年に反日蜂起した日
4 月 10～16 日（4月中旬）	※	ティンジャン（水かけ祭り）	ビルマ暦で年の終わりを祝い、清めの水をかけ合う。マンダレーのティンジャンが盛大で名高い
4月17日（4月中旬）	※	新年	ティンジャンの翌日。ビルマ暦の新年
5 月 1 日		メーデー	労働者の日
5 月 6 日	※	カソン祭	仏陀が悟りを開いたとされる日
7 月 18～20 日		殉難者の日	アウンサン将軍を含む 8 人の軍人、政治家が暗殺された日。ヤンゴンの殉難者廟で追悼の式典が行われる（19 日）
8 月 1～3 日	※	ワーゾォ祭（雨安居入り）	雨安居の始まり。雨季の備えとして僧侶に僧衣を寄進する（3 日）
10 月 29 日～11 月 2 日	※	タディンジュ祭（雨安居明け）	雨安居の最終日。寺院や仏塔の境内、参道などに無数のろうそくがともされる幻想的な日（10 日 31 日）
11 月 27～30 日	※	カティン祭	タザウンモンとも呼ばれる。寺院で僧侶に僧衣や傘などを寄進する日（29 日）
12 月 9 日	※	国民の日	
12月25～27日		クリスマス	（25 日）

人々の信仰はあつい。仏塔に張られている金箔も、ほとんどは寄進による

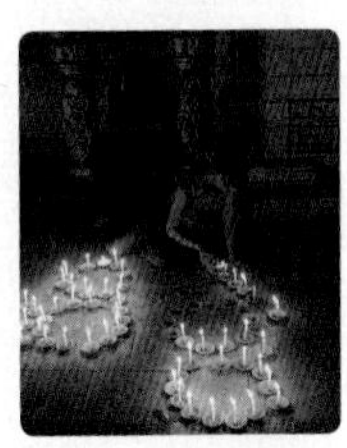

パヤーの境内で無数のろうそくがきらめく様子が幻想的なタディンジュ祭

ビジネスアワー

役　所

月～金曜　9:30～16:30
日曜、祝日　休み

デパートやショップ

ヨーロッパなどと異なり営業時間に公的規制はなく、一概にはいえない。取り扱う商品にもよるが、だいたい 9:00 頃から 21:00 頃までの営業。ビルマ暦の新年や宗教的な祝祭日を除いてほぼ無休。

レストラン

中級以上の店なら 11:00 頃から 22:00 頃もしくは 23:00 頃までオープン（午後に中休みを取る店も）。庶民的な店は 6:00、7:00 にオープンする所もある。

ミャンマーから日本へかける場合　（例）東京（03）1234-5678にかける場合

国際電話識別番号		日本の国番号		相手先の電話番号 市外局番と携帯電話の最初の 0 を取る
00	+	81	+	3-1234-5678

▶ミャンマーの公衆電話

硬貨が流通していないので公衆電話機はない。街頭に公衆電話屋があるので、そこでかける。通話時間に応じた通話料を支払う。

▶ミャンマー国内通話

市外局番があり、市内通話以外は市外局番からダイヤルする。回線事情が悪く、特に地方への電話はかかりにくいことが多い。

▶ミャンマーの携帯電話番号

「09」から始まる番号は携帯電話。「09」以降の番号は 6～10 桁。

電気&ビデオ

電圧とプラグ

220 ～ 240V、50Hz。日本国内仕様の電気製品はそのままでは使用できない。電力事情は劣悪で、電圧は安定せず、停電も多い。プラグはB、B 3型など。

放送、映像方式

放送は日本と同じ NTSC 方式。DVD のリージョンコードは 3（日本は 2)。BD は日本と同じ A。

差し込み口にスイッチが付いていれば、それで電源を落とせる

チップ

高級ホテルや高級レストランを除き不要。チップとは異なるが、ゲストハウスなどで「バスの切符を買ってきてやる」などと親切めかして、本来の運賃に高額の手数料を上乗せした金額を請求する者もいる。不愉快な思いをしたくなければ、事前に確認すること。

高級ホテルはミャンマーの中の別世界

飲料水

生水は絶対に飲まないように。ボトル入りの飲料水がどこでも買えるので、それを飲むこと。購入時には浮遊物がないか、飲む前には異臭がしないかよく確認すること。

ボトル入りの飲料水を利用しよう。1本250 ～ 400K で買える

気　候

▶気候と旅の服装
→P.249

国土が南北に長いため地域によってかなり異なり、基本的に中部から南部にかけて熱帯、北部は温帯。外国人が自由に旅行できる地域は、年間を通して高温多湿な所が多い。

ヤンゴンと東京の気温と降水量

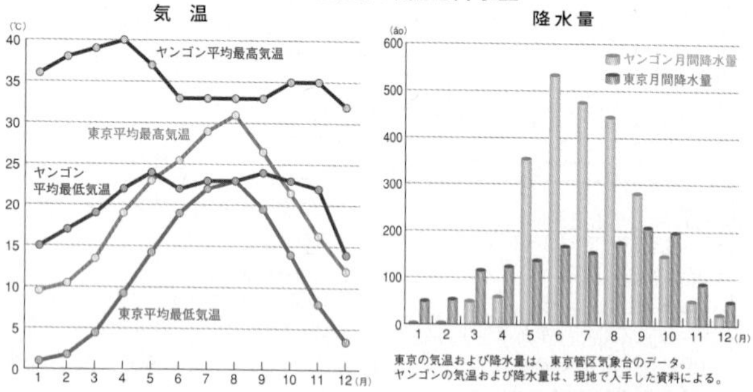

気　温

(℃)

ヤンゴン平均最高気温

東京平均最高気温

ヤンゴン平均最低気温

東京平均最低気温

降水量

(㎜)

ヤンゴン月間降水量

東京月間降水量

東京の気温および降水量は、東京管区気象台のデータ。
ヤンゴンの気温および降水量は、現地で入手した資料による。

恵みの雨が大地を満たす雨季

日本からのフライト時間

▶渡航手段の手配
→P.256

2020 年 1 月現在、日本とミャンマーを結ぶ直行便は、全日空の成田～ヤンゴン線のみ。1 日 1 便で所要約 8 時間。直行のチャーター便も増加中。それ以外は乗り継ぎが必要で、最短はバンコク乗り継ぎで所要約 10 時間。

ヤンゴン国際空港

時差とサマータイム

日本との時差は－2 時間 30 分。日本の正午がミャンマーの 9:30。サマータイムはない。

郵便

▶通信事情→ P.274

郵便局の営業時間
月〜金曜　9:30 〜 16:00
土曜　9:30 〜 12:00
日曜、祝日　休み
（局によって異なることがある）

郵便料金（日本までの航空便）
はがき　500K

郵便事情は日本の協力により改善されており、ヤンゴン〜ネーピードー〜マンダレー間の送達率は 87.8%（2014 年 1 月）から 99.3%（2015 年 2 月）と劇的に向上した。

日本の技術協力でヤンゴン中央郵便局前に設置された郵便ポスト

出入国

▶パスポートとビザ→P.253
▶入国と出国の手続き→P.258

ビザ
2020 年 9 月末までの暫定措置で、日本人は観光目的ならビザなしで入国でき、最長 30 日滞在可（延長は不可）。2020 年 10 月以降は未定。観光以外の目的で入国する場合は、目的にあったビザが必要なので注意。

パスポートの残存有効期間
入国時にパスポートの有効期間が 6 ヵ月以上残っていれば入国可能。

入出国時に必要な書類はない
ミャンマー入国時に記入が必要な書類はない。

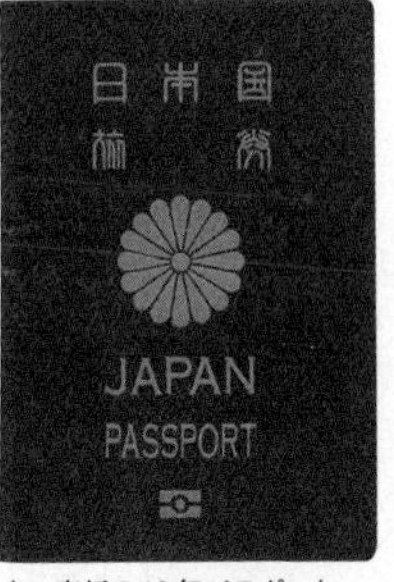

赤い表紙の10年パスポート

税金

高級ホテルでは、料金に 10%の税金と 10%のサービス料が加算される。

度量衡

メートル法が主だがヤード・ポンド法も混在。

年齢制限

未成年の喫煙、飲酒は禁止。

安全とトラブル

▶旅の予算→P.246
▶旅のトラブルと安全対策→P.276

概して安全で人心もよく、安心して旅行できる国。ただし最低限の注意は怠らないように。人出の多いマーケットや混雑した乗り物の中でのスリや置き引きには注意。ヤンゴン市内で話しかけてくる相手はほとんどが詐欺師。最終的に多額のガイド料などを強要されるので無視すること。

万一政治的あるいは宗教的なデモや集会が行われていたら、危険なのでそのような場所へは決して近寄らないように注意しよう。

その他

トイレ
ミャンマーのトイレは水洗式（紙は使わず水で洗うスタイル）。外国人の利用が多いホテルやレストラン以外の場所では、トイレに紙は用意されていないのが普通。水洗式にチャレンジするか、常に紙を持ち歩くようにしよう。

寺院の境内は土足厳禁
ミャンマーでは寺院の建物内だけでなく境内に入る際も裸足にならなければならない。履き物だけでなく靴下やストッキングも不可。寺院巡りをする場合は、素足に履けて着脱の容易なビーチサンダルやスポーツサンダルなどの履き物で行くのが便利。

大きな寺院では参道の入口に履き物預かり所がある。利用した場合は、履き物を受け取る際に心づけを渡すこと。

歩き疲れたらティーショップでひと休み

早わかり

ミャンマーエリアNAVI

Myanmar Area Navi

ミャンマーの国土面積は日本の約 1.8 倍。 ヒマラヤにも連なる険しい山岳地帯の北部、 古くから平原地帯をさまざまな民族が行き来した中部、 タイと同系の民族も住む高原・山岳地帯の中東部、 南インドの風物とも似通った海岸地帯で美しいビーチもある西部、マレー半島に向かって延びる南部など、 多彩な土地の風物を楽しめる。

気軽に旅行できるエリアは国土の半分ほど

ミャンマーはまだまだ道路や鉄道、空港などの交通インフラや社会基盤が整備されていない。国境周辺地域などでは少数民族問題もあり、全土が自由に旅行できるわけではない。誰でも自由に訪れることができるのは、おもに本書で紹介しているエリアとなる。

バガンとその周辺

Bagan and around.

→ P. 121

ミャンマー中部の乾燥した平原地帯に、多数の仏塔や寺院の林立する景観が幻想的なバガン。ミャンマーを代表する見どころでもある。旅行日数が 1 週間以内程度とかぎられている場合は、ヤンゴンとバガンの 2 ヵ所に絞るのがおすすめ。

馬車でのんびり回ることもできるバガン

左／広大なバガンの大地に点々と仏塔や寺院が建つ様子は絶景　右／神秘的な力を感じさせるポッパ山の山容

このエリアのおもな見どころ
＊バガン→ P.124　＊ポッパ山→ P.144

ミャンマー最南端の地バイナウン・ポイント

ヤンゴンとその周辺

Yangon and around.

→ P. 27

中部の平原からモッタマ湾に面したエーヤワディーデルタにいたる地域。中心となるのは 2006 年にネーピードーに遷都されるまでの首都で、現在もミャンマー最大の都市ヤンゴン。民主化にともなう開放政策で経済が活性化し、町は建設ラッシュ。ヤンゴン以外の都市はまだまだ静か。

西部ヤカイン州と南部モン州やタニンダーリ地方域はヤンゴンからアクセスするのが便利なので、本書では便宜的にこのエリアに含めている。

このエリアのおもな見どころ

ヤンゴンとその周辺
＊シュエダゴォン・パヤー→ P.46
＊チャイティーヨー・パヤー（チャイティーヨー）→ P.72
ヤカイン州
＊ミャウー→ P.116
南部
＊ウィンセントーヤ（モウラミャイン）→ P.85
＊パアン→ P.80
＊ダウェイ郊外のビーチ（ダウェイ）→ P.89

上／ヤンゴンのチャウッタージー・パヤーにある寝釈迦仏はミャンマーを象徴するイメージともなっている　左／独自の仏教文化が花開いたミャウー　右／イギリス植民地時代につくられた町並みが残るヤンゴンのダウンタウン

ピンウールィンはイギリス植民地時代の避暑地。コロニアルスタイルの瀟洒なホテルが残る

マンダレーとその周辺
Mandalay and around.

→ P. 155

イギリスに植民地化される前、ミャンマー最後の王朝となったコンバウン朝の都だったのがマンダレー。現在でも町の中心には堀に囲まれた王宮が残る。精緻な装飾が施された木造の仏教寺院はいかにも古都の風情。歴代王朝が遷都を繰り返したので、周辺には王都となったことのある町がいくつもある。アクセスのしやすさから、本書ではシャン州北部とカチン州もこのエリアに含めている。

上／マンダレーにあったビルマ最後の王朝が暮らした王宮は、第２次世界大戦で消失し戦後再建されたもの　下／丘全体に仏塔や寺院が点在するザガインヒル　右／チーク材で建設された全長約 1.2km もあるウー・ベイン橋

このエリアのおもな見どころ

* マンダレーヒル（マンダレー）→ P.162
* ウー・ベイン橋（アマラプラ）→ P.178
* カウンムードー・パヤー（ザガイン）→ P.183
* ミングォン・パヤー（ミングォン）→ P.184
* タウンボッデー寺院（モンユワ）→ P.188

インレー湖とその周辺
Inle lake and around.

→ P. 213

緑豊かなシャン高原にある風光明媚なインレー湖。自然と調和した人々の生活を見られる。周辺には山岳少数民族も多く住み、彼らの村を回るトレッキングなども行われている。タチレイからは陸路でタイへ出国することも可能。

さまざまな生活必需品が売り買いされる五日市

左／インレー湖上をカラウェイ（伝説の鳥）を模した船が巡るファウンドーウー祭り　右上／船の上に立って巧みに網を使うインレー湖の漁師　右下／インレー湖周辺は仏教遺跡の宝庫

このエリアのおもな見どころ

* インレー湖 → P.216　* カックー → P.220　* 洞窟寺院（ピンダヤ）→ P.232

どこを撮っても絵になる

フォトジェニックミャンマー

キンキラで独創的なデザインの仏塔が建ち並び、
美しい自然に恵まれたミャンマー。
フレンドリーな人々が暮らす
ミャンマーの旅を、
記念の1枚に残そう

夕日を浴びて荘厳な姿となったダマヤンヂー寺院（→ P.136）。これぞバガン、という眺め

①ヤンゴンの中国人街には立派な中国廟がある　②純白の小仏塔がずらりと並ぶマンダレーのクドードォ・パヤー（→ P.164）　③バガンを代表する壮麗な仏教建築、ゴドーパリィン寺院（→ P.135）　④ミャンマーを旅しているといろいろな乗り物に乗ることができる。インワ(→ P.180)では馬車　⑤多民族国家でキリスト教徒もいる。ヤンゴン最大のカテドラル、聖マリア大聖堂（→ P.54）はステンドグラスも必見

⑥チャイントォン（→ P.237）のマーケットにある食堂で麺を湯がいていたおかあさん　⑦マンダレーのシュエナンドー僧院（→ P.165）で見かけたほほえましい光景　⑧金色が美しいメイッティーラのナガーヨン・パヤー（→ P.154）

夜のシュエダゴォン・パヤー（→ P.46）もおすすめ。ライトアップされた黄金の大仏塔はこの世のものとは思えない美しさ

⑨ミャンマー南部のタイ国境から行きやすい都市は、見どころが多く旅行者も増えそう。パアン郊外のチャウッカラッ・パヤー（→ P.81）は自然の美しさで人気　⑩総チーク材製という実はたいへん贅沢なウー・ベイン橋（→ P.178）　⑪インレー湖（→ P.216）といえば船上に立って網を持ち足で櫂を操る漁師で名高い

⑫早起きして町のマーケットへ行ってみよう。売られる食材の多彩さと新鮮さに驚くはず　⑬手頃な乗り物として馬車が町中を行き交うターズィ（→ P.236）　⑭ビルマ料理の食堂でカレーを1品注文するとスープや副菜がセットで付く

アジアの豊かさを舌で実感

ミャンマーグルメを楽しもう

具と油のうま味がおなかにしみる

ミャンマー風カレー

ミャンマーで最も普通に食べられているおかず、それが「ヒン」と呼ばれるミャンマー風カレーだ。タマネギをスパイスで炒めたものに具を加えて油で煮込み、水分を蒸発させて具の表面が油で覆われるように仕上げる。これは「油戻し煮」と呼ばれる調理法だ。

定番　たいていどこの店にもある 定番のカレー。

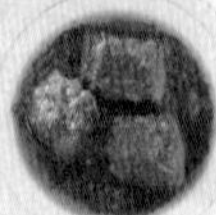

ビーフカレー [アメターヒン]
အမဲသားဟင်း
ミャンマーのビーフは ちょっぴり硬め

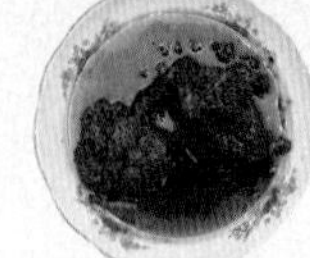

ポークカレー [ワッターヒン]
ဝက်သားဟင်း
店により肉は硬めの角切りだったり、脂がうまいバラ肉だったり

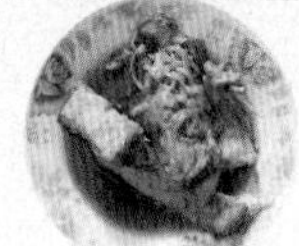

魚カレー [ンガーヒン]
ငါးဟင်း
大河の多いミャンマーでは、おもに川魚が使われる。おいしさは鮮度による

エビカレー [パズンヒン]
ပုဇွန်ဟင်း
ミャンマーの人も大好きなエビ。大きさによって値段が変わることが多い

ハシ休めはコレ!

副菜 [トサヤー] တို့စရာ
カレーにはスープと野菜が添えられる。野菜はそのままでも魚醤のつけ汁（ンガーピエー）につけ食べてもいい

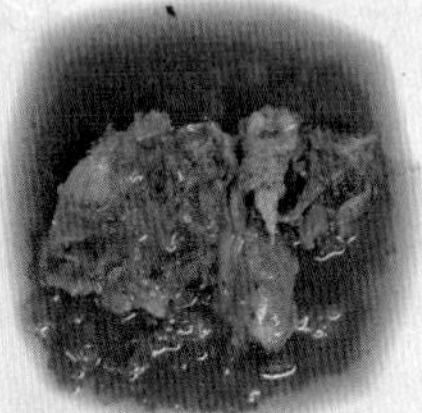

チキンカレー [チャッターヒン]
ကြက်သားဟင်း
宗教の禁忌に触れないので誰でも食べられ人気。鶏本来の歯応えと味わいを楽しもう

町のカレー屋さん
カレーは注文のつど作るのではなく、大量に作ったものが大鍋などに入れてあり、注文があると小皿に盛ってくれるのが一般的。店先に鍋が５つ並んでいたら、その店にある具は５種類だとわかる。中をのぞかせてもらって、好みの具が入ったカレーを指させば注文可能。カレーを注文すると、付け合わせの野菜、スープ、数種類の副菜が添えられる。それらは料金込みで、たいていおかわりも自由。

そのほかの人気カレー

店によってはカレーの品揃えは異なる。紹介しているもののほか、ウサギ、ヤギや羊の脳みそなど、意外な素材を使ったカレーが町なかの食堂で普通に出されていることも。

ウナギカレー [ンガーシンッヒン]
ငါးရှဉ့်ဟင်း
脂の乗ったウナギのぶつ切りが入ったカレー

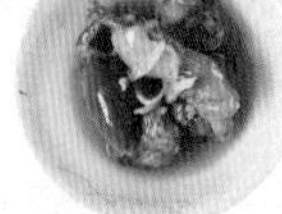

エビ団子カレー [パズンロウンヒン]
ပုဇွန်လုံးဟင်း
エビの身をたたいた団子の入ったカレー。噛みしめるほどに味わい深い

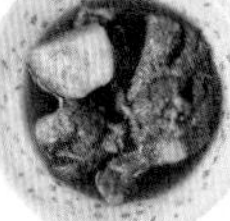

ヤギカレー [セッターヒン]
ဆိတ်သားဟင်း
ミャンマーでは人気がある。スパイスのおかげで臭みもあまり感じられない

野菜カレー [ヒンディーヒンユエッヒン]
ဆိတ်သားဟင်း
ミャンマーのカレーは具に肉や魚介を使うのが一般的だが、野菜のカレーを置いている店もあるので探してみよう。新鮮な野菜や果物を使ったカレーは、日本人の口にも合う

ポクポクした食感が楽しいマッシュルームのカレー

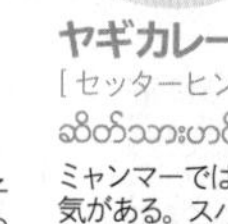

酸味と歯応えのコンビネーションがこたえられないトマトとアスパラガスのカレー

カレーと油で緩和されて苦味がおいしさに変わるニガウリのカレー

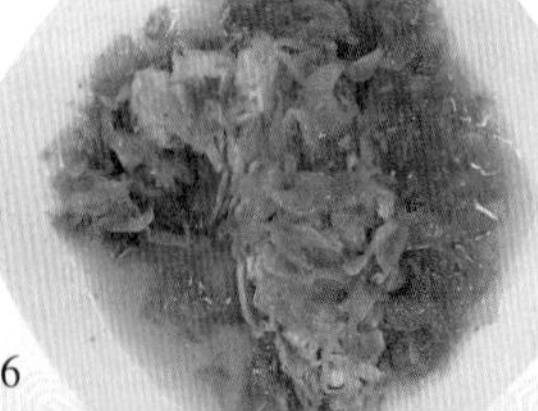

大エビカレー [パズントッヒン]
ပုဇွန်ထုပ်ဟင်း
高級食材のロブスターはほかのカレーよりもやや高め

世界有数の米の産地ミャンマー。カレーなどのおいしいおかずでご飯をもりもり食べるのが、ミャンマーの食事スタイルだ。パラパラに炊きあがるミャンマーのお米は見た目よりも軽いので、大盛りご飯もすっとおなかに収まる。タイ、中国、インドに囲まれたミャンマーでは、料理にも周辺国の影響が感じられ興味深い。

朝食にも人気

ミャンマーの麺

軽い食事やおやつに、気軽に食べられているのがミャンマーの麺。専門店もあるが、屋台もしくは屋台風の造りの店で、軽く1杯食べていくのが楽しい。米から作られた麺の種類が多いのも、米の国ならでは。ご当地麺も各種あるので、地方に行ったら探してみよう。

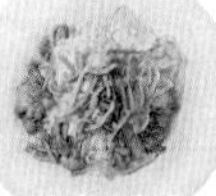

シュエタウンカオスエ
ရွှေတောင်ခေါက်ဆွဲ

卵麺と揚げた太麺、ふたつの食感を楽しめる。ヤンゴンの中華街には夕方、これを出す屋台が多い

モンッティ
မုန့်တီ

濃厚なスープに米から作った麺。しっかりと混ぜて、麺とスープをよく絡めて食べる。マンダレー名物

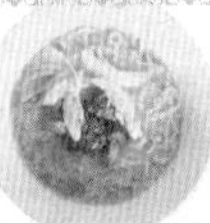

オンノウカオスエ
အုန်းနို့ခေါက်ဆွဲ

人気の麺料理。ココナッツミルクたっぷりのスープがこってり風味を醸し出す

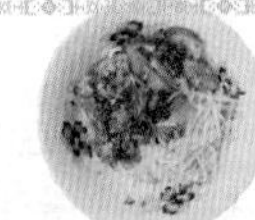

マンダレーミーシャイ
မန္တလေးမြီးရှည်

マンダレー名物。麺は米粉。辛めのタレに絡めて食べる

モヒンガー
မုန့်ဟင်းခါး

ミャンマーを代表する麺料理で、地方により特色がある。魚ベースのスープを、あらかじめゆでて水を切ってある麺にかけて食べる。各種薬味が用意されているので好みで入れ、ライムをひと搾りして味をひきしめる

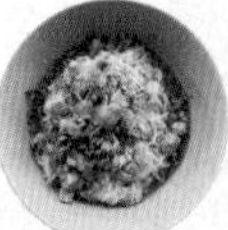

シャンカオスエ ရှမ်းခေါက်ဆွဲ

左／シャン地方のご当地麺。鶏ガラベースであっさり辛いスープは日本人の口に合う　右／シャンカオスエは汁なしも頼める。こちらは干し魚のせ

サイドディッシュ

レモンの葉サラダ
［シュウッユエットウッ］
ရှောက်ရွက်သုပ်

さわやかで清涼な柑橘系の香りが広がり、脂っこいカレーの口直しにぴったり

トマトのサラダ
［カヤンチンティートウッ］
ခရမ်းချဉ်သီးသုပ်

こちらもカレーのお供に人気、酸味がうれしいトマトのサラダ

ワンディッシュで満足

ミャンマーのご飯もの

中国料理風だったりインド料理風だったり、ご飯を料理すると外国料理っぽくなるのは日本と似てる？

タミンジョー ထမင်းကြော်

シンプルなフライドライス。具はいろいろ選べるところが多い。目玉焼きを添えるのがミャンマー風

ダンバウ ဒံပေါက်

インドのベンガル地方やバングラデシュでよく見られるカレー風味炊き込みご飯のビリヤニは、ミャンマーではダンバウと呼ばれる。具はチキンやマトン

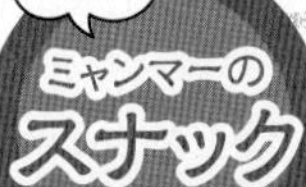

気軽につまめる

ミャンマーのスナック

ミャンマーの人々は間食も大好き。路上の屋台や専門店でさまざまなスナックが売られている。気軽に買える値段なので、いろいろ試してみよう。

モンピャータレッ(左)とベイモッ(右)
မုန့်ပြားသလက်နှင့် ဘိန်းမုန့်

モンピャータレッはタマネギや豆、ひき肉、パクチーなどが入ったお好み焼き風のスナックで、直径15cm程度のかわいらしい円盤形。上新粉を使うのがさすが米の国。ベイモッは甘くしっとりしたパンケーキ。ナッツ入り

イチャーコイ အီကြာကွေး

中国風の揚げパン（油条）。このまま食べてもいいし、ミルクティーやお粥に浸してもおいしい

セィダミン ဆီထမင်း

ミャンマー風のおこわ。小豆と炊き込んだ赤飯風や、サフランで色づけした鮮やかな色合いで豆がのったものなど各種ある。朝食に食べられるので販売されるのも早朝が多い

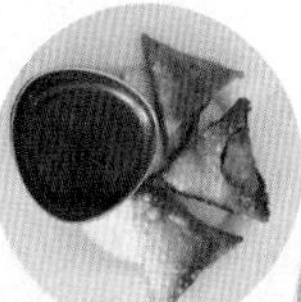

サモサ စမူဆာ

インド風味な三角形の揚げスナック。ティーショップの定番おつまみ

キーマー
ကီးမာ

ローティーの皮で卵、タマネギなどの具を平らに包み油で揚げたもの。もとはインド料理

ラペッ・トウッ လက်ဖက်သုပ်

発酵させた茶葉を油であえ、揚げにんにくや豆類、干しエビなどと混ぜて食べるミャンマー独特のお茶請け（→ P.248）

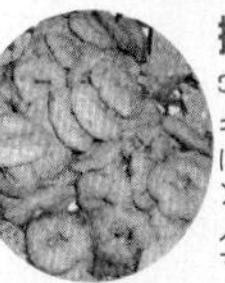

揚げ物（アチョ）
အကြော်

キーマーやサモサ以外にも各種揚げ物はミャンマーの人気スナック。人出の多い場所には必ず揚げ物屋台がある

ドートウッ တုတ်ထိုး

ミャンマー風串揚げ。串に刺した豚肉やモツを、客が自分で揚げて食べる。人出の多い場所には必ずドートゥッ専門の屋台がある

ぐいぐい飲みたい

ミャンマーのお酒

仏教の戒律が生きるミャンマーでは飲酒はあまり尊敬されない習慣だったが、国内で製造販売されているビールの種類は多く、なにより安く1缶600～1150K程度（スタウトは1450K）で買える。

生ビール Draft Beer

ミャンマーではなぜか生ビールが安い。レストランで大瓶が2500K前後するのに、生ビールはジョッキで1500K程度

スタウト

ブラック・シールド
Black Shield 8%

クセがなく飲みやすいスタウト

ABCスタウト
ABC Stout 8%

香り、苦味、後味、何もかも強め

ラガー

ミャンマー
Myanmar 5%

さっぱりした飲み口で万人向け

ミャンマー・プレミアム
Myanmar Premium 5%

ミャンマー・ビールのプレミアム版。豊かな風味としっかり舌に残る味わい

ダゴン・ラガー
Dagon Lager 5%

クセのない軽めの味わいで、飲み続けても飽きない

ヨーマ
Yoma 5.4%

比較的高めのアルコール度数を感じさせない軽い飲み口

アンダマン・ゴールド
Andaman Gold 6.55%

味はマイルドながら比較的強めのラガー

ダゴン・ライト
Dagon Light 4%

アルコール度数も風味も薄い。そのぶん軽い口当たりですいすい飲める

アンダマン・ゴールド・スペシャル
Andaman Gold Special 5%

特徴のなさが無難かつ値段も安め。どこがスペシャルなのかよくわからない

リーガルセブン
Regal Seven 5%

モルトの風味が強く甘みもある

ダゴン・エクストラストロング
Dagon Extra Strong 8%

味からものど越しからもアルコール度の高さを感じる。早く酔いたいときに

ハードリカー

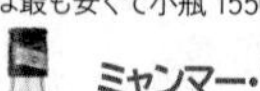

イギリス植民地だったためか、ジンやウイスキーも生産されている。ハードリカーは安くておいしい。

ロイヤル・クラブ Royal Club 43%

人気の国産ウイスキー。緑ラベルは最も安くて小瓶1550K

ミャンマー・ドライ・ジン
Myanmar Dry Gin 40%

味にトゲがなく飲みやすい。小瓶1050K

マンダレー・ラム
Mandalay Rum 40%

創業1886年と長い伝統があるミャンマー産のラム。小瓶1100K

気軽にひと休み

ミャンマーの喫茶店

お茶でひと休みするのはミャンマー人の大好きな娯楽のひとつ。町の喫茶店は人々の社交、情報交換、はてはビジネスの場でもある。甘い紅茶やコーヒーと簡単なスナックを口にしながら、のんびりおしゃべりするのが人々の楽しみ方だ。

飲み物を注文するとスナック類も運ばれてくる。これは食べたぶんだけ支払うもので、食べたくなければそのままにしておけばいい

コーヒーを注文するとインスタントのこともある。ブラックコーヒーにはライムをひと切れ添えるのがミャンマー風

饅頭や焼売など点心を出す店もある。店先に大きなせいろが見えたらこのタイプ。せいろはたんすのような角型をしていることも

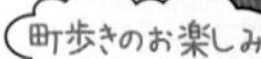

町歩きのお楽しみ

ミャンマーの屋台

人出のある場所には必ず何かしら食べ物の屋台が出ている。ちょっとしたおやつに最適なので、おなかの調子に注意しながらいろいろ試してみよう。

伝統菓子の屋台

羊羹やういろうのようなミャンマー伝統のお菓子を切り売り。和菓子風の素朴な甘さ

揚げスナック屋台

素材やタネをその場で揚げるスナックの屋台はどこの町でも人気

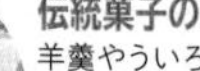

モンピャータレッの屋台

コンロと小ぶりのフライパンだけで営業するミニマム系、モンピャータレッ（→P.17）の屋台

モヒンガー屋台

ミャンマーを代表する麺料理のモヒンガー（→P.17）は路上の屋台で食べるのが一般的。時間帯は朝が多い

キンマ屋台

食べ物ではないが、ミャンマー人の大好きな嗜好品キンマ（→P.248）の屋台もよく見かける。好みの配合で作ってくれる

トロピカルな味を満喫!

ミャンマーのくだもの

南北に長いミャンマーの国土は地域によって気候が異なり、南国ならではのトロピカルフルーツや、上ビルマの高原地帯で取れる温帯風の果物も店先に並ぶ。できるだけ自分でむいたりカットしたものを食べるようにしよう。

アボカド
[トーバッテイー]
ထောပတ်သီး
日本では高級果物だがミャンマーでは手頃な値段で買える。南国ならではの贅沢

ザボン
[チュウェコーテイー]
ကျွဲကောသီး
大型の柑橘類。買うときに外の皮を落としてもらうと食べるときに楽

シャカトウ
[オーザーテイー]
ဩဇာသီး
ごつごつした不思議な外観だが、中の実は甘い。茶色くなってきたら食べ頃

ショウッテイー
[ショウッテイー]
ရှောက်သီး
大型の柑橘類。モウラミャイン周辺が名産地

スイカ
[パヤェテイー]
ဖရဲသီး
甘くて水分が多く、クセもないので誰の口にも合う。カットされて売られている

ドリアン
[ドウーヤィンテイー]
ဒူးရင်းသီး
臭いが強いイメージがあるが、濃厚な味わいは慣れるとやみつきに

ナシ
[ティットテイー]
သစ်တော်သီး
シャリシャリした口当たりとさっぱりした甘味。ミャンマー人にも人気の果物

パイナップル
[ナーナッテイー]
နာနတ်သီး
水分が多くて甘い。路上ではカットされて売られている

バナナ
[ガッピョーテイー]
ငှက်ပျောသီး
小ぶりで何となく提灯のような形をしたミャンマー独特のバナナもある

パパイヤ
[テンボーテイー]
သင်္ဘောသီး
ホテルの朝食などで、スライスして出される。ライムを搾って食べよう

ブドウ
[サピィッテイー]
စပျစ်သီး
粒が大きくて甘味も濃い。シャン州ではワインも造られている

マンゴー
[タヤッテイー]
သရက်သီး
濃厚な甘味で日本でも人気。縦半分に切りスプーンを使うと食べやすい

マンゴスチン
[ミングッテイー]
မင်းကွတ်သီး
トロピカルフルーツの女王とも。白くて上品な果肉が詰まっている

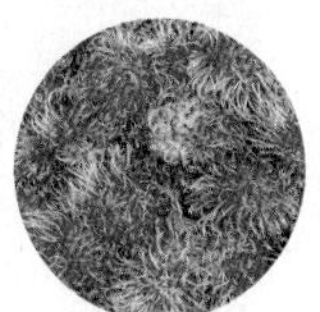

ランブータン
[チャッマウッテイー]
ကြက်မောက်သီး
短い毛が生えたような不思議な外観。果肉は白くてみずみずしい

リュウガン
[ニンテイー]
ကနဖိုးသီး
地味な皮の中に白くて透明な実がぎっしり。皮離れがよく食べやすい

果物の旬	1月	2月	3月	4月	5月	6月	7月	8月	9月	10月	11月	12月
アボカド	●	●	●	●	●							
ザボン		●	●	●	●	●	●	●				
シャカトウ						●	●	●				
ショウッテイー						●	●	●	●	●		
スイカ	●	●	●	●	●	●	●	●	●	●	●	●
ドリアン						●	●	●				
ナシ		●	●									
パイナップル							●	●	●	●		
バナナ	●	●	●	●	●	●	●	●	●	●	●	●
パパイヤ						●	●	●				
ブドウ						●	●	●				
マンゴー				●	●	●	●					
マンゴスチン						●	●	●				
ランブータン						●	●	●				
リュウガン							●	●				

\アレもコレも欲しくなる/

かわいいミャンマー

おみやげカタログ

ミャンマーの特産品

US$7～

銀のピアス
カイン州産の銀を手作業で加工し、シャン民族の伝統的なデザインをあしらったピアス。銀の純度が98%でこの値段はお得。(インレー湖上のショップ)

長方形1万7900K
楕円2万1900K

ポーチ
エスニック柄やレトロ風なモチーフをモダンにデザインしたバッグがヤンゴンの若い女性に人気のブランド、ヤングッズ。購入した商品を入れてくれる袋もおしゃれ。(ヤングッズ→P.69)

25本：1万K～

ミャンマーの葉巻
インレー湖上のたばこ工房で売っている葉巻。独特の香りで、帰国後もミャンマーを思い出す。

6000K

ポーチ
ロンジーの布地を使って作られたポーチ。色もデザインも多彩に揃い、普段使いに重宝する。(ラーデー→P.69)

3900K

タナカお試しセット
ミャンマーの伝統的な化粧品タナカ(→P.211)を気軽に試せる、棒状に固めたタナカとチャウッピン(すりおろし用石板)のセット。(ヤンゴンのスーパーマーケット) FB shwebominthamee

5900K

シガレットケース
古いミャンマーの風俗を描いたイラストがあしらわれたケースには、インレー湖で作られるやや小ぶりなミャンマー風葉巻が10本入り。吸い終わったあとは小物入れに。(ヤングッズ→P.69)

300K程度～

起き上がり小法師
倒れてもすぐ立ち直る、縁起物の起き上がり小法師。卵ぐらいの大きさから赤ちゃんぐらいのサイズまでいろいろ。

300K程度～

ミミズクの置物
ミミズクは幸運の象徴とされ、大小さまざまなサイズが売られている。紙製で軽くて丈夫。

4000K

チンロン・ボール
ミャンマーはじめ東南アジアで人気のスポーツ、チンロンに使うボール。直径9cmほどの小型版。(ミャンハウス→P.70)

トレー：1万2000K
小物入れ：9500K 

漆製品
孔雀の羽のような模様が細かく彫り込まれた美しいトレーと、ミャンマー風スタイルの小物入れ。(ミャンハウス→P.70)

1万K
5000K 

サンドアート
バガンの寺院でアーティストが自ら販売しているサンドアート(砂絵)。1枚1万～2万K程度。どんなに折り曲げてももとどおりになり、汚れたら洗っても大丈夫とのこと。

1550K

タナカ
水で溶けばすぐに塗れて便利。さわやかなミントの香りつき。(ヤンゴンのスーパーマーケット) URL taunggyi-maukmai.com

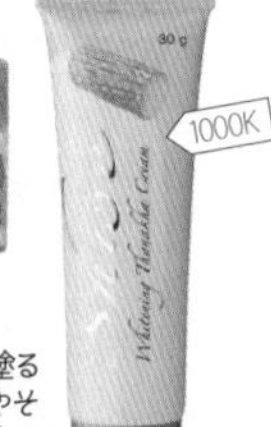

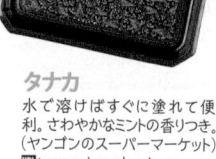

1000K

タナカ・クリーム
ミャンマーの人たちが日焼け止めやスキンケアのために塗るタナカ(→P.211)を配合したクリーム。美白、ニキビやそばかす対策など効能や香りは各種あり。(ボーヂョーアウンサン・マーケット→P.56)

注：価格は2019年9～10月の取材時のもの

ミャンマーの日用雑貨

弁当箱
ステンレス製の弁当箱。
密封されるので、汁物を入れてもあまりこぼれない。段数はいろいろ、鍵付きもある。

ノート
判型とサイズが独特のミャンマー風ノート。安いゲストハウスの宿帳や、美術館や博物館で記帳の際によく目にする。文房具店やスーパーマーケットで買える。（ヤンゴンのスーパーマーケット）

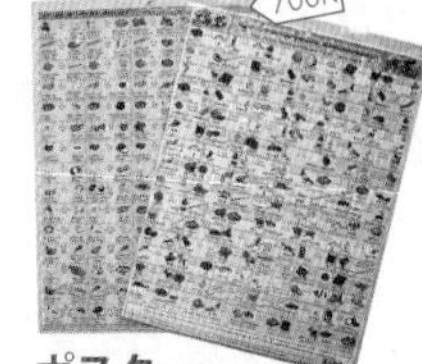

ポスター
おなかをこわしたり、最悪死にいたる危ない食べ合わせの啓発ポスター。中国語入り版は「死亡」の２文字がおどろおどろしい。「かぼちゃと鳩」「うさぎとマッシュルーム」など、意外な組み合わせが危険とのこと。（ヤンゴン市内の文房具店）

カレンダー
縦書きが珍しいミャンマーのカレンダー。隣の店では 1000K と言われたので、高いと思ったら何軒か回ってみよう。（ヤンゴン市内の雑貨店）

ロンヂー
ミャンマーの人が男女を問わず身につけているのが巻きスカートのロンヂー（→ P.212）。どこでも買えるが、ヤンゴンならボーヂョーアウンサン・マーケット（→ P.56）にショップが多い。アウンサンスーチー氏が好む柄を模したこの品は、バゴーのモンビレッジで。

石鹸
義務教育制度の整っていないミャンマーで、教育支援を続けている団体が製造する石鹸。一つひとつ手作りで、収益の一部は教育支援の資金に。タナカ、竹炭など香りは４種。（ダッコ→ P.69）

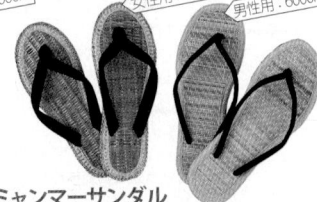

ミャンマーサンダル
竹や葦などで編まれたサンダルは足裏の感触もさわやか。しっかりしたゴム底で歩きやすい。（ミャンハウス→ P.70）

ミャンマーの食品

コーヒー豆
コーヒーの産地としても認知度が高まりつつあるミャンマー。スーパーマーケットに行けば、さまざまなブランドのコーヒー豆が並んでいるので、いろいろ飲み比べてみよう。どちらもピンウールィン産。（ヤンゴンのスーパーマーケット）

ラペッ・トウッ
茶葉と揚げにんにく、ごま、ピーナッツなどミャンマー人が大好きなお茶請け、ラペッ・トウッの材料が揃った便利なひと袋。緑はノーマル、赤はスパイシー。（ヤンゴンのスーパーマーケット）

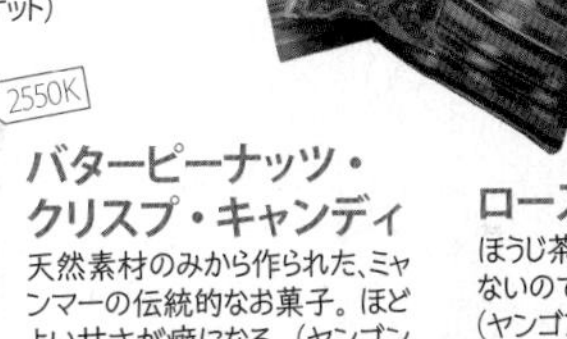

ミャンマーの緑茶
茶処シャン州の清浄な高原で栽培されているお茶。小さめサイズのパッケージで、外の小袋もかわいらしくおみやげに手頃。（ダッコ→ P.69）

バターピーナッツ・クリスプ・キャンディ
天然素材のみから作られた、ミャンマーの伝統的なお菓子。ほどよい甘さが癖になる。（ヤンゴンのスーパーマーケット）

ローステッド・ティー
ほうじ茶風味のミャンマー茶。癖がないので、冷やして麦茶代わりにも。（ヤンゴンのスーパーマーケット）

ジャガリー
レストランや喫茶店で、お茶請けや口直しに出されるジャガリー（椰子砂糖）。洗練されたパッケージに入ったフレーバー付きのものは、気軽なおみやげに。（ヤンゴンのスーパーマーケット）

クッキー
日本人がおみやげ用に開発した「ホワイトエレファント・クッキー」（ミャンマー名はシンピューレー）。ふんわりサクサクで優しい味わい。ボーヂョーアウンサン・マーケット内の「シンピューレーお土産店」（→ P.70）で販売。

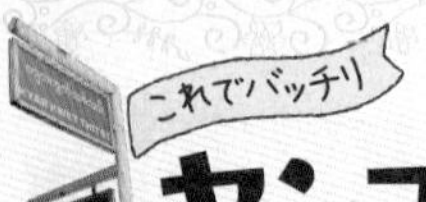

これでバッチリ

ヤンゴン1日観光モデルコース

モデルコース1

王道仏塔寺院巡り

仏塔や寺院の朝は早い。早朝の仏塔で信者が境内を清掃する様子などを眺めたらミャンマー風麺で朝食を済ませ、そのあとは有名仏塔と寺院巡り。最後は川べりの仏塔から夕日を眺めよう。

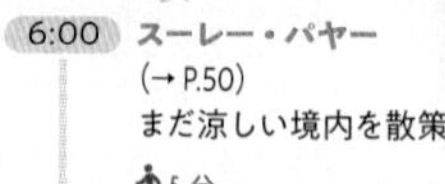

早朝から人々がお参りに訪れる

6:00 スーレー・パヤー（→ P.50）
まだ涼しい境内を散策

徒歩5分

6:45 ジュピターで朝食（→ P.65）
モヒンガー（→ P.17）にトライ!

徒歩5分＋バス36番約10分＋徒歩5分

8:00 シュエダゴォン・パヤー（→ P.46）
大仏塔はヤンゴンの象徴

車 約10分

何はなくともお参りしたいシュエダゴォン・パヤー

10:30 チャウッターヂー・パヤー、ンガータッヂー・パヤー（→ P.50）
巨大な寝釈迦と白亜の座仏

車 約15分

ミャンマーのイメージといえばこの寝釈迦

12:00 ミャンマー・プラザ内のレストランで昼食（→ P.69）
ファストフード店も多数

バス 36番で約15分

麺の人気店 YKKO（→ P.64）の支店もある

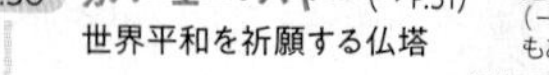

13:30 カバーエー・パヤー（→ P.51）
世界平和を祈願する仏塔

車 約10分

14:30 スウェドーミャッ・パヤー（→ P.51）
仏舎利が展示されている

車 約20分

15:30 アーレインガーシン・パヤー（→ P.52）
独特の神秘的な雰囲気

徒歩15分

本尊が緑色をしているのも珍しい

16:30 ローカチャンタ・アーバヤ・ラバムニ大仏（→ P.52）
周囲の眺めも堪能しよう

車 約45分

18:00 ボータタウン・パヤー（→ P.51）
夕暮れのヤンゴン川が美しい

モデルコース2

ヤンゴンの歴史に触れる

イギリス植民地時代に建設されたヤンゴン市街。そんな歴史を今に伝える重厚な建築や、ミャンマー近現代史を彩る博物館を見学。夜はライトアップされたシュエダゴォン・パヤーを眺めながら一杯。

8:00 植民地時代の建物見学（MAP P.33-C3 ～ D4）
パンソダン通り沿いに重厚な建物が並ぶ

上／政府や企業のオフィスとして現役　下／ビルの歴史や来歴が記された解説

徒歩15分

9:30 聖マリア大聖堂（→ P.54）
ヤンゴン最大のキリスト教建築

徒歩15分

11:00 ボーヂョーアウンサン・マーケット（→ P.56）
1926年に建てられたマーケット

おみやげもいろいろ揃う

徒歩すぐ

13:00 ジャンクション・シティー内のフードコートで昼食（→ P.69）
新しいヤンゴンを象徴する場所

車 約10分

14:30 国立博物館（→ P.52）
ミャンマーの歴史を知るためにぜひ

車 約20分

16:00 ボーヂョーアウンサン博物館（→ P.53）
暗殺された悲劇の英雄が暮らした家

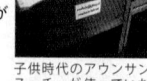

子供時代のアウンサンスーチーが使っていたベッド

車 約15分

17:00 ヤンゴン中央駅
伝統的なデザインの大建築

徒歩

18:30 ダウンタウンを散策
中国人街、インド人街がおもしろい

伝統料理をおしゃれにアレンジ

徒歩

19:30 バーマ・ビストロ（→ P.65）
モダンなミャンマー料理を堪能

車 約20分

21:00 ビスタ・バー（→ P.68）
ルーフトップバーでシメのドリンクを

シュエダゴォン・パヤーを望める

仏塔や寺院、歴史的な建物など見どころ盛りだくさんのヤンゴン。
効率よく回るためのモデルコースはコレ！

モデルコース3

乗り物からヤンゴンを眺める

ヤンゴンは暑い。歩き回ったり、バスやタクシーの乗り降りを繰り返すだけでも消耗してしまう。そんなときは乗り物に乗って、窓外の流れ行く風景を座ったまま楽しんでみよう。

10:00 ヤンゴン中央駅からヤンゴン環状線乗車
現在近代化改修工事が進行中で、運行ダイヤがよく変更されるので注意

1周約3時間

13:00 ヤンゴン中央駅着

上／ヤンゴン中央駅　下／JR から譲渡された車両も運行している

15 分

13:30 ラングーン・ティーハウスで昼食（→ P.69）
食事とミャンマー風の紅茶を楽しもう

10 分

15:00 パンソダン埠頭からフェリーで対岸のダラへ

注意！この行程の途中で誰かに話しかけられても一切相手にしないこと。（→ P.56）

約 10 分

15:30 ダラ散策
船着場周辺の食堂でビールでも

約 10 分

17:00 ヤンゴン市街へ戻る

上／人々の足として利用されているフェリー　下／短い時間だが風が吹き渡り爽快

ミャンマーの伝統暦 八曜日

生まれた曜日が大切!

ミャンマーの人々にとって、「八曜日」は生活の一部。「何日に生まれたか」よりも「何曜日に生まれたか」が重要で、生まれ曜日によってその人の基本的な性格、人生、他人との相性などが決まるのだ。「八曜日」が西暦の七曜日制と違う点は、水曜日が午前と午後に分けられていること。8つの曜日は星、方角、動物によっても表され、仏塔（パヤー）の境内には必ずそれぞれの方角に八曜日の祭壇が立っている。祭壇の前では、その曜日生まれの人が熱心にお祈りしている。ミャンマーを訪れたら、自分の誕生曜日を調べて、祭壇にお参りしてみよう。

誕生曜日の求め方

1. 表1で、自分の誕生年と誕生月が交差する欄にある数字に、誕生日の数字を足す。
2. 表2で、その数字の書かれている曜日が誕生曜日

1985年8月10日生まれの場合

▶表1で求められる数字は「4」。これに生まれた日の「10」を足すと「14」。

▶表2で「14」が記されている欄は土曜日。よって1985年8月10日生まれの人の誕生曜日は土曜日。

表1

生まれた年					生まれた月											
1897〜2022					1	2	3	4	5	6	7	8	9	10	11	12
1897	1925	1953	1981	2009	4	0	0	3	5	1	3	6	2	4	0	2
1898	1926	1954	1982	2010	5	1	1	4	6	2	4	0	3	5	1	3
1899	1927	1955	1983	2011	6	2	2	5	0	3	5	1	4	6	2	4
1900	1928	1956	1984	2012	0	3	4	0	2	5	0	3	6	1	4	6
1901	1929	1957	1985	2013	2	5	5	1	3	6	1	4	0	2	5	0
1902	1930	1958	1986	2014	3	6	6	2	4	0	2	5	1	3	6	1
1903	1931	1959	1987	2015	4	0	0	3	5	1	3	6	2	4	0	2
1904	1932	1960	1988	2016	5	1	2	5	0	3	5	1	4	6	2	4
1905	1933	1961	1989	2017	0	3	3	6	1	4	6	2	5	0	3	5
1906	1934	1962	1990	2018	1	4	4	0	2	5	0	3	6	1	4	6
1907	1935	1963	1991	2019	2	5	5	1	3	6	1	4	0	2	5	0
1908	1936	1964	1992	2020	3	6	0	3	5	1	3	6	2	4	0	2
1909	1937	1965	1993	2021	5	1	1	4	6	2	4	0	3	5	1	3
1910	1938	1966	1994	2022	6	2	2	5	0	3	5	1	4	6	2	4
1911	1939	1967	1995		0	3	3	6	1	4	6	2	5	0	3	5
1912	1940	1968	1996		1	4	5	1	3	6	1	4	0	2	5	0
1913	1941	1969	1997		3	6	6	2	4	0	2	5	1	3	6	1
1914	1942	1970	1998		4	0	0	3	5	1	3	6	2	4	0	2
1915	1943	1971	1999		5	1	1	4	6	2	4	0	3	5	1	3
1916	1944	1972	2000		6	2	3	6	1	4	6	2	5	0	3	5
1917	1945	1973	2001		1	4	4	0	2	5	0	3	6	1	4	6
1918	1946	1974	2002		2	5	5	1	3	6	1	4	0	2	5	0
1919	1947	1975	2003		3	6	6	2	4	0	2	5	1	3	6	1
1920	1948	1976	2004		4	0	1	4	6	2	4	0	3	5	1	3
1921	1949	1977	2005		6	2	2	5	0	3	5	1	4	6	2	4
1922	1950	1978	2006		0	3	3	6	1	4	6	2	5	0	3	5
1923	1951	1979	2007		1	4	4	0	2	5	0	3	6	1	4	6
1924	1952	1980	2008		2	5	6	2	4	0	2	5	1	3	6	1

表2

曜日						
日	月	火	水	木	金	土
1	2	3	4	5	6	7
8	9	10	11	12	13	14
15	16	17	18	19	20	21
22	23	24	25	26	27	28
29	30	31	32	33	34	35
36	37					

金曜日はモグラ。シュエダゴォン・パヤーには英語の看板も出ている

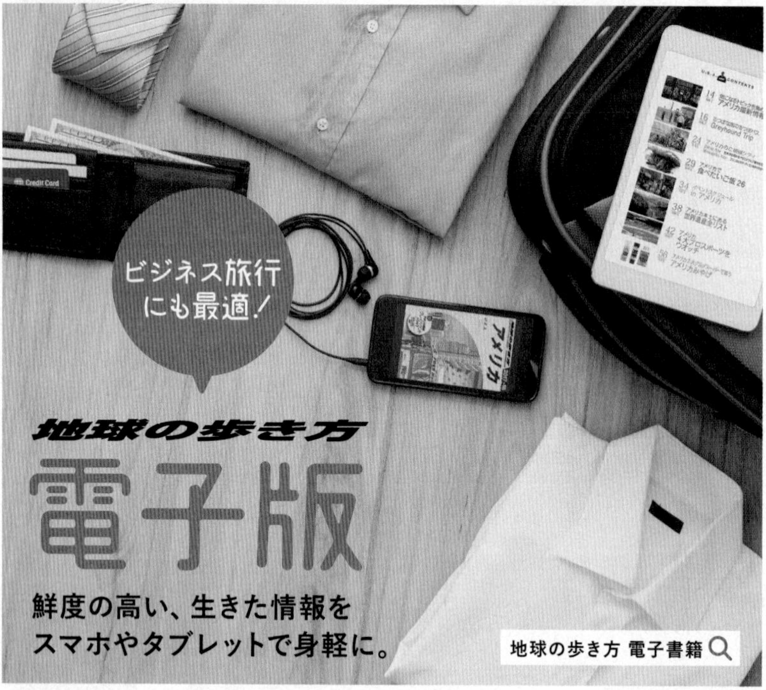

YANGON

ヤンゴンとその周辺

ヤンゴン（ラングーン）…30
チャイティーヨー ………72
バゴー…………………75
パアン…………………80
ミャワディ……………82
モウラミャイン ………83
ダウェイ ………………88
ベイ……………………90
コータウン ……………92
ネーピードー …………93
パテイン ………………98
チャウンター ………… 102
ングエサウン ………… 104
ピイ …………………… 106
ンガパリ……………… 111
シットウェー ………… 113
ミャウー ……………… 116

シュエダゴォン・パヤー（ヤンゴン→P.46）

ヤンゴンとその周辺のオリエンテーション

ベンガル湾に面したエーヤワディー・デルタは、総面積約3万km^2にも及ぶ。11世紀からモン族のペグー朝が一帯を支配していたが、やがてビルマ族王朝の支配下となった。デルタには緑なす田園風景が広がり、世界有数の米の産地となっている。その中に旧首都のヤンゴンをはじめパテインなど大小の都市、農村集落が点在している。デルタの周縁には、1287年に興ったペグー朝の首都だったバゴー、9世紀中頃に滅んだピュー族国家の中心地だったとも考えられているピイ、新しく建設された首都ネーピードーなどがある。ベンガル湾沿いには、美しいビーチリゾートもある。本書では便宜上、モン州のモウラミャイン周辺およびタイとの国境に沿って南へと延びるタニンダーリ地方域、西のバングラデシュ国境に近いヤカイン州のシットウェーとミャウーもこの章に含めている。

ヤンゴンの象徴シュエダゴォン・パヤー（→P.46）

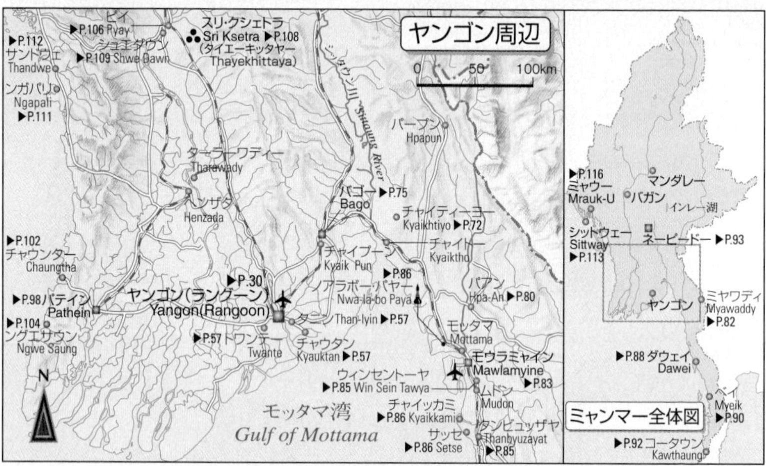

見どころ Tourist attraction

最大都市ヤンゴンでは、市街を見下ろす丘の上にあるシュエダゴォン・パヤーは必見の場所。ミャンマーの仏教徒憧れの聖地でもある。ほかにも興味深い寺院が市内に点在しているので、タクシーをチャーターして回ると便利。ミャンマーのイメージを象徴するような大きな寝釈迦仏があるのはヤンゴン郊外の町バゴー。バゴーのさらに郊外には、今にも転げ落ちそうな大岩を仏塔として祀ったチャイティーヨーもある。ベンガル湾に面したチャウンターやングエサウン、ンガパリは美しいビーチが人気のリゾート地で、新鮮なシーフードも楽しめる。できれば乾季に訪れたい。新首都のネーピードーは政治の中枢。街の造りを見るだけでも興味深い。

乗馬も楽しめるチャウンター・ビーチ
(→P.102)

イベント、祭り Event, Festival

●**シュエダゴォン・パヤー祭り**

3月頃 ビルマ暦でタバウン月（太陽暦の3月頃）の満月の日に行われる。仏塔の建立などによいとされるおめでたい日で全国で祝われるが、特にシュエダゴォン・パヤーは露店などが並び多くの人出でにぎわう。2020年は2月27日〜3月8日、2021年は3月17〜27日の予定。

●**シュエモード・パヤー祭り**

4月頃 バゴーのシュエモード・パヤーで行われるお祭り。2020年は3月31日〜4月11日、2021年は4月19〜30日の予定。

●**チャイティーヨー・パヤー祭り**

10月頃 10月頃の満月の日に、深夜から翌朝にかけて人々が集まり、不思議な岩の周囲を9999本の灯明が彩る。2020年は10月31日の予定。

チャイティーヨー・パヤー (→P.72)

シーズン Season

このエリアは年間を通じて湿度が80%以上と高く、4〜10月は雨季となって降水量も多い。特にモッタマ湾に沿ったモン州やさらに南のタニンダーリ地方域は、7〜9月の月間降水量が1000mmを軽く超える。この時期は洪水などで道路や鉄道が寸断されることがあるので、陸路での移動を考えているならスケジュールには余裕が必要。11〜2月頃の乾季が、快適に旅行できるおすすめシーズン。

雨季の旅は雨具必携

旅のヒント Hint

●**交　通**

ヤンゴンから周辺都市への交通は比較的便利。特にヤンゴンとバゴー間はバスの本数も多い。対して周辺都市間を結ぶ交通は、本数が少なく車両も古いなどと不便なことが多い。このエリアを回るなら、ヤンゴン起点のピストン式で旅程を組んだほうが確実。タニンダーリ地方域の都市間を移動する場合、外国人が利用できる交通機関は船か飛行機が主となる。

●**宿の利用**

ヤンゴンには高級ホテルからバックパッカー向けの手頃なゲストハウスまで幅広いグレードの宿が揃う。ただし「ホテル街」と呼べるようなエリアはなく、市街にまんべんなく点在しているので、歩いて探すのは大変。2012年の民主化以降数が激増し供給過多状態で、比較的手頃な料金で利用できる。ネーピードーはホテルゾーンがあるもののホテル間の距離が500m以上もあり、歩いて探すのは無理。それ以外の町は市街の中心周辺に手頃な値段のゲストハウスと1泊US$30〜50程度の中級ホテルが数軒ある程度。

大河が多いので渡し船も人々の重要な足

黄金の仏塔が見守るミャンマー最大の都市

ヤンゴン(ラングーン)

Yangon (Rangoon) ရန်ကုန်

1755年にビルマ族のアラウンパヤー王はこの地を占領し、「戦いの終わり」という意味の「ヤンゴン」と名づけた。1824年、1852年、1885年の3次に及ぶ英緬(イギリス対ビルマ)戦争でビルマ全土はイギリスの植民地となるが、現在見られる整然とした市街は、イギリス人が綿密な都市計画の下に建設したものだ。静かでのんびりとした雰囲気だったこの町にも、高層ビルが出現し、渋滞も見られるようになった。その一方、市場ではにぎやかに日々の食材が売り買いされ、夜になれば歩道の上に喫茶店が店開きして、お茶と会話を楽しむ人々が集まる。そんなヤンゴンの日常を見守るかのように、丘の上でシュエダゴォン・パヤーが黄金に輝いている。

路上に憩うヤンゴンの人々

空港と市内のアクセス ACCESS

◆空港から市内へ

国際線はターミナル1、国内線はターミナル3に到着する(MAP P.38-B2)。ターミナル1は2020年1月現在拡張工事中。

🚌 市街と空港を結ぶバスの空港シャトルが安くて便利。スーレー・パヤー前のスーレーSule (MAP P.33-C3)、ヤンゴン中央駅(MAP P.33-C2)とヤンゴン国際空港を結び特定の停留所にのみ停まる急行で、毎日4:30～22:00の間、約5～10分おきに出発、料金は一律500K。所要約1時間。空港ではターミナル1とターミナル3前のバス停に発着する(詳しいルートと停留所は→P.45)。

🚗 所要約30～40分、混雑時は1時間から2時間かかることも。下記の3種類ある。

空港タクシー:到着ロビー6番出口から出て通りを渡った先にカウンターがあり、係員に行き先を告げると車まで案内してもらえる。インヤー湖周辺まで6000K、ダウンタウンは9000Kで、夜間は1000Kほど上乗せされる。車両は一般のタクシーよりは新しく快適。

一般のタクシー:到着ロビーの出口を出た前の通りを渡った所にある分離帯のさらに先の通りで客待ちしており、料金は交渉でダウンタウンまで7000～1万K程度。

Grab(→P.44、290):空港タクシーや一般のタクシーよりは安く、ダウンタウンまで7000K程度。ただし雨天や混雑時は値上がりして1万K近くになる。その場合空港タクシーのほうが快適。

◆空港でできること

到着ロビーには両替と携帯電話&データ通信のショップやコンビニ、飲食店がある

市内にある銀行の営業時間は、通常平日9:30～15:00。それ以外の時間に到着する場合は、空港で両替しておこう。到着ロビーに両替所やATMがある。米ドルでの支払いを求められる国内線航空券や宿泊代以外は、食事代やバス、タクシー代など旅のほとんどの予算は現地通貨チャットでの支払いになるので、1～2日分くらいは替えておこう。空港にある両替所の両替レートは市内とほぼ同じなので、滞在日数が少ない場合は、市内で両替する手間を省く意味でも、空港である程度まとめて両替しておいてもいい。両替すると5000Kや1万K紙幣で渡されることが多いが、屋台での食事や市内の交通費に小額紙幣が必要になるので、1000K紙幣も交ぜてもらおう。レートは悪いが日本円も両替できる。

スマートフォンやタブレット、携帯電話の通話やデータ通信用のSIMカードも、空港内のショップで購入可能。設定は店員に依頼することもできる。

◆ヤンゴン国際空港(→P.260)

MAP P.38-B1～B2 ☎(01) 533037
URL yangonairport.aero
FB Yangon International Airport

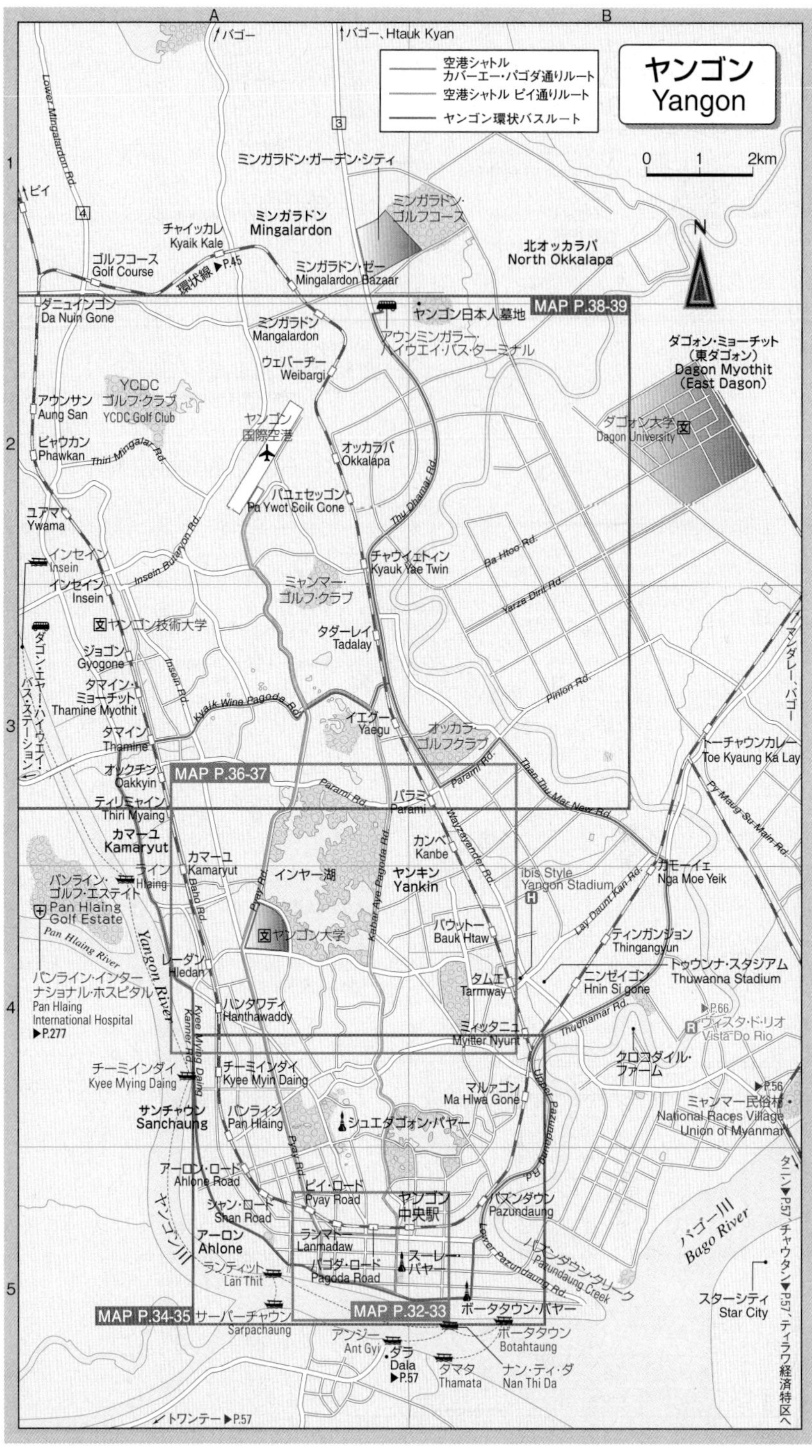
ヤンゴン
Yangon
空港シャトル カバーエー・パゴダ通りルート
空港シャトル ピイ通りルート
ヤンゴン環状バスルート
ミンガラドン Mingalardon
北オッカラパ North Okkalapa
ダゴォン・ミョーチット（東ダゴォン） Dagon Myothit (East Dagon)
ダゴォン大学 Dagon University
ヤンゴン国際空港
ミンガラドン・ガーデン・シティ
ミンガラドン・ゴルフコース
ヤンゴン日本人墓地
アウンミンガラー・ハイウエイ・バス・ターミナル
MAP P.38-39
MAP P.36-37
MAP P.34-35
MAP P.32-33
環状線 ▶P.45
インヤー湖
ヤンキン Yankin
カマーユ Kamaryut
サンチャウン Sanchaung
アーロン Ahlone
シュエダゴォン・パヤー
スーレー・パヤー
ボータタウン・パヤー
ヤンゴン中央駅
ヤンゴン大学
ヤンゴン技術大学
ミャンマー・ゴルフ・クラブ
オッカラ・ゴルフクラブ
YCDC ゴルフ・クラブ YCDC Golf Club
パンライン・ゴルフ・エステイト Pan Hlaing Golf Estate
パンライン・インターナショナル・ホスピタル Pan Hlaing International Hospital ▶P.277
ダゴン・エヤー・ハイウエイ・バス・ステーション
トゥウンナ・スタジアム Thuwanna Stadium
ibis Style Yangon Stadium
ヴィスタ・ド・リオ Vista Do Rio ▶P.66
クロコダイル・ファーム
ミャンマー民俗村 National Races Village Union of Myanmar ▶P.56
スターシティ Star City
ダラ Dala ▶P.57
トワンテー ▶P.57
タニン▶P.57、チャウタン▶P.57、ティラワ経済特区へ
マンダレー、バゴー
バゴー
バゴー、Htauk Kyan
ピイ
ヤンゴン川 Yangon River
バゴー川 Bago River
Pan Hlaing River
パズンダウン・クリーク Pazundaung Creek
Insein Bulayon Rd.
Thiri Mingalar Rd.
Lower Mingalardon Rd.
Thu Dhamar Rd.
Ba Htoo Rd.
Yarza Dirit Rd.
Pinlon Rd.
Kyaik Wine Pagoda Rd.
Insein Rd.
Parami Rd.
Than Thu Mar New Rd.
Py Maug Su Main Rd.
Wayzayandar Rd.
Kabar Aye Pagoda Rd.
Pyay Rd.
Baho Rd.
Kyee Mying Daing Kanner Rd.
Lay Daunt Kan Rd.
Thudhamar Rd.
Upper Pazundaung Rd.
Lower Pazundaung Rd.
ゴルフコース Golf Course
チャイッカレ Kyaik Kale
ミンガラドン・ゼー Mingalardon Bazaar
ダニュインゴン Da Nuin Gone
ミンガラドン Mangalardon
ウェバーチー Weibargi
アウンサン Aung San
ピャウカン Phawkan
オッカラパ Okkalapa
パユェセッゴン Pa Ywet Seik Cone
ユアマ Ywama
インセイン Insein
チャウイェトィン Kyauk Yae Twin
タダーレイ Tadalay
ジョゴン Gyogone
タマイン・ミョーチット Thamine Myothit
タマイン Thamine
イエグー Yaegu
オックチン Oakkyin
ティリミャイン Thiri Myaing
パラミ Parami
カンベ Kanbe
ライン Hlaing
カマーユ Kamaryut
トーチャウンカレー Toe Kyaung Ka Lay
ガモーイェ Nga Moe Yeik
レーダン Hledan
バウットー Bauk Htaw
ティンガンジョン Thingangyun
タムエ Tarmway
ニンゼイゴン Hnin Si gone
ハンタワディ Hanthawaddy
ミッタニュ Myitter Nyunt
チーミインダイ Kyee Mying Daing
チーミインダイ Kyee Myin Daing
マルアゴン Ma Hlwa Gone
パンライン Pan Hlaing
アーロン・ロード Ahlone Road
ピイ・ロード Pyay Road
シャン・ロード Shan Road
パズンダウン Pazundaung
ランマドー Lanmadaw
パゴダ・ロード Pagoda Road
ランティット Lan Thit
サーパーチャウン Sarpachaung
ボータタウン Botahtaung
アンジー Ant Gyi
タマタ Thamata
ナン・ティ・ダ Nan Thi Da
0 1 2km
N
A
B
1
2
3
4
5

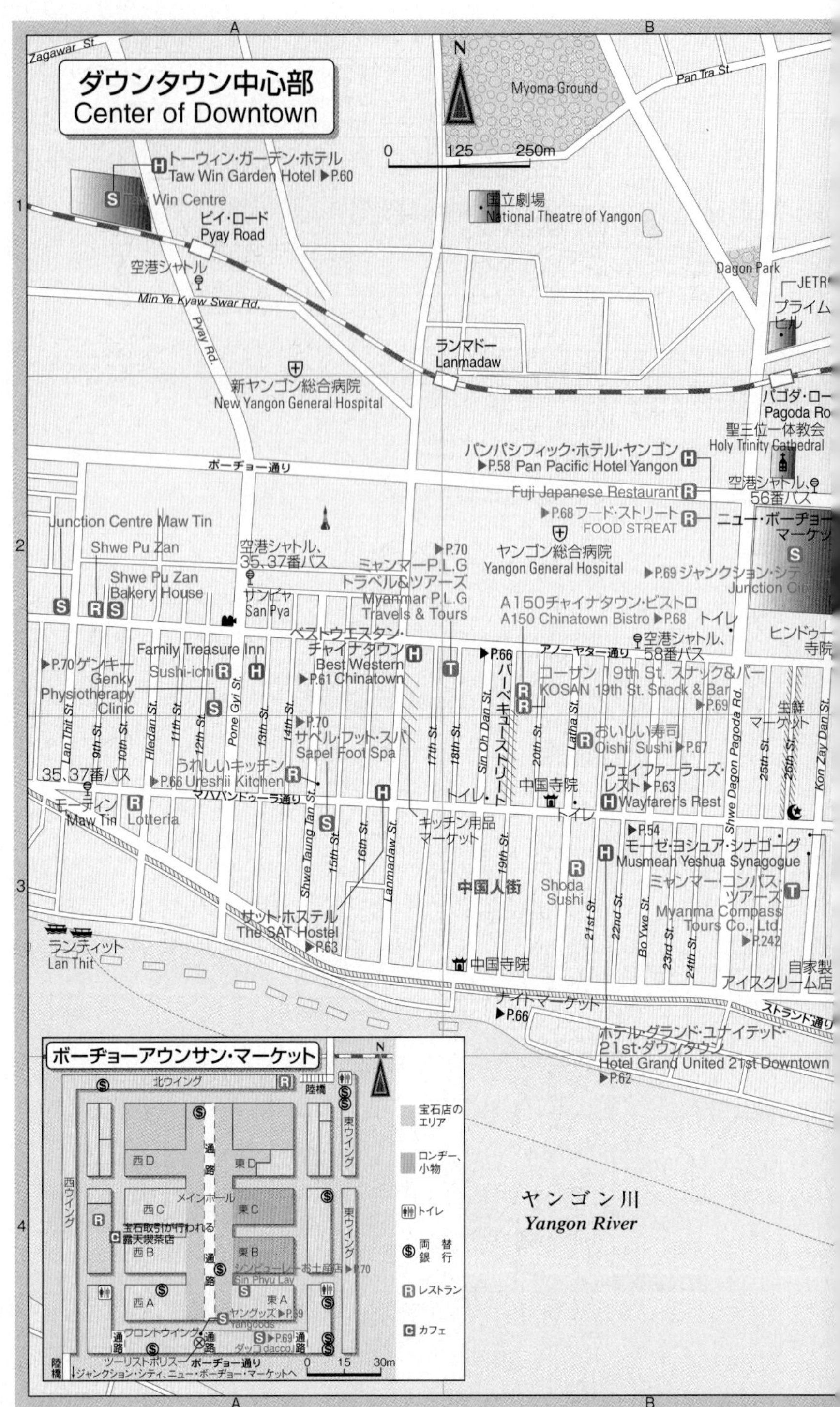
ダウンタウン中心部
Center of Downtown
Myoma Ground
Pan Tra St.
Zagawar St.
0 125 250m
トーウィン・ガーデン・ホテル
Taw Win Garden Hotel ▶P.60
Taw Win Centre
国立劇場
National Theatre of Yangon
ピイ・ロード
Pyay Road
空港シャトル
Dagon Park
JETRO
プライム・ヒル
Min Ye Kyaw Swar Rd.
Pyay Rd.
ランマドー
Lanmadaw
新ヤンゴン総合病院
New Yangon General Hospital
パゴダ・ロード
Pagoda Road
聖三位一体教会
Holy Trinity Cathedral
パンパシフィック・ホテル・ヤンゴン
▶P.58 Pan Pacific Hotel Yangon
ボーヂョー通り
Fuji Japanese Restaurant
空港シャトル、56番バス
▶P.68 フード・ストリート
FOOD STREAT
ニュー・ボーヂョー・マーケット
Junction Centre Maw Tin
Shwe Pu Zan
Shwe Pu Zan Bakery House
空港シャトル、35、37番バス
サンピャ
San Pya
▶P.70
ミャンマーP.L.G トラベル&ツアーズ
Myanmar P.L.G Travels & Tours
ヤンゴン総合病院
Yangon General Hospital
▶P.69 ジャンクション・シティ
Junction City
A150チャイナタウン・ビストロ
A150 Chinatown Bistro ▶P.68
トイレ
ヒンドゥー寺院
ベストウエスタン・チャイナタウン
Best Western
▶P.61 Chinatown
Family Treasure Inn
Sushi-ichi
▶P.70 ゲンキー
Genky Physiotherapy Clinic
▶P.66
アノーヤター通り
空港シャトル、58番バス
バーベキューストリート
コーサン 19th St. スナック&バー
KOSAN 19th St. Snack & Bar
▶P.69
生鮮マーケット
Lan Thit St.
9th St.
10th St.
Hledan St.
11th St.
12th St.
Pone Gyi St.
13th St.
14th St.
▶P.70
サペル・フット・スパ
Sapel Foot Spa
17th St.
18th St.
Sin Oh Dan St.
20th St.
Latha St.
おいしい寿司
Oishii Sushi ▶P.67
Shwe Dagon Pagoda Rd.
25th St.
26th St.
Kon Zay Dan St.
35、37番バス
うれしいキッチン
▶P.66 Ureshii Kitchen
マハバンドゥーラ通り
トイレ
中国寺院
ウェイファーラーズ・レスト ▶P.63
Wayfarer's Rest
モーティン
Maw Tin
Lotteria
Shwe Taung Tan St.
15th St.
16th St.
Lanmadaw St.
キッチン用品マーケット
19th St.
▶P.54
モーゼ・ヨシュア・シナゴーグ
Musmeah Yeshua Synagogue
中国人街
Shoda Sushi
ミャンマー・コンパス・ツアーズ
Myanma Compass Tours Co., Ltd.
▶P.242
サット・ホステル
The SAT Hostel
▶P.63
21st St.
22nd St.
Bo Ywe St.
23rd St.
24th St.
ランティット
Lan Thit
中国寺院
自家製アイスクリーム店
ナイトマーケット
▶P.66
ストランド通り
ホテル・グランド・ユナイテッド・21st・ダウンタウン
Hotel Grand United 21st Downtown
▶P.62
ボーヂョーアウンサン・マーケット
北ウイング
陸橋
東ウイング
西ウイング
西D
東D
通路
メインホール
西C
東C
宝石取引が行われる露天喫茶店
西B
東B
シンピューレー お土産店 ▶P.70
Sin Phyu Lay
西A
東A
ヤングッズ ▶P.69
Yangoods
フロントウイング
▶P.69
ダッコ dacco
ツーリストポリス
ボーヂョー通り
0 15 30m
ジャンクション・シティ、ニュー・ボーヂョー・マーケットへ
宝石店のエリア
ロンヂー、小物
トイレ
両替 銀行
レストラン
カフェ
ヤンゴン川
Yangon River

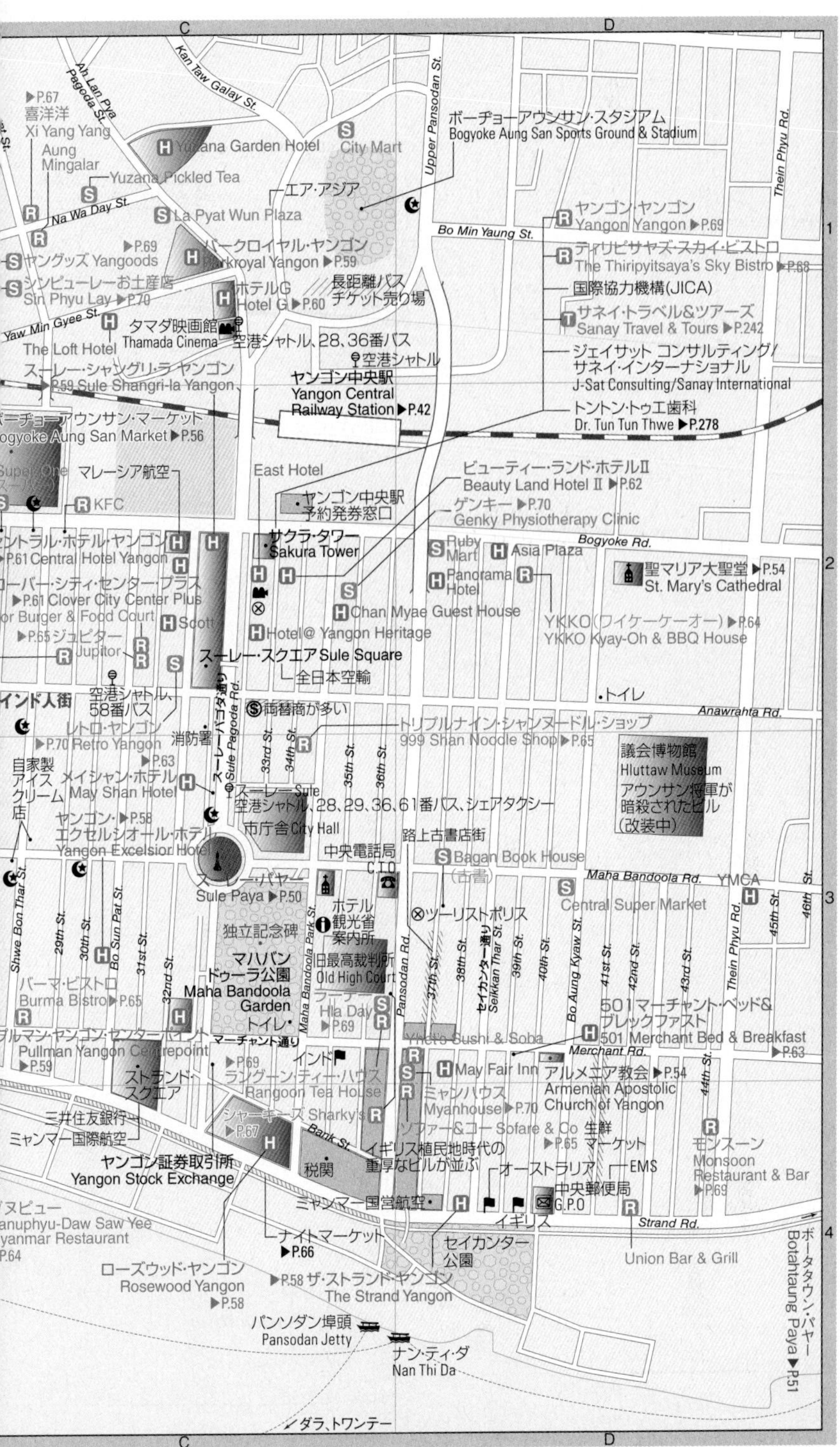
ボーヂョーアウンサン・スタジアム
Bogyoke Aung San Sports Ground & Stadium
ヤンゴン中央駅
Yangon Central Railway Station ▶P.42
スーレー・パヤー
Sule Paya ▶P.50
マハバンドゥーラ公園
Maha Bandoola Garden
市庁舎 City Hall
聖マリア大聖堂 ▶P.54
St. Mary's Cathedral
議会博物館
Hluttaw Museum
アウンサン将軍が暗殺されたビル（改装中）
ザ・ストランド・ヤンゴン
The Strand Yangon ▶P.58
ヤンゴン証券取引所
Yangon Stock Exchange
パンソダン埠頭
Pansodan Jetty
ナン・ティ・ダ
Nan Thi Da
中央郵便局
G.P.O
サクラ・タワー
Sakura Tower
スーレー・スクエア Sule Square
ボーチョーアウンサン・マーケット
Bogyoke Aung San Market ▶P.56
ボータタウン・パヤー
Botataung Paya ▶P.51
ダラ、トワンテー
Bogyoke Rd.
Anawrahta Rd.
Maha Bandoola Rd.
Merchant Rd.
Strand Rd.
Bo Min Yaung St.
Pansodan Rd.
Sule Pagoda Rd.
Upper Pansodan St.
Thein Phyu Rd.
Kan Taw Galay St.
Na Wa Day St.
Yaw Min Gyee St.
Bank St.

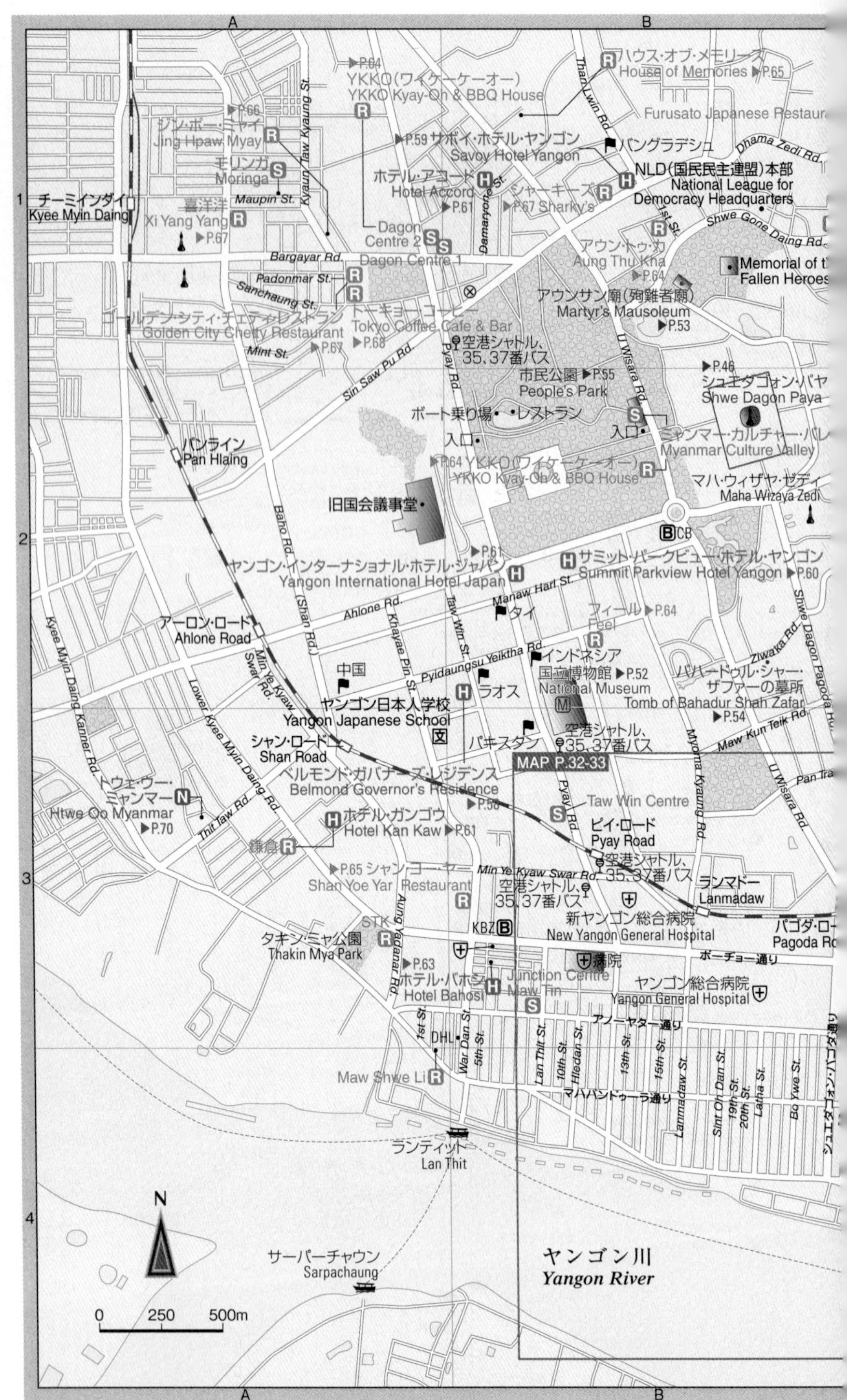

ハウス・オブ・メモリーズ
House of Memories ▶P.65
YKKO（ワイケーケーオー）
YKKO Kyay-Oh & BBQ House
▶P.64
Furusato Japanese Restaurant
ジン・ポー・ミャイ
Jing Hpaw Myay
▶P.66
▶P.59 サボイ・ホテル・ヤンゴン
Savoy Hotel Yangon
バングラデシュ
NLD（国民民主連盟）本部
National League for Democracy Headquarters
モリンガ
Moringa
ホテル・アコード
Hotel Accord
▶P.61
シャーキーズ
▶P.67 Sharky's
チーミインダイン
Kyee Myin Daing
喜洋洋
Xi Yang Yang
▶P.67
Maupin St.
Dagon Centre 2
Dagon Centre 1
Bargayar Rd.
Padonmar St.
Sanchaung St.
アウン・トゥ・カ
Aung Thu Kha
▶P.64
Memorial of the Fallen Heroes
アウンサン廟（殉難者廟）
Martyr's Mausoleum
▶P.53
ゴールデン・シティ・チェティ・レストラン
Golden City Chetty Restaurant
▶P.67
トーキョー・コーヒー
Tokyo Coffee Cafe & Bar
▶P.68
Mint St.
空港シャトル、35、37番バス
市民公園 ▶P.55
People's Park
▶P.46
シュエダゴォン・パヤー
Shwe Dagon Paya
ボート乗り場
レストラン
入口
ミャンマー・カルチャー・バレー
Myanmar Culture Valley
パンライン
Pan Hlaing
▶P.64 YKKO（ワイケーケーオー）
YKKO Kyay-Oh & BBQ House
マハ・ウィザヤ・ゼディ
Maha Wizaya Zedi
旧国会議事堂
CB
▶P.61
ヤンゴン・インターナショナル・ホテル・ジャパン
Yangon International Hotel Japan
サミット・パークビュー・ホテル・ヤンゴン
Summit Parkview Hotel Yangon ▶P.60
Manaw Hari St.
Ahlone Rd.
タイ
フィール ▶P.64
Feel
アーロン・ロード
Ahlone Road
Pyidaungsu Yeiktha Rd.
インドネシア
国立博物館 ▶P.52
National Museum
バハードゥル・シャー・ザファーの墓所
Tomb of Bahadur Shah Zafar
▶P.54
中国
ラオス
ヤンゴン日本人学校
Yangon Japanese School
パキスタン
空港シャトル、35、37番バス
Maw Kun Teik Rd.
シャン・ロード
Shan Road
MAP P.32-33
ベルモンド・ガバナーズ・レジデンス
Belmond Governor's Residence
▶P.58
トゥエ・ウー・ミャンマー
Htwe Oo Myanmar
▶P.70
Taw Win Centre
ピイ・ロード
Pyay Road
ホテル・ガンゴウ
Hotel Kan Kaw ▶P.61
鎌倉
▶P.65 シャン・ヨー・ヤー
Shan Yoe Yar Restaurant
Min Ye Kyaw Swar Rd.
空港シャトル、35、37番バス
空港シャトル、35、37番バス
ランマドー
Lanmadaw
新ヤンゴン総合病院
New Yangon General Hospital
パゴダ・ロード
Pagoda Road
KBZ
STK
タキン・ミャ公園
Thakin Mya Park
▶P.63
ホテル・バホシ
Hotel Bahosi
Junction Centre
Maw Tin
病院
ボーチョー通り
ヤンゴン総合病院
Yangon General Hospital
アノーヤター通り
DHL
Maw Shwe Li
マハバンドゥーラ通り
シュエダゴォン・パゴダ通り
Thanlwin Rd.
Dhama Zedi Rd.
Shwe Gone Daing Rd.
Kyaung Taw Kyaung St.
Damaryone St.
1st St.
U Wisara Rd.
Sin Saw Pu Rd.
Pyay Rd.
Baho Rd. (Shan Rd.)
Khayaee Pin St.
Taw Win St.
Shwe Dagon Pagoda Rd.
Ziwaka Rd.
Kyee Myin Daing Kanner Rd.
Lower Kyee Myin Daing Rd.
Min Ye Kyaw Swar Rd.
Thit Taw Rd.
Myoma Kyaung Rd.
Pan Tra
Aung Yadanar Rd.
1st St.
War Dan St.
5th St.
Lan Thit St.
10th St.
Htedan St.
13th St.
15th St.
Lanmadaw St.
Sint Oh Dan St.
19th St.
20th St.
Latha St.
Bo Ywe St.
ランティット
Lan Thit
N
0 250 500m
サーパーチャウン
Sarpachaung
ヤンゴン川
Yangon River
A
B
1
2
3
4

ダウンタウン〜シュエダゴォン・パヤー周辺 Downtown & Around Shwedagon Paya

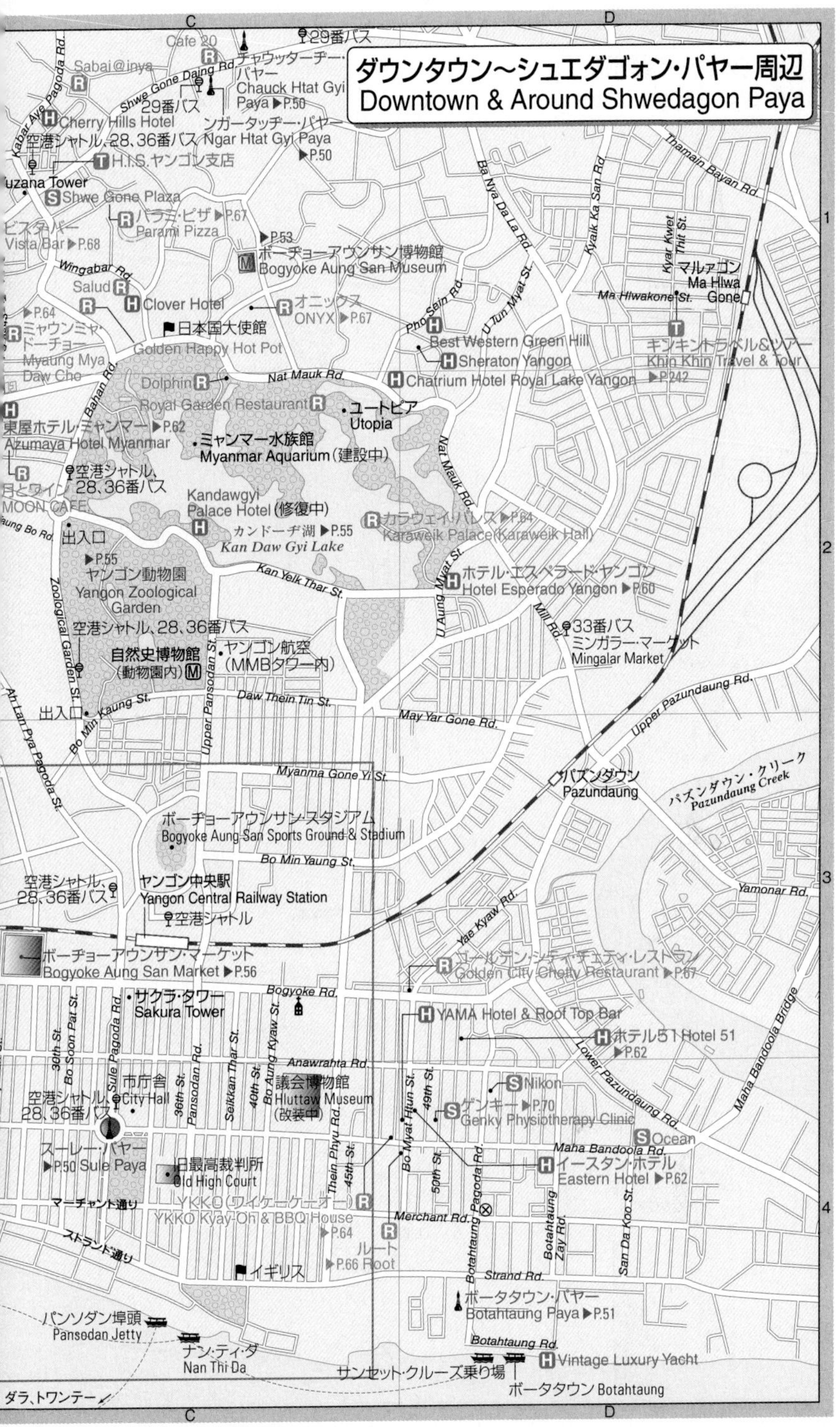
Cafe 20
29番バス
チャウッターヂー・パヤー
Chauck Htat Gyi Paya ▶P.50
Sabai@inya
Shwe Gone Daing Rd.
29番バス
ンガータッヂー・パヤー
Ngar Htat Gyi Paya ▶P.50
Kabar Aye Pagoda Rd.
Cherry Hills Hotel
空港シャトル、28、36番バス
H.I.S.ヤンゴン支店
Yuzana Tower
Shwe Gone Plaza
パラミ・ピザ ▶P.67
Parami Pizza
ビスタバー
Vista Bar ▶P.68
▶P.53
ボーヂョーアウンサン博物館
Bogyoke Aung San Museum
Wingabar Rd.
Salud
Clover Hotel
オニックス
ONYX ▶P.67
▶P.64
ミャウンミャ・ドーチョー
Myaung Mya Daw Cho
日本国大使館
Golden Happy Hot Pot
Bahan Rd.
Dolphin
Nat Mauk Rd.
Royal Garden Restaurant
ユートピア
Utopia
東屋ホテル・ミャンマー ▶P.62
Azumaya Hotel Myanmar
ミャンマー水族館
Myanmar Aquarium(建設中)
空港シャトル、28、36番バス
月とワイン
MOON CAFE
Kandawgyi Palace Hotel(修復中)
カンドーヂ湖 ▶P.55
Kan Daw Gyi Lake
カラウェイ・パレス ▶P.64
Karaweik Palace(Karaweik Hall)
出入口
▶P.55
ヤンゴン動物園
Yangon Zoological Garden
Kan Yelk Thar St.
Zoological Garden St.
空港シャトル、28、36番バス
自然史博物館(動物園内)
ヤンゴン航空(MMBタワー内)
Upper Pansodan St.
Daw Thein Tin St.
出入口
Bo Min Kaung St.
An Lan Pya Pagoda St.
May Yar Gone Rd.
Ba Nya Da La Rd.
Kyaik Ka San Rd.
Thamain Bayan Rd.
Kyar Kwet Thit St.
マルアゴン
Ma Hlwa Gone
Ma Hlwakone St.
Pho Sein Rd.
U Tun Myat St.
Best Western Green Hill
Sheraton Yangon
Chatrium Hotel Royal Lake Yangon
キンキントラベル&ツアー
Khin Khin Travel & Tour ▶P.242
Nat Mauk Rd.
ホテル・エスペラード・ヤンゴン
Hotel Esperado Yangon ▶P.60
U Aung Myat St.
Mill Rd.
33番バス
ミンガラー・マーケット
Mingalar Market
Upper Pazundaung Rd.
Myanma Gone Yi St.
パズンダウン
Pazundaung
パズンダウン・クリーク
Pazundaung Creek
ボーヂョーアウンサン・スタジアム
Bogyoke Aung San Sports Ground & Stadium
Bo Min Yaung St.
空港シャトル、28、36番バス
ヤンゴン中央駅
Yangon Central Railway Station
空港シャトル
Yamonar Rd.
Yae Kyaw Rd.
ボーヂョーアウンサン・マーケット
Bogyoke Aung San Market ▶P.56
ゴールデン・シティ・チェティ・レストラン
Golden City Chetty Restaurant ▶P.67
Bogyoke Rd.
サクラ・タワー
Sakura Tower
YAMA Hotel & Roof Top Bar
ホテル51 Hotel 51 ▶P.62
Lower Pazundaung Rd.
Maha Bandoola Bridge
30th St.
Bo Soon Pat St.
Sule Pagoda Rd.
36th St.
Pansodan St.
Seikkan Thar St.
40th St.
Bo Aung Kyaw St.
Anawrahta Rd.
市庁舎 City Hall
議会博物館
Hluttaw Museum(改装中)
Nikon
空港シャトル、28、36番バス
Thein Phyu Rd.
Bo Myat Htun St.
49th St.
ゲンキー ▶P.70
Genky Physiotherapy Clinic
Ocean
スーレー・パヤー
▶P.50 Sule Paya
旧最高裁判所
Old High Court
45th St.
50th St.
Maha Bandoola Rd.
イースタン・ホテル
Eastern Hotel ▶P.62
Botahtaung Pagoda Rd.
マーチャント通り
YKKO(ワイケーケーオー)
YKKO Kyay-Oh & BBQ House
▶P.64
Merchant Rd.
Botahtaung Zay Rd.
San Da Koo St.
ストランド通り
ルート
▶P.66 Root
イギリス
Strand Rd.
ボータタウン・パヤー
Botahtaung Paya ▶P.51
パンソダン埠頭
Pansodan Jetty
Botahtaung Rd.
ナン・ティ・ダ
Nan Thi Da
Vintage Luxury Yacht
サンセット・クルーズ乗り場
ボータタウン Botahtaung
ダラ、トワンテー
C
D
1
2
3
4

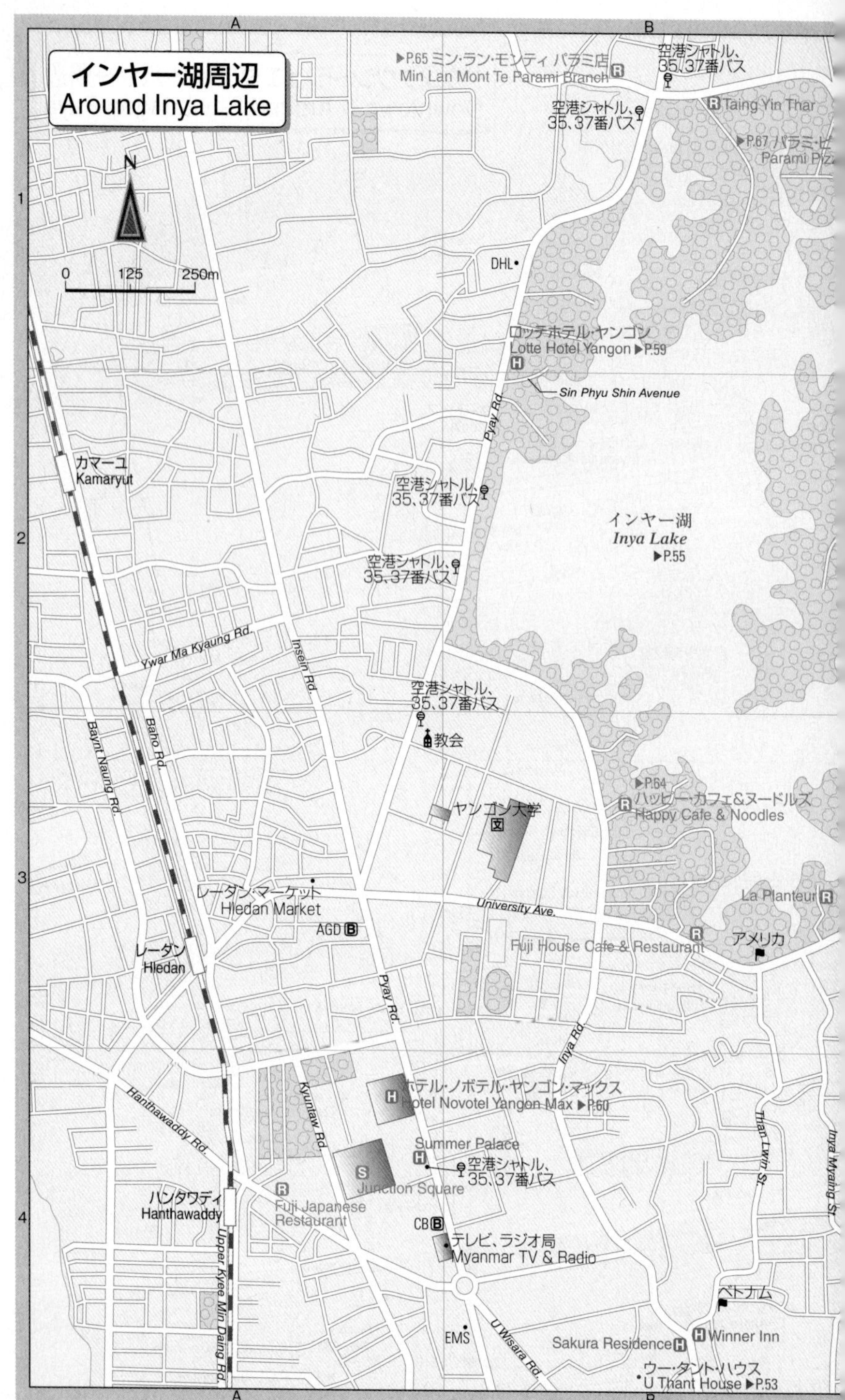

インヤー湖周辺
Around Inya Lake
N
0
125
250m
A
B
1
2
3
4
▶P.65 ミン・ラン・モンティ パラミ店
Min Lan Mont Te Parami Branch
空港シャトル、35、37番バス
Taing Yin Thar
▶P.67 パラミ・ピ
Parami Pizz
DHL
ロッテホテル・ヤンゴン
Lotte Hotel Yangon ▶P.59
Sin Phyu Shin Avenue
Pyay Rd.
カマーユ
Kamaryut
インヤー湖
Inya Lake
▶P.55
Ywar Ma Kyaung Rd.
Insein Rd.
教会
Baho Rd.
Baynt Naung Rd.
▶P.64
ハッピー・カフェ&ヌードルズ
Happy Cafe & Noodles
ヤンゴン大学
レーダン・マーケット
Hledan Market
University Ave.
La Planteur
AGD
Fuji House Cafe & Restaurant
アメリカ
レーダン
Hledan
Inya Rd.
ホテル・ノボテル・ヤンゴン・マックス
Hotel Novotel Yangon Max ▶P.60
Hanthawaddy Rd.
Kyuntaw Rd.
Summer Palace
Than Lwin St.
Inya Myaing St.
Junction Square
ハンタワディ
Hanthawaddy
Fuji Japanese Restaurant
CB
テレビ、ラジオ局
Myanmar TV & Radio
Upper Kyee Min Daing Rd.
ベトナム
EMS
U Wisara Rd.
Sakura Residence
Winner Inn
ウー・タント・ハウス
U Thant House ▶P.53

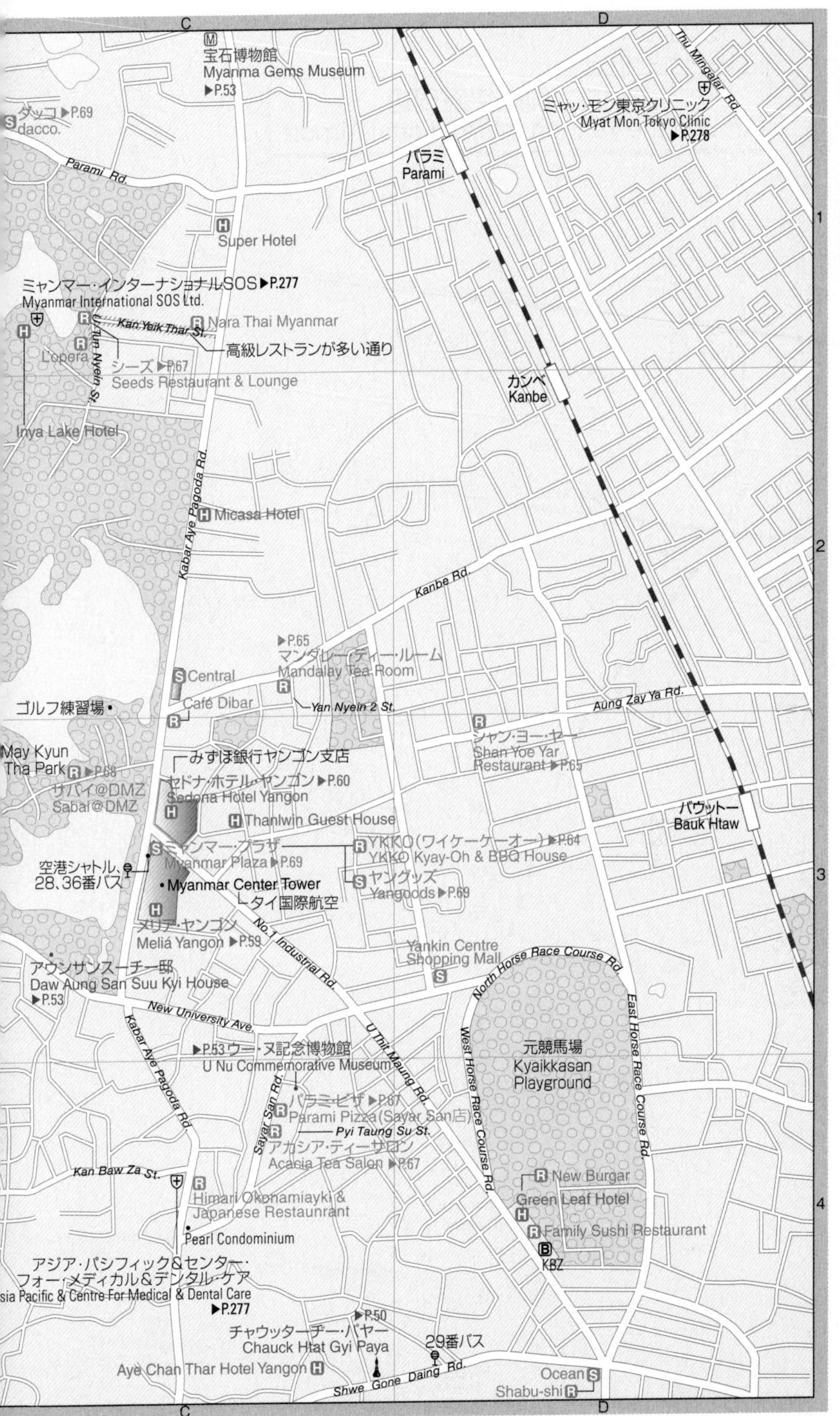
宝石博物館
Myanma Gems Museum
▶P.53
ダッコ▶P.69
dacco.
Parami Rd.
ミャッ・モン東京クリニック
Myat Mon Tokyo Clinic
▶P.278
Thu Mingalar Rd.
パラミ
Parami
Super Hotel
ミャンマー・インターナショナルSOS▶P.277
Myanmar International SOS Ltd.
Nara Thai Myanmar
Kan Yeik Thar St.
高級レストランが多い通り
L'opera
U Tun Nyein St.
シーズ▶P.67
Seeds Restaurant & Lounge
Inya Lake Hotel
カンベ
Kanbe
Kabar Aye Pagoda Rd.
Micasa Hotel
Kanbe Rd.
▶P.65
マンダレー・ティー・ルーム
Mandalay Tea Room
Central
Café Dibar
Yan Nyein 2 St.
ゴルフ練習場
Aung Zay Ya Rd.
シャン・ヨー・ヤー
Shan Yoe Yar
Restaurant▶P.65
May Kyun
Tha Park
▶P.68
サバイ@DMZ
Sabai@DMZ
みずほ銀行ヤンゴン支店
セドナ・ホテル・ヤンゴン▶P.60
Sedona Hotel Yangon
Thanlwin Guest House
バウットー
Bauk Htaw
ミャンマー・プラザ
Myanmar Plaza▶P.69
YKKO(ワイケーケーオー)▶P.64
YKKO Kyay-Oh & BBQ House
ヤングッズ
Yangoods▶P.69
空港シャトル、
28、36番バス
Myanmar Center Tower
タイ国際航空
メリア・ヤンゴン
Meliá Yangon▶P.59
No.1 Industrial Rd.
Yankin Centre
Shopping Mall
North Horse Race Course Rd.
アウンサンスーチー邸
Daw Aung San Suu Kyi House
▶P.53
New University Ave.
Kabar Aye Pagoda Rd.
▶P.53 ウー・ヌ記念博物館
U Nu Commemorative Museum
U Thit Maung Rd.
West Horse Race Course Rd.
元競馬場
Kyaikkasan
Playground
East Horse Race Course Rd.
Sayar San Rd.
パラミ・ピザ▶P.67
Parami Pizza(Sayar San店)
Pyi Taung Su St.
アカシア・ティーサロン
Acacia Tea Salon▶P.67
Kan Baw Za St.
Himari Okonamiayki &
Japanese Restaunrant
New Burgar
Green Leaf Hotel
Family Sushi Restaurant
KBZ
Pearl Condominium
アジア・パシフィック&センター・
フォー・メディカル&デンタル・ケア
sia Pacific & Centre For Medical & Dental Care
▶P.277
▶P.50
チャウッターヂー・パヤー
Chauck Htat Gyi Paya
29番バス
Aye Chan Thar Hotel Yangon
Shwe Gone Daing Rd.
Ocean
Shabu-shi
C
D
1
2
3
4

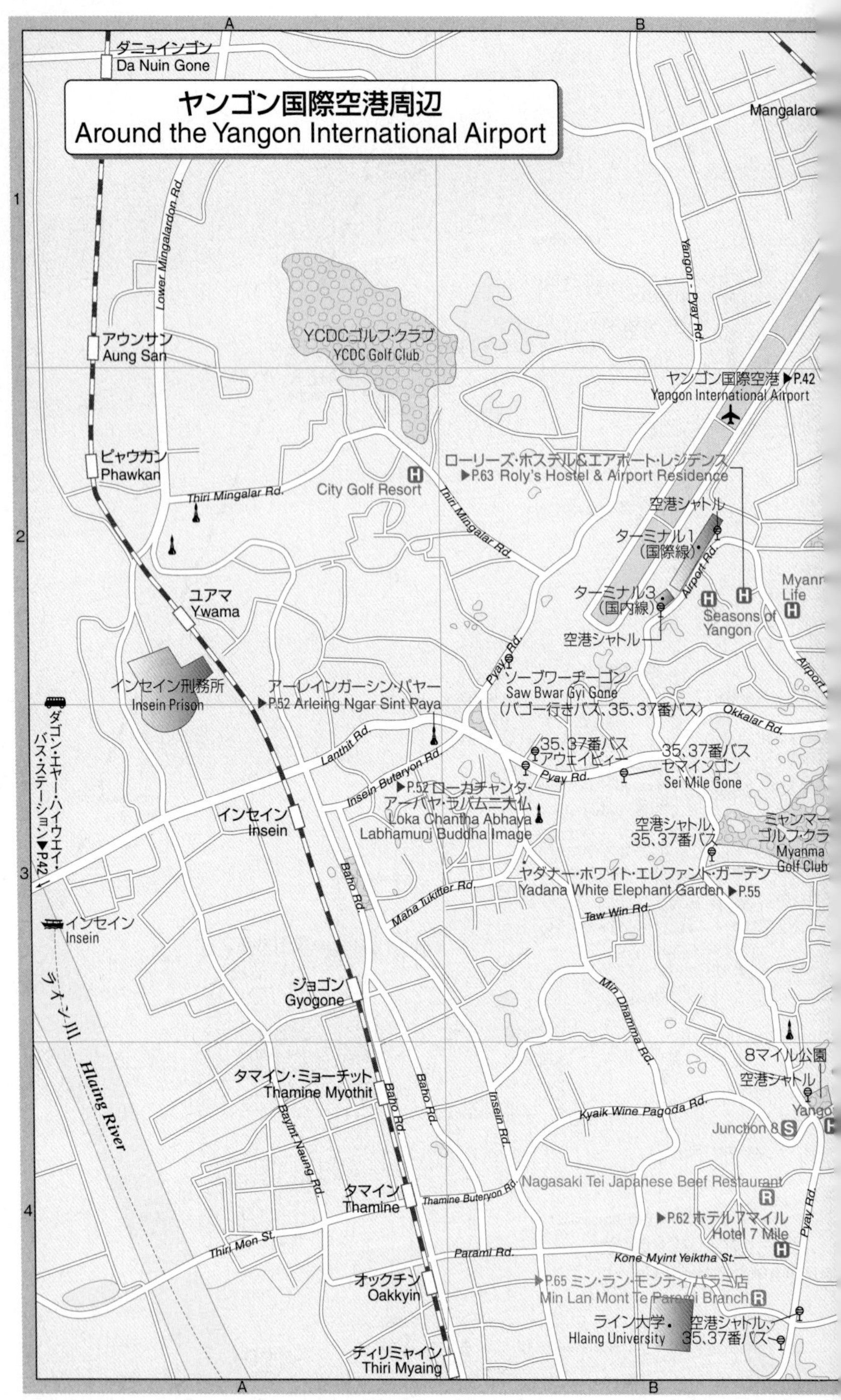
ヤンゴン国際空港周辺
Around the Yangon International Airport
ダニュインゴン
Da Nuin Gone
アウンサン
Aung San
ピャウカン
Phawkan
ユアマ
Ywama
インセイン刑務所
Insein Prison
ダゴン・エヤー・ハイウェイ・バス・ステーション▶P.42
インセイン
Insein
ジョゴン
Gyogone
タマイン・ミョーチット
Thamine Myothit
タマイン
Thamine
オックチン
Oakkyin
ティリミャイン
Thiri Myaing
インセイン
Insein
ラインン川
Hlaing River
YCDCゴルフ・クラブ
YCDC Golf Club
City Golf Resort
アーレインガーシン・パヤー
▶P.52 Arleing Ngar Sint Paya
▶P.52 ローカチャンタ・アーバヤ・ラバムニ大仏
Loka Chantha Abhaya Labhamuni Buddha Image
ヤダナー・ホワイト・エレファント・ガーデン
Yadana White Elephant Garden ▶P.55
ソーブワーヂーゴン
Saw Bwar Gyi Gone
(バゴー行きバス、35、37番バス)
35、37番バス
アウェイピィー
35、37番バス
セマインゴン
Sei Mile Gone
空港シャトル、
35、37番バス
ヤンゴン国際空港 ▶P.42
Yangon International Airport
ローリーズ・ホステル&エアポート・レジデンス
▶P.63 Roly's Hostel & Airport Residence
空港シャトル
ターミナル1
(国際線)
ターミナル3
(国内線)
空港シャトル
Seasons of Yangon
Myanmar Life
ミャンマー・ゴルフ・クラブ
Myanma Golf Club
Mangalaro
8マイル公園
空港シャトル
Junction 8
Nagasaki Tei Japanese Beef Restaurant
▶P.62 ホテルアマイル
Hotel 7 Mile
▶P.65 ミン・ラン・モンティ パラミ店
Min Lan Mont Te Parami Branch
ライン大学
Hlaing University
空港シャトル、
35、37番バス
Lower Mingalardon Rd.
Thiri Mingalar Rd.
Yangon - Pyay Rd.
Airport Rd.
Pyay Rd.
Okkalar Rd.
Lanthit Rd.
Insein Buteryon Rd.
Baho Rd.
Maha Tukitter Rd.
Taw Win Rd.
Min Dhamma Rd.
Insein Rd.
Bayint Naung Rd.
Kyaik Wine Pagoda Rd.
Thamine Buteryon Rd.
Thiri Mon St.
Parami Rd.
Kone Myint Yeiktha St.
A
B
1
2
3
4

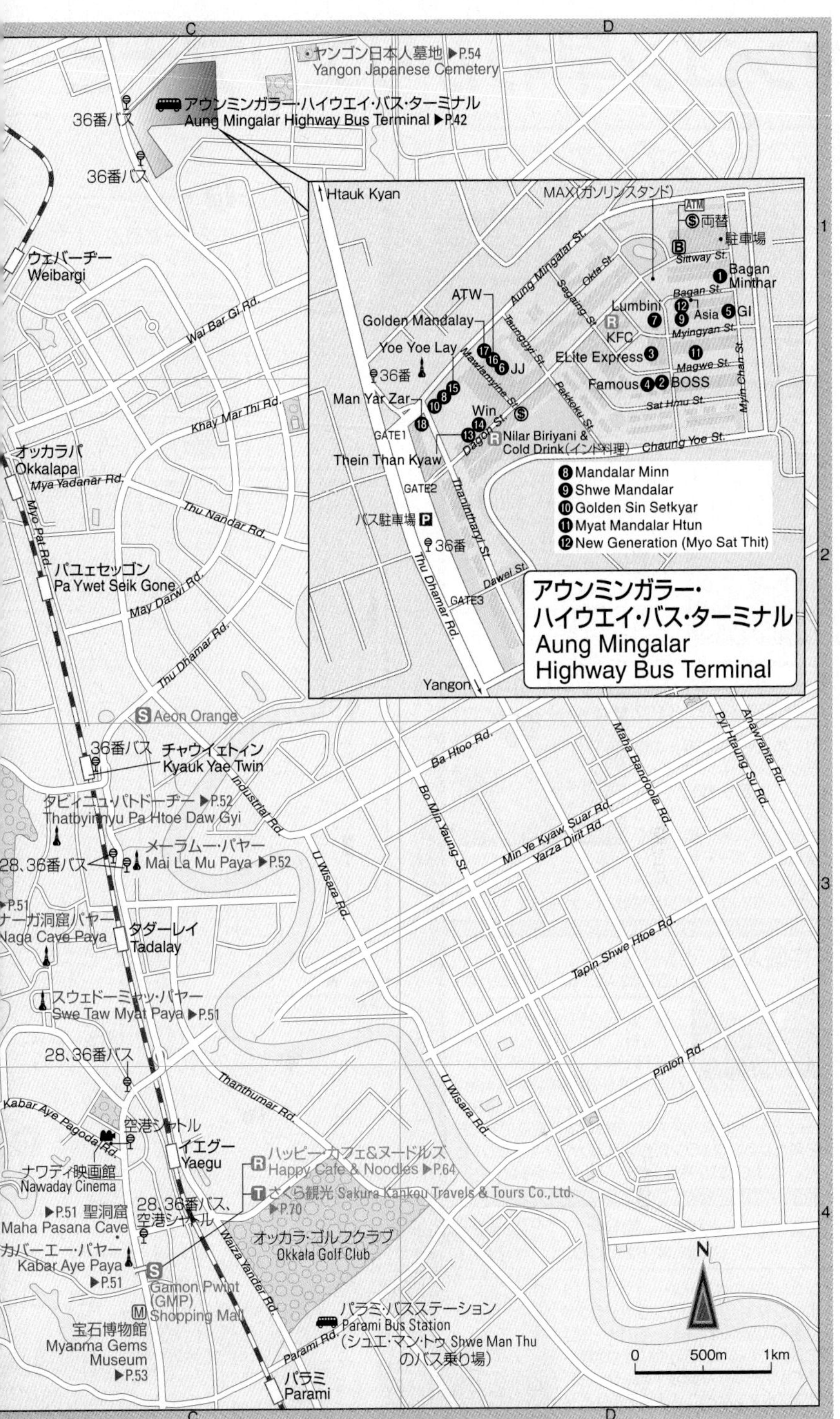
ヤンゴン日本人墓地 ▶P.54
Yangon Japanese Cemetery
アウンミンガラー・ハイウエイ・バス・ターミナル
Aung Mingalar Highway Bus Terminal ▶P.42
36番バス
36番バス
ウェバーヂー
Weibargi
Wai Bar Gi Rd.
Khay Mar Thi Rd.
オッカラパ
Okkalapa
Mya Yadanar Rd.
Myo Pat Rd.
Thu Nandar Rd.
パユェセッゴン
Pa Ywet Seik Gone
May Darwi Rd.
Thu Dhamar Rd.
Htauk Kyan
MAX(ガソリンスタンド)
ATM
両替
駐車場
Sittway St.
Bagan Minthar
Bagan St.
Asia
GI
Lumbini
KFC
Myingyan St.
ATW
Golden Mandalay
Yoe Yoe Lay
36番
JJ
ELite Express
Magwe St.
Famous
BOSS
Man Yar Zar
Win
Sat Hmu St.
GATE1
Nilar Biriyani & Cold Drink(インド料理)
Chaung Yoe St.
Thein Than Kyaw
Aung Mingalar St.
Okta St.
Sagaing St.
Taunggyi St.
Mawlamyine St.
Pakkoku St.
Myin Chan St.
Dagon St.
GATE2
Thaninthary St.
バス駐車場
36番
Thu Dhamar Rd.
Dawei St.
GATE3
Yangon
8 Mandalar Minn
9 Shwe Mandalar
10 Golden Sin Setkyar
11 Myat Mandalar Htun
12 New Generation (Myo Sat Thit)
アウンミンガラー・ハイウエイ・バス・ターミナル
Aung Mingalar Highway Bus Terminal
Aeon Orange
36番バス
チャウイェトィン
Kyauk Yae Twin
タビィニュ・パトドーヂー ▶P.52
Thatbyinnyu Pa Htoe Daw Gyi
Industrial Rd.
Ba Htoo Rd.
Bo Min Yaung St.
Maha Bandoola Rd.
Pyi Htaung Su Rd.
Anawrahta Rd.
Min Ye Kyaw Suar Rd.
Yarza Dirit Rd.
メーラムー・パヤー
Mai La Mu Paya ▶P.52
28、36番バス
U Wisara Rd.
▶P.51
ナーガ洞窟パヤー
Naga Cave Paya
タダーレイ
Tadalay
Tapin Shwe Htoe Rd.
スウェドーミャッ・パヤー
Swe Taw Myat Paya ▶P.51
28、36番バス
Pinlon Rd.
Thanthumar Rd.
U Wisara Rd.
Kabar Aye Pagoda Rd.
空港シャトル
イエグー
Yaegu
ナワディ映画館
Nawaday Cinema
ハッピーカフェ&ヌードルズ
Happy Cafe & Noodles ▶P.64
さくら観光 Sakura Kankou Travels & Tours Co., Ltd. ▶P.70
▶P.51 聖洞窟
Maha Pasana Cave
28、36番バス、空港シャトル
オッカラ・ゴルフクラブ
Okkala Golf Club
カバーエー・パヤー
Kabar Aye Paya ▶P.51
Gamon Pwint (GMP) Shopping Mall
Waiza Yandar Rd.
宝石博物館
Myanma Gems Museum ▶P.53
パラミ・バスステーション
Parami Bus Station
(シュエ・マン・トゥ Shwe Man Thu のバス乗り場)
Parami Rd.
パラミ
Parami
N
0
500m
1km

ヤンゴン早わかりエリアナビ

A カマーユ / レーダン / サンチャウン

MAP P.36-A3～B4、MAP P.34-A1～A2

カマーユとレーダンは、ヤンゴン大学の学生たちも多く集うエリア。ピイ通り沿いにホテルやショッピングモールのジャンクション・スクエアがある。その南にあるサンチャウンは手頃なアパートの多い居住エリアで、在住日本人も多い。ダウンタウンからも比較的行きやすく、新しいレストランやバーが増えている。

ジャンクション・スクエアはショッピングモールのさきがけ

B シュエダゴォン・パヤー周辺

MAP P.34-B1～B2

ヤンゴンのシンボル、シュエダゴォン・パヤー

ヤンゴン最大の見どころシュエダゴォン・パヤーを間近に見られるホテルやルーフ・トップバーが人気。シュエダゴォン・パヤーの北にあるダマゼティ通りとその周辺にはレストランが多い。

C ボーヂョーアウンサン・マーケット周辺

MAP P.32-B2～33-C2

2017 年にヤンゴン最大の複合施設ジャンクション・シティがオープン。世界の高級ブランドが並ぶショッピングモール、5つ星ホテルが入居。隣には庶民的なニュー・ボーヂョー・マーケットもオープンし、ボージョーアウンサン・マーケットがやや閑散としつつある。

発展するヤンゴンの象徴ジャンクション・シティ

D 中国人街、インド人街

MAP P.32-A2、B2～33-C2、C3

立派なヒンドゥー寺院もある多民族国家

スーレー・パゴダ通りの西はインド人街。安くておいしいインド料理店が多い。シュエダゴォン・パゴダ通りの西側は中国人街。バーベキューストリートこと 19th St.（→ P.66）や、ミャンマー人向け日本料理店で安くおなかを満たせる。ストランド通り沿いのナイトマーケットも人気だ。宿は US$10 程度の安いドミトリーが多数。

E スーレー・パヤー周辺

MAP P.32-B2～33-C3

ヤンゴンの中心はスーレー・パヤー。「8マイル」「9マイル」という交差点やランドマーク名称の起点はスーレー・パヤーだ。交通の拠点でもあり、各方面に行く路線バスの多くがスーレーに発着する。シャングリ・ラやプルマンなどの高級ホテルはビジネスマンに人気。

町歩きの起点ともなるスーレー・パヤー

古くからヤンゴンの中心は、スーレー・パヤー周辺に広がるダウンタウン。ホテルやレストランもこのエリアに集中していた。近年では民主化にともなう経済の発展、市街の発達にともない住宅街だった北部などの広い範囲にもホテルやレストランが増えている。エリアごとの大まかな特徴を把握して、ヤンゴンの全体像をつかんでおこう。

F インヤー湖周辺 / ヤンキン

MAP P.36〜37

インヤー湖のほとりにそびえる高級ホテル

市民のオアシスでもあるインヤー湖周辺には、湖畔に高級レストランが点在し、湖の風景を望む高級ホテルも続々オープン。カバーエー・パゴダ通りのミャンマー・プラザは、高級ホテル併設の大型ショッピングモール。その周辺にもモダンでしゃれたレストランがある。

G チャウッターヂー・パヤー周辺

MAP P.35-C1

チャウッターヂー・パヤーのあるバハン地区北部は、なだらかな丘陵地帯になっている。東西に走るシュエゴンダイン通りを中心に開けており、ショッピングモールや高級コンドミニアム、レストランが多い。

見晴らしのいい丘の上には仏塔や寺院が建つ

H カンドーヂ湖周辺

MAP P.35-C2〜D2

カンドーヂ湖周辺はヤンゴン市民憩いの場

カンドーヂ湖の北側は閑静なお屋敷街で、ボーヂョーアウンサン博物館や日本国大使館、高級レストランがある。南隣にあるヤンゴン動物園は家族連れの行楽地。2020年にはカンドーヂ湖畔に「ミャンマー水族館」がオープンする予定。

I ヤンゴン中央駅周辺

MAP P.33-C1〜C2

刻々と変貌するヤンゴン中央駅周辺

各地への鉄道や環状線の起点となるヤンゴン中央駅周辺では、大規模な再開発が進んでいる。ペニンシュラ・ホテルや高層オフィスビルなどが数年後に完成、環状線の高架化にともない駅の建物も近代的なビルになる予定。

J パンソダン通り〜ボータタウン

MAP P.33-C3〜D4

イギリス植民地時代の大型建物が並ぶパンソダン通りには、古い建物を保存活用したショップやレストラン、カフェが増えている。ボー・ミャッ・トゥン通り（MAP P.35-D4）沿いにはしゃれたバーや飲食店が並ぶ。

パンソダン通り周辺には植民地時代の建物が残る

N
0 1km
カバーエー・パゴダ通り
G チャウッターヂー・パヤー周辺
シュエゴンダイン通り
H カンドーヂ湖周辺
カンドーヂ湖
ヤンゴン中央駅
I ヤンゴン中央駅周辺
スーレー・パヤー
ボー・ミャッ・トゥン通り
パンソダン通り
J パンソダン通り〜ボータタウン
E スーレー・パヤー周辺

ヤンゴン国際空港
MAP P.38-B1～2
行き方 →P.43

空港ターミナル間を結ぶシャトル

アウンミンガラー・ハイウエイ・バス・ターミナル
MAP P.39-C1
行き方 →P.43

ダゴン・エヤー・ハイウエイ・バス・ステーション
MAP P.38-A3外
行き方 交通手段は路線バスかタクシーのみ。路線バスはスーレーのバス停（MAP P.33-C3）から61番に乗り、2時間～2時間30分、200K。タクシーはダウンタウンから早朝や深夜で約1時間～1時間30分、日中～夜は1時間30分～2時間30分かかる。8000～1万2000K。

長距離バスのチケット売り場

ヤンゴン中央駅
MAP P.33-C2
当日券売り場
開7:00～21:00 休なし
中央駅北側の正面入口から入ったホールに、路線別の窓口が並ぶ。
予約発券窓口
MAP P.33-C2
開7:00～15:00 休なし
中央駅構内ではなくボーヂョー通り沿いの建物。入口が2ヵ所ある。窓口は路線と座席の等級で異なる。購入時にパスポートの提示が必要。寝台とアッパークラスは利用の3日前、オーディナリークラスは前日から販売。主要路線の時刻表が掲示されているが、古いこともあるので注意。

国内交通の起点：空港、バスターミナル、鉄道駅

ヤンゴン国際空港 ターミナル3（国内線ターミナル） Yangon International Airport Terminal 3

国際線ターミナルから徒歩10～15分。ターミナル間のシャトルバスもある

2016年12月にオープンした国内線ターミナルは、明るくて広く、商業施設も充実。乗り継ぎの時間がある場合は、有料ラウンジ（ひとり1万K。ドリンク、スナック込み）も利用できる。

長距離バスターミナル Bus Station

国内各地への移動で最も利用されているのはバス。ハイウエイも整備され、バスのグレードも上がったので、安くて快適な旅を楽しめる。ヤンゴンのおもな長距離バスターミナルはふたつ。メインは、市街北部にあるアウンミンガラー・ハイウエイ・バス・ターミナルAung Mingalar Highway Bus Terminal。バガン、マンダレー、インレー湖、チャイティーヨー、南部のモウラミャインなどおもな観光地へのバスはここが発着点となる。西部のパテイン、チャウンター・ビーチ、ングエサウン・ビーチ行きのバスは、ヤンゴン川より約9km西にあるダゴン・エヤー・ハイウエイ・バス・ステーション Dagon Ayeyar Highway Bus Station（通称ライン・ターヤー Hlaing Thar Yar）発着。

おもなバスは、ヤンゴン中央駅北、ボーヂョーアウンサン・スタジアム南側に並ぶ長距離バスのチケット売り場（MAP P.33-C1）でチケットを購入できる。会社により扱うバスが異なるので注意。ホテルや町なかの旅行会社でも販売している。購入はできるだけ前日までに、パスポート持参で。長距離バスは基本的に指定席なので空席を教えてくれる。発車とチェックインの時刻、発車場所、バスターミナルまでのフェリー（→P.43）があるか、椅子のリクライニング、水やスナックの有無なども確認しよう。

ヤンゴン中央駅 Yangon Central Railway Station

ヤンゴン中央駅の駅舎は線路の北側、スーレー・パヤーから真っすぐ北へスーレーパゴダ通りを行くと、陸橋を渡った右側にある。

伝統的な建築デザイン

旅のヒント Hints

市内移動のお役立ちビルマ語

通り：ラン　လမ်း
（ピイ通りは「ピイ・ラン」）
交差点：ランゾォン　လမ်းဆုံ
マーケット：ゼー　ဈေး
鉄道駅：ブーター　ဘူတာ
空港：レイゼイッ　လေဆိပ်
バスターミナル：バスカーゲイッ　ဘတ်စ်ကားဂိတ်
バス：バスカー　ဘတ်စ်ကား

ヤンゴン国際空港とアウンミンガラー・ハイウエイ・バス・ターミナルへの交通ガイド

国内主要都市へのバスが発着するアウンミンガラー・ハイウエイ・バス・ターミナルと空港は、市街から遠いのが難点。ダウンタウンからの所要時間は、タクシー利用の場合で、どちらも早朝や深夜は30～40分。日中～夜は渋滞がひどいため、1時間30分～2時間かかる。バスの場合はさらに時間がかかる。

乗り物別の特徴をまとめた下の表を参考に、予算や時間的余裕に合わせて利用しよう。料金は高いが最も便利なのはタクシー。バスは時間がかかるし、空港へは乗り換えがあるので難度は高い。ある程度ビルマ語が話せ、時間もあり、とにかく節約重視の人は使ってみよう。おもな乗り物についてはP.44～45参照。

とにかく広いアウンミンガラー・ハイウエイ・バス・ターミナル

乗り物	ヤンゴン国際空港へ	アウンミンガラー・ハイウエイ・バス・ターミナルへ	注意点など
タクシー	流しのタクシーを路上でひろうか宿のスタッフに手配を頼む。 ◆ダウンタウンから7000K～。	流しのタクシーを路上でひろうか宿のスタッフに手配を頼む。 ◆ダウンタウンから8000K～。	特に早朝発の場合は、前日に宿のスタッフに手配を頼んだり、配車タクシーを予約しておこう。タクシーの場合、運転手にバスのチケットを見せれば、そのバス会社のオフィスの前まで行ってくれるが、ターミナル内も発着するバスやタクシーで混み合っており、たどり着くまで時間がかかる。
配車タクシー、メータータクシー	専用アプリまたは電話で予約する。Grab（→P.44）は予約時に合計金額が表示される。メータータクシーの料金は距離により自動的に計算され、渋滞や信号待ち時間も加算される。 ◆スーレー・パヤーから7000K程度～。渋滞の程度、早朝や深夜の割増などにより異なる。	専用アプリまたは電話で予約する。Grab（→P.44）は予約時に合計金額が表示される。メータータクシーの料金は距離により自動的に計算され、渋滞や信号待ち時間も加算される。 ◆スーレー・パヤーから8000K程度～。渋滞の程度、早朝や深夜の割増などにより異なる。	
空港シャトル	P.45掲載のバス停から乗車可能。 ◆一律500K。	－	車両は路線バスの流用なので、荷物置き場はない。便数が多いので、始発点スーレーのバス停（MAP P.33-C3）から利用すれば、席をゲットしやすい。
フェリー（ミニバスやピックアップ）	－	ボーヂョーアウンサン・スタジアム南側にある長距離バスのチケット売り場でチケットを購入すると、追加料金1000Kで、このチケット売り場からバスターミナルまでのフェリー（ミニバスやピックアップ）を付けられる。	ボーヂョーアウンサン・スタジアム南にある長距離バスチケット売り場での集合は、バスの発車時刻の約2時間前になる。必ず時間を確認して、遅れないようにしよう。 一部のVIPバスはここに発着するので要確認。
シェアタクシー	－	スーレーのバス停近くにある乗り場（MAP P.33-C3）からアウンマハー・タクシーキャブ（→P.44）のシェアタクシーに乗る。1000K。12人揃うと随時出発。帰りは、バス駐車場（MAP P.39-D1）発になる。	長距離バスはそれぞれのバス会社のオフィス前に発着する。路線バスやシェアタクシーの停留所からは歩いて、そのオフィスを自力で探すことになる。バスターミナルはとにかく広く、整備されていないのでわかりづらい。自分が乗るバスのオフィスにたどり着くのにとても時間がかかるので、遅くともチェックインの1時間くらい前には着くようにしたい。 路線バスやピックアップは、大きな荷物があると乗れないこともあるので注意。
路線バス	サンピャ（MAP P.32-A2）のバス停などから35、37番に乗り、セマインゴン（MAP P.38-B3）で下車、200K。そこからタクシーで2000K程度。徒歩だと目的の空港ターミナルビルにより20～30分。空港シャトルかタクシーの利用が現実的。	スーレーのバス停（MAP P.33-C3）から36番バスに乗る。200K。バスターミナル前のバス停はふたつあるが、南側のバス駐車場前で降りたほうが中に入りやすい。	
環状線	パユェセッゴン駅（MAP P.39-C2）から約2km。目的のターミナルビルにより徒歩25～40分。	途中下車し、タクシーやバスに乗り換えて行けなくはないが、節約のためなら最初からバスを使ったほうがいい。	本数が少ないので注意。通常駅にタクシーは待機していないので、徒歩か配車タクシーで。

渋滞するヤンゴンの大通り

ヤンゴンの市内交通ガイド

急増するタクシーや自家用車に道路事情が追いつかず、渋滞がひどいヤンゴン。おもな見どころは市内に点在しているので、臨機応変に交通手段を選択して、効率よく回ろう。

タクシー Taxi

車体にはライセンス番号が表示されており、車内にはライセンスカードも掲示されている

日本の中古車が多く、エアコン付きの車もある。日本同様に路上で手を挙げれば、空車の場合は停まってくれる。料金は交渉制なので、乗り込む前に行き先を伝えて交渉しよう。最低料金は1000K。徒歩5～10分くらいの距離なら1000～1500Kだが、近くてもとにかく2500Kとふっかけてくる運転手も多い。夜間は割増料金になる。道がわからない場合、運転手が電話をかけて調べてくれることも多いので、目的地の住所だけでなく電話番号も控えておこう。

●配車タクシー

都市部では配車サービスが多く利用されている。当初は4社ほど参入していたが、2020年1月現在圧倒的に利用されているのがGrab。アプリ上で出発地と目的地を指定すると料金が表示される。目的地は住所、ビルや物件名、あるいは地図からも指定できる。一般のタクシーに比べると料金が割安なことが多く、運転手の評価システムもあるため、交渉した場合と同じ料金だったとしても積極的にエアコンを使ってくれるなどサービスもいい。アプリの使い方はP.290参照。

●Grab URL www.grab.com/mm

●シェアタクシー

スーレー・パヤーとアウンミンガラー・ハイウェイ・バス・ターミナルを結ぶ乗合タクシー。料金は1000K。12人集まったら随時出発する。

●アウンマハー・タクシーキャブ
Aung Mahar Taxi Cab
乗車場所 MAP P.33-C3
スーレーのバス停近くに停まっている。特にバス停はない。だいたい4:00～21:00の間運行。

路線バス（市バス） Bus

ヤンゴン市民に最も利用されている乗り物が路線バス。主要路線に投入されている新車はエアコンもよく効いており快適。

2017年にJICAの協力でシステムが刷新され劇的に便利になった。路線は番号で区別される。ルートとバス停の位置は公式ウェブサイトやアプリ（→P.290）で確認できる。アプリでは最寄りのバス停やそのバス停を通る路線も検索可能。料金は路線により200Kか300K。前乗り後ろ降りで、乗車時運転手の脇にある料金箱に料金を投入する。おつりは出ないので、ぴったりの金額がない場合は利用を諦めるか、ほかの乗客から集めて支払う（料金300Kなのに500K札しかない場合、次の乗客から300Kを受け取って600Kを料金箱に投入する）。

●ヤンゴン管区交通管理局（YRTA）/ Yangon Bus Service（YBS）
URL yangonbus.com FB YangonBus

ルートはコレでチェック！

方面別カラー
ダウンタウン循環
東方面
南方面
北方面
主要路線の連絡

フロントガラス上部左右の数字がルート番号

フェリー Ferry

パンソダン埠頭（MAP P.33-C4）と対岸のダラを結ぶフェリーがある。5:30～21:00の間20～30分おきに運航、所要約7～8分。船は日本から援助されたもので日本人は無料。乗り場入口にある切符売り場は素通りし、左奥にある小部屋でパスポートを見せ氏名やパスポート番号などを記入する。その際あやしげな人物が係員のようなふりをしていろいろ話しかけてくるが、全員詐欺師なので一切相手にしないように（→P.56）。船内では外国人専用のエリア（2階前方）にある椅子に座ること。それ以外のエリアにある椅子は有料（50K）。

水上バス Water Bus

水上バスは新造船

ヤンゴン川を行き来する水上バスも運航されている。ボータタウンBotahtaung ～インセインInseinを約1時間40分で結び、途中ナン・ティ・ダNan Thi Da、ランティットLan Thit、チーミインダイKyimyindaing、ラインHlainに停まる。料金は1200～1500K。1日6便と数が少ないので、ウェブサイトで時刻をチェックしてから出かけよう。URL www.yangon-waterbus.com

注：乗用車に乗る際は、全員シートベルト着用が義務づけられている。違反の場合は3万K以上の罰金を取られることがあるので、タクシー利用の際は注意しよう。

環状線（鉄道） Circular Train

ヤンゴンにはミョパッ・ヤターと呼ばれる鉄道の環状線があり、全38駅を各駅に停車しながら、約3時間で一周する。バスやタクシーからでは見られない、地元の人たちの生活風景が垣間見えて興味深い。料金は1周200K、区間利用は100K。チケットは、ヤンゴン中央駅の6・7番線ホームにある売り場で購入する。出発時刻は切符売り場に掲示されている。路線はP.31の地図参照。

■環状線時刻表

ヤンゴン中央駅発（一周）	
右回り	左回り
7:45	8:35
8:20	9:05
10:05	10:50
10:40	11:30
13:10	13:10
14:15	14:30
17:00	17:55

（変更が多いので注意）

❶JRからの譲渡車両も使っている環状線。日本の円借款により、車両と信号システムが改良される予定 ❷ドアも窓も全開で走る ❸郊外の車窓はのどかな田園風景

ピックアップ Pick Up（Line Car）

屋根の上にも荷物満載のことも

トラックの荷台を改造して座席を取り付けた車で、決まったルートを走るローカルバス。荷台は人と荷物でぎゅうぎゅう詰め、屋根にも荷物が載る。運転手は英語がわからないことが多いが、目的のバス停や施設の名前を乗るときにはっきり伝えること。ダウンタウンではあまり見かけなくなったが、空港やアウンミンガラー・ハイウェイ・バス・ターミナル方面などでは走っており、料金は100K～。地方では鉄道駅と町、町と町を結ぶ路線が観光にも使える。

サイカー Saycar

近場の移動に便利なサイカー

自転車の横にふたり分の座席を背中合わせに取り付けた三輪の乗り物。語源は英語の「サイドカー」。路地や市場近くに設けられたサイカースタンドで客待ちしている。料金は500K～。ダウンタウンでは年々減っており、走行できるエリアもかぎられているが、郊外や地方ではまだ市民の足として活躍中。遠くの道は不案内なことが多く、利用するなら近場で。料金は乗る前にきちんと交渉しよう。

旅のヒント Hints

ヤンゴン国際空港行きバスは安くて便利

ヤンゴン国際空港とダウンタウンを結ぶバスの空港シャトル Airport Shuttleはとても便利。毎日4:30～22:00の間、約5～10分間隔で運行、料金は一律500K。2路線あるので、途中下車する場合は、乗車時に運転手などに路線を確認しよう。

空港～カバーエー・パゴダ通りルート	
バス停名称（往路／復路）	地図
Yangon International Airport Terminal 1、3	P.38-B2
8 Mile Park	P.38-B4
Nawaday	P.39-C4
Kabar Aye	P.39-C4
Lan Ni Lay	P.37-C3
Hnin Si Gone Home For Aged	P.35-C1
Bahan 3rd St.	P.35-C2
Kyauk Taing	P.35-C2
Yangon Central Railway Station/York St.	P.33-C1、P.35-C3
Sule	P.33-C3、P.35-C4

空港～ピイ通りルート	
バス停名称（往路／復路）	地図
Yangon International Airport Terminal 1、3	P.38-B2
9 Mile	P.38-B3
8 Mile Park	P.38-B4
7 Mile	P.38-B4
AD	P.36-B1
Ta Dar Phyu	P.36-B2
Marlar	P.36-A3
Seik Pyo Yay	P.36-A4
Myay Ni Gone	P.34-B1
Pegu Club	P.34-B3
Saint John	P.32-A1
Yangon General Hospital/San Pya	P.32-A2
Bogyoke Market/Latha St.	P.32-B2
Sule	P.33-C3、P.35-C4
Yangon Central Railway Station	P.33-C1、P.35-C3

安くて便利な空港シャトル

※利用状況や乗客数などにより、運行頻度や時間が変わる可能性がある。運行状況については、現地で最新情報の確認を。

ヤンゴンを見守る
ミャンマー最大の聖地

シュエダゴォン・パヤー

ミャンマーを訪れたらぜひ足を運びたいこの国最大の聖地

シュエダゴォン・パヤー Shwe Dagon Paya ရွှေတိဂုံဘုရား

ヤンゴン市街の北、シングッダヤの丘に金色に輝くシュエダゴォン・パヤーは、「聖なる」という言葉のもつどこか近づきにくいイメージとは裏腹に、強烈過ぎるほど人を引き寄せる力をもっている。その聖なる力に誘われて、国内外から大勢の善男善女が、毎日引きも切らずにお参りにやってくる。

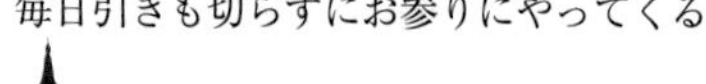

シュエダゴォン・パヤーの歴史

この仏塔の歴史は、今から2600年以上も昔に遡るといわれている。言い伝えによれば、タポゥタとパッリカという兄弟の商人が、インドで仏陀と出会って8本の聖髪をもらいうけ、紀元前585年にこの地に奉納したのがシュエダゴォン・パヤーの起源。それ以降たび重なる拡張工事の末、ついに大小合わせて60余りの塔に囲まれた大仏塔となった。

何度もの地震に耐えてきた現在の仏塔の原型は、15世紀中期に時の権力者でバゴーの女王シンソープによって完成されたとされる。ヤンゴンがダゴォンと呼ばれていたはるか昔から、やがて東西通商の町として栄え、1755年にアラウンパヤー王に破壊され、後にヤンゴンとして復活……。そんなヤンゴンの歴史を、シュエダゴォン・パヤーはずっと、シングッダヤの丘の上から見守っていたのである。

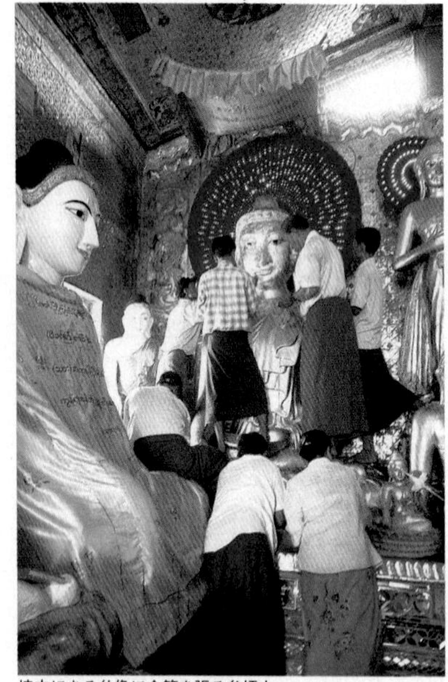

境内にある仏像に金箔を張る参拝人

シュエダゴォン・パヤー徹底解析

立体図（→P.48）を見ながら散策してみよう。タクシーで市内から向かうと、最も便利なのが南参道口。右側には大きなライオンが仏塔を守るように置かれており、その後方の丘の上に黄金に輝く大きな塔が見える。ミャンマー国民憧れの地シュエダゴォン・パヤーが、今目の前にある。さっそく参拝することにしよう。

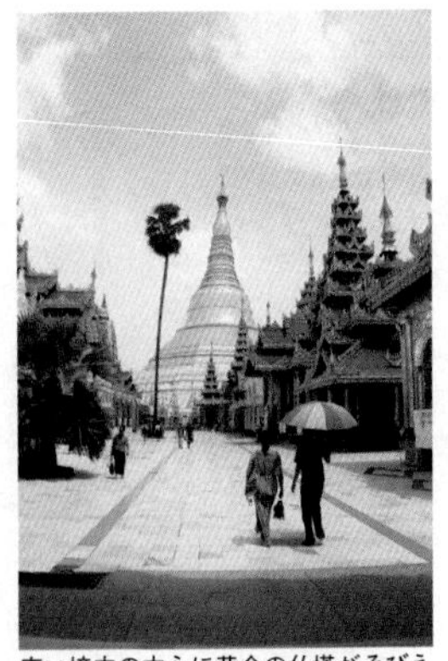
広い境内の中心に黄金の仏塔がそびえ立つ

南参道口からは104段の階段かエレベーターを使って昇ることができる。エレベーターを使って楽をしてもいいが、のんびりと階段で行くのも楽しい。階段は全体が屋根で覆われており風が吹き渡るので意外に涼しいし、両側にはたくさんの店が並んでいて飽きない。仏像売りの店、お供え用の花屋、寄進用の金箔屋、仏教説話を扱っている本屋、みやげ物屋など、商売の種類も豊富だ。

104段の階段を上り終えると、履き物の預かり所がある。必ずしも預ける必要はないが、持ち歩くのが面倒な人は利用しよう。

この内側は、いよいよ仏塔の中心部だ。灼熱の太陽の下、まばゆいばかりの輝きを見せる黄金の塔。その高さは99.4m、基底部の周囲は433m、使われている金箔の数だけでも8688枚といわれている。塔の最頂部には1個76カラットのダイヤモンドをはじめ、総計5451個のダイヤモンドと1383個のルビー、ほかにもヒスイなどの宝石がちりばめられているという。すべては善男善女の寄進によるもの。この国の人々の信仰のあつさがしのばれる。

境内いたるところに祈りのための場所があり、人々が集っている

シュエダゴォン・パヤー
行き方 ダウンタウンからタクシーで2000～2500K。タクシーで敷地内に入る場合、別途通行料50K。バス12、26、29、36、61、87番が近くを通る。
MAP P.34-B2
開 5:00～21:00　休 なし
料 1万K（地図付き）
拝観料は、南参道ではエレベーター近くの外国人用入口で、それ以外は参道を上りきった所にあるブースで支払う。拝観料を払うとチケットとシールをくれるので、胸などよく見える場所に張っておくこと。シールは出入口により色分けされている。帰り道に迷ったときはこのシールを見せればどの出入口から入ったか教えてもらえる。
※境内に無料Wi-Fiあり。外国人旅行者用カウンターで1枚30分有効のアクセスカードをもらえる。

Information

ビニール袋をもらったら心づけを
仏塔は土足厳禁。参道口では履き物を入れるためのビニール袋を配っている。もらう際に100K程度の心づけを渡そう。

押し売りガイドに注意
境内を散策していたり、仏像を眺めていると、近寄ってきて勝手にガイドを始める輩がいる。これは親切ではなく、押し売りガイド。説明終了後にチップを求められて気分を害することになる。不要な人は最初にきっぱりと断ろう。シュエダゴォン・パヤー以外の場所にも出没するので注意。

旅のヒント Hints

シュエダゴォン・パヤーのお参りスポット

境内の東西南北にはそれぞれ祈祷堂があり、それぞれにシュエダゴォン・パヤーにゆかりのある仏陀像が祀られている。東には1番目の仏陀カクタンKakusandha（P.48立体図①）、南には2番目の仏陀コーナゴォンKawnagammana（Ⅱ）、西には3番目の仏陀カタパKassapa（Ⅲ）、そして北には4番目の仏陀ゴータマGautama（Ⅳ）が配置され、各々の聖遺物、「杖」「水濾し」「浴衣」「8本の聖髪」がシュエダゴォン・パヤーに奉納されたといわれている。

仏塔の外周に沿ってところどころ小さな祭壇があり、人々がお参りしている。これがミャンマー伝統暦、「八曜日」（→P.24）の守護像だ。各曜日は方位も表し、当該の方位にそれぞれの祭壇が据えられている。またこの八曜日制は星や動物にも置き換えられ、その曜日に生まれた人間の人生に支配的な性質を与えるとされている。

自分が生まれた曜日の祠にお参りする

シュエダゴォン・パヤー 境内必見スポット

Shwe Dagon Paya

シュエダゴォン・パヤー境内は、中央の仏塔を取り巻く回廊を右回りに歩けば、約2時間で必見スポットをもれなく見ることができる。ここでは南参道から回る順に紹介している。

仏像の前に集まる善男善女

自分の生まれた曜日の祠に水をかけてお参りする（→P.24）

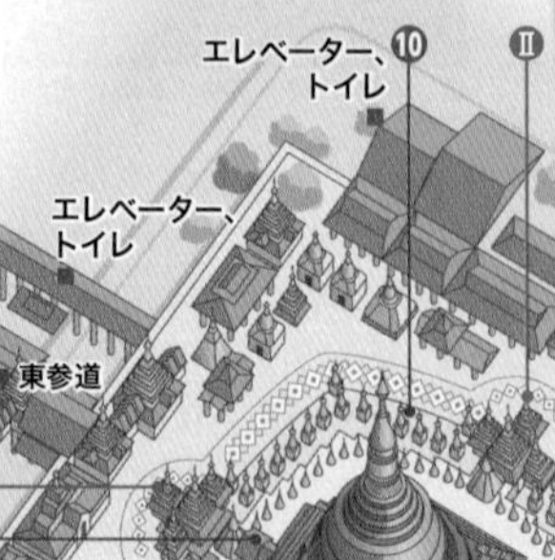

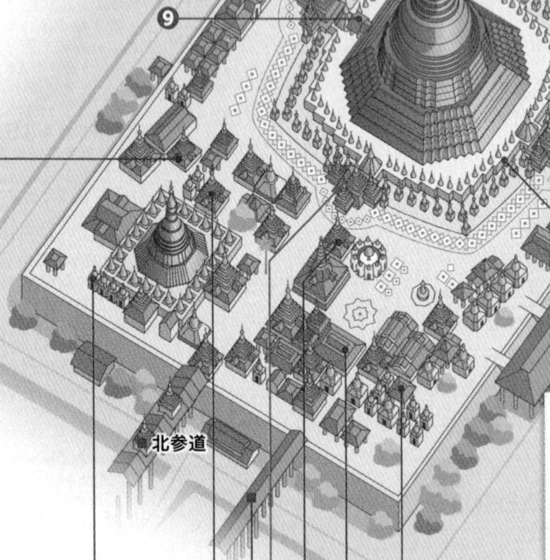

チンテー（獅子）が両脇を守る参道の入口

シュエダゴォン・パヤー境内案内

マップ番号の説明

❶ボー・ボー・ヂー像
Figure of Boh Boh Gyi

❷オッカラパ王の像
Image of King Okkalapa

❸シンソープー仏像
Shin Saw Pu's Buddha Image

❹ギャラリー
Photo Gallery

❺聖髪洗いの井戸
Sacred Hair Relic Washing Well

❻シン・イザーゴナ仏像
Shin Izzagona's Buddha Image

❼ボー・ミン・ガウン像
Figure of Bo Min Gaung

❽ターヤーワディー王の鐘
King Tharyarwady's Bell

❾ルビーの眼の仏像
The Padamya Myetshin Image

❿子供を抱いたブラフマー（梵天）
Child Clutching Brahma

・P.47 コラムの仏像

Ⅰカクタン仏
Kakusandha Buddha Image

Ⅱコーナゴォン仏
Kawnagammana Buddha Image

Ⅲカタパ仏
Kassapa Buddha Image

Ⅳゴータマ仏
Gautama Buddha Image

1 願いかなえます
ボー・ボー・ギー像
Figure of Boh Boh Gyi

願いごとをかなえてくれる2体のナッ神の像が祀られている廟。参拝後、廟の前にある石を軽々と持ち上げられれば、その願いはかなうとされる。

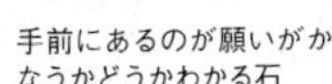

手前にあるのが願いがかなうかどうかわかる石

2 シュエダゴォン・パヤー創健者
オッカラパ王の像
Image of King Okkalapa

シュエダゴォン・パヤー建立者とされるオッカラパ王の像。大仏塔外縁部に並ぶ祠の内側にあるので、見逃さないように。

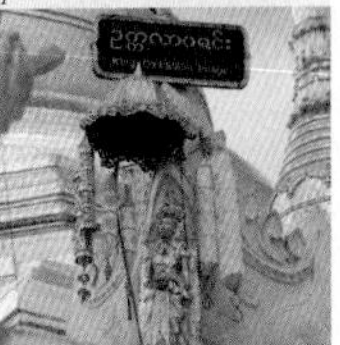
意外と小さいのでよく探して

3 ミャンマー唯一の女王が寄進
シンソープー仏像
Shin Saw Pu's Buddha Image

ミャンマー史上唯一の女王シンソープーの寄進による仏像。モン族で敬虔な仏教徒だったシンソープーは、シュエダゴォン・パヤーを大きく改修して現在見られる姿の原型を整えたとされる。

ミャンマー人に人気の高い歴史上の人物が寄進

4 見えない所もここでバッチリ
ギャラリー
Photo Gallery

シュエダゴォン・パヤーの画像が展示されたギャラリー。仏塔に施された細かい装飾など、見えない所がどうなっているのかよくわかる。

細部まで手の込んだ装飾が施されているのがわかる

5 井戸の上に建てられた仏塔
聖髪洗いの井戸
Sacred Hair Relic Washing Well

シュエダゴォン・パヤーに仏陀の聖髪をもたらしたタポゥタとパッリカのふたりが、持参した仏陀の聖髪を奉納前に洗った井戸。仏塔が建てられており、井戸は見えない。

井戸の上に建てられている立派な仏塔

6 伝説の主人公が仏像に
シン・イザーゴナ仏像
Shin Izzagona's Buddha Image

別名を「ヤギの右目と牛の左目をもつ錬金術師の仏像」。ミャンマーの人ならおそらく誰でも知っている物語にまつわる像。パガン朝のある錬金術師は実験にことごとく失敗し、失意のため己の両目をつぶしてしまう。その後ひょんなことから黄金の製造に成功し、ヤギの目と牛の目を入れて視力を回復し、やがて賢者としてあがめられたという。そのためか左右の目の大きさが異なる。

霊験あらたかな仏像

7 好物のたばこが吸えなくて気の毒な
ボー・ミン・ガウン像
Figure of Bo Min Gaung

瞑想により賢者となったボー・ミン・ガウンの像。好物のたばこを供えると願いがかなうと評判が高かったが、境内が完全禁煙となったため、像はガラスで仕切られており、お供えは係の人に手渡す。

お供えに埋もれるボー・ミン・ガウン像の祠

8 大迫力の巨大な鐘
ターヤーワディー王の鐘
King Tharyarwady's Bell

1841年に鋳造され、ターヤーワディー王により奉納されたもの。「3つの音をもつ偉大な鐘」という別名があり、重さは42t。パーリ語とビルマ語で、仏陀と王の功徳について数百行の文字が刻まれている。

お堂につるされた巨大な鐘

9 テレビ越しにお参りする仏像
ルビーの眼の仏像
The Padamya Myetshin Image

1852年にイギリスの調査団が100フィートほど掘り下げた場所で発見した仏像。願いごとが必ずかなうとされ人気がある。現在は許可を得た一部の男性のみ参拝可能で、そのほかの男性や女性は下の祈祷所にあるテレビモニターで拝む。

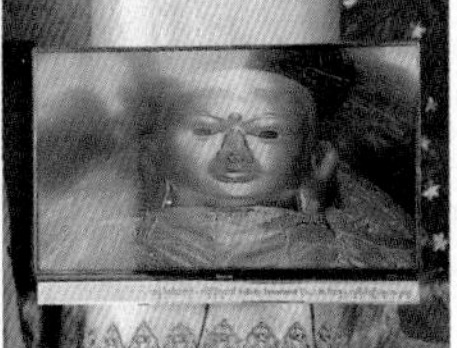
テレビ越しでも拝みたいありがたい仏像

10 子宝祈願ならここ
子供を抱いたブラフマー（梵天）
Child Clutching Brahma

73番の祠の左右に2体あり、豊作祈願の像転じて子宝祈願の像に。男の子が欲しければ右の子どもを抱いた像に、女の子が欲しければ左の蓮を持っている像に祈る。

男の子が欲しければこちらのブラフマーへお願いを

ヤンゴンの仏塔巡り Paya in Yangon

仏塔とは

仏教国ミャンマーの象徴ともいうべき仏塔(「パヤー」もしくは「ゼディ」)。英語では「パゴダ」と呼ばれる。仏舎利や法舎利を収めたこれらの仏塔は、熱心な仏教徒の多いこの国で聖なる場所として大切にされている。ヤンゴン市内のおもな仏塔を巡ってみよう。それぞれに特徴があり興味深い。

町の中心で1日中人が集まる　MAP P.33-C3

スーレー・パヤー

ဆူးလေဘုရား

Sule Paya

ヤンゴンの市街はスーレー・パヤーを中心に設計されており、ダウンタウンのヘソのような存在だ。スーレーとはパーリ語で「聖髪」という意味で、仏塔内には仏陀の遺髪が収められているといわれている。高さ46mのスーレー・パヤーは、昼は太陽、夜はライトの光を浴びて、常に金色に輝き続けている。ヤンゴンの人々は、仕事帰りや買い物の途中に気軽に立ち寄り、お祈りをして静かなひとときを過ごしてゆく。境内にはお参りの人々が、朝から晩まで途切れない。

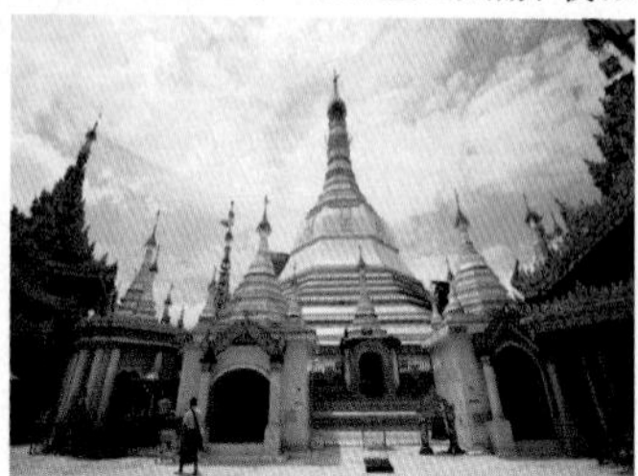

町の中心にあり気軽に訪れることができる

巨大な寝仏で名高い　MAP P.35-C1

チャウッターヂー・パヤー

ခြောက်ထပ်ကြီးဘုရား

Chauck Htat Gyi Paya

大きな屋根の下に全長70m、高さ17mの巨大な寝仏が祀られている。有名なバゴーのシュエターリャウン寝仏(→P.77)とほぼ同じ大きさ。どの角度から見ても優美な表情をしている。足の裏に描かれた黄金の仏教宇宙観図は見事。

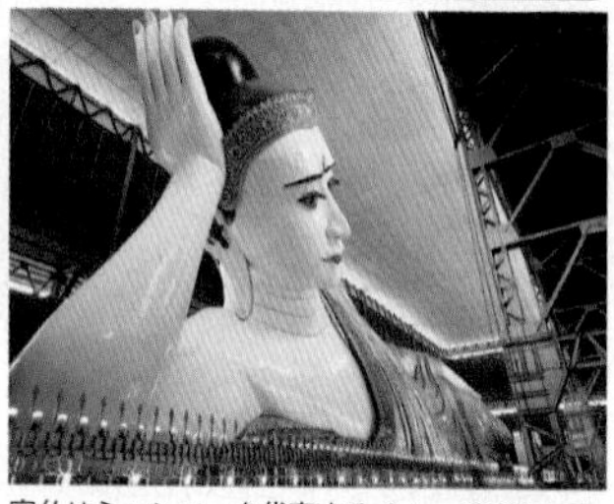

寝仏はミャンマーを代表するイメージのひとつ

黄金の衣をまとった白亜の大仏　MAP P.35-C1

ンガータッヂー・パヤー

ငါးထပ်ကြီးဘုရား

Ngar Htat Gyi Paya

チャウッターヂー・パヤーの向かいにある丘の上に建つ寺院。階段になった参道を上りきると、頂上に建つお堂の中に大きな座仏が鎮座している。仏像の背後にある光背はチーク材製で、精緻な彫刻が施されており一見の価値あり。

Information

境内は土足厳禁!

仏塔や寺院、僧院は、建物内はもちろん敷地内も土足厳禁。靴下もダメで、完全な裸足にならねばならない。履き物は自分で持ち歩くか(場所によっては履き物入れ用にビニール袋を渡される)、参道口にある預かり所で預かってもらう。ビニール袋をもらった場合や預ける場合は通常お布施を出す。あくまで気持ちなので決まった金額というものはないが、100～200Kぐらいは入れたい。靴預かりの謝礼としての寄付は、靴預かりの人ではなく備えつけの賽銭箱に。「3ドルよこせ」などと法外な料金をいわれても払う必要はない。参道は通常パゴダの東西南北にあるので、大きな仏塔などで、入るのと違う参道から出るつもりなら預けないように。

スーレー・パヤー

行き方 スーレーパゴダ通りとマハバンドゥーラ通りの交差点にある。ヤンゴンの町を歩く際、いちばんの目印や基準になるのがこのパゴダ。
開5:00～21:00
休なし
料4000K

チャウッターヂー・パヤー

行き方 ダウンタウンからはタクシーで2500～3000K。スーレーのバス停(MAP P.33-C3)から12、29番のバスでンガータッヂー下車。
開5:00～21:00　休なし
料無料

ンガータッヂー・パヤー

行き方 チャウッターヂー・パヤーと同じ。
開5:00～21:00
休なし
料無料

彫刻が見事な光背

対岸からの眺めも美しい　MAP P.35-D4

ボータタウン・パヤー　ဗိုလ်တထောင်ဘုရား

Botahtaung Paya

　ヤンゴン川沿いに建つこの仏塔は、2500年以上昔、8人の僧がインドから仏陀の遺品を持ち帰ってここに安置したことに始まるといわれている。ボータタウンという名前は、その8人の僧の警護に当たっていた1000人の兵士を意味している。この仏塔は第2次世界大戦中、連合軍の爆撃を受けて崩れ落ちてしまった。しかし幸か不幸か、改修工事の最中がれきの山の中から忘れ去られていた宝物が続々と発見された。そのなかには、仏陀の遺髪や聖歯と思われる物も含まれていたという。

世界の平和を願って建てられた　MAP P.39-C4

カバーエー・パヤー　ကမ္ဘာအေးစေတီ

Kabar Aye Paya

　1952年、当時の首相ウー・ヌによって、世界の平和を祈願して建てられた仏塔。塔の高さは36m、直径68.6mと大きい。館内中央の舎利殿には、「ティリ・ミンガラー・マハ・ジンニンダ　Thiri Mingalar Maha Jinninda」という座像がある。黄金に塗られているが銀製で、台座も含め重さ543.77kg、高さ2.4mの大きさは、国内の銀製鋳造物としては最大のものといわれている。このすぐ北側にある人造の洞窟は、1954年に完成した「聖洞窟」。洞窟内部は長さ139m、幅は113mもあり、外部は石積みになっていてこれはインドの仏跡を模している。1954年から1956年までの2年間、ここで第6回仏典結集（けつじゅう）が行われた。

鈍く輝くティリ・ミンガラー・マハ・ジンニンダ

豪華絢爛な装飾がまぶしい　MAP P.39-C3

スウェドーミャッ・パヤー　ရွှေမောဓောဘုရား

Swe Taw Myat Paya

　比較的新しく規模もかなり大きく立派な仏塔で、多くの参拝者を迎えている。広い境内中央に建つお堂は、内部の空間中央に絢爛たる黄金の祭壇があり、豪奢なガラスケースの中には仏陀の聖歯が収められている。

たくさんの僧侶が修行する　MAP P.39-C3

ナーガ洞窟パヤー　နာဂလိုဏ်ဂူဘုရား

Naga Cave Paya

ガラスで保護された本堂内の仏像

　大勢の少年僧が修行する寺院の、境内の一角にひっそりとたたずんでいる。仏塔内部は二重の回廊になっており、その内側、内壁に沿って仏像が厳かに列座している。

ボータタウン・パヤー
行き方 スーレー・パヤーからタクシーで2000〜2500K。バス57、58番でボータタウン下車。
開 6:30〜21:00　休 なし
料 6000K

仏塔内に祀られた仏舎利

カバーエー・パヤー
行き方 スーレー・パヤーからタクシーで3000〜4000K程度。スーレーのバス停（MAP P.33-C3）からバス28、36番でカバーエー・パヤー・ラン下車。
開 5:00〜21:00　休 なし
料 5000K
　「カバーエー」とは「世界の平和」という意味。正式名称は「ティリ・ミンガラー・カバーエー・ゼディ」。

聖洞窟
行き方 カバーエー・パヤー境内裏側のゲートを出て右に曲がり、道なりに歩くと正面に人造の岩山に開いた割れ目のような入口が見える。現在はホール内を見学できるだけ。
開 8:00〜16:00
休 なし　料 無料

スウェドーミャッ・パヤー
行き方 ダウンタウンからタクシーで3000〜4000K。スーレーのバス停（MAP P.33-C3）から28、36番でレンワ-ナワディ下車。
開 5:00〜21:00　休 なし
料 2000K
堂内は一部撮影禁止。

厳重に保管されているブッダの聖歯

ナーガ洞窟パヤー
行き方 ダウンタウンからタクシーで3000〜4000K。スウェドーミャッ・パヤーから徒歩約10分。
開 7:00〜20:00　休 なし
料 無料

遊園地的な造形があふれる

メーラムー・パヤー

MAP P.39-C3

မယ်လမုဘုရား

Mai La Mu Paya

広い境内には仏教説話に基づくさまざまな場面が、リアルな像の数々によって再現されている。境内奥にはワニの形をしたギャラリーがあり、オッカラパ王の母が果物から生まれ、結婚した後オッカラパ王がシュエダゴォン・パヤーを建てるまでの話が、絵物語や人形で展示されている。境内には手相見や占いの店が並んでおり、軽食堂もある。

ワニの口から入る仏教ギャラリー

仏教以外の香りも交じる

アーレインガーシン・パヤー

MAP P.38-A3

အာလိန်ငါးဆင့်ဘုရား

Arleing Ngar Sint Paya

5層の塔（アーレインガーシン）が中心で、境内には不思議な像が林立し、一種独特の雰囲気がある寺院。ナッ神を信仰するミャンマーの土着宗教や、ややオカルト的な信仰とつながりがあるとされている。本尊は緑色の大きな仏像で、ドーム状の天井がある本堂に鎮座する。

独特の神秘的な雰囲気がある

マンダレーから運ばれた大理石の仏像

ローカチャンタ・アーバヤ・ラバムニ大仏

MAP P.38-B3

လောကချမ်းသာ အဘယလာဘမုနိဘုရား

Loka Chantha Abhaya Labhamuni Buddha Image

ザガイン・ヒルで発掘された高さ11.3m、幅7.3m、厚さ3.3mの大理石を使った巨大な仏像。長さ61m、幅17m、積載重量2600tという特別に造られた運搬船で運ばれた。マンダレーから13日がかりで到着したという。丘の上にあり、見晴らしは抜群。地元では、チャウットーヂー（大理石仏）とも呼ばれている。

おもな見どころ Sightseeing

ミャンマー最大の博物館

国立博物館

MAP P.34-B2～B3

အမျိုးသားပြတိုက်

National Museum

いちばんの見どころは、1階にある「獅子の玉座」。マンダレー王宮内8ヵ所に設けられていた王のための腰かけで、8つの玉座のうち、イギリス軍のマンダレー攻撃の際に持ち去られたふたつのうちのひとつだ。その後ほかの玉座は火事で焼失するが、イギリスにあったため難を免れたこの「獅子の玉座」は1948年に母国へと返還されたもの。そのほかの展示も充実しており見応え十分。

規模の大きな博物館

メーラムー・パヤー
行き方 ダウンタウンからタクシーで3000～4000K。スーレーのバス停（MAP P.33-C3）から28、36番でボンヂーラン下車。
開 7:00～20:00（ギャラリーは～17:00）　休 なし
料 無料

バガン風仏塔建設中

ナーガ洞窟パヤー（→P.51）の北に、バガンのタビィニュ寺院によく似たその名もタビィニュ・パトドーヂーが建設中。最上階の仏殿のみ完成しており、それ以外のフロアもあわせて見学できる

アーレインガーシン・パヤー
行き方 ダウンタウンからタクシーで5000～6000K前後。サンピャのバス停（MAP P.32-A2）からバス35、37番でアウェイピィー下車。
開 6:00～18:00
僧院は、7:00～17:00
休 なし　料 無料

ローカチャンタ・アーバヤ・ラバムニ大仏
行き方 ダウンタウンからタクシーで3000～4000K前後。サンピャのバス停（MAP P.32-A2）からバス35、37番でアウェイピィー下車。
開 5:00～21:00　休 なし
料 無料

ガラスに守られた白亜の大仏

国立博物館
行き方 ダウンタウンからタクシーで1500～2000K程度。サンピャのバス停（MAP P.32-A2）からバス35、37番でペグーガレッ下車。
住 66/74, Pyay Rd., Dagon T/S　☎ (01) 371540
開 火～日9:30～16:30（入館は16:00まで）
休 月・祝　料 5000K
かばんは入口前のロッカーに預ける。館内は一部撮影可。日本語オーディオガイドあり（無料）。

産地だけに展示も豪華 MAP P.37-C1

宝石博物館

ကျောက်မျက်ရတနာပြတိုက်

Myanma Gems Museum

宝石の産地として名高いミャンマーらしい博物館。1～3階は入場無料の宝石ショップで手頃なおみやげが買える。最上階が博物館。きらめく宝石やさまざまな原石などがズラリと並んでいる。

展示より販売に力が入っている

建国の英雄を記念する MAP P.35-C1

ボーヂョーアウンサン博物館

ဗိုလ်ချုပ်အောင်ဆန်းပြတိုက်

Bogyoke Aung San Museum

ビルマの独立に尽力したアウンサン将軍が、1945年5月から2年後の7月に暗殺されるまでの期間を過ごした家。1920年代に建てられたという瀟洒な2階建ての洋館だ。1階は居間とダイニングルームで、壁には将軍の年譜や多数の写真が展示されている。2階には寝室や子供部屋、蔵書が保管されている書斎、応接間がある。シュエダゴォン・パヤーの北に将軍を祀るアウンサン廟（欄外）もある。近くのアウンサンスーチー邸（MAP P.37-C3）前は、記念撮影スポットとして大人気。

瀟洒な洋館がそのまま博物館に

ミャンマーを代表する国際政治家 MAP P.36-B4

ウー・タント・ハウス

ဦးသန့်အိမ်

U Thant House

外交官、ビルマ政府の報道担当官、そしてアジア人初の国連事務総長（1962～1971年）を務めたウー・タントの邸宅が博物館になっている。1951～1957年の間に彼が家族とともに暮らした館の中には、彼の生い立ちから数々の業績についてのパネルや写真が展示されている。

オフィスの様子

独立したビルマを導いた政治家の足跡を知る MAP P.37-C4

ウー・ヌ記念博物館

ဦးနုအထိမ်းအမှတ်ပြတိုက် /ဦးနုပြခန်း

U Nu Commemorative Museum

独立ビルマの初代首相、1995年に87歳で亡くなったウー・ヌの自宅を利用した記念館。展示は全4室で、最初の部屋には世界各国要人との写真、次の部屋には家族の写真やミャンマーで出版された関連書籍、隣のホールには仏像とゆかりの品々が並んでいる。その奥は元寝室で、事務机が生前使っていた頃のままの状態で展示されており、質素な人柄がしのばれて興味深い。

初代首相が暮らしていた当時のままの寝室

宝石博物館
行き方 ダウンタウンからタクシーで3000K程度。スーレーのバス停（MAP P.33-C3）からバス28、36番でカバーエー・パヤー・ラン下車。
住 66, Kabar Aye Pagoda Rd., Mayangone T/S
☎（01）665870、665849、665115
開 火～日9:30～15:30
休 月・祝
料 7000K
館内撮影禁止。
宝石ショップ
営 火～日9:30～16:00
休 月・祝

ボーヂョーアウンサン博物館
行き方 ダウンタウンからタクシーで3000K程度。
住 15, Bogyoke Museum Lane, Bahan T/S
☎（01）541359
開 火～日9:30～16:30
休 月・祝 料 5000K

アウンサン廟（殉難者廟）
行き方 ダウンタウンからタクシーで2000K程度。
MAP P.34-B1
開 火～日8:00～17:00
休 月・祝
料 5000K（7月19日の殉難者の日は無料）

アウンサン将軍を記念する廟

ウー・タント・ハウス
行き方 ダウンタウンからタクシーで3000～4000K。
住 31, Panwa St.（Windermere Crescent）, Kamaryut T/S
☎ 09-3210-0785
URL www.uthanthouse.org
開 金～日10:00～17:00
休 月～木
料 任意の寄付（5000K～）

ウー・ヌ記念博物館
行き方 ダウンタウンからタクシーで3000K程度。
住 42, Pyi Htaung Su St., Bahan T/S
☎ 09-7956-57514、09-7608-99116
開 金～日10:00～17:00
休 月～木 料 無料
看板はなく、門扉に掲げられた黄色い板にビルマ語で「ウー・ヌの家」、電話番号が書かれている。庭の奥左側の建物。事前に館主のヤンミョーアウン氏（Yan Myo Aung。ウー・ヌのお孫さんで日本語堪能）に連絡すれば、休館日でも開けてもらえる。

バハードゥル・シャー・ザファーの墓所
行き方 ダウンタウンからタクシーで1500K～。
住8, Ziwaka Rd., Dagon T/S
開8:00～20:00
休なし 料無料

ムガル帝国最後の王の墓所はヤンゴンにあった

モーゼ・ヨシュア・シナゴーグ
行き方 スーレー・パヤーから徒歩約10分。
住85, 26th St., Pabedan T/S
☎09-5175-062
開月～土9:30～14:00
休日 料無料

アルメニア教会
行き方 スーレー・パヤーから徒歩約10分。
住66, Bo Aung Kyaw St., Kyauktada T/S
☎09-1242-318
開9:00～17:00
休なし 料無料

質素なたたずまいの教会

聖マリア大聖堂
住372, Bo Aung Kyaw St.
☎(01) 245647
開8:30～12:00、14:00～16:30
休なし
料2000K

ヤンゴン日本人墓地
行き方 ダウンタウンからタクシーで約30分～1時間、6000～7000K。
住Inwa & No.3 Main Rds., Mingalardon T/S
開6:00～18:00
休なし
料無料

整備された日本人墓地。ぜひ墓参したい

ムガル帝国最後の皇帝が眠る

バハードゥル・シャー・ザファーの墓所

MAP P.34-B2

Tomb of Bahadur Shah Zafar

ここに眠るバハードゥル・シャー2世はインドのムガル帝国最後の皇帝。1857年のインド大反乱で敗北した翌年ラングーン（現在のヤンゴン）に追放され、300年以上続いたムガル帝国は終焉を迎える。彼は1862年にこの世を去り、秘密裡に埋葬されていたのがここ。1991年にようやく公になった。彼は詩人としても有名で、聖人としてあがめられている。地下にあるのが本物の棺。

歴史の深みを感じさせられる場所

モーゼ・ヨシュア・シナゴーグ

MAP P.32-B3

Musmeah Yeshua Synagogue

1852年に建設されたシナゴーグ（ユダヤ教礼拝堂）。火災により一度焼失し、1896年に再建された。ヤンゴンにはかつて2000人ものユダヤ人が暮らしていたが、現在はこのシナゴーグを守るサミュエル家ら20人のみ。シナゴーグは非常に美しい状態で保存されており、一般にも公開されている。

内部は時の流れが止まったかのよう

ダウンタウンに残る東西交易の面影

アルメニア教会

MAP P.33-D3

Armenian Apostolic Church of Yangon

中世以来商業や交易の民として活躍したアルメニア人。東南アジアに残る彼らの足跡のひとつがここ。1766年に最初の教会が、1862年に現在の教会が建てられた。建設当時には教会周辺に多くのアルメニア人が住んでいたといわれている。ヤンゴンで最も古い教会とされる、質素な建物だ。

ステンドグラスは必見

聖マリア大聖堂

MAP P.33-D2

St. Mary's Cathedral

ヤンゴン市内最大規模の教会。ローマンカトリック様式で建てられた大聖堂がある。内部を見学できるその大聖堂では、リブ・ヴォールト式（アーチ型）の天井と美しいステンドグラスに目を奪われる。

日曜日には礼拝も行われる

戦没者が埋葬されている

ヤンゴン日本人墓地

MAP P.39-C1

Yangon Japanese Cemetery

ヤンゴン日本人会の尽力によって、1999年に落成した日本人墓地。日本政府が建立した慰霊碑がある。『ビルマの竪琴』の水島上等兵のモデルとされ、2008年に亡くなった中村一雄さんの記念碑もある。線香と記帳用ノートを用意してくれる墓地の管理人には心づけを。

緑豊かな郊外の公園 MAP P.36-B2～37-C3

インヤー湖 အင်းယားကန်

Inya Lake

ダウンタウンの北にある静かな湖。緑豊かな森に囲まれ、水鳥たちの憩いの場となっている。特に夕方、静かに暮れていく夕映えの風景を眺めていると心がやすらぐ。

市民の手頃な憩いの場 MAP P.35-C2

カンドーヂ湖 ကန်တော်ကြီးကန်

Kan Daw Gyi Lake

市街の北約1kmの所にある。岸辺には、この国の伝説上の鳥カラウェイをかたどったカラウェイ・パレスという高級水上レストラン（→P.64）がある。また、湖のほとりにはユートピアUtopiaというアミューズメントタワーがある。屋上の展望台から湖周辺の風景を見渡せ、夕方からはレストランもオープンする。

吉兆とされる白象が飼われている MAP P.38-B3

ヤダナー・ホワイト・エレファント・ガーデン ရတနာဆင်ဖြူတော်ဥယျာဉ်

Yadana White Elephant Garden

古くからミャンマーにおいて白い象（アルビノ）は、国の平和と繁栄を司る吉兆とされ、王によって手厚く保護されてきた。現在ミャンマー国内にいる白象のうち3頭がここで飼育されていて、一般に公開されている。ちなみに残りの白象は新首都のネーピードーにいる。

縁起がいいとされるアルビノの象

動物との触れ合いが楽しめる MAP P.35-C2

ヤンゴン動物園 ရန်ကုန်တိရစ္ဆာန်ဥယျာဉ်

Yangon Zoological Garden

創立は1906年。58.16エーカーにも及ぶ広い園内には池があって、遊覧ボートにも乗れる。動物は136種と少なく珍しい動物もいないが、象に直接餌を与えることができる（1000K～）。日中は暑過ぎて動物が活動しないうえに歩くのもつらいので、午前中や夕方以降がおすすめ。

若者に人気のデートスポット MAP P.34-B1～B2

市民公園 ပြည်သူ့ဥယျာဉ်

People's Park

向かいにシュエダゴォン・パヤーがそびえる

シュエダゴォン・パヤー西門の真向かいにあるヤンゴン最大の公園。広大な園内はステージなどが整備され、若者の集うエンターテインメントスポットになっている。土・日曜は19:00～20:00に音と光の噴水ショーを開催。

インヤー湖
行き方 ダウンタウンからタクシーで2000～2500K。スーレーのバス停（MAP P.33-C3）からバス14、29、32、36番など利用。
開 24時間　休 なし
料 無料。同じく湖畔に隣接する公園は入場料200K。

カンドーヂ湖
行き方 ダウンタウンからタクシーで2000K程度。スーレーのバス停（MAP P.33-C3）からバス29、36番利用。
料 2000K
カメラ撮影料500K
ビデオ撮影料1000K

ユートピア
営 10:00～22:00（屋上レストランは18:00～22:00）
休 なし
料 屋上展望台入場料500K。レストラン利用の場合は不要。

ユートピアの屋上から眺めるカラウェイ・パレス

ヤダナー・ホワイト・エレファント・ガーデン
行き方 ダウンタウンからタクシーで所要約30分、5000～6000K。バスでも行けるが入口がわかりにくいのでタクシーが便利。
住 Min Dhamma Rd., Insein T/S　☎ (01) 652420
開 8:00～17:00
休 なし　料 無料

ヤンゴン動物園
行き方 入口は北と南側にそれぞれ1ヵ所ずつ。ダウンタウンからタクシーで2000～2500K程度。スーレーのバス停（MAP P.33-C3）からバス12、28、29、36番でチャウタイ下車。
開 8:00～18:00（入園は17:00まで）
休 なし
料 3000K、園内カート1時間7000K

市民公園
行き方 ダウンタウンからタクシーで1500K程度。
開 8:00～20:00
休 なし　料 3000K

植民地時代から続くマーケット　MAP P.33-C2

ボーギョーアウンサン・マーケット ဗိုလ်ချုပ်အောင်ဆန်းဈေး

Bogyoke Aung San Market

金製品やジュエリーの店も多い

ヤンゴンで最も大きく、にぎやかなマーケット。通りに面した2階建ての建物の奥に、広い市場の建物がある。正面中央にドームがある入口の建物は、イギリス植民地時代の1926年に建てられた。生鮮食料品は扱わず、日用品やみやげ物を扱う店が多い。日本人経営のショップやアンティークショップなどもあるので、手頃なおみやげ探しにいい。ロンヂーはすでに筒状になっているレディメイドが多い。シャン族やモン族のデザインのコットンや高級シルクなどさまざまな生地が、手頃な値段で売られている。女性ならツーピース（エンジーと呼ばれるブラウスとタメインのセット）をオーダーするのもいいかも。

少数民族の文化に触れられる　MAP P.31-B4

ミャンマー民俗村 မြန်မာ့တိုင်းရင်းသားများကျေးရွာ

National Races Village Union of Myanmar

バゴー川岸の広大な土地に造られた、ミャンマー各地の民俗文化と観光名所を紹介するテーマパーク。ビルマ、モン、シャン、カチン、チンなどミャンマー国内で暮らす民族別に住居や暮らしぶりが再現されている。それぞれの建物でみやげ物が買えるほか、民族衣装を着ての写真撮影サービスもある（500～1000K。民族により異なる）。名所のミニチュアはかなり大雑把な造り。広いので、レンタサイクルか園内を走るミニバスを利用しよう。

郊外の見どころ　Excursion

ヤンゴンの郊外には、いくつもの魅力的な町や村がある。どれも半日や１日で行ける所にあるので、時間があったら出かけてみよう。近郊の町や村を回るだけでもおもしろい旅ができる。

ボーヂョーアウンサン・マーケット
営火～日8:30～17:00
休月・祝、満月と新月の日（月に2回程度）

Information

マーケットでのトラブル

ボーヂョーアウンサン・マーケットで、店員でもない人から日本語でしつこくつきまとわれるトラブルが多発している。彼らは、「買い物を手伝ってあげる、上手に値切って安い買い物ができる」などとまくし立てるが、すべて真っ赤なうそ。店の売値に彼らへのキックバックを上乗せした値段で買い物するハメになるのがオチ。決して相手にしないこと。

値段は交渉可

少しふっかけてくる店もあるので、値段はいろいろ比較して交渉しよう。

ミャンマー民俗村
行き方ダウンタウンから車で約30分。タクシーで4000～5000K。
開7:30～17:30　休なし
料3000K
馬車1周5000K。自転車レンタル1時間500K、園内ミニバスは11～18人乗りがあり、8人以上で1人500K。1時間9000Kでチャーターできる。

ミャンマー主要民族の伝統家屋が再現されている

旅のヒント Hints

トラブル多発地帯ダラに関する注意

ダラ周辺やヤンゴン市内、特にダラ行きフェリー乗り場、スーレー・パヤー周辺の路上、ボーヂョーアウンサン・マーケットなどで話しかけられた相手に観光案内などを持ちかけられ、最終的に多額の支払いを強要されるトラブルが多発しているので注意。

ダラ行きフェリーを利用する外国人は氏名などの登録が必要で、船着場の待合室に入って左奥にある小部屋で記帳する。待合室には勝手がわからない外国人に声をかけ小部屋へ連れていき、ノートに書き込むところまで親切に教えてくれる人たちがいる。しかし彼らは犯罪グループのメンバー（制服姿の職員は賄賂でも受け取っているのか見て見ぬふり）。記帳後ダラ観光やガイドをすすめてくるが、かかわってはいけない。ダラ側ではサイカーやトゥクトゥクの運転手が貸し切り観光をすすめてくる。これも時間や料金を紙に書くなどして確認しておかないと、時間短縮や料金増額、勝手に同行した人物のガイド料を請求されるなどのトラブルになる。

とにかく町なかで日本語や英語などで話しかけてくる連中は、一切相手にしないこと。

素焼きの壺工房を訪問 MAP折込表-C8

トワンテー

တွံတေး

Twante

小さな壺ならあっという間にできあがる

ヤンゴンの南約20kmの所にあるトワンテーは、焼物の町として名高い。ここで生産される壺は、上ビルマ産と並んで品質に定評がある。町の中心の通りから一歩外れ、集落の中へと足を進めると、いくつかの工房で粘土をこねたりロクロを回したり、あるいは小さなヘラで焼く前の壺に模様をつけたりしている。大きな窯で大量の壺を焼いている所もある。

町の外れにある丘の上には、シュエサンドー・パヤー Shwe San Daw Paya (料2000KまたはUS$2) がある。大きくて立派な仏塔がある境内は、市民の憩いの場所にもなっている。郊外には、池の中に建てられたシンオウガポウッ僧院がある。ここには大きなニシキヘビが何匹も飼われており、「神の蛇がいる僧院」として人気。

ヨーロッパとつながりがあった MAP折込表-C8

タニン（シリアム）

သန်လျင်

Than-lyin (Syriam)

18世紀の半ばにアラウンパヤー王によってビルマが再統一されるまで、下ビルマの玄関口として栄えていた町。16世紀の半ばにこの地にやってきたポルトガル人の貿易商デ・ブリトは、タニンに小さな自治国をうち立てて暮らしていた。当時建てられた建物の廃墟も残っている。しかし1599年にデ・ブリトの手下がバゴーを略奪したことから彼は処刑され、自治国も消滅してしまった。

町の少し外れにある丘の上に、チャイッコウッ・パヤー Kyaik Khauk Paya (料2000KまたはUS$2) がある。遠くからでもよく目立ち、訪れる人も多い。北参道の脇には、アラウンパヤー王に滅ぼされたナシェナー王の墓がひっそりとたたずんでいる。

川の中州がまるごとお寺 MAP折込表-C8

チャウタン

ကျောက်တန်း

Kyauktan

タニンからさらに南へ下ると、チャウタンという小さな村があり、村の脇を流れる川の中州に寺院がある。これがチャイッマウウン・イェレーセティタウ Kyaik Hmaw Wun Ye Lai Ceti Taw。イェレー・パヤー（水中寺院）として知られており、スリランカから贈られた仏陀の遺髪が収められている。1989～1998年の10年間かけて約2億5000万チャットを費やし増築され、現在のように小島全体に広がる立派な寺院となった。宝石と金で装飾されたきらびやかな仏像のほか、願いをかなえるというナッの像などがある。

川の中州に築かれた豪華な寺院

トワンテー

行き方 パンソダン埠頭Pansodan Jetty (MAP P.33-C4) から、フェリーで対岸のダラDalaへ渡る(乗り方は→P.44)。ダラからトワンテー行きのピックアップやバスで所要約1時間。満員になりしだい出発。

ダラの埠頭から直接タクシー(2万～2万5000K程度)をチャーターして工房やお寺、蛇の僧院を回ってもらうと便利。

料 フェリーは日本人無料
バス1000～2000K

座布団の上で休む蛇

タニンとチャウタン

行き方 チャウタン行きの路線バス33番はタニンを経由するので、このバスを使えば1日で両方回れる。バスはミンガラー・マーケットのバス停 (MAP P.35-D2) などから乗車。チャイッコウッ・パヤー前の停留所まで約50分、チャウタンの水中寺院手前の停留所まで所要約1時間20分。300K。チャウタンからヤンゴンに戻るバスは15:00頃が最終なので、現地に着いたら念のため確認を。

ヤンゴンとチャウタンをタクシーで往復するなら2万～2万5000K程度。

タニンからチャウタンへの行き方

タニンからは31、33、34番のバスで所要約30分。チャイッコウッ・パヤー近くから出発。

料200K

草に覆われてしまったナシェナー王の墓

水中寺院

料3000K

水中寺院への渡し船（外国人専用）

営7:00～17:00 休なし

料往復5000K

ヤンゴンのホテル

HOTEL

世界レベルの5つ星ホテルから安宿まで、ヤンゴンのホテルは多種多様。2～3年前の異常な高騰から宿泊料金も落ち着いてかなり低下、泊まりやすくなった。ダウンタウンでは、カプセル型のドミトリーが多数オープンし飽和状態。US$10以下の価格戦争となりバックパッカーにはうれしいかぎり。本書では料金に10%のサービス料と5%のVAT（付加価値税）込みのハイシーズン料金を掲載しているが、ローシーズンには半額近くまで割引する高級ホテルもあり、かなりお得感がある（ホテル予約の注意点→P.269）。

■高級ホテル

H ローズウッド・ヤンゴン

Rosewood Yangon　MAP P.33-C4

住14, Strand Rd., Kyauktada T/S
☎（01）2307900
URL www.rosewoodhotels.com
料 AC Ⓢ Ⓣ US$750～　CC A J M V　室205室

1927年から4年をかけて建設され、第2次世界大戦中には日本軍に接収され憲兵隊に利用された歴史もある建物を改装し、高級ホテルチェーンのローズウッドとしてオープン。高級感あふれる内装は、まさにミャンマーの中の別世界。

H ベルモンド・ガバナーズ・レジデンス

Belmond Governor's Residence　MAP P.34-B2

住35, Taw Win St., Dagon T/S
☎（01）2302092
URL www.belmond.com/ja/governorsresidence-yangon
E reservations.tgr@belmond.com
料 AC Ⓢ Ⓣ US$336～
CC A（+5%のチャージ）M V　室49室

ヤンゴンの喧騒からは隔絶された、ラグジュアリーなリゾート。美しいコロニアル調の大きな邸宅風ホテルで、緑豊かな庭園やチーク材を贅沢に使った客室で優雅に過ごせる。大使館などが集まる閑静な高級住宅街にあり、ほとんどの客室はバスタブ付き。レストランはビジターにも人気。

H パンパシフィック・ホテル・ヤンゴン

Pan Pacific Hotel Yangon　MAP P.32-B2

住Corner of Bogyoke Aung San & Shwe Dagon Pagoda Rds., Pabedan T/S
☎（01）9253810　FAX（01）9253820
URL panpacific.com
予 Free 0120-001-800（日本国内から）
料 AC Ⓢ Ⓣ US$160～　スイートUS$318～
パンパシフィック・クラブUS$210～（朝食別）
CC J M V　室331室

2017年、Ⓢジャンクション・シティ（→P.69）内にオープン。客室やラウンジからヤンゴン市街を見渡す眺めがすばらしい。パシフィッククラブの会員になると、宿泊料割引、豪華な朝食ビュッフェやラウンジの利用など各種特典が付く。

H ザ・ストランド・ヤンゴン

The Strand Yangon　MAP P.33-D4

住92, Strand Rd., Kyauktada T/S
☎（01）243377　FAX（01）243393
URL hotelthestrand.com
料 AC スイートⓈ Ⓣ US$389～
CC M V　室32室

1901年に建てられた由緒あるホテルで、イギリス人作家サマセット・モームゆかりの宿としても有名。ホテル内はどこもかしこもきらびやかかつ豪華。2018年にはプールもオープン。1階のカフェでは優雅にハイティー（US$20、ミャンマー風US$18。税サ別）が楽しめる。

H ヤンゴン・エクセルシオール・ホテル

Yangon Excelsior Hotel　MAP P.33-C3

住19/43, Bo Sun Pat St., Pabedan T/S
☎（01）9253861　URL yangon-excelsior.com
料 AC Ⓢ Ⓣ US$152～　CC A J M V　室74室

イギリス植民地時代のビルマで、チーク材や米などの貿易で財を成したスチール・ブラザーズ社の本社だった建物を改装。天井が高く内装はモダン。ただし市街地の5階建てなので客室からの眺めはそれなり。ビールも含むミニバーは無料。総じてスタッフの質が高い。

H プルマン・ヤンゴン・センターポイント
Pullman Yangon Centrepoint　MAP P.33-C3

住65, Sule Pagoda Rd., Kyauktada T/S
☎(01) 382687
URL pullman.accorhotels.com
料AC Ⓢ Ⓣ US$105～
CC JMV　室289室

スーレー・パヤーから徒歩すぐ、植民地時代の建物が多く残るエリアにある、新築のモダンな22階建て高層ホテル。窓が大きく東西どちら側の客室からもヤンゴン市街を見渡せ気分よく滞在できる。東側のマハバンドゥーラ公園側がおすすめ。レストランの食事もおいしい。

H サボイ・ホテル・ヤンゴン
Savoy Hotel Yangon　MAP P.34-B1

住129, Dhama Zedi Rd., Bahan T/S
☎(01) 526289　FAX(01) 524891
URL www.savoy-myanmar.com
料AC Ⓢ Ⓣ US$150～325　CC MV　室30室

イギリス植民地時代を彷彿させる、小さなブティックリゾート。全館、白壁とチーク材で上品にまとめられており、客室にはアンティークの家具や調度品、籐の椅子などが配されている。優雅にくつろげるエグゼクティブスイートのみバスタブ付き。レストランとバーのインテリアも美しい。

H スーレー・シャングリ・ラ ヤンゴン
Sule Shangri-la Yangon　MAP P.33-C2

住223, Sule Pagoda Rd., Kyauktada T/S
☎(01) 242828　FAX(01) 242800、242802
URL www.shangri-la.com/suleshangrila
予シャングリ・ラ・ワールドワイド・リザベーションセンター　Free 0120-944-162（日本国内から）
料AC Ⓢ Ⓣ US$150～250　CC V　室470室

ダウンタウンのランドマーク的存在のホテル。22階建てで、高層階の客室からは市街の眺めがいい。オフィス&ショップ棟のスーレー・スクエアと連絡している。

H ロッテホテル・ヤンゴン
Lotte Hotel Yangon　MAP P.36-B1

住82, Sin Phyu Shin Avenue, Pyay Rd., Hlaing T/S
☎(01) 9351000　FAX(01) 9351005
URL www.lottehotel.com/yangon/ja
料AC Ⓢ Ⓣ US$265～
CC JMV　室343室

客室やレストランからインヤー湖の美しい眺めを堪能でき、インフィニティプールでくつろげば旅の疲れも忘れそう。朝食が豪華なビュッフェ・ダイニングではディナーもおすすめ。日～木曜US$29、金・土曜はシーフード付きでUS$32（ともにソフトドリンク込み、税サ別）。

H メリア・ヤンゴン
Meliá Yangon　MAP P.37-C3

住192, Kabar Aye Pagoda Rd., Bahan T/S
☎(01)9345000　FAX(01)9345055
URL www.melia.com
料AC Ⓢ Ⓣ US$119～（朝食、税サ別）
CC MV（+3%のチャージ）　室429室

2016年にオープンした5つ星ホテル。インヤー湖畔に建つ。エレガントな客室はもちろん屋外プール、レストランやフィットネスセンターからのインヤー湖の眺めは抜群。館内にはビュッフェ主体のメインダイニングとベトナム料理のレストランがある。ヤンゴンの最新ショッピングモール、Ⓢミャンマー・プラザ(→P.69)に隣接していて便利。

H パークロイヤル・ヤンゴン
Parkroyal Yangon　MAP P.33-C1

住33, Ah Lan Pya Pagoda St., Dagon T/S
☎(01) 250388　FAX(01) 252478
URL www.parkroyalhotels.com
料AC Ⓢ Ⓣ US$140～270
CC AMV　室340室

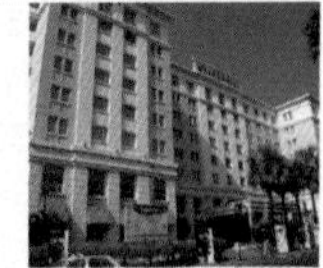

ヤンゴン中央駅に近い大型ホテル。客室はデラックス、スイート、プレミアルーム、オーキッドクラブなどのカテゴリーに分かれている。日本料理の「四季亭」にはO' Bento（弁当）US$18～、丼物US$12～など手頃なメニューも。

H ホテル・ノボテル・ヤンゴン・マックス
Hotel Novotel Yangon Max　MAP P.36-A4

住459, Pyay Rd., Kamaryut T/S
☎(01) 2305858　FAX (01) 2305868
URL www.novotel-yangon-max.com
E H9045-RE@accor.com
料AC ⓈⓉUS$149～(朝食別)
CC D J M V　室354室

館内は現代的でおしゃれなデザイン。客室では大きなベッドでくつろげる。リクエストによりLAN接続も可能。眺めのいいレストランで味わう朝食は、ビュッフェスタイルで彩り豊かな品揃え。ルーフトップの大きなプールやジャクージ、バーでリラックスすれば、町の喧騒がうそのよう。

H ホテル・エスペラード・ヤンゴン
Hotel Esperado Yangon　MAP P.35-D2

住23, U Aung Myat St., Mingalar Taung Nyunt T/S　☎(01)8619486～9　FAX (01)8619485
URL www.hotelesperado.com
料AC ⓈⓉUS$68～87
CC M V (+10%のチャージ)　室109室

客室はエレガントなインテリアでくつろげる。カンドーヂ湖や豊かな緑、シュエダゴォン・パヤーや夕日などロマンティックな眺めを堪能するなら、レイクビューデラックスやカンドーヂ・スイートがおすすめ。朝食ビュッフェは眺めのいいレストランで。

H セドナ・ホテル・ヤンゴン
Sedona Hotel Yangon　MAP P.37-C3

住1, Kabar Aye Pagoda Rd., Yankin T/S
☎(01) 8605377
URL www.sedonahotels.com.sg
料AC ⓈⓉUS$120～　CC A M V
室797室

ヤンゴンを代表する大型高級ホテル。ショップ、美容院、テニスコートなど施設が充実しており、みずほ銀行のヤンゴン支店もここにある。2016年にはリニューアル工事が完了し、新棟も完成した。向かいはⓈミャンマー・プラザ(→P.69)で、買い物にも便利。

H サミット・パークビュー・ホテル・ヤンゴン
Summit Parkview Hotel Yangon　MAP P.34-B2

住350, Ahlone Rd., Dagon T/S
☎(01)227995、211966　FAX (01)227990
URL www.summityangon.com
料AC ⓈⓉUS$97～105　スイートⓈⓉUS$167～219　CC M V　室251室

シュエダゴォン・パヤーから徒歩約10分の緑多い環境にあり、シュエダゴォン・パヤーを望めるパゴダ・ビューの部屋もある。豪華なロビーに比べると客室は中級クラスの印象だが機能的。日系旅行会社やクリニックが入り、ショップやスパ、ジムなど施設も充実しており快適に滞在できる。スタッフの応対もよい。

H トーウィン・ガーデン・ホテル
Taw Win Garden Hotel　MAP P.32-A1

住45, Pyay Rd., Dagon T/S
☎(01) 8600080　FAX (01) 8600082
URL www.tawwingardenhotel.com
E reservation@tawwingardenhotel.com
料AC ⓈⓉUS$103～　CC J M V　室513室

ショッピングセンター併設の大型ホテル。観光にもビジネスにも便利なロケーション。各階に人造庭園がある造りがユニークだ。繁華街にあるので、道路側より庭園側のほうが静か。バスタブ付きの客室は予約時にリクエストしよう。

H ホテルG
Hotel G　MAP P.33-C1

住5, Ah Lan Pya Pagoda St., Dagon T/S
☎(01) 243639
URL www.hotelgyangon.com
料AC US$80～180(朝食別)
CC A M V　室85室

2017年9月、老舗のHタマダ・ホテルがスタイリッシュなホテルに生まれ変わった。アートを取り入れたモダンかつ機能的な客室は、「Good」「Great」「Greater」「Greatest」の4タイプ。寝具にこだわり、枕を選べるサービスも。本格フィットネスジムがあり、おしゃれなレストラン＆バー「バベット」がいつもにぎわっている。

H ベストウエスタン・チャイナタウン

Best Western Chinatown MAP P.32-A2

住127～137, Corner of Anawrahta Rd. & Lanmadaw St., Lanmadaw T/S
☎(01)251080～1、251085～6 FAX(01)251151 URL www.chinatownhotel.com.mm
料AC Ⓢ Ⓣ US$50～110
CC M V (+2%のチャージ) 室101室

モダンでおしゃれな内装の客室は、中国人街のど真ん中という立地を考えれば仕方ないかもしれないが、やや手狭な印象。自家製パンや西洋料理とビルマ料理、デザートなど35～40種類の品々が並ぶ充実したビュッフェ形式の朝食が人気。

H ヤンゴン・インターナショナル・ホテル・ジャパン

Yangon International Hotel Japan MAP P.34-B2

住330, Ahlone Rd., Dagon T/S
☎(01)2316001
予日本事務所☎(03)6228-4366
URL y-intl-hotel.com
E info@y-intl-hotel.com
料AC Ⓢ US$75～ Ⓣ US$120～
CC J M V (+3%のチャージ) 室102室

旧国会議事堂の目の前で繁華街へも車で約5分。広々とした客室はバルコニー付きで開放感があり、ミニキッチン付きの長期滞在者向けの客室も人気。シミュレーションゴルフ、ジム等の施設も充実し、屋上はヤンゴンの夜景を一望でき食事やお酒も楽しめ、宿泊者以外にも大好評。日本語可能なスタッフも多く、過ごしやすい日本人経営のホテル。

H ホテル・アコード

Hotel Accord MAP P.34-B1

住69, Damaryone St., Myay Ni Gone, Sanchaung T/S ☎(01)501670、502469、09-9757-51777 URL hotelaccordyangon.com
料AC Ⓢ Ⓣ US$50～120 CC J M V 室64室

シュエダゴォン・パヤーや市民公園にほど近い手頃な宿。モノトーンで統一された客室とバスルームはやや手狭だが清潔。スイート(US$85～)はバスタブ付き。朝食はアジアと西洋料理のミニビュッフェ。スタッフの応対もいい。

■中級ホテル

H ホテル・ガンゴウ

Hotel Kan Kaw MAP P.34-A3

住93A, Hnin Si Kone St., Ahlone T/S
☎(01)228556、2301700
URL www.hotelkankaw.com.mm
料AC Ⓢ Ⓣ US$58～
CC M V 室75室

アーロン地区の住宅街にある静かな日本人経営ホテル。清潔で落ち着ける客室。2階の居酒屋「鎌倉」では日本人シェフが腕をふるい、各種つまみにボリューム満点の定食が手頃な値段で味わえる。個室もあり接待にも対応と、幅広い用途で使える。和朝食も好評。

H クローバー・シティ・センター・プラス

Clover City Center Plus MAP P.33-C2

住229, 32nd St., Pabedan T/S
☎(01)377975～6
URL www.citycenterplus.asia
料AC Ⓢ Ⓣ US$40～ CC M V (+3%のチャージ)
室74室

ダウンタウンの中心にある手頃なホテル。部屋は少し手狭だが、どこへ行くにも便利。隣には、姉妹ホテルのHクローバー・シティがあるが、こちらのほうが新しい。日本大使館の近くにある姉妹ホテルのHクローバー・ホテルも、手頃な料金で利用できる。

H セントラル・ホテル・ヤンゴン

Central Hotel Yangon MAP P.33-C2

住335-357, Bogyoke Aung San Rd., Pabedan T/S ☎(01)241007 FAX(01)248003
URL www.centralhotelyangon.com
料 要問い合わせ CC J M V 室82室

ダウンタウンの中心にあり、立地は抜群。部屋は、飾り気はないが清潔かつ機能的で、快適に過ごせる。6階のマッサージ室では、マッサージが足1万2000K(60分)、全身2万4000K(120分)で受けられ、旅や仕事の疲れを癒やせる。朝食はビュッフェ。

H 東屋ホテル・ミャンマー
Azumaya Hotel Myanmar MAP P.35-C1～C2

住55, Old Yay Tar Shay Rd., Bahan T/S
☎(01) 543436
URL azumayamyanmar.com
料AC Ⓢ Ⓣ US$50～ CC J M V 室60室

日本語スタッフ常駐で、シュエダゴォン・パヤーは徒歩5分、ダウンタウンまではタクシーで10分程度と観光にもビジネスにも便利。和朝食はボリューム満点。6階にはワインバーと広々とした露天風呂(ビジターもUS$10で利用可)がある。

H ホテル・グランド・ユナイテッド・21st・ダウンタウン
Hotel Grand United 21st Downtown MAP P.32-B3

住66-70, 21st St., Latha T/S
☎(01) 378200
URL www.hotelgrandunited.com
料AC Ⓢ Ⓣ US$50～ CC J M V (+4%のチャージ) 室39室

にぎやかな中国人街の中にあり、町歩きや食事に便利。客室は清潔でシャワーはお湯もふんだんに出る。9階はルーフトップレストランで、はるかシュエダゴォン・パヤーを眺めながら朝食を食べられ、いかにもミャンマーに来た、という気分になる。

H ホテル7マイル
Hotel 7 Mile MAP P.38-B4

住32, Kone Myint Yeiktha St., Mayangone T/S ☎(01)656466～70
URL www.hotel7mile.com
E hotel7mile@gmail.com
料AC Ⓢ Ⓣ US$50、60、70
CC J M V 室64室

空港に近く、日本からのビジネス客にも人気のホテル。フローリングの客室は落ち着いた雰囲気で、スタッフはフレンドリー。新館にはエレベーターがないので、予約の際には注意しよう。

H ホテル51
Hotel 51 MAP P.35-D3

住154/156, 51st St., Pazundaung T/S
☎(01) 00823, 09-4409-99651
URL www.hotel-51.com
料AC Ⓢ Ⓣ US$47～
CC A M V 室42室

日本人経営の日本人向けサービスを重視したホテルで、2017年にリニューアルしたばかり。全室に温水洗浄便座付きトイレ設置。2018年には屋上に半露天風呂とドライサウナがオープン(入浴は男女入れ替え制)。1階には日本料理レストランがある。

■エコノミーなホテル、ゲストハウス

シングルUS$20～30、1ベッドUS$5～10のドミトリーなど安宿が充実している。

H イースタン・ホテル
Eastern Hotel MAP P.35-D4

住194/196, Bo Myat Htun St., Pazung Daung T/S ☎(01) 293168～170、293815
URL www.easterngrps.com/eastern-hotel
料AC US$36～54
CC M V (+3%のチャージ) 室40室

ダウンタウン東側エリアの古参ホテルが2017年9月にリニューアルオープン。オレンジやブルーをテーマカラーにした客室には、カードキーや高速Wi-Fiなど最新設備を完備している。

H ビューティー・ランド・ホテルⅡ
Beauty Land Hotel Ⅱ MAP P.33-C2

住188-192, 33rd St., Kyauktada T/S
☎(01) 240054、243552、09-4433-6113344
URL www.beautylandHotel.com
料AC Ⓢ US$15 Ⓣ US$25 ファミリー US$40
CC M V (+5%のチャージ)
室27室

サクラ・タワーの1本東側。どの部屋もたいへん清潔で、テレビ付きの部屋では、リクエストによりNHKの国際衛星放送の視聴も可。英語の堪能なスタッフが親切。

H メイシャン・ホテル
May Shan Hotel MAP P.33-C3

住115-117, Sule Pagoda Rd., Kyauktada T/S
☎(01) 252986～7、9、09-7996-9430
FAX(01) 252968
URL www.mayshan.com
料AC ⓈUS$20～ ⓉUS$30～
CC MV (+3%のチャージ) 室24室

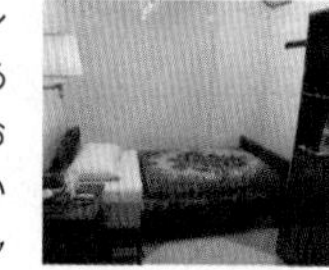

ダウンタウン中心、スーレー・パヤーの北側すぐにある老舗宿。建物は古びており、部屋によっては窓がないが、ホットシャワー、衛星チャンネル付きテレビなど設備は整っている。中国系のオーナーは親切。

H サット・ホステル
The SAT Hostel MAP P.32-A3

住93, Lanmadaw St., Lanmadow T/S
☎(01) 251001、09-2543-16611
URL www.sathostelyangon.com
料AC ⓈUS$16～ ⓉUS$28～(トイレ、シャワー共同) CC MV (+3%のチャージ) 室21室

中国人街にある手頃なホステル。100年以上の歴史あるコロニアルな建物を全面改装して、2015年にリニューアルオープンした。チーク材を使用した館内はとても清潔でスタッフの応対もよく、快適に過ごせる。ダイニングスペースのテレビでNHKの国際衛星放送も視聴可能。

H ホテル・バホシ
Hotel Bahosi MAP P.34-B3

住63/64, Bahosi Housing Estate, Lanmadaw T/S ☎(01) 223587、09-9704-9484
URL www.hotelbahosi.com
料AC ⓈUS$35～ ⓉUS$45～
CC JMV (+3%のチャージ) 室40室

ダウンタウンの西端に位置するが、ショッピングモールやレストランが周辺にあり、24時間営業のコンビニ併設なので不便さは感じない。チーク材の家具を配した客室はとても清潔で、曇りガラスのシャワールームを室内に設置している。日本語堪能な支配人が旅の手助けをしてくれる。

H ローリーズ・ホステル&エアポート・レジデンス
Roly's Hostel & Airport Residence MAP P.38-B2

住2C, Thazin Myaing St., Mingalardon T/S
☎09-9608-88958
FB Roly hostel & airport residence
E yangonhostel@gmail.com
料AC ホステルⒹUS$7、ⓈⓉUS$18、20、トリプルUS$28(トイレ、シャワー共同)、レジデンスⓈⓉUS$24、26
CC なし 室11室+12ベッド

空港ターミナル1まで徒歩約10分。深夜の到着や早朝の便を利用する人におすすめの手頃な宿。ドミトリーは男女混合と女性専用の6人部屋がある。スタッフがフレンドリーでアットホームな雰囲気。

H 501マーチャント・ベッド&ブレックファスト
501 Merchant Bed & Breakfast MAP P.33-D3

住501, Merchant Rd., Kyauktada T/S
☎(01) 385262
URL 501-merchant-bed-breakfast.business.site
料AC ⒹUS$12 ⓈⓉUS$22～ CC なし
室2室+36ベッド

植民地時代の趣を残す建物の、向かって右端にある木の階段を上がった2～3階。ドミトリーは2段ベッド4台か5台。共同バスルームも清潔。パブリックスペースが広く、そこかしこに置かれた椅子やテーブルでくつろげる。

H ウェイファーラーズ・レスト
Wayfarer's Rest MAP P.32-B3

住640, Maha Bandoola Rd., Latha T/S
☎09-7799-22075
URL wayfareryangon.com
料AC ⒹUS$8 ⓈⓉUS$25 ファミリーUS$35 CC なし 室2室+40ベッド

ボーヂョー・アウンサン・マーケットやⓈジャンクション・シティ(→P.69)へすぐという好立地。フロントは2階で、エレベーターがあって便利。ドミトリーは8ベッドの客室が5室あり、ベッドルーム、共同バスルームは清潔に保たれている。テレビはロビーで視聴可能でNHK国際衛星放送も観られる。

ヤンゴンのレストラン
RESTAURANT

■ヤンゴンのレストラン事情

ビルマカレーを中心としたビルマ料理をはじめ、中国、タイほかアジア諸国、日本、欧米各国の料理を提供するレストランやカフェが続々とオープンしている。1杯600K程度のモヒンガーやシャンヌードルなどご当地麺の専門店から、おしゃれなカフェやバー、5つ星ホテルの高級レストランまで、予算に合わせて選べる。クレジットカードを使える店も増えてきており、高級レストランも利用しやすくなった。

■ビルマ料理レストラン

R フィール
Feel MAP P.34-B2

住124, Pyidaungsu Yeiktha Rd., Dagon T/S
☎(01) 210678、09-7304-8783、09-7320-8132 URL www.feelrestaurants.com 営6:00~20:30 休なし CC M V (+5%のチャージ)

高級ビルマ料理店で、マイルドで洗練された味は日本人好み。並んだ料理を指さして選ぶ。ビルマ料理各種4600~5600K。

R アウン・トゥ・カ
Aung Thu Kha MAP P.34-B1

住17A, 1st St., Shwe Gone Daing Rd., Bahan T/S ☎(01) 525194
営9:00~21:00 休なし CC なし

Hサボイ・ホテル・ヤンゴン(→P.59)南の小道を入った右側にある、ビルマ料理の名店。ショーケースに並ぶ料理を指させばいい。地元客でにぎわっており、ランチは特に混雑。午前中のほうが品数が豊富。1品4500~7000K。

R ダヌピュー
Danuphyu-Daw Saw Yee Myanmar Restaurant MAP P.33-C2

住175/177, 29th St., Pabedan T/S
☎(01) 248977、253695 営9:00~21:00
休なし CC なし

古くから評判のいいビルマカレーの店。アノーヤター通りから29th St.を北に入るとすぐ左側にある。各種カレーを頼むと山盛り野菜、スープ、ライスが付く。チキンやポーク、マトンのカレーが各3500K、大エビカレー7000Kなど。

R ミャウンミャ・ドーチョー
Myaung Mya Daw Cho MAP P.35-C1

住118A, Yaydarshay Rd., Bahan T/S
☎09-4431-64487、09-7998-87877
営5:00~11:00、15:00~19:00 休なし CC なし

ミャンマーの国民食、モヒンガーの専門店。創業は1970年。コクがあるのにさっぱりしたスープは食べやすくて大人気で、店内はいつも満員。モヒンガー900K、豊富なトッピングは200K~。市内に全5店ある。

R YKKO(ワイケーケーオー)
YKKO Kyay-Oh & BBQ House MAP P.35-C4

住8G, Ground Floor, Corner of Maha Bandoola Rd. & 47th St., Botahtaung T/S
☎09-9771-18835 URL www.ykko.com.mm
営10:00~22:30 休なし CC J M V

ミャンマーの麺料理チェイオーとバーベキューの店。多彩なチェイオーは1杯4500~6450K。支店が多数(MAP P.34-B2など)ある。

R ハッピー・カフェ&ヌードルズ
Happy Cafe & Noodles MAP P.36-B3

住104B, Inya Rd., Kamaryut T/S
☎(01) 536985、09-9704-10379、09-7909-84865 営6:30~23:00 休なし CC M V

ミャンマーのご当地麺専門店。メニューは豊富で1品4200~7000K。Sミャンマー・カルチャー・バレー(MAP P.34-B2)などに支店が5店ある。

R カラウェイ・パレス
Karaweik Palace (Karaweik Hall) MAP P.35-C2

住Kandawgyi, Mingalar Taung Nyunt T/S
☎(01) 290546、09-4592-22222 FAX (01) 290545 URL karaweikpalace.com
営11:00~15:00、18:00~21:00
休なし CC M V

カンドーヂ湖に浮かぶ、黄金の鳥をかたどったレストラン。ビルマ料理主体でインターナショナル料理もあるディナービュッフェは3万5000K(5~12歳は1万7500K)。料金には伝統舞踊ショー(18:30~20:30)が含まれる。見どころは、シャン族の伝説の鳥のラブストーリーと、11~13世紀のチャウッセーの象ダンス。

R ハウス・オブ・メモリーズ
House of Memories　MAP P.34-B1

住290, U Wisara Rd., Kamaryut T/S　☎(01) 534242、525195、09-5283-327　URL www.houseofmemoriesmyanmar.com　営11:00～23:00 (LO22:00)　休なし　CC JMV

100年以上前に建てられたコロニアル様式の屋敷を改装したレストラン。アウンサン将軍が執務室として使っていたという部屋も残されている。料理は伝統的なビルマ料理とタイ料理が中心。

R バーマ・ビストロ
Burma Bistro　MAP P.33-C3

住644, Corner of Merchant Rd. & Shwe Bon Thar St., Latha T/S　☎09-4011-83838　FB Burma Bistro　E info@theburmabistro.com　営7:00～23:00（金～日は～24:00）　休なし　CC MV

コロニアル時代のビル2階にあるビストロ。アンティークな内装で、料理は伝統的なビルマ料理とタイ料理など。3階のバーもしゃれている。

R マンダレー・ティー・ルーム
Mandalay Tea Room　MAP P.37-C2

住224/4, Yan Nyein 2 St., Yankin T/S　☎09-4237-94320　営7:00～16:00　休なし　CC JMV

マンダレー名物の麺料理やお茶を、おしゃれな店内で楽しめる。太くて丸いうどんのような麺が特徴のモンティーは3000K。マンダレーのモヒンガー2500K、卵を付けると＋300K。シャンヌードル2500K、ビーフ団子入りは3000K。ビルマティー、ピンウールィンのコーヒーともに2000K。

R ジュピター
Jupitor　MAP P.33-C2

住284, Bo Sun Pat St., Pabedan T/S　☎09-7320-3908　営6:00～18:00　休なし　CC なし

1978年創業と老舗の喫茶店で、モヒンガーやカオスエなどの麺類がおいしいと人気。モヒンガーやオンノウ・カオスエ1000K～。ビルマ語看板のみ。店先にある麺が入ったガラスケースと北隣のハンバーガー店（Noor Burger & Food Court）が目印。

R ソファー&コー
Sofare & Co　MAP P.33-D3～D4

住60, Pansodan Rd., Kyauktada T/S　☎09-4483-33499　FB sofaerandco　営8:00～23:00　休なし　CC MV

ヤンゴンに増加中の、植民地時代の建物を改装したオシャレ系レストラン。バグダッド発祥の貿易商ソーファー社の拠点としてイギリス領時代に建てられた重厚な建物の一画を使っており、西洋&ビルマの軽食と飲み物を楽しめる。フライドライス8500Kは大きなエビが2匹と目玉焼き付きで豪華。

■ラカイン料理レストラン

ラカイン州の料理は、シーフードが特徴。

R ミン・ラン・モンティ パラミ店
Min Lan Mont Te Parami Branch　MAP P.36-B1

住16, Parami Rd., Mayangone T/S　☎09-5502-459、09-7303-6990　営10:30～22:00　休なし　CC MV

ラカイン料理の名店。ロブスター1kg8万5000K。刺身を頼むとスープが付く。魚介のだしが効いたモンティー800K、モンティーサラダ1700K。支店が3店ある。

■シャン料理レストラン

シャン料理はあっさりめで日本人好み。

R シャン・ヨー・ヤー
Shan Yoe Yar Restaurant　MAP P.34-B3

住War Dan St., Lanmadaw T/S　☎09-2505-66695、09-7987-77070　営7:00～22:00　休なし　CC JMV

築150年以上の木造一軒家。伝統的なシャン料理を優雅に堪能できる。手軽な麺類からコースまでメニューは多彩。スーレー・スクエア（MAP P.33-C2）、ヤンキン（MAP P.37-D3）に支店あり。

R トリプルナイン・シャンヌードル・ショップ
999 Shan Noodle Shop　MAP P.33-C3

住130B, 34th St., Kyauktada T/S　☎(01) 389363、09-3222-5455、09-2606-63434　営6:00～19:00　休なし　CC MV

あっさりしたスープのシャンヌードルは2000K～。Sジャンクション・シティ（→P.69）に支店がある。

■ワ族料理レストラン

ワ族はシャン州北部、中国国境沿いの山岳地帯に住み、アヘン栽培や中央政府に対する武装闘争で名高い。

R ルート
Root　MAP P.35-C4～D4

住 G01, Bo Myat Htun St., Botataun T/S
☎ 09-4566-96695
URL www.root-kitchen.com
営 日～木11:00～23:00、金・土11:00～24:00
休 なし　CC J M V

ワ族の女性が自分たちの文化をもっとよく知ってもらおうと、2016年に開いたレストラン。店内にはワ族の織物や楽器なども並べられ、武闘派民族のイメージを覆す。燻製牛肉のモイク（ブラウンライスの煮込み）4500Kなど。

■カチン料理レストラン

ミャンマー最北の地に住むカチン族の料理。タケノコや納豆など、日本の文化とのつながりを感じさせる食材も多用される。

R ジン・ポー・ミャイ
Jing Hpaw Myay　MAP P.34-A1

住 4B, Kyaun Taw Kyaung St., Sanchaung T/S　☎ 09-5874-9828
URL www.oomweb.com/jpm&lang=en
営 11:00～21:30　休 なし　CC なし

ミャンマー最北部に位置するカチン州に住むカチン族の料理を食べられる。味つけはかなり辛め。豚とタケノコのスパイシーなカレー炒め5500K、納豆混ぜご飯2500Kなど。

■カヤン料理レストラン

川魚や山菜など山の幸をスパイシーに調理するのがカヤン料理の特徴。

R ヴィスタ・ド・リオ
Vista Do Rio　MAP P.31-B4

住 251, Corner fo Taung Htate Pan Rd. & Mya Mar Lar St., Thuwana T/S　☎ 09-4289-82002　営 11:00～24:00　休 なし　CC J V

女性が首に真鍮のリングをはめて長く伸ばす独特の風習で知られるカヤン族の料理店。川に面したテラス席は、晴れていれば居心地バツグン。カヤン族の地酒1500Kは竹のコップで飲む。運がよければ首を伸ばした女性にも会える。場所がわかりにくいので配車タクシーのGrabの利用がおすすめ。

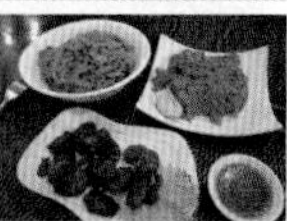

■日本料理レストラン

日本人経営の本格的な店から、日本出稼ぎ時代に居酒屋などで働いて覚えたような料理を出すミャンマー人経営の店まで、さまざまな日本料理レストランがある。ミャンマー人経営の店は、味はまともでリーズナブル。

R うれしいキッチン
Ureshii Kitchen　MAP P.32-A2

住 64, Shwe Taung Tan St., Lanmadaw T/S
☎ 09-9651-07932
営 9:00～20:00（土は11:00～）　休 なし　CC なし

ヤンゴンに多い、ミャンマー人経営で現地価格ながら比較的ちゃんとした日本料理が食べられる店の1軒。餃子（チキンかポーク）2500K、レバニラ炒めや生姜焼きなど3000～3500Kの単品に+1000Kでご飯と味噌汁が付く。

旅のヒント Hints

19th St.とナイトマーケット

ヤンゴン最大の繁華街といえば、中国人街にある19th St.のバーベキューストリート（MAP P.32-B2～B3）。夕方暗くなり始めると、通りに面した店がテラス席を出し始める。基本的に夜が早いヤンゴンで、ここは深夜近くまで大にぎわいだ。生ビールと肉や魚のバーベキュー、中国料理などを味わえる。バーベキューは、店先に並んでいる串を指さして注文。焼きあがったら持ってきてくれる。衛生面に配慮して使い捨ての手袋を使う店もある。

1本いくらの明朗会計

2016年から始まったのは、ストランド通り沿いのナイトマーケット（MAP P.32-A2～33-C4）。ダウンタウンの渋滞解消のため、もともと中国人街に並んでいた店をこちらに集めたので、人通りが多いのは中国人街の南あたり。携帯電話や時計、ケーブルなどを売る店もあるが、雨でぬれてしまっていてもおかしくないので、電化製品は買わないほうが無難。

飲食店と雑貨の店が入り交じるナイトマーケット

R おいしい寿司
Oishii Sushi　MAP P.32-B3

住98, Latha St., Latha T/S　☎(01)708685、09-7967-40737　営10:00～22:00
休なし　CC M V

日本で修業した7人の寿司シェフ仲間が開業。寿司はネタにより2～4貫がのったひと皿が1200～2000Kなので、回転寿司感覚で楽しめる。寿司セット4000K、天ぷら盛り合わせ3000K。

■そのほかのレストラン

R シーズ
Seeds Restaurant & Lounge　MAP P.37-C1

住63A, U Tun Nyein St., Mayangone T/S
☎(01)655900、09-9727-84841
URL www.seedsyangon.com　営11:30～23:00
休水祭り期間　CC M V

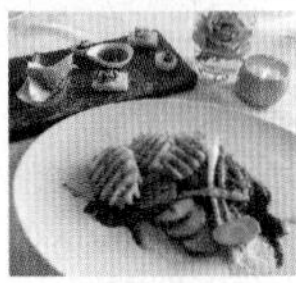

インヤー湖畔にあり、自然豊かな眺めも贅沢なフランス料理店。ミシュラン星付きシェフが腕を振るう料理は、盛りつけも味も繊細。ビジネスランチUS$19～でもそれを満喫できる。

R パラミ・ピザ
Parami Pizza　MAP P.36-B1

住11C, Corner of Malikha & Parami Rds., Mayangone T/S　☎(01)667449、09-2617-67616　URL www.paramiPizza.com
営11:00～22:30　休なし　CC J M V

注文を受けてから生地を打ち、窯焼きするピザはどれも絶品で1枚1万1000K～。写真のParamiは1万4000K。ボリュームがあって、クオリティを考えると決して高くない。市内に全3店舗ある。

R オニックス
ONYX　MAP P.35-C1

住12B, Bogyoke Aung San Museum St., Bahan T/S
☎09-2541-58167、09-5071-847
URL www.onyxyangon.com　営11:00～23:00
休なし　CC J M V

安くておいしいステーキを食べるならココ。テンダーロインやサーロインが9000Kと破格の安さは、国産素材にこだわるからこそ。そのほかサンドイッチもボリューム満点。

R アカシア・ティーサロン
Acacia Tea Salon　MAP P.37-C4

住52, Sayar San Rd., Bahan T/S
☎(01)554739　URL www.acaciateasalon.com
営毎日8:00～21:00（ベーカリー8:30～21:00）
CC J M V

コロニアルな一軒家を利用したビストロ&ベーカリーカフェ。シェフは、タイの一流ホテルでもその名をはせた実力派。ハイティーやスイーツから本格フレンチディナーまで満喫できる。

R シャーキーズ
Sharky's　MAP P.33-C3

住81, Pansodan Rd., Kyauktada T/S
☎09-2645-89515
URL www.sharkys.com.mm
営9:00～21:00　休なし　CC J M V

ハム、チーズ、パン、パスタ、ピザなどのおいしい店。スイスのミャンマー大使館で働いていたというオーナーが、純ミャンマー産の原材料にこだわって作っている。イタリアで学んだジェラート3800Kも美味。ダーマゼディー（MAP P.34-B1）やバガンにも支店がある。

R 喜洋洋（シーヤンヤン）
Xi Yang Yang　MAP P.33-C1

住24/3 Na Wa Day & Bo Yar Nyunt Sts., Dagon T/S　☎09-9610-56308
営10:00～22:00　休なし　CC J M V

小籠包と台湾料理の専門店。ジューシーな小籠包は小2000K ～、豚、エビ、カニ味噌入りの3種類。豊富な点心で飲茶三昧を楽しもう。鶏のうま味たっぷりの鶏スープもおすすめ。市内に3店舗ある。

R ゴールデン・シティ・チェティ・レストラン
Golden City Chetty Restaurant　MAP P.35-D3

住Corner of Bogyoke & Bo Myat Htun Rds., Pazundaung T/S
☎(01)246953　営6:00～22:00
休なし　CC なし

カレーに副菜やスープが付く定食「チェティ・タミン」は3600K～。サラッとした南インド風カレーやご飯はお代わり自由。なくなると給仕が回ってきて皿に盛ってくれる。

R サバイ@DMZ
Sabai@DMZ　MAP P.37-C3

住Inside May Kyun Tha Park, Kabar Aye Pagoda Rd., Bahan T/S　☎(01)8605178
営10:00〜14:30、17:00〜21:30
休なし　CCなし

インヤー湖畔の公園内にある、おしゃれなタイ料理店。広いテラスが気持ちいい。麺類や炒飯なら4500K〜、トムヤムクン・スープは4500K〜。

■カフェ、バー

カフェとルーフトップバーがブーム。ミャンマーのコーヒーといえばミルクと砂糖入りの甘い3in1が主流だが、シャン州など国産の豆を使ったおいしいコーヒーを出すカフェが増えてきた。ホテルやビルの屋上からシュエダゴォン・パヤーを望むルーフトップバーは、渋滞が多く騒がしいヤンゴンの小さなオアシス。ミャンマーには珍しく、深夜まで営業している。

R ティリピサヤズ・スカイ・ビストロ
The Thiripyitsaya's Sky Bistro　MAP P.33-C2

住20th Floor, Sakura Tower, 339, Bogyoke Aung San Rd., Kyauktada T/S
☎(01)255277、255255
URL www.sakura-tower-yangon.com
営10:00〜22:30　休なし　CC J M V

サクラ・タワーの20階にあるカフェレストラン&バーラウンジで、ヤンゴン市街を一望できる。料理も充実していて、日替わりランチはアジアか欧米のメイン料理にスープ、サラダ付きで1万K〜。オーストラリア産プライムリブ5万K〜など、ステーキ類もおすすめできる。店内Wi-Fi無料。

R A150チャイナタウン・ビストロ
A150 Chinatown Bistro　MAP P.32-B2

住150/A, 19th St., Latha T/S
☎09-2669-95158
FB A150 Chinatown Bistro　営13:00〜23:30
休なし　CC J M V

バーベキューストリートの奥、古いショップハウスを中国風に改装したビストロ&バー。ツボルグのドラフトが1500Kで飲めるほか、食事各種2500K〜と手頃。

R トーキョー・コーヒー
Tokyo Coffee Café & Bar　MAP P.34-A1

住Pa/25, Padonmar St., Sin Saw Pu Qtr., Sanchaung T/S　☎09-7951-57216
FB Tokyo Coffee Café & Bar　☎09-7995-91562　営8:00〜20:00　休なし　CCなし

東京の目黒で長く喫茶店を営んでいたマスターの、自家焙煎コーヒーが美味。ブレンド3500K〜。モーニング2000K 〜。定食、丼、カレーなど日本食はランチ5000K、+1000Kでコーヒーが付く。自家製スイーツもおすすめ。

R ビスタ・バー
Vista Bar　MAP P.35-C1

住168, Corner of Shwe Gone Daing & Yaedarshay Rds., Bahan T/S
☎(01) 559481、09-7322-8586
営17:00〜翌2:00　休なし　CC M V

シュエダゴォン・パヤーのライトアップが美しく見えるルーフトップバー。屋根が閉まるので雨が降っても大丈夫。料理も豊富。

旅のヒント Hints

ジャンクション・シティにヤンゴンの味が集結!

ジャンクション・シティ(→P.69)のなかでも最大の人気を誇るのがフードコート「フード・ストリート FOOD STREAT」のある3階飲食街。食事時には席の確保が大変なほど混雑している。人気の理由は、ミャンマーの人気チェーンレストランの支店や各国料理のファストフードが揃っていること。チェイオーのYKKO、シャンヌードルのトリプルナイン・シャンヌードル、ラカイン料理のミン・ラン・モンティ、あんかけ麺やスイーツが名物の喫茶店シュエ・パリンなどが並んでいる。全店英語のメニューが用意されている。

支払いは、専用カウンターで適当な金額のクーポンを先に購入するシステム。使い残してもカウンターで返金してもらえる。カウンターで料理を注文し、できあがると呼び出しのバイブレーター端末が作動して教えてくれる。

いろいろな店の料理を食べ比べられるのが楽しい

R ヤンゴン・ヤンゴン
Yangon Yangon MAP P.33-C2

住Sakura Tower Rooftop, 339, Bogyoke Aung San Rd., Kayuktada T/S
☎(01)255131 FB YangonYangonRooftop
営17:00～24:00 休なし CC M V

ダウンタウン、シュエダゴォン・パヤーの夜景を一望できるバー。チャージは1ドリンク込みで1万K。毎日17:00～19:00はハッピーアワー。

R コーサン 19th St. スナック&バー
KOSAN 19th St. Snack & Bar MAP P.32-B2

住108, 19th St., Latha T/S
☎09-4200-61869 FB KOSAN ☆
営14:00～23:00 休なし CC なし

串焼きBBQのビアホールがひしめく通りのど真ん中にある日本人オーナーの店。ほどよい辛さのタコライス3000K～。モヒート800K ～、ミャンマービール(大瓶)が2400Kなどローカル価格。

R モンスーン
Monsoon Restaurant & Bar MAP P.33-D4

住85-87, Thein Phyu Rd., Botahtaung T/S
☎(01)295224、09-7864-7610
URL monsoonmyanmar.com 営11:00～23:00
休なし CC J M V

古い建物をおしゃれに改装したレストラン&バー。天井が高くクラシックな雰囲気で、ビルマ料理のほか、タイやベトナム、ラオス、カンボジアなどインドシナ料理全般がメニューに並ぶ。メインは1品6800～1万5000K。モヒンガー(3300K)やベトナムのフォーボー(4300K)などの軽食、デザート(2000～5000K)も充実。サービスチャージ10%。

R ラングーン・ティー・ハウス
Rangoon Tea House MAP P.33-C3

住77-79, Pansodan Rd., Kyauktada T/S
☎09-9790-78681
FB RangoonTeaHouse
営7:00～22:00 休なし CC M V

植民地時代の建物を改装したおしゃれなカフェレストラン。モダンなインテリアが施された天井の高い空間で、おしゃれにお茶が楽しめる。16種類あるビルマ風ミルクティー1500K～を飲み比べてみよう。

ヤンゴンのショップ
SHOP

Sミャンマー・プラザ(MAP P.37-C3)、Sジャンクション・シティー(MAP P.32-B2)など高級ショッピングモールが次々にオープン。レストラン街やフードコートもあり便利。日用品や食品の調達には町なかのコンビニや、高級スーパーマーケットのSマーケット・プレイスMarket Placeへ。

S ヤングッズ
Yangoods MAP P.32-A4、P.33-C2

住89, Bogyoke Aung San Market, Pabedan T/S ☎09-8983-37637
URL www.yangoods.com
営火～日8:30～17:00 休月・祝 CC J M V

キッチュ一歩手前でレトロに踏みとどまったデザインのポーチや小物類がミャンマーの女性にも人気のショップ。古い絵はがきなどから転写したような絵柄がプリントされたポーチはけっこうおしゃれ。ヤンゴン市内に5ヵ所、マンダレーとバガンにもショップあり。

S ラーデー
Hla Day MAP P.33-C3

住2nd Floor, 81, Pansodan Rd., Pansodan T/S
☎09-4522-41465 URL www.hladaymyanmar.org 営10:00～21:30 休なし CC M V

パンソダン通りに並ぶコロニアル建築のビル2階にある、かわいい雑貨店。ミャンマー各地から集めたグッズはおみやげに最適。オリジナルのポストカード、リサイクル素材使用の名刺入れや財布、ファッションなど幅広い品揃え。

S ダッコ
dacco. MAP P.37-C1

住Room 5, 12, Parami Rd.,10 Qtr., Mayangone T/S ☎09-2601-85424、09-2622-26481 URL www.dacco-myanmar.com
営10:00～18:30 休なし CC J M V

カラフルな籠バッグ、象や神様などの張り子人形、アクセサリー、木工品、シャン州産コーヒーなど、国内各地から集めたミャンマーのみやげ物が種類豊富。ボーヂョーアウンサン・マーケット(MAP P.33-C2)にも支店がある。

S ミャンハウス
Myanhouse　MAP P.33-D3

住56/58/60, Pansodan Rd., Kyauktada T/S
☎(01) 376943　FAX(01) 376501
FB myanhouse Local Made
営9:00～19:00　休なし　CC JMV

ミャンマーの伝統的な手工芸品を扱っており、おみやげに手頃な商品が店内の棚にぎっしりと並んでいる。

S シンピューレーお土産店
Sin Phyu Lay　MAP P.32-A4、P.33-C2

住East A-40, Bogyoke Aung San Market, Pabedan T/S　☎09-4211-60462
URL www.myanmarcookies.jp
営火～日9:30～17:00　休月・祝　CC なし

ミャンマー産の素材を使って国内で生産したお菓子がおみやげに人気。伝統的なナンカタインクッキーは、ふんわりした口溶けで甘さ控えめの黒糖味。12枚入り7000K、18枚入り9000K。黒糖とココナッツだけで絶妙な舌触りに仕上げた新商品の黒糖キャラメルも販売中。

S レトロ・ヤンゴン
Retro Yangon　MAP P.33-C2

住193, 1st Floor, 32nd St., Pabedan T/S
☎09-7608-10565　FB retroyangon2019
営9:00～20:00　休なし　CC なし

ミャンマーの王族や兵士など、古い時代の衣装に身を包んで記念撮影できるスタジオ。男性や女性の正装は3万5000K（ひとり追加は1万K）。ビルの2階にあり、入口の階段を見落とさないように。予約すると安心。

■マッサージ

S ゲンキー
Genky Physiotherapy Clinic　MAP P.35-D4

住83, 50th St., Pazundaung T/S
☎09-4414-33579、09-8615-036
URL genkyclinic.com　営9:00～22:00（受付は21:00まで）　休なし　CC なし

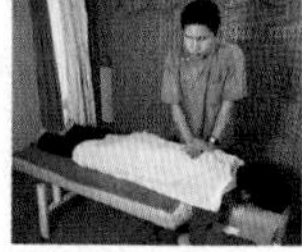

視覚障害者が施術するマッサージ店。料金は45分9000K、60分1万K、足マッサージ45分9000K～、90分1万1000K。店内Wi-Fi無料。支店（MAP P.32-A2、P.33-C2）あり。

S サペル・フット・スパ
Sapel Foot Spa　MAP P.32-A3

住57, 15th St., Lanmadaw T/S
☎09-2539-88995　FB Sapel Foot Spa
営10:00～24:00　休なし　CC なし

ミャンマー式マッサージで極楽気分に浸れるおしゃれなサロン。足マッサージ30分1万K ～。全身をほぐしてくれるヘッド・トゥ・トー75分2万2000Kは、タナカを使ったトリートメント付き。

■日本語の通じる旅行会社

T ミャンマー P.L.Gトラベル＆ツアーズ
Myanmar P.L.G Travels & Tours Co., Ltd.　MAP P.32-B3

住143/145, Room 6, 18th St., Latha T/S
☎(01) 250956、03-3959-9143（日本連絡事務所）　URL www.myanmarplg.com
E plg@myanmarplg.com
営月～土　9:00～17:00　休日・祝

ミャンマー国内の各種パッケージツアーから個人旅行まで、旅行の目的や人数に合わせて旅行手配が可能。電話、メールともに日本語対応可。

T さくら観光
Sakura Kankou Travels & Tours Co., Ltd.　MAP P.39-C4

住Room 7K, Kabaraye Gamonpwint Condo, Kabar Aye Pagoda Rd., Mayangone T/S
☎(01) 657839（日本語可）、09-5072-796（こすだ、日本語）
URL www.sakurakankou.com
E sakura@sakurakankou.com　営月～金 8:00～17:00、土8:00～13:00　休日・祝

設立9年。日本人運営ならではの安心感とクオリティー。ミャンマー発の国際線航空券や、ミャンマーからの外国旅行も扱う。

ヤンゴンのエンターテインメント
ENTERTAINMENT

N トウェ・ウー・ミャンマー
Htwe Oo Myanmar　MAP P.34-A3

住1st Floor, 12, Yama St., Ahlone T/S
☎(01) 211942、09-5127-271
URL www.htweoomyanmar.com
開18:00、19:00（2名以上、完全予約制）
休不定　料US$10（約60分）　CC なし

ミャンマーの伝統的なパペットショーの小劇場。人形たちの動きを間近で観られる。

自然が生んだ神秘の仏塔　チャイ

落ちそうで落ちない不思議な大岩

ミャンマー人憧れの巡礼地

チャイティーヨー・パヤー（ゴールデンロック）

Kyaikhtiyo Paya

　ヤンゴンの北東約210km、標高約1100mの山の頂上にある大岩の上に、ひとつの岩があやうい様子で鎮座している。今にも落ちそうで落ちない不思議な岩だ。この岩の上に高さ7mほどの小さな仏塔が建てられており、この中に収められている仏陀の頭髪がバランスを取っているといわれている。

　言い伝えでは11世紀、隠者のヤテ兄弟が、仏陀の頭髪を自分の帽子の中に隠し持っていた。彼は国王に、自分の帽子に似た丸岩を探し出すよう要請した。国王は海底にあった丸岩を、不思議な力で山頂まで運び上げ、仏陀の頭髪をその上に祀ったという。この不思議な岩は、今も昔もミャンマーで屈指の巡礼地となっている。

　チャイティーヨーとは、仏陀の頭髪が入った僧の帽子、つまりヤテの帽子という意味。山頂に行く途中にある参道の麓の町ヤテタウンとは、隠者のヤテ兄弟（Ya-The）の名を取ったもの。タウン（Taung）とは山を意味する。ヤテタウンから山頂に行く間、あちこちに置かれたゴールデンロックのレプリカは、国王がヤテの気に入る岩を探し、試しにいろいろ置いてみた名残だともいわれている。

　周辺には、ほかにも仏塔や滝などがあり、トレッキングしながら巡礼する人も多い。なお女性は岩に触れることはできないので注意。

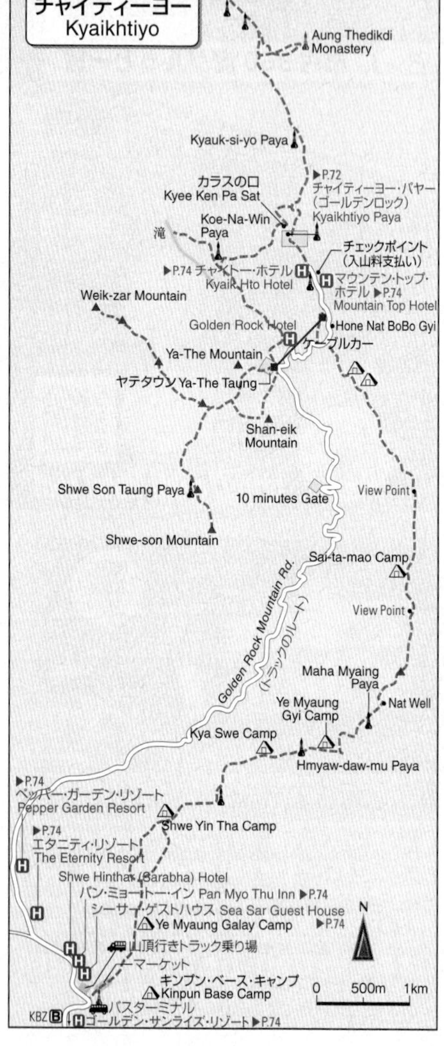

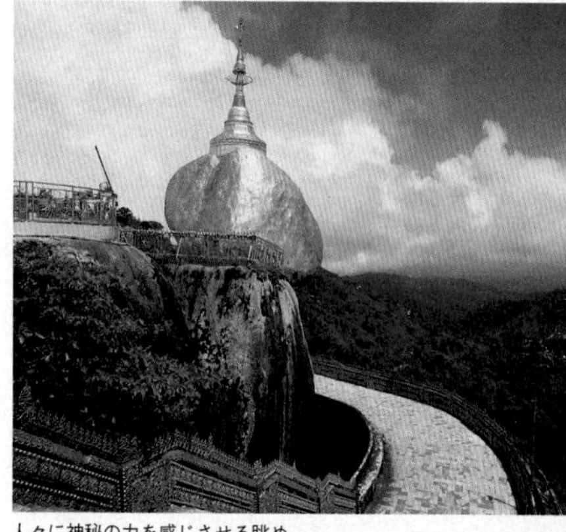
人々に神秘の力を感じさせる眺め

ティーヨーへ行こう!

キンプン・ベース・キャンプへの行き方 ACCESS

チャイティーヨー・パヤーへは、麓の町キンプン・ベース・キャンプ（以下キンプン）が拠点となり、ヤンゴン、バゴー、モウラミャイン、パアンから直行バスが運行されている。鉄道が通る近郊の町チャイトーからピックアップやバイクタクシーで行く方法もある。

朝一番のバスでヤンゴンを出発すればキンプンに10:30頃着。キンプンからヤンゴンへの最終バスは16:00発なので、トラックで山頂まで往復2時間と待ち時間30分～2時間程度を加味しても、ヤンゴンからバスでの日帰りは不可能ではない。しかし天候や道路、交通事情の悪化など何が起こるかわからないので、できれば時間に余裕をもって出かけたい。

◆ヤンゴンからキンプンへ

🚌アウンミンガラー・ハイウエイ・バス・ターミナル（MAP P.39-C1）から直通バスが出ている。Win Express、Thein Than Kyawなどが、5:30～21:00の間10本運行（雨季は減便）、所要約4時間～4時間30分、8000K。チャイトーで同じバス会社による別の車やバスに乗り換えることも。人数が集まれば、ヤンゴンからタクシーチャーターが便利。往復1台（1泊2日）US$180～。

🚆ヤンゴン発7:15、18:25、20:00発でチャイトーまで所要約4～5時間。アッパークラス2400K、オーディナリークラス1200K。

◆バゴーからキンプン、チャイトーへ

🚌チャイトーへは3社が4:00～16:00の間、毎時1本運行（雨季は減便）、所要約2時間30分、5000K。

🚆9:04、21:50 発のモウラミャイン行き、または 20:19 発のダウェイ・ポート行きでチャイトーまで所要約 3時間。アッパークラス1300～1800K、オーディナリークラス650～900K。

◆モウラミャインからキンプン、チャイトーへ

🚌1日2本、8000K、所要約5時間。

🚆8:00、19:30、21:25発ヤンゴン行きでチャイトーまで所要約4時間30分。アッパークラス2400K、オーディナリークラス1200K。

◆パアンからキンプンへ

🚌1日3～5本、7000K、所要約4時間。チャイトー経由で行くほうが本数が多い。

◆チャイトーからキンプンへ

鉄道駅前からピックアップが20分おきに出ている。所要約40～50分、500K。ほか、バイクタクシー2000K、タクシー6000～7000K。

キンプン・ベース・キャンプからチャイティーヨー・パヤーへの行き方

■キンプン・ベース・キャンプからゴールデンロック（山頂）へ

交通手段は政府運営のトラックのみ。乾季と巡礼シーズンは 6:00～17:00 の間随時、人の少ない雨季は1日数本。所要約1時間。料金は荷台2000K。フロントシート3000Kは要予約と表示されているが、早めに行って待つしかない。乗客数が少ないと割増料金になることもある。10万Kでチャーター可。戻りの最終は18:00発なので要注意。

■雨季は雨具の用意を

新たに荷台に屋根の付いたトラックが登場したものの、側面はオープンエア。カーブの多い山道を走るので、雨がひどい場合はかなりぬれることになる。雨合羽などの羽織れるような雨具を持参しよう。

■ヤテタウンで途中下車

山頂まで行かず、途中のヤテタウンで下車（2000K）して参道を歩くこともできる。時間があれば、行き帰りのどちらかでも歩いてみよう。ヤテタウンからは徒歩で約1時間。人力籠なら片道3万Kから要交渉。荷物だけなら6000K。籠担ぎは売店の前で停まり、これ見よがしに汗を拭いて担ぎ手全員にコーラを買えなどと催促するが、これはキックバック目当て。相手にする必要はない。

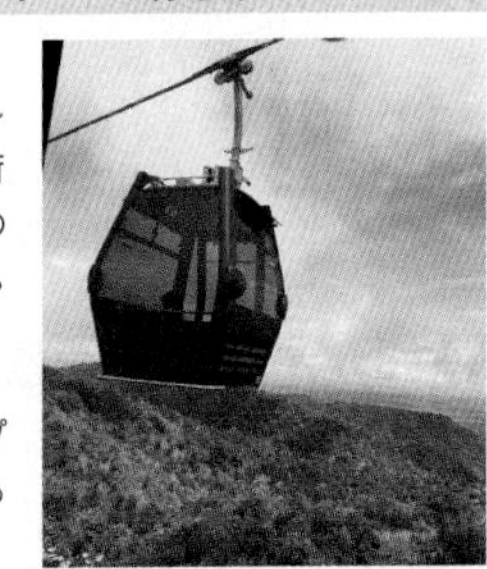

ヤテタウン～山頂のケーブルカーは 開6:00～18:00（天候による） 料片道7000K（往復1万K）

チャイティーヨー入山料支払い

料1万K。頂上のチェックポイント（開6:00～18:00 休なし MAP P.72）で支払う。要パスポート提示。2日間有効。

注：キンプンは、現地ではキンモンと言ったほうが通じることもある。

チャイティーヨーのホテル
HOTEL

11月頃のお祭りの時期は巡礼者が多く予約は困難。逆に6〜9月は20〜50%ほど割引になる。

■山頂のホテル

H マウンテン・トップ・ホテル
Mountain Top Hotel　MAP P.72

住 Near Kyaikhtiyo Paya　☎09-8718-392
ヤンゴン・オフィス☎(01) 2304486
URL www.mountaintop-hotel.com
www.visitmyanmar.com/hotels
料 FAN ⓈⓉUS$110〜　CC MV　室55室

客室には最新のカードキー式セキュリティを完備。室内から望む朝日が美しい。ロビー、レストランでWi-Fi無料。ハイシーズンのみ全室Wi-Fi無料。

H チャイトー・ホテル
Kyaik Hto Hotel　MAP P.72

住 Near Kyaikhtiyo Paya　☎09-4981-9196
予 ヤンゴン・オフィス☎(01) 2306035〜6、09-4049-73382　URL kyaikhtohotel.com
料 AC ⓈⓉUS$95、120、140
CC MV (+3%のチャージ)　室155室

客室はシンプルで、料金のわりにはやや手狭な印象。テラスからチャイティーヨー・パヤーが見える。レセプション周辺のみWi-Fi無料。

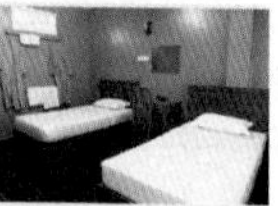

■キンプンのホテル

町の中心には手頃なホテル、徒歩で10〜15分ほど離れた所には、中級リゾートホテルが数軒ある。2020年1月現在、広大なホテルゾーンを建設中。

H ペッパー・ガーデン・リゾート
Pepper Garden Resort　MAP P.72

住 176A, 0.75 Mile, Golden Rock Mountain Rd.　☎09-4206-10930/40　予09-4206-10910/20　E enquiry@pgr.com.mm
料 AC ⓈⓉUS$45、55　CC MV　室20室

キンプンからチャイティーヨー・パヤーに向かう途中にある静かなリゾート。広いガーデンの緑がさわやか。客室はバンガロータイプでツインが中心。近くで川遊びやハイキングも楽しめる。

H エタニティ・リゾート
The Eternity Resort　MAP P.72

住 176A, Zayat Quin, Kinpun Base Camp
☎09-5115-73、09-8723-092
URL www.theeternityresorthotel.com
料 AC ⓈⓉUS$50　CC JMV　室33室

村の中心から山頂方面に徒歩約10分、庭園の中にバンガローとホテル棟が建つ。山頂行きトラック乗り場まで無料で送ってくれる。スタッフも親切。銀行ATMあり。

H ゴールデン・サンライズ・リゾート
Golden Sunrise Resort　MAP P.72外

住 Kinpun Base Camp　☎09-2507-58195
ヤンゴンオフィス☎FAX (01) 500351
URL www.goldensunrisehotel.com
料 AC ⓈⓉUS$35〜　CC なし　室12室

キンプン市街に入る手前に位置するプチリゾート。緑豊かな敷地にバンガローが並ぶ。Wi-Fiはロビーのみ利用可。

H シーサー・ゲストハウス
Sea Sar Guest House　MAP P.72

住 Kinpun Base Camp　☎09-4253-53566
料 FAN ⓈⓉUS$12　AC ⓈⓉUS$20〜30
CC なし　室50室

料金のやや高い中〜高級ホテルばかりのチャイティーヨーの中では貴重な安宿。非常に古びているがバックパッカーが集まる場所となっている。スタッフはフレンドリー。Wi-Fiはロビー周辺のみ。入口には大きなレストランがあり地元の人から旅行者にまで人気。近くにはもう1軒の安宿Hパン・ミョー・トー・イン(料 FAN ⓈUS$8　AC ⓈUS$15〜)があり、面倒見のいい主人がいる。

■チャイティーヨーのレストラン

バスターミナルの周辺にいくつか食堂やカフェが並ぶ。山頂付近には、巡礼路に沿ってビルマ料理の食堂や軽食を売る屋台、喫茶店などがたくさん出ており、食べ歩きを楽しむミャンマー人も多い。

市外局番052 MAP折込表-C7

巨大寝仏で有名なミャンマーの古都

バゴー

Bago

ヤンゴンの北東約70kmにあるバゴーは、バゴー地方域の州都。ペグーとも呼ばれ、マンダレーやバガンと並ぶミャンマーの古都としても知られている。13～16世紀にはモン族の王都となり、下ビルマの中心として栄えた。しかし18世紀半ば、最後のビルマ族王朝となるコンバウン朝を開いたアラウンパヤー王によってバゴーは征服され、昔日の栄華を取り戻すことなく今日にいたっている。バゴーの象徴で、長い間ジャングルの中に埋もれていた巨大なシュエターリャウン寝仏は、鉄道駅の西にある。

バゴーへの行き方

ACCESS

◆ヤンゴンから

マンダレー、ネーピードー、モウラミャイン、ダウェイ・ポート方面行きがバゴーを通る。ヤンゴン発が1日8本。所要約2時間。アッパークラス1200K、1600K。オーディナリークラス600K、800K（列車により異なる）。

アウンミンガラー・ハイウエイ・バス・ターミナル（MAP P.39-C1）から所要約2時間、普通3000K。5:00～19:00の間1時間に1本程度。空港近くのバス停ソーブワーヂーゴン Saw Bwar Gyi Gone（MAP P.38-B2）からもミニバスが出ており1500～3000K（大きな荷物がある場合は4000Kくらい請求されることも）。

片道所要約1時間30分。料金は往復（観光込み）US$80～。要交渉。

空港近くのソーブワーヂーゴン（MAP P.38-B2）から6:00～20:30の間数社が運行。6:00～18:00は頻繁に出ており、人数が集まりしだい出発。アウンミンガラー・ハイウエイ・バス・ターミナルそばからもある。乗客の乗り降りで頻繁に停車し時間がかかるが、本数は多く便利。所要約2時間。1500～2000K。

バゴーのバスターミナル: 市街から南西へ約1.5km離れており、市街から陸橋で鉄道を越え、チャイプーン・パヤーへ行く途中のヒンドゥー寺院向かいにある。サイカーまたはバイクタクシー、トゥクトゥクで1000K程度。バスのチケットはHエンペラー・モーテル（→P.79）横のチケット売り場でも買えるがやや割高。バスターミナルや乗り場までのバイクタクシー代が含まれる場合もあるので要確認。チケットは宿でも購入できる。ミャンマー南部行きなどバゴー終着ではなく経由便のバスは、ターミナルに入らずにハイウエイ上に停車することもあるので注意。

◆バゴーから各地へ

チャイティーヨーへ: Win Expressなど3社がキンプンまで1日4～5本、チャイトーまで4:00～16:00の間毎時1本運行（雨季は減便）。所要約2時間30分～4時間、5000K～。

インレー湖へ: 数社が1日4～5本運行。8000K～、VIPは2万～2万5000K。所要約12時間。

マンダレーへ: 1日5本、1万～2万2000K。

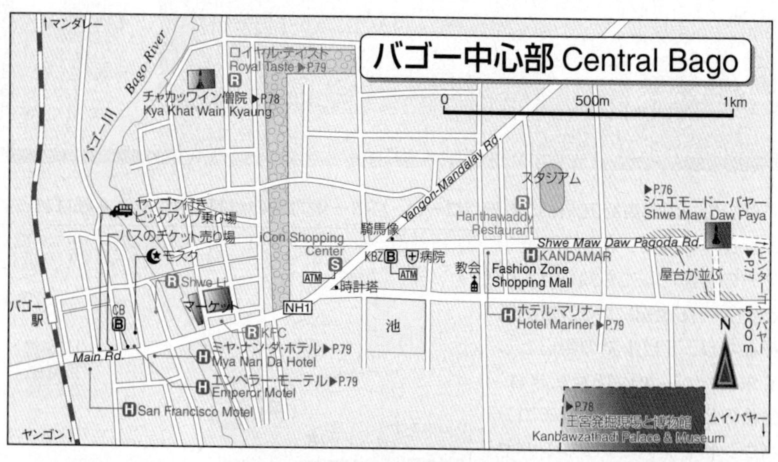

Information

バゴー入域料

料1万K（1日有効）

各見どころでそれぞれに入場料を払うのではなく、最初に入る場所でバゴー全体の入域料を支払い、チケットをもらう。このチケットがおもな見どころ共通の入場券になる。随時提示を求められるので、なくさないように。1ヵ所1回のみ入場可だが、早朝や夜間は無料で入れる場合も。

サイカー、バイクタクシーのチャーター

料おもな見どころを回って、サイカーは8000K程度、バイクタクシーは1万2000K程度から。行き先により要交渉。

日本人慰霊碑

シュエターリャウン寝仏近くの僧院兼学校には、日本人戦没者慰霊碑（第55師団バゴー慰霊碑MAP P.75）があるので訪ねてみよう。

日本軍の慰霊碑

シュエモードー・パヤー

行き方駅から東へ徒歩約20分。
開5:00〜21:00　休なし
料入域料が必要。

南参道口の近くに日本から寄進された「鎌倉大仏」がある。

バゴーの歩き方　Exploring

最もにぎわっているのは、鉄道駅東側のメイン通り沿い。商店や喫茶店、ゲストハウスが並び、サイカーやバイクタクシーも簡単にひろえる。鉄道駅西側には見どころが点在している。歩いて回るには少々広いので、サイカーかバイクタクシーが便利。バゴーはミャンマー国内のほかの町に比べると、交通量が多く騒がしい。呼び込みがしつこかったり、少々ガラが悪い人もいるので注意。ヤンゴンからの日帰りでも十分見て回れるが、チャイティーヨー（→P.72）まで足を延ばすならバゴーを拠点にすると楽。

おもな見どころ　Sightseeing

地震の被害から浄財で再建された　MAP P.76

シュエモードー・パヤー　ရွှေမော်ဓောပုရား

Shwe Maw Daw Paya

バゴー最大の見どころともいえるこの仏塔の歴史は古く、1200年以上昔に遡るといわれている。仏陀の遺髪2本を収めるために、高さ23mの塔を建てたのが始まりだとか。その後塔は何度も改築されており、825年に25m、1385年に84m、1796年に91mと少しずつ天に近づいていった。しかし1912年、1917年、1931年と立て続けに地震の被害を受ける。特に1931年の地震では塔が崩れるなどかなり被害が大きく、莫大な基金と民衆からのお布施によって1954年にやっと再建されたという。現在見られる塔の高さは114mあり、ヤンゴンにあるシュエダゴォン・パヤーよりも高い。

右にあるのが過去の地震で崩落した塔の先端部分

聖鳥伝説を伝える MAP P.75

ヒンターゴン・パヤー

ဟသ်ာကုန်းဘုရား

Hintha Gon Paya

神秘的な雰囲気が漂う

シュエモードー・パヤー東の丘の上にあり、緑豊かなバゴーの町を一望できる。ヒンターという神話の鳥が海から飛んできてこの丘に舞い降りたとの伝承があり、丘のてっぺんにはヒンターの像がある。境内中央の仏塔は、マンダレーヒルの設計者でもある隠者ウー・カニU Khaniにより建設されたもの。階段を上った境内手前右側には、水牛の角をかぶった女神（ナッ神）の像があり、女性の信仰を集めている。

巨大な寝仏はバゴーの象徴 MAP P.75

シュエターリャウン寝仏

ရွှေသာလျောင်းဘုရား

Shwe Tha Lyaung Buddha

バゴーで最も有名なのがこの巨大な寝仏。994年にモン族のミガディパ王によって建立されたものと考えられており、背面の台座にはその物語が描かれている。バゴー王朝の滅亡と同時にその存在も忘れられ、やがて密林に覆われてしまったが、イギリス植民地時代、鉄道敷設のため視察に来たインド人技術者により偶然発見された。足の裏や枕のモザイク装飾も見事。

全長55m、高さ16mで圧巻の大きさ

塔の中ほどから見晴らしを楽しめる MAP P.75

マハーゼディー・パヤー

မဟာစေတီဘုရား

Mahazedi Paya

尖塔の鐘の音が涼しげな、静かな仏塔。起源は16世紀半ばに遡るが、18世紀半ばのバゴー王朝期に破壊され、さらに1931年の大地震によって廃墟と化した。現在の仏塔は第2次世界大戦後に再建されたもの。もともとここに収められていたという「仏陀の聖歯」は、バゴー王朝による征服時にザガインへ移された。境内には、バガンのアーナンダ寺院を模した小さな仏塔がある。過去四仏が中央に置かれ、壁には聖人や歴代の王の小さな像が何体も埋め込まれている。

多数の仏像が収められた MAP P.75

シュエグーレー・パヤー

ရွှေဂူလေးဘုရား

Shwe Gu Lay Paya

一見どこにでもありそうな小さな仏塔だが、内部に回廊があり、64体の仏像が安置されている。15世紀の建立。境内には池があり、そちらにも多くの仏像がある。

仏像が並ぶトンネル状の回廊

ヒンターゴン・パヤー
行き方 シュエモードー・パヤー南の通り、マーケット付近から北の小道に入ると、右側に参道入口がある。また、シュエモードー・パヤーの東参道がヒンターゴンへ続いている。この参道は土足可。参道は500mほどあるうえ、最後の階段手前が一般の道路なので、ギリギリまで靴を履いて歩くほうがいい。
開6:00～21:00（ナッ神の祠は週末の午後や人出の多いときに公開）
休なし

精霊信仰につながる像

シュエターリャウン寝仏
行き方 市内から西へ向かい、線路を越えてすぐ右側の道に入りしばらく行くとある。バゴー駅から約1.5km。
開5:00～20:30 休なし
料 入域料が必要。

寝仏のサイズ

全長	55m
高さ	16m
口の左右	2.3m
足の裏	7.7m

足の裏も必見

マハーゼディー・パヤー
行き方 シュエターリャウン寝仏北の道を西へ徒歩約10分。
開6:00～21:00 休なし

男性はテラスに上れる

シュエグーレー・パヤー
行き方 マハーゼディー・パヤーの南、徒歩7～8分。仏塔前には喫茶店がある。
開6:00～21:00 休なし

マハカラヤニシマ
行き方 シュエターリャウン寝仏の手前、左側にある。
開8:00～19:00 休なし

吹き抜けになった涼しげな建物

チャイプーン・パヤー
行き方 市内からヤンゴン行きのピックアップに乗り途中下車。メイン通りから約700m、料金は150～200K程度。サイカーを利用すると片道1000K程度、所要約20分。ヤンゴンからもチャイプーン前で降りることができる。
開6:00～21:00 休なし
料 入域料とは別に
カメラ撮影料300K
ビデオ撮影料3000K

ミャッターリャウン寝仏
行き方 シュエターリャウン寝仏へ行く道を右折せずそのまま直進すると左にある。
開6:00～20:00 休なし

屋根ができたらようやく完成

チャカッワイン僧院
行き方 バゴー川東のマーケットを北へ徒歩7～8分。左側にある。見学自由。毎日5:00と11:00には食事の様子が見学できる。観光客の少ない5:00がおすすめ。午後は僧侶が学習する様子を見学可。
開5:00～20:00頃 休なし

多数の僧侶がいっせいに食事

王宮発掘現場と博物館
開9:30～16:00
休なし

豪華な王宮を再現

僧侶になるための儀式が行われる MAP P.75

マハカラヤニシマ

မဟာကလျာဏီသိမ်

Maha Kalyani Sima

「シマSima」とは出家の儀式を行う場所のことで、回廊の奥、突き当たりにある建物がそれだ。15世紀の建立だが、略奪や火災、地震などたび重なる災厄を受け、再建が完了したのは1954年。現在床は大理石敷き、壁には28体の仏像が祀られている。マハカラヤニシマから道を挟んで斜め向かいには、チャイプーン・パヤーを小さくしたようなミターヤンナンダがある。

モン族が建立したとされる仏塔 MAP P.75

チャイプーン・パヤー

ကျိုက်ပွန်ဘုရား

Kyaik Pun Paya

高さ30mの太い柱の4面に、それぞれ座仏が造られている。建立は1476年といわれる。伝説によれば、この仏像の建造に従事した4人のモン族女性のうち、誰かが結婚したら仏像が壊れるといわれていた。そしてひとりが結婚したところ、本当に1体が壊れてしまったという。以前は実際に西側の仏像だけひどく崩れていたが、現在では修復されている。

四方を向いた4体の仏像

新たに建造された仏像 MAP P.75

ミャッターリャウン寝仏

နောင်တော်ကြီးမြသာလျောင်းဘုရား

Naung Daw Gyi Mya Tha Lyaung

シュエターリャウン寝仏の近くにある新寝仏。涼しげな表情が美しい巨大な仏像は、全長約82.5m。展示コーナーでは、写真や資料で建造時の様子を見ることができる。

僧侶の生活を垣間見る MAP P.76

チャカッワイン僧院

ကြခတ်ဝိုင်းဘုန်းကြီးကျောင်း

Kya Khat Wain Kyaung

ミャンマー国内屈指の規模をもつ僧院で、400～500人の若い僧侶が修行に励んでいる。僧侶たちの生活の一端を垣間見ることができ興味深い。数百人が集まる朝食のシーンは見学可。盛りつけに参加することもできる。

再建された MAP P.76

王宮発掘現場と博物館

ကမ္ဘောဇသာဒီနန်းတော်

Kanbawzathadi Palace & Museum

一辺1.8kmの四辺形をした、モン様式の城塞ハンターワディー遺跡Hanthawadyの発掘現場。16世紀、バイナウン王が住んでいた王宮は中央に位置し、謁見の広間には黄金のタイルが輝く7層の屋根があったといわれている。再現された王宮と遺跡発掘現場、小さな博物館があり、遺跡から出土した16世紀の仏像や壺、古いコイン、王宮の建材などが展示されている。

バゴーのホテル
HOTEL

H ホテル・マリナー
Hotel Mariner MAP P.76

住330, Shwe Maw Daw Pagoda Rd., Shwe Pu Qtr. ☎09-2507-11227、(052) 2201034
E hotelmariner.hm@gmail.com、hotelmariner@hotmail.com
料AC ⓈⓉUS$30、35、40 CC なし 室29室

シュエモードー・パヤー近くの小さなショッピングモール内にある。一部の客室は大きな窓からシュエモードー・パヤーがきれいに見える。客室はシンプルだが机や電話、湯沸かしポットなど設備が整っており機能的。市内に姉妹ホテルのⒽHotel Mariner 2がある。

H カンボウザ・ヒンター・ホテル
Kanbawza Hinthar Hotel MAP P.75外

住1A, Bahtoo Rd., Oakthar Myo Thit Qtr.
☎(052) 2230485 FB kbz hinthar
E kbz.hinthar@gmail.com
料AC ⓈUS$45、50 ⓉUS$80、100
CC MV (+3%のチャージ) 室29室

近代的な設備が整い快適に過ごせる。スーペリアのみバスタブ付き。大通りからは少し奥まった場所にあり静かだが、移動が少々不便。トゥクトゥクやバイクタクシーを手配してもらおう。

H ザ・ペグー・ロッジ
The Pegu Lodge MAP P.75

住34-35, Bayinnaung Rd., Oakthar Myo Thit Qtr. ☎09-8928-24123
FB The Pegu Lodge 料AC ⓈⓉUS$32～40
CC なし 室20室

2019年1月オープン。ベランダからはきれいな庭とマハーゼディー・パヤーが見晴らせる。バスタブ付きの部屋も9室あるので予約時にリクエストを。市内の中心からは外れた場所にあるが、バイクタクシーやタクシー、バスチケットの手配も可。

H エンペラー・モーテル
Emperor Motel MAP P.76

住8, Main Rd. ☎(052) 2223024
料FAN ⓈUS$8、10 (朝食なし)
CC なし 室30室

中心街にある安宿。屋上からはバゴーの町を見渡せる。付近にはサイカーやバイクタクシーの客引きがたむろしている。近くのマーケットは早朝からにぎわい、ローカルな雰囲気たっぷり。

H ミヤ・ナン・ダ・ホテル
Mya Nan Da Hotel MAP P.76

住10, Main Rd. ☎(052) 2222275、2224576、09-5019-799
料AC ⓈUS$10 ⓉUS$20
CC なし 室22室

手頃な料金で旅行者に人気。バスチケットや市内観光の手配もしてくれる。

バゴーのレストラン
RESTAURANT

R ロイヤル・テイスト
Royal Taste MAP P.76

住28, Thun Pagoda Rd. ☎09-2617-56204
E royaltastemyanmar@gmail.com
営10:00～22:00 休なし CC なし

チャカッワイン僧院前にある高級レストラン。メニューは中国、タイ、ビルマ料理と幅広い。

バゴーのショップ
SHOP

S エーワン
A1 MAP P.75

住1986, Shwe Thar Lyaung Kyay Nin Kan (Mon Village) ☎09-9764-2140
営7:00～19:00 休月1回不定休 CC なし

シュエターリャウン寝仏の北側に、モン族の小さな村がある。この店では、伝統の織物工房を見学できるほか、モン族特有の模様の手織りロンジー4000～1万5000Kなどを購入できる。

市外局番058 MAP折込表-D8

自然の見どころに恵まれた町

パアン

Hpa-An ဘားအံ

アジアハイウエイ1号線（国道8号線）でタイ国境の町ミャワディから約150km。タンルウィン川のほとりに栄えたパアンは、カイン州の州都。郊外には、パアンのシンボル、ヅヴェカビン山 Mt. Zwekabinをはじめ、不思議な形の石灰岩が立つ寺院チャウッカラッ・パヤー Kyauk Ka Lat Payaや洞窟寺院など、秘境感を満喫できる見どころがある。

豊かな自然に囲まれた町パアン

パアンへのアクセス ACCESS

◆ヤンゴンから

アウンミンガラー・ハイウエイ・バス・ターミナル（MAP P.39-C1）から直行バスが出ている。1日20本程度、所要約9時間30分～10時間。5500～1万7000K。

◆バゴーから

6:00～21:00の間に多発、所要5～6時間。5500～9000K。

◆モウラミャインから

ミニゴン・バスターミナルから5:30～16:00の間18本、所要約2時間。1200K。

◆チャイティーヨーから

キンプンからチャイトー経由で1日9本。7000K。

◆ミヤワディから

シェアタクシー（乗用車またはミニバン）で1万～1万5000K。7:00～9:30頃の間に多数運行。

◆パアンから国内各地へ

南部へはモウラミャインで別のバスに乗り換える。北部へはバゴー経由、またはバゴーで乗り換え。

Information

パアンの長距離バスターミナル

ダウンタウンからハイウエイを約4.5km東に行き、ヒンドゥー寺院の近くを入った所にある。バイクタクシーで1000K、トゥクトゥクで2000K。所要5～10分。ヤンゴン行きの場合は、町の時計塔近くにバスチケット売り場や乗り場があるので、わざわざバスターミナルに行く必要はない。シェアタクシーの場合は、希望の場所まで送ってくれる。

時計塔周辺にもバスが発着する

パアンの歩き方 Exploring

パアンの町は小さいので歩いて回れる。町の中心はマーケット周辺と、ティッサー通りThit Sar St.とメインロードであるボーヂョー通りBogyoke St.が交わるあたり。ティッサー通りからボーヂョー通りを南東に下ると時計塔があり、さらに南へ15分ほど歩けば、市民のオアシス、カンターヤー湖Kan That Yar Lakeが見えてくる。美しい湖とヅウェカビン山が織りなす雄大な風景は感動的だ。

Information

ツアーでパアン観光

サダン洞窟やコーゴン洞窟、ヤテッピャン洞窟など、郊外の見どころ6〜7ヵ所をトゥクトゥク（三輪タクシー）で回る1日ツアーを、ソー・ブラザーズ・ゲストハウスでほぼ毎日催行。トゥクトゥク1台3万Kなので5人ならひとり6000Kになる（一部別途入場料が必要）。宿泊していなくても参加可能。

おもな見どころ Sightseeing

朝日と夕日の風景が美しい MAP P.80外

チャウッカラッ・パヤー ကြောင့်ကမ်လာဘ်(ကျောက်ကလပ်)ဘုရား

Kyauk Ka Lat Paya

自然にできたという奇妙な形の石灰岩に仏塔が建つ。湖にぽっかり浮かぶような光景が独特だ。撮影するなら、幻想的な風景がすばらしい日の出前や、夕日がロマンティックな日没前がおすすめ。

チャウッカラッ・パヤー
行き方 ツアーを利用すると楽。朝日や夕日を見るだけならバイクタクシーやトゥクトゥクで。

自然の造形に驚くばかり

パアンのホテル HOTEL

H ホテル・ガバナ Hotel Gabbana

MAP P.80

住B.E.H.S. St. ☎(058) 22425 FAX(058) 22511 URL www.hpa-anhotelgabbana.com
E reservation@hpa-anhotelgabbana.com
料AC ⓈUS$40 ⓉUS$55、65 ジュニアスイートUS$100 CC JMV（+3%のチャージ） 室57室

2015年開業の中級ホテル。1階を除く客室はバスタブ付きで、旅の疲れを癒やせる。眺めのいい客室をリクエストしよう。スタッフはフレンドリーで観光の手助けもしてくれる。

H ギャラクシー・モーテル Galaxy Motel

MAP P.80

住Corner of Thit Sar & Tida Sts.
☎(058) 21347 FB Galaxy Motel Hpa An
料AC ⓈⓉUS$25〜 AC ファミリー US$45
CC なし 室20室

マーケットから歩いてすぐ。英語堪能で親切なスタッフが出迎えてくれる。部屋はシンプルだが清潔。雨季には割引あり。近郊の洞窟や村などを巡るツアーは車1台で3万5000K。宿で仲間を集めてシェアすれば安く上がる。

H ソー・ブラザーズ・ゲストハウス Soe Brothers Guest House

MAP P.80

住46, Thit Sar St.
☎(058) 21372、09-4977-1823
E soebrothers05821372@gmail.com
料FAN ⓈUS$7 ⓉUS$12、14
AC ⓈⓉUS$16（トイレ、シャワー共同） ⓈⓉUS$18、25 CC なし 室23室

バックパッカーに人気の宿。建物は老朽化しているが、室内は清潔。共同シャワーは水のみ。2016年にオープンしたHソー・ブラザーズ2（☎(058) 22748 MAP P.80外）は料FAN ⓈUS$15 ⓉUS$20、AC ⓈUS$20 ⓉUS$25。CC MV（+4%のチャージ）。

パアンのレストラン RESTAURANT

R サン・マ・トゥ・レストラン San Ma Tau Restaurant

MAP P.80

住1/290, Bogyoke St. ☎(058) 21802
営10:00〜21:00 休なし CC なし

パアンで最も有名なビルマ料理店。チキンやダック、ポークなど各種選べるカレーは、副菜の小皿も山ほど出てきて2500K（ライス別600K）からと安くておいしい。

市外局番058 ■MAP折込表-E8

ミャンマーとタイを結ぶ国境の町

ミヤワディ

Myawaddy

タイと接する国境の町。タイ側から約7kmの「友好橋」を渡れば、そこはミャンマー。東西経済回廊と呼ばれる幹線道路が2015年に完成したので、南部の観光地へのアクセスがよくなった。

ミヤワディへの行き方 ACCESS

◆ヤンゴンから

🚌アウンミンガラー・ハイウエイ・バス・ターミナル（MAP P.39-C1）から所要約12時間、1万3000～1万9000K。

🚗シェアタクシー（乗用車またはミニバン）で1万3500K。

◆バゴーから

🚌ヤンゴンからのバスに途中乗車で所要約8時間、1万2000～1万3000K。

🚗シェアタクシー（乗用車またはミニバン）で所要約7時間、12人乗りひとり1万1000K、15人乗りひとり1万K。

◆モウラミャイン、パアンから

🚗シェアタクシー（乗用車またはミニバン）で所要約4～5時間、6:00～16:00の間数時間おきに出発、1万5000K。

◆メーソート（タイ）から

バスターミナルからソンテオ（乗合ピックアップ）で約20分、50バーツ。国境はタイ側5:30～20:30、ミャンマー側5:00～20:00オープン（時差が30分あるので、つまり同じ時間）。

ミャンマー側国境のイミグレーション。ゲート左側が出国、右側が入国

ミヤワディの歩き方 Exploring

チェックポイントを通過すると、目抜き通りに各地へのバスチケットを売るカウンターやシェアタクシーが並び、呼び込みしている。見どころは、黄金に輝く仏塔が美しいシュエムアイワン・パヤーと大きなワニ型のお堂があるミィチャウンゴン・パヤーというふたつの寺院くらい。モエイ川のほとりにはカジノや免税店があり、タイ人観光客でにぎわっている。

ミヤワディのホテル HOTEL

2019年6月現在、外国人が泊まれる宿は5軒。人気があるのは🅗ミヤワディ・ホテル Myawaddy Hotel（MAP P.82 ☎（058）50519、50972 Ⓔmwdhotel@gmail.com 料ACⓈⓉUS$22～45）。カジノと免税店などを擁する複合施設ミヤワディ・コンプレックス Myawaddy Complexにも宿がある（MAP P.82外 ☎09-6431-3499 料ホステルFANⓈⓉ1400バーツ、ホテルACⓈⓉ1920バーツ～）。施設内ではタイバーツしか使えないので注意。

市外局番057 MAP折込表-D8

郊外に世界最大級の仏像建設中

モウラミャイン

Mawlamyine

遠くチベット高原に源を発したタンルウィン（サルウィン）川Thanlwin Riverは、ここモウラミャインを経てモッタマ湾に注ぐ。古くから港湾都市として栄えたモウラミャインは、モン州の州都で人口約30万人。仏塔が並ぶなだらかな丘と穏やかな湾に挟まれた、静かで居心地のいい町だ。東西経済回廊が2015年に完成し、タイ国境からのアクセスも改善された。

コロニアルな町並みが残るメインストリート

モウラミャインへの行き方 ACCESS

◆ヤンゴンから

1日3本の列車がある。ヤンゴン発 7:15、18:25、20:00で、所要約9～10時間、アッパークラスは列車により4250～5500K、オーディナリー2150～2800K。モウラミャイン発は 8:00、19:30、21:25。

アウンミンガラー・ハイウェイ・バス・ターミナル（MAP P.39-C1）から数社が運行している。1日約10本、所要約10時間。料金はバスのグレードにより異なり、6200～1万2000K程度。

◆ミヤワディから

シェアタクシーで所要3～4時間。1万1000K。早朝から夕方まで出ているが、9:30頃までに頻繁に出発。

◆パアンから

時計塔近くの乗り場から6:00～16:00の間毎時1本。所要約2時間。1200K。

モウラミャインのバスターミナル: ヤンゴン発などおもな長距離バスはハイウエイ上のミニゴン Myay Ni Gone と呼ばれる長距離バスターミナル（MAP P.84）に発着する。市街からバイクタクシーで1000K、トゥクトゥクで3000K。所要約10分。旧長距離バスターミナルのゼーヂョー Zeigyo（MAP P.84外）は市街の南にあり、南部行きのバスやピックアップトラックが発着する。市街からバイクタクシーで1000K、トゥクトゥクで2000K、夜は割り増し。

モウラミャインの歩き方 Exploring

町の中心は旧モッタマ行きフェリー乗り場そばにあるゼイジーマーケット付近。周囲にもさまざまな商店が建ち並び、行き交う乗り物や人波でごったがえしている。タンルウィン川を背にして町並みの向こうには、視界を遮るように丘が連なり、その上に仏塔がいくつも並んでいる。最も北にあるのが、モウラミャイン最大の仏塔マハムニ・パヤー Mahamuni Payaだ。全体はモン様式で建てられている。そこから南へ向かうと、麓から屋根に覆われた長い参道が延びているチャイタンラン・パヤー Kyaikthanlan Paya（エレベーターでも上がれる）、その隣にあるセイドンミバヤー僧院Seidon Mibaya Kyaungなどを経て、ウーカンティー・パヤー U Khanti Payaにいたる。ウーカンティー・パヤーの手前にはビューポイントがあり、意外に緑の多いモウラミャイン市街とタンルウィン川、そしてモッタマとモウラミャインを結ぶ橋を見渡せる。

食べ歩きも楽しいナイトマーケット

Information

ボートでパアンへ

町の北端にある船着場から、8:00発、所要約4時間、1万K。雨季や悪天候時、人が集まらない場合は運航しない。前日までに宿や旅行会社で要予約。

ナイトマーケット

タンルウィン川沿いで毎日夕方からナイトマーケットが開催され、麺類や各種総菜、バーベキューなどの屋台が多数出る。

特産のショウッティー

グレープフルーツによく似た大きな柑橘類ショウッティー（→P.21）はモウラミャインが名産で、1個600～700K程度。ヤンゴンではその2～3倍の値段になる。

特徴的な形の刑務所

Information

近郊の見どころは車をチャーターして回る

　モウラミャインで車をチャーターすれば、1日でウィンセントーヤ〜タンビュッザヤ〜チャイッカミ〜サッセを回り、日帰りも可能。8:00頃出発し、モウラミャインに戻ってくるのは16:00頃。チャーター料金は5万〜7万K、バイクタクシーで2万〜3万K〜。

銀行と両替

　銀行はニュー・マーケット北側に数軒あり、Mawlamyine Strand Hotel前には両替所もある。営業時間は平日9:30〜15:00頃。ATMは中級以上のホテルにもある。

モン州立博物館
住Baho Rd.（Corner of Dawei Tadar Rd.）
開火〜日 9:30〜16:30
休月・祝　料5000K
館内は撮影禁止。荷物はロッカーに預ける。

ガウンセー島
行き方元モウラミャイン・ホテルの敷地に入って500mほど進むと、橋のたもとに船着場がある。渡し船は所要約5分、往復2000K。人が集まらず、出発までかなり待たされることも。ひとりの場合は5000K。町の中心から橋のたもとまではサイカー500K、バイクタクシー1000K。島全体が寺の境内のため、上陸する場所から土足禁止。

チベット仏教風の仏塔も

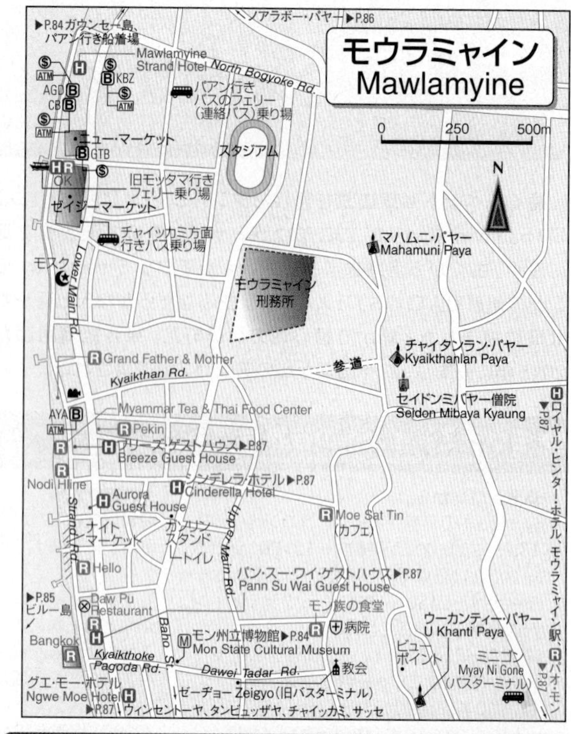

おもな見どころ　Sightseeing

工芸に秀でたモン文化を知ろう　MAP P.84

モン州立博物館　မွန်ပြည်နယ်ယဉ်ကျေးမှုပြတိုက်

Mon State Cultural Museum

民族衣装に関する展示と解説

　モン州に伝わる彫刻や仏像などを中心に展示している。1階では木彫りの彫刻、パイプや石板などの手工芸品とその制作プロセスやコイン、食器、人形などの展示が目を引く。美しく装飾された楽器や、15世紀のシン・サンフー女王の冠が見もの。2階には13〜19世紀の仏像コレクションを展示する部屋もある。小さいながらも、展示は比較的充実している。

インワとつながる伝承がある　MAP P.84外

ガウンセー島　ခေါင်းဆေးကျွန်း

Gaung Say Island

　インワ王朝時代、インワの城壁入口で行われた王の洗髪の儀式に使われる水は、この島の泉から採られたとの言い伝えがあり、英語ではシャンプーアイランドとも呼ばれている。島内には仏陀の聖髪が収められているとされるサンホーシン・パヤーSanhaushin Payaのほか、チベット風など世界のさまざまな様式の仏塔が建てられている。

郊外の見どころ Excursion

なかなか完成しない巨大寝仏 MAP 折込表-D8

ウィンセントーヤ

ဝင်းစိန်တောရ

Win Sein Tawya

モウラミャインから南へ約20km。ムドンMudonの町より10kmほど手前のチャウッタロン村にある高さ約28m、全長約183mの巨大な寝釈迦仏。正式名称は、ウィンセントーヤ・ズィナトゥカヤン・アウンチャンターWin Sein Taw Ya Zi Na Kha Yan Aung Chanter。20年ほど前から建設中で、完成時期は未定。内部は博物館になっており見学可能。仏教説話のジオラマが多数展示されているが、こちらも未完成。向かい側には、さらに大きな全長約275mの寝仏を建設中だ。

周囲を圧する巨大な寝仏

ウィンセントーヤ
行き方 チャイッカミ行きのバスで途中下車。所要約1時間、1500K。バス停から寺院まで約1.5kmの道は徒歩かサイカー、または馬車で。タクシーなら所要約30分、往復2万K程度。バイクタクシーは往復7000K。
開 内部見学は7:00～21:30
休 なし 料 無料

寝仏内部にある仏教説話のジオラマ(一部未完成)

さらに新しい仏像建設中 MAP 折込表-D8

座仏

ထိုင်တော်မူဘုရား

Sitting Buddha Image

ムドンからタンビュッザヤ方面に約11km 南下した所に建設中の新しい座仏。正式な名称は、完成時に与えられるという。高さ54.86mの巨大な姿は圧巻だ。

建設中の巨大座仏

座仏
行き方 チャイッカミ行きのバスで途中下車。所要約1時間15分、1500K。メインロードからは徒歩で。バイクタクシーで往復8000K、タクシーなら往復2万K程度。所要片道約30分。
開 内部見学は6:00～21:00
休 なし 料 無料

泰緬鉄道のミャンマー側起点だった MAP 折込表-D8

タンビュッザヤ

သံဖြူဇရပ်

Thanbyuzayat

モウラミャインから南へ64km、タンビュッザヤは第2次世界大戦中、タイと結んで日本軍が建設した泰緬(たいめん)鉄道のミャンマー側起点となった町だ。町の中心は時計塔のあるロータリー。建設工事や戦争の犠牲になったミャンマー人を祀って日本軍が建てたジャパン・パヤーJapan Payaは、ロータリーから南へ3kmほど行った所にある。日本から運ばれ使用されていた蒸気機関車は長い間ジャングルに埋もれていたが、周囲が整備され、2016年にオープンした泰緬鉄道博物館Death Railway Museumの敷地内に展示されている。時計塔のロータリーから西のチャイッカミ方面へ2kmほど行った所には、連合軍兵士の合同墓地ウォー・セメタリーWar Cemeteryがある。

戦時中に日本から運ばれたC56型蒸気機関車

タンビュッザヤ
行き方 チャイッカミ行きのバスで途中下車、所要約2時間、1500K。タクシーなら往復4万K、バイクタクシー1万8000～2万K程度。

日本軍が建てた慰霊碑と仏塔

泰緬鉄道博物館
開 9:00～17:00 休 なし
料 5000K

職人たちの手仕事を見学 MAP 折込表-D8

ビルー島

ဘီလူးကျွန်း

Bilu Kyun

モウラミャインの対岸にある大きな島で78の村がある。織物、パイプ、輪ゴム、石板などの職人工房を見学できる。

島内はのどかな農村地帯

ビルー島
行き方 モウラミャインから車で45分～1時間。島内は広く、見どころは点在しているが、バイクタクシー(1万5000K程度)やタクシー(3万～3万5000K)で半日で回れる。

ノアラボー・パヤー
行き方 モウラミャインの北のタンルウィン橋のたもとから、北部方面行きのバスで40〜50分、1000K。乗る前に「ノアラボー」と伝えれば、参道入口近くで降ろしてくれる。バイクタクシーなら往復1万K程度、タクシーは1万5000〜2万K。山頂へは、参道入口にある乗り場から、フェリートラックで約30分、2000K。23人乗りなので20人以上集まらないと出発しない。早朝のほうが参拝者が多いので早めに行って待ったほうがいいだろう。4万5000Kでチャーターも可能。徒歩だと約2時間かかる。

山頂に行くトラック

チャイッカミ
行き方 チャイッカミ行きバスで約3時間。6:00〜15:30の間ほぼ1時間おきに出発。1500K。タンビュッザヤからバイクタクシーで45分、1500K。

サッセ
行き方 モウラミャイン7:00発のタンビュッザヤ行きバスがサッセにも行く。所要約3〜4時間。またはタンビュッザヤからトゥクトゥクで所要約30分、1万K。バイクタクシーでも行ける。

21パラダイス・ナチュラル・ホット・スプリング
住Welkali Village
☎09-4252-76807
開8:00〜19:00
休なし
料5000K、休憩室3万K
行き方 タンビュッザヤから往復でトゥクトゥク1万K、バイクタクシー5000K程度。

もうひとつのゴールデンロック　MAP 折込表-D8

ノアラボー・パヤー

နွားလဘိုဲ့(တောင်)ဘုရား

Nwa-la-bo Paya

モウラミャインの北22kmほどの所にある聖地。ノアラボー山の山頂には、チャイティーヨー（→P.72）と同じように不思議なバランスで鎮座している岩がある。大きさはチャイティーヨーよりも小さいが、縦に細長い岩が3段に重なっている様は壮観。チャイティーヨー同様、仏陀の毛髪の力によってこのバランスが保たれていると信じられており、この霊力にあやかろうと参拝客が訪れる。山の麓から山頂へ行くフェリートラックは、乾季の巡礼シーズンであれば頻繁に出ているが、雨季には巡礼者のグループがいるときなどの不定期にしか出ない。

この岩を目指して大勢の人々が訪れる

スリランカから漂着したとされる仏像がある　MAP 折込表-D8

チャイッカミ

ကျိုက္ခမီ

Kyaikkami

タンビュッザヤから西へ車で30分ほど行くと、海に突き出た水上寺院イーレー・パヤー Yele Payaのあるチャイッカミ村に着く。伝説では2200年前にスリランカから11本の仏陀の聖髪と4体の仏像がミャンマーに流れ着いた。4体の仏像が流れ着いた先は、ダウェイ、チャイトー、パテイン、そしてこのチャイッカミだった。その像を安置するために、この水上寺院が建てられたという。仏像が地下に眠っているという本殿は女人禁制で、女性は隣に立つホールからその場所を拝むようになっている。

海に浮かんでいるように建てられた寺院

モン州で人気のビーチリゾート　MAP折込表-D8

サッセ

စက်စဲ

Setse

広くてきれいな遠浅の砂浜が続くビーチリゾート。週末になると家族連れや若者たちでにぎわうが、平日はひっそりとした感じ。海沿いには食堂やみやげ物屋が並んでいる。近郊にはサッセで唯一外国人が宿泊できる宿の21パラダイス・ホテルの経営する天然温泉施設21パラダイス・ナチュラル・ホット・スプリング21 Paradise Natural Hot Springがあり、温泉につかることもできる。

ビーチでは乗馬も楽しめる

富豪が建てた豪華な寺院 MAP折込表-D8

カウナット・パゴダ・コンパウンド

ကော့နှပ်(ကော့နှတ်)ဘုရားအုပ်စု

Kawhnat Pagoda Compound

モウラミャインからパアンに行く途中にある、アンティークな寺院。蒸気船ビジネスなどで財を築いた名士ウー・ナー・アークが建てたものを中心にいくつかの建物がある。精緻な木彫りで表現されたジャータカ物語の装飾、ステンドグラスや金細工など、その技術のすばらしさには思わずため息が出る。

カウナット・パゴダ・コンパウンド
行き方 モウラミャインからバイクタクシーで約30分、往復約1万5000K。タクシーで3万K。
開6:30～16:30 休なし

精緻な手彫りのジャータカ

モウラミャインのホテル
HOTEL

H シンデレラ・ホテル
Cinderella Hotel MAP P.84

住21, Baho Rd. ☎(057)24411、24860
URL www.cinderellahotel.com 料AC Ⓓ US$12（朝食なし） Ⓢ US$25～ Ⓣ US$50、60
CC J M V 室23室＋14ベッド

館内にはミャンマーのアンティークがあしらわれ、シックな雰囲気。ドミトリーもあり、6人＋8人部屋の男女混合。近郊の観光名所へのツアーも催行している。銀行ATMあり。

H グエ・モー・ホテル
Ngwe Moe Hotel MAP P.84

住Corner of Kyaikthoke Pagoda & Strand Rds. ☎(057)24703 FAX(057)25554
URL www.ngwemoehotel.com 料AC Ⓢ Ⓣ US$53、58、68（税別） CC J M V 室77室

タンルウィン川に面していて眺めがいい中級ホテル。雨季は割引あり。テレビ、ミニバーなど設備も整っている。銀行ATMあり。

H ロイヤル・ヒンター・ホテル
Royal Hinthar Hotel MAP P.84外

住73, Myo Shaung Rd., Myay Ni Gone
☎09-4555-59810、09-4555-59814
URL www.royalhinthar.com 料AC Ⓢ Ⓣ US$43～50 スイートUS$100～170
CC J M V（+3%のチャージ） 室80室

モウラミャイン南部でおすすめはココ。高級感のある客室、レストラン、プール、ルーフトップのプールバー、スパなど設備が充実している。

H パン・スー・ワイ・ゲストハウス
Pann Su Wai Guest House MAP P.84

住333A, Lower Main Rd.
☎09-2525-24837、(057)2022921
FB Pann Su Wai 料AC Ⓢ 1万2000K Ⓣ 2万4000K トリプル3万6000K～（朝食なし）
CC なし 室10室

ナイトマーケットに近い、モウラミャインでも人気の宿。マネジャーは英語が堪能で、観光の手助けをしてくれる。Bravoと名称を変更する予定。

H ブリーズ・ゲストハウス
Breeze Guest House MAP P.84

住6, Strand Rd. ☎FAX(057)21450
E breeze.guesthouse@gmail.com
料FAN Ⓢ US$7 Ⓣ US$14（トイレ、シャワー共同）
AC Ⓢ Ⓣ US$18（トイレ、シャワー共同） US$22
CC M V（+US$2のチャージ） 室33室

バルコニーではタンルウィン川を眺めながら朝食を取れる。100年以上前のコロニアル建築をそのまま利用していて趣がある。

モウラミャインのレストラン
RESTAURANT

R パオ・モン
Pao Mon Restaurant MAP P.84外

住202 B. Myaing Tharyar Rd.
☎09-2557-52153 FB Pao Mon Restaurant
営火～日11:00～21:00 休月 CC なし

郊外にあるモン族料理の専門店。カレー各種3500Kなど、ハーブと野菜をふんだんに使ったヘルシーメニューが揃う。日本人好みの優しい味つけ。

市外局番059 MAP折込表-D9

フルーツとビーチで名高い港町

ダウェイ

Dawei ထားဝယ်

ダウェイ川の河口に栄えた港町で、タニンダーリ地方域の中心的な町のひとつ。漁業をはじめ、カシューナッツやフルーツの生産が主要産業で、片田舎ののどかな雰囲気が漂っている。近郊には手つかずの美しいビーチや温泉があり、素朴なリゾート地としても人気がある。東南アジアを横断する南部経済回廊の起点として深海港の建設が計画されており、タイ国境への玄関口として今後の発展が期待されている。

ダウェイ特産のカシューナッツを加工する工場

ダウェイへの行き方 ACCESS

◆ヤンゴンから

✈ ミャンマー国営航空が毎日1便、所要約50分、時期によりUS$105～。時期や天候により欠航することが多いので、事前に確認すると安心。

🚆 1日1本。18:25発、所要約24時間。アッパークラス1万150K、ファーストクラス6350K、オーディナリークラス5100K。時間がかかるのであまりおすすめしない。

🚌 アウンミンガラー・ハイウエイ・バス・ターミナル(MAP P.39-C1)から1日7本、所要約16時間、1万5000K～、VIP2万3500K。

◆モウラミャインから

🚆 1日1本。4:30発、所要約14時間30分。アッパークラス5900K、オーディナリークラス2950K。

🚌 ミニバンが1日各3本、所要約8時間。1万2000K。バスは14:00～18:00の間に多発。

◆ベイから

✈ ミャンマー国営航空が週1便、所要約40分、US$99～。

🚌 バスとミニバスが1日4本、所要約6時間、8000K～、VIP1万5500K。

◆ティーキー(タイ国境)から

🚗 乗り合いのミニバンで2万5000K。所要約4時間～4時間30分。8:30～15:00に出発。ダウェイからは、シェアミニバン乗り場(MAP P.88外)から7:00～9:00に出発。乗り場へはダウンタウンからバイクタクシーで500～1000K、トゥクトゥク(三輪タクシー)1000～1500K。

郊外にあるマウンマガン・ビーチの夕日

注:ティーキーに宿泊施設はないので、タイから国境を越えるなら昼までに。

ダウェイの歩き方 Exploring

ダウェイの中心はアーザーニ通りArzarni Rd.周辺。市内にはシュエタウンザー・パヤーShwe Taung Zar Payaなどの寺院やカシューナッツ工場、魚市場、タニンダーリ州立博物館などの見どころがある。夕方はマウンマガン・ビーチMaungmagan Beachへサンセットを眺めに行くのもいい。郊外には手つかずの美しいビーチも多い。

おもな見どころ Sightseeing

ダウェイ最大の寺院ではミニ博物館もチェック

シュエタウンザー・パヤー

MAP P.88

ရွှေတောင်စားဘုရား

Shwe Taung Zar Paya

ダウンタウンの少し北にある寺院。広く美しい境内には、真っ白な大理石の仏像が鎮座している。敷地内にパヤジー博物館Paya Ge Museumがあり、ダウェイ特有の木彫りのオブジェやアンティークの家具、武器、お金などが展示されている。

丘の上に寝仏が優雅に横たわる

ローカタラピュ・パヤー

MAP P.88外

လောကသရဖူဘုရား

Lawka Tharaphu Paya

ミャンマー南部でも長身の寝仏として知られ、ダウェイ市民の自慢でもあった。寝仏のそばにはナッ神の像がある。

ダウェイ郊外のビーチ

アクセスしやすいのが、ダウェイから北へ約18kmの所にあるマウンマガン・ビーチ。夕日の名所としても有名な観光地で、ビーチ沿いには多数のレストランが並んでいる。ビーチ自体はそれほどきれいではない。外国人が泊まれる宿が3軒あり、ビーチへ行く途中には簡素な天然温泉もある。さらに80kmほど北のエリアには、白砂がまぶしいグランドファーザー・ビーチGrandfather Beachなど8ヵ所のビーチがあり、宿泊施設も数軒ある。近場では、ダウェイ経済特区予定地のナブラ・ビーチNabule Beachが美しい。

Information

市内へのアクセス

市街へは、空港や鉄道駅から、バイクタクシーで2000K、トゥクトゥクで4000～5000K、所要約15～20分。バスターミナルからバイクタクシーで1000K、トゥクトゥクで2000K、所要約10～15分。

シュエタウンザー・パヤー

行き方 市街から徒歩。

大理石の仏像がある境内

ローカタラピュ・パヤー

行き方 市街からバイクタクシーなどで。

ローカタラピュ・パヤーの寝仏はぱっちりした目が特徴

Information

半島観光はツアーで

郊外のビーチやダウェイ半島へはツアーが便利。

T Titan Travel & Tours

URL enjoysouthmyanmar.com

日帰りビーチツアーUS$30～などを開催。

ダウェイのホテル HOTEL

H ホテル・ダウェイ Hotel Dawei

MAP P.88

住 7A, Arzarni Rd., Byaw Taw Wa Qtr. ☎(059) 23923 URL www.hoteldawei.com 料 AC Ⓢ US$50、70、99 Ⓣ US$79、99 CC J M V 室 123室

かつて迎賓館として使われていたコロニアル建築を改装したホテル。大きなプールが人気。

H ベスト・ハウス Best House

MAP P.88

住 232, Darna St., Kanyone Qtr.

☎ 09-9613-12255

FB Hotel Best House Dawei

料 AC ⓈⓉ US$1万K～(トイレ、シャワー共同)

CC なし 室 13室

ダウェイで最も人気の格安宿。共同のバスルームは水のみだが、常に清潔に気持ちよく保たれている。同系列で同名のホテルは料 AC ⓈⓉ 3万K～で朝食付き。

メルギー群島への玄関口

ベイ

Myeik

アンダマン海へ注ぐタニンダーリ川の河口に栄えたベイは、漁業が中心のローカルタウン。タイのバンコクに近い国境（コータウン）が外国人に開放される予定があることから、注目の町だ。美しい島々が点在するメルギー群島へのゲートタウンとして観光客の増加も見込まれ、外国人向けの島巡りツアーも人気だ。

タニンダーリ地方域最大の都市ベイは漁業が盛んなコロニアル・タウン

ベイへの行き方 ACCESS

◆ヤンゴンから

✈ ミャンマー国営航空の直行便が毎日1～2便、所要約2時間、US$123～172。

🚌 アウンミンガラー・ハイウエイ・バス・ターミナルから1日5本、所要約20～21時間、2万3000K～、VIP3万3000K。きつい道のり。

◆モウラミャインから

🚌 バスとミニバンが1日各3本、所要約14時間。2万～2万5000K。

◆ダウェイから

🚌 1日4本、所要約6時間、8000K～、VIP1万5500K～。ミニバンが1日4本、1万300K。

◆コータウンから

✈ ミャンマー国営航空の直行便が週3日各1便運航、所要約45分、US$99。

南部を走るミニバン

🚌 1日1本、2万5000K～。乗合ミニバンは1日2本、2万5500K。所要約11時間。

Information

燕の巣の館

コロニアル建築の館の中に、燕が数え切れないほどの巣を作っている様子を見学できる。燕の巣のエキス5000K～、乾燥させた燕の巣3万9000Kも販売。

ジワゾー・ナチュラル・バーズ・ネスト・ハウス
Ziwasoe Natural Bird's Nest House

MAP P.90
FB Ziwasoe Natural Bird Nest Drink
開 5:00～19:00
休 なし
料 US$1

天井の梁を使って燕が巣をかける

美容にいいとされる燕の巣

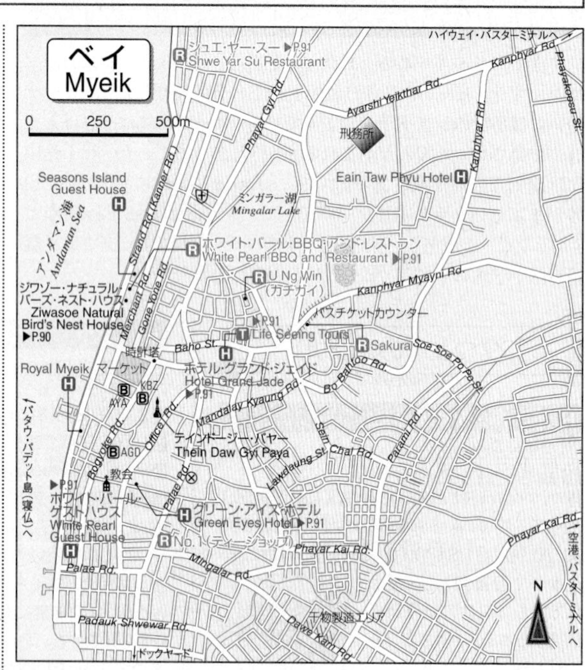

ベイの歩き方 Exploring

おもな見どころは海岸線付辺に集まっているので、海に近いエリアに宿を取るのがおすすめだ。コロニアルな建物も残る周辺エリアは歩いて回ることができる。

朝はまず新鮮な魚介が並ぶマーケットへ行ってみよう。ローカルな港のそばには、漁船を手作業で造る様子が見られるドックヤードがあり興味深い。町なかには、取れたての魚をさばいて干物を作る様子を見ることができる干物製造エリアがある。テインドージー・パヤー Thein Daw Gyi Payaからは町が見渡せ、夕日も美しい。時間があれば、ボートで対岸の小島パタウ・パデット島 Pataw Padet Islandに渡り、全長74mの寝仏を見に行くのも楽しい。

木造船をほぼ手作業で建造

Information

空港、バスターミナルから市街へ

空港やバスターミナルからダウンタウンは、バイクタクシーで2000K、三輪タクシーで4000～5000K程度。所要5～10分。

ツアーでメルギー群島へ

現地旅行会社が、日帰りUS$70～、2泊3日US$335～などのツアー、チャーター船の手配を行っている。
T Life Seeing Tours
URL www.lifeseeingtours.com
H ホテル・グランド・ジェイド内

ベイのホテル
HOTEL

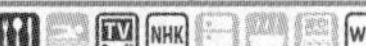

H グリーン・アイズ・ホテル
Green Eyes Hotel MAP P.90

住 164, Zay Haung Rd., Zay Dan Qtr.
☎ 09-4219-78051、09-4219-78811
FB Green Eyes Hotel 料 AC シティビュー ⓈⓉUS$35 シービュー ⓈⓉUS$40 ジュニアスイートUS$55 CC JMV 室 30室

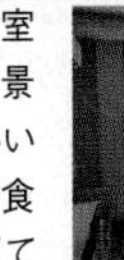

2017年8月開業。客室は海側と山側、ふたつの景色から選べる。眺めのいいレストランで食べられる朝食ビュッフェは、品数が多くておいしいと評判。マーケットや海にも近く、便利な立地も魅力。

H ホテル・グランド・ジェイド
Hotel Grand Jade MAP P.90

住 28-30, Baho St., Myint Nge Qtr.
☎ 09-9624-41999
FB Hotel Grand Jade-Jade Flower Travels
料 AC ⓈUS$30 ⓉUS$40～70 ファミリーUS$100 CC なし 室 153室

市内中心部のランドマークで、ショッピングモールも併設。スーペリアとデラックスの客室にはバスタブが付く。ルーフトップのスカイダイニングラウンジは、眺めもよくおすすめ。

H ホワイト・パール・ゲストハウス
White Pearl Guest House MAP P.90

住 Middle Strand Rd., Between Bogyoke & Strand Rds., Talaing Zu Qtr. ☎ 09-2528-88812、09-2528-88821 料 FAN ⓈⓉ1万6000K（シャワー共同） AC ⓈⓉ3万2000K
CC なし 室 34室

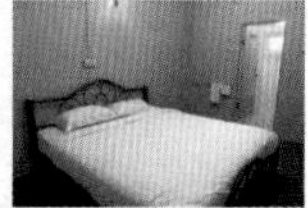

客室も共同バスルームも清潔。シャワーは水のみ。予約の際には窓付きの客室をリクエストしよう。市内観光や近郊のビーチへのツアーも主催。マネジャーは日本語を少し話せる。海沿いのストランド通りにホワイト・パール・BBQ・アンド・レストランも経営している。

ベイのレストラン
RESTAURANT

海沿いにある店がおすすめ。パームジュース（ヤシの樹液）で味つけする焼きビーフン「カチガイ」もベイの名物だ。

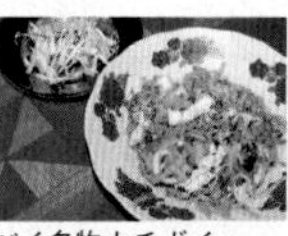
ベイ名物カチガイ

R シュエ・ヤー・スー
Shwe Yar Su Restaurant MAP P.90

住 Kanner Rd. ☎ 09-4509-03796
営 15:00～23:00 休 なし CC なし

新鮮なシーフードをリーズナブルに味わうならここだと、地元の人々から熱い支持を受けているレストラン。ロブスターが1万5000K～と格安で味わえる。周囲にも居酒屋的な店が並ぶ。

市外局番059 ■MAP折込表-C10

タイと接するミャンマー最南端の町

コータウン

Kawthaung

ကော့သောင်း

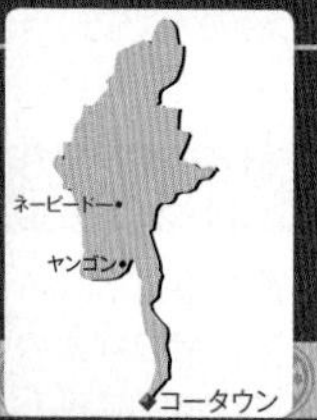

川を隔ててタイと接するミャンマー最南端の町。タウングー朝第2代王バイナウンの名を冠したバイナウン・ポイントが最南端部だ。タイ国境にかけて大小約200の島が周囲に散らばる美しい海域で、メルギー諸島はじめ近海の島々へのツアー手配は、イミグレーションの周囲に点在する旅行会社で可能。

バイナウン王像公園から眺めるミャンマー最南端の地点。向こうにに見えるのはタイ

コータウンへの行き方 ACCESS

◆ヤンゴンから

✈ ミャンマー国営航空が運航、1日1便。所要2時間40分。US$148～（時期により異なる）。

🚌 1日2便。4万5500～4万9500K、所要約32時間。幹線道路は整備されたものの長旅でかなりきつい。

◆ベイから

✈ 週3便。US$99～（時期により異なる）。

🚌 1日2便。2万3500K、所要約11時間。乗合ミニバンは1日2便、2万5500K。

◆ラノーン（タイ）から

ラノーン市内にあるパクナム港の渡し船乗り場から、随時出発するロングテイルボート（5～10人乗り）でひとり100B。人数が集まらない場合は貸し切り扱いとなり300B～。

移民局外国人用オフィスは桟橋を渡って右の平屋
開6:00～17:00（ミャンマー時間）

郊外のマリワン村 Mariwun Villageにある温泉。
料50バーツ

コータウンの歩き方 Exploring

町の中心は、タイ国境からのボートが発着する桟橋周辺。ミャンマー最南端地点のバイナウン・ポイントへは港から約700m。時間があれば眺めのいいピィ・ダウ・エー・パヤーやバイナウン王像公園を訪ねてみよう。郊外には、滝や温泉もある。

コータウンのホテル HOTEL

H ペンギン・ホテル

Penguin Hotel MAP P.92

住339, Sabal St. ☎(059) 51145
FB kawthaungpenguinhotel E penguinhotelkt@gmail.com 料FAN Ⓢ2万K Ⓣ3万K AC Ⓢ2万5000K Ⓣ3万5000K～ CC なし 室32室

港から少し丘を登った所にある。マーケットやスーパーにも近くて便利。部屋は狭いが清潔で最低限の機能は整う。レンタルバイク、空港送迎あり。タイバーツでの支払いも可能。

市外局番067 ■MAP折込表-C6

何もかも広大なミャンマーの新首都

ネーピードー

Nay Pyi Taw　နေပြည်တော်

2006年10月、正式にヤンゴンから遷都したミャンマーの新しい首都。ヤンゴンの約350km北に造られた人工の町で、ネーピードーとはRoyal City（王都、首都）という意味。町は北部が行政地区、南部が商業地区に分かれている。長い間行政関係者や投資目的の外国人以外、一般旅行者は入れなかった。ホテル観光省からの発表で正式に商業地区や観光地へ旅行者の訪問が可能となったのは2012年6月末から。ホテルはほとんどがホテルゾーンに集まっており、電気は24時間使用可能、インターネット接続もハイスピードと、インフラの悪いこの国らしくない快適な環境が整っている。ビジネス客の増加でホテルは不足気味だが、2013年には東南アジア競技大会（SEA Games）がこの地で開催され、また2014年にはミャンマーがASEANの議長国となったことなどもあり、首都らしい都市に成長しつつある。

国会議事堂は800エーカーの敷地に31のビルが並ぶ

ウッパタサンティ・パヤーからの見晴らし

ネーピードー市民にとって町の中心ミョーマ・マーケット

ネーピードーへの行き方　ACCESS

国土の中心にあり、交通網のハブでもあるネーピードーへは、鉄道やバスで東西南北の各主要都市からアクセスが可能。

◆ヤンゴンから

✈ミャンマー国営航空が毎日1便、各社が週に1〜4便運航している。US$100〜110程度。

🚆ヤンゴン発ネーピードー行きが1日2本、8:00と20:30発。寝台7700K、アッパークラス5600K、オーディナリークラス2800K。または1日3本あるマンダレー行きで途中下車。所要約8〜9時間でバスのほうが楽。

🚌アウンミンガラー・ハイウエイ・バス・ターミナル（MAP P.39-C1）から数社が運行。7:00〜23:00の間毎正時出発、所要約5〜6時間、6500〜9100K。E-Lite社やJJ Express社のVIPバスが人気。本数はたくさんあるものの利用者も多いので、早めに予約しよう。

ミョーマ・マーケットのバス乗り場

◆マンダレーから

🚆マンダレー発ヤンゴン行きで途中下車。1日3本。アッパークラス3700K、オーディナリークラス1850K。

🚌マンダレー市街南の長距離バスターミナル（MAP P.160-B5）から数社が運行。所要約5時間、5500〜8500K。

◆バガンから

🚌長距離バスターミナル（MAP P.127-C3外）から1日3本あり、所要約8時間。6000〜9000K。

◆その他の地域から

鉄道とバスで、バゴー、モウラミャイン、ピイ、シュエニャウン、バスではタウンヂー、モンユワへもアクセス可能。

◆ネーピードーの交通の起点

ネーピードー国際空港（MAP P.93-B2）

ホテルゾーンからタクシーで約30分、2万〜2万5000K。

ネーピードー駅（MAP P.93-B1）

ホテルゾーン1からは少し離れている。タクシーで約30分、ホテルゾーンから1万2000〜1万5000K。外国人用の窓口などはなく、英語もほとんど通じない。行列に並んでチケットを買わなければならないので、時間に余裕をもつこと。ネーピードーは経由せずピンマナー駅（MAP P.93-B2）のみ通る列車もあるので現地で要確認。

近代的な外観のネーピードー駅

ネーピードーのバスターミナル

ネーピードー発着のバスは、ボウガッティリ・ハイウエイ・バスセンター Bawga Thiri Highway Bus Centre（MAP P.93-B2）を始発・終着点とし、ミョーマ・マーケットMyoma Market（MAP P.93-A2）のバス乗り場を経由する（ミョーマ・マーケット発の便もある）。ボウガッティリ・ハイウエイ・バスセンターは、敷地が広いので聞いて回るには不便。ミョーマ・マーケットのほうが、チケットカウンターがマーケットの目の前に集まっていて便利。丘の上にレストラン街があり、バス待ちの間に飲食も楽しめる。ホテルゾーンからタクシーで1万K。基本的にはどちらでチケットを買ってもどちらからでも乗車できるが、政府運営のShwe Man Thu社のバスだけは買った場所からしか乗れないので注意。ヤンゴンから来るバスは、ミョーマ・マーケットへ行く前にホテルゾーンを経由する。昼間のホテルゾーンは停車禁止だが、夜着の場合は、あらかじめ乗務員に宿泊先のホテルを伝えておけば、ホテル最寄りの場所で降ろしてもらえる。

市内の足はタクシー

ネーピードーの歩き方 Exploring

ネーピードーの町は、ホテルとショッピングモールがあるホテルゾーンから、官公庁が集まる行政区まで南北に約20kmと広い。さらに北部に新規にホテルゾーンや市街が建設中で、町は拡大している。ホテルが集まるホテルゾーンでさえ、隣のホテルまで500m以上も離れている。見どころも点在しているので、タクシーをチャーターして効率よく回ろう。

国会議事堂前は20車線

Information
撮影禁止に注意
政府関係の建物や軍人は撮影禁止。カメラを向けないように注意しよう。

おもな見どころ Sightseeing

高台からの見晴らしも抜群 MAP P.93-B1～B2

ウッパタサンティ・パヤー ဥပ္ပါတသန္တိဘုရား
Uppatasanti Paya

ピンマナーへ行く途中の高台にあり、黄金に輝く仏塔は町のランドマーク。テラスからは市街を四方に見渡せる。仏塔は高さ99mで、ヤンゴンにあるシュエダゴォン・パヤー（→P.46）の実物大レプリカだ。内部の装飾は豪華で、仏陀の生涯に関するレリーフが多数飾られている。東側入口の向かい側にある小屋では、古来より国の平和と繁栄の象徴とされている白い象（アルビノ）が飼育されており、一般に公開されている。

シュエダゴォン・パヤーそっくり

ウッパタサンティ・パヤー
行き方 ホテルゾーン1からタクシーで1万2000K。
開 5:30～21:00
休 なし
料 無料

ミャンマーで白い象が見られるのは、ヤンゴンとネーピードーだけ

Information
仏教施設見学は失礼のない服装で
ウッパタサンティ・パヤーやブッダガヤ・パヤーなどは、入場する際の服装に厳しい。ショートパンツなどは厳禁。

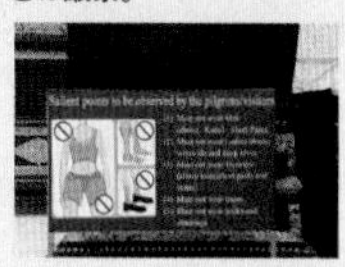

国内随一の規模と展示内容を誇る MAP P.93-A1

国立博物館 အမျိုးသားပြတိုက်
National Museum

化石から先史時代、ピュー古代遺跡群、バガン時代の仏像や仏塔などの歴史展示から、ミャンマー国内に居住する各民族の文化にいたるまで、展示のクオリティはミャンマーでも群を抜いて高く、一見の価値のある博物館。

混雑もなくゆっくり見学できる

国立博物館
行き方 ホテルゾーン1からタクシーで1万2000K。
開 火～日9:30～16:30
休 月・祝
料 5000K
館内へはカメラやバッグの持ち込み不可。入口のロッカーに預ける。ただし、携帯電話やスマホでの撮影は可能。

国内最大のヒスイやルビーは必見！ MAP P.93-A2

宝石博物館 ကျောက်မြတ်ရတနာပြတိုက်
Myanma Gems Museum

6万3000カラット、約12kgという世界最大のスターサファイヤや、ミャンマー最大の真珠など、かつてヤンゴンの宝石博物館の目玉だった展示物は、現在ここにある。ルビーやヒスイ、鉱物の原石なども展示されている。年に数回行われる宝石展（Gem Emporium）開催期間は、招待客のみ入場可。

庭園にはヒスイの原石がむき出しで展示されている

宝石博物館
行き方 ホテルゾーン1からタクシーで1万K。
住 Yaza Thingaha Rd.
☎ (067) 484859
開 火～日9:30～16:30
休 月・祝
料 7000K
博物館内は撮影禁止。荷物はロッカーに預ける。

Information

タクシーをチャーター

ネーピードーには旅行者が利用できるような公共の交通機関がないので、タクシーをチャーターしよう。料金の相場は1時間1万5000K、1日6万K。行きたい場所はすべて伝えて交渉しよう。

郊外の見どころ

ネーピードーの市内にあるウッパタサンティ・パヤー（→P.95）と噴水公園（MAP P.93-A2）、郊外の動物園、サファリ・パーク・ネーピードー、ナショナル・ランドマーク・ガーデンの5ヵ所をタクシーなどをチャーターして1日で回るのが一般的。

ミャンマーには珍しくペンギンもいる MAP P.93-B1

ネーピードー動物園 နေပြည်တော်တိရစ္ဆာန်ဥယျာဉ်

Zoological Garden Nay Pyi Taw

噴水のモチーフは白象

市街から車で約1時間の所にある。象やシマウマ、トラ、ワニなど、飼育展示されている400種以上の動物は、ヤンゴン動物園から連れてこられたもの。広大な園内は、自然を生かした造り。草原でシカが自由に歩いていたりする。

ネーピードー動物園
住Yangon-Mandalay Rd., Tatkone T/S
☎09-4931-7676
開8:00～17:00
休なし
料US$10（1万5000K）

ライオンやベンガルトラと大接近!? MAP P.93-B1

サファリ・パーク・ネーピードー နေပြည်တော်ဆာဖာရီဥယျာဉ်

Safari Park Nay Pyi Taw

草原や丘にいる動物たちを、窓に金網を張ったミニバスで見て回る。1周約40分。キリンが車のドアへと首を伸ばしてあいさつに来たり、シカが接近してきたりと、スタッフがシャッターチャンスを作ってくれる。

園内を巡るジープ

サファリ・パーク・ネーピードー
住Yangon-Mandalay Rd., Tatkone T/S
☎（067）416571、420754
開8:00～17:00
休なし
料US$20（3万K）
※園内バス料金込み

各地の名所、旧跡巡りをコンパクトに MAP P.93-B1

ナショナル・ランドマーク・ガーデン အမျိုးသားအထိမ်းအမှတ်ဥယျာဉ်

National Landmark Garden

シュエダゴォン・パヤーにマンダレー王宮、チャイティーヨーのゴールデンロックやインレー湖など、ミャンマー各地の名所のレプリカを巡るアトラクション。1周約1時間。レプリカは、どれも少々チープな感じは否めないが、ミャンマーの観光名所を制覇した気分は味わえるかも。

国内各地の有名な見どころを再現

ナショナル・ランドマーク・ガーデン
住1 Mile East of Milestone, 257/2 in Yangon-Mandalay Rd.
☎09-4920-7984～7
URL www.nationallandmarkgarden.com
開8:00～17:00
休なし
料US$10（1万5000K）
※バギー料金込み

ミリタリーマニアでなくても訪れる価値あり MAP P.93-B1

軍事博物館 တပ်မတော်စစ်သမိုင်းပြတိုက်

Defense Services Museum

国防省の中にある施設で、ミャンマー独立の歴史が軍の装備品を通じて紹介されている。アウンサン将軍の私物や天皇陛下から授与された勲章などもある。また屋外には英国製のスピットファイアやロシア製ミグなどの戦闘機やヘリコプターなどが多数展示されている。

世界の名機がズラリ

軍事博物館
住Zeyathiri T/S
開火～日9:00～16:00
休月
料無料

ネーピードーのホテル
HOTEL

安いゲストハウスはなく、中級～高級ホテルのみ。ホテルゾーン1～3の3地域に集められているがホテル間の距離があり、また常に満室気味。ケンピンスキーなどの外資系高級ホテルも進出している。

H ザ・ホテル・アマラ
The Hotel Amara　MAP P.93-A2

住11, Yaza Thingaha Rd., Hotel Zone 1
☎(067) 3422201～15　FAX(067) 414514
URL www.thehotelamara.com
料AC Ⓢ Ⓣ US$100～　CC MV(+4%のチャージ)
室131室

ネーピードーでは最高級のホテル。すべてスイートの客室は4タイプ。天然木の風合いが落ち着いた雰囲気ながら、スタイリッシュなコーディネートが都会的。スタッフの応対もよい。

H ザ・ティンガハ
The Thingaha　MAP P.93-A2

住Yaza Thingaha Rd., Hotel Zone 1
☎(067) 3414123～8　FAX(067) 420730
URL www.thingaha.com
料AC Ⓢ Ⓣ US$85～250　CC MV　室118室

コンベンションセンターも備えた現代的なホテル。ビジネス客も多い。全エリアでWi-Fi無料。新棟とスパが2014年に完成し、プールやジムもある。

H ザ・ホテル・グランド・エーシーイー
The Hotel Grand ACE　MAP P.93-A2

住Pyinmana-Taungnyo Rd., Hotel Zone 1
☎09-4545-22004～5　FAX(067) 8109623
URL www.thehotelgrandace.com
料AC Ⓢ Ⓣ 4万5000K　CC JV　室45室

全室が広々としたデラックスタイプで料金は手頃。プールも広々としていて快適。ホテルから徒歩約10分の大通り沿いにヤンゴン行きバス乗り場があって便利。

H ゴールデン・ゲスト・ホテル
Golden Guest Hotel　MAP P.93-A2

住5, Yaza Thingaha Rd., Hotel Zone 1
☎(067) 3420771～2　FAX(067) 3414161
E ggh.npthotelzone@gmail.com　料AC Ⓢ Ⓣ US$25、37、63、137　CCなし　室35室

ホテルゾーン1の中心で、デラックスUS$37と料金が手頃。客室は広く、設備も整っており快適。

H ンガライカンタ・エコリゾート
Nga Laik Kan Tha Eco Resort　MAP P.93-B1外

住Kywe Shinn Village, Ottara Thiri T/S
☎09-4920-7889、09-4920-7879
URL www.ngalaikkantha.com　料Ⓢ Ⓣ デラックスUS$25、シャレーUS$35～70　CCなし　室20室

ネーピードーの20kmほど北郊外にあるリゾートホテル。川に面したのどかな立地で、設備も整っており、料金もリーズナブル。駐在の外国人に人気が高い。

ネーピードーのレストラン
RESTAURANT

R マウカンノン2
Maw Khan Nong 2　MAP P.93-A2

住9A-B, Tha Pya Gone Market Hill Top
☎(067) 414537、(067) 818349、09-8302-159　営6:00～22:00　休なし　CCなし

シャン料理店。店先に何十種類もズラリと並んだ総菜から指さしで選べる。3種選んで1500K～。

R 勝
Katsu　MAP P.93-A2

住164, Theriyadanar Shopping Complex, Nearly Hotel Zone1　☎(067) 421368、09-2612-61599　営月～土10:00～14:00、17:00～21:00　休日　CCなし

ショウガ焼き定食やカツ丼といった手軽なランチ(9000K～)から、焼き鳥や刺身などお酒を飲みながらのディナーでも利用価値大の日本料理店。

名産の傘作りが盛んな交易都市
パテイン
Pathein
ပုသိမ်

エーヤワディー地方域の州都でミャンマー第4の都市でもあるパテイン。ヤンゴンの西約190km、ミャンマーの一大米作地帯であるエーヤワディー・デルタのほぼ中心にあり、デルタ内を結ぶ水上交通の要衝でもある。パテイン川東岸にある交易都市として古くから重要な役割を担ってきた。「パテイン」とはビルマ語の「パティ(ムスリム)」からきており、デルタ内だけでなく東南アジアとインドを結ぶ交易の中継点として、数多くのアラブ人やインドムスリムの貿易商人がこの地に去来していたことを示しているとされる。郊外には一面の田園風景が広がっている。

パテインの名産は伝統工芸の手作り傘

パテインへの行き方 ACCESS

◆ヤンゴンから

バス ダゴン・エヤー・ハイウエイ・バス・ステーション(MAP P.38-A3外)から、パテイン行きバスを利用。6:00〜19:00の間、数社が運行。ほぼ1時間おきに出発。午前中のほうが便が多い。所要約4〜5時間、4000〜1万1000K。

パテインから各地へ：長距離バスターミナルからヤンゴン行きのバスが3:00〜16:30の間、10本以上運行、4000〜7000K。シュエゼディ通りの店ではヤンゴン経由でマンダレーへ行くバスのチケット(1万6800K)も買える。

パテインのバスターミナル：長距離バスターミナル(ハイウエイバス・ターミナル)は町の中心からは離れており、バスターミナルと市街とは、フェリーと呼ばれる無料ピックアップが運行している(所要約10分)。ヤンゴンへ戻る場合は、シュエゼディ通りやその周辺に並んでいるバス会社の窓口でチケットを買えば、無料ピックアップで長距離バスターミナルまで行くことができる。無料ピックアップの乗り場は各バス会社窓口の前あたり。バス会社によってピックアップが違うので、乗り込む前に確認しよう。

バス会社が集まるシュエゼディ通り

Information

バイクタクシーのチャーター

町の中心は歩いて回れるが、見どころは南北に離れて点在しているので、バイクタクシーのチャーターが便利。市内のおもな見どころを半日で回れる。料金は1万K程度。宿の人に手配や交渉を依頼すると楽。

パテインの歩き方 Exploring

町はパテイン川東岸にあり、中心はシュエモートー・パヤー周辺。シュエモートー・パヤー南側のシュエゼディ通りShwezedi St.や、東のマーチャント通りMerchant St.周辺がにぎやかで、商店やレストラン、ティーショップが並んでいる。パテイン名産の傘の店もいくつかある。すぐ南のブロックにはマーケットがあり、生鮮食料品が売られている。見どころは郊外に点在しているので、サイカーやバイクタクシーを活用しよう。

おもな見どころ Sightseeing

パテインの中心にそびえる　MAP P.99

シュエモートー・パヤー　ရွှေမုဋ္ဌောစေတီဘုရား
Shwe Maw Taw Paya

紀元前305年にインドのマウリヤ朝アショカ王によって創建されたといわれている。その後歴代パガン王などの手で次々と改装、改築が施され、現在の形になった。塔は高さ46.6m、3層に分かれており、上部は金、中間は銀、底部が銅製で、全体の表面は金箔に覆われている。その金の重量は約20kg、829個のダイヤモンドと843個のルビーで飾られているという豪華さだ。また塔の南面にある黄金の仏像は、スリランカから伝来したものといわれている。

市街の中心にある華麗な仏塔

静かな住宅街にある　MAP P.99

ナッチェーシースー・パヤー　နှစ်ကျိပ်ရှစ်ဆူဘုရား
Twenty-Eight Paya

長方形の建物内に立像と座像がそれぞれ28体ずつ安置され、端には体の美について弟子たちに講釈する仏陀の彫像がある。

シュエモートー・パヤー
行き方 町の中心。
開 5:00〜21:00　休 なし
料 無料、カメラ撮影料500K

ナッチェーシースー・パヤー
行き方 マハバンドゥーラ通りから北へ1ブロック。徒歩約15分。
開 6:00〜17:00　休 なし
料 無料

お堂の中にずらりと並ぶ仏像

Information
パテイン名物いろいろ

● **傘**

市街の北には傘工房が点在しているが、ナッチェーシースー・パヤーの近くにもあるので寄ってみよう。竹を組んで紙を張り、美しい色合いに塗り上げる作業を見学できる。

S シュエ・サー Shwe Sar
MAP P.99
住 653, Taw Ya Kyaung Rd.
☎ (042) 25127、09-9615-65166
E myanmarhteesar@gmail.com
営 6:00〜20:00　休 なし
CC なし
英語を話すスタッフもいる。

サイズにより4000〜2万K。オーダーメイド、海外発送可

● **お菓子**

「パテイン・ハーラワー（Pathein Halawa）」という餅米やココナッツを使った甘い菓子が有名。マーチャント通り沿いにあるシュエ・ミン・ピャン Shwe Myin Pyanという店が老舗。シュエモードー・パヤー東門前のSミャー・ナンダー Mya Nandar（MAP P.99）もおすすめ。

S シュエ・ミン・ピャン Shwe Myin Pyan
MAP P.99
住 49B, Merchant St.
☎ (042) 24354、09-3611-4671
営 6:00〜21:00　休 なし
CC なし
生タイプ3000K、5000K、乾燥タイプ3000K。賞味期間は生タイプが1週間、乾燥タイプは2〜3週間。

セットーヤ・パヤー
行き方 市街からマハバンドゥーラ通りを長距離バスターミナル方面へ2kmほど行くと、左側に杖をついた老夫婦の像がある。その道を左へ曲がると右側にセットーヤ・パヤーへの参道が見えてくる。
開6:00～21:00 休なし
料無料

タガウン・パヤー
行き方 マーチャント通りを市街から南に700mほど行くと道がふた股に分かれる。左の道をさらに700mほど行くとタガウン・パヤーに出る。右の道はマハーボディー・ミンガラー・ゼディに通じる。いずれも徒歩約25分。どちらも東西に走る同じ通り沿いにあり、300mほど離れている。
開6:00～20:00頃 休なし
料無料

リスも合掌

マハーボディー・ミンガラー・ゼディ
開6:00～21:00頃 休なし
料無料

イエジーウー・パヤー
行き方 マハーボディー・ミンガラー・ゼディの右側にある角を左折して約1km直進すると入口がある。
開6:00～21:00 休なし
料無料

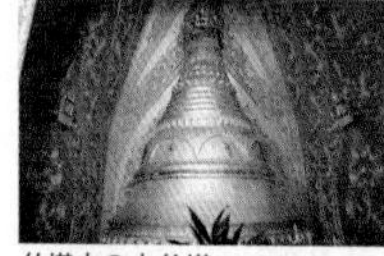
仏塔内の小仏塔

竹の仏像
行き方 市街からバイクタクシーで約20分、5000K。ングエサウン・ビーチやチャウンター・ビーチからバイクタクシーで来る途中に寄ってもいい。
開6:00～21:00 休なし
料無料

金泥に覆われているが竹製

マーケット
行き方 シュエモートー・パヤーの南側。

まるで小さなテーマパーク

セットーヤ・パヤー

MAP P.99

စက်တော်ရာဘုရား

Set Taw Ya Paya

下界を見下ろすように立つ大仏の周りに、蛇や動物、祈りをささげる人などさまざまな像が並んでいる。奥の寺院内にも大きな立像がある。セットーヤとは仏陀の足跡という意味だが、現在は小さな仏足石があるのみ。

テーマパーク的な雰囲気のある寺院

柔らかな姿の仏塔

タガウン・パヤー

MAP P.99

တကောင်းဘုရား

Tagaung Paya

塀に囲まれた草地にたたずむ仏塔。シュエモートー・パヤーと同じ時代に建てられたとされているが、定かではない。仏塔西面のちょうど中間あたりを見上げると、仏陀の前世といわれる小さな黄金のリスの像がある。

周囲は畑でのどかな雰囲気

マハーボディー・ミンガラー・ゼディ

MAP P.99

မဟာဗောဓိမင်္ဂလာစေတီ

Mahabodhi Mingala Zedi

マハーボディーとは、その下で仏陀が悟りを開いたという菩提樹のこと。高さ30mを超える塔が周囲に並ぶ寺院の木造建築と調和して、神秘的な雰囲気となっている。尖塔の下には、小さなシカの像がある。

小さな展望台もある

イエジーウー・パヤー

MAP P.99外

ရေကြည်ဦးဘုရား

Ye Zyi Oo Paya

1989年に政府によって改装された。パガン時代に建造されたという小さな黄金の仏塔が内部に収められており、その周りにはやはり古くから伝わる7体の仏像が並んでいる。広大な敷地内には涅槃仏やみやげ物屋などがある。

名人が作ったありがたい仏像

竹の仏像(ニー・パヤー)

MAP P.99外

နီးဘုရား

Bamboo Buddha Image

パテイン川の鉄橋のたもとにある寺院に、2007年12月に完成した竹の仏像がある。竹の仏像造りの第一人者である高僧が28個めに作ったものとされる。高さ3m44cm。

パテインの人々の活気みなぎる生活の中心

マーケット

MAP P.99

ဈေး

Market

海産物から野菜、果物、色鮮やかなロンジーにさまざまな日用品までなんでも揃い、朝から夕方までにぎわう。食堂もたくさんあり、新鮮な食材を使った料理を格安で食べられる。

郊外の見どころ Excursion

建物全体に細かな装飾が施された
カンヂーダウン・パヤー
MAP P.99外
ကန်ကြီးထောင့်ဘုရား
Kan Gyi Daunt Paya

バガンのアーナンダ寺院に似た壮麗な建築で、1902年に安置された小さな黄金の仏像は必見。仏塔内にある大きなチークの引き戸は、細かな装飾が施された豪華なもの。敷地内の僧院では、今は亡き高僧ウピニャ・トゥタUpinut Tutaの寝所を案内してもらえる。本堂入口の支柱には何体ものユーモラスな彫像が据えつけられている。

落ち着いた色合いの外観

カンヂーダウン・パヤー
行き方 パテインからヤンゴン方面に向かい約25km。カンヂーダウン村入口の丁字路を左折して約3kmの所にある。パテインからバイクタクシーで往復1万K、タクシーで往復1万5000K程度。片道所要約40分。
開6:00～21:00 休なし
料無料

小さな黄金仏

パテインのホテル
HOTEL

マハバンドゥーラ通り周辺に中級ホテルが増えているが、外国人は利用できない所が多いので注意。

H シーカイナー・ホテル
Shekinah Hotel MAP P.99

住18, Maha Bandoola Rd.
☎09-8994-88877 FB Shekinah hotel
料AC ⓈⓉUS$35～40 ファミリー US$50
CC J M V 室48室

2018年11月オープン。屋上のインフィニティプールからは壮大な景色を眺められる。どの部屋も窓が大きく取られ、開放感たっぷり。マッサージ、スパも併設。

H タイッ・ミャッ・サン・ホテル
Htike Myat San Hotel MAP P.99

住8, Maha Bandoola Rd.
☎FAX (042) 22742 ☎09-4225-21866
FB Htike Myat San Hotel
E htikemyatsan@gmail.com 料AC ⓈⓉUS$20（トイレ、シャワー共同） AC ⓈⓉUS$25 ファミリー US$35 CC なし 室26室

客室の設備はバスタブの有無以外は同じ。屋上で取る朝食は日替わりのビュッフェ。昼、夕食は近くの店から出前も可能。スタッフがフレンドリーで居心地がいい。

H ラ・ピ・ウォン・ホテル
La Pyae Wun Hotel MAP P.99

住30, Mingyi Rd. ☎(042) 24669、21686、25151
料AC ⓈUS$15 ⓉUS$25 CC なし 室31室

市街の中心部では高級な部類に入る。館内は清潔。1階と2階の部屋はバスタブ付きでお湯が出る。

パテインのレストラン
RESTAURANT

R カ・カ・チー・ミャンマー・レストラン
Kha Kha Gyi Myanmar Restaurant MAP P.99

住68, Mingalar St. ☎(042) 25190、09-2602-05188 営9:00～20:00 休なし
CC なし

町で最も有名なビルマ料理店。パテイン周辺に撮影で訪れた際に来店したミャンマーの映画俳優の写真が壁にズラリと並んでいる。カレーはライス付きでポーク、エビなど2500K～と手頃。味、サービスともにいい。

R モーパレ
Moe Parel MAP P.99

住52, Merchant St. ☎09-5201-252、09-5202-786 営7:00～19:00 休なし CC なし

インド、ビルマ料理店。チキンとビーフは各2300Kで、ピリ辛の野菜スープが付く。カレーはチキン、マトン、ビーフがあり各1600K。

ヤンゴンからも近いビーチリゾート

チャウンター

Chaungtha ချောင်းသာ

ネーピードー
チャウンター
ヤンゴン

パテインから西へ約40kmの所にある、ベンガル湾に面したリゾート地。全長約3.2kmのビーチ沿いには中級～高級ホテルが並び、ヤンゴンから最も近いリゾート地として人気が高い。青い海とヤシの木の連なる明るい砂浜、安くて新鮮な海の幸が大きな魅力だ。シーズン中の10～4月はミャンマー各地から旅行者が集まる。素朴なビーチはのんびりするのに最適。ビーチから眺める夕日も美しい。

マーケット周辺の町並み

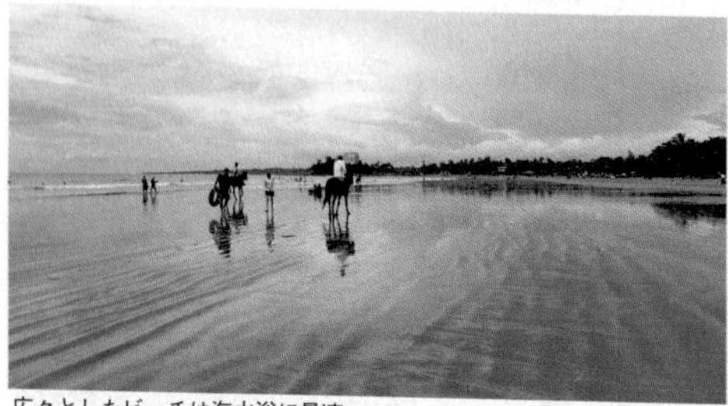
広々としたビーチは海水浴に最適

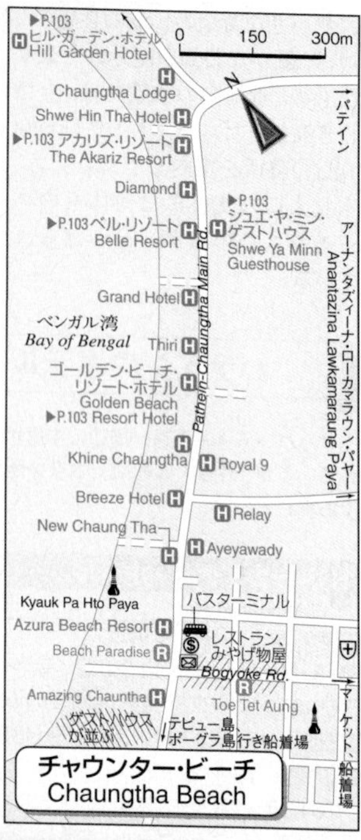

チャウンター・ビーチへの行き方 ACCESS

◆ヤンゴンから

🚌ダゴン・エヤー・ハイウエイ・バス・ステーション（MAP P.38-A3外）から数社が運行。7:00、7:30、19:00発、所要約6時間、6000～1万K。ハイシーズンはダウンタウンの長距離バスチケット売り場（MAP P.33-C1）から20:30、21:00発の便があり、1万K（往復割引あり）。

◆パテインから

🚌市街にあるチャウンター行きバス乗り場（ナイトマーケットの北。市内からバイクタクシーで1000K。MAP P.99）から8:00、10:00、12:00、14:00、16:00発の1日5本。所要約2時間、普通バスで4000K。

テピュー島
行き方 渡し船で約30分、往復3000K。ポーグラ島への船は片道所要約10分、料金は往復1000K。島に行けるのはハイシーズンのみ。

おもな見どころ Sightseeing

美しいビーチとシーフードを楽しめる MAP P.102

チャウンター・ビーチ

ချောင်းသာကမ်းခြေ

Chaungtha Beach

かなりの遠浅で海水浴向き。ビーチで遊んだり、近くの小島でスノーケリングも楽しめる。ビーチ沖にあるテピュー島とポーグラ島は、白い砂浜や珊瑚礁が美しい。

注：ヤンゴン夜発のバスで行く場合、到着は深夜になるので、宿は必ず予約しておくこと。銀行やATMはないので、両替はヤンゴンやパテインで済ませておこう。

チャウンターのホテル
HOTEL

パテイン-チャウンター・メイン通りPathein-Chaungtha Main Rd.を挟んで海側にリゾートホテル、内陸側にゲストハウスがある。雨季(5～9月)は割引が期待できる。高級ホテル以外で電気が使えるのは18:00～翌6:00頃。安宿は18:00～24:00頃のこともある。

H アカリズ・リゾート
The Akariz Resort MAP P.102

住Pathein-Chauntha Main Rd.
☎09-7319-1435、09-4921-4481
予ヤンゴンオフィス ☎09-4931-4434
URL www.theakarizhotel.com
料AC ⓈⓉ8万8000K スイート12万1000～16万5000K、ファミリースイート55万K
CCなし 室59室

4.1エーカーの広大な敷地に広がるビーチリゾート。広々とした客室は設備が整い快適。海を望むインフィニティプールもロマンティック。朝食はビルマ、インド料理や揚げ物、フルーツなど40～50種類のビュッフェ。Wi-Fiは公共エリアで無料。

H ベル・リゾート
Belle Resort MAP P.102

住Pathein-Chaungtha Main Rd.
☎(042) 42112～4 予ヤンゴンオフィス
☎(01) 510117 FAX(01) 539258
URL www.belleresorts.com
料AC ⓈⓉUS$80～140 トリプルUS$170 スイートUS$280 CCなし 室80室

スタイリッシュなホテル。ヴィラタイプの客室は、広々として快適。Wi-Fiはロビー周辺のみ(無料)。マッサージ(90分US$15～)は宿泊者以外も利用できるが、カラオケの音がうるさい。

H ゴールデン・ビーチ・リゾート・ホテル
Golden Beach Resort Hotel MAP P.102

住Pathein-Chaungtha Main Rd.
☎(042) 42350～2、09-5200-565 予ヤンゴンオフィス ☎(01)381650
URL www.goldenbeachchaungtha.com
料AC ⓈⓉ8万8000K～ CCなし 室102室

ビーチに面してバンガローが建つ。料金は手頃なのに、客室は清潔で設備も整っているので値頃感がある。海を目の前にするプールが気持ちいい。スヌーカーやスパもある。

H ヒル・ガーデン・ホテル
Hill Garden Hotel MAP P.102外

住1, Shwe Thaungyan Rd.
☎09-2509-38008 FB Hill Garden Chaung Tha Beach 料FAN ⓈⓉUS$25
AC ⓈⓉUS$35 CCなし 室28室

チャウンター・ビーチ北の丘にある隠れ家的な宿。緑の中にバンガローが並ぶ。町なかからは少し遠いが、丘を下ると手つかずのビーチがあり、リラックスできる。レセプション周辺でWi-Fi無料。テレビと冷蔵庫はエアコンの部屋のみ。

H シュエ・ヤ・ミン・ゲストハウス
Shwe Ya Minn Guesthouse MAP P.102

住Pathein-Chaungtha Main Rd.
☎09-9767-98967、(042) 42126～7
料AC ⓈUS$26 ⓉUS$32 トリプルUS$45
CCなし 室34室

ビーチへも徒歩3分と近い。客室はシンプルだが清潔、アットホームかつホテル並みのていねいなサービスでリピーターが多い。2016年オープンの新棟もある。シングルルームのシャワーは水のみ。レストランだけの利用もおすすめ。バスやボート、観光の手配もしてくれる。

チャウンターのレストラン
RESTAURANT

町の中心部にはビルマ料理、中国料理、シーフードのレストランが数軒あり、7:00頃から22:00頃まで営業(雨季は閉める店も多い)。シーズン中は、ビーチでは地元の女性が取れたてのエビやカニ、貝などをバケツに入れて売っている。調理後ホテルまで届けてもらうことも可能だが、衛生面はやや不安。レストランで食べるほうが安心だ。

新鮮なシーフード

銀色に輝く美しいビーチ
ングエサウン
Ngwe Saung

ငွေဆောင်

パテインの西約48kmにあるリゾート地。15kmにも及ぶ長いビーチは、その美しい輝きからシルバー・ビーチとも呼ばれている。開発が始まってから10余年、リゾートとしての歴史はまだ浅い。ミャンマー人が集まるチャウンター・ビーチが庶民的なのに比べて、欧米人客が泊まる高級ホテルが多く、物価も高い。ビーチの北部にある小さな集落は、歩いて回れるくらいの大きさ。メインロードに続くミョーマ通りMyoma Rd.沿いにはレストランが並び、新鮮なシーフードを楽しむことができる。

知名度もこれから上がっていくはず

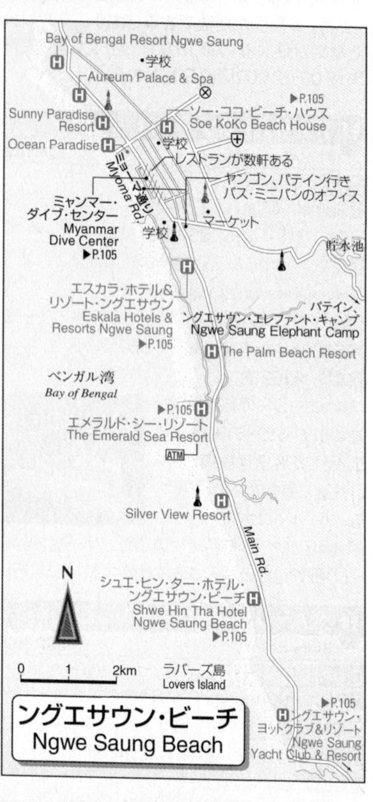

ングエサウン・ビーチへの行き方 ACCESS

◆ヤンゴンから

ダゴン・エヤー・ハイウエイ・バス・ステーション(MAP P.38-A3)から7:00、8:00、9:00発。所要約6～7時間。6000～1万K。ダウンタウンの長距離バスチケット売り場(MAP P.33-C1)から20:30、21:00発があり、1万5000K(往復割引あり)。

バイクタクシーで1万2000K、所要約1時間30分～2時間。

所要約1時間30分～2時間。3万K。

◆パテインから

市街のチャウンター行きバス乗り場(MAP P.99)からバスまたはミニバンが発着。7:30～15:30の間、2時間に1本。ローシーズンは需要により1～2本に減便。4000K。

◆チャウンター・ビーチから

バイクタクシーをチャーターして船着場から出発。途中3回船で川を渡る。船は1回800K程度で乗客の数により異なる。所要約2～3時間、船代込みで1万5000K。この場合、移動距離は約12km。陸路で行く場合は移動距離が山道を含む約66kmとなり所要約2時間30分、2万～2万5000K。観光を入れる場合は場所とかかる時間により料金は異なる。

注：ングエサウンにバスターミナルはなく、ヤンゴンとを結ぶバスは学校の周辺に発着する。利用の際は乗車場所を地元の人などに確認しておくこと。

おもな見どころ Sightseeing

15kmのビーチは国内最長 MAP P.104

ングエサウン・ビーチ

ငွေဆောင်ကမ်းခြေ

Ngwe Saung Beach

干潮時には歩いて渡れるラバーズ島

ングエサウン・ビーチは遠浅ではないので泳ぐにはあまり向かないが、スノーケリングを楽しめる。ビーチの南端にはラバーズ島 Lovers Islandという小島があり、引き潮の時間にのみ現れる砂州を歩いて渡れる。夕暮れ時は特にロマンティック。

Information

ミャンマー・ダイブ・センター
Myanmar Dive Center
MAP P.104
住11, MICT Park, Hlaing University Campus, Between Sunny Paradise Hotel & Ocean Paradise Hotel
☎09-9774-41611
FB MyanmarDiveCenter
沖合にある小島へのスノーケリングやダイビングツアーを開催。10月中旬～4月のハイシーズンのみオープン。

ングエサウン・ビーチのホテル

HOTEL

ビーチ沿いに中級以上のリゾートが並ぶ。安宿はミャンマー人向けで、外国人は利用できない。5～9月（年により10月中旬）は雨季で海が荒れるため、クローズする所が多い。

H ングエサウン・ヨットクラブ&リゾート

Ngwe Saung Yacht Club & Resort MAP P.104外

住59/63/64, Ngwe Saung Beach
☎(042)40100～19 FAX(042)40120
URL www.ngwesaungyachtclub.com
E reservation@ngwesaungyachtclub.com
料 AC ⓈⓉUS$70～240 CC MV 室134室

最高級の設備が整う大型リゾート。客室はマリン調のインテリアがおしゃれ。大きなインフィニティプールもある。電気は24時間。

H エスカラ・ホテル&リゾート・ングエサウン

Eskala Hotels & Resorts Ngwe Saung MAP P.104

住Ngwe Saung Beach ☎(01)2300079、(042)40343、09-9778-33334
URL www.eskalahotels.com
E reservation@youreskara.com
料 AC ⓈⓉUS$130～190
CC MV（+3%のチャージ） 室60室

ビーチの中ほどにあるブティックリゾート。館内はスタイリッシュで客室はバルコニー付き。ングエサウン最大級のプールから眺める夕日も美しい。品数豊富なビュッフェの朝食も人気の理由。

H エメラルド・シー・リゾート

The Emerald Sea Resort MAP P.104

住Ngwe Saung Village ☎(042)40247、09-5200-890～1、09-5200-740
URL www.emeraldseahotel.com
料 AC ⓈⓉUS$92～178
CC MV 室23室

トロピカルなガーデンにバンガローが点在し、リゾート感満点。アジアンスタイルの客室はフローリングで清潔。

H シュエ・ヒン・ター・ホテル・ングエサウン・ビーチ

Shwe Hin Tha Hotel Ngwe Saung Beach MAP P.104

住Ngwe Saung Village ☎(042)40340、40264、09-5200-618 E shwehitha.sales@gmail.com 料 FAN ⓈⓉUS$35
AC ⓈⓉUS$43～63 CC なし 室34室

客室タイプはいろいろ。ラバーズ島がよく見え、ビーチを歩いても15分ほど。スタッフはフレンドリー。

H ソー・ココ・ビーチ・ハウス

Soe KoKo Beach House MAP P.104

住Myo Pat Rd., 2nd Qtr. ☎09-5001-025、09-5132-440 URL www.soekokobeachhousengwesaung.com E kosoetourguide@gmail.com
料 FAN ⓈⓉUS$20、35
CC なし 室10室

町なかにあるアットホームなゲストハウス。木と竹で造られたバンガローは清潔。レストランの料理もおいしい。シャワーは水のみ。

※5～9月の雨季は観光客向けのレストランは閉まっていることが多い。

市外局番053 ■MAP折込表-C6

植民地時代には国内交易の中継地として栄えた

ピイ

Pyay

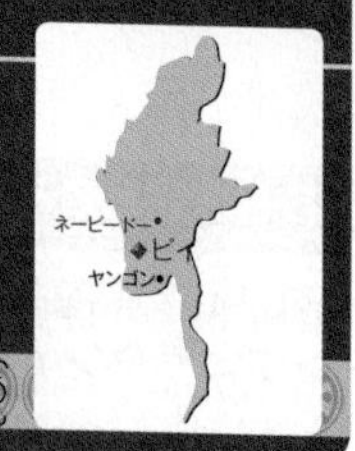

ヤンゴンの北西約300km、ヤンゴンとバガンのほぼ中間にピイはある。古代ピュー族の国家スリ・クシェトラの首都が存在していたのはこの付近だという。現在のピイはパガン王朝時代、エーヤワディー川に臨む交易都市として建設されたもので、イギリス植民地化以降、上ビルマと下ビルマを結ぶ河川輸送の重要な中継地点として発達した。1877年に開通したミャンマー最初の鉄道路線は、ヤンゴンとピイを結んだ。現在でも水運の中継地として栄えている。

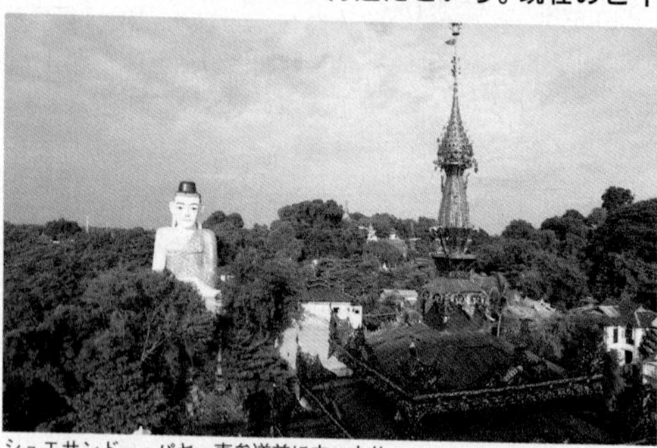
シュエサンドー・パヤー東参道前に立つ大仏

ピイへの行き方

ACCESS

◆ヤンゴンから

急行列車が1日1本、13:00発、所要約8時間30分、オーディナリークラス1950K。混雑するのでチケットはできれば早目に入手したほうが安心。

アウンミンガラー・ハイウエイ・バス・ターミナル（MAP P.39-C1）からNew Generation（Myo Sat Thit）社などが運行。6:30〜22:30の間のほぼ1時間おきに出発し所要約6時間、6000K。長距離バスターミナルが終点。

町の中心にあるピイ駅

ヤンゴンへ：バスが6:30〜13:00はほぼ1時間おき、それ以降は16:00〜17:00頃に3本ほど。夜行便は21:00、22:00発がある。所要約7時間、6000K。

◆マンダレーから

長距離バスターミナル（MAP P.160-B5）から

やや郊外にあるピイの長距離バスターミナル

18:00、19:00、20:00発で所要約12時間、1万〜1万800K。

◆バガンから

夜行バスが運行されている。19:00と21:30発で所要約8時間。1万800K。

◆ンガパリから

ミニバスで所要約12時間。1万6000K。

ピイのバスターミナル：バス会社のオフィスは市内にはなく、チケットはダウンタウンの東約3.5kmにある長距離バスターミナルで購入する。市内からバイクタクシーで1000K、三輪タクシーで2000K。長距離バスターミナルとボーヂョーアウンサン像のあるロータリーとの間はピックアップが結んでいる。所要約10分、200K。

ピイの歩き方 Exploring

ピイはエーヤワディー川東岸にある比較的大きな町で、市街を見下ろす丘の上には黄金のシュエサンドー・パヤーがそびえている。商店や食堂が並びにぎやかなのは、ボーヂョーアウンサン像の南北に走るランモードウ通りLanmawdaw St.とヤンゴン・ピイ通りYangon Pyay Rd.。駅前にも食堂やティーショップがある。川沿いのストランド通りStrand Rd.は、夕方になると涼を取る人たちでにぎわう。河川敷にもティーショップが出る。

ピイ市街の中心となるボーヂョーアウンサン像のあるロータリー

おもな見どころ Sightseeing

丘の上からピイを見守る聖地 MAP P.107

シュエサンドー・パヤー ရွှေဆံတော်ဘုရား
Shwe San Daw Paya

ヤンゴンのシュエダゴォン・パヤー、バゴーのシュエモードー・パヤーと並ぶミャンマー三大仏塔のひとつとされ、聖なる巡礼スポットになっている。丘の上にあって眺めもよく、エーヤワディー川やピイの町並みを一望できる。仏陀の頭髪が祀られているとされており、周囲にも東参道口の大仏をはじめ仏像や寺院がいくつも散在している。

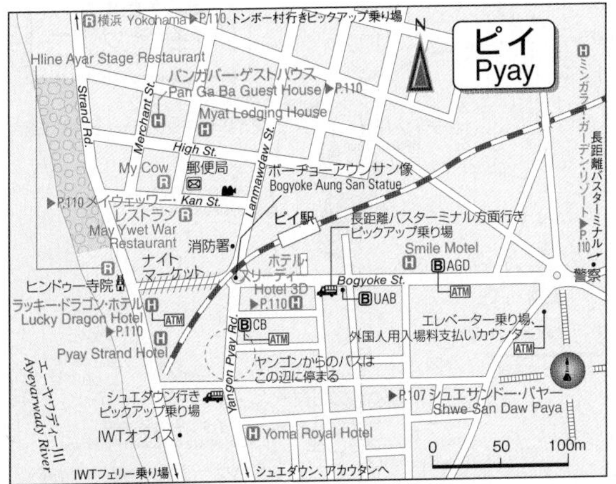

Information

郵便局
MAP P.107
開 月〜金9:30〜16:30
休 土・日

ピイのマハムニ仏
人々から「魂が入っている」と信じられているマハムニ仏がミャンマー国内に4体あり、その1体がピイのエーヤワディー川対岸にある。三輪タクシーなどをチャーターして行ってみよう。「マハムニ」で通じる。

ピイのナイトマーケット
ボーヂョーアウンサン像の西側、線路とエーヤワディー川の間の路地にはたくさんの屋台が並んでいる。活気づくのは日暮れ頃から。簡単な食事ができるほか、スナックやフルーツなども売られている。

お祭り気分で楽しめるナイトマーケット

シュエサンドー・パヤー
開 5:00〜21:00
休 なし
料 3000K（外国人料金）
北参道口の向かって右側にエレベーターがあり、その隣にあるカウンターで入場料を支払う。

ピイ市街を見下ろす丘の上にあるシュエサンドー・パヤー

境内からはピイ市街が眺められる

郊外の見どころ Excursion

ピュー族の遺跡が残されている

MAP折込表-C7

スリ・クシェトラ（タイエーキッタヤー） သရေခေတ္တရာ

Sri Ksetra (Thayekhittaya)

ミャンマー初の世界遺産「ピューの古代都市群」のひとつで、3～9世紀に築かれたピュー王国最大の城塞都市遺跡。ピイの北東約9kmの場所にあり、遺跡の範囲は東西4km、南北5kmに及ぶ。城壁の外側には、パヤーヂー・パヤー Paya Gyi Paya、パヤーマー・パヤー Paya Ma Paya、ボウボウヂー・パヤー Baw Baw Gyi Payaという高さが45m以上ある砲弾型をした独特の巨大な仏塔が3つ残されており（もともと4つあったとされる）、この王国の範囲を示していたと考えられている。城壁内の真ん中にある王宮跡に、隣接してインフォメーションセンターと考古学博物館があり、出土品の数々を観ることができる。遺跡内の見どころとしては、同盟関係のあったベイタノー女王の墓Cemetery of Queen Beikthanoやベベ・パヤー Bebe Paya、レミャッナー寺院Lemyatnha Templeなどがある。遺跡の範囲は非常に広く、歩いて回るのは難かしい。道路はかなり整備されているのでバイクタクシーをチャーターするか、のんびり回りたいのであれば、インフォメーションセンターで牛車をチャーターすることもできる。

太い円筒形をしたボウボウヂー・パヤー

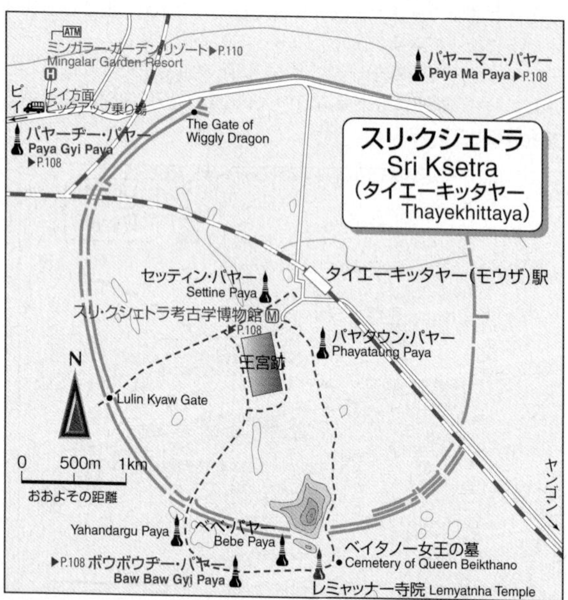

スリ・クシェトラ

行き方 ピイからスリ・クシェトラのある村モウザHmawzarまでピックアップで200K、所要約30分。最も一般的なのは、ピイでバイクタクシーをチャーターして主要な見どころを回ってもらう方法。3～4時間チャーターして8000K程度。インフォメーションセンターで牛車をチャーターすると所要2～3時間で7000K。

スリ・クシェトラ考古学博物館

MAP P.108
開 火～日9:30～16:30
休 月・祝
料 5000K、遺跡入域料5000K

遺跡からの出土品を展示。15分もあれば見て回れるほどの小さな博物館。

スリ・クシェトラのほぼ中心にあるモウザの博物館

Information

世界遺産

2014年6月、ミャンマーで最初に登録された世界遺産が「ピューの古代都市群」。2～9世紀にかけてミャンマー中部のエーヤワディー川流域に栄えたとされるピュー王国の城塞都市スリ・クシェトラ、ハリン（→P.193）、ベイタノーの3ヵ所が含まれている。

スリ・クシェトラの呼び方

地元の人には、村の名前で「モウザ」と呼んだほうが通じやすい。

四角い形のレミャッナー寺院

めがねをかけた仏像がある寺院 MAP折込表-C7

シュエミェッマン・パヤー

ရွှေမျက်မှန်ဘုရား

Shwe Myeth Man Paya

一風変わっためがね姿の仏像

ピイの南14km、シュエダウン村にある寺院で、めがねをかけた大仏が祀られている。もともと土地の貴人が好奇心を誘って人々の信仰心を高めようと仏像にめがねをかけたのだが、いつしかこの大仏が病気、特に眼病を治すと信じられるようになった。初代のめがねは壊れ、2代目は盗まれてしまい、現在かけているのは3代目。本堂入口にある大きなケースには、この仏像の御利益で目がよくなった人が納めた、不要になっためがねがたくさん保管されている。

風光明媚な環境に囲まれた MAP折込表-C7

シュエナッタウン・パヤー

ရွှေနတ်တောင်ဘုရား

Shwe Nat Taung Paya

広々とした田園地帯の中の、緑の濃い森の高みに威風堂々とそびえ立つ、「黄金の魂の山」という名の仏塔。スリ・クシェトラ時代の創建と思われるが、現在のものは後期パガン様式を示している。ゲートをくぐるとすぐ左側にハスの池があり、その奥の高みにあるのがシュエナッタウン・パヤー。右側にあるのはシンチョムニ・パヤーで、顔以外すべて黄金に覆われた絢爛たる大仏を拝観できる。シュエナッタウン・パヤー奥のマシン・パヤーには、宝石で飾られた小さな仏像が大切に保管されている。

500体以上の仏像が絶壁に刻まれている MAP折込表-C7

アカウタウン

အကောက်တောင်

Au Kouk Taung

川沿いの岩壁に無数の仏像が彫り込まれており、この地方を代表する景勝地。ピイの南約65km、バゴー地方域とエーヤワディー地方域の境界の村、トンボー Hton Boにある。エーヤワディー川沿いにあるこの村は古くから上ビルマと下ビルマの交易地となっており、かつては関所が設けられていたという。100年ほど前、ここに滞在する商人が手慰みに岩壁の砂岩に仏像を彫ったのが始まりとされ、その後、バガンやマンダレーから職人が呼び寄せられて、よりクオリティの高い本格的な仏像が次々と彫られるようになったという。山の上にはパヤーと寺院があり、参拝客に無料の食事が振る舞われている。

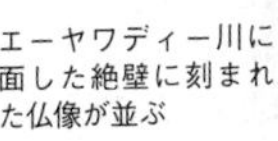
エーヤワディー川に面した絶壁に刻まれた仏像が並ぶ

シュエダウン村
行き方 ピイのボーヂョーアウンサン像からヤンゴン・ピイ通りを南へ2ブロック行った右側（MAP P.107）から、ピックアップが7:00～18:00の間の15分おきに出発。300K、所要約45分。終点で降り、ピイ方面に少し戻ると最初の左角に看板が出ているのでそこを左に入り、真っすぐ進む。バス停から徒歩約10分、右側にシュエミェッマン・パヤーがある。

シュエミェッマン・パヤー
開 5:00～21:00
休 なし
料 無料

シュエナッタウン・パヤー
行き方 シュエダウン村のバス停から南西へ6～7km、徒歩約1時間30分。
開 6:00～18:00
休 なし
料 無料

何もない丘陵地帯に忽然と豪華な仏塔が建っているのが仏教大国の底力

Information

郊外を回るならバイクタクシーのチャーターが便利

シュエミェッマン・パヤーやシュエナッタウン・パヤーへ行くならバイクタクシーのチャーターがおすすめ。ふたつの寺院を回って所要2～3時間、相場は1万～1万2000Kくらい。シュエダウン村からシュエナッタウン・パヤーへは、ちょっとした悪路を行くことになるのでそのつもりで。

アカウタウン
行き方 ピイの長距離バスターミナルからチャンギンKyan Ginまたはミャンアウン Myanaung行きのバスに乗り、途中のトンボー Hton Boのジャンクションで下車。所要約2時間、2000～3000K。ここからトンボーの村まで約2.5km。ピイからトンボー村まで直接行くピックアップがStrand Rd.から出ているが本数は少ない。トンボーの船着場でボートをチャーターする必要があり、1隻1万5000K。ピイからタクシーをチャーターすると往復5万K、バイクタクシーで2万K。

ピイのホテル
HOTEL

H ミンガラー・ガーデン・リゾート
Mingalar Garden Resort MAP P.108

住Flying Tiger Garden, Aung Chan Tha Qtr.
☎(053) 28661～5、09-9618-58477
URL www.mingalargardenresort.com
料AC スーペリア Ⓢ US$70 Ⓣ US$80
CC なし 室43室

ピイの郊外、スリ・クシェトラのパヤーヂー・パヤーにほど近い所にあるリゾートホテル。人造池を取り囲むようにコテージが並び、リラックスできる環境。全室テラス付きで気分よく過ごせる。安いスタンダードの客室もあるが、そちらは外国人は利用できない。客室はスーペリアのほうが新しくて快適。

H ラッキー・ドラゴン・ホテル
Lucky Dragon Hotel MAP P.107

住772, Strand Rd. ☎(053) 24222、24654
E luckydragonpyay@gmail.com
料AC Ⓢ Ⓣ US$40～45 CC なし 室30室

エーヤワディー川沿いのストランド通りにある中級ホテル。2008年12月オープンと、ピイのホテルでは比較的新しいほう。中庭にプールがあるほか、全室ホットシャワー、衛星チャンネル付きテレビ、ミニバー付き。スーペリアの客室にはバスタブもある。白壁とこげ茶のシックな内装がおしゃれ。

H ホテル・スリーディー
Hotel 3D MAP P.107

住1448, Shwe The Tann St.
☎(053) 24044、27700、09-9739-39395
E hotel3dmyanmar@gmail.com
料AC Ⓢ US$25 Ⓣ US$40～50 CC MV 室27室

ボーヂョーアウンサン像のすぐ近く。2015年のオープンで、設備も新しく、スタッフもフレンドリー、ランドリーサービスも安い。ただし、シングルの客室はとても狭い。バスタブはファミリルームのみ。

H パンガバー・ゲストハウス
Pan Ga Ba Guest House MAP P.107

住342, Merchant St. ☎(053) 26543
料FAN Ⓢ 9000K～ Ⓣ 1万8000K～ AC Ⓢ 1万5000K～ Ⓣ 1万8000～2万2000K CC なし 室11室

ミャンマーの古い民家を使ったような簡素な造りのゲストハウス。フレンドリーなオーナーの性格もあり、リピーターも多い。バスやボートなどのチケット手配もしてくれる。レンタサイクルあり（2000K）。朝食もおいしいと評判。

ピイのレストラン
RESTAURANT

ピイの食堂や喫茶店はランモードウ通りと駅前のボーヂョー通りに多い。ボーヂョーアウンサン像から1、2ブロック南の西側の小道には、安食堂が並んでいる。

R メイウェッワー・レストラン
May Ywet War Restaurant MAP P.107

住767A, Kan St. ☎(053) 25338
営10:00～21:00 休なし CC なし

中国料理とビルマ料理の大衆レストラン。タマネギの甘みが効いた白身魚（Hilsa）のカレー3500Kがおすすめ。チャーハン2000～2500K、各種カレー3500K～。

R 横浜
Yokohama MAP P.107外

住417, Kannar St. ☎09-7853-12990
営11:00～14:00、17:00～22:00 休なし
CC なし

エーヤワディー川沿いのストランド通りを北に6～7分ほど歩いた所、川の対岸に沈む夕日を眺められる絶好のロケーションにある日本料理店。メニューは懐かしい家庭の味が中心。カツ丼4000K、オムライス3000Kなど値段はローカルプライス。在住の外国人はもちろん、地元の人たちにも支持されている。おすすめはチキンをふっくら焼き上げたモモ焼き3000K。

古くから人気のビーチリゾート

ンガパリ

Ngapali

ပလဲ

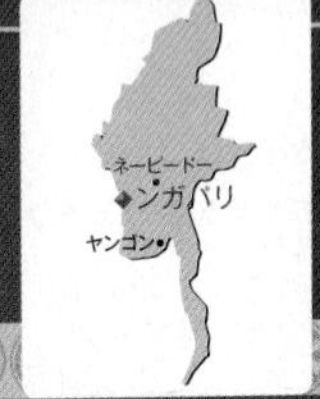

ベンガル湾に面するンガパリ・ビーチは、イギリス植民地時代にイタリア人が名づけたとされる伝統あるビーチリゾート。イタリアのナポリの海に似ていることからナポリ・ビーチと呼ばれ、それがミャンマー風に発音されてンガパリとなったといわれている。1960年代には政府系のンガパリ・ビーチ・ホテルが開業したが、本格的にビーチリゾートとして発展したのは1990年代に入ってから。1998年に高級ホテルのベイビュー・ビーチ・リゾートが開業した後、高級ホテルが続々とオープンし、現在もリゾート開発が進んでいる。しかしビーチはまだまだのんびりムード。無人島でのスノーケリングや釣りツアーなどで、静かな海を楽しもう。

ミャンマーのビーチリゾートを体験しよう

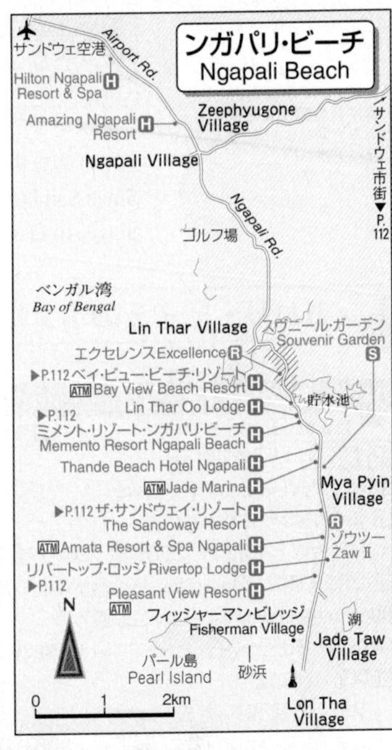

ンガパリ・ビーチへの行き方

ACCESS

◆ヤンゴンから

最寄りのサンドウェ空港まで、10～5月のハイシーズンはエア・カンボウザ、ゴールデン・ミャンマー航空、マン・ヤダナポン航空など毎日5便。ヤンゴン航空が月・金曜の週2便。ローシーズンは便数が減る。所要約55分、US$100～。空港からサンドウェ市街までタクシーで約15～20分、1万～2万K。シェアタクシーで5000～6000K。

サンドウェまでアウンミンガラー・ハイウエイ・バス・ターミナル（MAP P.39-C1）から毎日7:00発、所要約22時間、1万6000K～。ピイからは所要約9時間、2万3500K。Myo Set Thit社はホテル送迎サービスあり（☎09-2535-74955）。サンドウェからンガパリ・ビーチまでは乗合バスで3000～3500K程度。

注：ンガパリ・ビーチのホテルは、予約しておけばサンドウェ空港までの送迎あり。

おもな見どころ

Sightseeing

ミャンマーを代表する由緒正しいビーチリゾート

MAP P.111

ンガパリ・ビーチ

ပလဲကမ်းခြေ

Ngapali Beach

全長5kmほどの白砂のビーチ。ビーチ沿いに走る一本道沿いには、海側に中級から高級ホテルが並んでおり、ホテルの近くには

Information

ボートトリップ

沖合に浮かぶ無人島パール島へのツアーが定番。スノーケリングのセットなどが付き、1日3万～4万5000K。半日ツアーやフィッシングツアーもある。

注：ンガパリまで陸路で移動する場合途中で数ヵ所チェックポイントがあるので、パスポートを手元に用意しておくこと。

Information

おすすめのレストラン&ショップ

Ⓡゾウツー Zaw II
さわやかな酸味の効いたラカイン・フィッシュ・カレー（5000K）が美味。

Ⓡエクセレンス Excellence
エビやカニ料理が名物。カニのココナッツカレー（6000K）がおすすめ。

Ⓢスヴニール・ガーデン Souvenir Garden
籠や貝殻細工など素朴なおみやげならここ。安くて品揃えがいい。

新鮮なシーフードを食べられるローカルなレストランが点在している。ホテルやレストランで、パール島Pearl Islandなど無人島へのスノーケリングや釣りのボートツアーを催行している。

郊外の見どころ Excursion

丘に囲まれた小さな町 MAP 折込表-B7

サンドウェ Thandwe သံတွဲ

バスでンガパリ・ビーチを訪れる際の交通のターミナルとなる町。市街を中心にした三方の小高い丘の上に、シュエサンドーShwe San Daw、シュエナンドーShwe Nan Daw、シュエアンドーShwe An Dawという3つの仏塔が建っている。

ンガパリ・ビーチのホテル HOTEL

H ザ・サンドウェイ・リゾート The Sandoway Resort
MAP P.111

住Mya Pyin Village, Thandwe
☎（043）2042233
ヤンゴンオフィス☎（01）298934、201271
FAX（01）203497 URL www.thesandowayresort.com
E fo@thesandowayresort.com 料AC デラックスⓈⓉUS$150～ ヴィラ・ビーチフロントUS$280
CC MV 室59室

ンガパリ屈指の高級リゾート。120m²とゆったりした客室に、大理石のバスタブや、海を一望できるバルコニーを備えた、ヴィラ・ビーチフロントがおすすめ。プールなど娯楽施設も充実。デラックスの客室はシャワーのみ。

H ベイ・ビュー・ビーチ・リゾート Bay View Beach Resort
MAP P.111

住Lin Thar Village, Thandwe ☎（043）42311
ヤンゴンオフィス ☎（01）504471
URL www.bayview-myanmar.com
料AC ⓈUS$130～ ⓉUS$180～
CC MV 室45室

施設、サービス、レストランに定評がある。客室はコンクリートのバンガロータイプ。ナチュラルモダンなインテリアがエレガント。冷蔵庫付きの部屋はかぎられているので、利用したい場合は予約やチェックイン時にその旨を希望すること。

H リバートップ・ロッジ Rivertop Lodge
MAP P.111

住Mya Pyin Village, Thandwe
☎（043）2042060、09-2503-54659 ヤンゴンオフィス☎09-2503-72727 料AC スタンダードⓈⓉUS$95 スーペリアⓈⓉUS$120
CC MV 室52室

おしゃれでカジュアルなリゾート。客室インテリアは木目調で落ち着いており、清潔感がある。スタッフのサービスもいい。海に面していないぶん、料金もリーズナブル。ビーチへは徒歩1分、専用のビーチハットも用意されている。

H ミメント・リゾート・ンガパリ・ビーチ Memento Resort Ngapali Beach
MAP P.111

住Lin Thar Village, Thandwe
☎（043）42441、09-2508-80852
E ngapalimementoresort@gmail.com
料AC ⓈⓉUS$60～ CC MV（＋4%のチャージ） 室28室

ガーデンビューの部屋もある手頃なリゾート。全室エアコン付きで、さらにホットシャワーとテレビも設置。バスタブ付きはスーペリアの客室のみ。

注：10～5月のシーズン以外は営業しないホテルも多いので要確認。11～12月のハイシーズン、年末年始は値上がりする。

市外局番043 ■MAP折込表-A6

古都ミャウーへの玄関口となる町
シットウェー
Sittway စစ်တွေ

白い帆を張った漁船が行き交うカラダン川が、ベンガル湾に注ぎ込む河口の町シットウェー。バングラデシュと国境を接するヤカイン州の州都で、古都ミャウーへの玄関口。ダニャワディ、ヴァザリ、そしてミャウーと3つの王朝が、2000年にわたってこの地域を治めた。ことにミャウー王朝はアジアと中東、ヨーロッパを結ぶ海洋交易の中継地のひとつとして栄え、ヒンドゥー教と仏教が融合した独自の文化を残している。現在でもヒンドゥー系やムスリムの住民が多い。アルミでできたインド製の水がめを頭に載せ、色鮮やかなタメインを巻いて歩く女性たちの姿は、ヤカイン州独特の風物だ。デルタ地帯で取れる良質のクラゲやカニ、エビなどの海産物は、マレーシアや台湾、中国へと輸出されている。

さまざまな船が行き交うカラダン川

シットウェーへの行き方 ACCESS

シットウェー行き交通の時刻、料金は変更になることも多いので要確認。シットウェーへの陸路での移動は時間がかかりおすすめできない。

◆ヤンゴンから

✈エア・カンボウザが毎日2便、US$100～、所要約55分。サンドウェ経由の便もある。空港に着いたら到着ホールで係員からパスポートのチェックを受けるので用意しておくこと。空港から町へは、タクシーで6000K、トンビン（三輪タクシー）で1500K、所要約15～20分。

🚌ヤンゴンのアウンミンガラー・ハイウエイ・バス・ターミナル（MAP P.39-C1）から所要約22時間、2万3500K。ほかにマンダレーやマグウェからもある。

🚌＋⛴ヤンゴンのアウンミンガラー・ハイウェイ・バス・ターミナル（MAP P.39-C1）から中継地点となるタウンゴッまで行き、そこでシットウェー行きのフェリーに乗り換える。タウンゴッ行きバスは毎日14:30～15:00頃発、所要約14時間、1万500K。道路状況が悪いため、特に雨季は予告なく運休することもあるので注意。タウンゴッからシットウェーまでは、民間会社によるスピードボートも運航されており、タウンゴッ～ミャウーまで所要約10時間。マリカMalikha社がタウンゴッ水・土曜6:00発、シットウェー17:30着（シットウェー月・木曜6:00発、タウンゴッ16:00着）、US$35。シュエピータンShwe Pyi Tan社がタウンゴッ月・火・金曜6:00発、シットウェー18:00着（シットウェー火・木・日曜6:00発、タウンゴッ18:00着）、US$35。所要時間は天候により大きく左右される。

建物にミャンマー風の装飾が施されたシットウェー空港

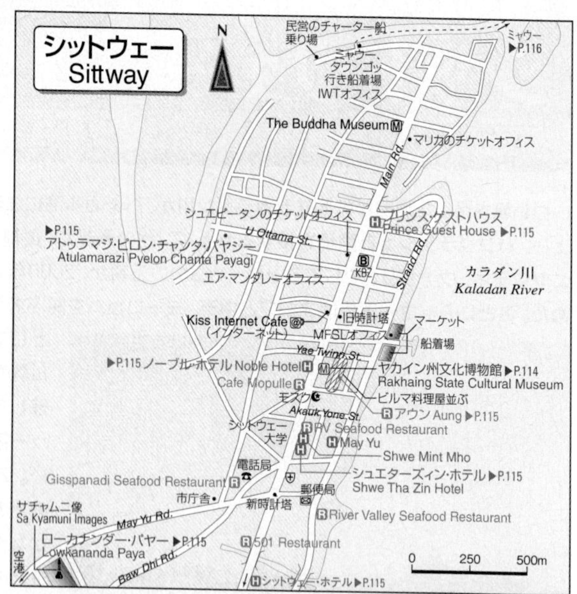

シットウェーの歩き方 Exploring

空港からシットウェーの町までは約1.5km。途中右側に大きなローカナンダー・パヤーが見える。その先、町を南北に貫くメイン通りMain Rd.に出たら500mほど北上し、右側にヤカイン州文化博物館が見えてくると、商店や安食堂の並ぶ比較的にぎやかな一帯になる。さらに150mほど進むと、右に木造の旧時計塔が現れる。下は警察になっている。東に2ブロック行くと、メイン通りと並行するストランド通りに出る。ここから見るカラダン川はまるで海のようだ。通り沿いにこぎれいなレストランが数軒ある。イギリス統治時代の趣を残す船着場の周辺はマーケットになっており、昼間は活気がある。一方メイン通りの西側は静かな住宅街だ。

旧時計塔と町の中心となるメイン通り

こちらは新時計塔

おもな見どころ Sightseeing

地元の文化に関する充実した展示がある

MAP P.114

ヤカイン州文化博物館 ရခိုင်ပြည်နယ်ယဉ်ကျေးမှုပြတိုက်

Rakhaing State Cultural Museum

1階はおもに、5～7世紀に栄えたヴァザリ王朝や15世紀頃のミャウー王朝時代のコインやレリーフといった出土品、古代都市を再現したジオラマなどを通して18世紀までのヤカイン州の歴史を概観できるようになっている。2階は楽器や民具、婚礼衣装、織機、伝統的な家屋の模型などの民俗的資料を中心に展示。仏教美術のコーナーとして、出土品だけでなくミャウーにある仏教遺跡の模型も展示されている。3階は図書館。

ヤカイン州の文化や歴史に関する展示がある

ヤカイン州文化博物館
住 Main Rd., Maw Leik Qtr.
☎ (043) 23465
開 火～日 9:30～16:30
休 月・祝
料 5000K

100年以上前の大仏 MAP P.114

アトゥラマジ・ピロン・チャンタ・パヤジー အတုမရှိပြည်လုံးချမ်းသာဘုရားကြီး

Atulamarazi Pyelon Chanta Payagi

通称パヤジー。僧院風の質素な外観だが、建物の柱は金と緑で装飾されている。金色に輝く大仏は金・銀・ブロンズからできたもので、1900年頃に鋳造されたという。

アトゥラマジ・ピロン・チャンタ・パヤジー
行き方 メイン通りからウー・オッタマ通りを西へ徒歩約15分。サイカーで1000K。

古い仏像が新しい建物に収められた MAP P.114

ローカナンダー・パヤーとサチャムニ像 လောကနန္ဒာဘုရားနှင့်စကြာမုနိဘုရား

Lowkananda Paya & Sa Kyamuni Images

1995年に建立された比較的新しい仏塔。この仏塔の裏側に遮光ガラスで覆われた廟があり、紀元前11年の作といわれるサチャムニ（釈迦牟尼）像が収められている。この小さな像の表面には、さらに小さな仏像が1162体張りつけられている。

ローカナンダー・パヤーとサチャムニ像
行き方 旧時計塔周辺からサイカーで約15分、1000K。
　1162という仏像の数の由来は、全体でひとつという意味なのだそうだ。各桁の数字を順に足していくと10、さらに1と0を足して1になるからだという。

シットウェーのホテル
HOTEL

外国人向けのホテルやゲストハウスは少ない。シーズンでなくとも予約を入れたほうが安心。

H ノーブル・ホテル
Noble Hotel MAP P.114

住 45, Main Rd., Maw Leik Qtr. ☎ (043) 24050、09-4502-02864 FAX (043) 23559
URL www.noblehotelsittway.com
E anwnoble@gmail.com
料 AC Ⓢ US$35 Ⓣ US$45 CC なし 室 20室

ビジネスホテル風の室内は清潔で快適。スタッフの対応もいい。電気は24時間利用できる。Wi-Fi無料だが、客室は接続が悪い。

H シュエターズィン・ホテル
Shwe Tha Zin Hotel MAP P.114

住 250, Main Rd., Kyaebingyi Qtr.
☎ (043) 23579、09-4966-0399
☎FAX (043) 23947
E sittwe@shwethazinhotel.com
料 AC スーペリアⓈUS$35 ⓉUS$45 デラックスⓈUS$50 ⓉUS$60 CC V 室 30室

デラックスの客室のみバスタブ付き。眺望抜群の屋上で朝食を取れる。電気は24時間利用可。やや老朽化している。

H シットウェー・ホテル
Sittway Hotel MAP P.114外

住 7, Beach, West Sanpya
☎ 09-4505-66516、09-2639-27808、09-4444-02119 FAX (043) 21328
URL www.royalsittweresort.com
E royalsittweresort2011@gmeil.com
料 AC スタンダードⓈUS$80～90 ⓉUS$85～90 ジュニアスイートⓈⓉUS$100～120
CC なし 室 40室

町外れのビーチフロントにある政府系ホテル。やや古いが外観は立派で、客室設備も整っている。

H プリンス・ゲストハウス
Prince Guest House MAP P.114

住 27, Main Rd., Maw Leik Qtr.
☎ 09-4513-82274、09-2509-7351
FAX (043) 50174 E myaukprince@gmail.com
料 FAN ⓈⓉUS$15～ AC ⓈⓉUS$25～
CC なし 室 19室

木造の建物は古く、部屋の大きさもばらばらで、小さい部屋はベッドがあるだけ。ミャンマー風の朝食付き。シャワーはお湯が出る。

シットウェーのレストラン
RESTAURANT

博物館の裏側にビルマ料理店が並ぶ路地がある。英語メニューがあり外国人にも比較的入りやすいのはアウンAung（MAP P.114）。

アラカン王国の仏塔が残る美しい古都

ミャウー

Mraukｰ-U မြောက်ဦး

ヤカイン州の古都ミャウー。1433年、ミンザウモン王がこの地を都に定め、1785年にビルマ王朝に併合されるまでの約350年間、アラカン王国として西部ビルマからベンガル湾一帯に君臨した。16世紀のミンブン王の時代に最盛期を迎え、遠くはオランダやポルトガル、中東諸国とアジアを結ぶ交易地として栄華を極めた。当時のポルトガルの文献に「黄金都市」と記されたミャウーでは、ルビーやサファイヤといった大量の宝石が取引されていたという。キリスト教禁止令から逃げ延びた日本人の武士が、王の護衛として雇われていたことも伝えられている。

緑に覆われた美しい町並み

ミャウーへの行き方 ACCESS

◆シットウェーから

シットウェーの船着場からスローボートが所要約4時間30分、US$10～12。シットウェー火・木・土曜の7:00発（ミャウーからは月・金・日曜発）。スピードボートは所要約3時間、US$20、毎日7:00発。雨季は運休することが多く、その場合は民営ボートがチャーターできる（→P.118欄外）。料金は往復でUS$100～120とかなり高く、ミャウーで2泊可能。交渉次第では貨物や人を毎日輸送しているボートに乗せてもらえることもあり、US$20～30くらいが相場。シットウェー市街から船着場まではサイカー（3000K）やトンビン（三輪タクシー、5000K）で移動できる。

◆その他の都市から

外国人は特定の都市との間のみVIPバスが利用できる。ヤンゴンのアウンミンガラー・ハイウエイ・バス・ターミナル（MAP P.39-C1）から所要約20時間、2万3500～3万K。マンダレーから所要約18時間、2万5300～3万K。マグウェから所要約11時間、2万5000～3万K（バガンへアクセスする場合はマグウェからが比較的近い。マグウェ～バガン間は所要約4～5時間、3000～5000K）。ミャウーのバスターミナルは市街から3kmほど離れているが、ミャウーから乗る場合はチケット売り場からのピックアップサービスがある。一部会社のバスはチケット売り場からの乗車も可能。

ミャウーの歩き方 Exploring

おもな見どころは王宮跡の北側に集まっており、道も整備されているのでレンタサイクルなどで半日もあれば見て回れる。船着場と王宮を結ぶ道沿いにあるマーケットとその周辺がいちばんの繁華街で、食堂や商店が並ぶ。南部には敵の侵入を阻むために築かれた人造湖があり、人々の憩いの場となっている。

おもな見どころ Sightseeing

ヤカイン州の豊かな歴史を伝える　MAP P.117-B2

王宮跡と考古学博物館 နန်းတော်ရာနှင့်ရှေးဟောင်းသုတေသနပြတိုက်

Palace Excabate Site & Archeological Museum

15世紀に建てられたミンブン王の王宮は、黄金や宝石で飾られた木造の豪華な建物だったというが、雑草に覆われた城壁が残る

ミャウー入域料
料5000K
シッタウン寺院の境内か船着場で徴収される。

考古学博物館
開 火～日9:00～16:30
休 月
料5000K
王宮跡の敷地内にある。ここでミャウー入域料を徴収されることもある。

のみ。考古学博物館にはブロンズの小さなストゥーパや仏像のほか、シヴァ神像や石の星座盤、アラビア文字で書かれた碑文、ポルトガル人の墓石など、多くの出土品が展示され、この地で豊かな文化が花開いた歴史を伝えている。

ミャウーの博物館

回廊内の仏像が不思議な迫力 MAP P.117-B1

シッタウン寺院

သျှစ်သောင်းဘုရား

Sittaung Temple

ベルの形をした大仏塔を小さな33基の仏塔が囲むこの寺院は、1535年にミンブン王によって建立された。その名は八万仏寺を意味し、8万体の仏像と、それと同じ数の遺物が奉納されているという。船で運んできたという大きな石で造られた境内は5つの回廊からなり、外側から順に、座仏のレリーフ、ヤカイン州独特の風俗を描いた典雅なレリーフ、仏陀の前世を描いたレリーフなどを観ることができる。仏塔の高さは約26m。

シッタウン寺院
行き方 王宮跡から徒歩約15分、自転車で約5分。ここでミャウー入域料を徴収されることもある。

参道横にはミャンマーで最も古い碑文ともいわれる石柱がある

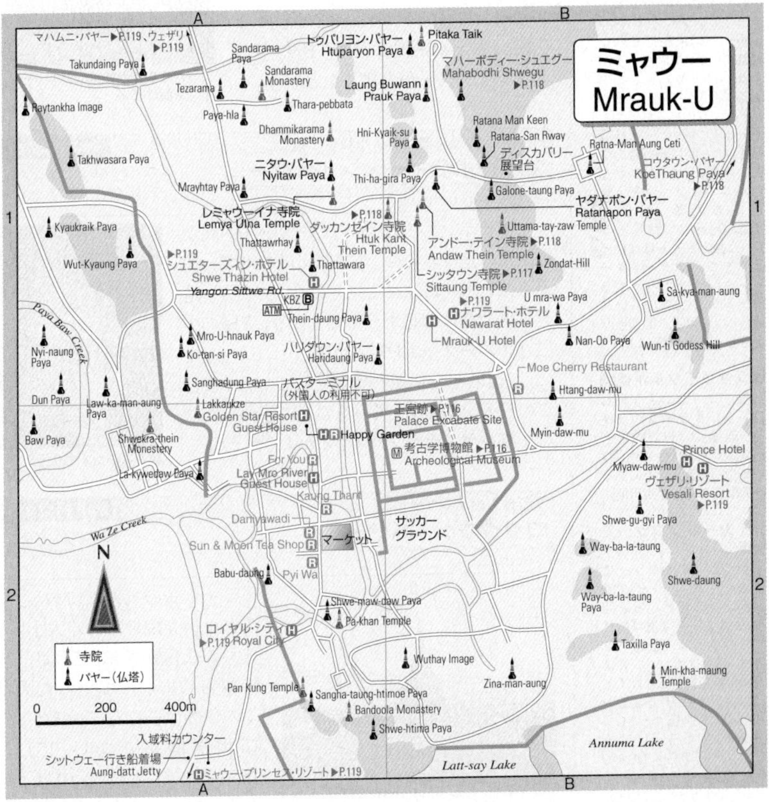

ミャウー
Mrauk-U

A B 1 2

マハムニ・パヤー ▶P.119、ウェザリ ▶P.119
Takundaing Paya
Sandarama Paya
Sandarama Monastery
Tezarama
トゥパリヨン・パヤー Htuparyon Paya
Pitaka Taik
マハーボディー・シュエグー Mahabodhi Shwegu ▶P.118
Laung Buwann Prauk Paya
Thara-pebbata
Raytankha Image
Paya-hla
Dhammikarama Monastery
Hni-Kyaik-su Paya
Ratana Man Keen
Ratana-San Rway
ディスカバリー展望台
Ratna-Man Aung Ceti
コウタウン・パヤー KoeThaung Paya ▶P.118
Takhwasara Paya
ニタウ・パヤー Nyitaw Paya
Thi-ha-gira Paya
Mrayhtay Paya
Galone-taung Paya
ヤダナポン・パヤー Ratanapon Paya
レミャウーイナ寺院 Lemya Ulna Temple
▶P.118
ダッカンゼイン寺院 Htuk Kant Thein Temple
Uttama-tay-zaw Temple
Kyaukraik Paya
Thattawrhay
アンドー・テイン寺院 ▶P.118 Andaw Thein Temple
Wut-Kyaung Paya
▶P.119 シュエターズィン・ホテル Shwe Thazin Hotel
Thattawara
Zondat-Hill
シッタウン寺院 ▶P.117 Sittaung Temple
Yangon Sittwe Rd.
KBZ
ATM
▶P.119 ナワラート・ホテル Nawarat Hotel
U mra-wa Paya
Sa-kya-man-aung
Paya Baw Creek
Thein-daung Paya
Mrauk-U Hotel
Nan-Oo Paya
Wun-ti Godess Hill
Mro-U-hnauk Paya
Nyi-naung Paya
Ko-tan-si Paya
ハリダウン・パヤー Haridaung Paya
Moe Cherry Restaurant
Sanghadung Paya
バスターミナル（外国人の利用不可）
Htang-daw-mu
Dun Paya
Law-ka-man-aung Paya
Lakkaukze
Golden Star Resort Guest House
王宮跡 ▶P.116 Palace Excabate Site
Baw Paya
Shwekra-thein Monestery
Happy Garden
Myin-daw-mu
考古学博物館 ▶P.116 Archeological Museum
Prince Hotel
For You
Myaw-daw-mu
La-kywedaw Paya
Lay Mro River Guest House
ヴェザリ・リゾート Vesali Resort ▶P.119
Kaung Thant
Shwe-gu-gyi Paya
Danyawadi
Wa Ze Creek
サッカーグラウンド
Sun & Moon Tea Shop
マーケット
Way-ba-la-taung
N
Babu-daung
Pyi Wa
Shwe-daung
Way-ba-la-taung Paya
Shwe-maw-daw Paya
Pa-khan Temple
ロイヤル・シティ ▶P.119 Royal City
Taxilla Paya
寺院
パヤー（仏塔）
Wuthay Image
Zina-man-aung
Min-kha-maung Temple
Pan Kung Temple
Sangha-taung-htimoe Paya
0 200 400m
Bandoola Monastery
Shwe-htima Paya
入域料カウンター
Annuma Lake
シットウェー行き船着場 Aung-datt Jetty
ミャウー・プリンセス・リゾート ▶P.119
Latt-say Lake

ダッカンゼイン寺院
行き方 シッタウン寺院から徒歩すぐ。

アンドー・テイン寺院
行き方 シッタウン寺院から徒歩すぐ。

マハーボディー・シュエグー
行き方 シッタウン寺院から徒歩約5分。

コウタウン・パヤー
行き方 王宮跡から自転車で約15分。

多数の仏像が並ぶ

Information

シットウェーからミャウーへのボート手配について

シットウェーからミャウーへのアクセスは、スローボートに乗船できれば問題ないが、民間ボートやチャーターボートを利用する場 合は少々やっかい。というのも、ホテルとボートのオーナーが結託していて、特に旅行者の少ない雨季には双方がかなりのコミッションを上乗せするため、料金がUS$100近くに跳ね上がる。公共のボートはないとうそをついてボートをチャーターさせようとするホテルスタッフが多いので、スローボートの運航状況をしっかり確認しよう。

レンタサイクルが便利

ミャウーは小さな町なのでレンタサイクルが便利。料金は1日2000Kが相場。ゲストハウスやHロイヤル・シティ近くにある自転車店でレンタル可能。

サイカーやタクシーで観光

サイカーやタクシーでの観光も便利。1日で10ヵ所ほどの見どころを回る。タクシーの手配は前日までにホテルへ依頼すること。料金はガソリンの値段により変動する。ガイド料は別で半日US$20～25、1日US$45。

料 タクシー1日 US$25
半日 US$15
サイカー1日
1万～1万5000K

まるで秘密基地のような建物

MAP P.117-B1

ダッカンゼイン寺院
ထုက္ကန့်သိမ်ဘုရားကျောင်း
Htuk Kant Thein Temple

シッタウン寺院の向かいにある城塞のような建造物が、ミンパラウン王の命により1571年に建立されたダッカンゼイン寺院だ。内部を巡る回廊には146体の仏像がある。

独特な形状が美しいダッカンゼイン寺院

仏歯が収められていると伝えられる

MAP P.117-B1

アンドー・テイン寺院
အံ့တော်သိမ်ဘုရား
Andaw Thein Temple

重厚な積みれんがの仏塔と、その周りを等間隔に8つの仏塔が取り囲む、比較的小さな建物がアンドー・テイン寺院だ。中心の仏塔内部には八角形の回廊が巡らされ、壁面にはさまざまな表情の仏像が並ぶ。1521年にミンフララザ王によって建立された後、ミンブン王がスリランカから持ち帰ったとされる仏陀の歯を奉納するため、1598年にミンラザヂー王が再建したという。

柔らかな曲線が優美なアンドー・テイン寺院の仏塔

小高い丘の上に隠れるようにして建つ

MAP P.117-B1

マハーボディー・シュエグー
မဟာဗောဓိရွှေဂူ
Mahabodhi Shwegu

ヤダナポン・パヤーからピタカタイへ向かう路地の途中の丘の上にある小さな寺院。麓からだと木々に隠れて見えにくいのだが、地元の人に聞けば必ず教えてくれる。寺院の中にはユニークな仏教絵画が描かれており、中には2mほどの仏像が安置されている。またこの丘の上からは、隣の丘の上に建つふたつの仏塔やヤダナポン・パヤーがよく見える。

静かにたたずむ仏像

9万体もの仏像が並ぶ

MAP P.117-B1外

コウタウン・パヤー
အံ့တော်သိမ်ဘုရား
Koe Thaung Paya

膨大な数の小仏塔に囲まれている

ミャウーの東外れにある。シッタウン寺院をしのぐ大小9万体もの仏像が並ぶ回廊は圧巻。野ざらしになっているため多くの仏像は苔むしているが、保存状態は悪くない。1553～1556年にミンブン王の息子ディカ王によって建立された。

郊外の見どころ Excursion

建物全体に細かな装飾が施された
MAP P.117-A1外

マハムニ・パヤーとウェザリ
မဟာမုနိဘုရားနှင့်ဝေသာလီ
Mahamuni Paya & Wethali

こちらが本尊

ミャウーの北30kmほどの所にあるマハムニ・パヤーは、紀元前554年にブッダが訪れたという言い伝えが残る由緒ある寺院。マンダレーのマハムニ・パヤー(→P.167)にある仏像はもともとここにあったとされ、1784年にボードーパヤー王がこの地に攻め込んだときに持ち帰ったという。現在は兄弟のマハムニ仏が本尊とされている。ちなみに本尊は真ん中の大きな仏像ではなく、隣にある小さな仏像。敷地内には博物館もある。

ウェザリはミャウーの北8km、ラカイン王朝の遺跡が残る村。村のあちこちに城壁跡やヒンドゥー教の神像などが点在している。中心にある寺院は327年に創建されたと伝えられる由緒ある寺院で、インドから大きな石仏を運んできたという伝説が残っている。

マハムニ・パヤーとウェザリ
行き方 ミャウーからタクシーやトンビンまたはバイクタクシーのチャーターが便利。マハムニ・パヤーとウェザリを両方回ってUS$30程度。

Information
チン族の村訪問ツアー
ミャウーのヴェザリ・リゾートやプリンス・ホテルでは、チン族の村を訪問するツアーを催行している。車とボートを使っての1日ツアー。車とボート代でUS$35(参加人数で頭割り)、別途ガイド料US$15がかかる。

ミャウーのホテル
HOTEL

H シュエターズィン・ホテル
Shwe Thazin Hotel　MAP P.117-A1

住 Yangon Sittwe Rd.
☎ 09-2659-23233
URL www.shwethazinhotel.com
料 AC スーペリアⓈUS$40　ⓉUS$50　デラックスⓉUS$65　CC MV　室48室

ミャウー市街を流れる川のほとりにあるシャレースタイルのホテル。エアコン、冷蔵庫、バスタブもあり清潔。スーペリアでも十分広い。レストランがあり、電気も24時間使える。

H ナワラート・ホテル
Nawarat Hotel　MAP P.117-B1

住 Nyaung Pin Seik Qtr.　☎ (043) 50203　ヤンゴンオフィス☎ (01) 298943、09-2500-83366　料 AC スタンダードⓈUS$38　ⓉUS$48　スーペリアⓈUS$46　ⓉUS$60
CC MV　室30室

清潔度、設備ともに良好なホテル。スタンダードは18:00〜24:00、スーペリアは24時間電気使用可。

H ヴェザリ・リゾート
Vesali Resort　MAP P.117-B2

住 Mrauk-U　☎ (043) 50008　ヤンゴンオフィス☎ 09-7999-92874　FAX (01) 526325
E vesaliresort@gmail.com
料 FAN ⓈⓉUS$45　トリプルUS$60
AC ⓈⓉUS$55　トリプルUS$70
CC なし　室21室

ビルマの木造家屋風コテージ。全室ホットシャワー。

H ロイヤル・シティ
Royal City　MAP P.117-A2

住 Minbar Gyi Rd., Aung Dat Qtr.
☎ (043) 50257、09-4540-27272
URL www.rivervalleymraukoo.com　料 ゲストハウスⓈUS$10　ⓉUS$30　バンガロー AC ⓈⓉUS$40〜　CC なし　室17室

デラックスなバンガローはホットシャワー。

H ミャウー・プリンセス・リゾート
Mrauk U Princess Resort　MAP P.117-A2外

住 Aung Tat Yat
☎ 09-8500-556〜7、09-2520-83225〜7
URL www.mraukuprincess.com
料 AC ⓈⓉUS$250　CC MV　室23室

高級スパリゾート。川沿いののどかな風景を望むビレッジハウスは設備も整っている。

BAGAN

バガンとその周辺

バガン…………………… 124
メイッティーラ ……… 153

ゴドーパリィン寺院（バガン→P.135）

バガンとその周辺のオリエンテーション

ミャンマー最大の見どころで、世界的にも貴重な仏教建築群のあるバガンは、1044年にビルマ族による史上最初の統一王朝が開かれた土地。エーヤワディー川の岸に広がる乾いた平原に数千ともいわれる仏教建築物が点在し、幻想的な光景が見られる。

バガンから南東へ約50km行くと、なだらかな丘が連なる向こうに忽然と現れる山塊がポッパ山。特異な景観の織りなす神秘的な雰囲気から、ミャンマーの土着信仰であるナッ神（→P.144）が祀られた聖地とされており、ミャンマー人に人気の巡礼地となっている。本書でこのエリアに含めているメイッティーラは、第2次世界大戦の激戦地。大戦末期に日本軍と連合軍の戦闘が行われ、すでに敗色濃厚な日本軍がイギリス軍の機甲部隊に撃破されて多数の死傷者を出した場所だ。現在ではミャンマーの東西南北を結ぶ道路交通の要衝となっており、ヤンゴンとマンダレーを結ぶバスはたいていこの町を通る。

幻想的なたそがれ時のバガン（→P.124）

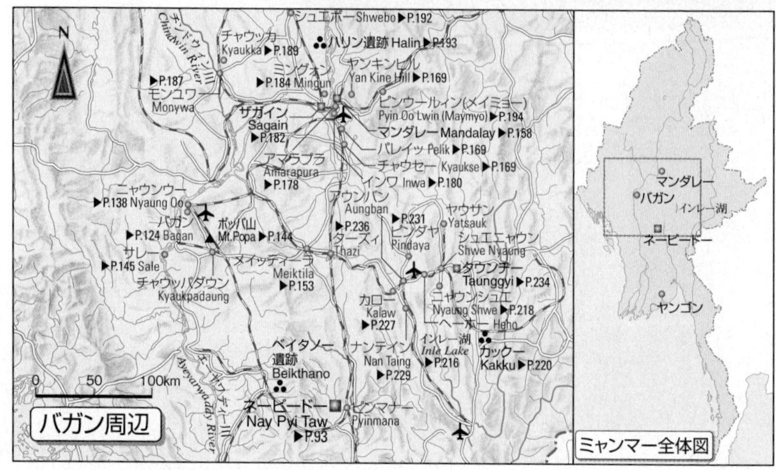

見どころ Tourist attraction

このエリアの見どころは、バガンの平原に連なる仏教建築群に尽きる。1日で全貌をつかむのは不可能なので、できれば数日滞在してじっくり見て回りたい。朝日に輝く仏塔、夕日に浮かぶ寺院のシルエットなど、季節や時間帯によってさまざまな美しさが見られる。ポッパ山周辺は豊かな自然が残されており、ポッパ・マウンテン・リゾートに滞在してトレッキングやバードウオッチングなどのアウトドアスポーツを楽しむこともできる。

行事のために飾りたてられた牛車

イベント、祭り Event, Festival

●**アーナンダ祭**

1月の満月の日　1月の満月の日までの6日間行われるバガン最大のお祭り。伝統舞踊や露店も多くにぎわう。メインのお祭りは、2020年は1月1～17日、2021年は1月19日～2月4日。ほかにも満月の日前後にお祭りが開催される。マヌーハ祭(2020年は9月30日～10月1日、2021年は9月19～20日)、ローカナンダ祭(2020年は8月25～26日、2021年は8月14～15日)、シュエズィーゴォン祭(2020年は11月15日～12月14日)など。

●**ポッパ山の祭礼**

4月　ポッパ山に祀られているナッ神信仰のお祭りで、全国から信者や霊媒が集まる。2020年は4月6日、2021年は4月25日の予定。

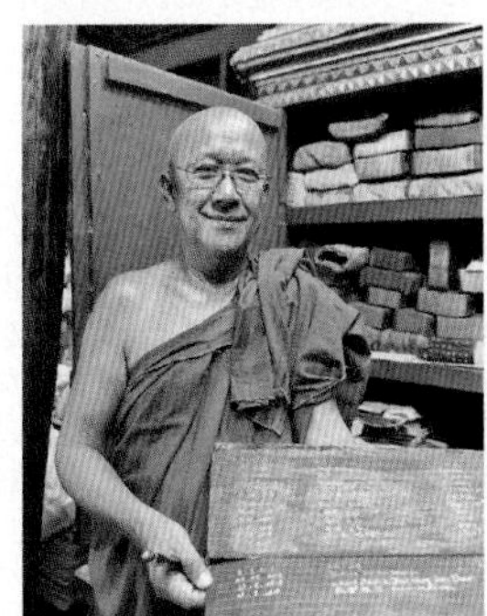
貴重な教典を見せてくれるサレー(→P.145)の僧侶

シーズン Season

バガン周辺は、ミャンマーで最も降水量の少ない地域。年間降水量は750mm以下で、ヤンゴンの雨季2ヵ月分の降水量にも及ばない。そのため、年間を通じて雨に悩まされることが少ないが、その代わりに暑季、特に3～4月頃の暑さは厳しい。もちろん季節による気候の変化はあり、雨季には緑が茂り赤茶けた仏塔と美しい対比を見せる。

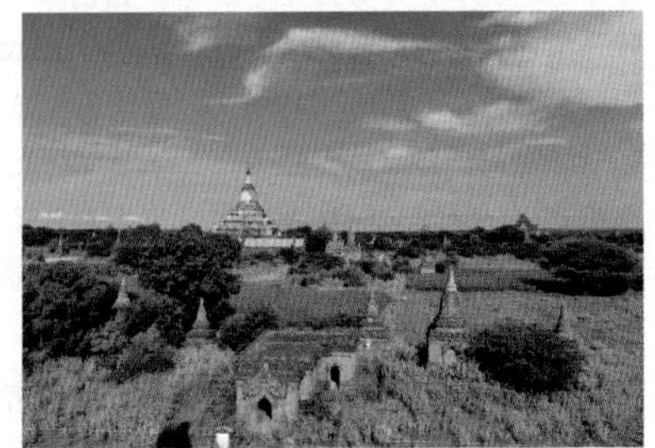
雨季にはバガンの大地も緑に覆われる

旅のヒント Hint

●**交　通**

バガンの仏教建築を巡るなら、馬車をチャーターすると便利。酷暑の時期以外なら、電動自転車(Eバイク)やレンタサイクルも楽しい。ただし、飲料水の携帯を忘れずに。バガンからポッパ山、メイッティーラ、インレー湖方面への公共交通の利用は不便。便数が少なく、出発も早朝のことが多い。事前にしっかり確認を。3～4人で旅行するなら、料金はかかるがタクシーをチャーターすると便利で楽。

●**宿の利用**

バガンはミャンマー随一のツーリストスポットなので、宿の数は多い。設備の整った高級ホテルから手頃な料金で利用できるゲストハウスまで、よりどりみどり。中級～高級ホテルは仏教建築の集まるオールドバガンに、ゲストハウスはニャウンウーの町に集まっている。オールドバガンから南へ下ったニューバガンにも中級～高級ホテルが数軒あるが、仏教建築見学には少々不便。ポッパ山の近くには、ミャンマーには珍しい山岳リゾートホテルのポッパ・マウンテン・リゾートがある。周辺の豊かな自然を活用したトレッキングツアーなど、さまざまなアクティビティを楽しめる。

ポッパ山(→P.144)のナッ神像

林立する仏塔は旅人憧れの眺め

バガン

Bagan

エーヤワディー（イラワジ）川中流域、その東岸の平野部一帯約40km² のエリアに、大小さまざまな仏塔や寺院が林立するバガン。ここはミャンマー屈指の仏教の聖地。現在残るほとんどの建造物は、11世紀から13世紀、パガン王国の興隆からフビライ・ハーンの侵攻を受けるまでの250年余りの間に建設されたものだ。「バガン」とは広くこの地域を指し、一部は考古学保護区に指定されている。この保護区が城壁に囲まれたオールドバガンで、狭義にいう「バガン」はこの区域を指す。

点在する仏塔や寺院は、あるものは大きく、あるものは小さく、鮮やかな白い色をしたものもあれば、赤茶けた地肌をさらしているものもある。遠く広がる真っ青な空に、雲がいくつも流れていく。大地には歩いても歩いても人影ひとつなく、ヤシと仏塔の影だけが続く。しかし無人の広野と思われた大地も、よく見ると耕されて作物が植えられ、イバラにしか見えなかった茂みが近寄ると畑の柵だったりする。歴史のある仏教建築群と人間の営みが、ここでは何の違和感もなく調和して存在している。

上／人々の信仰を集めるアーナンダ寺院の仏像　下／保護のため全仏塔で上ることが禁止になっている

バガンへの行き方 ACCESS

交通のターミナルはニャウンウー

バガン周辺の交通の起点は、仏塔群のあるエリアから少し離れた所にあるニャウンウー村（Nyaung OoまたはNyaung U。MAP P.127-B1～C1）。バガン行きのバスには、行き先が「ニャウンウー」と表示されることもある。空港とバスターミナルは、ニャウンウー村からさらに南東へ8kmほど離れた所にある。

バガン空港から市内へ

バガン・ニャウンウー空港（MAP P.127-C2）からはタクシーでニャウンウー村まで所要約10分、5000K。オールドバガンまでは所要約20分、6000K。ニューバガンまでは所要約20分、7000K。

長距離バスターミナルから市内へ

内陸部に移転した新しい長距離バスターミナル（MAP P.127-C3外）からはタクシーでニャウンウーまで所要約10分、4000～5000K、オールドバガンまで所要約20分、5000～6000K、ニューバガンまで所要約20分、6000～7000K。バガンから出発する場合は、たいていのバス会社がピックアップサービスを行っており、ホテルまで迎えに来てくれる。切符購入時に確認しよう。

■ヤンゴンから

✈ エア・バガン、エア・マンダレー、アジアン・ウイングス、エア・カンボウザ、ヤンゴン航空などが運航しており、各社1日1便程度、所要55分～1時間20分。料金はUS$120程度。時刻や便数は季節、曜日によって異なり、変更も頻繁にあるので、事前に確認すること（ヘーホーとマンダレーを経由する、時間のかかる便もあるので注意）。

🚆 直通の特急列車が運行している。ヤンゴン発21:00の1日1本。所要約12時間。料金は特

注：バガン空港には無料Wi-Fiあり。

別寝台（4人用コンパートメント）2万2500K、アッパークラス1万8000K、オーディナリークラス4500K。3日前から発売。縦揺れと横揺れが激しく、数時間遅れることも多いので、あまりおすすめしない。

🚌アウンミンガラー・ハイウエイ・バス・ターミナル（MAP P.39-C1）から数社がエアコン付き夜行バスを運行している。料金は同じだが会社により車種、サービスにかなり差がある。ヤンゴン発は20:00で、バガン（ニャウンウー）着は翌4:00～5:00頃、1万5000～2万5000K。バガンからの昼行便は8:00発で19:00頃ヤンゴン着、夜行便は18:00、18:30、19:00発でヤンゴン着は翌4:00～5:00頃。3列シートのVIPバス「JJ Express」（US$19）は乗り心地抜群。人気が高いので早めの予約が必要。

新しくなったバガンの長距離バスターミナル

■マンダレーから

✈各社合わせて、1日6～7便が午前中を中心に運航。所要30分。US$70～76程度。

🚆急行列車が1日1本。8:30発、バガン着は14:00、1450～2900K。

🚌市街の南にある長距離バスターミナルから所要約5～6時間。9000～2万9000K。数社運行しており6:30～20:30発で1日7便ある。便利なのが、OK社のミニバスを使ったサービス。1日5便と本数も多いうえ、バガンのホテルからマンダレーのホテルへドア・トゥ・ドアで運んでくれる（バガンではピックアップサービス利用の場合あり）。所要約5時間、9000K。

⛴マンダレーとバガンの間にエーヤワディー川を航行するフェリーが運航されているので、時間に余裕があればぜひ利用してみたい。RVシュエケイナリー RV Shwekeinnery、アライアンス・ミャンマー Alliance Myanmar、パイオニアPioneerの3社が運航している。10～3月はほぼ毎日運航しており所要約10～11時間。それ以外の期間は予約状況や水位等の状況により運休する場合もある。マンダレーを7:00頃出発し、バガンには17:00頃到着。サービス内容は会社によって異なるが、たいていは船内での食事や水が付いている。料金はUS$32～42。チケットはホテルや旅行会社で購入できる。

RVシュエケイナリー
URL www.rvshwekeinnery.com

アライアンス・ミャンマー
URL www.alliancemyanmarrivercruise.com

パイオニア
URL www.mgrgexpress.com

マンダレーのパイオニアフェリー乗り場

■インレー湖から

🚌シュエニャウン・ジャンクションまたはニャウンシュエのマーケットから7:30と19:00発の1日2本、所要約7～8時間。1万5000K。

■モンユワから

🚌2012年1月にパコックとニャウンウーを結ぶ橋が開通したため、バスでの移動が可能になった。所要約4時間、4000K。

■ネーピードーから

🚆ネーピードー5:00発、バガン15:10着の所要約10時間。アッパークラス2700K。距離のわりに時間がかかり、おすすめできない。

🚌ニャウンウー・マンNyaung U Mann社のエアコンバスが7:00、10:00、19:00発の1日3本ある。所要約8時間、1万2000K。

■ピイから

🚌トゥン・エーヤー Tun Ayar社のバスが8:00、9:00、9:30、12:30、17:30の1日5本。料金は1万3000～1万4000K。所要約8時間。バガンからは外国人向けにシェアタクシーが出ている場合もあるので、宿などで尋ねてみよう。ピイまでUS$30、ンガパリまでUS$35。

バガン観光に便利なレンタルEバイク（電動自転車）

Information

バガン入域料

飛行機利用の場合は空港で、バスなら途中のチェックポイントで、船の場合は船着場で払う。チケットのQRコードをスマートフォンで撮影し、各仏塔や寺院などでチェックされる際にその画像を提示すれば、スタッフが専用リーダーで読み取ってくれる。

入域料のチケット

料2万5000K（5日間有効）

ⓘMTT

ニューバガン・オフィス

MAP P.127-A4

☎（061）65040

開9:30～16:30 休なし

オールドバガン・オフィス

MAP P.128

☎（061）2461251

開9:30～16:30

休なし

タクシーチャーターの料金表をくれるので、長距離利用を考えている場合はまずここで料金を確認しよう。手配も依頼できる。ニューバガンのオフィスは、ガイドの手配（英語1日US$35、日本語1日US$50）や航空券の手配も可能。地図を無料でくれるが、品切れのことも多い。

郵便局

MAP P.137-B2

住Anawrahta Rd.

営月～金9:30～16:00、土・日～12:00

休なし

レンタサイクル&Eバイク

料普通の自転車は1日3000K、マウンテンバイクは5000K程度が相場。便利なのがEバイクと呼ばれる電動自転車。一応自転車扱いなので免許証がなくても乗れるが、実際は時速20～30キロしかスピードの出ないスクーターと思ったほうがいい。1日6000～8000K。夕方近くになるとバッテリーが切れる場合があるので注意。レンタルした店に電話すると対応してくれる。

バガンでは日光を遮るものが少なく、晴れた日はきつい。必ず帽子をかぶり、こまめな水分の補給と適度な休憩を心がけること。夜は暗くて危険なので、乗らないほうがいい。

バガンの歩き方 Exploring

バガン地区の入口となるニャウンウー

各地からの長距離バスは町の南東にある長距離バスターミナルに到着する。町を貫く通り沿いに安宿や食堂、商店が軒を連ね、特にマーケットの周辺はにぎやか。

ニャウンウーのマーケット

城壁に囲まれた考古学保護区オールドバガン

ニャウンウーの南西約5kmにあるオールドバガン。基本的に居住区域ではないため、中級～高級ホテルが数軒とみやげ物屋があるのみで、商店やマーケットはない。昔はゲストハウスやレストランが並び、外国人旅行者でにぎわっていたが、考古学保護区に指定されたことにより住民は強制的に追い出され、建物も軒並み取り壊しになった。彼らの転居先が南のニューバガンで、ホテルや食堂はあるが料金はニャウンウーに比べると高め。

観光客向けに新設された展望スポット

寺院や仏塔は広い範囲に散らばっている

ニャウンウー、オールドバガン、ニューバガンの3つの町は舗装道路で連絡されており、歩くには遠いが、自転車や電動自転車（Eバイク）、馬車を利用すればスムーズに移動できる。主要な見どころだけなら1～2日で見て回れるが、内陸の広々とした平原部にも村や仏塔が点在しているので、時間が許すかぎり滞在し、のんびりと散策してみたい。バガン一帯は年間を通して雨の少ない内陸性気候で、雨季でも雨が降ることは少ない。そのぶん日差しは強烈で、暑さはすさまじい。特に午後になると仏塔や寺院境内は裸足の足の裏を焼き、歩くのもままならない。遺跡巡りをするなら早朝から行動しよう。

林立する仏塔の幻想的な眺め

馬車をチャーターしよう

ハイライトだけ回るなら、かなりの強行軍になるが丸1日あれば可能。ただし徒歩での見学は難しいので、移動手段の確保が必要。レンタサイクルやEバイクでも楽しいが、仏塔巡りに風情

馬車での仏塔見物が外国人旅行者に人気

を添えてくれる馬車を1日チャーターして、のんびり楽しむのがバガンらしい。外国人向けの宿でアレンジしてくれるし、通りで客待ちしている馬車と交渉してもいい（→欄外）。

バガンでの腹ごしらえ

オールドバガンの食堂は、メイン通りMain Rd.からエーヤワディー川沿いのブー・パヤーへ向かう分岐点周辺とブー・パヤーそばに数軒ある。タラバー門外には、メイン通り沿いに中国料理やビルマ料理のレストラン、アーナンダ寺院の北側にベジタリアン料理やビルマ料理のレストラン、ビストロなどが数軒集まっている。ほかはホテルのレストランを利用するか、食料を持参しよう。飲み物はみやげ物屋や通り沿いの露店で売っているが、最低でも飲料水のボトル1本程度は常時持ち歩くようにしよう。

Information

世界遺産

2019年に「バガンの考古地域と記念建造物群」が登録勧告され、7月に「バガン」の名称でミャンマーで2番目の世界遺産に登録された。

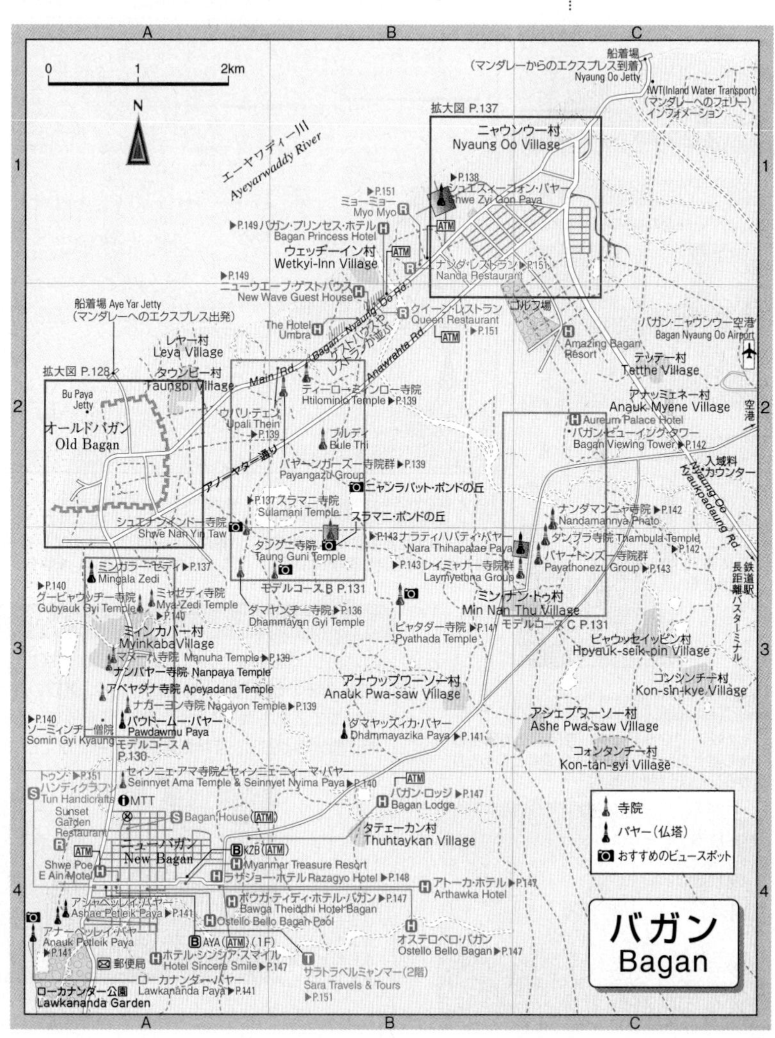

ココは絶対おさえたい！

オールドバガン ハイライトMAP

おすすめ度	
★★★	絶対見たい！
★★	定番スポット
★	時間があれば

単にバガンと呼ぶ場合は一般にオールドバガンのことを指す。パガン朝建築のハイライトはほとんどが城壁の周辺に集まっているので、ダッシュで回れば半日で、ゆっくり見ても1日あれば回れる。

①ブー・パヤー ★★

パガン朝以前からある仏塔。ここで眺める夕日も美しい。

P.136

②漆器博物館 ★★

ミャンマー各地の漆器の名品が集まる。

P.133

③マハーボディー・パヤー ★★

インド風の寺院。塔の表面に施された仏龕に圧倒される。

P.135

④ゴドーパリィン寺院 ★★

バガンで2番目に高い寺院。その風格は少し離れたシュエグーヂー寺院などのあたりから見たほうがわかる。

P.135

オールドバガン
Old Bagan

寺院
パヤー（仏塔）
おすすめビュースポット

エーヤー・リバー・ビュー・ホテル Aye Yar River View Hotel ▶P.146
スタービーム・ビストロ Starbeam Bistro ▶P.150
Golden Myanmar 2
②漆器博物館 Lacquerware Museum ▶P.133
ザ・ホテル@タラバー・ゲート The Hotel@Tharabar Gate ▶P.146
①ブー・パヤー Bu Paya ▶P.136
⑦タラバー門 Tharabha Gate ▶P.133
ペビィンチャウン・パヤー ▶P.136 Pebinkyaung Paya
⑥黄金王宮と王宮考古博物館 Golden Palace and Palace Site Museum ▶P.133
サラバー Sarabha ▶P.150
③マハーボディー・パヤー ▶P.135 Mahabodhi Paya
MTT
Main Rd.
⑧ピタカタイ（三蔵経蔵） Pitakat Taik ▶P.135
レストランが集まっている
王宮跡・Palace Site
④ゴドーパリィン寺院 Gawdawpalin Temple ▶P.135
バガン・ホテル Bagan Hotel ▶P.146
⑭シュエグーヂー寺院 Shwe Gu Gyi Temple ▶P.134
ヤー・ピー・ベジタリアン・レストラン Yar Pyi Vegetarian Restaurant ▶P.150
Pahtothamya Temple
⑪タンドーヂャ石仏 Than Dawkya Gu Paya ▶P.134
バガン・タンデ・ホテル Bagan Thande Hotel ▶P.147
⑤考古学博物館 Archaeological Museum ▶P.133
⑫タビィニュ寺院 Thatbyinnyu Temple ▶P.134
⑨アーナンダ寺院 Ananda Temple ▶P.134
⑩ナッラウン寺院 Nathlaung Temple ▶P.135
ローカテェイッパン寺院 Lawkahteikpan Temple ▶P.136
⑮シュエサンドー・パヤー Shwe San Daw Paya ▶P.136
バガン・ティリピセヤ・サンクチュアリー・リゾート Bagan Thiripyitsaya Sanctuary Resort ▶P.146
⑬シィンビンターリャウン Shinbinthahlyaung ▶P.136
ミィンカバー村
0 250 500m
N

⑤考古学博物館 ★★★

バガンの発掘品の数々。世界の記憶ミヤゼディ碑文の実物も展示。

⑥黄金王宮と王宮考古博物館 ★

舞踏ショーなども行われているが、レプリカなので人気はいまいち。

News!

バガンの仏塔

バガンではすべての仏塔に上ることが禁止されている。2016年までは登楼できる仏塔もあり、景観のよさから観光客の間で人気を集めたが、仏塔を荒らしてしまうマナーの悪い観光客がおり、また転落事故も起こったことで、仏塔の

仏塔の階段には立ち入り禁止の柵が設置されている

⑦タラバー門 ★★★

P.133

9世紀の城壁はバガンのメインゲート。ここを馬車で通ると、まるでタイムスリップするような気分に浸れる。

⑧ピタカタイ ★★

P.135

仏典の書庫。11世紀半ばの建物と18世紀の屋根のミックススタイル。通りすがりにチラリと見える。

⑨アーナンダ寺院 必見! ★★★

「アーナンダ寺院に行かずしてバガンに行ったと言うべからず」といわれるほどのバガン最大の見どころ。黄金に輝く塔を中心にした見事な建築。四方に延びる約34mの回廊の中心に立つ高さ約9.5mの過去四仏は圧巻。立像の顔を見ようとつい上ばかり向いてしまうが、壁には仏龕や、バガンで最も美しいといわれるシッタールダ王子生誕の黄金のレリーフがある。隠れた見どころがたくさんあるので、じっくりと回りたい。

P.134

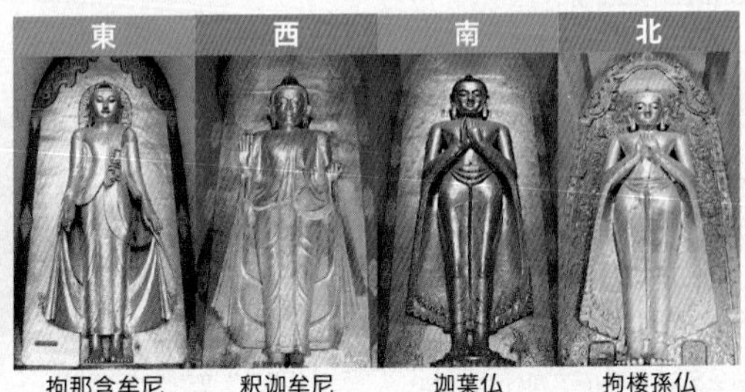

東	西	南	北
拘那含牟尼 Konagamana	釈迦牟尼 Gotama	迦葉仏 Kassapa	拘楼孫仏 Kakusandha

⑩ナッラウン寺院 ★

バガンで唯一のヒンドゥー寺院。さまざまな文化の交流を感じられる。

P.135

⑪タンドーヂャ石仏 ★

石を積んだ表面のシマシマがミイラのように見える仏像。

P.134

⑫タビィニュ寺院 必見! ★★★

4層で高さ約65m、バガンで最も高い寺院。アーナンダ寺院などに見られる円錐型の仏塔とは印象が異なり、東側の柱廊だけ突き出した四角いスタイルは、後のゴドーパリィン寺院、スラマニ寺院などに継承されている様式。

P.134

⑬シィンビンターリャウン ★★

11世紀に造られた涅槃仏は全長18m。

P.136

登楼は全面禁止

保護や安全面への配慮などから全面登楼禁止となった。今後も仏塔登楼が再開される予定はない。仏塔を見晴らす景観を楽しむなら、JICAの協力で設置された眺望の丘（→P.141コラム）が3ヵ所あるので、そちらに足を運ぼう。地元の人に「仏塔に上がらせてやる」と案内を持ちかけられることがあるかもしれないが、相手にしないこと。

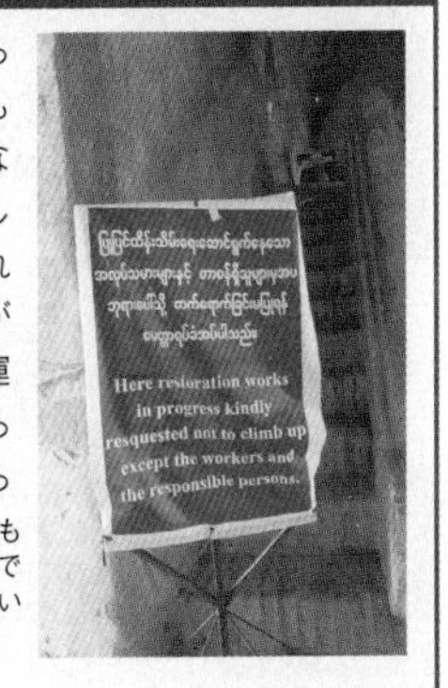

仏塔内部にも修復工事中で立ち入れない所がある

広いバガンもこうして回れば効率的!

バガン寺院巡り モデルコース

バガンは広く、見どころの寺院は原野に点在している。気になる寺院を手当たりしだい回ろうとしても、右往左往するばかり。エリアを3つに分ければ、効率よく見て回れる。

広域MAP▶P.127

ADVICE

バガンは広いので、1日ですべて見て回るのは無理。1日しかなければ、早朝からオールドバガンのハイライトを、午後ニャウンウーのシュエズィーゴォン・パヤーとコースBを回るのがいいだろう。時間があれば、コースAのミャゼディ寺院とマヌーハ寺院も見ておきたい。

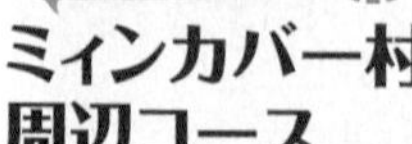

コースA 所要2時間

ミィンカバー村周辺コース

オールドバガンから南へ、ニューバガンに向かって延びる道路沿いの寺院を巡る。とらわれの王マヌーハ寺院や世界の記憶遺産ミャゼディ碑文がハイライト。

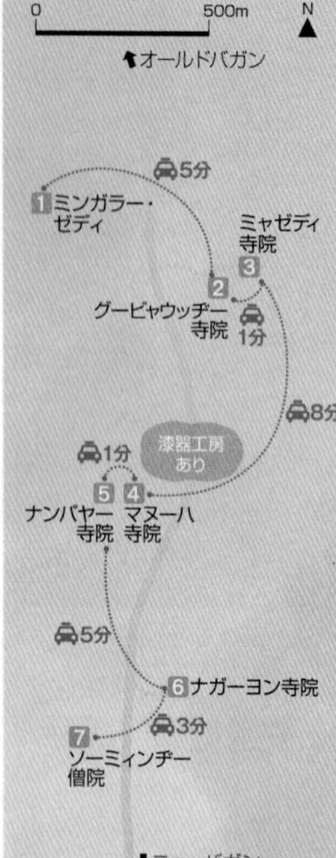

 タクシーでの所要時間

1 ミンガラー・ゼディ P.137

パガン王朝の終焉を告げる仏塔

2 グービャウッヂー寺院 P.140

寺院の中の壁画がとにかく壮観

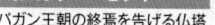

3 ミャゼディ寺院 P.140

鉄柵の中にある碑文はオリジナル

4 マヌーハ寺院 P.139

窮屈そうな黄金の仏像は必見

5 ナンパヤー寺院 P.139

壁面のブラフマー神の彫刻が珍しい

6 ナガーヨン寺院 P.139

背後にヘビを従えた仏像がお出迎え

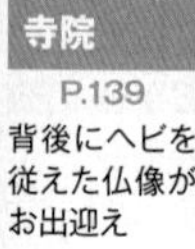

7 ソーミィンヂー僧院 P.140

壊れた僧院跡にパガンの栄華をしのぶ

ミィンカバー村で漆器を

マヌーハ寺院のあるミィンカバー村には漆器工房が集まっている。ぜひ工房をのぞかせてもらおう。もちろん買うこともできる。

コースB

大型寺院巡りコース

原野に点在する大型寺院を巡るハイライトだらけのコース。雄大なバガンを堪能できる。ただし寺院と寺院の距離が離れているうえ、道もよくないので注意。

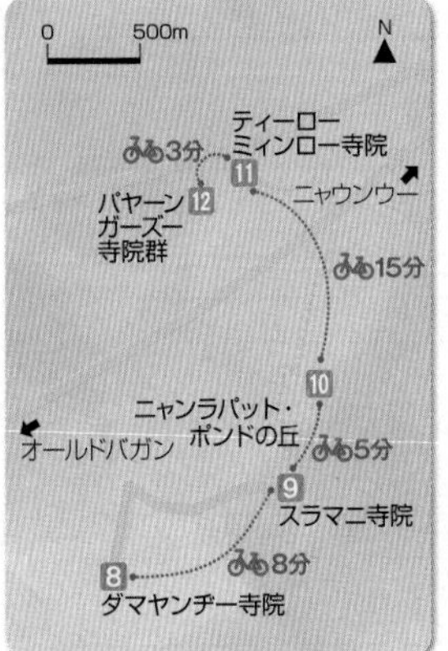

自転車での所要時間

ダマヤンヂー寺院 P.136

地元では心霊スポットとしても有名

スラマニ寺院 P.137

美しい外観とダイナミックな壁画

ニャンラパット・ポンドの丘 P.141

数少ない眺望の丘。朝日夕日の穴場スポット

ティーローミィンロー寺院 P.139

バガン建築屈指の美しいフォルム

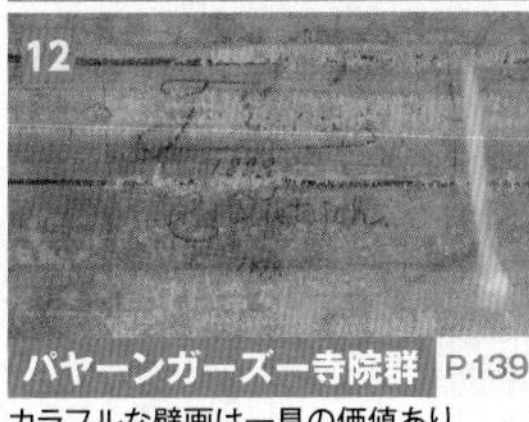

パヤーンガーズー寺院群 P.139

カラフルな壁画は一見の価値あり

事故と迷子に注意

このコースは道が整備されていないため、ほとんどがダートコース。自転車やEバイクで転倒してしまう人もいる。特にスラマニ寺院周辺は細い道が入り組んでいるので迷子にも注意。

コースC

ミン・ナン・トゥ村周辺コース

観光客が少ないマニアックなコース。しかしマイナーだからといって侮ることなかれ。バガン随一の壁画、最高の眺望、素朴な村とバラエティ豊か。

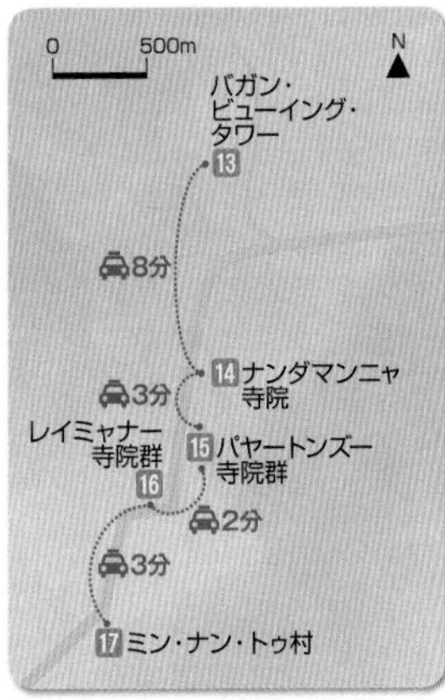

タクシーでの所要時間

バガン・ビューイング・タワー P.142

バガン全体を見渡せる展望スポット

ナンダマンニャ寺院 P.142

名画『マーラの誘惑』は入って左側

15 **パヤートンズー寺院群** P.143

外観も内観もほかの寺院とまったく違う

レイミャナー寺院群 P.143

この界隈のランドマーク的仏教総合施設

ミン・ナン・トゥ村 P.142

疲れたらこの村でひと休み

ミン・ナン・トゥ村を見せてもらおう

時間に余裕があれば、村の人にガイドしてもらって村内を歩いてみよう。牛を飼っていたり、布を織っていたりと、昔ながらの人々の生活が垣間見られる。チップは3000Kくらい渡そう。

バガンの仏教建築年代表

バガン全域に点在する数えきれないほどの仏塔や寺院。その建築スタイルは、それぞれの時代や王の好み(?)によって変わってきた。どの王が造ったどの時代の建築かも考えながら見るとおもしろい。

建造年	名称	掲載ページ		王（在位年）
849	タラバー門	133		ピンビャー王 (846 ～ 878)
850	ブー・パヤー	136		
931	ナッラウン寺院	135		タウントゥージー王
10C	ガーチャウェナダウン・パヤー	非掲載		
11C	ミィンカバー・パヤー	非掲載		アノーヤター王（タトォン国征服前）
1057	シュエサンドー・パヤー	136	初代	アノーヤター王（1044 ～ 1077）
1058	ピタカタイ	135		
1059	ローカナンダー・パヤー	141		
11C	セインニェ・アマ寺院	140		セィンニェ王妃
	セインニェ・ニィーマ・パヤー	140		
1059	マヌーハ寺院	139	タトォン国	マヌーハ王
1087	シュエズィーゴォン・パヤー	138	初代	アノーヤター王
1090	アーナンダ寺院	134	第 3 代	チャンスィッター王（1084 ～ 1113）
1102	王宮	133		
1113	ナガーヨン寺院	139		
1113	グービャウッヂー寺院、ミャゼディ寺院	140		ヤザクマラ（ラージャクマール）王子
1131	シュエグーヂー寺院	134	第 4 代	アラウンスィードゥー王（1113 ～ 1163）
1144	タビィニュ寺院	134		
1165	ダマヤンヂー寺院	136	第 5 代	ナラトゥ王（1163 ～ 1165）
1204	ソーミィンヂー僧院	140		王妃または皇太后など身分の高い女性
1285	サパダ・パヤー	138	第 7 代	ナラパティスィードゥー王（1174 ～ 1211）
1183	スラマニ寺院	137		
1196	ダマヤッズィカ・パヤー	141		
1203	ゴドーパリィン寺院	135		
1215	ティーローミィンロー寺院	139	第 8 代	ナンダウンミャー王（1211 ～ 1234）
1215	マハーボディー・パヤー	135		
13C 中頃	ウパリ・テェン	非掲載		ウパリ僧
1284	ミンガラー・ゼディ	137	第 11 代	ナラティハパテェ王（1255 ～ 1287）
1284	タンドーヂャ石仏	134		

仏塔　寺院　その他僧院など

仏塔スタイルの変遷

仏塔のデザインは、時代によって変化している。古くはスリランカから伝わった釣り鐘型（シンハラ式）。それがピュー族によるスタイルの球根型に変わり、パガン王朝のアノーヤター王時代になると洗練された円筒型や、国の勢いを象徴するかのように荘厳な階段ピラミッド状のテラスが付いた型になっていった。

サパダ・パヤー　ブー・パヤー　ガーチャウェナダウン・パヤー　ローカナンダー・パヤー　ミィンカバー・パヤー　シュエサンドー・パヤー　シュエズィーゴォン・パヤー

おもな見どころ　Sightseeing

オールドバガンとその周辺

お金のかかった王宮のレプリカ　★　MAP P.128

黄金王宮と王宮考古博物館

သီရိဇေယျာဘုမိနန်းတော်နှင့်ပုဂံရှေးဟောင်းသုတေသနပြတိုက်(နန်းတော်ရာပြတိုက်)

Golden Palace and Palace Site Museum

パガン朝の建物を再現した黄金に輝く宮殿は、5年がかりの工事の末にタラバー門のすぐそばに2008年1月に完成。王族のレセプションに使われたピィンサパタダ・ホールを中心に、外国の大使のレセプションやさまざまな儀式に使われた3つのホールなどがある。メイン通りのはす向かいには、アノーヤター王とチャンスィッター王時代の王宮跡がある。

パガン朝の文化に関する展示がある　★★★　MAP P.128

考古学博物館

ရှေးဟောင်းသုတေသနပြတိုက်

Archaeological Museum

1階には、バガンの寺院などから発掘された品々と、王宮や各遺跡の模型、古代文字に関する展示、パガン朝時代に暮らした人々の髪形を寺院の壁画から想像して復刻した55種類のカツラなどが展示されている。2015年ユネスコ世界の記憶に登録された「ミャゼディ碑文」のひとつはここに置かれている。

収蔵品は豊富なのでさらなる公開が望まれる

バガンの名産品について学べる　★★　MAP P.128

漆器博物館

ယွန်းပြတိုက်

Lacquerware Museum

漆細工を作る芸術専門学校の敷地内にある小さな博物館で、入口から入ると向かって右側にある建物。みやげ物屋では見られないような精緻な作りの調度品など、一見の価値がある。奥の建物では漆細工の作り方を順を追って展示してあり興味深い。

古い市街の入口だった　★★★　MAP P.128

タラバー門

သရပါတံခါး

Tharabha Gate

9世紀、ピンビャー王がバガンの防備を固めようと築いた城壁の名残。門の両側には、左右それぞれのくぼみの中にバガンの守護神である兄妹の精霊マハーギリ・ナッが祀られている。門の両脇には、かつての城壁を囲んでいた堀の跡も残っている。

この先がオールドバガン

黄金王宮と王宮考古博物館
行き方 タラバー門のそば。
住 Near The Tharabha Gate
☎ 09-2591-00006
開 7:00～19:30
休 なし
料 5000K

建物はきれいだが見どころは少ない

考古学博物館
行き方 オールドバガンのメイン通り沿い。
開 火～日9:30～16:30（入場は16:00まで）
休 月　料 5000K
※カメラや荷物はロッカーに預ける。カメラによる館内撮影は禁止だが、スマホの持ち込み撮影はOK。

漆器博物館
行き方 Hエーヤー・リバー・ビュー・ホテルの手前。
☎ (061) 2460267
開 月～金9:30～16:30
休 土・日・祝
料 2000K
見学の際は係の人が案内してくれる。隣の建物には小さなショップがあり、コースターや小物入れなど手頃な買い物ができる。

館内の撮影は禁止

タラバー門
行き方 オールドバガン城壁の東の城門。ニャウンウー方面からオールドバガンへ向かう車は、必ずこの門を通る。
開 24時間

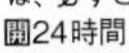

ナッ神が祀られた小室があり、お参りする人も多い

バガンで最も美しい建築とされる
★★★ MAP P.128

アーナンダ寺院

အာနန္ဒာဘုရား

Ananda Temple

4体ある仏像は過去四仏を表す。これは釈迦牟尼仏

バガンの遺跡を代表する、最大かつ最もバランスの取れた美しい寺院だといわれている。1090年、チャンスィッター王の手で建てられた。本堂は一辺が63mの正方形で、4つの入口、中央にそびえる高さ50mの塔のバランスが見事。外観はくすんだ白色に塗装され、その下にはさらに古い装飾が隠れているという。1975年の地震で大きな被害を受けたが、現在では完全に修復されている。本堂の中央に高さ9.5mの4体の仏像がそれぞれ四方を向いて収められており、圧巻だ。パガン王朝の栄華の一端を垣間見る思いがする。南と北の2体が創建当時のままで、少し離れて眺めるとまるでほほ笑んでいるように見える。残りの2体は火事で焼けてしまい、造り直されたもの。西側の入口には、大きな仏足石がある。

バガンの寺院で最も高い
★★★ MAP P.128

タビィニュ寺院

သဗ္ဗညုဘုရား

Thatbyinnyu Temple

高さが際立つタビィニュ寺院の建物

1144年、アラウンスィードゥー王によって建てられた美しい寺院。61mの高さを誇る、バガンでは最も高い寺院だ。「タビィニュ」とは全知者を指し、仏陀を意味している。1階には金で覆われた仏像が鎮座している。

とがった仏塔が中央に建つ
★★★ MAP P.128

シュエグーヂー寺院

ရွှေဂူကြီးဘုရား

Shwe Gu Gyi Temple

1131年、アラウンスィードゥー王の手で建てられた。シュエグーヂーとは、偉大なる黄金の洞窟という意味。中央の塔は、アーナンダ寺院に少し似ている。入口の木製の扉は創建当初から使われているものだという。そのほかの大部分は1551年に大規模に修復され、破風をはじめ、随所に漆喰で装飾を施した跡が残っている。内部の石版には、寺院の完成までに7ヵ月を要したその経緯について記されている。

テラスから周囲を眺められる数少ない寺院のひとつ

凝灰岩のブロックを積んで造ったミイラのような石仏
★ MAP P.128

タンドーヂャ石仏

သံတော်ချာဘုရား

Than Dawkya Gu Paya

ミイラを思わせるこの仏像は高さ6m。ポッパ山から切り出された凝灰岩で造られた、バガンでも珍しい仏像だ。傷みが激しかったが、修復が完了している。

アーナンダ寺院
行き方 ニャウンウーから来るとタラバー門手前左に見える。
開6:00～20:00 休なし

均整の取れた外観

アーナンダ・オーチャウン
アーナンダ寺院の北の参道入口隣にある元僧院。12世紀の建築物の内部には、王と仏陀の生活について描かれた18世紀の絵画が、比較的鮮明に残されている。絵の保護のため、内部は撮影禁止。通常は鍵がかけられているが、旅行者が近づくと係のオジサンがどこからともなく現れて鍵を開け、中の電気をつけてくれる。その場合100～200Kの心づけを渡すこと。

内部に古い壁画が残っている

タビィニュ寺院
行き方 オールドバガン城壁の内側にあり、タラバー門からは左側前方に見える。2階は立ち入り禁止。
開7:00～18:00 休なし

日本人戦没者慰霊碑
タビィニュ寺院の向かいにあるタビィニュ僧院には、日本人戦没者の慰霊碑がある。僧侶が手厚く管理を行っているので、訪れたらいくらかのお布施をしたい。

シュエグーヂー寺院
行き方 タラバー門からメイン通りを西へ向かい、Ⓗエーヤー・リバー・ビュー・ホテルへの分岐点があるあたりの南側。寺院の前では、遺跡の発掘現場が見られる。
開5:30～18:30 休なし

タンドーヂャ石仏
行き方 シュエグーヂー寺院の向かい側。
開24時間

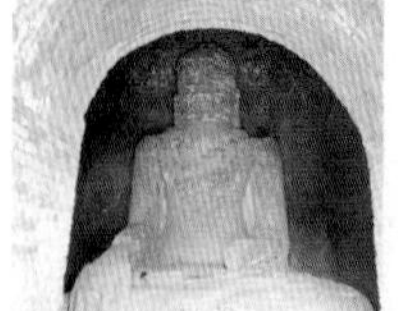

象が示した聖地に建つ ★★ MAP P.128

ピタカタイ（三蔵経庫裡）

ပိဋကတ်တိုက်

Pitakat Taik

パガン朝のアノーヤター王はタトォン国を征服した際、さまざまな文物をバガンに持ち帰った。その中に、30頭の象に引かせて運んできた仏典があったが、その象たちがこの場所で止まってしまい、動こうとしなかった。そこで仏典を収容すべく象が止まってしまった場所に建てられたのがピタカタイだ。創建は1058年で、その後1783年にアマラプラ（コンバウン朝）の王ボードーパヤーが修復した。5層になっている屋根の縁に、それぞれ伝統的なビルマ風の装飾が施されている。

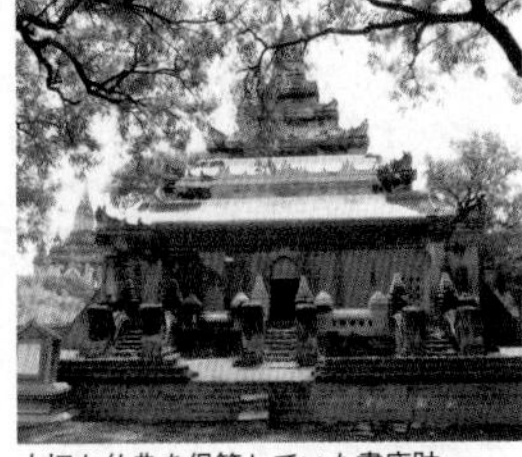
大切な仏典を保管していた書庫跡

バガン唯一、周辺地域でも珍しいヒンドゥー寺院 ★★ MAP P.128

ナッラウン寺院

နတ်လှောင်ကျောင်းစေတီ

Nathlaung Temple

バガンに残る唯一のヒンドゥー寺院。931年に建てられたといわれている。中にはヒンドゥー教のシヴァ神が祀られており、外側にはビシュヌ神の化身の像が10体安置されている。ヒンドゥーの教えによれば、ゴータマ・シッダールタ（仏陀）はヴィシュヌの十化身のひとつとされている

インドとのつながりを示す ★★ MAP P.128

マハーボディー・パヤー

မဟာဗောဓိဘုရား

Mahabodhi Paya

1215年、ナンダウンミャー王の治世に建てられた、バガンでは珍しいスタイルの仏塔。立方体をした本堂の上に何層にも装飾を施しレリーフで覆われた高い塔がすらりと立ち、さらにその周囲四隅に3重に小さな窓が付けられている。これはインドの仏教聖地ブッダガヤにある寺院を模したもので、外にはベンガル菩提樹が植えられている。堂内には座像が1体収められており、仏塔の周辺にはタッタッターナという仏教の聖地を模したジオラマが造られている。

建物入口の装飾が美しい ★★ MAP P.128

ゴドーパリィン寺院

ဂေါ်တော့ပလင်ဘုရား

Gawdawpalin Temple

バガンで2番目に高い寺院。1174～1211年にかけて建てられたこの2層の寺院は、スラマニ寺院を建てた後にナラパティスィードゥー王が建て始めたが途中で亡くなり、息子のナンダウンミャー王によって完成された。1975年の地震の際に上階とその上に建てられていた塔の部分が崩れてしまった。現在では修復も終わり、高さ55mの塔が美しい姿を見せている。バガンを代表する寺院のひとつ。

ピタカタイ
行き方 シュエグーヂー寺院の近く。
開24時間

ナッラウン寺院
行き方 タビィニュ寺院の南西にある。
開24時間

ヒンドゥー神のレリーフが見られる

マハーボディー・パヤー
行き方 タラバー門を通ったあと、右側のⒽエーヤー・リバー・ビュー・ホテルへ続く道に入ると左にある。
開24時間

中央のすらりとした塔が、ブッダガヤにある塔を模して建てられた仏塔

ゴドーパリィン寺院
行き方 タラバー門を通り道なりに行くと、考古学博物館の手前にある。
開7:00～20:00
休なし

入口の上に施された凝った装飾が美しい

ほってりした形が愛らしい

★★ MAP P.128

ブー・パヤー

ဗူးဘုရား

Bu Paya

川岸に建つ小さな円筒形の仏塔。7～8世紀頃、ピュー族によって建てられたといわれている。この仏塔も1975年の地震で大きな被害を受け、石が粉々になってエーヤワディー川に流れてしまった。現在見られるのは完全に修復された姿だ。ここから見る夕日も美しい。このブー・パヤーのすぐ南側に、ペビィンチャウン・パヤー Pebinkyaung Paya (MAP P.128) がある。これはスリランカのシンハラ人が造る仏塔の特徴を備えている。12世紀の建造物だといわれ、細長い鐘のような形をした2層の円形仏塔だ。

仏陀の遺髪が収められている

★★★ MAP P.128

シュエサンドー・パヤー

ရွှေဆံတော်ဘုရား

Shwe San Daw Paya

タトォン国征服の後、ただちに建てられた仏塔のひとつ。1057年の建立で、パガン黄金期のなかでは初期にあたる。5層のテラスをもつたいへん見事な仏塔で、国を統一したアノーヤター王の意気込みが伝わってくるようだ。そびえる塔の台座は2層の八角形になっており、少し変わっている。「サンドー」とはビルマ語で「聖髪」を意味し、この仏塔の中にはモン族(タトォン国)の所有していた釈迦の遺髪が収められているという。シュエサンドー・パヤーの北には、ローカテェイッパン寺院Lawkahteikpan Temple (MAP P.128) がある。小さな寺院だが、内部のフレスコ画がよく保存されている。すぐ南側にはシィンビンターリャウンShinbinthahlyaung (MAP P.128) と呼ばれる建物があり、狭いれんが造りの建物いっぱいに11世紀に造られた全長18mの寝仏が収まっている。

重厚で美しいスタイルを見せる

★★ MAP P.127-A3

ダマヤンヂー寺院

ဓမ္မရံကြီးဘုရား

Dhammayan Gyi Temple

12世紀、アラウンスィードゥー王の次男ナラトゥは、自分が王位に就こうとして父王と兄王子を暗殺した。1167年(1160年説もある)、ナラトゥは即位し第5代王となったが、罪の意識にさいなまれ、罪滅ぼしのためにそれまでで最大で、最も細工が細かく、最も変わった形の寺院を建て始めた。ところがナラトゥ王は1170年(1165年説もある)、何者かに暗殺され(伝説ではインドの王子の娘である妻のひとりを処刑したため、怒った王子の手の者に殺された)、工事は中断した。ナラトゥ王の評判は生前から悪く、その後工事をする人も現れず、寺院は荒れるがままになっていた。現在でもこの寺院は未完成のまま。本尊となる仏像だけはすでに収められている。完成していればほかの仏像が入ったであろう壁のくぼみもそのままで、異様な雰囲気だ。地元では、夜になると幽霊が出るといわれている。

ほかの遺跡とは離れて建っているためか、重厚さがいっそう際立っている

ブー・パヤー
行き方 タラバー門を通り道なりに行くと、途中で道が左にカーブする。ここから右へ、川へと続く枝道があるのでその道に入る。突き当たりがブー・パヤー。途中、数軒の食堂があり、ブー・パヤー手前にもみやげ物屋や食堂がある。ブー・パヤー下は船着場で、ニャウンウーまで船で戻ることも可能。
開 24時間

シュエサンドー・パヤー
行き方 タビィニュ寺院とダマヤンヂー寺院の中間あたりにある。
開 24時間

ローカテェイッパン寺院
開 8:00～11:00、16:00～18:00頃
休 なし

ダマヤンヂー寺院
行き方 スラマニ寺院へ行く途中、右前方に見えるてっぺんの丸い建物。
開 24時間

Information

ボートトリップ

ブー・パヤー下の船着場から、エーヤワディー川を遊覧するボートトリップができる。ブー・パヤーからレヤー村の古い僧院まで行き下船、またブー・パヤーに戻ってくる1時間ほどの往復チャーターで料金は1隻1万5000K。旅行者の多い乾季には料金は倍以上になることもあり、旅行者が少なければ値引きしてくれることもあるので要交渉。日没の時間帯が涼しく、水浴びをする地元の人々の姿も眺められる。

修復される仏塔や寺院

バガンにある仏塔や寺院は遺跡ではなく現役の宗教施設なので、修復の手がどんどん加えられている。

パヤーと寺院

「パヤー」とはビルマ語で「仏塔」を意味する言葉。英語では「パゴダ」と呼ばれる。本堂に仏像が置かれた「寺院」とは明確に分けられている。一方で仏塔と仏像は"ブッダの化身としての信仰対象"として明確に区分されない場合もある。例えば、マンダレーにある有名な仏像は仏塔ではないが、マハムニ・パヤー(→P.167)と呼ばれる。

フレスコ画が最もよく残っている ★★★ MAP P.127-B2～B3

スラマニ寺院

ဆူလာမဏိစေတီ

Sulamani Temple

1183年、ナラパティスィードゥー王の手で建てられた。この時代になると、寺院の姿もだんだん洗練されてくる。このスラマニ寺院は2層構造で、1階にはそれぞれ東西南北を向いた4体の仏像がある。東側の入口には、木造のお堂のような所に1体の仏像が収められている。内部の壁面には仏像や船に乗る人々、象などをモチーフにした11世紀のフレスコ画がある。当時の生活風俗が生きいきと描かれており興味深い。バガンの寺院のなかでは最もよく残っている建物のひとつ。

パガン王朝で最後に建てられた仏塔 ★★ MAP P.127-A3

ミンガラー・ゼディ

မင်္ဂလာစေတီဘုရား

Mingala Zedi

1284年にナラティハパテェ王によって建立された仏塔で、この約10年後にはモンゴル軍の侵略が始まり、これがパガン王朝最後の仏塔になってしまった。正方形の3層の台座の上に釣り鐘型の塔が建っている。そのバランスのよさと、素焼きのれんがを石畳のように敷いたテラスが美しいことで知られていた。現在では保護のため上がることはできない。

スラマニ寺院
行き方 アーナンダ寺院から東へ馬車で15分ほど。途中、右にダマヤンヂー寺院がある。
開6:00～20:00 休なし

窓から差し込む光に浮かび上がるフレスコ画の仏像

ミンガラー・ゼディ
行き方 オールドバガンの南、街道から川に向かって少し歩く。
開24時間

Information

ニャウンウーでショッピング
ティリピサヤ4通りには、外国人観光客に人気の雑貨店ヤングッズYangoodsやポメロPomeloなどが軒を連ねている。店舗は小さいが、ヤンゴンで時間がない人はここで済ますのも手だ。

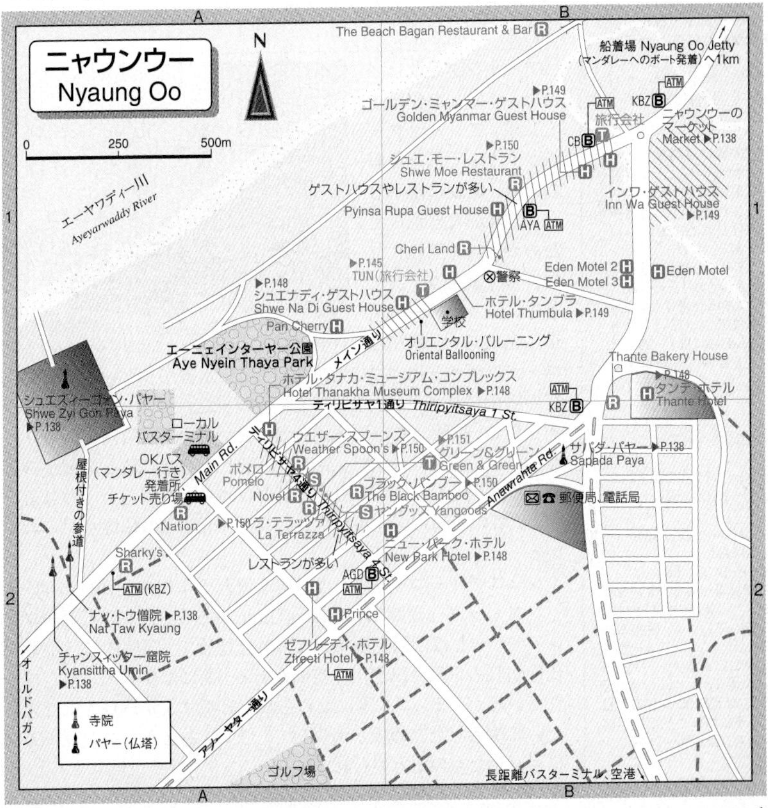

ニャウンウー
Nyaung Oo

0 250 500m

N

エーヤワディー川 Ayeyarwaddy River
The Beach Bagan Restaurant & Bar
船着場 Nyaung Oo Jetty (マンダレーへのボート発着)へ1km
ゴールデン・ミャンマー・ゲストハウス Golden Myanmar Guest House ▶P.149
KBZ ATM
旅行会社
CB
ニャウンウーのマーケット Market ▶P.138
シュエ・モー・レストラン Shwe Moe Restaurant ▶P.150
ゲストハウスやレストランが多い
インワ・ゲストハウス Inn Wa Guest House ▶P.149
Pyinsa Rupa Guest House
AYA ATM
Cheri Land
TUN(旅行会社) ▶P.145
警察
Eden Motel 2
Eden Motel 3
Eden Motel
シュエナディ・ゲストハウス Shwe Na Di Guest House ▶P.148
学校
ホテル・タンブラ Hotel Thumbula ▶P.149
Pan Cherry
オリエンタル・バルーニング Oriental Ballooning
エーニェインターヤー公園 Aye Nyein Thaya Park
メイン通り
Thante Bakery House
ホテル・タナカ・ミュージアム・コンプレックス Hotel Thanakha Museum Complex ▶P.148
タンテ・ホテル Thante Hotel ▶P.148
ATM KBZ
シュエズィーゴォン・パヤー Shwe Zyi Gon Paya ▶P.138
ティリピサヤ1通り Thiripyitsaya 1 St.
ローカルバスターミナル
ウエザー・スプーンズ Weather Spoon's ▶P.150
グリーン&グリーン Green & Green ▶P.151
サパダ・パヤー Sapada Paya ▶P.138
OKバス(マンダレー行き)発着所、チケット売り場
Main Rd.
ポメロ Pomelo
ティリピサヤ4通り Thiripyitsaya 4 St.
Anawrahta Rd.
ブラック・バンブー The Black Bamboo ▶P.150
Novel
ヤングッズ Yangoods
郵便局、電話局
屋根付きの参道
Nation
ラ・テラッツァ La Terrazza ▶P.150
ニュー・パーク・ホテル New Park Hotel ▶P.148
Sharky's
レストランが多い
AGD ATM
ATM (KBZ)
ナットゥ僧院 Nat Taw Kyaung ▶P.138
Prince
チャンスィッター窟院 Kyansittha Umin ▶P.138
ゼフリーティ・ホテル Zfreeti Hotel ▶P.148
オールドバガン
アノーヤター通り
ゴルフ場
長距離バスターミナル、空港

寺院
パヤー(仏塔)

ニャウンウーのマーケット
開7:00〜16:00
休新月と満月の日

サパダ・パヤー
行き方 Hタンテ・ホテル南のロータリーにある。
開24時間

ロータリーの中央に建っている

Information

馬車1日チャーター
料1日3万K程度。半日2万5000K程度。オールドバガン内のみなら1時間30分、1万5000K程度。回る場所の数や位置で料金が異なるので、利用する前に行きたい所を必ずはっきりさせてから料金を交渉すること。馬車の利点は旅情だけでなく、馭者が地元の人ならではのとっておきのポイントに連れていってくれるところにある。

タクシーチャーター
料標準的な料金は、半日2万7000K、1日4万5000K。ポッパ山とサレーに行く場合は1日7万〜8万5000K。

登楼の誘いは無視
現地の人から「上に登れる仏塔に行きたいか？バイクで案内するよ」と声をかけられることがしばしばある。しかし、バガンではすべての遺跡で登楼が禁止されており（→P.128）、登楼できる仏塔はない。興味本位でついていくとトラブルの種になり、高いチップを要求されかねないので、きっぱりと断ろう。

シュエズィーゴォン・パヤー
行き方 ニャウンウーの西外れ。
開6:00〜22:00 休なし

チャンスィッター窟院
MAP P.137-A2
開5:30〜17:30 休なし
内部は真っ暗なので、管理人兼みやげ物屋の人が懐中電灯を貸してくれる。建物内撮影禁止。チャンスィッター窟院の向かいにあるナッ・トゥ僧院 Nat Taw Kyaung（MAP P.137-A2 開7:00〜18:00 休なし）の仏塔にも約500年前のフレスコ画が残っている。

ニャウンウーとその周辺

活気あふれる地域最大の市場 ★ MAP P.137-B1

ニャウンウーのマーケット
ညောင်ဦးဈေး
Market

ニャウンウーは交通のターミナルであるばかりでなく、バガン周辺の交易の中心地でもある。マーケットの規模も大きい。衣料品や日用雑貨のほか、調味料や野菜、果物、肉、魚などの生鮮食料品を扱う店が多い。

道路に周囲を囲まれてしまった ★ MAP P.137-B2

サパダ・パヤー
ဆပဒဘုရား
Sapada Paya

12世紀、パガン朝7代王ナラパティスィードゥー時代の僧、サパダによって建てられた。サパダはパテインの僧で、後にセイロン（スリランカ）に渡る。そのためかこの仏塔は、細長い釣り鐘の形をしたシンハラ式（→P.132）になっている。外見はペビィンチャウン・パヤー Pebinkyaung Paya（MAP P.128）に似ているが、こちらのほうが大きい。

バガンを代表する黄金の仏塔 ★★★ MAP P.137-A1〜A2

シュエズィーゴォン・パヤー
ရွှေစည်းခုံဘုရား
Shwe Zyi Gon Paya

バガンのみならずミャンマーを代表する仏塔のひとつ

アーナンダ寺院と並んで、バガンを代表する仏塔。アノーヤター王がタトォン国を征服した後、建設に着手した。規模が大きかったためか、結局王の在位中には完成せず、次王チャンスィッターの治世に完成した。最初はエーヤワディー川の岸に建てられたが、水害がひどいので後に現在の場所に移された。名称の「シュエ」は金、「ズィーゴォ」はパーリ語の「勝利、栄光、祝福の土地」という意味。境内はかなり広く、塔も大きくて立派だ。茶色の台座とその上に載った黄金の塔の対比も美しい。仏陀の額骨と歯が収められているといわれるほか、仏塔の四隅にある小仏塔には高さ4mほどの仏像が祀られている。

シュエズィーゴォン・パヤー脇を流れる小川の向かいには、チャンスィッター窟院 Kyansittha Uminがある。シュエズィーゴォン・パヤーとほぼ同時期に建てられた建物で、窟院内には小さな仏像が収められた瞑想用の空間がある。壁にはフレスコ画が描かれているが、モンゴル軍に攻められたビルマ人が窟院の中で火をたいて生活したため絵が消失してしまい、あとからモンゴル人が描き直したものだといわれている。

バガンのイメージの象徴的建築 ★★★ MAP P.127-B2

ティーローミィンロー寺院

ထီးလိုမင်းလိုစေတီ
Htilominlo Temple

1215年、パガン王ナンダウンミャーがこの地で王位継承者に選ばれたことを記念して建てた寺院。父王のナラパティスィードゥーが5人の王子のなかから後継者を選ぶ際、傘が倒れた方向に座っていた者を選んだというエピソードが残されており、ナンダウンミャー王は別名ティーローミィンロー（傘の王）と呼ばれていた。そのため、この名称がついたといわれている（モン語の「ティーローカミンガラー Thiloka Mingala＝3つの世界における幸福」の誤読だという説もある）。建物は2層になっており、1階には表情の異なる4体の仏像が収められているほか、部分的にはげ落ちているものの、外面の手の込んだ装飾も残っている。2階にも4体の仏像がある。

この寺院と道路を挟んだ向かいに、ウパリ・テェンUpali Thein（MAP P.127-B2）がある。13世紀の高僧ウパーリ・テェにちなんで名づけられた。横から見ると長方形で、中央に小さな塔がある変わった構造だ。内部には17～18世紀頃描かれたといわれるフレスコ画がある。色も比較的よく残っており、一見の価値がある。

ティーローミィンロー寺院
行き方 バガン・ニャウンウー通りの中間、南側にある。付近ではひときわ大きく目立つ。
開6:00～20:00
休なし

Information

色鮮やかな壁画を見よう

ティーローミィンロー寺院の近くに5つの小さな寺院が集まっている。これらはパヤーンガーズー寺院群 Payangazu Group と呼ばれ、内部にはそれぞれ異なった色で描かれた壁画が残されている。なかでも注目したいのは「緑の寺院」。1899年に貴重な壁画を剝ぎ取って持ち帰ったドイツ人の名が得意げに残されている。現在は金網やガラスで保護されている。

パヤーンガーズー寺院群
MAP P.127-B2
行き方 ティーローミィンロー寺院近く。
開8:00～18:00頃
休なし

色鮮やかに残る壁画

ミィンカバー村とその周辺

とらわれの王が建てた寺院 ★★ MAP P.127-A3

マヌーハ寺院

မနူဟာဘုရား
Manuha Temple

マヌーハはタトォン国の王で、アノーヤターに攻められたとき、マヌーハ自身も捕虜となってこの地に連行された。マヌーハは1059年、許されてこの寺院を建てたが、ここにはとらわれの身の鬱屈した気持ちが随所に表れている。2層構造で塔が建っているが、外観は平板でそれほど美しくはない。内部には3体の座像と1体の寝仏があり、どれも建物内部の空間いっぱいに造られており、窮屈そうだ。座像の表情は、下から見ると怒っているようで、だんだん離れると表情が和らいでいくように見える。寺院の裏には大きな涅槃仏が安置されている。また、マヌーハ寺院の南西にあるナンパヤー寺院Nanpaya Templeも一見の価値がある。内部はヒンドゥー教のブラフマー神のレリーフで飾られている。

マヌーハ寺院
行き方 ミィンカバー村の南、街道沿いにある。この左奥がナンパヤー寺院。
開6:00～20:00 休なし

堂内いっぱいに仏像が収まっている

ミャンマー人好みのスタイルで人気 ★★ MAP P.127-A3

ナガーヨン寺院

နဂါးရုံဘုရား
Nagayon Temple

ミィンカバー村に残る寺院のなかで、おそらく最も美しい外観をもつ。この寺院は、後にパガン王朝44代目の王となるチャンスィッターが造らせた。この寺院のすぐ南に、パウドームー・パヤー Pawdawmu Payaがあり、鐘の上に傘を逆さまに立てたようなおもしろい形をしている。道路を挟んだ右斜め向かいにはアペヤダナ寺院Apeyadana Templeがある。内部には、インドの影響が強く感じられる壁画が残されている。

ナガーヨン寺院
行き方 ミィンカバー村の南外れにある。建物内部に壁画があるが、暗いので懐中電灯を持参しよう。
開8:00～18:00 休なし

バランスの取れた美しい外観

グービャウッヂー寺院
行き方 ミィンカバー村の北外れにある。
開8:00～17:00 休なし
建物内は撮影禁止。

ミャンマー最古とされる壁画が残る ★★ MAP P.127-A3

グービャウッヂー寺院

ဂူပြောက်ကြီးဘုရား

Gubyauk Gyi Temple

1113年、チャンスィッター王の息子ヤザクマラ（ラージャクマール）が父王の死後追悼のために建てたとされるれんが造りの寺院。内部には座仏像と550の壁画が残っている。特に礼拝堂内部の壁画は、過去二十八仏をはじめとする見事な仏伝図だ。寺院内部は暗いので、懐中電灯を持参しよう。

グービャウッヂー寺院内の壁画は残念ながらほとんど消失寸前

ミャゼディ寺院
行き方 グービャウッヂー寺院の東隣。
開8:00～17:00
休なし

ミャゼディ碑文は参道を上がった右側にある

世界の記憶に登録された碑文が残る ★★ MAP P.127-A3

ミャゼディ寺院

မြစေတီဘုရား

Mya-Zedi Temple

隣接するグービャウッヂー寺院と同時期にヤザクマラ（ラージャクマール）王子によって建立されたとされる。ここで発見された石碑は「ミャゼディ碑文」と呼ばれ、四面にビルマ語、モン語、パーリ語、ピュー語が刻まれていた。これによりピュー語の読解が進むきっかけとなったことから、ユネスコ世界の記憶に登録されている。石碑はふたつ発見されていて、ひとつはこの寺院に、もうひとつはオールドバガンの考古学博物館（→P.133）で展示されている。

ソーミィンヂー僧院
行き方 ナガーヨン寺院の通りを挟んだ南斜め向かい。南北24m、東西36mと規模が大きい。
開24時間

規模の大きな僧院の廃墟 ★ MAP P.127-A3

ソーミィンヂー僧院

စိုးမင်းကြီးဘုရား

Somin Gyi Kyaung

パガン統一王朝時代の典型的な形をした僧院。通常僧院は木造建築のため長持ちしないのだが、ここはれんが造りのため、傷みは激しいものの何とか残っている。

崩壊している部分もあるソーミィンヂー僧院

セィンニェ・アマ寺院とセィンニェ・ニィーマ・パヤー
行き方 ナガーヨン寺院から南へ馬車で約5分。
開24時間

姉妹の仏塔ともいわれる ★ MAP P.127-A4

セィンニェ・アマ寺院とセィンニェ・ニィーマ・パヤー

စိမ်းညက်အမဘုရားနှင့်စိမ်းညက်ညီမဘုရား

Seinnyet Ama Temple & Seinnyet Nyima Paya

並んで建っている寺院と仏塔で、11世紀の王妃セィンニェが建立した。アマが姉でニィーマが妹という意味。角形のアマのほうが寺院だ。ニィーマ・パヤーの四隅には小さな塔が建っていて、一つひとつに小さな仏像が収められている。

左が姉のセィンニェ・アマ寺院

Information

バガンらしさのあるニューバガンとプワーソー村

プワーソー村周辺は特に仏塔が多く、いかにもバガンらしい景観を呈している。

ニューバガンとプワーソー村

ニューバガンは、バガン一帯では最も南に位置するエーヤワディー川に沿った村だ。プワーソー村は、オールドバガンの南東約3kmの所にある。どちらも観光コースからは外れているが、それぞれが王都になったことのある由緒正しい村。

パガン朝最古の建築とされる ★★ MAP P.127-A4

ペッレイ・パヤー(アシャペッレイ・パヤーとアナーペッレイ・パヤー)

ဖက်လိပ်ဘုရား

Ashae Petleik Paya & Anauk Petleik Paya

アノーヤター王の治世(1044～1077年)に建てられた仏塔で、東西にふたつ並んでいる。入口から入って左側にあるのがアナーペッレイで、右側がアシャペッレイ。よく見ると、回廊の上に仏塔が載る、独特の形をしている。1905年までこの回廊は土に埋もれていて、仏塔も台座の上に建っていると考えられていたが、発掘によってこのような形が明らかになった。埋まっていたために回廊部分の保存状態はよく、ジャータカ(仏教説話)の浮き彫りも見られる。

川を行く船の目印代わりにもなった ★★ MAP P.127-A4

ローカナンダー・パヤー

လောကနန္ဒာဘုရား

Lawkananda Paya

1059年にアノーヤター王によって建立された。川岸にあるため、王朝の最盛期には航行の目印として使われ、ヤカイン地方をはじめ遠くはセイロン(現在のスリランカ)からも交易船がやってきたという。金箔で覆われ、すらりとしたこの塔は、立派に現役の仏塔として地元の人に親しまれている。全体が金色に輝いているので、遠くからでもその姿は目立つ。

柔らかなシルエットが印象的

見る者に安心感を与える安定したスタイル ★★★ MAP P.127-B3

ダマヤッズィカ・パヤー

ဓမ္မရာဇကဘုရား

Dhammayazika Paya

1196年、ナラパティスィードゥー王によって建てられた、シュエズィーゴォン・パヤー(→P.138)に似てどっしりとした形の仏塔。塔の部分が金色に輝いている。台座が3層の五角形になっているのが特徴で、上がり口もそれぞれの辺にあり、塔も5ヵ所に建っている。それぞれの上がり口近くには小さな仏堂が建っており、それぞれの堂の中には過去仏が4体と、弥勒仏が安置されている。

以前は上に上がれたが残念ながら禁止されてしまった

ペッレイ・パヤー
行き方 ニューバガンの川沿いの集落内にある。回廊に入るには管理人に頼んで鍵を開けてもらう。
開7:30～18:00頃 休不定

埋もれていた基壇部分は発掘で日の目を見た

ローカナンダー・パヤー
行き方 ニューバガン南端の川べりにある。
開24時間

ダマヤッズィカ・パヤー
行き方 アーナンダ寺院から南東へ約3km。
開6:00～20:00 休なし

Information

4つの仏塔巡り

バガン地区の四方の角にあるタンチー・タウン、シュエズィーゴォン(→P.138)、ローカナンダー(→P.141)、トゥーイェン・タウンの4つの仏塔を1日で回ると願いごとがひとつかなうといわれている。タンチー・タウンはエーヤワディー川の対岸にあり、ボートで約1時間。興味ある人は車を駆使して挑戦してみよう。

タンチー・タウン
行き方 Aye Yar Jettyまたは Bu Paya Jetty(ともにMAP P.127-A2)からボート。2万K。船着場からバイクタクシー1万K、ジープ2万K。

旅のヒント Hints

サンセット&サンライズを楽しめる眺望の丘

2019年12月現在、遺跡保護などの目的のため仏塔に上ることは禁止されている。高い所から無料で眺望を楽しめるのは、JICAが主導して造成した眺望の丘にかぎられる。眺望の丘は3ヵ所あるが、人気があるのはスラマニ寺院のすぐ南にあるスラマニ・ポンドの丘Sula Mani Pond(MAP P.127-B3)と、同じくスラマニ寺院から少し北に行った所にあるニャンラパット・ポンドの丘 Nyaung Lat Phat Pond(MAP P.127-B2)の2ヵ所。残りのピャッタダーチー Pyathada Gyiの南にあるコマウ・ポンドの丘Ko Mauk Pondは、アクセスが悪く眺めもイマイチなのでおすすめできない。

ぜひ体験したい幻想的な眺め

Information

寺院の鍵を持っているのは誰？

バガンの寺院のなかには普段鍵がかかっており、内部が見学できない所も多い。しかし周辺をぶらぶらしていると鍵を持った人がどこからともなく現れる。鍵を持っているのは、寺院の周辺のおみやげ屋だったり、砂絵を描いている画家だったりする。特に買い物をしなくても親切に案内してくれるが、最後に漆細工や絵を買わないかとすすめられるのがパターン。

ミン・ナン・トゥ村とその周辺

ミン・ナン・トゥ村は、ニャウンウーの南8kmほどの所にあるのんびりとした村。村の中では糸から紡いで作るロンヂーの手織りの様子を見学でき、ハンドメイドのロンヂーやブラウス、バッグなどが手頃な値段で手に入る。また、このあたりにはバガン後期建造の寺院が集まっているが、1975年の地震で一部が崩落している。

360度の大パノラマを楽しめる ★★ MAP P.127-C2

バガン・ビューイング・タワー ပုဂံရှုခင်းသာမျှော်စင် (နန်းမြင့်မျှော်စင်)

Bagan Viewing Tower

バガン・ビューイング・タワー
行き方 レイミャナー寺院群から車で約8分。Ⓗオウリウム・パレス・ホテルのすぐ前。
住 Near Min Nan Thu Village
☎ 09-2502-83820
開 5:30～22:00 休 なし
料 US$5

土台の部分は寺院風、塔は王宮などにあった物見の塔をモチーフにしている

Ⓗオウリウム・パレス・ホテルの入口に建つ高さ約60mの展望台。バガン一帯を見渡せる。9～10階には眺望抜群のレストランもある。開館当初はUS$10だったが閑古鳥が鳴いていたので、半額に値下げ。現在も施設のわりには人気スポットとはいえないが、眺めのよさは文句なし。すべての仏塔が登楼禁止になったため、仏塔群を見渡せる同施設は貴重。別名ナン・ミン・タワー Nann Myint Tower。

「マーラの誘惑」は必見 ★ MAP P.127-C2～C3

ナンダマンニャ寺院 နန္ဒာမညာ (အနန္ဒပညာ)ဘုရား

Nandamannya Phato

ナンダマンニャ寺院
行き方 レイミャナー寺院群から徒歩約3分。

見た目は小さな寺院だが内部は一見の価値あり

1248年チャスワー王によって建てられた小さな寺院。砂の細い路地を入った奥にあるのでうっかり見落としてしまいそうだが、この寺院の内部には有名な壁画がある。「マーラの誘惑」と呼ばれるもので、瞑想中のブッダを若い女性が誘惑するという有名な仏教説話を描いたもの。またブッダ誕生のシーンもすばらしい。ただし、寺院の内部は撮影禁止。

暗殺された王のために建てられた ★ MAP P.127-C3

タンブラ寺院 သမ္ဗုလဘုရား

Thambula Temple

タンブラ寺院
行き方 レイミャナー寺院群から徒歩約2分。

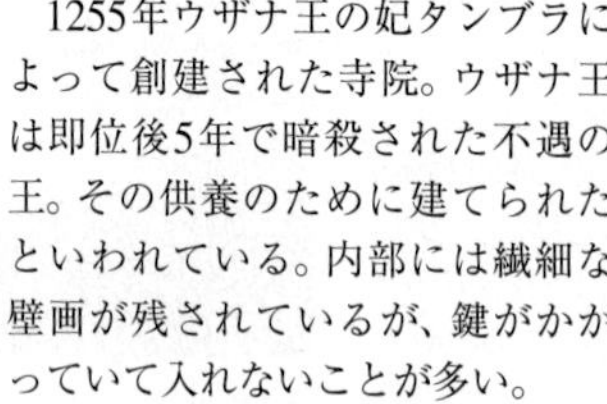

もともとはティーローミィンロー寺院（→P.139）に似た尖塔が特徴

1255年ウザナ王の妃タンブラによって創建された寺院。ウザナ王は即位後5年で暗殺された不遇の王。その供養のために建てられたといわれている。内部には繊細な壁画が残されているが、鍵がかかっていて入れないことが多い。

Information

ミン・ナン・トゥ村に立ち寄ってみよう

ミン・ナン・トゥ村は120軒の家に、約600人が暮らすのどかな村。今でも昔ながらの暮らしが残っており、織物をしているところや葉巻を作っているところを見学できる。冷たい飲み物や軽食を食べられるレストラン、ロンヂーなどの布やアンティークを売っている店もあり、店に入って村を見学したいと言えば、村の人が喜んで案内してくれる。バガン観光のひと休みにちょうどいい。

ヒンドゥー教や大乗仏教の影響？ ★★★ MAP P.127-C3

パヤートンズー寺院群

ဘုရားသုံးဆူအုပ်စု

Payathonezu Group

現地の言葉で「3つの仏塔」の名前をもつこの寺院は、3基の寺院が連結した形で建つ珍しいスタイルが特徴。内部の壁画も特徴的で、南方上座部仏教が主流のバガンの寺院のなかでは珍しく、菩薩などの大乗仏教または密教的なモチーフや、ヴィシュヌ・シヴァ・ブラフマーといったヒンドゥー教の神々も描かれている。3基の仏塔が並ぶ様式は仏教寺院としてはほとんど見られず、一説にはヒンドゥー教の影響を受けたものではないかとも推測されている。入口を入って右側、南側の仏塔は壁画も描かれておらず壁は真っ白、仏像も彫刻がなされる前に放棄されている。また、このメインの寺院以外に周囲にある小さな祠の中にもすばらしい壁画が観られるので、余裕があればぜひのぞいてみたい。

内部の壁面には隙間なく絵画が描かれている

外装のレリーフも美しい後期バガン建築 ★ MAP P.127-C3

ナラティハパティ・パヤー

နရသီဟပတေ့ဘုရား

Nara Thihapatae Paya

別名タヨッピー寺院。パヤートンズー寺院の目の前にある道を入った所にある。2層になった四角いフォルムは後期バガン建築を代表するスタイル。13世紀にナラティハパティ王によって建てられたもので、タヨッピーとはこの王のあだ名でモンゴルから逃げたとの意味だという。オリジナルの壁画がよい保存状態で残っている。

原野に屹立する姿が目を引く

この村の仏教の中心地だった ★★ MAP P.127-C3

レイミャナー寺院群

လေးမျက်နှာဘုရားအုပ်စု

Laymyethna Group

寺院、僧院、集会所、図書館の4つからなる仏教複合施設で、1222年に創建されたもの。寺院以外は廃墟のようになっているが、その一部は内部を見学することもできる。寺院の内部には創建当時の見事な壁画が残っている。第2次世界大戦中、戦禍を逃れて周辺の住民がこの寺院の中に避難して暮らしていたという。壁画の一部が黒くすすけているのは、このときに人々が寺院の中で煮炊きをした名残といわれている。現在寺院の尖塔は真っ白に塗られており、遠くからでも目を引く。

どこからでも目立つ真っ白な寺院

パヤートンズー寺院群
行き方 レイミャナー寺院群から徒歩すぐ。現在は内部の写真撮影禁止。
開7:00～17:00 休なし

壁画からはチベット仏教やヒンドゥー教の影響もうかがえる

3つの寺院がつながった独特の外観

ナラティハパティ・パヤー
行き方 レイミャナー寺院群から徒歩約3分。

壁面を飾るレリーフにも注目

レイミャナー寺院群
行き方 ニャウンウーから車で約20分。バガン・ビューイング・タワーから車で約5分。夜になるとライトアップされる。

黄金の仏像が収められた寺院内部

ナッ神が宿る伝説の山と文化財保護エリア

ポッパ山＆サレーへ ONE DAY TRIP

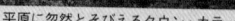

平原に忽然とそびえるタウン・カラッ

バガンに数日滞在するなら、バガンとはまったく異なる雰囲気が楽しめるふたつのエリア、ポッパ山とサレーまで足を延ばしてみよう。宗教と自然というミャンマーの2大風物が堪能できる。

1 タウン・カラッの頂上。777段の急な階段を上りきれば絶景が待っている。遠くに見えるのがポッパ山 2 人気の聖人ボー・ミン・ガウン 3 周辺唯一の宿、ポッパ・マウンテン・リゾート（→P.149）にはビューポイントも 4 ポッパメドウなどナッ神の人形が随所に飾られている。参道入口の建物には37体のナッ神像がある

ポッパ山 Mt. Popa ပုပ္ပါး

MAP 折込表 -B5~C5

花と緑に覆われたナッ神信仰の聖地

バガンの南東約50kmにあるポッパ山は、25万年前に活動を停止した標高1518mの死火山。この山の麓にあるタウン・カラッTaung Kalatと呼ばれる岩峰はその特異な外観のため、古くパガン王朝の時代よりミャンマーの土着宗教であるナッ神信仰の聖地とされてきた。ゆったりとした斜面に忽然と現れるタウン・カラッの標高は737m。山道に入ると間もなくこの異様な岩塔が雲上に垣間見え、思わず息をのむ。頂にはまるで天空の城塞とも見える寺院が神々しくそびえ立っている。

真偽のほどは定かでないが一説によるとこの岩塔、ポッパ山の山頂にあるクレーターと形も大きさもほぼ同じで、過去の大噴火の際、山頂部が吹き飛ばされて現在の場所に落下したものといわれている。現在のポッパ山周辺は緑豊かに木々に覆われ、種々多様な動植物の宝庫となっている。天然の泉は100を超え、その豊かな水源から麓のチャウッパダウンまで、日本の援助によるパイプラインで送水されている。「ポッパ」とはサンスクリット語に由来し、「花のあふれた」といったような意味がある。1年中さわやかな気候で、花だけでなく鳥やチョウの観察も楽しめる。

サレー　Sale/Salay　ဆလေ

MAP 折込表 -B5

貴重な文化財に触れられる小さな町

行動の起点となるのは**ヨーソー僧院 Yoke Soe Kyaung**。まずここの境内にあるサレー入域事務所で入域料を支払う。1882年に建てられたこの僧院は、総チーク材造りの高床式で、凝った彫刻が全体に施されていてとても美しい。内部は博物館。バガン、インワ、ヤダナボン時代の仏像がある。

シンビンマハラバマン寺院 Shin Bin Maha Laba Mann Templeは、漆塗りの大仏（高さ6m、幅5m）を収めた寺院。13世紀に造られた仏像が巡りめぐって1888年にこの寺院に収められたといわれている。竹でできているため仏像の内部は空洞で、狭い穴に入らせてもらえるが、骨組み以外は何もない。

ササナヤウンヂー僧院 Sasanayaunggyi Kyaungは、マンダレーの王宮が完成した直後の1865年に建てられた僧院。木綿の布に鮮やかに描かれた絵がたんすの装飾として飾られており必見の美しさ。たんすの中には、紙がなかった頃に使われていたヤシの葉の経典などが大切に保存されていて興味深い。またこの僧院にいる僧の講話を聴くと幸せになれると信じられており、毎日たくさんの善男善女がミャンマー国内各地から訪れる。

1 400年前のヤシの葉の経典。見学の際には僧院で学ぶ子供たちのために寄付を求められる　2 黄金に覆われた竹の仏像　3 彫刻の見事なヨーソー僧院　4 いまだ現役のササナヤウンヂー僧院

ポッパ山&サレー

行き方 バガンからタクシーチャーターが便利。ポッパ山へは3万5000～4万K、ポッパ山とサレーへ行く場合は7万～8万5000Kが相場。また、ポッパ山へは外国人旅行者向けのシェアタクシーも運行されている。料金はひとり9000K～1万5000K。バガン9:00発13:00帰着、15:00発18:00帰着の2便がある。ニャウンウーにあるTUN（MAP P.137-B1）など数社が運行しており、旅行会社やホテルで予約できる。祭りのある巡礼月（4月と8～9月）には、巡礼者向け直行ピックアップが運行される。往復6000K。直行便がない場合はチャウッパダウンで乗り換え。バガンからチャウッパダウンへはピックアップが11:00発、2000K。チャウッパダウンからポッパ山まで2000K。サレーへは、ニャウンウーのバスターミナルからチャウッ Kyaukまでピックアップで移動し（所要約1時間30分、1000K）、サレー行きのピックアップ（約45分、1000K）に乗り継ぐ方法もある。

● サレー入域事務所とヨーソー僧院博物館

開 火～日9:30～16:30
休 月・祝
料 入域料5000K

注：バガンやポッパ山では、トラブル防止のため外国人のバイクタクシーの利用は禁じられている。誘われても乗らないように。

バガンのホテル

HOTEL

■宿泊先はエリアと予算で選ぶ

バガンは大きく3つのエリアに分かれている。まずバガン全体の入口でもある北部のニャウンウー。この地域最大の町で交通の要衝でもあるため、ゲストハウスや手頃なホテル、レストランが多数あり何かと便利。考古学上の保護区であり、観光のハイライトが集まるオールドバガンには、5軒ほどの高級リゾートがあるだけ。出歩くには少々不便なので、ここではのんびり滞在してリゾートを満喫するのが正解だ。そしてオールドバガンの南西にある町がニューバガン。US$30～50程度の中級ホテルや高級リゾートが20軒以上とレストラン、ショップがあるが、全体的に物価はニャウンウーより割高。ほかにニャウンウーとオールドバガンの中間に位置するウェッチーイン村にも、リーズナブルな中級ホテルが集まっている。経済的に上げるなら、宿はニャウンウーかウェッチーイン村に取り、見どころは馬車やレンタサイクル、Eバイクなどで回るのがおすすめ。ハイシーズンには、ほとんどのホテルが2倍近く値上げするので注意。

■電気、通信事情

ときおり停電があり、時期により電気の使用時間がかぎられる場合もあるので、懐中電灯は常に身近に用意を。Wi-Fiを備えたホテルやレストランが増えており、外国人向けのゲストハウスではたいてい無料で利用できる。

■オールドバガンのホテル

H バガン・ティリピセヤ・サンクチュアリー・リゾート

Bagan Thiripyitsaya Sanctuary Resort　MAP P.128

住Archaeological Zone, Old Bagan
☎(061)2460048～9、09-9644-600480
URL www.thiripyitsaya-resort.com
E thiribgn@myanmar.com.mm
予エクセ　☎(03)3288-2371
料 AC ⓈⓉUS$80～400　CC MV
室127室

日系資本が運営する高級リゾート。広びろとした客室は1棟に4室ある。エーヤワディー川沿いに広がる敷地にバンガロータイプとヴィラタイプのスイートが点在している。テレビはNHKの国際放送が映るなど、日本人向けサービスが充実。本格的なスパや、プールも完備。

H ザ・ホテル＠タラバー・ゲート

The Hotel@Tharabar Gate　MAP P.128

住Near Tharabha Gate, Old Bagan
☎(061)2460037、2460042～3
URL www.tharabargate.com
E reservation@tharabargate.com
ヤンゴンオフィス ☎(01)377956、376568
料 AC ⓈⓉUS$245　スイートUS$450
CC MV　室84室

タラバー門の近くにあり、オールドバガン観光に便利。高級チーク材やアンティーク家具をあしらった客室は落ち着いた雰囲気で、スタッフの対応もよい。広い敷地内には、ロマンティックなレストランやバー、スパ、プールがあり、リゾート感満点。

H エーヤー・リバー・ビュー・ホテル

Aye Yar River View Hotel　MAP P.128

住Archaeological Zone, Old Bagan
☎(061)2460313、09-2042-134
FAX(061)2460353
URL www.baganayeyarhotel.com
E ayeyaresort@gmail.com
料 AC ⓈⓉUS$120～270　CC MV　室99室

エーヤワディー川のリバーフロントを独占。10エーカーのトロピカルガーデンに建つ高級リゾート。スイートやバンガローなど部屋のタイプは4種類。フローリングの広々とした部屋からは、場所によって緑の庭やエーヤワディー川、オールドバガンを見渡せる。

H バガン・ホテル

Bagan Hotel　MAP P.128

住Archaeological Zone, Old Bagan
☎(061)2460316～7
URL www.baganhotel.net　料 AC ⓈUS$115
ⓉUS$125～　CC JMV　室96室

客室棟はバガンの仏塔風の外観でゆったりと広く、全体的に高級感のある造り。66m²のジュニアスイートから300m²のバガン・リバー・ビューまで、スイートが5タイプある。ヴィラはUS$500。

H バガン・タンデ・ホテル
Bagan Thande Hotel MAP P.128

住Archaeological Zone, Old Bagan
☎(061) 2460025、2460031
FAX (061) 2460050
URL www.hotelbaganthande.com
料AC Ⓢ Ⓣ US$55～275
CC JMV (+4%のチャージ)　室91室

メインとなる2階建てのコロニアル様式の棟は、1922年にイギリスのウェールズ公がバガンを訪れたときに建てられたもの。デラックスルームやスイートからは、川の眺めがすばらしい。エコノミー以外はバスタブ付き。庭の一角が屋外レストランになっていて、川を眺めながら食事を楽しめる。

■ニューバガンのホテル

H バガン・ロッジ
Bagan Lodge MAP P.127-A4

住Myat Lay Rd., New Bagan
☎09-7770-77334、09-7770-77335～6
ヤンゴンオフィス☎(01) 227223　URL www.bagan-lodge.com　料AC Ⓢ Ⓣ US$228～469
CC MV　室86室

2013年にオープンした大型ブティックリゾート。客室は独立型のヴィラタイプ。チーク材を贅沢に使ったフローリングに、バガンではまだ珍しい現代的なインテリア。プールやスパ、レストランもある。

H アトーカ・ホテル
Arthawka Hotel MAP P.127-A4

住160, Cherry Rd., New Bagan
☎(061) 653201、09-2587-26812
URL www.arthawkahotel.com
料AC Ⓢ US$70　Ⓣ US$80
CC MV　室59室

中庭のプールを囲むように立つ中型リゾート。ニューバガンの東側、ホテルが数軒集まるエリアにあり、マーケットまで徒歩約5分。部屋は料金のわりに広くて快適。9室のみのデラックスルームは、バスタブ付き。

H ボウガ・ティディ・ホテル・バガン
Bawga Theiddhi Hotel Bagan MAP P.127-A4

住Myat Lay Rd., New Bagan
☎(061) 2465426、2465053、09-4593-11408　URL www.bawgatheiddhihotel.com
料AC Ⓢ Ⓣ US$50～　CC MV　室77室

2013年にオープンしたリゾート風ホテル。ホテル棟とヴィラがあり、ミャンマースタイルの客室には、砂絵のモチーフとしてもよく使われる、昔のバガンの踊り子などを描いた絵があしらわれている。プールのある中庭が気持ちよく、ルーフトップのバーからは朝日も夕日も美しく眺められる。インターナショナル料理のレストランもある。

H オステロベロ・バガン
Ostello Bello Bagan MAP P.127-A4

住Main Rd., Hkan Latt Qtr., New Bagan
☎09-2570-39009　URL www.ostellobello.com
E bagan@ostellobello.com
料問い合わせ　CC JMV　室27室

ニューバガンの中心にある、欧米人に絶大な人気を誇るバックパッカーホステル。スタイリッシュな客室やダイニング、本場のイタリア人によるパスタのサービスなどもある。すぐ近くに同系列の「オステロベロ・バガン・プール」もある。

H ホテル・シンシア・スマイル
Hotel Sincere Smile MAP P.127-A4

住Chauk Nyaung U Rd., New Bagan
☎(061) 65309、(061) 65428
E hotelsinceresmile@gmail.com
料AC Ⓢ Ⓣ US$50、70　トリプル$105
CC JMV　室68室

2012年オープン、リゾートタイプのホテル。遺跡の町に溶け込む趣のあるれんが造りで、プールを囲むように客室が並ぶ。湯沸かしポット、セーフティボックス、ヘアドライヤー、デスクなどの設備を全室に用意し、全室にバスタブが付くのもうれしいところ。朝食は大樹の緑が頭上に広がるオープンのレストランで味わえて気持ちいい。スパやフィットネスルームも併設。

H ラザジョー・ホテル
Razagyo Hotel　MAP P.127-A4

住126, Myat Lay St., Thamudraic Qtr., New Bagan ☎(061) 2465326、09-2544-15284 URL www.baganrazagyohotel.com
E bagan.razagyohotel@gmail.com
料AC ⓈUS$60～　ⓉUS$80～
CC JMV (+3%のチャージ)　室40室

ニューバガン市街の東にある。プールを取り囲むようにして建つれんがを使った建物もおしゃれ。客室の内装も、ウッディな家具を多用した落ち着いた雰囲気。フロントの対応もよく、観光やチケットの手配なども行ってくれる。

■ニャウンウー周辺のホテル、ゲストハウス

安宿はメイン通り沿いに集まり、手頃なホテルはティリピサヤ4通り Thiripyitsaya 4 St.のレストラン街南に数軒ある。

H タンテ・ホテル
Thante Hotel　MAP P.137-B1～B2

住Nget Pyit Tawng Pagoda Rd., Nyaung Oo
☎(061)2460315、09-2500-69428
URL www.thantenyu.com
E nyaunguthante@gmail.com
料AC ⓈUS$43～50　ⓉUS$65　トリプルUS$85　CC MV (+3%のチャージ)　室39室

プールもある高級ホテル。10棟のスーペリアバンガロー内にある客室は、ダブル2部屋、トリプル4部屋以外すべてツインルーム。24時間営業のレストラン、ビアガーデン、ベーカリーがある。

H ゼフリーティ・ホテル
Zfreeti Hotel　MAP P.137-A2

住407, Thiripyitsaya 5 St., Nyaung Oo
☎(061)2461003、2460921
URL www.zfreetihotel.com　料AC ⓈⓉUS$90～
CC MV (+3%のチャージ)　室102室

リゾート型ホテル。スタイリッシュな雰囲気とスタッフの行き届いたサービスで圧倒的な人気。長距離バスターミナルや空港からピックアップサービスもあるので予約時に依頼しよう。

H ホテル・タナカ・ミュージアム・コンプレックス
Hotel Thanakha Museum Complex MAP P.137-A2

住Main Rd., Nyaung Oo
☎(061)2460179、09-2543-10757
E thanakhamuseumcomplex@gmail.com
料AC ⓈⓉ3万9000K、5万9000K　トリプル5万9000K　CC なし　室38室

タナカメーカー「シュエ・ピィ・ナン」経営のホテルで、タナカ(→P.211)について学べるギャラリーやショップ、ビルマ料理と中国料理レストランを併設。3万9000Kの手頃なスタンダードも広さに余裕があり、5万9000Kのデラックスにはバスタブが付く。小ぶりながらプールも備える。

H ニュー・パーク・ホテル
New Park Hotel　MAP P.137-B2

住Thiripyitsaya 4, Nyaung Oo
☎(061)2460322、2460484
ヤンゴンオフィス☎(01) 205688
URL www.newparkmyanmar.com
料AC ⓈUS$25～50
CC MV　室26室

欧米人バックパッカーに人気の宿。繁華街から少し奥に入っているので静かに過ごせる。客室はバンガローで4タイプありどれも清潔。スーペリア(AC ⓈⓉUS$45)は、テレビ、冷蔵庫、バスタブ付き。レストランが多いティリピサヤ4通りに近く便利。

H シュエナディ・ゲストハウス
Shwe Na Di Guest House　MAP P.137-B1

住Main Rd., Nyaung Oo
☎09-4442-31960、09-4025-10136
料AC ⓈⓉUS$21～35
CC MV (+3%のチャージ)　室45室

ホテル内はメンテナンスがよく非常に清潔で、スタッフもフレンドリー。Eバイクレンタルやシェアタクシーの手配も可能。欧米人バックパッカーに人気で、ロビーは各国から来た旅行者の情報交換の場となっている。手頃な料金のドミトリー(US$15)もある。

H インワ・ゲストハウス
Inn Wa Guest House MAP P.137-B1

住Main Rd., Nyaung Oo
☎(061)2460902、09-7914-11452
E innwa.gh@gmail.com
料AC ⓈⓉUS$30、40、50
CC JMV（+3%のチャージ） 室40室

マーケットのすぐ近くにあり、3階建てで通り側はバルコニーになっている。料金のわりに部屋は広くてきれいで、場所も便利。朝食は眺めのよい屋上で食べられる。2014年1月完成の新棟にあるスーペリアとデラックスは、全室テレビ、ミニバー付き。

H ホテル・タンブラ
Hotel Thumbula MAP P.137-B1

住Main Rd., Tike Kong Qtr., Nyaung Oo
☎(061)61243、09-7997-77744
E hotelthumbula54@gmail.com
料AC ⓈUS$18 ⓉUS$22
CC なし 室28室

シュエズィーゴォン・パヤーとニャウンウーのマーケットのほぼ中間に位置し、どちらにも徒歩10分以内で行ける。旅行会社やレストランが建ち並ぶエリアにも近くて便利。建物や設備は少々古いものの、客室は清潔に保たれ、全室にバスタブが付いてUS$18～という料金はお得。バスやバルーンフライトなどのチケット手配やEバイクのレンタルも可能。

H ゴールデン・ミャンマー・ゲストハウス
Golden Myanmar Guest House MAP P.137-B1

住Main Rd., Nyaung Oo
☎09-2584-12051～2 FAX(061)2460901
URL www.goldenmyanmarguesthouse.com
料AC ⓈUS$20 ⓉUS$30、40
CC JMV（+3%のチャージ） 室15室

にぎやかな通りにあり、マーケットにも近いゲストハウス。2013年に内装を一新してキレイになった。客室は1階と2階にあり、1階のほうが安い。旅行会社も兼ねており、国内線だけでなく国際線航空券の予約もできる。

■ウェッチーイン村のホテル

H ニューウエーブ・ゲストハウス
New Wave Guest House MAP P.127-B2

住Wetkyi-Inn, Nyaung Oo
☎09-4021-14090
URL www.newwavegbagan.com
料AC ⓈⓉUS$35～ CC なし 室26室

ニャウンウーとオールドバガンの中間に位置するウェッチーイン村は、手頃なゲストハウスが集まるエリア。なかでも人気があるのがここ。清潔で手入れの行き届いた広い客室で、飾り気はないが落ち着いた雰囲気がいい。リーズナブルな料金にもかかわらず、客室内にはコーヒーセットやドライヤーなども完備されている。朝食は屋上で食べられ気分がいい。

H バガン・プリンセス・ホテル
Bagan Princess Hotel MAP P.127-B2

住Wetkyi-Inn, Nyaung Oo
☎(061)2460661、09-4207-62674
URL www.baganprincesshotel.com
FB Bagan Princess
料AC ⓈⓉUS$65～90 CC なし 室41室

ウェッチーイン村にあるおしゃれなブティックリゾート。客室はすべてジャクージ付きで、高級感あり。プールもある。

■ポッパ山周辺のホテル

H ポッパ・マウンテン・リゾート
Popa Mountain Resort MAP 折込表-B5～C5

住Mt. Popa., Kyauk Padaung T/S
☎(02)4069168～9、09-4027-60884
URL www.myanmartreasureresort.com
料AC ⓈⓉUS$95～160 CC JMV 室55室

ポッパ山国立公園内にある高級リゾートで、現在ポッパ山周辺で外国人が宿泊できる唯一の宿。一部の客室やレストラン、プールからタウン・カラッを一望する眺めがすばらしい。周辺のトレッキングや乗馬も楽しめる。宿泊客以外でもプール（US$7）やレストランのみの利用も可。ロビー周辺でWi-Fi無料。

バガンのレストラン

RESTAURANT

ニャウンウーには安くておいしい店が多い。オールドバガン、ニューバガンは高め。

■オールドバガンのレストラン

アーナンダ寺院近くに集まっている。

R スタービーム・ビストロ

Starbeam Bistro MAP P.128

住North of Ananda Temple, Old Bagan
☎09-4025-02614
営8:00～22:00 休なし CCなし

ヤンゴンの高級ホテルでフレンチシェフを務めたティン・ミィン氏が2010年に開業。オープンな造りで、味は本格派。温めて出される自家製パンもおいしい。エーヤワディー川で取れた新鮮な魚のグリル2500～7500Kやナスのサラダ3000Kがおすすめ。

R サラバー

Sarabha MAP P.128

住Near the Tharabha Gate, Old Bagan
☎09-7855-60239
営11:00～21:00 休なし CCなし

タラバー門のそばにあり、アーナンダ寺院が見える。内部はれんが造りで仏塔風のインテリア。ビルマ、中国、タイ料理のメニューは、選ぶのに困るくらい種類豊富。チャーハン2500K～、野菜料理各種2000K～、エビ料理8500K～。

R ヤー・ピー・ベジタリアン・レストラン

Yar Pyi Vegetarian Restaurant MAP P.128

住Main Rd., North of Ananda Temple, Old Bagan ☎09-4025-00675
営7:00～22:00 休なし CCなし

アーナンダ寺院の近くに位置するベジタリアンレストラン。野菜カレー、トマト&ピーナッツカレー、ナスと豆腐のカレーなど、ヘルシーなカレーを3000～3500Kで味わえる。なかでも野菜カレーは、オクラやジャガイモ、ニンジンなどがゴロゴロと入り、油を抑えた優しい味わいでおすすめ。甘みがふわっと口中に広がるココナッツライス1000Kとの相性も抜群。

■ニャウンウーのレストラン

R ウエザー・スプーンズ

Weather Spoon's MAP P.137-A2

住Restaurant Row, Thiripyitsaya 4 St., Nyaung Oo ☎09-4309-2640、09-2462-048 営9:00～22:00 休なし
CC J M V (+3%のチャージ)

各国料理のレストランが集まる通りに面した人気店。香ばしいパテがボリュームたっぷりのウエザー・スプーンズ・バーガー5900Kが名物。

R ブラック・バンブー

The Black Bamboo MAP P.137-A2

住Yar Khin Thar St., Thiripyitsaya 4, Nyaung Oo
☎(061)2460782 URL www.theblackbamboo.com 営木～火11:00～22:00 休水 CCなし

中庭のある落ち着いた雰囲気の人気レストラン。メニューはフランス料理とビルマ料理をミックスしたオリジナル。ワインも充実。食後のアイスクリームもおすすめ。Wi-Fi無料。

R シュエ・モー・レストラン

Shwe Moe Restaurant MAP P.137-B1

住Main Rd., Ywa Thit Qtr., Nyaung Oo
☎(061)2460653、09-4305-8979
営8:30～22:30頃 休なし CCなし

新鮮な素材を使った中国料理は、油っぽくなくて美味。いち押しはバガン名物の大ぶりな川エビを使ったトマトベースのカレー。スープや副菜、ご飯も付いて1500～8000Kで満腹間違いなし。タイ、ビルマ料理もある。

R ラ・テラッツァ

La Terrazza MAP P.137-A2

住Thiripyitsaya 4 St., Nyaung Oo
☎09-4026-30878 FB laterrazzabagan
営10:30～22:30 休なし CC M V

ティリピサヤ4通り沿いの人気イタリアン。ラビオリ、リゾット、パスタ、ピザなどが1品1万K前後で揃う。ピザは窯焼きの本格派で、はす向かいの同経営のピザ店から焼きたてを届けてくれる。日本語メニューがある。

■ウェッチーイン村のレストラン

各種レストランが充実している。西洋料理やタイ料理、地元の人でにぎわうビルマ料理店などがある。

R ナンダ・レストラン
Nanda Restaurant MAP P.127-B1

住 Main Rd., Wetkyi-Inn, Nyaung Oo
☎ (061) 2460754、09-2042-341
営 11:00～22:00 休 4月13～18日
CC J M V (+3%のチャージ)

ミャンマーの伝統的な操り人形(パペット)のショーを観られる高級レストラン。ショーは毎晩19:00開演で、上演時間は約45分。熟練のスタッフによる、古くから代々継承されてきた高い技術のパフォーマンスには思わず拍手喝采。ディナーはセットメニューで2万5000Kと高めだが、料理はどれも洗練された味わい。せっかくならステージ前の席を予約しよう。

R クイーン・レストラン
Queen Restaurant MAP P.127-B2

住 Wetkyi-Inn, Nyaung Oo
☎ (061) 2460176、09-7733-33100
営 9:00～22:00 休 なし CC なし

テラス席が並んだオープンエアのレストラン。外国人に人気なのが「ミャンマーカレーセット」で、ビルマ料理が苦手な人にも食べやすくアレンジしてある。エーヤワディー川のエビカレー9500K。フライドライス1800K～などの中華、ピザ4800K～やパスタ4000K～などの洋食メニューもある。トイレが清潔なのもうれしい。

R ミョーミョー
Myo Myo MAP P.127-B1

住 Wetkyi-Inn, Nyaung Oo
☎ 09-4440-04137、09-2591-00441
営 6:00～19:00 休 なし CC なし

地元で人気のビルマ料理レストラン&カフェ。メニューはなく、テーブルに着くと20品くらいの小皿料理がお盆にのせられて運ばれてくるので、好きなものをチョイスするシステム。どれもおいしそうで迷ってしまう。ひと皿200～4000Kで、ライスと数皿頼んでひとり2000～5000Kくらい。

バガンのショップ
SHOP

漆器、木彫りの工房兼ショップをはじめ、バガンらしい店がある。雑貨や砂絵は、マーケットや寺院周辺で売られている。

S トゥン・ハンディクラフツ
Tun Handicrafts MAP P.127-A4

住 G-1, Khanlaung Qtr., New Bagan
☎ (061) 2465063、2465384、09-2042-778
営 8:00～19:00 休 なし
CC M V

バガンの漆器店のなかでもクオリティの高さとデザインのよさで人気。オーナーの娘モーモー氏がデザインする漆器はシンプルかつファッショナブルで使い勝手もいい。すぐ隣の工房で制作過程を見学することもできる。

■旅行会社

T グリーン&グリーン
Green & Green MAP P.137-A2

住 Thiripyitsaya 4 St., Nyaung Oo
☎ 09-2002-574、09-7985-09968
URL www.myanmargngtravel.com
E greenandgreen.travel@gmail.com
営 7:00～21:30 休 なし CC M V

バガンとマンダレーにオフィスを構える旅行会社。各地へのバスチケット、ポッパ山とサレーへのシェアタクシー、バルーンフライト、Eバイクレンタルなど、あらゆるバガン観光の相談と手配に応じてくれる。

T サラトラベルミャンマー
Sara Travels & Tours MAP P.127-A4

住 2nd Floor, Bagan Residence H5B, Main Rd., Khan Laung Qtr., New Bagan
☎ 09-7676-22699 URL www.sara-tour.com
E info@sara-tour.com 営 月～金 9:00～17:30、土 9:00～14:00 休 日 CC なし

「地球の歩き方ホームページ」のバガン特派員でもある橋本さんが経営する旅行会社。在住者ならではの情報網とネットワークで、バガン観光を中心とした各種ツアーの手配を行っている。ツアーの申し込みは、基本的にウェブサイトまたはeメールで受け付け。

仏塔が散らばる大平原に浮かぶ熱気球

旅のヒント Hints

3300以上もあるという仏塔が、広大な平原に散らばるミャンマーの古都バガン。幻想的でエキゾチックな風景を、熱気球に乗って空から見ることができる。夜が明けきらぬ早朝にスタンバイして、日の出とともにフライト。眼下にはたくさんのパゴダとその向こうを悠々と流れるエーヤワディー川……。きっと忘れがたい光景となるだろう。

2019年現在4社が運航し、各社にホテルからの送迎と気球がセットになったスタンダード（US$320～350）のほか、これにシャンパンブレックファストなどが付いたプレミアム（US$390～450）がある。いずれも10月上旬～4月上旬のみの運航で、申し込みはウェブサイトや現地旅行会社などでできるが、シーズン中は満員になることが多い人気ツアーなので、旅程が決まったら早めに席を押さえておきたい。また12月20日～1月5日のピークシーズンは各社とも割増料金となる。

乗るチャンスがなくても、いくつもの気球が空に浮かぶ様子を眺めるのも楽しい。気球の飛ぶ早朝に、オールドバガンに行ってみよう。

■気球を運航する会社

各社内容に大きな差はない。早めの予約がおすすめ。

オリエンタル・バルーニング　Oriental Balloning
URL www.orientalballooning.com

バルーンズ・オーバー・バガン　Balloons Over Bagan
URL www.facebook.com/balloonsoverbagan

ゴールデン・イーグル　Golden Eagle
URL goldeneagleballooning.com

エスティティ・バルーニング　STT Ballooning
URL www.sttballooning.com

夢のような景色を眺められる

幻想的なバガンのライトアップ

旅のヒント Hints

昼間は強烈な太陽の光を受けて力強い印象を受けるバガンの仏塔や寺院。そんなバガンも日が落ちて暗くなってくると、暗闇のなかにライトアップされ、神秘的な雰囲気になる。明るい時間帯とはひと味違う印象となる寺院や仏塔を見学してみよう。

ライトアップされるおもな寺院は、オールドバガンのアーナンダ寺院（→P.134）、ゴドーパリィン寺院（→P.135）、タビィニュ寺院（→P.134）、ニャウンウー周辺のティーローミィンロー寺院（→P.139）、シュエズィーゴォン・パヤー（→P.138）など。通りには街灯が少なく無用心なので、宿などで同行者を集め、タクシーで出かけよう。

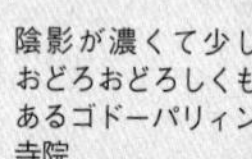

陰影が濃くて少しおどろおどろしくもあるゴドーパリィン寺院

アーナンダ寺院はどこかノスタルジック

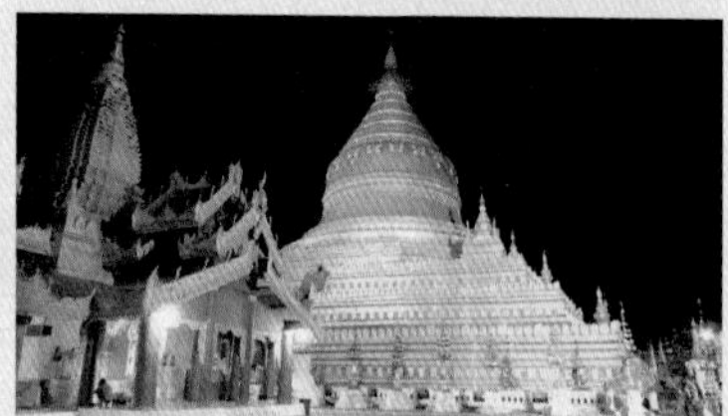

夜もまばゆい黄金のシュエズィーゴォン・パヤー

第2次世界大戦の激戦地だった

メイッティーラ

Meiktila

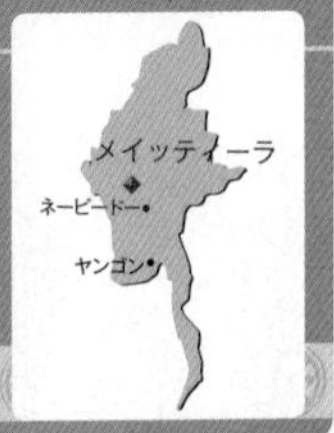

国土のほぼ中央に位置するメイッティーラは、古くから交通の要衝だった。現在でもミャンマーを南北に結ぶ道路の中継地点であり、ヤンゴンとマンダレーを結ぶ長距離バスはこの町を通る。第2次世界大戦末期、細長いメイッティーラ湖のほとりに広がる風光明媚なこの町の周辺で、敗色濃い日本軍と連合軍との間に激戦が繰り広げられ、数十万人が死傷した。パガン王朝の静養地だった美しい古都は、この戦闘で灰燼に帰した。もちろん地元の人も、巻き添えで大勢亡くなった。戦後この町には、亡き戦友の供養にと日本人が絶えることなく訪れている。国家や人種にとらわれずにすべての戦死者を弔い、さらには世界の平和を祈るための「世界平和パゴダ」として「ナガーヨン・パヤー」も建立され、人々が訪れている。

カラウェイの形をしたファウンドーウー・パヤー

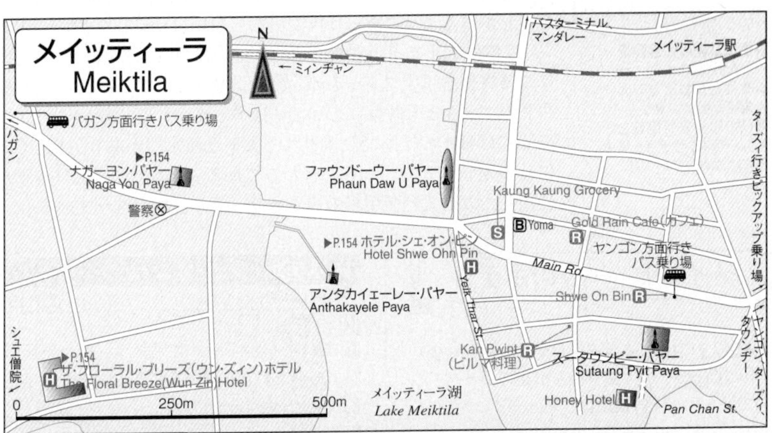

メイッティーラへの行き方 ACCESS

◆ヤンゴン、マンダレーから

アウンミンガラー・ハイウエイ・バス・ターミナル（MAP P.39-C1）から7:00～21:00の間、所要約8時間、1万2000K。マンダレーからは所要約3時間、3000K。

◆バガンから

7:00、8:30、20:30発のタウンヂー行きで途中下車。所要約4時間、普通8000K、ミニバス1万5000K。あるいはピックアップで所要約5時間、3000～4000K。

所要約3時間。時期によって料金に差がある。言い値も運転手により異なるので何人か当たってみよう。片道US$70程度。

◆ターズィから

所要約1時間、1000K。バイクタクシーなら所要約30分、1万K～。

◆チャウッパダウンから

タウンヂー行きで途中下車。所要約2時間、5000K。6:30発の直行バスは5000K。

シュエ僧院境内にある戦没者慰霊碑

世界の平和を願って建てられたナガーヨン・パヤー

Information

政情には細心の注意を

2013年3月にイスラーム教徒と仏教徒との間で大規模な衝突が発生した。渡航の際は最新情報を入手し、モスクやデモ、集会等には近寄らないこと。

メイッティーラの歩き方 Exploring

町の中心は湖に架かる橋の南側。通り沿いには食堂が何軒か並んでいる。市内の見どころとしては、橋のたもとに浮かぶカラウェイ型の黄金の寺院ファウンドーウー・パヤーがある。仏像とともに蛇の像が祀られているナガーヨン・パヤーには、日本人戦没者の慰霊碑などがある。ミャンマーとの友好と親善を願って建てられたチッチーエー・パヤー Chi Kyi Yae Payaは、市内からバイクタクシーで約5分のシュエ僧院Shwe Kyaungにある。途中のんびり釣りをする人や水辺に戯れる水鳥を眺めていると、かつてここが激戦地であったとは想像しがたいほど。

おもな見どころ Sightseeing

旧日本兵とのかかわりも深い

ナガーヨン・パヤー

Naga Yon Paya

နဂါးရုံဘုရား

MAP P.153

この仏塔の名前の由来は、次のような仏教説話に基づいている。あるとき、仏陀が屋外で瞑想していると、急に雨が降り出した。それを見ていたナーガ（コブラ）が仏陀の後ろで体を広げ、まるで傘を差しかけるように覆って雨が当たらないようにしたという。「ヨン」は僧が衣をまとう動作のこと。堂内には元日本兵やその遺族による寄付を示すプレートが、数多く掲げられている。別名「世界平和パゴダ」とも呼ばれている。日本とかかわりの深いこの仏塔の脇には日本の援助で設置された大きな浄水器があり、水をくみにくる地元の人でいつもにぎわっている。その奥には旧日本軍が使用した九七式軽装甲車の残骸もひっそりと展示されている。

メイッティーラのホテル

HOTEL

外国人が泊まれるホテルは町の中心から少し離れているが、バス停で待ち構えているバイクタクシーで2000K程度。

H ザ・フローラル・ブリーズ（ウン・ズィン）ホテル

The Floral Breeze(Wun Zin) Hotel MAP P.153

住Nandawgone Qtr.　☎(064) 23848、23559、09-4549-98292

FB floralbreezewunzin

料AC Ⓢ Ⓣ US$35、45、55　スイート（3人）US$65　CC Ⓥ（＋3%のチャージ）　室38室

湖畔にあり、のどかな環境。スタッフが親切で好印象。湖を望むオープンエアのレストランも備え、地元の人にも人気がある。

H ホテル・シェ・オン・ピン

Hotel Shwe Ohn Pin MAP P.153

住13/14, Yeik Thar St., Linzin Qtr.

☎(064) 24783、(064) 23330

FB hotelshweohnpin

E hotelshweohnpinmeiktila@gmail.com

料AC Ⓢ Ⓣ US$35、40、45　トリプルUS$60

CC なし　室42室

2019年に橋の近くにオープンしたホテル。板張りの客室はきれいに保たれ、ワーキングデスクやクローゼット、セキュリティボックスなどの設備も充実。メイッティーラではひときわ高くそびえる7階建てで、12室からはレイクビューも楽しむことができる。なかでもUS$45のコーナーデラックスの客室からは湖と橋を爽快に見晴らせる。屋上からの景色も美しい。

マンダレーとその周辺

マンダレー …………… 158
アマラプラ …………… 178
インワ …………… 180
ザガイン …………… 182
ミングォン …………… 184
モンユワ …………… 187
シュエボー …………… 192
ピンウールイン
(メイミョー) ………… 194
ティーボー(シーポー)… 201
ラーショー …………… 204
ミッチーナー ………… 207

エインドーヤー・パヤー(マンダレー→P.167)

マンダレーとその周辺のオリエンテーション

ミャンマーのほぼ中心に位置する古都マンダレー。1857年にミンドン王によって建設され、以後1885年にイギリスに占領されるまで、ミャンマー最後の王都として栄えた。マンダレー周辺にもインワ、ザガイン、アマラプラなどの古い王都があり、シャン族の王朝やビルマ族の王朝の都がおかれた。マンダレーの東、高原地帯にあるピンウールィンは、イギリス植民地時代に植民者イギリス人の避暑地として開かれた。現在でも植民地時代に建てられたコロニアルスタイルの建物が林の中に点在し、優雅な雰囲気の町となっている。ティーボーやラーショーはシャン州にあり、エリア的にはインレー湖周辺の章に収めるべきだが、マンダレーからのほうがアクセスしやすいのでこの章に掲載した。

マンダレー王宮の濠に架かる橋で夕涼みする人々

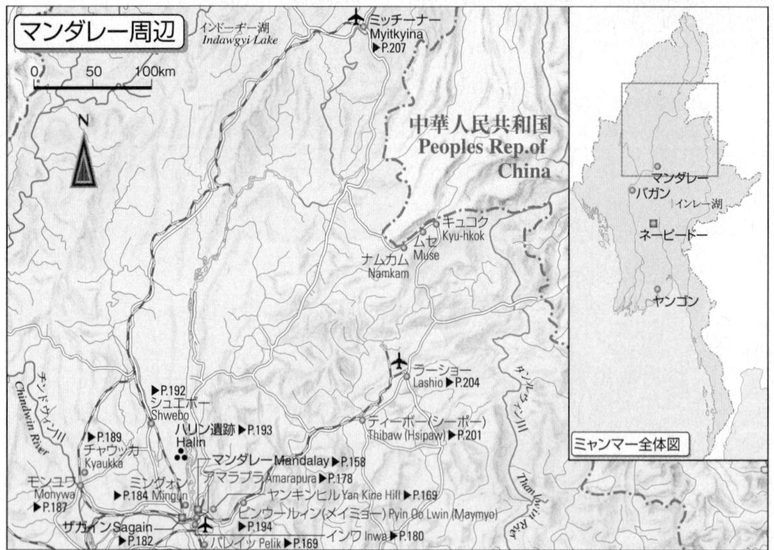

見どころ Tourist attraction

旧王都がいくつもあるためか、この地域のおもな見どころはほとんどが仏教建築。それぞれに特徴があるので、一つひとつ見ていくと興味深い。マンダレーの王宮は第2次世界大戦で戦災を被って焼けてしまい、現在見られるのは戦後再建されたもの。まずマンダレーヒルとその周辺の仏教建築に足を運ぼう。すばらしい細工の施されたチーク材造りの僧院が何軒もあるのはさすが王都の名残。そのほかの旧王都は、仏教建築がいくらか残っているだけ。マンダレーからバガンへエーヤワディー川を下る船旅は、外国人旅行者に人気。

次々発見される新しい見どころ。チャウセーのタモテシンピンシュエグヂー（→P.169）

イベント、祭り Event, Festival

●ティンジャン

4月中旬 ビルマ暦の正月の3日間を祝うミャンマー最大の祭り。1年の汚れを洗い流そうと、盛大に水をかけ合う。全国で行われるが、マンダレーが最も激しいと評判。毎年4月13～16日。

●タウンビョン

8月の満月の前の約1週間 マンダレーの北郊外にある村タウンビョンで行われる、精霊（ナッ神）信仰のお祭り。年3回行われ、8月が最も盛大。2020年は8月26日～9月2日、2021年は8月15～22日。12月頃と1月頃にもある。

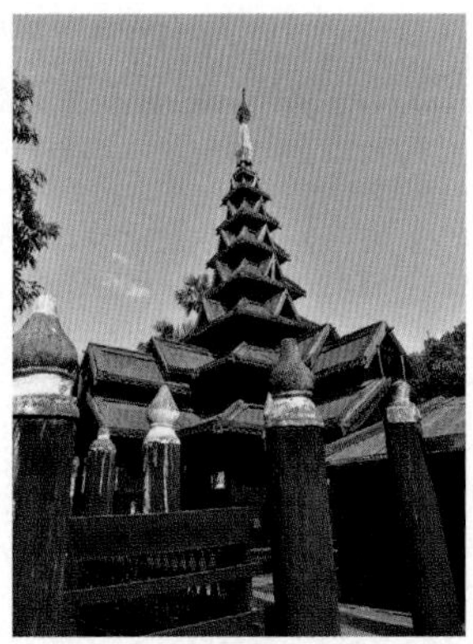
インワのバガヤー僧院（→P.181）はチーク材の美しい建物

シーズン Season

このエリアの気候は、マンダレーからモンユワにかけての平地帯と、ピンウールィンからラーショーにかけてのシャン山地、ミッチーナー周辺の北部山岳地帯などで大きく異なる。平地帯の雨季の降水量はヤンゴン周辺ほど多くはないため、比較的スムーズに旅行ができる。対して暑季の暑さが極めて厳しく、特に3～4月のマンダレーは非常に暑い。シャン州の山岳地帯に入ると、朝晩の涼しさが快適に感じられる。

台座だけで建設が中断したミングォン・パヤー（→P.184）

旅のヒント Hint

●交　通

マンダレー周辺を効率よく回るなら、タクシーのチャーターがおすすめ。ゲストハウスなどで斡旋してもらえる。ピンウールィン、ラーショー方面へはバスや鉄道が利用できる。鉄道は、途中で世界第2位の高さがあるゴッテイ鉄橋を通過する。

●宿の利用

マンダレーには、国賓級が宿泊するような高級ホテルからビジネス向きの中級ホテル、バックパッカーが集まる安いゲストハウスにいたるまで宿泊施設は多い。しかし外国人客の急増にともないホテルは不足気味。人気の宿は予約を入れたほうがいい。小さな町の場合は、外国人が宿泊可能なホテルは数軒にかぎられているので、ある意味宿探しは楽。マンダレー以外に高級ホテルはなく、中級ホテルか手頃なゲストハウスとなる。

ピンウールィン（→P.194）市街の中心にある時計塔

ビルマ最後の王都だった町

マンダレー

Mandalay

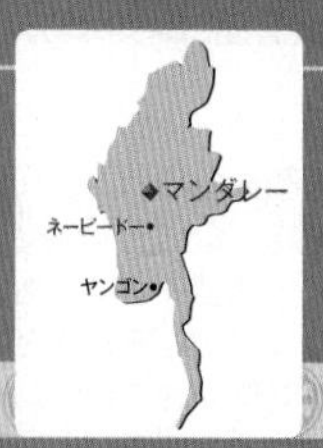

ミャンマーのほぼ中央に位置するマンダレーは、現在ヤンゴンに次ぐミャンマー第2の大都市。イギリスに占領される前までこの国最後の王朝がおかれていた。

町を見下ろすように建つマンダレーヒルの仏塔

1752年にアラウンパヤー王が開いたコンバウン朝（アラウンパヤー朝）の8代王パガン王のあとを継いで、1858年に即位したミンドン王は、首都を当時のアマラプラからマンダレーへ移すことを決定し、1857年から建設が開始された。当時はヨーロッパ列強によるアジアの植民地化が進行しており、インドを拠点として東方への進出を狙っていたイギリスは、ミャンマーへの侵略を始めていた。1852年にはヤンゴンを占領、さらにモウラミャイン、マルタバン（モッタマ）、パテイン、ピイ（プローム）も次々に占領されていった。ミンドン王は外交手腕もあり、この頃はまだコンバウン朝が存続する可能性も残されていた。しかし1878年にミンドン王はこの世を去り、ティーボー王が即位。王は外交そっちのけで瞑想に耽っていた。このような状況下にイギリスはビルマに対する侵略を続け、1885年にはとうとうマンダレーを占領、ティーボー王を捕らえてインドへと追放する（インドのラトナギリに現在でもティーボー王の子孫が暮らしている）。この町はわずか26年で王都としての歴史を閉じた。

毎年10月の満月の夜に行われるタディンジュ祭

ミンドン王が君臨した期間は短かったが、彼は仏塔や寺院を精力的に建設し、次々と目を見張るような壮大な建物を建てた。現在マンダレーに残っているおもな仏塔や寺院は、ほとんどがミンドン王時代のものだ。人形劇などの伝統芸能が残っているのも元王都らしい。

マンダレーへの行き方 ACCESS

◆ヤンゴンから

✈エア・マンダレー、エア・カンボウザ、ゴールデン・ミャンマー航空など7社が毎日1～2便、ミャンマー国営航空が毎日2便運航している。所要1時間～1時間30分、経由便は約2時間。料金はUS$85～150程度。スケジュールは頻繁に変更されるので、旅行会社などで確認を。

🚆ヤンゴンからは普通、急行合わせて1日3本。所要14～15時間だが、特に雨季には遅れることが多い。料金は普通および急行列車の寝台1万2750～2万4000K、アッパークラス9300～1万5000K、オーディナリークラス4650～6000K。

🚌最も経済的な方法が夜行バスの利用。10社近いバス会社が毎日アウンミンガラー・ハイウエイ・バス・ターミナル（MAP P.39-C1）から運行している。チケットはボーヂョーアウンサン・スタジアムの南にある各バス会社の窓口（MAP P.33-C1）で購入できる。全席指定で飲料水やおしぼりなどが付くことが多い。ヤンゴンを20:00～21:00頃出発し、到着は翌朝5:30～6:00頃だが遅れることも多い。料金は会社により異なり1万5000～2万3000K。全席指定なので早めの予約を。

◆バガン、インレー湖方面から

✈ヤンゴン発の経由便が各社1日1～2便あ

空の玄関口、マンダレー空港

る。バガンやヘーホーから所要約30分、旅行会社でUS$42～75程度。

🚆バガンから1日2本、7:00、21:00発、所要約8時間、寝台4000K、アッパークラス2900K、オーディナリークラス1450K。

🚌バガンやインレー湖方面から、毎日早朝に現地を出発し、夕方マンダレーへ到着するバスがある。バガンからは所要約5時間、9000K。タウンヂー（インレー湖）からは約10時間、1万3000～1万5000K。

⛴バガンからエーヤワディー川を遡行する旅客用フェリーが利用できる。外国人向けの民営エクスプレスボートは、RVシュエケイナリー RV Shwekeinnery、アライアンス・ミャンマー Alliance Myanmar、パイオニアPioneerの3社が運航している。10～3月はほぼ毎日運航しており所要12～13時間。それ以外の期間は予約状況や水位等の状況により運休する場合もある。バガンを5:30～6:00頃出発し、マンダレーには17:30～18:00頃到着。サービス内容は会社によって異なるが、たいていは船内での食事や水が付く。料金はUS$32～37。チケットはホテルや旅行会社で購入できる。

◆マンダレーの公共交通ターミナル

マンダレー空港

マンダレー空港は市街から南へ40km以上離れた場所に位置しており、移動は少々不便。空港から市街への乗合バスなどはなく、タクシーで1万5000K、シェアタクシーまたはミニバスでひとり5000K、所要約1時間。市内から空港へ向かう場合も基本的に交通機関はタクシーまたはミニバスのみ。シェアタクシーやミニバスは宿でアレンジしてもらおう。

マンダレー駅 (MAP P.160-B3、P.161-B2)

外国人は駅東側1階にあるインフォメーション（MTT）で購入できる。

長距離バスターミナル (MAP P.160-B5)

ヤンゴン、バガン、インレー湖など南方面からの長距離バスはマンダレー市街の南郊外、旧空港近くにある長距離バスターミナルに発着する。市街まではバイクタクシーで3000K、タクシーで5000～7000K。マンダレーには、ほかにティーボー、ラーショー方面へ向かう北行きバスターミナル（MAP P.160-C3）と、モンユワ方面行きディリー・マンダラ・バスターミナル（MAP P.160-A2）のふたつのバスターミナルがある。

上層階がホテルになっているマンダレー駅

マンダレーの歩き方 Exploring

整然とした碁盤目状の町並み

マンダレーの中心にあるのは一辺約3kmの正方形をした旧王宮。その東北にはマンダレーヒルが市街を見下ろしている。そして市街は、旧王宮の南と西にかけて発達している。マンダレーの町は東西南北に走る道路で規則正しく整然と区割りされており、通りにはすべて番号が振られている。町の中心に近い繁華街を除くと目立つ建物が少なく、特徴のない町並みが続いているので、歩いているうちに位置や方向の感覚を失いやすい。交差点には通りの番号を示す小さな標識も立てられているが、迷ったと思ったら早めに周囲の人に確認しよう。

伝統芸能も盛んな古都

Information

マンダレーの市内の交通手段

マンダレー市内で最も気軽に使える移動手段はバイクタクシー。近距離であれば1回1000～1500K。Ⓗナイロン・ホテル前からマンダレーヒルの麓までは2000Kが相場。

2017年に新しく登場したのがトンベイン（トゥクトゥク）。荷物があるときや悪天候時に便利だ。配車アプリGrab（→P.290）で呼ぶこともできる。料金はバイクタクシーの約2倍が相場。チャーターは、普通のタクシーとほぼ同じ料金。

新車が多いトンベイン

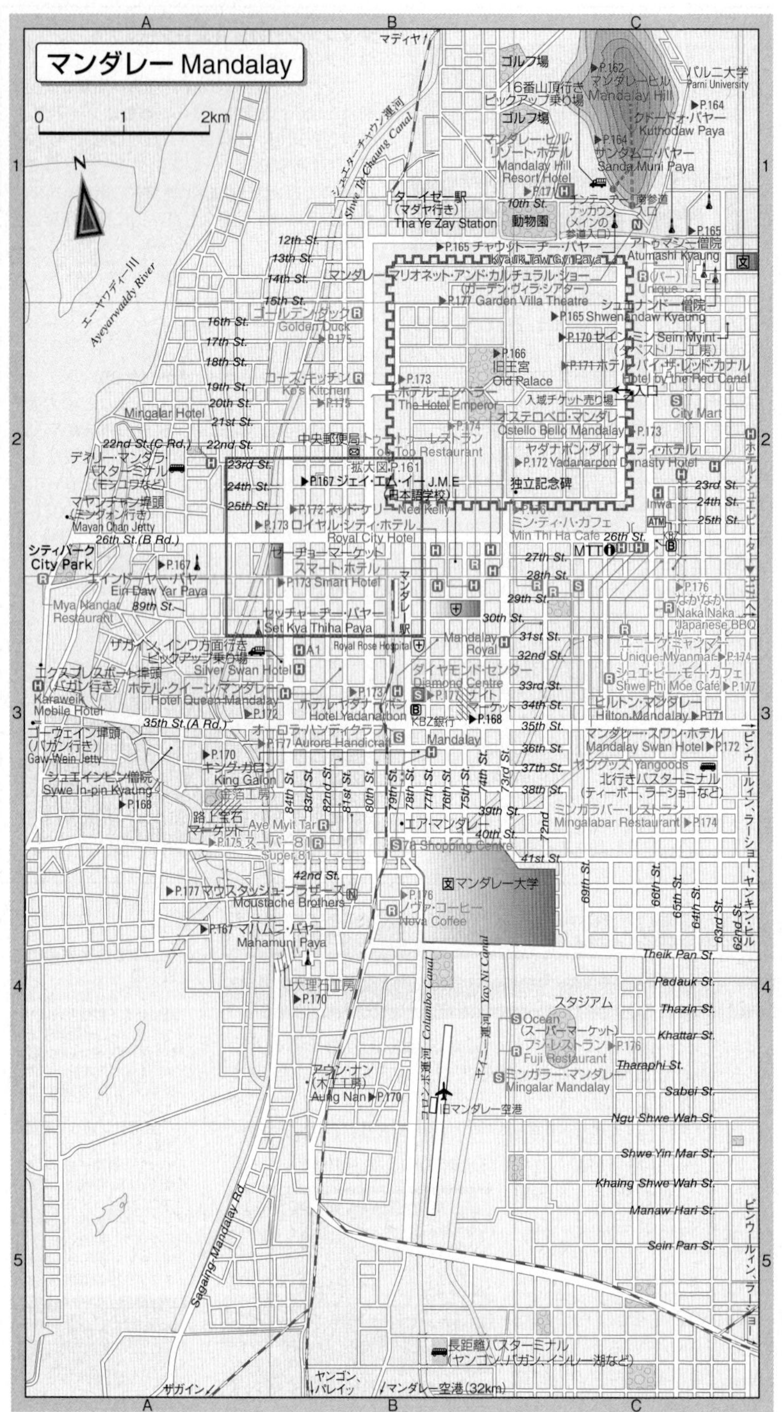
マンダレー Mandalay
マンダレーヒル Mandalay Hill
旧王宮 Old Palace
エーヤワディー川 Ayeyarwaddy River
マハムニ・パヤー Mahamuni Paya
クトードォ・パヤー Kuthodaw Paya
サンダムニ・パヤー Sanda Muni Paya
マンダレー大学
旧マンダレー空港
長距離バスターミナル（ヤンゴン、バガン、インレー湖など）
マンダレー空港（32km）

鉄道駅を境に東西で市街の表情が異なる

旧王宮の南に、南北に8ブロック分の敷地をもつマンダレー駅がある。駅ビルは、2001年6月にオープンした大きなターミナルビル。駅前には大きなロータリーがあり、周囲には近代的なビルが並ぶ。しかしそこから数ブロック離れ、73番通りあたりから東へ行くと、古くからの静かな住宅街と政府関係の施設が多い落ち着いたエリアになる。さらに東へ進んで62番と61番通りの間は、通りの南北に沿ってずらりと僧院が並ぶ仏教エリア。僧院沿いに北上すると、13番と12番通りの間のブロックに僧侶のための学校であるパルニ大学Parni Universityがあり、大勢の僧侶が勉学に励んでいる。

鉄道駅の西側は、古くからの商業、住宅エリアだ。特に80～84番通りと35～23番通りに囲まれた地域は商店やレストランが多くにぎやか。昼間は交通量も多く、歩くだけでも楽しい。ゲストハウスや中級ホテルもこのあたりに集中している。さらに北はかつてイギリス人居住区だったといわれており、静かな雰囲気だ。

駅から西へ30分くらい歩くとエーヤワディー川だ。川に近づくにつれて道路に規則性がなくなり、壁を竹で編んだ高床式の素朴な造りの家が多くなる。さらに歩くと小高い土手があり、それを越えると雄大にとうとうと流れるエーヤワディー川が目の前に広がる。川沿いには船着場が点在し、ミングォン行きの渡し船やバガン行きのフェリーなどが発着している。上流から筏に組んで運ばれてきた巨大な丸太を、水牛を使って荷揚げしている場所もある。

Information

マンダレーの病院
ニェイン・クリニック
Nyein Clinic

MAP P.161-B2
住 333, 82nd St., Between 29th & 30th Sts.
☎ (02) 4032050、4065460

ミャンマーの公立病院は、料金は安いが設備が悪くて治らないと評判で、少々高くても私立病院を選ぶ人が多い。この病院はレントゲンからCTスキャンまで最新設備を完備し、風邪から手術まで何でも対応してくれる。英語を話す医師もいて、支払いは現金のみだが海外旅行保険の書類にはきちんと記入してくれるので安心。

体調不良時はここへ

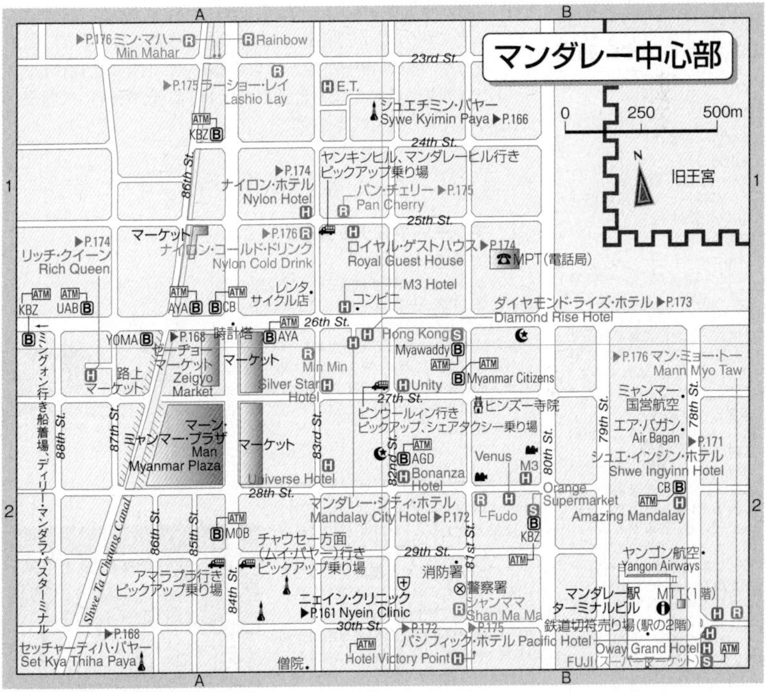

マンダレー中心部

0　250　500m
N
旧王宮
23rd St.
24th St.
25th St.
26th St.
27th St.
28th St.
29th St.
30th St.
86th St.
87th St.
88th St.
85th St.
84th St.
83rd St.
82nd St.
81st St.
80th St.
79th St.
78th St.
Shwe Ta Chaung Canal
▶P.176 ミン・マハー Min Mahar
Rainbow
▶P.175 ラーショー・レイ Lashio Lay
E.T.
シュエチミン・パヤー Sywe Kyimin Paya ▶P.166
KBZ
ヤンキンヒル、マンダレーヒル行きピックアップ乗り場
▶P.174 ナイロン・ホテル Nylon Hotel
パン・チェリー ▶P.175 Pan Cherry
マーケット
▶P.176 ナイロン・コールド・ドリンク Nylon Cold Drink
ロイヤル・ゲストハウス ▶P.174 Royal Guest House
MPT（電話局）
▶P.174 リッチ・クイーン Rich Queen
KBZ　UAB　AYA　CB
レンタ・サイクル店
M3 Hotel
コンビニ
ダイヤモンド・ライズ・ホテル ▶P.173 Diamond Rise Hotel
YOMA
▶P.168 ゼーチョー・マーケット Zeigyo Market
時計塔
AYA
マーケット
Min Min
Hong Kong
Myawaddy
Myanmar Citizens
▶P.176 マン・ミョー・トー Mann Myo Taw
路上マーケット
Silver Star Hotel
Unity
ヒンズー寺院
ミャンマー国営航空
エア・バガン Air Bagan ▶P.171
ミングォン行き船着場、ディリー・マンダラ・バスターミナル
マーン・ミャンマー・プラザ Man Myanmar Plaza
マーケット
ピンウールィン行きピックアップ、シェアタクシー乗り場
AGD
Bonanza Hotel
Venus
M3
シュエ・インジン・ホテル Shwe Ingyinn Hotel
Universe Hotel
Orange Supermarket
CB
マンダレー・シティ・ホテル Mandalay City Hotel ▶P.172
Fudo
Amazing Mandalay
MOB
チャウセー方面（ムイ・パヤー）行きピックアップ乗り場
KBZ
ヤンゴン航空 Yangon Airways
アマラプラ行きピックアップ乗り場
消防署
警察署
シャンママ Shan Ma Ma
ニェイン・クリニック ▶P.161 Nyein Clinic
マンダレー駅ターミナルビル
MTT（1階）
鉄道切符売り場（駅の2階）
▶P.168 セッチャーティハ・パヤー Set Kya Thiha Paya
▶P.172 ▶P.175 パシフィック・ホテル Pacific Hotel
Hotel Victory Point
僧院
Oway Grand Hotel
FUJI（スーパーマーケット）

丘全体が仏教の聖地
マンダレーヒル
Mandalay Hill မန္တလေးတောင်

マンダレーヒル頂上で
景色を眺める僧侶

旧王宮の東北にぽっこりと隆起した標高236mのマンダレーヒルは、丘全体が寺院となったマンダレー最大の聖地。頂上の仏塔まで登る途中にも多数の祠や仏塔が点在し、一つひとつ見ながら歩いていくのも興味深い。マンダレーを訪れたらぜひ足を運んでみよう。

エレベーターを利用すると楽

マンダレーヒル
MAP P.160-C1
開5:00～22:00 休なし
料マンダレーヒル山頂入場料1000K（外国人料金）

● **行き方**
市街のゼーヂョーマーケット（MAP P.161-A1～A2）から84番のバス（1000K）が、市街から旧王宮の南、そして東側を通ってマンダレーヒルの麓まで結んでいる。Hナイロン・ホテルの斜め向かい（MAP P.161-A1）からも、乗合ピックアップが出ている。

● **乗合ピックアップ**
営7:30～18:30（下りは18:00が最終）
料1000K
マンダレーヒル南参道の西側から出る16番のバスで頂上付近まで行ける。終点から頂上へはエレベーターで行くこともできるし、参道を歩いても10分もかからない。ゼーヂョーマーケット行きの84番のバスも同じ場所から発着する。バイクタクシーも利用でき、片道1500K程度。

マンダレーヒルの歩き方

車を使って7合目付近から見学を始めることもできるが、ここでは参道入口から徒歩で登るルートを紹介する。まずはタクシーや乗合ピックアップなどで、2頭の真っ白なライオン（チンテーヂーナッカウン）が守る南参道入口まで移動しよう。入口周辺に喫茶店やみやげ物屋が並んでいる様子は、日本の門前町によく似た雰囲気。歩いて登ると頂上まで1時間弱、参道には屋根があるので天気が悪くても安心だ。

マンダレーヒルの見どころ

1 チンテーヂーナッカウン Chinte Gyi Nakaung
ခြင်္သေ့ကြီးနှစ်ကောင်

マンダレーヒルの南参道入口を守る2頭のライオンの像。チンテーがライオン、ヂーは大きい、ナッカウンはふたつのという意味。高さは約8m。階段脇には履き物を預ける場所がある。料金（200K）は受け取りの際に渡す。第2次世界大戦中、日本軍占領下のビルマ北部に降下して日本軍を苦しめたイギリス軍部隊チンディッツの名称はこのチンテーから取られた。

白亜のライオンが守るマンダレーヒルの入口

2 チェードーヤ・パヤー Chedawya Paya
ခြေတော်ရာ

南参道を上ると、まず最初の踊り場にあるのがこの仏塔。仏足石を祀っている。さらにここから階段を上った次の踊り場にも同名の仏塔があり、外観もほぼ同じ。2番目のチェードーヤ・パヤーの踊り場から左右に下る階段があり、左の階段は Kushinara Paya、右の階段はSambuddhay Payaへと続く。

ちょうど最初の休憩にいい場所にある

5 日本人慰霊碑 Japanese War Memorial

ဂျပန်စစ်သားများ၏အထိမ်းအမှတ်ကျောက်တိုင်
(ဒုတိယကမ္ဘာစစ်အတွင်းကျဆုံးသွားသော)

ビャーデイペー・パヤーの裏側の階段を上ると、右側に売店やテーブル席がある休憩所が見える。その少し上には、マンダレーヒルを整備した高僧、ウ・ケンティ師U Khantiの像と写真が飾られている。ウ・ケンティ師以前には、マンダレーヒルには頂上の仏塔しかなかったのだという。さらに進むと、急な階段の踊り場に出る。右側の白い急な階段を上ると、上がったすぐ左側に日本人慰霊碑が見える。

日本だけでなく敵方の戦没者も慰霊する碑

4 ビャーデイペー・パヤー Byadaikpay Paya

ဗျာဒိတ်ပေးဘုရား

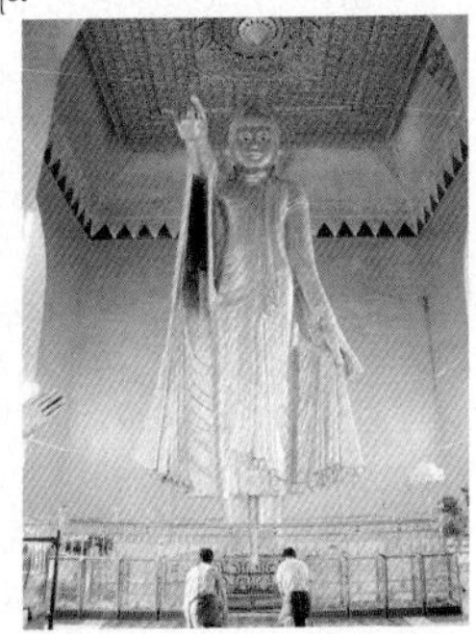

サイッタモー・パヤーから急な階段を上り、踊り場から進行方向左の階段を上りきった所にある、マンダレーヒルで最も名高い「予言を与え給う仏陀」像。高さ約8m、弟子のアーナンダを従え、金箔で全身覆い尽くされた仏像は、チーク材を彫ったもの。お布施するものが何もないことに悩んだあげく自分の乳房を仏陀に献上したサンダームキ（鬼）に対し、仏陀は現在のマンダレーの方向を指さし、「お前は来世では王になり、そこに町を造るであろう」と予言を与え給った。そのとおり、サンダームキはマンダレーの旧王宮を造ったミンドン王に生まれ変わったのだという。旧王宮の方角を指さした仏像の前では、いつも大勢の人がお参りしている。この仏塔の進行方向左側は展望テラスになっており、マンダレーの町を一望できる。頂上からの眺望とほとんど変わらないが、ここでは写真やビデオの撮影料は不要。双眼鏡のレンタルもある。また、仏塔裏には仏陀の四門遊観（老、病、死、悟り）を表すリアルな像がある。

3 ピーロンチャンター・パヤー Pyilone Chamtha Paya

ပြည်လုံးချမ်းသာဘုရား

チェードーヤ・パヤーの次の踊り場は、4体の仏像が並ぶ休憩所。ここからさらに長い階段を上ると、ピーロンチャンター・パヤーがある。町が栄えるように、という意味の仏塔。ここから上がる階段は仏塔の右側。次の踊り場にあるのがサイッタモー・パヤー Seaitamau Paya。急な階段前の小休止という意味の仏塔で、その名のとおり、進行方向左に急な階段が待っている。

マンダレーが栄えるようにとの願いが込められた仏像

6 ンコンミーン・ストゥーパ Ncon Minn Stupa

ငုံးမင်းစေတီ

日本人慰霊碑の近くにある、ウズラの仏塔。仏陀が釈迦として転生する以前に経た何種類もの動物にウズラも含まれており、愛らしいウズラの像が祀られている。周辺では占い師が客を待っている。英語も話すので、興味がある人は占ってもらおう。ウズラの仏塔から階段を上ると、次はプッミン・パヤー（トカゲの仏塔）。車で頂上付近まで上がってくると、このプッミン・パヤーの階下（ンコンミーン・ストゥーパへ下りる階段とは別の階段）に着く。

いろいろな動物の仏塔がある

7 サンダームキ（鬼の像） San Dha Mukhi

စန္ဒာမုခီဘုရား

プッミン・パヤーからさらに階段を上ると、サンダームキの像がある。サンダームキとはビャーデイペー・パヤーの説明にも登場した女鬼の名前。仏陀に乳房を差し出すサンダームキの像と、4体の鬼の像がある。

自らの乳房を差し出すサンダームキ

8 スタウンピー・パヤー Sutaungpyai Paya

ဆုတောင်းပြည့်ဘုရား

サンダームキから階段を上ると、いよいよ頂上。階段を上りきった所には撮影料支払い所があるので、カメラやビデオ撮影する人はここで支払う。中央にはマンダレーヒルで最も古いスタウンピー・パヤーがあり、その周囲は展望テラスになっている。テラスからはマンダレー市街や旧王宮、エーヤワディー川、ミングォンまではるかに見渡すことができ、夕日も美しい。丘にはエスカレーターとエレベーターがあり、いずれもプッミン・パヤー階下の駐車場近くから直接ここまで上がることができる。

モザイクの装飾がきらびやか

9 ムイヂーナッカウン Mwe Gyi Nakaun

မြွေကြီးနှစ်ကောင်

展望台を奥に進むと、下りの階段にさしかかる。その階段の上にあるのが、2匹のコブラの像があるムイヂーナッカウン。ムイは蛇、ヂーは大きい、ナッカウンはふたつのという意味。ミャンマー人にとっては、マンダレーヒルといえばムイヂーナッカウンというほどに人気の像で、有名な歌の歌詞にも出てくるのだそう（「マンダレーヒルまでは遠くない。さあ、2匹の大きな蛇を見にいこう」という内容）。蛇の口にはお布施のお札がたくさん挟み込まれ、記念撮影をしていく人も多い。ここの階段を下っていくと、裏の参道入口に出る。

口にお札をくわえさせられた蛇の像

注：マンダレーヒルの日本人慰霊碑にいる墓守は銭ゲバとの悪評高い。日本人が来るとこれ見よがしに掃除を始めたり、線香やお花を持って寄ってきて、チップをよこせとしつこく迫る。花や線香は別の場所で調達して、墓守りにはあまりかかわらないようにしたほうがいいかも。

おもな見どころ Sightseeing

マンダレーヒル周辺の見どころ

マンダレーの見どころは、マンダレーヒル周辺と市街（ダウンタウン）のふたつのエリアに分かれている。市街からマンダレーヒルまではナイロン・ホテル前（MAP P.161-A1）からピックアップが出ているが、効率よく回るなら、タクシーやバイクタクシーをチャーターしよう。それぞれのエリアで1日ずつあれば、見どころは網羅できる。

ユネスコ世界の記憶に登録された世界最大の教典 MAP P.160-C1

クドードォ・パヤー

ကုသိုလ်တော်ဘုရား

Kuthodaw Paya

マンダレーヒルの南東の麓に、バガンのシュエズィーゴォン・パヤーを模して建てられたもの。確かに中央にある塔の形はよく似ているが、それほど大きくはない。それよりもこの仏塔を特徴づけているのは、境内を埋め尽くした729の小仏塔群。それぞれの仏塔の中には、仏陀が悟りを開いてから死ぬまでの説教をまとめた経典を刻んだ石版が1枚ずつ収められている。このパヤーは1859年に、小仏塔群は1860年に建設が開始された。時のミンドン王は、「世界最大の経典」を造ろうとこの仏塔の建設にとりかかったという。王は2400人もの僧を集め、仏典を完全な形で大理石の石版に刻む作業をさせた。その一枚一枚を収めていくうちに、その数は729にもなった。730番目の石版には、この「世界最大の経典」が造られた経緯が刻まれている。それによると、集められた2400人が昼夜の別なく突貫作業で働き、1868年にようやく完成したとされる。

マンダレーヒルの頂上から、この仏塔の全景がよく見える。2013年には、この729枚の石版はユネスコの世界の記憶に登録された。

境内には経典が刻まれた石版を収めた小仏塔が並ぶ

仮の王宮としても使われた MAP P.160-C1

サンダムニ・パヤー

စန္ဒာမုနိဘုရား

Sanda Muni Paya

クドードォ・パヤーの西隣にあるこの仏塔には、ミンドン王が王宮造営の間、仮の王宮をおいていた。ミンドン王の弟王子で1866年に暗殺されたカナウンの遺体がここに埋葬されており、その上にマンダレーヒルの長であったウ・ケンティ師が仏塔を建設した。この境内にも1774の小仏塔が林立し、仏典を刻んだ石版が収められている。

目にまぶしい白亜の小仏塔群

Information

マンダレー入域料

料1万K

マンダレー市内だけでなくアマラプラ、インワ、パレイッ（ムイ・パヤー）などの見どころに有効。料金を支払うとカードを渡され、各見どころではカードを提示する。カードは旧王宮の入口などで購入できる。購入の際パスポートの提示が必要で、カードにあるPINコードが記帳される。同じ場所には1回しか入れない。有効期間は5日間。

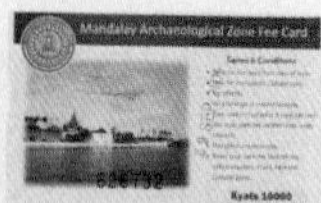

マンダレー滞在中は忘れず携帯しよう

レンタサイクル

83番通りと26番通りの交差点近くのレンタサイクル店（MAP P.161-A1）などでレンタル可能。1日2000Kくらい。要パスポート番号。日本と違い右側通行なので注意。

クドードォ・パヤー

開6:00～20:00
休なし

この石版に経典が刻まれている

サンダムニ・パヤー

開6:00～20:00
休なし

周囲を取り巻く塀も純白

ミンドン王によって開眼された石仏がある　MAP P.160-C1

チャウットーヂー・パヤー

ကျောက်တော်ကြီးဘုရား

Kyauk Taw Gyi Paya

マンダレーヒルの麓にある寺院。本堂にある大きな石仏は、マンダレーの約30km北にあるサジン山で採掘された巨大な一枚岩から彫られたもの。サジン山は良質の大理石を産出することで古くから名高い。通常ミャンマーのお寺にある仏像は、信者が寄進した金箔に覆われて黄金に輝いているのだが、ここの仏像は大理石の素肌がむき出しのままだ。

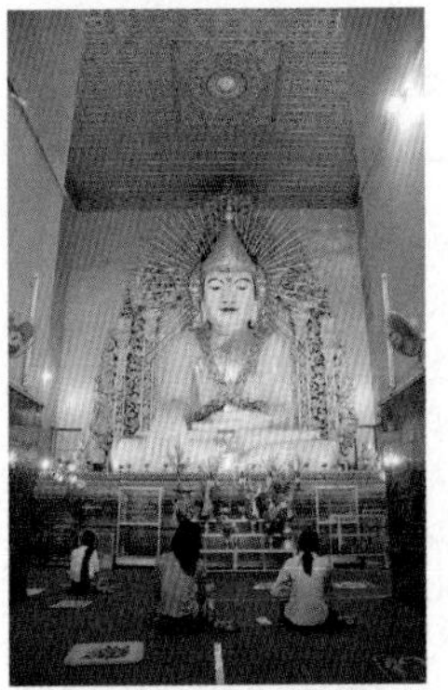
大理石の肌がなまめかしい仏像

仏像は1865年にミンドン王（在位1853～1878年）によって開眼された。その法要の際には2万人以上の兵士や僧侶が動員されたといわれている。仏殿の外側には八十羅漢像があり、これは本尊の石仏を彫る際に削り落とされた部分を使って造られたと伝えられている。また、本堂前のホールの屋根には数々の仏教説話の絵画が掲げられている。

ティーボー王が瞑想に訪れた僧院　MAP P.160-C1

シュエナンドー僧院

ရွှေနန်းတော်(ဘုန်းတော်ကြီး)ကျောင်း

Shwenandaw Kyaung

62番通りを北上し、14番通りと13番通りの間の路地を西へ入ると、すぐ左にある木造の僧院。建物の外壁や内側、屋根や入口の周囲は手の込んだ彫刻で装飾されており、建物全体が見事な芸術作品だ。

かつてこの建物は王宮の一画にあり、ミンドン王とその第一夫人はしばしばここで過ごしたという。ミンドン王が息を引き取ったのも、この建物の中だった。ミンドン王を継いだティーボー王（在位1878～1885年）は建物を現在の場所へと移し、個人的な瞑想の場所として使っていた。彼が座った椅子がまだ残されている。その後僧院として利用され、現在にいたっている。この国では昔ながらの僧院で木造のものは数が減ってきており、この僧院も唯一残るミンドン王時代の木造建造物で貴重な存在だ。

シュエナンドー僧院のすぐ西には、コンクリート造りで規模の大きなアトゥマシー僧院Atumashi Kyaungがある。第2次世界大戦中に破壊され、長い間廃墟のまま放置されていたが、1990年代の半ばに再建され偉容を取り戻した。

チーク材をふんだんに使ったシュエナンドー僧院

Information

マンダレーのMTT
MAP P.160-C2
マンダレーのMTTは、Hマンダレー・スワン・ホテル西側の堀沿い（入口は69th St.側）。航空券やバガン行きフェリーのチケットを販売しているほか、英語を話すガイドの手配もしてくれる。
マンダレー駅のターミナル内東側にもオフィスがあり、こちらのほうが場所は便利だが、鉄道関係以外の情報はHマンダレー・スワン・ホテル隣のオフィスのほうが多い。
☎(02) 4060356
営9:30～16:30
休なし

チャウットーヂー・パヤー
開6:00～21:00　休なし
毎年10月に1週間のお祭りがあり、期間中は周りに屋台が集まってにぎやかになる。この仏塔は占いでも有名で、参道には数人の占い師が机を並べている。彼らは英語を話すので、占い好きの人は試してみよう（見料は1万K～）。

建物内には仏教説話が掲げられている

シュエナンドー僧院
開8:00～17:00　休なし

精緻な装飾が施されている

アトゥマシー僧院
MAP P.160-C1
開8:00～17:00　休なし

建物は大きいが見るべきものはほとんどない

旧王宮
行き方 外国人が通れるのは東入口（MAP P.160-C2）のみ。東入口から旧王宮はバイクタクシーで1000K。
開 8:00～17:00
休 なし
入口でパスポートチェックがあるので、パスポートを持参すること。16:30には王宮内の展示室と監視塔へ続く階段が閉まるので、早めに入場しよう。

美しく再現された旧王宮

ヴィクトリア&アルバート美術館
URL www.vam.ac.uk

らせん階段で上がる監視塔

シュエチミン・パヤー
行き方 24番通り沿い、82番と83番通りの間。
開 5:00～18:00
休 なし
仏像や宝物は、普段は公開されていない。

マンダレー随一の歴史がある仏塔

わずか20年足らずで役目を終えたミャンマー最後の王宮　MAP P.160-B2～C2

旧王宮

နန်းတော်ဟောင်း
Old Palace

ミャンマー最後の王朝となったコンバウン朝の王宮。敷地はほぼ正方形をしており、一辺が約3kmとたいへん広い。高さ8mの城壁に囲まれ、要所に物見の塔が建てられている。城壁は幅約70mの堀に囲まれており、東西南北計4本の橋で市街と結ばれている。

マンダレーへの遷都を決定したミンドン王が1857年から建設を開始し、4年がかりで完成した。完成当時はこの国の建築芸術の粋を集めた、見事なものだったという。しかし1885年、この地を占領したイギリスはティーボー王をインドへと追放し、ここを軍の施設とした（このとき奪われた財宝の一部は、ロンドンのヴィクトリア&アルバート美術館に展示されている）。時代は下って1942年には日本軍に占領され、1945年3月、劣勢の日本軍と反攻に転じた英印連合軍との戦闘によって、王宮は焼失してしまった。当時のまま残されているのは城壁だけだ。

戦後はミャンマー国軍の施設として利用され、民間人が自由に入ることはできなかった。しかし1990年代末に旧王宮の建物が再建され、その部分にかぎって外国人も見学できるようになった。外国人に唯一開放されている東入口（西側、北側の入口もあるが地元の人のみ利用可）から入り、真っすぐ進むと突き当たりにあるのが再建された旧王宮の建物群で、敷地のほぼ中央部分になる。王の謁見の間や控えの間、宝物館など、往時の栄華がしのばれる壮麗さだ。敷地の隅にある、独特の円筒形をした監視塔にも上ってみたい。

書割風の旧王宮内部よりも古びた外壁のほうにむしろ趣を感じる

市街（ダウンタウン）の見どころ

王宮の北側は、地方の村落を彷彿させる昔ながらの住宅街で、竹で編んだ壁を使った家が並び、未舗装の路地が入り組んでいる。そんな中に小さな雑貨屋や貸本屋が店を出し、人々が行き交っている。マンダレーの市街は、王宮の南西の端からさらに南西へと広がっている。こちらはコンクリート造りの町並みが広がっている。

秘蔵の宝物が年に2回公開される　MAP P.161-A1

シュエチミン・パヤー

ရွှေကျီးမြင်ဘုရား
Sywe Kyimin Paya

マンダレー最古の仏塔とされ、パガン王朝時代に建てられたもの。外見は地味だが、創建者ミンシンソー王が奉納した仏像や、イギリスによる占領以来順次王宮から持ち出されてきた金、銀、ガラス製などの仏像や宝物類が収められている。これらの宝物は4月のティンジャン（水かけ祭り）と10月の満月の日にのみ公開される。

ブッダガヤから運ばれてきた仏像がある　MAP P.160-A2

エインドーヤー・パヤー

အိမ်တော်ရာဘုရား

Ein Daw Yar Paya

整った形が美しい仏塔。もともとはコンバウン朝のパガン王(在位1846～1853年)がアマラプラに建てたものだが、1847年に現在の場所へと移された。ここには玉髄(石英とオパールの中間のような石)でできた高さ約2.6m、直径約2.8mの仏像が収められている。仏像の本体は、白に少し赤を混ぜたような神秘的な色をしているそうだが、現在ではすっかり金箔で覆われてしまっている。この仏像は、1839年にインドのブッダガヤから運ばれてきたもの。

国内各地にあるマハムニ仏のモデルとなった　MAP P.160-B4

マハムニ・パヤー

မဟာမုနိဘုရား

Mahamuni Paya

市街の南の外れ、旧空港から北西へ約1kmの所にあるマハムニ・パヤーは、マンダレー最大にして最も重要な仏塔。マハムニ・パヤーの名は、本尊に当たる高さ約4mのマハムニ仏からきている。この仏像は創建者のボードーパヤー王(在位1782～1819年)の手によってヤカイン地方から運ばれてきたという伝承があるため、ここは別名ヤカイン・パヤーとも呼ばれている。

この仏塔は、1784年にボードーパヤー王が、当時の王宮からこの仏塔へ向かう道に石畳を敷き始めることによって建設が開始された。しかし100年後の1884年に発生した火災で焼けてしまい、広い境内に点在する建物は比較的新しい。本尊のマハムニ仏は金属製だったために難を逃れ、現在では再び人々の寄進による金箔で覆われている。お堂の中に収められた仏像は人の背丈ほどもある台の上に安置されている。金箔を購入した信者は階段を上って仏像の脇へと上がり(女人禁制)、思いおもいの位置に金箔を張っている。

マハムニ仏が収められている本堂の隣に大きなホールがある。中にはインドから日本までカバーした大きな立体地図があり、仏教の発生と伝播が矢印で表されている。境内でもうひとつ見逃せないのが、人間やライオンなど6体のクメール様式の青銅像を収めたお堂。これらの像はカンボジアで造られ、アンコールワットに置かれていたもの。それを1431年にタイの軍勢が持ち去り、1564年にはアユタヤーに攻め込んだモン族の王バイナウンの軍勢がバゴーへと奪い去った。1600年にはヤカインのラザヂー王がバゴーを侵略してこの像を持ち去ったが、1784年にボードーパヤー王が奪い返し、マハムニ・パヤーへ収めた。この像には、自分の具合が悪い部分と同じ場所をなでると体の調子がよくなるという言い伝えがある。

金箔が厚く張りつけられた仏像

エインドーヤー・パヤー
行き方 ゼーヂョーマーケットの西、28番通りと89番通りの角にある。
開5:00～22:00
休なし

美しい仏塔と境内にある仏像は必見

Information

マンダレーの日本語学校

ミャンマー人夫婦が営む日本語学校。若者を中心に多くの生徒が日本語習得に励む姿が見られる。日本人の訪問が喜ばれ、授業に飛び入り参加して生徒と触れ合うことも歓迎されるので、足を運んでみてほしい。

ジェイ・エム・イー
J.M.E
MAP P.160-B2
住B-27, Between 27th & 28th, 75th & 76th Sts.
☎09-2006-652
開7:00～11:00、18:00～19:00
休土・日・祝

生徒たちがあたたかく迎えてくれる

マハムニ・パヤー
開4:00～20:00
休なし
料マンダレー入域料とは別に5000K

本堂の仏像周辺は女人禁制。女性は外からお参りする

シュエインピン僧院
行き方 35番通りを西へ向かい、細い運河を越えてしばらくしたら左折。わかりにくいので地元の人に尋ねながら行こう。
開 8:30〜17:00
休 なし

のんびりムード漂う木造僧院 MAP P.160-A3

シュエインピン僧院
ရွှေအင်ပင်ဘုန်းတော်ကြီးကျောင်း
Sywe In-pin Kyaung

市街から少しエーヤワディー川のほうへ行った所にある。1895年に中国人の裕福なヒスイ商人が寄進した僧院で、総チーク造りの実に豪華な建物。やや古びているが創建当初の木彫りの装飾がそのまま残されている。周囲は静かな住宅地で、のんびりするのにも最適。境内にはマンゴーの木が林立し、不思議な風景を造り出している。

破風の美しい装飾は必見

セッチャーティハ・パヤー
行き方 ゼーヂョーマーケットのやや南、30番通りと86番通りの交差点にある。
開 4:00〜21:00
休 なし

堂内には大きな菩提樹が祀られている

境内ではチャイティーヨーのゴールデンロックを模したレプリカも見られる

見事な菩提樹が茂る MAP P.161-A2

セッチャーティハ・パヤー
စကြာသီဟဘုရား
Set Kya Thiha Paya

バーヂードー王（在位1819〜1837年）が1823年に造らせた青銅製の高さ5mの座仏像があり、おそらく市内で最も大きい。境内にある菩提樹は、1962年にネ・ウィン（後の大統領）の起こしたクーデターにともない国外追放された元首相ウー・ヌの植えたもの。

ゼーヂョーマーケット
行き方 26番と28番、84番通りに囲まれたブロックとその東隣および北隣のビル一帯。
営 店によってまちまちだが、だいたい9:00〜18:00。

新マーケットも加わり規模拡大中 MAP P.161-A1〜A2

ゼーヂョーマーケット
ဈေးချိုဈေး
Zeigyo Market

マンダレー最大のマーケット。大きなビルの中にたくさんの商店がひしめきあっている。業種ごとにおおざっぱに分けられており、薬局が集まったブロック、金の売買をする金行が集まったきらびやかなブロック、色とりどりのロンヂーやシャンバッグを売る店が集まったブロックなど、見て歩くだけでも楽しい。周辺の道路も終日混雑し、喧騒が絶えない。マーケットの西側には運河が流れており、その運河沿いにも食料品などの露店が並び、人出が多い。

ちなみに26番通りと84番通りの角に建っている時計塔は、イギリス統治時代にビクトリア女王の即位60周年を記念して建てられたもの。高い建物のない時代はよい目印だったが、今では周辺の建物の中に埋もれてしまった。

ゼーヂョーマーケット脇の84番通りには、夜になると露店が並び、“ナイトマーケット”と呼ばれている。おもに衣服や雑貨が売られ食べ物の屋台も出るが、盛り上がりはいまひとつ。

マーケットはビルの中に入っている

ところ狭しと店と物が並んでいるマーケットのビル内部

Information

ナイトマーケット
34番通りと75番通りの交差点あたりを中心としたエリアが、夜は屋台街となる（MAP P.160-B3）。現地ではテイユータンニャーゼイ（中華夜市）とも呼ばれており、中国系ビルマ料理の屋台が多い。ピンウールィン周辺で取れた新鮮な野菜を売る屋台も並ぶ。毎日17:00〜22:00頃の営業。

食べ物の屋台が並び楽しいナイトマーケット

郊外の見どころ

マンダレーを見渡せる　MAP折込表-C5

ヤンキンヒル

ရန်ကင်းတောင်

Yan Kine Hill

マンダレーの東、20kmほどの所にある寺院。マンダレーヒルを整備した高僧ウ・ケンティ師U Khantiが100年ほど前に建立したといわれている。丘に沿って建つ寺の上部には、小さな洞窟の中に金の仏像と金の魚の像がある。仏陀はさまざまな動物や鳥、魚などに転生したことがあるといわれており、これは仏陀が魚であったとき、漁師から逃れるためにこの洞窟に入って助かったことから造られたという。金の仏像と最も大きな魚は800年前に造られたものとされている。最上部からは、マンダレーヒルやマンダレーの町を見渡せる。

ヤンキンヒルの少し手前には、ミャー・チャウッMya-Kyaukという寺院がある。1998年に水不足で人々が困っていた頃、この町を守る精霊Bhanddanta Khemacaraから「竜の住処を掘れば水が湧く」という啓示が高僧に与えられた。それに従い、約半年がかりで掘ったところ、世界で最もミネラルバランスがいいといわれる水が湧き出し、この水を飲めば病気にならないと信じられている。寺の入口には、湧き水を持ち帰れる配布所があるので、おいしい水を飲んでみよう。

蛇と記念撮影ができる　MAP折込表-C5

ムイ・パヤー（スネーク・パヤー）

မြွေဘုရား

Mwe Paya

マンダレーから南に20kmほどの、365の仏塔が集まったパレイッ Pelikというエリアにあるムイ・パヤー Mwe Paya。ムイは蛇、パヤーは仏塔という意味で、お堂の仏像の脇に十数年前に大蛇がすみ着いたことで、こう呼ばれるようになった。初代の蛇はすでに死に、剥製となって境内に姿を残す。現在は3匹の蛇がおり、蛇を首に巻いての記念撮影も可能。

なぜか蛇がすみ着いてしまった仏像

象の踊りの祭りで有名な古都　MAP折込表-C5

チャウセー

ကျောက်ဆည်

Kyaukse

毎年10月の満月に合わせて行われる「シンポエドー Sin Poe Taw」という象の踊りの祭りが有名。この地を灌漑してくれたパガン王朝のアノーヤター王に感謝する、900年続く由緒ある祭りだ。また郊外には、世界屈指の美しさを誇るというダッタウタウン洞窟や、突然古いパゴダの中から見つかったパガン前期の寺院遺構タモテシンピンシュエグヂーなど驚嘆すべき見どころがたくさんある。

異様なほどの熱気に包まれる象祭り

ヤンキンヒル

行き方 マンダレー市街のHナイロン・ホテル（MAP P.161-A1）前から5番のバスで約40分。1000K。バイクタクシーで往復1万～1万1000K、タクシーで往復2万～2万5000K。

開7:00～19:00

休なし

料無料

ヤンキンヒルにある洞窟

ムイ・パヤー

行き方 29番通りと84番通りの交差点付近（MAP P.161-A2）からチャウセー Kyaukse行きのピックアップに乗ってパレイッ入口のハイウエイ上で途中下車。所要約30分、1000K。あらかじめ運転手か車掌に行き先を伝えておかないと停まらないので注意。ハイウェイの交差点では馬車やバイクタクシーが待機しており、1.5km先のムイ・パヤーまで馬車で片道300K、往復500K、バイクタクシーで往復2000K。マンダレーからバイクタクシーで往復1万～1万2000K、タクシーで往復2万K。

開5:00～19:30

休なし

料マンダレー入域チケットと共通。蛇と撮影したら係のおじさんに100K程度の心づけを。

チャウセー

行き方 29番通りと84番通りの交差点付近（MAP P.161-A2）からピックアップが出ている。1000K。2時間近くかかるのでタクシーをチャーターするのが楽。マンダレーから往復5万K程度。

タモテシンピンシュエグヂーの謎の三面仏像

“職人の手仕事を見学しよう”

マンダレー市内にはさまざまな伝統工芸の工房が点在している。どこも大勢の人が忙しそうに立ち働いているが、突然訪ねていっても気さくに見学させてくれる。仕事の迷惑にならないように気をつけながら、ゆっくり見学しよう。

金箔工房 Goldleaf Workshop

金箔はお参りの必需品。その金箔を作る過程を見学できる。この作業はたいへんな重労働で、工房ではまず竹の皮を3年間水につけ、柔らかくなったものを乾燥させてからたたいて薄く延ばす。そうして準備した竹の皮に金粉を包み、大きなハンマーでひたすらたたくのだ。工房では、ハンマーの重々しい音がひたすら響き続ける。こうして金箔ができあがると、女性たちが一定の大きさの紙に金箔を挟み、完成品にする。紙や金箔が飛ばないように、暑くても窓は閉め切ったまま作業は行われる。こうして長い時間と手間をかけて、やっと完成する金箔が仏像や仏塔に張られる。そこには、御仏のために尽くし、功徳を積んだのだという人々の自負が込められている。

たたいて延ばす工程も驚きの人力

S キング・ガロン
King Galon　MAP P.160-B3
住143, 36th St., Between 77th & 78th Sts.
☎(02) 4032135　営8:00～17:30
休なし　CC J M V

大理石工房 Marble Carving

大理石を彫って仏像の形に仕上げる工房が、マハムニ・パヤーの周辺に点在している。通りに面したスペースで、女性たちが細部を仕上げる様子が見られる。完成した仏像は国内だけでなくタイや中国、香港へと運ばれていくそうだ。大理石製の仏像はサイズもさまざまで、小さいもので1体5000Kほど。かんざしなどの小さなものであれば500Kほどで手に入る。

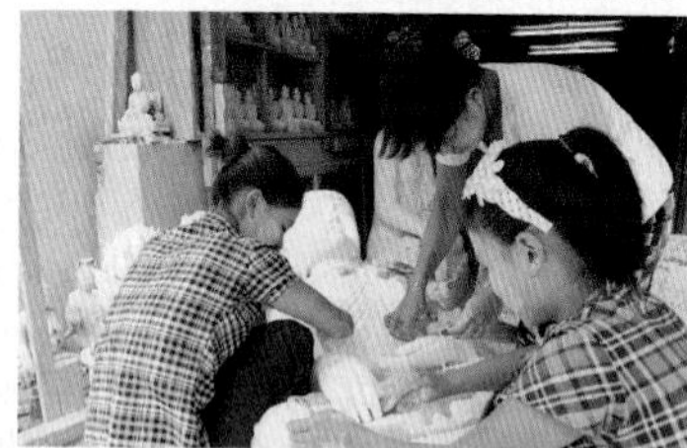
細かい部分は女性の手でていねいに仕上げる

S 大理石工房
Marble Carving Factory　MAP P.160-B4
住Near Maha Muni Paya, 84th St.
営7:00～17:00頃(工房によって異なる)
休なし　CCなし

織物工房 Textile Workshop

大きな織機にふたりずつ女性がついて、ロンヂーを織っている様子が見学できる。緻密なデザインに沿って織っていく。織機の横では、糸も紡いでいる。特にマンダレー近郊のアマラプラ(→P.178)は有名な織物の産地。ウー・ベイン橋とパトドーヂー・パヤーの間の路地にいくつもの工房があり、1日中織機の音が響いている。大きな工房では、併設されたショップで製品を購入可。

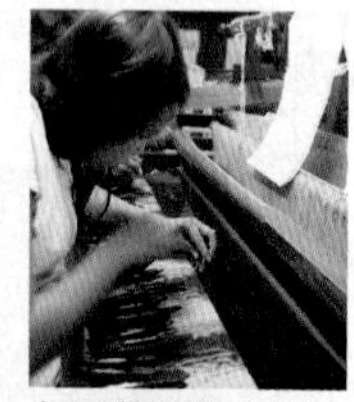
大きな織機が何台も並ぶ工房で女性たちが働く

S シュエ・スィン・タイ・シルクハウス
Shwe Sin Tai Silk House　MAP P.178
住Maung Dan Qtr., Amarapura T/S
☎09-2001-596
営8:00～18:00　休なし　CCなし

タペストリー工房 Tapestry Workshop

畳1畳分もあるような大きな布の周囲を5～6人の女性が取り囲み、スパンコールや金糸を使って器用に刺繍し、民族模様を仕上げる様子が見られる。大作になると3週間～1ヵ月もかかるものもあるという。その場で作品を買うこともでき、2000～6000Kほどの手頃なポーチなどもある。隣に建つ建物は、画家であるオーナーの作品や収集したアンティークが飾られたギャラリーとなっている。

細かな仕上げはもはや芸術の域

S セイン・ミン
Sein Myint　MAP P.160-C2
住42, 62nd St., Between 16th & 17th Sts.　☎(02) 39254、09-2007-439
営8:00～21:00　休なし　CCなし

木工工房 Wood Carving

伝統芸能マリオネット(繰り人形)や仏像、窓枠など、マンダレーは高い木工工芸の技術をもつ町。ここは職人たちが真剣に働く工房で、そこで作られた製品を売るおみやげ屋が併設されている。気軽に立ち寄れる工房として外国人観光客にも人気が高い。

ていねいにニスを塗る職人

S アウン・ナン
Aung Nan　MAP P.160-B4
住97,98,99, Mandalay-Sagaing Rd., Face to Face Myo Haung Station　☎09-2015-813
営9:00～18:00　休なし　CC M V

マンダレーのホテル

HOTEL

■マンダレーのホテル事情

高級ホテルは市街の東側、中級ホテルは82番通りの26番から29番通りの間に多い。料金は時期による変動も大きいので、利用する際にはしっかり確認すること。

ひとつ注意したいのは4月中旬に行われるティンジャン(水かけ祭り)。全国的に行われるお祭りだが、特にマンダレーは盛大。各地から観光客が押し寄せてホテルも混雑するので、この時期マンダレーを訪れる人は、必ず宿を予約しておくこと。

■高級ホテル

H マンダレー・ヒル・リゾート・ホテル
Mandalay Hill Resort Hotel　MAP P.160-C1

住9, Kwin (416.b) 10th St.
☎(02) 4035638　FAX (02) 4035639
URL www.accorhotels.com
料AC Ⓢ Ⓣ US$147～1067
CC M V　室208室

マンダレーヒルの麓に建つマンダレーの最高級ホテル。当初はノボテルとして建てられたので設備も整っており、パゴダ巡りには最適の立地。ミャンマーの伝統的スタイルを取り入れたスパ『Mandalar Villa & Spa』がある。朝食はビュッフェスタイルで豪華。

H ヒルトン・マンダレー
Hilton Mandalay　MAP P.160-C2

住1, Corner of 26th & 66th Sts.
☎(02) 4036488　FAX (02) 4036499
URL hiltonmandalay.hilton.com
料AC Ⓢ Ⓣ US$220～800　CC A M V
室231室

旧王宮の南東端にある、伝統的ミャンマー様式を模した堂々とした外観のホテル。客室は落ち着いた色調のファブリックでまとめられ、高級感満点。レストランも充実。レンタサイクルあり。インターネットで予約すると割安に利用できる。元セドナ・ホテル・マンダレー。

H ホテル・バイ・ザ・レッド・カナル
Hotel by the Red Canal　MAP P.160-C2

住417, Corner of 63rd & 22nd Sts.
☎(02) 4061177　FAX (02) 4061464
URL www.hotelredcanal.com
E info@hotelredcanal.com
料AC Ⓢ Ⓣ US$130～290
CC M V (+3%のチャージ)　室26室

旧王宮の東側にある隠れ家のようなリゾートホテル。客室はシャン族の文化をイメージしたインテリアになっている。

H ホテル・シュエ・ピー・ター
Hotel Shwe Pyi Thar　MAP P.160-C3外

住8B, Pyin Oo Lwin Rd., Between 31st & 32nd Sts.
☎(02) 2844401～9　FAX (02) 74410
URL www.hotelshwepyithar.com
E sales.shwepyithar@gmail.com
料AC Ⓢ Ⓣ US$120～600
CC M V (+3.12%のチャージ)　室91室

2012年6月にオープンした、マンダレー郊外にある高級リゾート。客室にはミャンマーの漆器など伝統的な調度品が置かれている。バンガロースタイルのスイートは、国賓級のVIPにも対応できる1泊US$1000という超豪華版。

H シュエ・インジン・ホテル
Shwe Ingyinn Hotel　MAP P.161-B2

住Corner of 30th & 78th Sts.
☎(02) 4073464、4073468
URL www.sighotels.com
E shweingyinnhotel@gmail.com
料AC スーペリア Ⓢ Ⓣ US$55　デラックス Ⓢ Ⓣ US$85　スイート Ⓢ Ⓣ US$180
CC M V　室61室

マンダレー駅前という便利な立地に2012年にオープン。客室はきれいで間取りもゆったり。ビジネスセンターも完備されており、ビジネス利用も多い。ハイシーズンにはロビーで人形劇も上演。

■中級ホテル

H マンダレー・スワン・ホテル

Mandalay Swan Hotel　MAP P.160-C2

住44B, 26th St., Between 66th & 68th Sts.
☎(02) 4035678、4031601、4031591
FAX (02) 4035677
URL www.mandalayswanhotel.com
料 AC ⓈUS$60～70　ⓉUS$72～82
CC なし　室99室

旧王宮の南東にある中級ホテル。プールやテニスコートなど施設は充実。レストランはアジア、中国と西洋料理。プールサイドにはバーもある。バスタブはスーペリア以上の客室のみ。スタッフは親切で英語も堪能。

H ヤダナポン・ダイナスティ・ホテル

Yadanarpon Dynasty Hotel　MAP P.160-C2

住413B, 65th St., Between 27th & 28th Sts.
☎(02) 4061340　FAX (02) 61295
URL www.yadanarpondynastyhotel.com
E rsv.ydh@gmail.com
料 AC ⓈⓉUS$90～125　CC MV　室80室

幹線道路から少し離れているので、静かな環境。マンダレー市街にありながら、コテージスタイルのゆったりした客室もある。本棟の客室も木目調の落ち着いた家具を配し、広々とした造りでリラックスした滞在ができる。

H パシフィック・ホテル

Pacific Hotel　MAP P.161-B2

住Corner of 30th & 78th Sts.
☎(02) 4037506、4032508、4066561
FAX (02) 4032507
URL www.pacifichotelmandalay.com
料 AC ⓈⓉUS$40～
CC MV (+5%のチャージ)　室133室

マンダレー駅正面にある高層ホテル。鉄道で夜遅く着いた際や早朝出発の際に便利。ロビーは天井も高く、ふかふかのソファがあってくつろげる。全室エアコン、テレビ、バスタブ、ミニバー付き。朝食は中国料理のビュッフェ。

H マンダレー・シティ・ホテル

Mandalay City Hotel　MAP P.161-A1～A2

住26th St., Between 82nd & 83rd Sts.
☎(02) 4061991～2、(02) 4061700～4
FAX (02) 40261705
URL www.mandalaycityhotel.com
料 AC エコノミー ⓈⓉUS$44　スーペリア ⓈⓉUS$74　デラックス ⓈⓉUS$94
CC MV (+3%のチャージ)　室69室

ゼーチョーマーケットからも近い、マンダレーのダウンタウンにある。門をくぐるとそこは別世界。市街地にあるとは思えないほど静かで緑豊か。中庭にはプールもある。

H ホテル・クイーン・マンダレー

Hotel Queen Mandalay　MAP P.160-A3

住456, 81st St., Between 32nd & 33rd Sts.
☎(02) 4071562、4068932
FAX (02) 4066856
URL www.hotelqueenmandalay.com
E reservation@hotelqueenmandalay.com
料 AC ⓈⓉUS$45～　スイートUS$75
CC JMV (+3%のチャージ)　室50室

手頃なシティホテル。ショッピングセンターに近くて便利。全室エアコン、衛星チャンネル付きテレビ、電話、ミニバー、バスタブ付きで快適に過ごせる。朝食はビュッフェ。2020年中に拡張予定。

H ネッド・ケリー

Ned Kelly　MAP P.160-B3

住101, 28th St., Between 74th & 75th Sts.
☎(02) 2848083　URL nedkellymyanmar.com
E info@nedkellymyanmar.com
料 AC ⓈUS$16　ⓉUS$27、33、41　トリプルUS$36　CC MV　室17室

2018年にオープンしたスタイリッシュなホテル。US$16、27の部屋にはバスルームは付かないが、共同バスルームは清潔。共同スペースにテレビ、パソコン、冷蔵庫も備える。US$33、41の部屋はバスルーム付き。屋上のパブも雰囲気がいい。

H オステロベロ・マンダレー
Ostello Bello Mandalay　MAP P.160-B2

住54, 28th St., Between 73rd & 74th Sts.
☎(02) 4067227
URL www.ostellobello.com
E mandalay@ostellobello.com
料AC ⒹUS$10～　ⓈⓉUS$30～
CC MV (+3%のチャージ)　室30室

イタリアに拠点を構える欧米人に大人気のバックパッカーホステルがマンダレーに登場。個室もあるが、ドミトリーが基本。設備は非常に整っており、スタッフはミャンマー人ではなく多国籍なので、英語がよく通じる。最上階には雰囲気のいいバーもある。

H ホテル・エンペラー
The Hotel Emperor　MAP P.160-B2

住74th St., Between 26th & 27th Sts.
☎(02) 4068743、4074427、09-9651-00006
FAX (02) 4072432
URL www.hotelemperormandalay.com
料AC スタンダードⓈⓉUS$35　スーペリアⓈⓉUS$45
CC MV (+2.6%のチャージ)　室22室

王宮のお堀の近くに、2013年3月にオープンしたホテル。客室は小さめだが、ウッディで落ち着いた内装は好感がもてる。アメニティも充実しており、居心地はよい。

H スマート・ホテル
Smart Hotel　MAP P.160-B3

住167, 28th St., Between 76th & 77th Sts.
☎(02) 4032682、09-4040-36377
URL www.smarthotelmandalay.com
E smarthotelreservation@gmail.com
料AC ⓈUS$15～35　ⓉUS$30～45　スイートUS$45　CC MV (+4%のチャージ)　室32室

最上階の7階には眺めのよい「スカイバー」があり、宿泊客は18:00～19:00の間に訪れればウエルカムドリンク1杯無料（ハイシーズンのみ）。

H ロイヤル・シティ・ホテル
Royal City Hotel　MAP P.160-B2

住130, 27th St., Between 76th & 77th Sts.
☎(02) 4022442
URL www.royalcityhotelmandalay.com
料AC ⓈⓉUS$35～45　ファミリールームⓈⓉUS$50～60
CC MV (+3%のチャージ)　室20室

全室ホットシャワー、衛星チャンネル付きテレビのある快適な中級ホテル。スーペリアはバスタブ付き。フロアごとにテーマカラーがあり、内装はかわいい。7階建てとマンダレー市街では高層で、朝食のレストランは屋上にあり、王宮とマンダレーヒルを見渡せて気分がいい。

H ホテル・ヤダナーボン
Hotel Yadanarbon　MAP P.160-B3

住125, 31st St., Between 76th & 77th Sts.
☎(02) 4071058、4071999、2844035
URL www.hotelyadanarbonmandalay.com
料AC ⓈⓉUS$80～
CC MV (+3%のチャージ)　室77室

マンダレー駅の西側エリアにある中級ホテル。ミャンマー風かつモダンな調度品が配され、落ち着いた雰囲気があり、フロントのサービスもよい。屋上にはマンダレーヒルを一望できるスカイバーがある。自転車やバイクなどレンタルも可能。ナイトマーケット（→P.168欄外）へ2ブロックという立地のよさも魅力。

H ダイヤモンド・ライズ・ホテル
Diamond Rise Hotel　MAP P.161-A1

住243, 26th St., Between 82nd & 83rd Sts.
☎(02) 34762、09-2503-74425
URL www.diamondrisehotel.com
E diamondrisemdyhotel@gmail.com
料AC ⓈⓉUS$25、28、31　トリプルUS$45
CC MV (+4%のチャージ)　室45室

マンダレー中心部に位置し、観光やビジネスの拠点として便利なホテル。手頃な価格にして全室にミニバーやバスタブが付く。朝食はビュッフェ形式で最上階の10階で食べられ、3方向から市街を眺望できる。

H リッチ・クイーン
Rich Queen　MAP P.161-A2

住87th St., Between 26th & 27th Sts.
☎(02)4060172、09-7638-91271
料AC Ⓢ US$18　Ⓣ US$20
CC なし　室10室

ゼーチョーマーケットの近くにある手頃な料金の宿。大きな通りに面しておらず、細い路地を少し入った所にある。2012年にオープンして以降、満室が続く人気。客室にはエアコン、冷蔵庫も設置されており、料金のわりにファシリティはいい。シャワーはお湯が出る。

■ゲストハウス

H ナイロン・ホテル
Nylon Hotel　MAP P.161-A1

住Corner of 25th & 83rd Sts.
☎(02)4033460、4066550
URL www.nylonhotelmandalay.com
E nylon33460@gmail.com
料AC Ⓢ US$18　Ⓣ US$25　CC M V (+4%のチャージ)　室57室

リーズナブルでバックパッカーに人気の宿。以前あった格安のファンの部屋は残念ながらなくなった。朝食は5階のダイニングルームで食べるが、風がよく通り周囲も見渡せて気分がいい。フロントは副業として航空券販売などを行っている。

H ロイヤル・ゲストハウス
Royal Guest House　MAP P.161-A1

住41, 25th St., Between 82nd & 83rd Sts.
☎(02)31400、65697
料FAN Ⓢ US$6　Ⓣ US$12(シャワー、トイレ共同)
AC Ⓢ US$14　Ⓣ US$18
CC なし　室18室

非常に清潔なうえ料金もリーズナブルなので、世界中のバックパッカーでいつも混み合っている。旅程が決まっているのなら、前日までに電話で予約したほうがいい。部屋によって造りが異なるので見せてもらってから選ぼう。シャワーはお湯が出る。スタッフは親切で、旅の手助けをしてくれる。朝食付き。

マンダレーのレストラン
RESTAURANT

■マンダレーのレストラン事情

ビルマ料理と中国料理店が多く、そのほかにはシャン料理レストランも目立つ。シャン料理は油っこくないので、外国人にも人気。

■ビルマ料理レストラン

R ミンガラバー・レストラン
Mingalabar Restaurant　MAP P.160-C3

住71st St., Between 28th & 29th Sts.
☎(02)4060480　営6:00〜21:00
休なし　CC M V

観光客にもローカルにも人気。木目調のシックな内装で高級感があり、落ち着いて食事が楽しめる。料理は1品6500〜7900Kと、高級感のわりにリーズナブル。ドライマンゴー入りのポークカレー(6500K)。

R トゥー・トゥー・レストラン
Too Too Restaurant　MAP P.160-B2

住27th St., Between 74th & 75th Sts.
☎(02)2844874、4066451
営10:00〜21:00　休なし　CC なし

普通の食堂のようだが、ここはマンダレーのみならず、ミャンマー中にその名を知られた名店で、いつもにぎわっている。おすすめはエビカレー(7500K)で、エビの風味がしっかりカレーに染みていておいしい。チキンカレー、フィッシュカレーは3000〜5000K。カレーを注文すると副菜が山のように出される。宗教上の理由から、ビーフとポーク、酒類はない。

R ユニーク・ミャンマー
Unique Myanmar　MAP P.160-C2

住Corner of 27th & 65th Sts.
☎(02)4023562、09-2038-134
E uniquemyanmar.mdy@gmail.com
営10:30〜22:00
休なし　CC J M V (+3%のチャージ)

アンティーク品が飾られ心地よい雰囲気のなか、1品4000〜6000K程度と手頃な価格でビルマ料理を味わえるレストラン。前菜、スープ、サラダ、カレー、野菜料理、デザートをそれぞれ複数から選べるセットメニュー1万K〜がおすすめ。

■シャン料理レストラン

R ラーショー・レイ
Lashio Lay

MAP P.161-A1

住 65, 23rd St., Between 83rd & 84th Sts.
☎ 09-4499-95699　営 10:00～22:00
休 なし　CC なし

リーズナブルなゲストハウスが集まる25thと83rd通りの交差点からは徒歩圏内にあるレストランで、地元の人にも人気の高い店。30～40種類の料理が並べられ、そこで選んでテーブルに着くと皿に盛られて運ばれてくる。エビなどの高価な食材を除けば、1品2000～2500K。ライスが500K。スパイスの効いた辛い料理もある。レモンのフレッシュジュース（1200K）はさわやか。テイクアウトで利用する人も多く、お昼時には客足が途絶えることがない。ちなみに「シャン」とは隣国のタイと同系の民族。

R シャンママ
Shan Ma Ma

MAP P.161-B2

住 81st St., Corner of 34th St.
☎ (02) 4071858　営 10:30～21:00
休 なし　CC J M V (+5%のチャージ)

ローカルに大人気のシャン料理レストラン。おかず3品（肉類2+野菜1）を選び、ライスとスープが付いて2000Kとひとりでの食事にもおすすめ。ぜひ味わってみたいのが、外側がカリカリに揚げられたクリスピーポーク（2500K）。午前中であれば、シャンヌードル（1500K）もおいしい。

R パン・チェリー
Pan Cherry

MAP P.161-A1

住 25th St., Between 82nd & 83rd Sts.
☎ 09-9771-82610
FB PanCherryNoodleHouse
営 7:00～20:00　休 なし　CC なし

1978年の創業以来、地元で評判を呼ぶレシピを守り抜く老舗シャンヌードル店。シャキシャキの野菜をふんだんにのせたヌードル1300～2000Kは食べ応えがあり、たれやスープの酸味と辛みのバランスも絶妙。汁なしと汁ありのヌードルはどちらも麺を5種類から選べる。鶏や野菜の炒め物や揚げ物などヌードル以外のシャン料理も充実し、カフェとしてエスプレッソやラテなども楽しめる。

■中国料理レストラン

R ゴールデン・ダック
Golden Duck

MAP P.160-B2

住 192, Corner of 16th & 80th Sts.
☎ (02) 4036808、4072921　営 11:00～22:00　休 なし　CC M V (+3%のチャージ)

王宮のお堀沿いにある高級中国料理店。毎晩地元の客でにぎわっている。看板メニューは何といってもローストダック。1羽1万4800K、ハーフ7800K。どのメニューもサイズ（SML）と量が選べるが、ひとりだとMサイズでもボリュームがあり過ぎ。大勢で行き、いろいろ料理をテーブルに並べてわいわい食べたい店。

R スーパー81
Super 81

MAP P.160-B3

住 582, 81st St., Between 38th & 39th Sts.
☎ (02) 4032232
営 9:30～22:30　休 なし　CC なし

大人気の大型バーベキュー&中国料理レストラン。1階では地元の人たちがにぎやかにビールを飲んでいる。2階は比較的落ち着いたエアコン席なので、暑いときは上へ行くといい。メニューも値段も同じ。おすすめは辛さのなかに甘みが広がるスパイシー・ココナッツ・グレイビー（5000～6500K）や独特の味わいがあるブルネイカレー（5000～6500K）など。とにかくひと皿の量が多いので、オーダーのし過ぎに注意。

■タイ料理レストラン

R コーズ・キッチン
Ko's Kitchen

MAP P.160-B2

住 282, Corner of 19th & 80th Sts.
☎ 09-4410-24600
営 11:00～14:30、17:00～22:00
休 なし　CC なし

お堀沿いに建つクラシックな洋館を改装した高級タイ料理店。パッ・タイ6000K、トム・カー・カイ6000Kと値段も張るが、味のほうは繊細でボリュームもある。スパイシー・クリスピー・キャットフィッシュ・サラダ（7000K）は、さっくりと揚げたナマズのすり身にマンゴーやポメロなどのさわやかな酸味とカシューナッツの香ばしさが加わった、絶妙なおいしさの一品。シェフはタイ人。

■西洋料理レストラン

R ノヴァ・コーヒー
Nova Coffee MAP P.160-B3

住146A, 37th St., Between 79th & 80th Sts.
☎09-7775-55568
営8:00～21:00 休なし CC J M V

マンダレーの喧騒を忘れてしまうほどのモダンな空間。スタッフのサービスはスマートで、高速Wi-Fiも整備されている。コーヒーフラッペ3000Kと安くはないが、味はワールドスタンダード。フィッシュ&チップスなどの西洋料理やチーズケーキ、チョコレートケーキも本格的。ラテ、カプチーノがおすすめ。

■日本料理レストラン

R フジ・レストラン
Fuji Restaurant MAP P.160-B4

住Mingalar Mandalay, Block 1, Unit 19, 73rd St., Between Thazin & Ngu Shwe Wah Sts.
☎(02) 2000194、09-4444-57105
営10:00～15:00 (LO14:30)、17:00～22:00 (LO21:30) 休なし CC J M V

マンダレーで唯一の本格的日本料理が味わえる店。タイを中心にヤンゴンにも店舗を構えるチェーンで味のほうは折り紙付き。駐在員からも人気がある。郊外に新しくできたオフィス&ショッピングコンプレックス「ミンガラー・マンダレー」の敷地内にある。

R なかなか
Naka Naka Japanese BBQ MAP P.160-C3

住29/30, 66th St. ☎09-2546-23079
FB NAKANAKA.MYANMAR
営11:00～14:00、17:00～22:00
休なし CC なし

炭火の七輪で焼くスタイルの焼肉店。2014年のオープン以来出張のビジネスマンはもちろん、地元の食通にも人気。ディナーはかなりの値段となるが、アメリカンビーフや、日本から直輸入した和牛も提供。10種類の肉がセットになった「なかなかスペシャルセット」は1人前2万5000K。ランチのセットメニューは4500～7000K。

■コールドドリンク、ティーショップ

R ミン・ティ・ハ・カフェ
Min Thi Ha Cafe MAP P.160-C3

住Corner of 72nd & 28th Sts.
☎(02) 4064623 営5:00～17:30
休なし CC なし

毎朝満員必至のカフェチェーン。ココナッツ風味のオンノウ・カオスエ1200K、辛めのたれがかかったモンティー1500Kなどの麺類やケーキ200～1500Kがおいしい。

R ミン・マハー
Min Mahar MAP P.161-A1

住Corner of 23rd & 86th Sts.
☎09-7901-32008 営5:00～17:30
休なし CC なし

ゲストハウスの並ぶエリアから徒歩圏内にある。英語メニューがあるので注文しやすい。モンティー1200K、モヒンガー600K、コーヒー400Kと値段もリーズナブル。

R マン・ミョー・トー
Mann Myo Taw MAP P.161-B2

住30th St., Between 77th & 78th Sts.
☎(02) 4066817 営4:00～22:30
休なし CC なし

点心のおいしいことで知られるティーショップ。名物のパオシー(まんじゅう)は、チキン(チェッダー・パオシー)600K、ポーク(ワッター・パオシー)600K、ココナッツ(オゥンダジャー・パオシー)400K、ジャグリー(ペェ・パオシー)400Kの4種類。

R ナイロン・コールド・ドリンク
Nylon Cold Drink MAP P.161-A1

住83rd St., Between 25th & 26th Sts.
☎(02) 4065754、4032318 営8:00～21:30
休なし CC なし

アイスクリームやフルーツシェイク、デザートがどれもおいしい。アイスクリーム各種1000K～、6種のフレーバーを楽しめる「レインボー・アイスクリーム」は1000K、プディング1000K、シェイク各種1200K～。

R シュエ・ピー・モー・カフェ
Shwe Phi Moe Café　MAP P.160-C2

住66th St., Between 26th & 27th Sts.
☎09-7711-11300　営5:00～17:30
休なし　CCなし

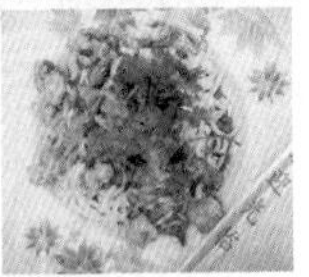

市内にチェーン展開しているティーショップで朝食のおいしい店として知られ、毎朝大混雑。旅行者が行きやすいのは、Hヒルトン・マンダレーの近くにある支店。ここで食べたいのはマンダレー名物の麺料理モンティー1800K。これは朝しか食べられない。そのほかオンノウ・カオスエ1500K、カゥンニェンバオ(豆のチャーハン)600Kやサムサ3個500Kなどのローカルフードが揃う。

マンダレーのショップ
SHOP

S ダイヤモンド・センター
Diamond Centre　MAP P.160-B3

住Corner of 78th & 33rd Sts.
☎(02)4069371～2　営9:00～21:00(店によって異なる)　休なし　CC店によって異なる

マンダレー駅前の大通り、78th St.沿いにできたマンダレーの最新ショッピングスポット。地下1階には食料品から電化製品まで何でも揃う大型スーパーマーケット「オーシャン」や、ヤンゴンやネーピードーにも数多くの支店を出している人気のパンのチェーン店「シーズンズ」などが入っている。1～3階はコスメやファッション関連の店舗が多く、若者たちでにぎわう。1階には外貨両替カウンターや銀行、5階に映画館がある。

S オーロラ・ハンディクラフト
Aurora Handicraft　MAP P.160-B3

住78th St., Between 35th & 36th Sts.
☎09-2040-180　営8:00～20:00　休布薩日(満月、新月、半月の日)　CCなし

漆器や人形などミャンマーの工芸品各種を扱うショップ。通りから見ると小さな薄暗いおみやげ屋のようだが、店内は意外と広く、US$3くらいの手頃なものからUS$1000以上するタペストリーのアンティークまで品揃えは豊富。タペストリーの工房も兼ねており、店先では女性たちの作業する様子を見ることができる。

S ソーモー
Soe Moe　MAP P.178

住Kan Pat St., on the way to the west of U-Bein Bridge.
☎09-7888-8963　営8:30～20:00
休なし　CC M V

1970年頃にピンウールィンで現在のオーナーの親戚が始めたアンティーク店。ミャンマー北部に暮らすシャン族やカチン族など少数民族から集めた品々は、ミャンマー屈指の品揃え。

マンダレーのエンターテインメント
ENTERTAINMENT

N マンダレー・マリオネット・アンド・カルチュラル・ショー(ガーデン・ヴィラ・シアター)
Garden Villa Theatre　MAP P.160-C1

住10th St., Between 66th & 67th Sts.
☎09-2015-866
URL www.myanmarmarionettes.com
開20:00～21:00　休なし　料1万5000K
CCなし

マンダレーの伝統芸能マリオネットショー(操り人形劇)を毎日観られる劇場。人形を操るのは、ミャンマーでも1、2を争う大名人とその弟子たち。上演時間は約1時間で、英語の解説も入る。ハイシーズンやよい席で観たいなら、事前に劇場に出向いて予約をしたほうがいいだろう。劇場に入ると、芝居のあらすじが書かれた紙(英語)をもらえるので、それを読んでから観劇すると理解度が深まる。

N マウスタッシュ・ブラザーズ
Moustache Brothers　MAP P.160-B3

住39th St., Between 80th & 81st Sts.
☎09-4025-79799　開20:30～21:30
休なし　料1万K　CCなし

アウンサンスーチー女史の前で軍政を批判するコントを演じたために投獄された経歴をもつコメディアン。現在も自宅を改装したシアターで連日舞台に立っている。社会風刺の込められたシニカルなコントは、欧米人を中心に人気が高い。兄弟は公演時間外にも気さくに観客との話に応じ、貴重な体験談を聞かせてくれる。

湖と橋がフォトジェニック

アマラプラ

Amarapura

マンダレー周辺では、18～19世紀にかけて何度も遷都が繰り返された。都になった町は4ヵ所ほどあり、そのひとつがここアマラプラだ。

マンダレーの南約11km、現在では南の町という意味の「タウン・ミョー」とも呼ばれるアマラプラは、パーリ語で「不死の町」という意味。エーヤワディー川とタウンタマン湖に挟まれるように町はある。まず1783年、ボードーパヤー王の手によってインワからこの地に遷都が行われたが、40年後の1823年、バーヂードー王によって都はインワへ移された。1841年にはターラーワディー王が再びアマラプラへと遷都したが、1857年にミンドン王がマンダレーへの遷都を決め、また移ってしまった。主要な建物などもマンダレーに運ばれてしまい、さらに地震の被害もあって、かつての都をしのばせるものはほとんどない。現在では織物産業が盛んで、集落の中を歩いているとそこかしこから織機のにぎやかな音が聞こえてくる。

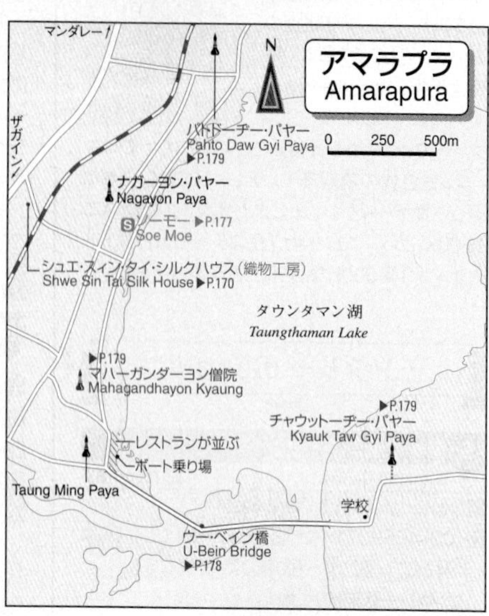

シルエットが美しい夕暮れのウー・ベイン橋

アマラプラへの行き方 ACCESS

◆マンダレーから

🚌マンダレーの29番通りと84番通りの交差点付近（MAP P.161-A2）から8番のピックアップで約40分、1000K。ピックアップを降りてからはウー・ベイン橋までバイクタクシーで1000K。チャーターして周辺を回ると料金は2000～3000K程度。マンダレーからチャーターする場合、往復とアマラプラの見どころを回るのを含めてバイクタクシーで1万5000K、タクシーで2万～2万5000K程度。

Information

アマラプラの入域料

料1万K

マンダレーと共通。ただしチェックポイントはない。

おもな見どころ Sightseeing

160年以上前に架けられた木造橋

MAP P.178

ウー・ベイン橋

U-Bein Bridge

ウー・ベインとは、インワからアマラプラへと遷都された際の、市長に当たる人物（ウーは敬称なので、ベイン氏）。彼はさびれかけたインワの旧王宮からチーク材を運び、アマラプラの東に広がるタウンタマン湖を渡るために全長約1.2kmのこの橋を架けた。160年近く前に造られた橋が、修復を重ねながら現在でも立派に人々の役に立っている。橋には休憩できる屋根付きの場所も途中に何ヵ所か設けられており、物売りがいたりする。雨季には橋の下一面が水浸しになるが、乾季になるとかなりの範囲が干上がり、牛が草をはんでいるのを見下ろすことができる。

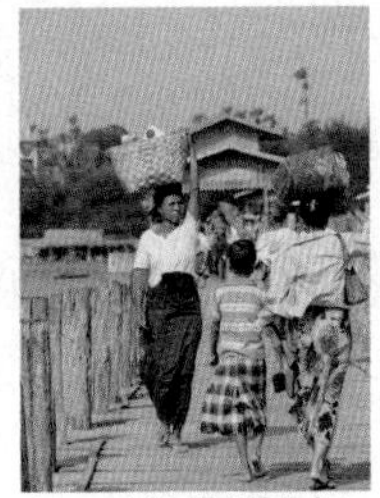
ウー・ベイン橋を渡る人々

ミャンマー最大級の現役僧院

MAP P.178

マハーガンダーヨン僧院

မဟာဂန္ဓာရုံဘုန်းတော်ကြီးကျောင်း

Mahagandhayon Kyaung

国内最大級、最高位の僧院のひとつで、全国から集まった約1500人の僧侶が修行生活を送っている。10:00～10:30頃訪れると大勢の僧侶が托鉢の後みなで食事をする様子が見学できる。僧院を設立した高僧ベンザナカビウンタVen Zana Kabi Wunthaの住居跡や彼の偉業をたたえる仏塔もある。

大理石の五百羅漢像が並ぶ

MAP P.178

チャウットージー・パヤー

ကျောက်တော်ကြီးဘုရား

Kyauk Taw Gyi Paya

ウー・ベイン橋を渡った先の島にある仏塔で、1847年コンバウン朝のパガン王によって建てられた。同じ名前の仏塔がマンダレーにもあるが、こちらはバガンのアーナンダ寺院をモデルにしている。外観は確かにアーナンダ寺院によく似ているが、内部の雰囲気はだいぶ違う。仏塔の外周には、マンダレーのマハムニ・パヤーにある本尊の材料が切り出されたのと同じサジン山の大理石を使った五百羅漢像がずらりと並び、不思議に落ち着いた雰囲気を醸し出している。東西南北にある入口の天井にはフレスコ画が残されており、昔の生活の様子などが描かれている。また、北の入口を守っているのはライオンではなく、上半身が女性、下半身がライオンの伝説の生き物「マヌーティア」。その昔、子供たちが海の化け物「オーガ」の脅威にさらされたとき、仏陀が遣わしたマヌーティアが騒動を収めたというエピソードに基づいているとか。

崩れかけた仏塔に囲まれた

MAP P.178

パトドージー・パヤー

ပုထိုးတော်ကြီးဘုရား

Pahto Daw Gyi Paya

アマラプラからインワへ遷都したコンバウン朝のバーヂードー王によって、1820年に建てられた仏塔。仏塔を形作る550の石には、ジャータカ物語のエピソードが刻まれている。寺院の入口につるされた重厚な鐘は、同じくバーヂードー王によって奉納されたもので、ミングォンの鐘(→P.185)に次いでミャンマーで2番目に大きくて重い。

ミャンマーで2番目に大きいとされる鐘

Information

ボートに乗ってみよう

タウンタマン湖からボートに乗ってウー・ベイン橋を眺めてみるのもおすすめ。夕日が沈む少し前から1時間ほど乗せてもらうのがベスト。料金は1万5000Kが相場。

アマラプラ名物の揚げ物

タウンタマン湖で取れた新鮮な魚介を使った揚げ物が名物。魚の「ンガーチョ」、エビの「バズンチョ」などを、ウー・ベイン橋からチャウットージー・パヤーまでの中州にある屋台で売っている。この中州ではヤシの木のお酒「トディジュース」も飲むことができる。

ウー・ベイン橋を渡ってみよう

乾季には、干上がった湖の上を直射日光にさらされながら渡ることになる。ただし風が吹くのと、途中に何ヵ所か設けられた屋根付き休憩所のおかげで、それほどつらくはない。

マハーガンダーヨン僧院
開4:00～20:00頃　休なし
料無料

托鉢の列に並ぶ僧侶たち

チャウットージー・パヤー
行き方 ウー・ベイン橋のたもとから徒歩約5分。タウンタマン湖をボートで渡ることもできる。所要約15分。
開6:00～18:00　休なし
料無料

柔らかな表情のマヌーティア

田園地帯に点在する古都の面影

インワ

Inwa

အင်းဝ

アマラプラからさらに南へ下ると、道はやや右にカーブしながらエーヤワディー川を渡るインワ鉄橋へといたる。ちょうどカーブの始まるあたりに、左へ分岐して真っすぐに延びる道がある。この道は、エーヤワディー川の支流でラーショー方面から流れてくるミンッゲー川に突き当たって行き止まりになっており、そこに船着場がある。この対岸がインワ（アヴァ）の町だ。旧名はパーリ語でラトナ・プラ（宝石の町）。

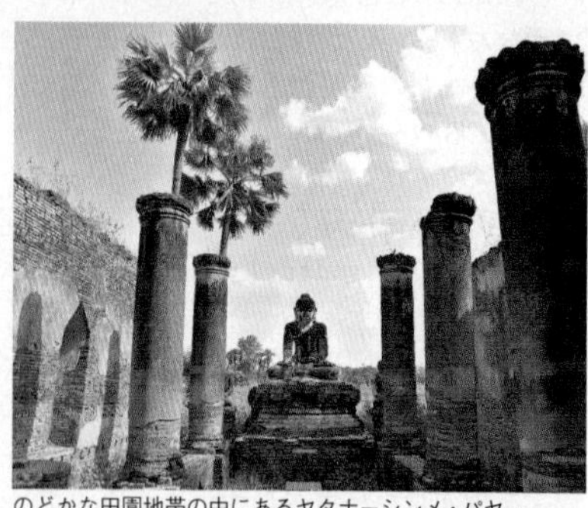
のどかな田園地帯の中にあるヤタナーシンメ・パヤー

インワの歴史は古く、1364年にシャン族の都となって以来、何度かの中断はあったものの約400年間ビルマ族王朝の都として栄えた。1752年にモン族の攻撃を受け破壊されたが、コンバウン朝のアラウンパヤー王が撃退し、インワは王都として復活する。しかし1838年に発生した大地震で甚大な被害を受け、1841年にターラーワディー王がアマラプラへの遷都を決意。その後都がこの地へ戻ることはなかった。現在のインワは、ここに500年近くの間都があったとはとても思えないほどさびれている。市街はいくつかの小さな集落と化し、王宮のあった場所も現在では畑になっている。それでも、畑や木立ちの中にときおり出現する立派な仏塔や部分的に残っている分厚い城壁から、昔の面影をしのぶことができるだろう。

インワへの行き方 ACCESS

◆マンダレーから

32番通りと84番通りの交差点付近（MAP P.160-B3）から出るザガイン行きのピックアップに乗り、インワへの分岐点で下車。料金は1000K。そこからサイカーに乗り換え、船着場まで1000K。乗り換えも含めてマンダレーから約90分。インワへの渡し船は往復で2000K。

川を行き来する渡し舟

Information

インワの馬車

広いインワを回るには馬車が便利。船を降りた所に乗り場があり、1台にふたりまで乗れて1万5000K。少しだけ離れた所にあるローカタラピェ・パヤーも回ると2万K。所要約2時間。

インワの歩き方 Exploring

インワ側の船着場に着くと、馬車が並んで待っている。この馬車に頼めば、おもな見どころを見つくろって回ってくれる。見どころは広い範囲に点在しており案内の看板や地図などもないので、歩いて回るのは難しい。

マンダレーで車をチャーターすれば、船着場から少し離れた所に架けられた橋を渡って、直接インワに行くことができる。

インワ見物には馬車をチャーターしよう

おもな見どころ Sightseeing

ヤシに囲まれた僧院
バガヤー僧院
ဗားဂရာဘုန်းတော်ကြီးကျောင်း
Bagaya Kyaung

バーヂードー王によって1834年に建てられたこの僧院は、総チーク材製の贅沢な建物。背の高いヤシの林に囲まれて、涼しげな印象だ。建物全体が木彫りの装飾で覆われており、ぜひゆっくりと見て回りたい。お堂の中は天井が高く、薄暗い空間に仏像が1体安置され、神秘的な雰囲気。

草むらに屹立する石仏が美しい
ヤタナーシンメ・パヤー
ရတနာဆီမီးဘုရား
Yatana Sinme Paya

1838年の地震で倒壊したれんが造りの小規模な仏塔跡。田園地帯に数本のヤシの木に囲まれて立つ姿もきれいなのだが、必見なのは向かって左側にあるお堂の跡。石門越しに、草むらの中、石柱とともに仏像が立つフォトジェニックな1枚が撮影できる。

外から眺めただけではよくわからない

「インワの斜塔」と呼ばれる
ナンミイン監視塔
နန်းမြင့်မျှော်စင်
Nanmyin Watchtower

バーヂードー王によって1822年に建てられた、高さ27mの物見の塔。1838年の地震で頂上部が少し崩れたうえに傾いてしまった。かつては最上部まで上がることができたが、現在は不可。

インワでは数少ない現存する往時の建造物
マハーアウンミェ僧院
မဟာအောင်မြေဘုန်းတော်ကြီးကျောင်း
Maha Aungmye Kyaung

1818年に、バーヂードー王の第1夫人が高僧のために建てた僧院。当時僧院は木造が一般的だったが、この僧院はれんが造りだったため今日まで残った。インワでは珍しく、昔の名残をとどめている建物だ。今はもう使われていないので内部は暗く、特に1階は洞窟のような雰囲気。

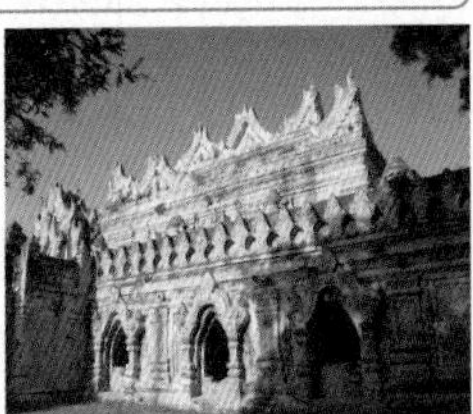
往時の壮麗さを今に伝える手の込んだ装飾が見られる

巨大な一枚岩の仏像は必見
ローカタラピェ・パヤー
လောကသာရဖျူဘုရား
Lawka Tharaphy Paya

1730年に建立された仏塔。境内の中心にある塔の東隣にお堂があり、その中いっぱいに仏像が収められている。この仏像は巨大な大理石の一枚岩から彫り出されたもので、重さは何と490.36tもあるといわれている。

重厚な城壁は復元されたもの

修行する僧の読経の声が聞こえてくるバガヤー僧院

ナンミイン監視塔の周囲には畑と民家がちらほらあるのみ

Information

がんばるインワのみやげ物売り

船着場から見どころへ向かう途中の木陰で物売りが待機しており、馬車に乗っているのが外国人と見ると自転車で追いかけてきて、走りながらみやげ物を売りつける。ほとんどが若い女性で、しかもどこまでも追ってくるので、気の弱い人はつい買ってしまいそうになるらしい。売っているのは素朴な木彫りの品や、ミニチュアの鐘、色とりどりの石をあしらった手作りのネックレスやブレスレットなど。

仏塔の集まる丘から周囲を見下ろす

ザガイン

Sagain စစ်ကိုင်း

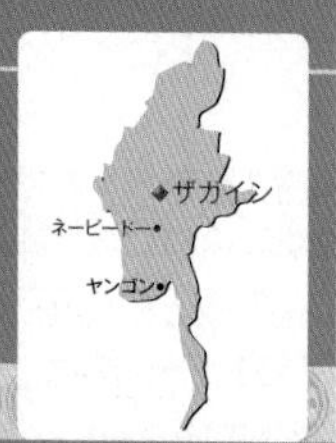

エーヤワディー川に並んで架かる新旧2本の鉄橋。マンダレーからこの鉄橋手前まで来ると、右前方に小高い丘が見える。近づくにつれ、その丘には大小さまざまな無数の仏塔が建てられているのがわかる。ここがザガインの象徴、ザガインヒル。ザガインは静かな遺跡の町、僧院の町、そして仏塔の町。そもそもは1322年、パガン王朝が滅びた混乱に乗じてシャン族の王がここを都と定めたが長くは続かず、1364年にはインワに遷都されてしまった。その後1760年から1764年にかけての短い期間再び王都となったが、その後顧みられることはなかった。しかし仏塔や僧院は次々に建設され、現在では仏教修行の中心地となっている。

丘全体に仏塔が建っているザガインヒル

ザガインへの行き方 ACCESS

◆マンダレーから

32番通りと84番通りの交差点付近にある乗り場（MAP P.160-B3）から、ザガイン行きのピックアップが出る。所要約1時間30分、1000K。

Information

エーヤワディー川に架かる橋

2本のインワ鉄橋のほかに、ミャンマー北部のミッチーナー近くと、ピイ近郊、パコックなどにもある。

新旧2本の鉄橋が並ぶ

ザガイン入域料

料5000K

ミングォンと共通のチケットで5日間有効。購入時にはパスポートの提示が必要。ザガインでは特にチケットのチェックはしていないようだが、検問所でパスポートの提示を求められることがある。

ザガインヒル

開4:00～21:00頃 休なし

料カメラ撮影料300K、ビデオ撮影料500K

おもな見どころ Sightseeing

見張りの兵士が見ている前での写真撮影には注意

インワ（アヴァ）鉄橋 အင်းဝသံတံတား

Ava Bridge

雨季と乾季で川幅が大きく変わり、流路も一定しないこの国では、大きな橋自体が珍しい。インワ鉄橋は1934年にイギリスが建設したが、第2次世界大戦中の1942年、侵攻してきた日本軍に利用されないようにとイギリス軍の手で爆破された。修復されたのは戦後10年近く経過した1954年。中央に単線の鉄道線路、その両側を道路が1車線ずつ走る共用橋だ。すぐ下流には新しい鉄橋が建設され、現在ではおもにそちらが利用されている。

丘全体に仏塔が点在する

ザガインヒル စစ်ကိုင်းတောင်

Sagain Hill

ザガインの町外れにある小高い丘。全体に150以上の仏塔と僧院が点在している。頂上にあるサンウーポンニャーシン・パヤー Swan Oo Pon Nya Shin Payaのテラスからの眺めはすばらしく、遠くはるかマンダレーヒルやカウンムードー・パヤーまで見渡せる。

頂上から少し下った所から道路を外れ、長い参道を歩いて谷を抜けるとウーミンゴーゼー・パヤー Oo Min Koe Sai Payaがある。仏塔の内部、東西南北4ヵ所に小部屋があり、それぞれに仏像が置かれている。そして各小部屋が通路でつながる凝った造りになっている。さらに少し下ると、ウーミントンゼー・パヤー Oo Min Thone Sai Payaがある。こちらは丘の斜面にある建物に45体の仏像が並び、その上に仏塔が建てられている。ここからの眺めもいい。

11年の歳月を費やして建てられた

カウンムードー・パヤー

ကောင်းမှုတော်ဘုရား

Kaungmudaw Paya

ザガインからモンユワ方面へ10kmほど行った所で忽然と姿を現す、ザガインで最大の仏塔。ライオンに守られた入口から延びる参道の奥に、お椀を伏せたような形の45mの高さがある塔が建っている。これは1636年、インワが王都としての基盤を固めたことを記念して建てられたものだ。

仏塔の周囲にはたくさんの石柱が並び、そのうち120の石柱にはこの国の民俗信仰であるナッ神の像を描いたくぼみが付けられている。また境内の一画には3mほどの高さの石版があり、仏塔建立の経緯が刻まれている。

塗りかえられて全体が黄金になることもある

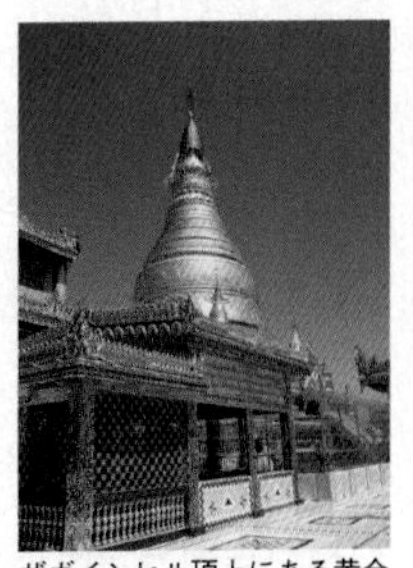

ザガインヒル頂上にある黄金の仏塔

カウンムードー・パヤー
開6:00～18:00頃　休なし
料無料

Information

タナカが名物

この国の伝統的な自然化粧品タナカ（→P.211）。カウンムードー・パヤー周辺で採れるタナカは、質がよいと評判だ。そのほか、銀細工も有名。

ザガインのホテル

HOTEL

H シュエ・ピエ・ソン・ホテル
Shwe Pyae Sone Hotel

住20, Aoe Tann Lay Rd., Min Lan Qtr., Sagain
☎(072)22781、21942　FAX(072)22781
Eshwepyaesonehotel.sgg@gmal.com
料ACスタンダードⓈUS$25　ⓉUS$35　スーペリアⓉUS$40　CCなし　室36室

2012年にオープン。スタンダードとスーペリアがあり、いずれもエアコン、ホットシャワー、テレビ、冷蔵庫付き。最上階には眺めのよいレストランがある。

H ニュー・ハッピー・ホテル
New Happy Hotel

住Near The Market, Sagain　☎(072)21692、09-2033-700　FAX(072)21692　URLwww.happyhotel-sagain.com　Enewhappyhotel@gmail.com　料ACスーペリアⓈUS$30　ⓉUS$40　デラックスⓈUS$40　ⓉUS$50　ジュニアスイートⓈUS$65　ⓉUS$75　CCなし　室52室

もともとハッピー・ホテルという老舗ホテルが2012年の地震で被害を受け、ビルを建て替え2015年にリニューアルオープン。新築で客室は清潔。15室にはバスタブも付いている。このあたりで最も高い建物なので、屋上からザガインヒルが一望でき、遠くにカウンムードー・パヤーも見渡せる。朝食付き。

旅のヒント Hints

マンダレー郊外を効率よく回る

旅行者の間では、アマラプラ、インワ、ザガインの3ヵ所を、車をチャーターして1日で回るのが一般的。まずマハーガンダーヨン僧院の僧侶の食事の時間に合わせてマンダレーを出発。次にインワ鉄橋を渡りザガインヒルへ。昼食をザガインで取り、次はインワ観光。帰りに再びアマラプラに戻り、ウー・ベイン橋でサンセットを見るというコース。料金は、ゲストハウスの前に停まっているバイクタクシーで1台2万K、普通車のタクシーなら4万Kが相場。タクシーでザガインからカウンムードー・パヤーにも行くなら追加で1万5000Kを求められることも。あらかじめ確認しておかないと、ザガインヒルの麓の階段で降ろされることもあるので注意。

巨大仏塔の台座と巨大な鐘
ミングォン
Mingun မင်းကွန်း

エーヤワディー川をマンダレーから10kmほど遡った対岸にあるミングォン。過去に王都となったこともなく、静かで小さな集落だ。しかも陸路で行くには不便で、渡し船に乗らなくてはならない。

そんなミングォンの、巨大な見どころ目当てに外国人旅行者がたくさん訪れる。船を使っての行き帰りに半日必要だが、時間があったらぜひ足を延ばして、のんびり散策してみたい。歩いて回れる範囲に見どころが集まっているのも、暑さの厳しいこの国ではうれしい。

ミングォン・パヤーからの眺め

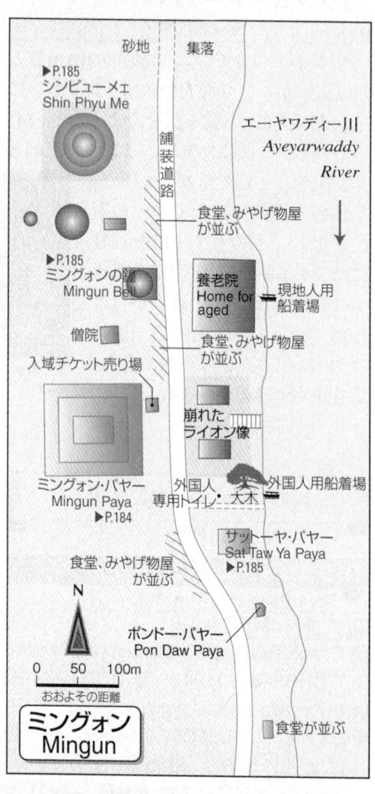

ミングォンへの行き方 ACCESS

◆マンダレーから

マヤンチャン埠頭（MAP P.160-A2）から、政府のツーリストボートが9:00発、帰りはミングォン12:30発。所要45分～1時間（雨季は増水し時間がかかる）、往復5000K。この船を利用しない場合はチャーターとなり、往復で1隻3万5000K。一般の渡し船もあるが、外国人は利用不可ということになっている。

Information

ミングォンの入域料

料5000K

ザガインと共通。入域チケット売り場カウンターは、ミングォン・パヤーの麓にある。購入時にはパスポートの提示が必要。

おもな見どころ Sightseeing

ボードーパヤー王の夢の跡 MAP P.184

ミングォン・パヤー
မင်းကွန်းဘုရား (ပုထိုးတော်ကြီး)

Mingun Paya

コンバウン王朝のボードーパヤー王（在位1782～1819年）が、世界最大の仏塔を造ろうとした跡。敷地は一辺140mの正方形をしている。完成していれば、土台の部分が一辺72m、そして高さ150mの仏塔は間違いなく世界一になっていただろう。1790年から開始された工事も、残念ながらボードーパヤー王が建設途中に世を去ってしまい、それにともなって中断してしまった。土台の部分はほぼ完成していたのだが、1839年の地震で大きなヒビが入ってしまい、ところどころ崩れている。上部からはエーヤワディー川とその対岸にあるマンダレーヒルまで見渡せる。

台座だけでも途方もない大きさがあるミングォン・パヤー

仏塔とエーヤワディー川の間には、崩れたれんがの塊がふたつ、木々の茂みに隠れるように立っている。これは仏塔を守るライオン像で、丸いシルエットがまだ残っている。

内側をのぞける世界最大級の鐘　MAP P.184

ミングォンの鐘

မင်းကွန်းခေါင်းလောင်းကြီး

Mingun Bell

1808年、建設中の巨大仏塔のためにボードーパヤー王が造らせた巨大な鐘。口の部分の外径が約5m、重量は90tあり、ヒビの入っていない鐘としては世界最大級。仏塔が完成しなかったので、仏塔近くのお堂につられている。

須弥山を具現化した仏塔　MAP P.184

シンピューメェ

ဆင်ဖြူမယ်

Shin Phyu Me

バーヂードー王（在位1819〜1837年）が、王子時代の1816年に他界した夫人シンピューメェをしのんで建てさせた、全体が白亜の仏塔。スメルー山（須弥山）の山頂に建つといわれるスラーマニ・パヤーを模して建てられた。7段になった回廊は波状の手すりで囲まれており、これはスメルー山の山並みを表現している。本堂正面には仏像が安置されているが、その真後ろにもう1体別の仏像が置かれている。

仏教世界の象徴

ここからの眺めもいい　MAP P.184

サットーヤ・パヤー

စက်တော်ရာဘုရား

Sat Taw Ya Paya

川岸にある小さな仏塔。1804年に建てられたもので、ボードーパヤー王が運んだといわれる仏足石が境内に置かれている。

入口を守っていたライオン像は崩れかけている

Information

船をチャーターするなら

マンダレーから船をチャーターする場合は予約をしたほうが確実。

Ⓢ Tour-myanmar River Transport Express Cruise
☎ (02) 32934、09-2006-294

バイクタクシーをチャーター

どうしても時間がないという人は、マンダレーからミングォンまでバイクタクシーをチャーターして行くという方法もある。ザガインからの道はかなり悪いので覚悟して行こう。アマラプラ、インワ、ザガインも含めてまるまる1日はかかる。料金は2万5000Kくらいが相場。

巨大な鐘が小さなお堂につるされている

仏塔内にある大きな仏足石

マンダレー周辺の古都巡り

いくつもの王都がおかれたマンダレー周辺

ミャンマー最後の王都マンダレーをはじめ、この周辺にあるザガイン、インワ（アヴァ）、アマラプラはそれぞれ都となったことのある町だ。残念ながら木造建築は朽ち、石などで建てられた寺院や仏塔は地震で崩れ、往時の様子をしのばせる遺物はそれほど多くはない。

14世紀後半、パガン王朝の滅亡後に低地ビルマへと勢力を伸ばしたシャン族がこの地を統治し、ザガイン、そしてインワに王都を築いた。18世紀、シャン族の王朝を滅ぼしたモン族を討伐し、この国の歴史に登場したのが、ビルマ族のアラウンパヤー王が築いたコンバウン朝だ。インワやアマラプラへの遷都を繰り返した後、19世紀にミンドン王がマンダレーを建設する。その後イギリスの植民地となり、マンダレーはこの国最後の王都となった。

ミングォン（王都にはならず）

1790年、コンバウン朝の5代王ボードーパヤーによって、ここに清（中国）から請来した仏歯を収めるために巨大な仏塔の造営が始まった。しかし、1819年、王の他界により工事は中断。1839年には大地震に見舞われ、完成していた土台にも大きなヒビが入り、計画は完全に頓挫してしまう。

ボードーパヤー王の壮大な夢の跡ミングォン・パヤー

マンダレー【王都：1860〜1886年】

ビルマ族によるコンバウン朝（1752〜1885年）最後の王都。1858年、9代王ミンドンによって造営され、1860年にアマラプラから遷都された。10代王ティーボーの治世、1886年にイギリスの統治下に入り、わずか26年で王都としての役目を終えた。

マンダレー市街に残る広大な王宮は最後のビルマ王が暮らした場所

ザガイン【王都：1760〜1764年】

ザガインヒルの上からの景色

1322年、シャン族のアンティンカヤーソーユン王が、ここに城塞を築いたのが始まり。その後、1760年にコンバウン朝の2代王ナウンドーヂーによって王都となるが、わずか4年でインワ（アヴァ）に遷都されてしまう。

1783年、コンバウン朝の5代王ボードーパヤーによって、インワ（アヴァ）より遷都。ボードーパヤー王の治世は37年にも及んだ。6代王バーヂードーはインワ（アヴァ）に王都を戻してしまうが、1841年、7代王ターラーワディーが再びここを王都とした。

アマラプラの象徴ウー・ベイン橋

インワ（アヴァ）【王都：1364〜1841年】

1364年、シャン族のタドウミンビャー王によって王宮が築かれたのが始まり。ビルマ族のタウングー朝（1531〜1752年）の5代王タールンがここを王都に定める。1764年、コンバウン朝の3代王シンビューシンによってザガインより遷都。続く4代王アイングーもここを王都とする。6代王バーヂードーが再び王都をここに戻すが、1841年、7代王ターラーワディーがアマラプラに遷都。500年にわたり断続的に王都であり続けたインワ（アヴァ）が、再び王都となることはなかった。

美しい装飾が残るマハーアウンミェ僧院

チンドウィン川沿いの大都市
モンユワ
Monywa မုံရွာ

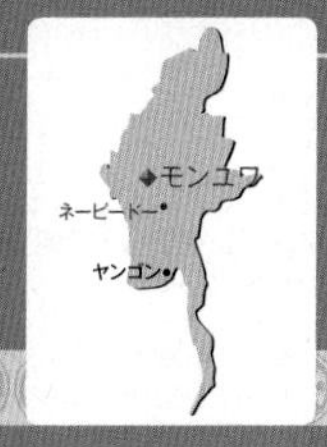

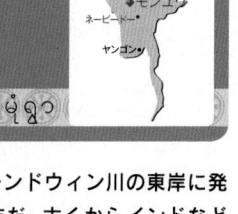

マンダレーから西へ約160km、エーヤワディー川の支流チンドウィン川の東岸に発達したモンユワは人口約20万人、ザガイン地方域最大の都市だ。古くからインドなどとの交易の中心地として栄え、ビルマ式社会主義を標榜し鎖国に近い経済運営が行われていた時代には、インドからの密輸物資がここから国内各地へと送られる集散地でもあった。現在でも商業が盛んで活気がある。ミャンマーの内陸部でもモンユワは特に暑い土地だといわれている。雨季入り前の4、5月には最高気温が40℃を超えることも珍しくない。雨季にはしばしばチンドウィン川の氾濫で、洪水に見舞われることもある。

モンユワへの行き方 ACCESS

◆マンダレーから

市街にあるディリー・マンダラ・バスターミナル（MAP P.160-A2）から4社が運行。所要約3時間30分、2000～3000K。大型バスとミニバスがあり、ともに1時間に1本程度。希望のホテルまで行ってもらえるミニバス（8人乗り）6500～1万K。

◆ヤンゴンから

アウンミンガラー・ハイウエイ・バス・ターミナル（MAP P.39-C1）から数社のバス会社が運行しており、所要約11時間、1万2800～1万9800K。

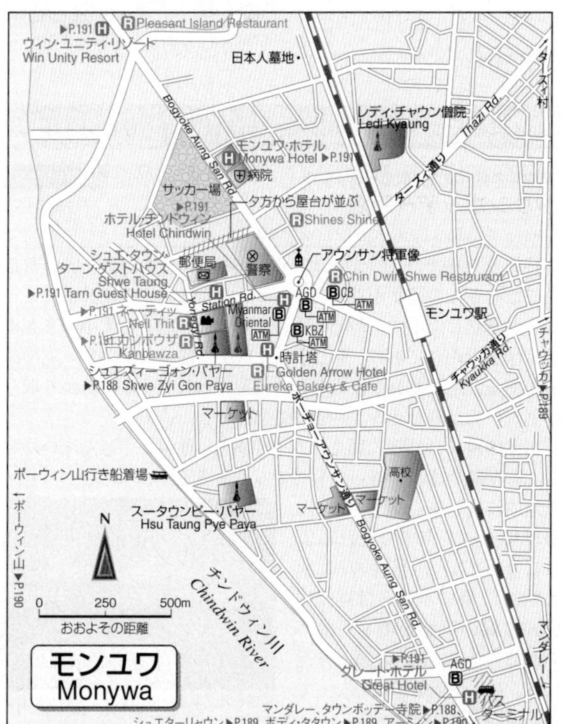

緑の多いモンユワ市街

アウンサン将軍像は町歩きの目印

Information

モンユワのバスターミナル

市街まではバイクタクシーで1000K、三輪タクシーで1500～2000K。

モンユワの歩き方 Exploring

バスターミナルは町の南外れにある。町の中心にはロータリーが200mほど隔ててふたつあり、ひとつには時計塔、もうひとつにはアウンサン将軍像が立てられているので、町歩きのよい目印になる。

チンドウィン川と時計塔ロータリーに挟まれたエリアには、モンユワ市内で最大の仏塔シュエズィーゴォン・パヤーやマーケット、バス会社のオフィスなどがあり、1日中にぎやかだ。特にシュエズィーゴォン・パヤーは、夜になるとライトアップされ美しい。

おもな見どころ Sightseeing

夜にも訪れたい市内最大の仏塔 MAP P.187

シュエズィーゴォン・パヤー ရွှေစည်းခုံဘုရား

Shwe Zyi Gon Paya

モンユワ市内にある大きな仏塔。19:00になると境内がライトアップされ、黄金の塔が神秘的な輝きを放つ。境内にいくつかあるホールのひとつは、2階が小さな仏教博物館になっている。仏陀が悟りを得る際のエピソードをモチーフにしたジオラマや、さまざまな様式の仏像が並べられている。

照明に浮かぶ仏塔が美しいシュエズィーゴォン・パヤー

郊外の見どころ Excursion

堂内に無数の仏像が収められている MAP P.187外

タウンボッデー寺院 သံဗုဒ္ဓေဘုရား

Thaun Boddhay Temple

特異な外観で異彩を放っている1939年建立の寺院。広い敷地内にたくさんの建物が並んでいるが、中心になるのは針山のように塔が林立した本堂。その内部には58万体を超える大小さまざまな仏像が置かれており、壁も小さな仏像で覆われていて一見の価値がある。柱で細かく仕切られた部屋ごとに、天井の明かり取りの窓から光が差し込み、神秘的な雰囲気だ。

本堂の隣には回廊に囲まれた池があり、魚がたくさん泳いでいる。池の脇では皿に盛った豆やクッキーを魚の餌に売っている。敷地内に高い塔もあり、らせん階段を伝って上まで上れるようになっている（男性のみ。女人禁制）。塔の上からは周囲に広がる緑の平原が美しく眺められる。なお、階段の頂上付近には、天井が極端に低くなっている所があるので注意。

仏塔が林立する針山のような外観が珍しいタウンボッデー寺院

Information

マンダレーから1日観光

やや忙しいが、マンダレーで車をチャーターしてのモンユワ日帰りも可能。6:00～7:00頃ホテルを出発し、約3時間でモンユワ着。到着後ボートで対岸に渡り、ピックアップかジープをチャーターして（別途支払い）ポーウィン山見学。昼頃モンユワの町に戻り昼食。午後はタウンボッデー寺院、ボディ・タタウン、シュエターリャウンを回って18:30頃にマンダレーに戻る。料金は1台6万5000～7万Kが相場。何人かでシェアすればいいだろう。モンユワのホテルでも車のチャーターを頼むことができる。

モンユワの回り方

モンユワ市内には見どころは少ない。郊外に点在する見どころも交通の便が悪いので、バイクタクシーやトゥベイ・モートー・サイケーという三輪タクシーをチャーターするのが便利。以下は郊外にあるタウンボッデー寺院とボディ・タタウン（シュエターリャウンとレーチョン・サチャー・ムニ）を回ったときの料金の目安。
バイクタクシー　1万K
三輪タクシー　1万5000K

シュエズィーゴォン・パヤー
行き方 モンユワ市街の中心にある。
開 7:00～21:00　休 なし
料 無料

タウンボッデー寺院
行き方 モンユワからマンダレー方面行きのバスで約20分、200K。バス停から仏塔まで徒歩約15分。バイクタクシーで往復6000K程度。
開 6:00～17:00　休 なし
料 本堂に入るのに入場料US$3。境内は無料。

内部には無数の仏像が収められている

広大な敷地に無数の仏像がある　MAP P.187外

シュエターリャウンとレーチョン・サチャー・ムニ

ရွှေသာလျောင်းနှင့်လေးကျွန်းစကြာမုနိ

Shwe Thar Lyaung & Lay Kyun Sae' Kyar Muni

近くで見ると大迫力

タウンボッデー寺院から車で約15分。小高い丘の上に巨大な仏像が見えてくる。この丘に広がる村がボディ・タタウンBodi Tataungだ。村にたどり着くと、ひときわ目立つ塔の周りには約1万体の仏像が並ぶ。この塔は、仏像を置く敷地確保のために周囲を伐採していた際、1本だけどうしても切れない木があり、これは聖なる木に違いないとその木を覆うように建てられたという。

優雅に横たわる寝仏はシュエターリャウンと呼ばれ、全長111m、幅10m以上。内部には、仏陀が悟りを開くまでのエピソードが展示されている。その後ろにそびえ立つ仏像がレーチョン・サチャー・ムニで、高さは115.8m、台座を入れると129.2m。鎌倉にある大仏の10倍ほどの高さを誇る。これだけ高い仏像を造ったのには、世界を広く見渡して平和と安寧を守る意味が込められているという。仏像の外観はできあがっているが、内部はまだ工事中。ただし一部は開放されており、仏教や仏陀に関する展示が観られる。完成時には、28階建ての20階までエレベーターで上がれるようになる予定。

規模が大き過ぎてスケール感が狂うボディ・タタウン

漆製品の生産が盛んな村　MAP折込表-C4

チャウッカ

ကျောက်ကာ

Kyaukka

モンユワから16kmほど北にあるチャウッカは、バガン同様漆工芸が盛んな村。バガンの漆製品はおもにおみやげ向けに作られているが、チャウッカのものは実用性重視。ひとつ作るのに2ヵ月以上の時間をかけ、上に乗ってもつぶれないほどしなやかで丈夫な製品を生み出す。村には小さな工房が並んでいて、気軽に見学させてくれる。

モンユワからチャウッカに向かう途中にはシュエグーニー・パヤーShwe Gu Nyi Payaがある。仏塔は小さいが本尊は大きく立派。自分の体の悪い所と同じ部分に金箔を張ると治るといわれ、特に目に御利益があるとされている。

漆器作りひと筋のおばあさん

Information

日本人墓地

モンユワ・ホテルから徒歩10分ほどの線路近くに、日本人墓地がある。近くにごみが山のように積み上げられており悲しい気分になるが、ぜひお参りを。

周囲が汚れているのが悲しい日本人墓地

ボディ・タタウン
MAP P.187外
料 無料

シュエターリャウン
行き方 ボディ・タタウンの仏塔からシュエターリャウン、さらにレーチョン・サチャー・ムニへは長く急な坂道を上るので、タクシーやバイクタクシーで回るのがおすすめ。
開 5:00～17:00　休 なし
料 無料

Information

ボディ・タタウン周辺もタナカの名産地

この周辺で栽培されるタナカ（→P.211）は、ザガイン産と並んで品質が高いことで知られている。

チャウッカ
行き方 モンユワからバイクタクシーで往復8000K、三輪タクシーで往復1万～1万2000K程度。

シュエグーニー・パヤー
開 7:00～17:00
休 なし
料 無料

目がふくらんでしまった仏像

ポーウィン山
行き方 モンユワの船着場でボートをチャーターし対岸にあるニュウンビンジン村Nyun Bin Gyn Villageまで約5分、片道2500K。運航は随時だが、17:00～翌6:00は料金が3000Kとなる。乗合船もたくさんあるが、以前定員オーバーの船からフランス人が川に落ちる事故があり、それ以来外国人は船をチャーターするよう義務づけられた。対岸に着いたらジープかピックアップをチャーターして約40分、1万5000～2万K。
開6:00～18:00頃 休なし
料2500K

山腹に点在する洞窟寺院

Information

サルに注意

ポーウィン山では、野生のサルが餌づけされている。参拝客が来ると、サルの餌売りの女性が大声を出してサルを呼び、餌を売りつけようとずっと参拝客についてくる。手提げの籠に入れた売り物の餌をサルに奪われたりして、その騒ぎを見ているだけでもおもしろい。

洞窟寺院が点在する死火山 MAP P.187外

ポーウィン山 ဖိုးဝင်းတောင်

Pho Win Taung

モンユワからボートに乗ってチンドウィン川を渡り、川沿いの集落を抜けて乾燥した大地をひたすら走ると、やがてポーウィン山に着く。この死火山は、たくさんの洞窟寺院があることで知られている。麓から参道を上っていくと、岩肌にたくさんの穴が開いているのが見えるが、その中はすべて仏像が収められた小寺院。ほとんどが人工の洞窟で、なかには明らかに入口よりも大きな寝仏が横たわっている穴もあって驚く。これは外から入れたのではなく、仏像と壁の間に継ぎ目がないことからわかるように、仏像の形を残すように彫り進められたもの。壁画は17～18世紀のものが多いが、なかには13～14世紀のインワ王朝時代の仏像が残された洞窟もあり興味深い。内部は暗い所もあるので懐中電灯があると便利。また、ポーウィン山の麓にはシュエ・バ・タウンShwe Ba Taungという岩窟寺院もある。ひとつの大きな砂岩を長い年月をかけて彫り抜いたもので、ここにも入口よりも大きな仏像が中にある。この寺院が造られたのは18世紀以降と比較的時代が新しいので、ヨーロッパ風の装飾も見ることができる。ポーウィン山行きのピックアップで行ける。

最大の見どころは478番洞窟の石仏と壁画

アーミィン
行き方 バイクタクシーで往復1万5000Kほど。距離はそれほどでもないが、途中舗装されていない道を通るので片道1時間ほどかかる。

並んで建つ仏塔

かつての知事の邸宅。現在も住人がいる

「第2のバガン」の異名をもつ川のほとりの村 MAP P.187外

アーミィン အမြင့်

Amyint

モンユワの南約20kmの所にある小さな村。ここには160もの仏塔が建ち並び「第2のバガン」、または「チンドウィンのバガン」と呼ばれることもある。インワ時代に建立されたナガーヨン・パヤーや、内部に極彩色の壁画が残されているミンエー・パヤーのほか、11の僧院が今も現役で存在している。豪奢な古い洋館は、19世紀の英国植民地時代に知事が暮らしていた邸宅。町の歴史はブッダが生きていた時代まで遡るという伝説も残っているが、現在残っている古い遺構はインワ時代(13～14世紀)に造られたものといわれている。

仏塔の向こうに木造の古い僧院が建つ

モンユワのホテル
HOTEL

外国人が利用できるホテルは7軒。うち2軒は町の中心から少し外れる。

H ホテル・チンドウィン
Hotel Chindwin MAP P.187

住Bogyoke Aung San Rd. ☎09-7740-02006
URL www.hotelchindwinmonywa.com
E hotelchindwin@gmail.com
料 AC スーペリアⓈⓉUS$35、42 デラックスⓈⓉUS$50 CC なし 室40室

アウンサン将軍の像が立つロータリーにあるホテル。市街の中心地という最高の立地にありながら、客室は広くゆったりしている。ビジネスセンターを完備し、車の手配なども行ってくれる。ビジネスマンにもおすすめ。

H ウィン・ユニティ・リゾート
Win Unity Resort MAP P.187

住Bogyoke Aung San Rd.
☎09-4004-55655、09-4004-55855
URL www.winunityhotel.com
E winunityhotel@gmail.com
料 AC ⓈⓉUS$30～130
CC MV（+3%のチャージ） 室223室

町外れにある人造湖に面した高級リゾート。チーク材を使ったコテージは、ナチュラルテイストで居心地抜群。料金は敷地内での立地により異なり、湖に面したレイクビューの部屋が最も高い。朝食はビュッフェ。

H モンユワ・ホテル
Monywa Hotel MAP P.187

住Bogyoke Aung San Rd.
☎（071）21581、09-8964-50669
FAX（071）23289
料 AC ⓈUS$40～45 ⓉUS$45～50
CC なし 室66室

木々の茂る庭の中にシャレースタイルの客室が点在している。室内は清潔。バスタブ付きで、お湯もふんだんに出る。

H シュエ・タウン・ターン・ゲストハウス
Shwe Taung Tarn Guest House MAP P.187

住70, Station Rd., Yonegyi Qtr.
☎09-3309-4187、09-2661-10552
料 AC スタンダードⓈUS$13 ⓉUS$20 スーペリアⓈUS$20 ⓉUS$27 CC なし 室38室

シュエズィーゴォン・パヤーの北にある。エアコン、テレビ付きのスーペリアは部屋も広めでお得感がある。バスタブは部屋によって付くので要確認。人気が高いので予約がおすすめ。

H グレート・ホテル
Great Hotel MAP P.187

住Bogyoke Aung San Rd. ☎（071）28061、09-7757-55275
料 AC ⓈUS$20 ⓉUS$35（朝食別）
CC なし 室34室

バスターミナルの前にある。オーナーは英語が通じ、客室は狭いが比較的清潔。エアコン付きだが、シャワーは水のみ。朝食は付かない。

モンユワのレストラン
RESTAURANT

R ネー・ティッ
Nell Thit MAP P.187

住Yonegyi Rd. ☎09-2464-50130、09-4300-2822 営9:00～20:00 休なし CC なし

種類豊富なビルマカレーが3500K～。メニューはないが、厨房に並んでいるカレーから選べばOK。一品選ぶとカレー以外に10種類以上の野菜料理が付いてくる。

R カンボウザ
Kanbawza MAP P.187

住Yonegyi Rd. ☎09-6450-843、09-7986-55997 営8:00～21:00 休なし CC なし

人気のコールドドリンク店。3種の味を楽しめるレインボーアイスクリーム800K～、バナナミルクシェイク700Kなど。英語メニューあり。

市外局番075 MAP折込表-C4

歴史に名を残すいにしえの王都

シュエボー

Shwebo ရွှေဘို

マンダレーの北約113kmに位置する小さな町シュエボー。現在は訪れる旅行者もほとんどいないこの地方都市は、ミャンマーの歴史のなかでは極めて重要な町だ。1752年にビルマ族の英雄アラウンパヤー王は、モクソボと呼ばれていた小さな田舎町を3.7km四方の堀で囲んで城塞都市とし、シュエボーと改名。ここを王都としてコンバウン朝を興した。ここから進撃を開始したアラウンパヤー王の軍勢は、1755年にモン族からインワを奪還、ミャンマーは再びビルマ族の治める土地となった。都がおかれたのは、アラウンパヤー王が亡くなる1760年までのわずか8年。王を継いだナウンドーヂー王はザガインに遷都してしまう。その後、かつての繁栄を取り戻すことはなく、近年になって再建された王宮や町の一部に残る堀に、王都であった歴史をしのばせるのみだ。

シュエボーを開いたアラウンパヤー王の像は旧王宮内にある

シュエボーへの行き方 ACCESS

◆ヤンゴンから

アウンミンガラー・ハイウエイ・バス・ターミナル（MAP P.39-C1）から所要約10時間、1万3500〜1万7500K。

◆マンダレーから

1日1便、所要約5時間、2000K。

ディリー・マンダラ・バスターミナル（MAP P.160-A2）から所要約3時間、2000〜3000K。

◆モンユワから

所要約3時間、1500K。

シュエボーのバスターミナル：市街の約1.5km南。市街まではバイクタクシーで500〜700K。

シュエボーの歩き方 Exploring

シュエボーのバスターミナルには黄金のアラウンパヤー王像がある。向かいに建っている仏塔が、アウンミー・パヤー Aung Mye Paya。「アーミー・パヤー」とも呼ばれており、アラウンパヤー王が進軍を始めた場所がここであったとされ、軍人の信仰を集めているという。市街の中心となるのは、市民の台所ゼーヂョーマーケット Zeigyo Marketとその前を南北に走るアウンゼヤ通り Aung Zeya Rd.。マーケットの南側には大きな仏塔が3つ建っており、昼間は参拝者が絶えることがない。なかでも規模が大きいのが、500年の歴史をもつというシュエダザ・パヤー Shwe Daza Payaだ。シュエボー周辺は質の高いタナカが採れることで名高く、このパヤーの参道はタナカ市場になっている。

マーケットの西側に広がっているのが、シュエポン・ヤンダナ・ミンガラー・パレス（アラウンパヤー・パレス）Shwepon

黄金に輝くシュエポン・ヤンダナ・ミンガラー・パレスの王宮

アウンミー・パヤー
MAP P.193外
開5:00〜20:00 休なし
料無料

ゼーヂョーマーケット
MAP P.193
営7:00〜16:00 休なし

シュエダザ・パヤー
MAP P.193
開4:00〜9:00 休なし
料無料

シュエポン・ヤンダナ・ミンガラー・パレス（アラウンパヤー・パレス）
MAP P.193
開7:00〜17:00 休なし
料2000K（要パスポート番号）

モウドウミンタ・パヤー
MAP P.193外
開24時間 休なし
料無料

日々の食材を求める人々でにぎわうゼーヂョーマーケット

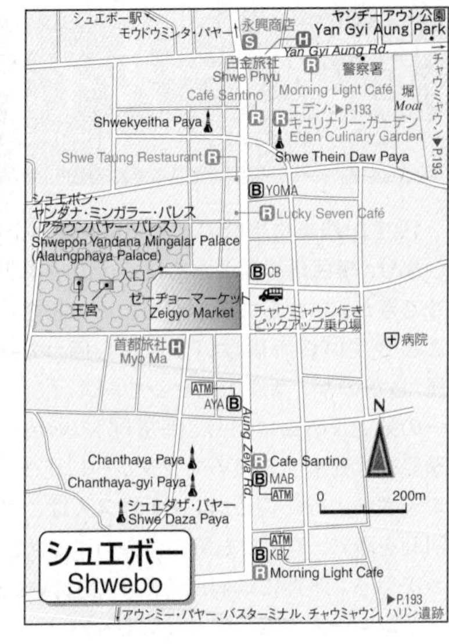

Yandana Mingalar Palace (Alaungphaya Palace)。イギリス植民地時代は刑務所が建てられていたが、1999年に政府によってマンダレーのものに似た王宮が再建された。

市街から約2km北の高台にはモウドウミンタ・パヤー Maw Daw Myn Tha Payaという仏塔が建っている。シュエボーで最も信仰を集める仏塔で、アラウンパヤー王によって建てられたと伝えられている。

郊外の見どころ Excursion

世界遺産のピュー遺跡が残る

ハリン（ハンリン）

MAP 折込表-C4

ဟံလင်း(ဟန်လင်း)

Halin(Hanlin)

シュエボーの東約15kmに位置する、世界遺産ピュー遺跡（→P.108）のある村。遺跡は4～9世紀に栄えた王都の跡とされ、東西約1.5km、南北約3kmの城壁に囲まれている。王の名前が刻まれた石碑なども出土している。城壁の内側を中心に38ヵ所の発掘現場があり、見どころは26番と29番の墳墓遺跡。宝飾品や武器とともに土葬された人骨が、発掘時のまま保存されている。22番には祭壇と思われる黒い石柱が立てられた建物跡が残されている。炭化した木材も発見されており、これは9世紀に南詔王国に攻め込まれた際、放火された跡だと考えられている。

崩れかけたれんがの基壇が残るハリンの遺跡

遺跡以外の見どころに、紀元前3世紀にアショーカ王が建てたという言い伝えが残るシュエグージー・パヤー、塩田や温泉がある。

ハリンへ行く途中の道からエーヤワディー川のほとりへと向かうと、チャウミャウン村 Kyaukmyaung がある。ここに隣接するニュエニャイン Ngwe Nyein は焼き物の村として有名。

ハリン
行き方 シュエボーから片道約1時間。バイクタクシーで遺跡観光を含めて往復1万2000～1万5000K程度。チャウミャウンと一緒に回ると2万K程度。

ハリン考古学博物館
開 火～日9:30～16:30
休 月・祝
料 5000K（入域料含む）

考古学博物館の建物

祭壇と思われる黒い石柱

墳墓遺跡もある

シュエボーのレストラン
RESTAURANT

R エデン・キュリナリー・ガーデン
Eden Culinary Garden

MAP P.193

住 Near Shwe Thein Daw Paya　☎(075) 21651、09-2101-046　営 6:00～21:00　休 なし

シュエボーでは唯一英語メニューのある店。看板には日本語で「エデン・レストラン」の文字も。朝はドーサ（200～400K）やハンバーガー（1000K）など、夜は一品料理でフィッシュカレー3000～3500K、フライドライス1800K、ビール1200Kなど。

市外局番085 ■MAP折込表-C5

イギリス人がつくった高原の避暑地

ピンウールィン(メイミョー)

Pyin Oo Lwin (Maymyo) ပြင်ဦးလွင်(မေမြို့)

19世紀後半に当時のビルマはイギリスの植民地となり、植民地経営のために多数のイギリス人がやってきた。しかし彼らが参ったのは暑さ。どこか過ごしやすい場所はないかと探し回った彼らが"発見"したのが、高原の町ピンウールィン。マンダレーの約70km東にあり、海抜は1100mほど。暑い季節には死者すら出るマンダレーに比べると、まるで天国のように涼しい。イギリス人はこぞって家や別荘を建て、現在でも町には古い洋館がたくさん残っている。郊外には洞窟寺院や植物園などもあり、ミャンマー人の旅行先としても人気。

町の中心にある時計塔

ピンウールィンへの行き方 ACCESS

◆マンダレーから

🚆マンダレー4:00発ピンウールィン8:00着の1日1便、アッパークラス700K、オーディナリークラス500K。途中スイッチバックもあり、鉄道ファンでなくても楽しめる。到着は遅れることが多い。

🚗楽かつ一般的なのはシェアタクシー。ホテルのフロントで手配可能。ドア・トゥ・ドアでホテルまで運んでくれる。所要1時間30分～2時間。助手席5500K、後席5000K。ピックアップは27番通りと82番通りの角(MAP P.161-A2～B2)など数ヵ所から出発。所要約2時間～2時間30分。助手席2000K、荷台1500K。ピンウールィンの発着場所は、市街の西の外れ、マンダレー・ラーショー通りにあるガソリンスタンドの隣(MAP P.195-A2)。

マンダレーへ：シェアタクシーが便利。マンダレー・ラーショー通りにある時計塔から100mほど北、大きな木のそばの信号近く(MAP P.195-A1)にあるWin Yadanar社(営月～木6:00～17:00、金～日6:00～16:00。☎(085)2022490、09-3314-4473)で手配できる。ホテルのフロントにも手配を依頼できる。時間は希望制。前日までに申し込んでおけば、ホテルまで迎えにきてくれる。4名集まらなければ、車に乗ってから客を探すことになるが、たいていすぐに集まる。所要約1時間30分。助手席5000K、後席4500K。ピックアップは荷台1500K、助手席2000K。

Information

ピンウールィンでの移動

一般的な交通手段はバイクタクシー。料金は交渉制で、チャーターする場合1時間2500K程度、1日1万2000～1万5000K。馬車はチャーターする場合1時間6000Kほど。郊外であれば短距離での利用も可能。1回500～1000K。

市街であればレンタサイクルやレンタバイクも便利。1日あたり自転車2500K、バイク1万K。時計塔の周辺に何軒かショップがある。

ピンウールィンの歩き方 Exploring

町にはこれといった見どころはなく、特に中心部の大通り沿いは交通量も多くて騒がしい。しかし一歩路地へ入れば静かな町並みが広がっている。町の中心を外れると緑の多い静かな住宅街となり、いかにも高原の別荘地といった雰囲気だ。涼しいので歩くのも苦にならず、この国には珍しく散歩が楽

ピンウールィン名物の馬車。乗車スペースは狭い

しめる町といえるだろう。歩き疲れたらかわいい馬車に乗ってもいい。ピンウールィンの馬車は、小型の箱型四輪馬車。小さなドアを開いて乗り込み、リズミカルな蹄の音を聞きながら揺られていると、いったい今がいつの時代なのかわからなくなってしまいそうだ。郊外の見どころを効率よく見て回るには、車やバイクをチャーターする必要がある。時計塔近くのみやげ物屋や、外国人が利用できる宿では、こうした車のアレンジをしてくれる。

町外れにはイギリス統治時代に建てられたコロニアル調の建物が点在している

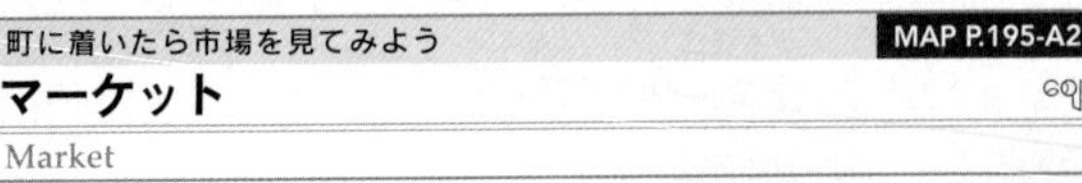

おもな見どころ Sightseeing

町に着いたら市場を見てみよう　MAP P.195-A2

マーケット

ဈေး

Market

　時計塔のすぐ近く、大通りの裏側に大きなマーケットが広がっている。敷地だけでもかなり広いが、周辺の道路にまではみ出して生鮮食料品などが売られている様子は壮観。荷物を運ぶ人々が忙しく行き交い、ぼんやり歩いているとすぐに人とぶつかってしまいそうになる。

さまざまな店が並ぶマーケット

Information

ピンウールィンの旧称

　いまだに植民地時代の呼び名「メイミョー」のほうが通りがいい。メイミョーの「メイ」はイギリス人の役人の名前、「ミョー」はビルマ語で「町」。つまり「メイの町」という意味。ピックアップの呼び込みなども「メイミョー」と連呼している。

日本人墓地

　ピンウールィンの町外れ、鉄道駅の北に小さな日本人墓地がある。畑の真ん中にひっそりとあり、いつも誰かが花を手向けているようだ。柵に鍵がかかっているが、柵が古くなっているので脇から入ることができる。道が複雑で自力で行くのは難しいので、詳しい人を見つけて案内してもらおう。

常に誰かが花を手向けてくれている

マーケット
営6:30～17:30
休満月の日

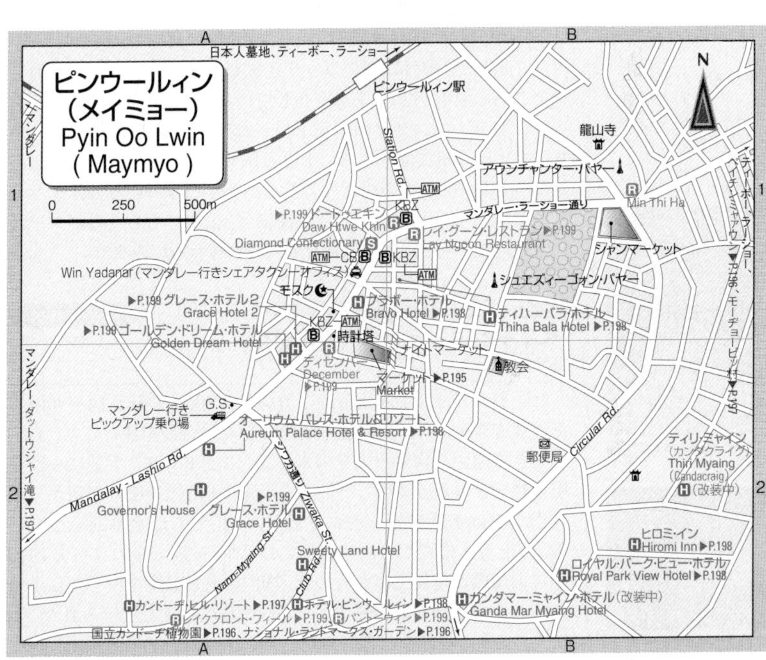

植物園というより遊園地的

MAP P.195-B2外

国立カンドーヂ植物園

ကန်တော်ကြီးအမျိုးသားရုက္ခဗေဒဥယျာဉ်

National Kandawgyi Garden

国立カンドーヂ植物園
行き方 バイクタクシーで約10分。片道1500K、往復3000K。
☎ (085) 22497
開 8:00～18:00
休 なし
料 6500K
ビデオ撮影料3000K
園内のバギーは8人乗り1周1万K(30分)

2001年に拡張されて1.6km²(400エーカー)を超える広大な規模となった植物園。園内には大きな池があり、それを取り巻くようにさまざまな植物が植えられている。花々が咲き乱れる様子はとても美しい。観光スポットとしても人気で、週末には広い園内を回るバギーに乗って楽しむ家族連れの姿も見られる。園内にはエレベーターで上がれる展望台があり、そこからピンウールィンの全景が見渡せる。ピクニック気分でのんびり楽しみたい。

緑の多い涼し気な公園

ミャンマーの見どころ大集合

MAP P.195-B2外

ナショナル・ランドマークス・ガーデン

အမျိုးသားအထိမ်းအမှတ်ဥယျာဉ်

National Landmarks Garden

ナショナル・ランドマークス・ガーデン
行き方 バイクタクシーで約10分。片道1500K、往復3000K。
☎ (085) 22745
開 8:00～18:00
休 なし
料 6000K

国立カンドーヂ植物園のそばに、2006年12月に完成したテーマパーク。約2万3000m²(56.67エーカー)という敷地に、シュエダゴォン・パヤー、チャイティーヨーのゴールデンロックをはじめ、国内最高峰のカカーボラージー山、バガン近郊のポッパ山、ピンダヤの洞窟寺院、インレー湖、マンダレーの旧王宮、ザガインのカウンムードー・パヤー、世界で2番目に高いゴッテイ鉄橋など、ミャンマー各地の見どころの模型が20以上も点在している。模型は全体的におもちゃっぽいが、ピンダヤの洞窟寺院には短い洞窟が造られていたり、インレー湖にはやたらに大きな漁師がいるなど、実際に行った場所を見ると、その場所の特徴を出そうとしているのは感じられておもしろい。1周しても1時間ほど。入口でもらえるパンフレットを見ながら、国内一周旅行の気分を味わってみよう。

ここ1ヵ所でミャンマーのおもな見どころを制覇できる

大量の水が湧き出す洞窟寺院

MAP P.195-B1外

ペイチンミャァウン(洞窟寺院)

ပိတ်ချင်းမြှောင်

Peik Chin Myaung

ペイチンミャァウン
行き方 ピンウールィンからバイクタクシーで約20分。往復1万2000K。
料 入場無料
カメラ撮影料300K
ビデオ撮影料1000K

洞窟内から大量の水が流れ出している

仏像や仏塔が並ぶ洞窟内

ピンウールィン郊外にある、奥行き約600mの鍾乳洞を利用した洞窟寺院。谷あいの大駐車場から続く屋台群を抜けると、岩肌に大きく開いた穴から大量の水が流れ出している。手前に小さな履き物預かり所があり、そこから歩道が延びている。洞窟から流れ出た水は歩道の脇を流れており、子供たちが水遊びをしている。もともとはただの洞窟だったのだが、政府の手によって1990年に大規模な改装工事が行われ、国内の有名寺院を模した仏塔やたくさんの仏像が収められ、一大観光地に仕立て上げられた。ここから5分ほど歩くと滝もある。

森林浴でリラックス

ダットウジャイ滝

MAP P.195-A2外

ဒတ်တော်ချိုင့်ရေတံခွန်

Dat Taw Gyaik Waterfall

高原の町ピンウールィンには、郊外に大小さまざまな美しい滝がある。いずれも行楽地となっており、つかの間の涼を求めて人々が訪れる。なかでもアニサカンにある落差約45mのこの滝は周辺でも最大で、赤い岩肌を白い大量の水が真っすぐに流れ落ちる様は迫力がある。滝にたどり着くまでは急な山道を歩く必要があるが、その美しさに疲れも汗も吹き飛んでしまうほどだ。滝つぼでは泳ぐこともできるので水着を持参しよう。

滝つぼの脇には小さな仏塔がある

ダットウジャイ滝
行き方 ピンウールィンから約8km。マンダレー行きのピックアップに乗って「Dat Taw Gyaik Waterfall」の看板の所で降ろしてもらい、そこから小道をしばらく歩くと小さな茶屋がある。そこからさらに急な山道を30分ほど下ると滝がある。同じ山道を上るのには40分ほどかかる。雨季には道が滑りやすいので、上記の倍くらいの時間を見ておいたほうがいい。また大雨のあとは道が悪く、行けないことがある。
開24時間
休なし
料無料

シャン族の生活を見学できる

モーヂョーピッ村

MAP P.195-B1外

မိုးကြိုးပစ်ရွာ

Moe Gyo Pyit Village

ピンウールィンから10kmほど東北にあるシャン族の小さな村。見るべきものは特にないが、シャン族の生活ぶりに触れられる数少ない場所のひとつだ。村では畑で働く人や村の名物であるママンディ（ディムスムという木の実の塩漬け）を作る人、蚕を育てる一家などが普通に暮らしており、お茶に誘ったりしていろいろ親切にしてくれる。丘の上にあるマハーボディー・シュエ僧院Ma Ha Baw Di Shwe Kyaungには英語を話せる人がいることがあるので、まずはそこを訪れてみよう。開発が進み、素朴な風情は消えつつあるので、行くなら早めに。

素朴な農作業を見学できる

モーヂョーピッ村
行き方 道が平坦なのでレンタサイクルが便利。ピンウールィンのクリスチャン墓地裏側にある軍の施設から村までは一本道だ。車で所要約20分。バイクタクシーで往復4000K。

ピンウールィンのホテル

HOTEL

ホテルは市街の中心に数軒あるのみ。設備の整ったホテルは市街から少し離れて点在している。

H カンドーヂ・ヒル・リゾート（カンドーヂ・ロッジ）

Kandawgyi Hill Resort(Kandawgyi Lodge) MAP P.195-B2外

住Nandar Rd.
☎(085) 21839、09-2661-81918
FAX09-3314-5100
URL www.myanmartreasureresort.com.mm
料FAN Ⓢ Ⓣ US$55　ジュニアスイートⓈⓉUS$65（ハイシーズンはUS$10アップ）
CC M V　室15室

国立カンドーヂ植物園のそばに2002年にオープンした、高級感あふれるリゾートホテル。緑の木立の中にたたずむ、赤いシックな建築がトレードマーク。本館2階のジュニアスイートと1棟2室型コテージタイプのデラックスがあり、どの部屋もオフホワイトを基調にしたさわやかなインテリアでいい雰囲気。部屋の造りもしっかりしており、少々高い価格設定も部屋を見れば納得できる。ただしバスタブ付きの客室はないので気になる人は注意。庭のテラスにはパラソルがあり、そこで冷たいドリンクを楽しむなどして高原のリゾート気分を味わうことができる。

H ホテル・ピンウールィン
Hotel Pyin Oo Lwin　MAP P.195-B2外

住9, Nanda Rd., Near Kandawgyi Garden
☎(085) 2022636、09-4444-45188
URL www.hotelpyinoolwin.com
料AC デラックスⓈⓉUS$80～100　スイートⓈⓉUS$120～200　CC MV　室36室

市街から国立カンドーヂ植物園へ向かう途中にある高級リゾート。敷地内には18のバンガロー建ち、それぞれふた部屋ずつに分けられている。客室内には暖炉もあり、寒い時期には火が入る。デラックスとスタンダードがあるが間取りは同じで、客室の調度品やファシリティに差があるだけ。

H オーリウム・パレス・ホテル&リゾート
Aureum Palace Hotel & Resort　MAP P.195-A2

住Ward 5, Governor's Hill, Mandalay-Lashio Rd.　☎(085) 21902
URL www.aureumpalacehotelandresortpyinoolwin.com
料AC ⓈⓉUS$80　スイートUS$198
CC JMV　室46室

2007年にオープンした高級リゾートホテル。れんが造りのコロニアル風ヴィラで、テレビ、ミニバー、コーヒーメーカーなど客室内の設備は充実している。小さなプールの付いたスイートも1棟ある。

H ロイヤル・パーク・ビュー・ホテル
Royal Park View Hotel　MAP P.195-B2

住107, Lanthaya Rd.　☎(085) 2022645、09-9620-44012　FAX (085) 21210
URL www.royalparkviewpyinoolwin.com
E royalparkview107@gmail.com
料FAN ⓈⓉUS$35　AC ⓈⓉUS$45　ジュニアスイートUS$50　CC MV　室30室

客室には木材を多用しており、高原のリゾート風でスタンダードでもちょっと高級な感じ。テレビ、冷蔵庫などの設備もひととおり揃って快適に過ごせる。デラックスの客室にはバスタブも付く。

H ヒロミ・イン
Hiromi Inn　MAP P.195-B2

住78, Block 6, Aing Daw Rd.
☎(085) 2022685、09-2045-224
料AC ⓈⓉUS$35～50　CC なし　室15室

日本人オーナーが経営するコテージスタイルのホテル。市街から少し離れているが、緑に囲まれた静かな環境。客室は落ち着いた色調のインテリアでまとめられ、明るく広々としている。キッチン付きで、テレビや冷蔵庫、Wi-Fi、大きめのテーブルも置かれている。バスルームも広く、もちろんバスタブ付き。このファシリティでこの料金はかなりお得。長期滞在するのなら、間違いなくおすすめ。地元で取れたコーヒーやケーキも食べられる「ヒロミ・カフェ」も併設されている。

H ティハーバラ・ホテル
Thiha Bala Hotel　MAP P.195-B1

住13, Block 7, Infront of YMBA Hall
☎09-7744-88238　E thihabal@gmail.com
料ⓈⓉUS$20～50
CC MV　室18室

ピンウールィン市街にあるビジネスホテル。大通りからは入った所にあるので、意外と静か。リゾート感こそないが、清潔で設備も整っており、フロントもよく英語が通じるので、外国人観光客の利用も多い。近隣の観光スポットへのツアー手配も行っている。

H ブラボー・ホテル
Bravo Hotel　MAP P.195-A1

住Mandalay-Lashio Rd., Near by Clock Tower
☎(085) 2021223、2021826、09-9635-44410　E bravohotel.pol@gmail.com
料AC ⓈUS$20　ⓉUS$30　CC なし　室14室

ピンウールィンのメインストリートに面した中級ホテル。狭い客室にエアコン、冷蔵庫、テレビが置かれ日本のビジネスホテルを彷彿とさせる。最高の立地とファシリティを考えれば、リーズナブルといえる。

H ゴールデン・ドリーム・ホテル

Golden Dream Hotel　MAP P.195-A2

住42/43, Block 5, Mandalay-Lashio Rd.
☎(085) 2021302、09-2044-013
料FAN ⓈⓉUS$10〜25
CCなし　室29室

通りに面した大きなビルの2階から上。1階にはみやげ物屋が並んでおり、店と店の間の狭い通路がホテルの入口。建物も設備もやや古びているが、そこそこ清潔。エアコン付きの部屋はないが、シャワーはお湯が出る。

H グレース・ホテル

Grace Hotel　MAP P.195-A2

住114, Nann-Myaing St.　☎(085) 2021910、2021230、09-4012-49088
料FAN ⓈUS$9　ⓉUS$18　CCなし　室11室

一軒家を改造したような造りの静かなゲストハウス。マーケットまで徒歩6〜7分と、場所が便利で料金も安い。全室テレビ付き。また、市街中心部にある時計塔の近く、Hゴールデン・ドリーム・ホテルの並びに同系列のHグレース・ホテル2がある（MAP P.195-A2）。全11室、バス・トイレ別（ホットシャワー）のバックパッカー向けゲストハウスで、FAN ⓈUS$8、ⓉUS$16と格安。

ピンウールィンのレストラン
RESTAURANT

R レイクフロント・フィール

Lake Front Feel　MAP P.195-B2外

住Kan Taw Lay, Kan Park St., Nandar Rd.
☎(085) 2022083、09-5162-132
営9:30〜21:30　休なし　CCなし

カンドー湖に面したロマンティックなレストラン。夕暮れ時がおすすめ。メニューは西洋、タイ、中国料理で、アメリカンバーガー4300K、タイカレー5000K、餃子5000Kなど。なかには寿司や天ぷら、たこ焼きといった日本食メニューもある。ケーキやアイスクリームなどのスイーツ、ワインやカクテルなどアルコール類も充実している。

R パントーウィン

Pan Taw Win　MAP P.195-B2

住Nandar Rd., 6th Qtr.
☎(085) 2021742、09-7948-11790
営7:00〜22:00　休なし　CCなし

ピンウールィン郊外にあるオープンテラスのレストラン。西洋料理から中国料理、タイ料理、日本料理にいたるまでメニューは130種類。ここのウリは、なんといってもピンウールィン産の豆を自家焙煎しているコーヒー。もちろんここで飲むこともできるが、おみやげ用に販売されている豆の購入も可能。200g 2800K。

R レイ・グーン・レストラン

Lay Ngoon Restaurant　MAP P.195-B1

住41, Blh-7, Mandalay-Lashio Rd.
☎(085) 2022355　営9:00〜21:00
休なし　CCなし

マンダレー・ラーショー通りとステーション通りの交差点にある、評判のいい中国料理店。英語メニューあり。炒飯3000K、酢豚6000Kなど約100種類のメニューが並ぶ。

R ドートゥエキン

Daw Htwe Khin　MAP P.195-B1

住Mandalay-Lashio Rd.　☎09-2046-473
営7:00〜20:00　休なし　CCなし

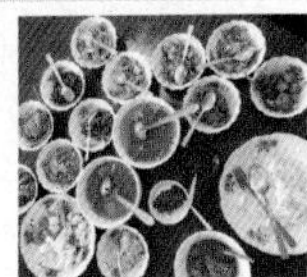

地元の人から圧倒的な支持を受けるビルマ料理レストラン。20種類ほど並ぶカレーから1品選ぶと15種類もの副菜やスープ、ミネラルウオーターまで付いてきて2200K。ビルマ語の看板しかなく、大通りから入った所にあるので、よく探そう。木彫りの置物がたくさん並んでいるのが目印。

R ディセンバー

December　MAP P.195-A2

住Mandalay-Lashio Rd.　☎09-6506-186、09-4025-62058　営6:30〜18:30　休なし　CCなし

時計塔の近くにあるミルク専門店。新鮮なホットミルク（500K）、ヨーグルト（800K）やパン各種（500K〜）、プリン（500K）なども売られている。

旅のヒント Hints

高原のコロニアルホテル

植民者イギリスが造った高原リゾート

全土がイギリスの植民地となった19世紀末のビルマには、植民地経営などで多数のイギリス人をはじめとする欧州人がやってきた。そんな彼らは低地ビルマの暑さを避けるため、高原地帯に避暑地を建設。母国イギリスをしのばせるカントリーハウス風のホテルや別荘が建てられた。第2次世界大戦後に続いた閉鎖的な社会情勢がここでは幸いして、20世紀初頭に建てられ、当時のままの趣が残る建物が多数残り、一部はホテルとして営業している。

建物に刻まれた歴史の重み

香港のペニンシュラやシンガポールのラッフルズ、もちろんヤンゴンにあるストランドなどの高級ホテルも、コロニアルホテルのカテゴリーに入る。シャン州の高原地帯に残っているコロニアルホテルはそれら大型ホテルとは異なり、まるで別荘のような小規模なホテルが多い。ヤンゴンやバガンで熱帯の旅を満喫したら、目先を変えて高原のコロニアルホテルを訪ねてみてはいかが？　少し変わったミャンマー体験ができる。

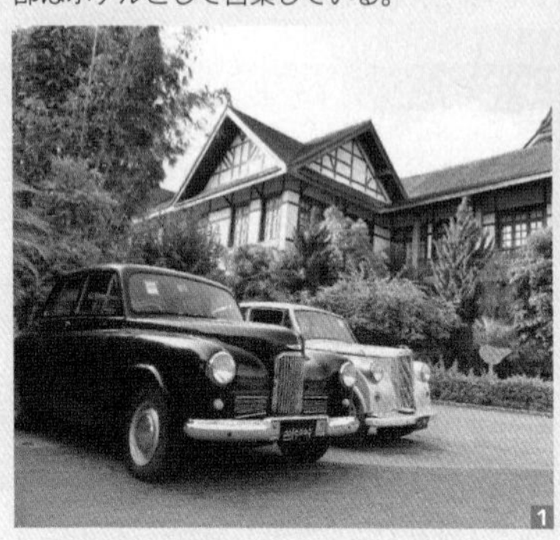

1 オーリウム・パレス・ホテル&リゾートの南に立つガバナーズ・ハウスは1903年の建築のレプリカ。高級ホテルとして利用されているが、宿泊客がいない場合US$5で内部見学（カフェでの飲み物付き）も可能。 2 ティリ・ミャインは2019年9月現在、改装のためクローズしている。1904年に建てられたカントリーハウス風のかわいい建築。 3 廃業したナン・ミャイン・ホテル。当時の面影をとどめる貴重な建築だっただけに残念

旅のヒント Hints

世界第2の高さがある鉄橋を渡る

ミャンマー鉄道の旅のハイライト

鉄道でピンウールィンから3時間ほどティーボーに向けて走ると、列車は世界で2番目に高いとされるゴッテイGokhteik鉄橋を通る。1903年にイギリスが建設したもので、列車はスピードを落とし、ゆっくりと通過する。

橋が見えるのは、ピンウールィン駅から2時間ほど、5つ目の駅のナウンショー Naung Hkio駅を出たあと。それまでの4つの駅とは違い、この駅には10分以上停車する（それまでの駅ではせいぜい1～3分ほどしか停車しない）。ナウンショー駅を出ると、やがて橋が進行方向左側に見えてくる。線路の両脇には草木が生い茂っているのでシャッターチャンスは少ない。列車は蛇行して進むので、次に右側に、また左側にと見える方向が変わる。ナウンショー駅を出て35分ほどで、橋のすぐ手前にあるゴッテイ駅に着く。写真やビデオの撮影は禁止されているが、実際にはみんな撮影している。しかし、一応禁止されていることは念頭においておこう。

鉄道には長時間乗りたくないが、ゴッテイ鉄橋を越えてみたい人は

ピンウールィンからティーボーまで鉄道を利用すると、所要約6時間。列車に長時間乗りたくないけれど橋だけは見たいという人は、鉄道とタクシーとを併用する手もある。例えば、ティーボーからピンウールィンやマンダレーまでのタクシーをチャーターし、一方でティーボーからゴッテイ駅までの鉄道チケットを買う。鉄道で橋を越えゴッテイ駅に着いたら、そこから手配していたタクシーに乗り換えるという方法。車のほうが鉄道より断然早いので、お金はあるが時間が少ない人にはおすすめ。ティーボーのミスター・チャールズ・ゲストハウス（→P.203）などでアレンジ可。

見るからに危なっかしい鉄橋を渡る列車

市外局番082 MAP折込表-D4

シャン州山中の静かな町

ティーボー(シーポー)

Thibaw (Hsipaw) သီပေါ

ティーボー
ネーピードー
ヤンゴン

ティーボーは、シャン州北部の中心となるラーショーとマンダレーを結ぶ街道の途中にある静かな町。旧称のシーポーのほうがいまだにとおりがいい。シャン州の奥地だけあって、この町は人口に占めるシャン族の割合が高く、食堂もシャン料理屋が多い。シャン州は、第2次世界大戦後までソーブワー（シャン語ではツァオファ）と呼ばれる藩王をいただく多数の小国に分かれていた。1959年にすべての藩王が自治権を政府に譲渡した際、藩王国の数は34あった。ティーボーはそのなかでも有力な藩王国の中心だった都市で、藩王の邸宅などが残されている。周辺のシャン族の村を巡るトレッキングやボートトリップも楽しめる。

10月には盛大なパレードが催される

ドッタワディ川の対岸にあるサンセットヒルからの眺め

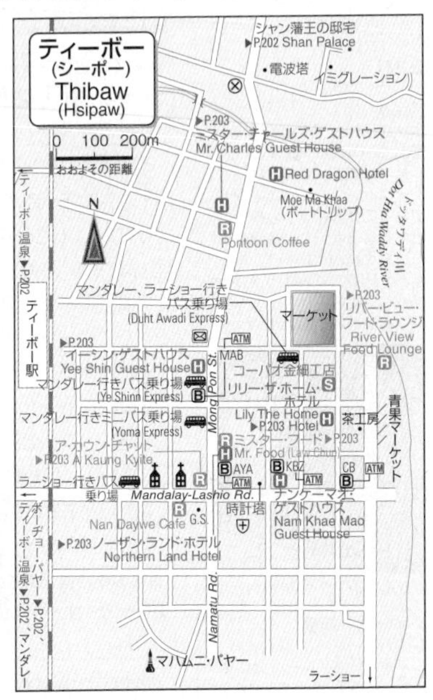

ティーボーへの行き方 ACCESS

◆マンダレーから

🚆マンダレー4:00発の列車で所要約10時間30分、アッパークラス5550K、オーディナリークラス2400K。15:15着だが遅れることが多い。

🚌62番通りと36番通り付近にある北行きバスターミナル（MAP P.160-C3）から発着。所要約7時間、6300K。シェアタクシーはバスターミナルのほか、ホテルでも手配してもらえる。1万7000K。

マンダレーへ：所要約6時間、6300K。出発は各バス会社のオフィス前から5:30発。ドアトゥドアのミニバスは1万K。シェアタクシーは1万5000〜1万7000K。

◆ピンウールィンから

バスで約4時間、4000〜4500K。シェアタクシーは1万3000K。

◆ラーショーから

バスで約2時間30分、2500K。

ティーボーの歩き方　Exploring

マンダレーやピンウールィンからのバスやピックアップは、マーケットの近くに到着する。ラーショー行きのバスを途中下車する場合、町を横断するボーヂョー通りBogyoke Rd.で降ろされるが、そこからマーケットまで徒歩約10分。ボーヂョー通りと交差する幅の広いナマトゥ通りNamatu Rd.が町のメインストリート。町は小さく、歩いて回れる。町の北の外れにはシャン藩王の邸宅や「リトル・バガン」と呼ばれる仏塔の建ち並ぶエリアなどがある。さらに郊外にまで足を延ばせば、滝や温泉、シャン族の村などが点在しており、ゆっくりとトレッキングを楽しむのがおすすめ。ゲストハウス主催のツアーを利用するのもいい。

おもな見どころ　Sightseeing

今も元藩王の一族が暮らす　**MAP P.201**

シャン藩王の邸宅　ရှမ်းစော်ဘွားများနေအိမ်(ဟော်နန်း)

Shan Palace

現在のシャン州はかつて34の藩に分けられ、それぞれ藩王が統治していた。ティーボーもそのひとつで、藩王が暮らしていた邸宅がここ。1924年に完成したこの建物はイタリアから輸入した大理石タイルを使っていたり、ブッダガヤから移植した菩提樹を植えた瞑想室などがある。残念なことに、今では老朽化が進んでいる。ここの最後の藩王はアメリカに留学し、そこで知り合った女性と結婚した。このエピソードは本にもなっている。現在は藩王の親族のファーンさんが管理している。入場料はかからないが、幾ばくかの寄付金は置いていきたい。

かつての栄華がしのばれる

仏塔の中に塔があり、塔の中にまた仏塔　**MAP P.201外**

ボーヂョー・パヤー　ဘော်ကြိုဘုရား

Bawgyo Paya

市街から約6km。ミャンマーにあるシャン様式の仏塔のなかでも、規模の大きなもの。本堂を取り囲む回廊は屋根に覆われており、その屋根を支える太い柱がガラスのモザイクで装飾され、実にきらびやかだ。回廊の中央には大きな塔があり、ドーム状に造られた塔の内部に仏塔が入れ子になった珍しい造り。

直線が特徴的なボーヂョー・パヤー

シャン州でいい湯だな　**MAP P.201外**

ティーボー温泉　သီပေါရေပူစမ်း

Thibaw Hot Spring

コンクリート打ちっぱなしの簡素なプールといった感じの浴槽が屋外にあるだけ。お湯はちょっとぬるめだが、ゆっくりつかっていればじわじわ体が温まる。

Information

ボートトリップ

ティーボーで人気のツアーがドッタワディ川の迫力あるボートトリップ。所要約3時間でひとり2万5000Kくらい（参加人数によって異なる）。旅行会社やホテルで申し込める。

シャン藩王の邸宅

行き方 ティーボー市街から徒歩10〜15分。
開 15:00〜17:00　休 なし
料 無料

ボーヂョー・パヤー

行き方 ティーボーから車で約10分。仏塔が収められたドームの中は女性立ち入り不可。
料 無料

茶工房
ホック・ホー　Hock Hoe

営 6:00〜18:00　休 なし

見学は無料。茶葉の販売は3〜11月。いい茶葉ほど売り切れるのが早いが、おみやげにするならおいしいほうがいい。まず「シュエーピーはあるか」と聞いてみよう。買う場合は、最も高いシュエーピーでもひと袋5000K程度。

香り高い茶葉をおみやげに

ティーボー温泉

行き方 ティーボーからピンウールィン、マンダレー方面に車で15〜20分ほどの所にある。町からピックアップを利用すると500Kほどだが、車道で降りてからさらに約15分歩くことになる。

囲いはないので、水着かロンヂーを忘れずに。ティーボーの町から北西に1時間ほど歩いた所に、もうひとつ温泉がある。

お湯につかって旅の疲れを取ろう

ティーボーのホテル

HOTEL

H ミスター・チャールズ・ゲストハウス

Mr. Charles Guest House MAP P.201

住105, Auba St., Myo Le Qtr.
☎(082) 80105 FAX (082) 80407
URL www.merchanthotel.com
E resv.mrcharles@gmail.com
料 FAN ⓈUS$9 ⓉUS$17
AC 4人でシェア。1人US$8〜12
CC MV (+5%のチャージ) 室35室

エアコンのUS$12の部屋のみシャワー、トイレ付き。共同シャワーもお湯が出る。多数の英語ガイドが在籍しており、個人では行きにくい温泉や滝、シャン族の村などを訪れるハイキングツアーを主催。1泊2日4人参加のツアーでひとりUS$20〜。日帰りコース、ボートトリップも手配可。

H リリー・ザ・ホーム・ホテル

Lily The Home Hotel MAP P.201

住108, Aung Thapye St.
☎09-7777-76455、09-4730-7374
URL www.lilythehome.com
E rsv.lilythehome@gmail.com
料 AC ⓈⓉUS$30、40、50
CC JMV (+3%のチャージ) 室45室

2014年にオープンした、町なかではいちばんのホテル。客室も清潔でスタッフも親切。自転車(1日2000K)やバイク(1日1万K)のレンタル、トレッキングの手配(1日US$25〜)も行う。H ナンケーマオ・ゲストハウスは同系列。

H イーシン・ゲストハウス

Yee Shin Guest House MAP P.201

住Mong Pon St., West Qtr. ☎(082) 80711、09-9771-31690 E yee.shin2012@gmail.com
料 FAN ⓈUS$7 ⓉUS$14
AC ⓉUS$20 トリプルUS$30 CC なし 室22室

ティーボー市街の中心に2013年オープン。客室はコンパクトだが、移動の便利さとスタッフの親切さがウリ。屋外にある食堂は広々としていて気持ちがよい。

H ノーザン・ランド・ホテル

Northern Land Hotel MAP P.201

住Mong Pon St. ☎(082) 80713、09-4202-74583 URL www.northernlandhotel.com
E rs.northernlandhotel@gmail.com
料 AC ⓈⓉUS$18〜20 CC なし 室21室

2015年に町のメインストリートにオープンした中級ホテル。客室は広くはないが、設備は整っており清潔。

ティーボーのレストラン

RESTAURANT

R リバー・ビュー・フード・ラウンジ

River View Food Lounge MAP P.201

住35, Shwe Naung Bin St., Badin (North) Qtr.
☎09-4026-76624 営10:00〜22:00
休なし CC JMV (+3%のチャージ)

川沿いにあるロマンティックなレストラン。夜はキャンドルなどでライトアップされ雰囲気がさらにアップ。蒸し魚のオイスターソースかけ(6000K)が美味。肉料理4000K〜、野菜料理2000K〜、スープ類4000〜8000K。ローカルもののワイン(ボトル2万K〜)も充実している。

R ミスター・フード

Mr.Food(Law Chun) MAP P.201

住Mong Pon St.
☎(082) 80339、09-4037-50323
営9:00〜15:00、17:00〜21:00 休なし CC なし

町のメインストリートの真ん中にあり、ランドマークといってもいい中国料理店。広くて便利な場所にあるので使い勝手はよい。シャン料理もある。スイートサワーチキン5000K。

R ア・カウン・チャット

A Kaung Kyite MAP P.201

住Mandalay-Lashio Rd.
☎(082) 80185、09-9713-36504
営8:00〜19:30 休なし CC なし

幹線道路から市街地に入る交差点に建つビルマ料理店。カウンターの大鍋に入った料理を見て選ぶシステムなので、外国人でも利用しやすい。セットでひとり3000〜4000K。場所のよさもあってか、ローカルにも人気。

中国との交易でにぎわう

ラーショー

Lashio　လားရှိုး

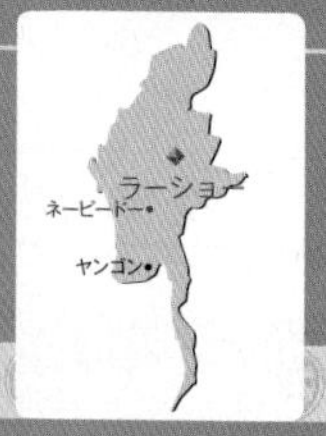

シャン州北部にある盆地の町ラーショー。日中戦争で日本軍が中国の沿岸地方を占領したため、日本と戦う中国国民党への支援補給路として、連合軍は当時イギリス領だったビルマから雲南省の昆明まで全長1153kmの道路を突貫工事で建設した。そのビルマ公路（ビルマ・ロード）の起点となった町がラーショーだ。やがて第2次世界大戦が勃発すると日本軍はビルマを占領した後、ラーショーを経て雲南省にまで侵攻したが、連合軍の反撃を受け敗退。中国とミャンマー国境地帯では日本軍の守備隊が玉砕した町もいくつかあり、ラーショーも連合軍の爆撃を受けている。戦後はシャン州の独立を目指す反政府勢力がラーショー周辺で活動していたので、長い間外国人が訪れることは難しかった。しかし1990年代に入って有力な反政府勢力との停戦が進み、ラーショーのような奥地まで外国人旅行者が訪れることができるようになった。現在では中国との交易が盛んで、町には中国の影響が濃い。地元の人々は相手にビルマ語が通じないとみると中国語で話しかけ、長距離バスの行き先も漢字が併記されている。

坂の多いラーショーの町

ラーショーへの行き方　ACCESS

◆ヤンゴンから

✈エア・カンボウザが毎日、ヤンゴン航空が月・火・木・土曜の週4便、ヘーホー経由で運航。所要約2時間15分、US$130～。

◆マンダレーから

🚌北行きバスターミナル（MAP P.160-C3）を18:00に出発し、約7～8時間で到着する。6300K。Shwe Nan San社（☎09-6803-386）のシェアタクシーはホテルで手配可能。所要約8時間、1万7000K。

🚆4:00発の1日1便。ラーショー着は時刻表上では19:05だが、遅れることが多い。運が悪いと到着は深夜や翌日の朝になる。戻りのマンダレー行きは、ラーショー発は5:00、マンダレー着は21:15。マンダレーからアッパークラス5550K、オーディナリークラス2400K。鉄道駅から市街まではピックアップで2000K。

マンダレーへ：バスターミナルから1日6～7便。所要約8時間、6500K。Shwe Nan San社（☎(082) 30966）のバンを使ったシェアタクシーは、人が集まりしだい出発。マンダレーまで所要約7時間、1万5000～1万7000K。ピンウールィンまで所要約5時間、1万3000K。ティーボーまでは所要約2時間、1万K。ティーボーまでのバスは2500K。

ラーショーのバスターミナル：ラーショー・レイとラーショー・ヂーの中間にある。ホテルまではピックアップを利用する。2000K。

市街の北にあるラーショーのバスターミナル

ラーショーの歩き方 Exploring

鉄道駅はラーショー市街から約3km北西にあり、列車が到着すると駅前に乗合ピックアップが集まって客引きを始める。バスターミナルは市街から1kmほど離れている。ラーショーはラーショー・ヂー Lahio Gyi（大ラーショー）とラーショー・レイ Lahio Lai（小ラーショー）のふたつのエリアに大きく分けられ、マーケットのあるダウンタウンがラーショー・レイ（通称ラーショー）。ここは町そのものが一大マーケットのようなエリア。中国から国境を越えて大量に運び込まれる物量に圧倒される。ラーショー市街は起伏があって坂が多く、小高い丘の上には仏塔がそびえている。ラーショー・ヂーは、バスターミナルを挟んだ北側の新しい町。ラーショー温泉はさらに北へ行った所にある。

中国製品を売る店がびっしりと並ぶ

おもな見どころ Sightseeing

ラーショーには特に大きな見どころはなく、マーケットでも見物しながらのんびり過ごしたい。あえて足を運ぶのなら、ピーロンチャンター・パヤー Pyi Lon Chantha Paya。丘の上にあり、ラーショー全域を眺め渡すことができる。

温水プールのような大露天風呂 MAP P.205外

ラーショー温泉
လားရှိုးရေပူစမ်း
Lashio Hot Spring

ラーショー北郊外にある温泉。水着のほか、タオルや石鹸も持参しよう。湯上がりは肌がサラサラして気持ちいい。この国では高級ホテルに泊まる以外にたっぷりとお湯につかることは難しいので、ここまで来たらぜひ足を運んでみたい。源泉掛け流し風に、地下から湧き出している本当の露天風呂だ。レストランも併設されているので、湯上がりのビールを楽しむこともできる。

遊園地にあるプールのような雰囲気のラーショー温泉。かなり熱い

ラーショー温泉
行き方 ラーショー・レイからピックアップをチャーターして約15分。往復8000K程度。
料 入場料US$3

Information

反政府勢力との停戦

シャン州は長く反政府勢力の影響下にあったエリア。現在でもその名残を見ることができる。例えばティーボーとラーショー間の道路脇に、反政府勢力のひとつシャン州軍Shan State Armyの大きな製糖工場があり、工場の壁に堂々とShan State Army Sugar Factoryと書かれている。反政府勢力は停戦協定を結んでいるだけで、なくなったわけではない。

ラーショーのホテル

HOTEL

H ツー・エレファンツ・ホテル
Two Elephants Hotel MAP P.205

住36, Bogyoke Rd.　☎(082)2204112、09-2623-79080　URL www.twoelephantshotel.com　料AC Ⓢ Ⓣ US$50～70　CC MV（＋3％のチャージ）　室73室

2016年末にニューオープン。ラーショー市街を見下ろす丘の上に建つ8階建ての大型ホテル。ビジネスからファミリーまで幅広く対応する。客室も広々。Wi-Fiも高速。

H ヤー・タイ・ホテル
Ya Htaik Hotel MAP P.205

住Bogyoke Rd.　☎(082) 25584、24039
E yahtaikrso@gmail.com
料FAN Ⓢ Ⓣ US$15（トイレ、シャワー共同）
AC Ⓢ Ⓣ US$35　CC なし　室38室

マーケットから徒歩3分くらいの所にある中級ホテル。リビングルーム付きのスイートもある。

H ロイヤル・グランド・ホテル
Royal Grand Hotel MAP P.205

住34, Theinni Rd.　☎09-8902-07060
料AC Ⓢ Ⓣ US$25　トリプルUS$28～
CC なし　室36室

マーケットの近くにあり、ロケーションはいい。客室は裏にある新館のほうが広い。全室ホットシャワー付き。

H ホテル・シーエス
Hotel CS MAP P.205

住Corner of San Kaung & Hninn Si Rds.
☎09-7622-26788　E hotelcs.lso@gmail.com　料AC Ⓢ Ⓣ US$28～45
CC JMV（＋3％のチャージ）　室33室

マーケット近くに建つ比較的新しいホテル。客室にはテレビや冷蔵庫など設備も整っており、それなりに清潔だが、かなり狭い。バスタブ付きは2室（US$40、45）のみ。

H ティーダーエー・ホテル
Thi Da Aye Hotel MAP P.205

住Ga-11/3, Thiri Rd.　☎(082) 2202371
料AC Ⓢ US$30～45　CC なし　室33室

斜面に建てられているので、屋上からの眺めがいい。若干老朽化してきているが、客室はそこそこ清潔。

ラーショーのレストラン

RESTAURANT

R カウン・ミーシャイ
Kaung Meshai MAP P.205

住Thiri Rd., 3rd Qtr.　☎09-4037-35596
営6:00～16:00　休なし　CC なし

ティーダーエー・ホテルのはす向かいにある麺専門店。シャン風ヌードルはそうめんのようなライスヌードルで、好みでレモンを搾って食べる。すっきりした透明な鶏ガラスープは絶品。つけ合わせの高菜やチリを加えて食べてもおいしい。1杯1000K～、肉入りは1500K。英語の看板は"Noodle Shop"のみ。

R シュイン・ライ
Shwin Light MAP P.205

住Thukha Rd., 3rd Qtr.　☎09-4452-33266
営8:00～21:00　休なし　CC なし

地元でも評判のシャン料理レストラン。カウンターに並んでいる料理を選ぶスタイル。ビルマ料理のように油っこくなく、辛さも抑えめ。肉料理3000K、野菜料理1000K。

R ニュー・サンムーン・ベーカリー
New Sun Moon Bakery MAP P.205

住Theinni Rd.　☎(082) 25202
営7:00～21:00　休なし　CC なし

バーガーやアイスクリームなどの軽食がメイン。コーヒー（1000K）は1杯ずつドリップしてくれる。パンの持ち帰りもOK。

市外局番074 MAP折込表-D2～D3

ミャンマー最北の州都

ミッチーナー

Myitkyina

မြစ်ကြီးနား

ミッチーナー
ネーピードー
ヤンゴン

マンダレーの北約420kmに位置するミッチーナーは、ミャンマー最北の州、カチン州の州都。「大きな川のほとり（ミッ＝川、チー＝大きい、ナー＝ほとり）」という名前のとおり、ミャンマーを縦貫して流れる大河、エーヤワディー川沿いに発展した。高い建物もなく、四輪車の通行もあまりない、実にのんびりとした町だ。人口の大半を占めるのが、ジンポー族をはじめ、ラワン、ラチク、ザイワ、ラウンワ、リスの6つの少数民族で、総称としてカチン族と呼ばれている。彼らの多くはキリスト教徒で、町には多数のキリスト教会が見られる。

第2次世界大戦中には、この地をめぐり日本軍と英国を中心とする連合軍との間で大規模な戦闘が行われ、双方で多くの将兵が亡くなった。1942年、マンダレーからラーショーを経て中国の雲南まで結ぶビルマ公路（ビルマ・ロード）一帯が日本軍により占領されると、連合軍は中国支援用の新たな補給路確保のため、インドのリドから雲南までを結ぶリド公路（リド・ロード）の建設に着手した。その要衝のひとつとなったのがミッチーナーだった。ミッチーナーまで進撃した日本軍に連合軍は数十倍の兵力で反撃。1944年8月、ミッチーナー守備隊の最高司令官を務めた水上源藏少将は玉砕を求められるも全軍に退去命令を出し、自らは自決して、この地での戦闘は終わった。現在では、元兵士や遺族たちにより、慰霊の寺院や碑などが建立されている。悲惨な戦争を忘れないためにも、ぜひ足を運びたい。

エーヤワディー川近くにあるミッチーナーのマーケット

おいしそうな料理の並ぶ屋台街

ミッチーナーへの行き方　ACCESS

◆ヤンゴンから

✈エア・カンボウザがマンダレー経由で毎日1便運航、所要3時間。ミャンマー国営航空が月・火・木・土曜の週4便運航、直行便で所要2時間15分、マンダレー経由で3時間10分。ヤンゴン航空が火・木・土曜の週3便、マンダレー経由で所要3時間。US$150～。

◆マンダレーから

✈エア・カンボウザが毎日1便運航し、直行便で所要1時間40分。ミャンマー航空は月・水・木・金・日曜の週5便運航、直行便で所要1時間10分、バンモー経由の場合は1時間40分、US$100～。

🚆マンダレー発8:45、11:30、13:00、16:00、17:30の1日5本。所要時間は時刻表では18～25時間だが、通常それ以上かかることが多い。アッパークラス7200～1万8000K、オーディナリークラス3100～8300K（列車により異なる）。

🚌ディリー・マンダラ・バスターミナル（MAP P.160-A2）から15:30、18:00発、所要約18時間、2万5300～2万8000K。

何しろ奥地なので空路の利用が便利

ミャンマー最北端の鉄道駅

空港から市内へ

ミッチーナー空港からミッチーナー駅周辺までは、三輪タクシー（トゥクトゥクと呼ばれる）で約15分。5000K。四輪車のタクシーだと1万K。

Information

ミッチーナーの市内交通

三輪タクシー（ミッチーナーではトゥクトゥクと呼ばれている）とサイカーが主流。いずれも台数は多い。サイカーは500K～、トゥクトゥクは1000K～が相場。レストランへ行く際、食事をしている間待ってもらっても、通常の片道料金の倍で往復チャーターできる。四輪タクシーは町なかで見ることは少ないので、利用したい場合は、ホテルや旅行会社に依頼しよう。

ミッチーナーの歩き方　Exploring

ミッチーナーでにぎやかなのは鉄道駅からマーケットにかけて。駅前から真っすぐ延びるワイモウ通りWaimaw St.とボーヂョーアウンサン通りBogyok Aung San St.が交差するあたりでは、毎夜露店や食べ物の屋台が出るナイトマーケットが開かれるので、夜訪れるのも楽しい。昼間のマーケットはゼーヂー通りZay Gyi St.を挟んで建つふたつの建物と、川沿いの屋外マーケットとに分かれている。建物内のマーケットは衣類や雑貨など、屋外のマーケットでは野菜などの食材をおもに扱っている。

ミッチーナーの日本軍慰霊時計塔

おもな見どころ　Sightseeing

さまざまな民族の伝統衣装を見られる　MAP P.207

カチン州立民俗博物館　ကချင်ပြည်နယ်ယဉ်ကျေးမှု ပြတိုက်

Kachin State Cultural Museum

カチン州に住む少数民族（総称してカチン族）の文化・歴史を紹介する博物館。古来から使われている農具や猟具、楽器などのほか、ジンポー族をはじめとする各民族ごとの衣装をマネキンに着せて展示している。

カチン州立民俗博物館

行き方 駅周辺からサイカーで5分ほど。300K。
開 月～土9:00～16:30
休 日・祝
料 5000K、館内撮影料1000K

くすんだ建物だがオープンしている。

展示は豊富

第2次世界大戦で亡くなった人たちを弔う MAP P.207

スータウンピー・パヤー

ဆုတောင်းပြည့်ဘုရား

Hsu Taung Pye Paya

ナンティダ・リバーサイド・ホテル近くにある寺院。第2次世界大戦で亡くなった日本兵とミャンマー人を弔うために、日本人の寄付によって2001年に建立された。大きな寝仏が横たわっており、境内には日本語で書かれた招魂之碑が立っている。通りを挟んだ川側には、新しい仏像を建立中。慰霊碑が立つあたりから見えるエーヤワディー川の中州には、ノンタローという名前の村があった。第2次世界大戦中、ミッチーナー守備隊の援軍として派遣された水上源藏少将は、英軍に包囲された後、第33軍参謀辻政信からの無意味な死守命令に背いて退去命令を出し、その責任を取る形で1944年8月3日、ボートでこの村に渡り自決した。そこにも遺族たちによって建てられた慰霊碑があるが、特別にボートを手配しないかぎり渡る手段はない。

大きな寝釈迦仏が横たわっている

スータウンピー・パヤー
開24時間
料無料

異郷に散った将兵鎮魂の碑

郊外の見どころ Excursion

エーヤワディー川の始まり MAP折込表-D2

ミッソン

မြစ်ဆုံ

Myitsone

ミッチーナーの北約43kmにある、ミッチーナー周辺最大の観光地。マリ川とンマイ川が合流してエーヤワディー川と名前を変える地点。ビルマ政府とカチン族軍の内戦のため、1993年に停戦調停が交わされるまでは簡単に訪れられる場所ではなかった。ちなみに、その停戦調停はここミッソンで交わされ、その際に使われた小屋が2本の川に挟まれた丘の上に残っている。

現在では観光に訪れるミャンマー人も多く、宿泊施設はないものの、食堂がずらりと軒を連ねる。川の合流地点近くにはボートの発着所があり、ボートをチャーターして、2本の川をそれぞれ遡ってもらうこともできる。乾季には、川で砂金を探す人たちの姿が見られる。

停戦の調停が交わされた小屋

ミッソン
行き方 ミッチーナーのバスターミナルからバスが1日4本、7:00、8:00、12:00、15:00に出ている。所要約2時間、3000K。非常に混雑するため、バイクタクシーの利用がおすすめ。トゥクトゥクよりも快適。往復チャーターで1万5000K。途中眺めのいい公園などにも立ち寄ってくれる。朝早く出れば午前中に戻ってこられる。タクシーチャーターは往復5万K、トゥクトゥクは3万K。

Information

ミッソンのボートチャーター
料25分ほどで1隻5000K。

地元の人たち向け行楽地となっているミッソンの河原

ミッチーナーのホテル
HOTEL

H パンツン・ホテル
Pantsun Hotel
MAP P.207

住36-37, Thit Sar St., Myo Thit Qtr.
☎(074) 2522748、2522749、2520654
FAX (074) 2522749 E nawtawng@yahoo.com
料AC ⓈUS$32〜43 ⓉUS$42〜58
CC なし 室29室

ミッチーナーで最初にできた外国人が宿泊可能なホテル。部屋の広さ、バスタブの有無、バルコニーの有無などで細かく料金が異なる。バスタブ付きの部屋は2室のみ。全室ホットシャワー。

H シン・シャン・ホテル 興先賓館
Xing Xian Hotel
MAP P.207

住127, Shan Su Qtr.
☎(074) 2522281、09-4252-27618
FAX (074) 2522281 E tiangjiao1788@gmail.com 料AC スタンダードⓈUS$25〜30 ⓉUS$30〜35 CC なし 室30室

ミッチーナー駅から徒歩5分ほどの所にある、パッケージツアーの利用も多い中級ホテル。スーペリアの部屋は広く、窓も大きくて明るい。

H YMCAゲストハウス
YMCA Guest House
MAP P.207

住12, Myo Thit Qtr.
☎(074) 2523018、09-4000-24948
料FAN ⓈUS$10〜15 ⓉUS$20〜24
AC ⓈⓉUS$24〜38 CC なし 室10室

ミッチーナー駅から最初の踏切を渡ってすぐの所にある手頃なホテル。ファンの安い部屋はベッドとテレビがあるだけのシンプルさ。

4室あるファンの高い部屋と6室あるエアコンの部屋はシャワー、トイレ、テレビ付き。シャワーはお湯が出る。

H エー・チャン・タ・イン
Aye Chan Tha Inn
MAP P.207

住53, Si Pin Thar Yar Rd.
☎(074) 2523109、09-7907-71020
E actinn@gmail.com
料AC ⓈUS$15 ⓉUS$20〜35
CC なし 室17室

全室シャワー、トイレ、テレビ付き。さらに冷蔵庫が付く部屋やバスタブ付きの部屋も3室ある。広

さや設備はさまざまなので、いろいろ見せてもらってから決めよう。連泊割引あり。向かいにあるレストランは同経営。

ミッチーナーのレストラン
RESTAURANT

R ミャー・エーヤー 翡翠園大飯店
Mya Ayeyar
MAP P.207

住71, Shan Su Qtr. ☎(074) 2522713、2523301、09-7932-26588
営10:00〜21:00 休なし CC なし

ミッチーナーではかなり高級な部類に入る中国料理店。酢豚8500〜1万5500K、チャーハン3000Kなど。辛い料理が基本のカチン州だけに、中国料理ながらどれも辛めの味つけとなっている。蒸し魚のレモン風味(1万4000K)はニンニクの効いた辛いソースがおいしい。ミャンマープレミアムビールは1杯1200K。

スータウンピー・パヤー境内にある仏塔

旅のヒント Hints

ミャンマーの自然派化粧品タナカ

手描きの木の葉がかわいらしい少女

女性の顔の模様は何？

ミャンマーを歩いていると、女性や子供の顔や腕に、薄く黄色い粉のようなものが塗られているのをよく見かける。これはタナカ（タナッカー）と呼ばれ、おもに同名のミカン科の小高木（和名ゲッキツ）の樹皮の部分をすりおろしたものだ。ミャンマーでは古くから肌の弱い女性や子供に用いられてきた。

塗られている場所はおもにほおや額、鼻梁、腕など陽光にさらされる場所で、日焼けを防ぐためだとか。塗り方はまずある程度の量を手に取り、それを塗りつけてから指で形を整え、流れるような柄を描く。左右バランスよく整えるのは思った以上に難しく、きれいに塗れているのは鍛錬の賜物。おしゃれな女性のなかには、くるくると渦を巻くような模様を描いたり、花やチョウを見事に描いたりしている人もいる。そうかと思えば「お母さんが急いでやりました」風のぞんざいな塗り方をされている子供もいたりして、それはそれでかわいらしい。

タナカの枝を専用の石版ですり下ろす。用いるのは樹皮の部分なので、その厚さで値段が異なる

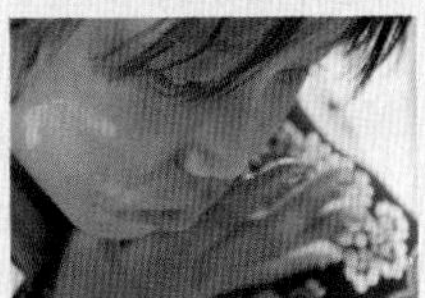
慎重に顔に塗ります

タナカの粉には日焼け防止以外にも保湿や殺菌、肌荒れ予防などの効果があるとされ、水で溶いたものを使うので塗った際には清涼感があり、さらには香りもいい。暑いミャンマーの気候によくマッチした化粧品だ。女性なら旅行中に一度試してみてはどうだろうか。塗り方などは宿の人に尋ねれば、皆喜んで教えてくれるだろう。

タナカの名産地

タナカは名産地がミャンマー国内各地にあり、なかでも上ビルマのモンユワやザガインは有名。パヤー周辺や市場などの人が集まる場所や町なかの商店では、手頃な長さに切られたタナカの木や、タナカをすり下ろすための丸い石版（チャウピン）などが売られている。最近ではプラスチックの容器やチューブに入った既成品も多く、手頃なおみやげにもなる。

日本の化粧品メーカーがタナカのコスメを研究しているといううわさもあるので、いずれ日本でタナカを使った化粧品が発売される日がくるかもしれない。

皮がゴツゴツしたタナカの木

伐採されたタナカの幹

長さを揃え表面を荒削りして整える

商品として並べられる直前のタナカ

ロンジーをはいてみよう

ミャンマーの国民的衣装、老若男女を問わず誰もが身につけている布の腰巻きがロンヂーだ(→P.250、288)。都市部の若者にはジーンズやミニスカート姿も見られるようになったが、まだまだ多くのミャンマー人はロンヂー姿で日々を過ごしているし、ジーンズやミニスカート姿の若者も家に帰ればロンヂーに着替えてくつろぐ。

ロンヂーは総称で、女性用はタメイン、男性用はパッソーと呼ばれる。1枚の薄い布を筒状に縫い、腰に巻くだけ。ミャンマー国内ならほとんどどこででも売られており、安いものなら数百Kからある。このページの写真を参考に、ミャンマー滞在中はロンヂーを試してみよう。手軽で簡単、涼しくて快適、やみつきになること請け合いだ。

なお男性はロンヂー姿の場合下着をはかないのが正調らしいが、慣れないうちは万一に備えて着用しておこう。

タメインのはき方

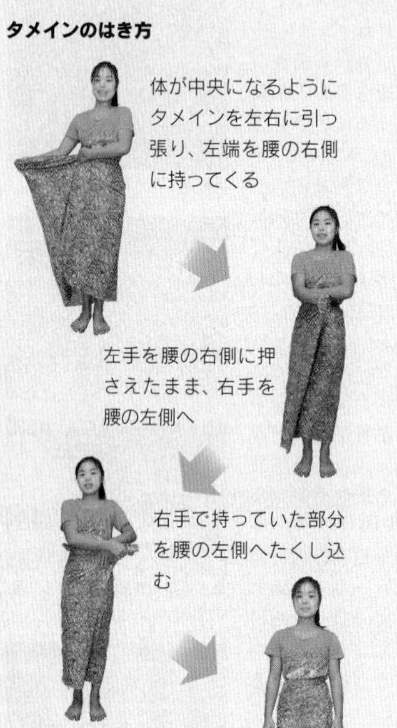

体が中央になるようにタメインを左右に引っ張り、左端を腰の右側に持ってくる

左手を腰の右側に押さえたまま、右手を腰の左側へ

右手で持っていた部分を腰の左側へたくし込む

たくし込んだ部分や裾を整える

パッソーのはき方

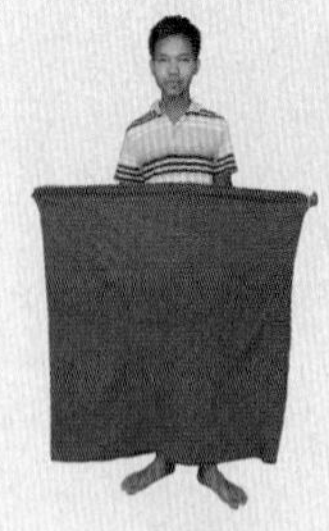

体が中央になるようにパッソーを左右に引っ張る。女性も男性もこの姿が基本

右手を腰の左側へ持ってくる

右手で持ってきた布が落ちないように押さえながら、素早く左手を右側に持ってくる

右手と左手それぞれで持っていた部分が体の正面にくるように丸めてたくし込む

丸めた部分をきれいに整える

現地の人に教えてもらおう

女性は裾を真っすぐにしたり、男性は腹の前に作る団子状の部分をきれいに整えるのに、慣れとコツが必要。購入する際に店の人に教えを請えば、きっと皆親切に、しかもうれしそうに教えてくれるだろう。ぜひミャンマーで、ロンヂーを体験してみよう。

INLE LAKE

インレー湖とその周辺

インレー湖 …………… 216
カロー …………………… 227
ピンダヤ ………………… 231
タウンヂー ……………… 234
ターズィ ………………… 236
チャイントォン ……… 237
タチレイ ………………… 239

カックー（インレー湖→P.220）

インレー湖とその周辺のオリエンテーション

シャン高原最大の湖インレー湖には、足で櫂を操る独特の文化をもつインター族が住む。青い空と透明な湖水、湖の周囲を取り巻く山々のみずみずしい緑、風光明媚という言葉はこの場所にこそふさわしい、と思えるほど美しい湖だ。周辺の町もすべてシャン高原に点在しており、ミャンマーにしては冷涼で乾燥した気候で過ごしやすい。植生もどことなく温帯の日本に似ており、親しみを感じる。この地域には少数民族が多く住み、マーケットではさまざまな民族衣装を見ることができる。カックーなど興味深い遺跡も点在している。

近隣の住民が寄進した仏塔が林立するカックー（→P.220）の不思議な眺め

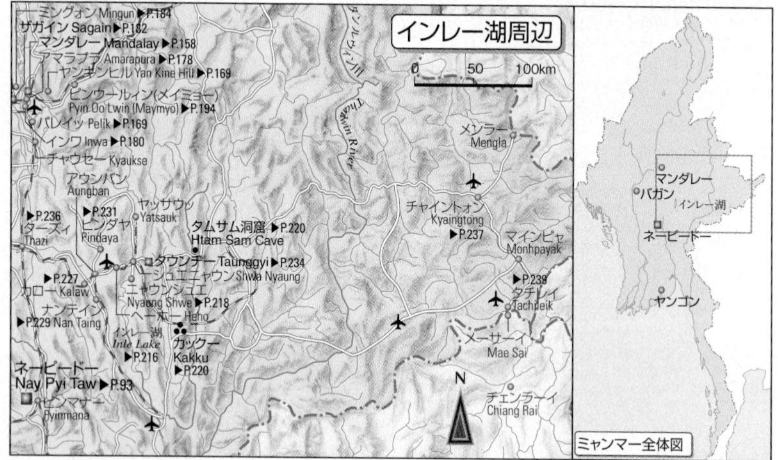

見どころ Tourist attraction

インレー湖およびその周辺は、ミャンマー旅行のハイライト。湖周辺の美しい自然だけでなく、足で船を操るインター族による水上栽培のトマト畑や集落、マーケットに集まる少数民族、洞窟内に仏像がぎっしりと並ぶ寺院など、見どころには事欠かない。カローやタウンヂーは、高原の交易ステーションとしてマーケットがにぎわっている。トレッキングも人気がある。ゲストハウスなどでガイドを紹介してもらえ、町の周囲にある少数民族の村などを巡ることができる。

シュエウーミン洞窟（→P.232）の入口

イベント、祭り Event, Festival

●ファウンドーウー祭り

9月下旬～10月下旬頃の3週間 インレー湖のファウンドーウー・パヤーに祀られている仏像を、伝説の鳥カラウェイを模した船に乗せ、湖周辺の村々を巡る壮大な祭り。満月の日の2～3週間前から始まる（2020年は9月29日～10月16日、2021年は10月17日～11月3日）。

●熱気球祭り

11月頃 シャン州のタウンヂーで行われる、手作り熱気球の祭り。昼は象や魚などをかたどった気球が美しさを競い、夜は花火や灯火の入った熱気球が放たれて夜空を幻想的に彩る。2020年は11月24～30日、2021年は11月13～19日に開催予定。

●マーケット

町ごとに確認 インレー湖周辺の町や地域で五日市や八日市などが開かれる。民族衣装を着た少数民族の人々がさまざまな品物を持って集まってくる。

少数民族の姿も多く見られるナンテイン（→P.229）の五日市

シーズン Season

平地や沿岸部に比べると、年間を通じて比較的温和な気候。暑季の暑さも平地ほどではなく、朝晩は寒さを感じるほど。乾季（11～2月頃）に旅行するなら、長袖の上着が1枚あると安心。雨季の特に後半（8～10月頃）は、ほかの地域同様ほぼ毎日雨が降るため、ウインドブレーカーなど雨具にもなるような上着が1枚あると便利。雨季の陸路での移動は、道路の状況に注意が必要。

ピンダヤ名産はお茶（→P.233）

乾燥させた茶葉の選別作業

旅のヒント Hint

●交　通

空路を利用する場合、ヘーホー空港に到着する。空港からインレー湖まではタクシー利用になるが、公共の交通手段がないためにタクシーを利用せざるを得ない旅行者の足元を見た、不愉快な営業をされることが多い。ニャウンシュエやインレー湖の宿を予約しておき、迎えを依頼しておくと安心。それぞれの町を結ぶ交通機関は、午前中ならバスやピックアップが運行している。

●宿の利用

インレー湖周辺には、リゾート風のホテルが増加中。それ以外の場所は、中級以下のホテルかゲストハウスのみ。朝晩は冷えるので、シャワーはお湯がちゃんと出るかどうか確認してから利用しよう。

地方の足は輸入された中古バス

水と緑が美しい神秘の湖

インレー湖

Inle Lake

အင်းလေးကန်

シャン高原にあるインレー湖は、南北約22km、東西約12km（乾季には南北15km、東西6kmほどになる）の細長い古代湖。乾季の頃なら水深2m、水量の増える雨季の終わりでも6m程度と浅いため、アシをはじめとする水草が繁茂し、浮島を形成している。固有種も多く、2015年にはユネスコの生物圏保存地域に登録された。インレー湖観光の拠点となるニャウンシュエからは、浮き草の間の水路を船で移動する。広々とした青い湖面に出ると、ときおりインター族の漁師に出会う。細長い小舟の先端に片足で立ち、もう一方の足で櫂を操る独特の漕法が珍しい。こうすると両手が自由になるので、漁の際に便利なのだそうだ。湖の周辺や浮島には彼らインター族の水上村があり、そのなかの葉巻工房や織物工房などを見学できる。標高が約900mあるため夏でも冷涼で過ごしやすく、乾季（特に11～2月頃）にインレー湖へ行くならパーカーなどの防寒具は必携。湖の東西には山々が連なり、トレッキングも楽しめる。インレー湖巡りやトレッキングは宿泊先のホテルでアレンジしてもらうといい。また、毎年9～10月頃にかけて3週間にわたり催されるインレー湖の筏祭り（ファウンドーウー祭りPhaung Daw U Festival）では、伝説の鳥カラウェイKaraweikを模した黄金の船が湖上に現れ、村々を巡る。

片足で船を操り巧みに魚を取る漁師

上／湖水と山と青空の織りなす景観はたとえようもなく美しい　下／毎年9月下旬頃から10月頃にかけて行われるファウンドーウー祭りでは聖鳥カラウェイの船が登場し湖上を巡行する

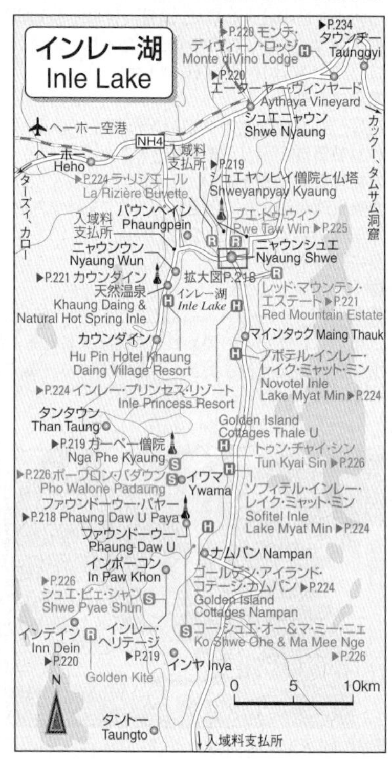

インレー湖への行き方 ACCESS

インレー湖観光の拠点となるのは、湖の北岸にあるニャウンシュエNyaung Shweの町。空路を利用する場合は、インレー湖の北西にあるヘーホー空港へ到着することになる。鉄道や長距離バスなど公共の交通機関を利用する場合、基本的には直接ニャウンシュエには入らない。メイッティーラとタチレイを結ぶ国道4号線沿いの町で鉄道駅があるシュエニャウンShwe Nyaungを中継することになる。一部のバスはニャウンシュエの町なかに発着。また、ニャウンシュエへの送迎付きバスもあるので、チケット購入時に確認しよう。

第2次世界大戦中は日本陸軍の航空隊も進駐していたヘーホー空港

◆ヤンゴンから

✈ 各航空会社が1日1～3便、直行便で所要55分～1時間25分。経由便の場合、マンダレーだけでなく、バガンとマンダレー経由というやたら時間のかかる便もあるので注意。US$81～106（時期や座席により異なる）。

🚆 ヤンゴン11:00発のシュエニャウン行きで翌17:00着。ターズィでは3時間30分停車し、列車番号が変わるが同じ列車。所要約23時間。アッパークラス1万3050K、ファーストクラス9050K、オーディナリークラス5900K。

🚌 アウンミンガラー・ハイウエイ・バス・ターミナル（MAP P.39-C1）からタウンヂー行きバスを利用して、シュエニャウン・ジャンクション下車。所要約10時間、バス会社により1万1500～1万2000K。VIP1万7500～2万5000K。18:00発、19:00発と数社が運行している。少し高くても2＋1（3列シート）や2階建てのVIPバスがおすすめ。

◆マンダレーから

✈ 各社が1日1～3便。所要35分。US$56～79（時期により異なる）。

🚆 ヤンゴン行きに乗り、ターズィでシュエニャウン行きに乗り換え。ターズィまでアッパークラス2950K、ファーストクラス1700K、オーディナリークラス1300K。マンダレーからターズィの料金はP.236参照。乗り継ぎがよくないので、ターズィを観光しないならおすすめしない。

🚌 長距離バスターミナル（MAP P.160-B5）からタウンヂー行きを利用してシュエニャウンで途中下車。ニャウンシュエに行く便もあるので要確認。7000K、VIP1万5000K。シェアミニバン1万5000K。

インデインの五日市（→P.221）

◆バガンから

✈ 数社が毎日運航。直行便なら30～40分。マンダレー経由の便もある。US$59～97（時期により異なる）。

🚌 タウンヂー行きを利用、所要約8時間。1万5000K。人気の路線なのに本数が少ないので、早めに予約しよう。前日までに予約すれば、ホテルまで迎えにきてくれる。

シュエニャウン～ニャウンシュエ間のアクセス

鉄道利用の場合、シュエニャウン駅から徒歩約10分のマーケット前からピックアップに乗り、所要約1時間。バスの場合、長距離バスのターミナルはタウンヂー（→P.234）郊外にあるが、ほとんどのバスはハイウエイとニャウンシュエに南下する道の交差点シュエニャウン・ジャンクションに停車するので、そこでピックアップやタクシーに乗り換え。所要30～40分。ピックアップ1000～2000K、乗り合いの三輪タクシー3000～6000K、タクシー8000K。

乗り合いの三輪タクシーはチャーターも可能

ヘーホー空港からニャウンシュエへ

公共の乗り物はなく、タクシーで所要約40～45分。2万5000～3万Kが相場だが、高値をふっかける運転手が多く不愉快。ホテルを予約し、空港まで迎えにきてもらうと安心。ニャウンシュエから空港へは2万5000K程度。

Information

インレー湖入域料

料1万5000K

ニャウンシュエの町に入る手前のチェックポイントで支払う。5日間有効。

町の西にある運河の船着場

熱気球でインレー湖を一望！

バガンで人気の熱気球ツアーをインレー湖でも楽しめる。催行は乾季の11月中旬から3月中旬のみ。料US$350。人気が高いので早めの予約を。

URL www.balloonsoverbagan.com/services/balloons-over-inle

ファウンドーウー・パヤー

開4:00〜18:00　休なし

料無料

水上に建てられた大寺院

インレー湖の歩き方　Exploring

エンジン付きのボートで湖上観光

インレー湖観光の拠点となるのはニャウンシュエ。湖の北端にある小さな町で、ホテル、ゲストハウスやレストランが多数ある。町なかにある見どころはマーケットとヤダナマンアウン・パヤーくらい。徒歩で回れるし、宿などで自転車を借りてもいい。町の西側を流れる運河をボートで下ると、やがてインレー湖に出る。

インレー湖観光は宿や旅行会社で依頼できる。エンジン付きの船で水上村や寺院を周遊する、半日から1日の手軽なツアーだ。同じ宿で仲間を集えばボート代をシェアできるので、宿のスタッフに相談してみよう。ツアーでの見どころは、この付近で最大の水上寺院ファウンドーウー・パヤー、インデインの遺跡、ガーペー僧院、インター族やパダウン族の伝統工芸の工房など。

おもな見どころ　Sightseeing

5体の仏像が祀られている　MAP P.216

ファウンドーウー・パヤー　ဖေါင်တော်ဦးစေတီဘုရား

Phaung Daw U Paya

中央の台座にケースに保管された仏像がある

インレー湖上にそびえる巨大な水上寺院。2階のホール中央、祭壇に安置されているのがこの寺院の本尊である5体の仏像。もともと普通の仏像の形をしていたが、男性信者が祈りを込めて金箔を張り重ねてきたため団子のように丸くなってしまい、2019年現在ではケースに入れられ金箔を張れなくなっている。毎年9月から10月頃に催されるファウンドーウー祭り（→P.216）の際には、これらの仏像も伝説の鳥カラウェイを模した船に乗せられ、湖を巡る。

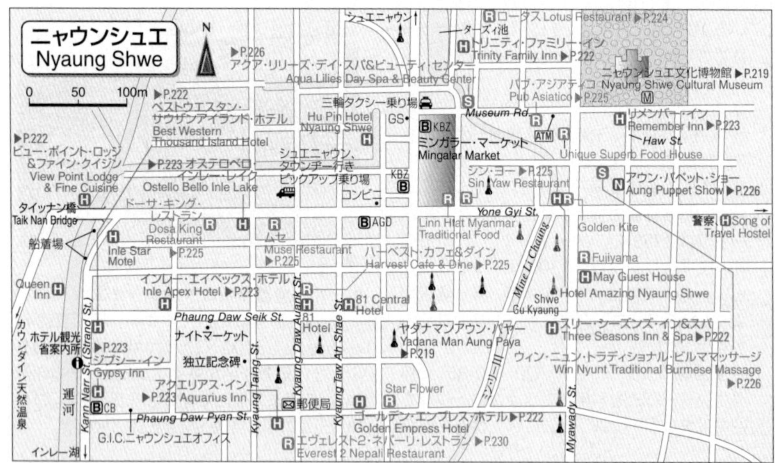

シャンやチベットの仏像が並ぶ　MAP P.216

ガーペー僧院
ငဖယ်ချောင်းဘုန်းတော်ကြီးကျောင်း

Nga Phe Kyaung

むっちりしたシャン様式特有の体格

湖上に建つ木造の僧院。1844年に建てられた本堂の中には、シャン、チベット、パガン、インワの各スタイルの仏像が約30体祀られており、一部を除いて公開されている。それらを安置する台座の多くは、木彫りにガラスのモザイクを施したシャン様式だ。

ガーペー僧院
開6:00～17:00頃　休なし
料無料

インター族の文化も学べる　MAP P.216

インレー・ヘリテージ
အင်းလေးဒေသအမွေအနှစ်

Inle Heritage

インター族の住居を改築したリゾート＆観光施設。ガイドツアーで、保護されているビルマ猫と遊べるキャット・ビレッジ(→P.293)、ミニ水族館、オーガニック・ファームを見学。シャン州の名産品を集めたギフトショップもおすすめ。

インター族の様式で建てられた住居

インレー・ヘリテージ
住In Paw Khon Village
☎09-4931-2070、09-5281-035
URLwww.inleheritage.org
営7:00～18:00
ガイドツアー　10:30、11:30、12:30、13:30、14:30
休6月
料見学無料

老いの像がリアル　MAP P.218

ヤダナマンアウン・パヤー
ရတနာမာန်အောင်ဘုရား

Yadana Man Aung Paya

ニャウンシュエでは最も古い仏塔で、階段状の独特なフォルムをもつシルエットが美しい。併設された博物館内には仏像と並んで、リアルな「老いの像」や「疾病の像」がある。これは仏陀の四門遊観を表している。

シャン風に角が多い仏塔

ヤダナマンアウン・パヤー
開6:00～19:00　休なし
料撮影料は任意の寄付

Information

レンタサイクル

自転車はホテルやゲストハウス、レンタサイクルショップで借りられる。1日1500K程度。マウンテンバイクは半日7000K、1日1万2000K。

ボートチャーター

立ち寄る場所と数によって料金が変わるので、あらかじめ行きたい場所をしっかり伝えること。手配する場所により、船頭とは別に英語を話すガイドが付く。ガイド料は1日US$10～12、2名以上はUS$15程度。英語がわかる船頭や、ゲストハウスのスタッフが乗るボートがおすすめ。
料1隻1日1万8000K～(ガイド料別。ガソリンの価格に合わせて変動する)

竹製の大きな仏像がユニーク　MAP P.218

ニャウンシュエ文化博物館
ညောင်ရွှေယဉ်ကျေးမှုပြတိုက်

Nyaung Shwe Cultural Museum

博物館は元藩王の屋敷

シャンの藩王でビルマ初の大統領を務めた、サオ・シュエ・タイ Sao Shwe Thaikの屋敷を利用した博物館。20世紀初頭に建てられたアンティークな木造建築のホール内に、藩王家の衣装や調度品が並ぶ。高さ3.2mの竹の仏像、ニャウンシュエの発掘品、民族衣装も展示されている。

ニャウンシュエ文化博物館
行き方マーケット北の通りをマーケットから東へ3ブロック、北へ1ブロック行った所。館内は撮影禁止。
開水～日10:00～16:00
休月・火・祝　料2000K

まだまだ現役の木造僧院　MAP P.216

シュエヤンピイ僧院と仏塔
ရွှေရန်ပြေပရိယတ္တိစာသင်တိုက်

Shweyanpyay Kyaung

ニャウンシュエ市街の北の入口からシュエニャウン方面へ約1kmの所にある、19世紀に建てられた木造の僧院。隣にある仏塔の回廊の壁のくぼみには、小さな仏像が多数収められている。

シュエヤンピイ僧院
開仏塔6:00～19:00(僧院は日没頃まで)
休なし　料無料

回廊の壁龕に収められた仏像

インデイン
行き方 インレー湖の1日ツアーのついでに訪れるのが便利。湖の南側にあるため料金は3000K程度追加になる。インデインの船着場周辺も五日市が開かれるので、日程が合えば市の日に訪れたい。10:30頃には店じまいしてしまうので、早めに行こう。
料 カメラ撮影料500K
ビデオ撮影料500K

カックー
行き方 公共の交通機関はないので、ニャウンシュエかタウンヂーでタクシーをチャーターする。片道所要約2時間。料金は車種により、普通車なら往復で4万5000K ～、タウンヂーから3万5000K。同じ宿の宿泊客とシェアすれば経済的。
開 6:00～18:00
休 なし
料 入域料US$3
ガイド料　US$5（ガイド1名につき客最大5名まで）

タムサム洞窟
行き方 ニャウンシュエからタクシーチャーターで1時間30分～2時間、往復5万K程度。
開 6:00～18:00
休 なし
料 入場料US$20

エーターヤー・ヴィンヤード
住 Htone Bo., Aythaya, Taunggyi
☎ (081) 208548、208653
09-4936-1367
URL www.myanmar-vineyard.com
営 8:30～20:00
休 6～9月の月　CC M V
行き方 国道4号線沿いにある。ニャウンシュエからタウンヂー行きピックアップで40分～1時間。ニャウンシュエに戻る場合は、最終が16:30頃。行きは目の前に停まってくれるが、一方通行エリアのため帰りはバス停まで約5分かかるので現地で確認を。タクシーチャーターで、カックーやタムサム洞窟に行く途中に寄ってもいい。

ブドウ畑を見晴らすレストラン

千を超える仏塔が並び建つ
MAP P.216
インデイン
အင်းတိန်
Inn Dein

仏陀の死後200年頃、聖骨を祀るためにこの地に仏塔が建立されたといわれているが、定かではない。14世紀から18世紀に建てられた1054の仏塔は野ざらしで、その多くは崩れかけている。湖畔にはほかにタントー、サガーという遺跡もあるので、五日市に合わせて訪れてみよう。

崩れかけの仏塔も目立つ

郊外の見どころ　Excursion

時間をつくってでもぜひ訪れたい
MAP折込表-D6、P.214
カックー
မွေတော်ကက္ကူဘုရား
Kakku

インレー湖の東の山を越えた所にある遺跡で、2000年9月に外国人旅行者に開放された。12世紀にアラウンスィードゥー王がこの周辺に住むパオ族とシャン族の各家庭にひとつずつ仏塔を寄進するよう指示したのが始まりとされ、最終的には2478を数える膨大な仏塔群が完成した。各仏塔の大きさの違いは家の財力に、形の違いは部族によるもの。中央の白い仏塔は紀元前のアショーカ王の時代に造られたものを整備しており、北の入口にある金色のイノシシ像はカックーの森を開くのに活躍したイノシシの精霊を祀っているとされている。

破損した仏塔の修復も順次進められ、美しい仏塔が建ち並ぶ

神秘的な鍾乳洞を探検
MAP P.214
タムサム洞窟
ထမ့်ဆမ်းဂူ
Htam Sam Cave

584mに及ぶ長い洞窟。自然にできた巨大な鍾乳洞が興味深い。中に見られる仏塔や仏像は2009年の公開時に飾られたもの。鍾乳石が傘の形になった「金と銀のアンブレラ」が有名だが、これらは色を塗られたもの。

自然の神秘を感じる

ミャンマー初のワイナリー
MAP P.216
エーターヤー・ヴィンヤード
အေးသာယာစပျစ်ခြံ
Aythaya Vineyard

1998年に、ヨーロッパから初めてワイン用のブドウの木を輸入して始まった、ミャンマー初のワイナリー。ワインの販売は2004年からスタートし、現在では国内各地で販売されている。眺めがよく夕日も美しいレストランでは、テイスティング（4種、3000K）が楽しめるほか、スタッフがブドウ畑や醸造所を無料で案内してくれる（祝日を除く）。ヘーホー空港にもショップがある。

旅のヒント Hints

インレー湖畔をサイクリング!

自転車で船着場の橋から田園風景が続くのどかな道を約10km走ると、ニャウンウン村Nyaung Wun Villageの看板を過ぎ、右側に山頂の仏塔が見えるその向かい側にカウンダイン天然温泉がある。さらに10分ほど進んだ仏塔の先にカウンダイン村があり、豆腐や餅を作るところを見学できる。自転車ごと渡し船(営6:00～17:00頃 料1隻1万K程度。2人なら1人5000K、3人なら1人4000K)で湖を横断し、対岸のマインタゥク村Maing Thauk Villageに着いたら、ニャウンシュエに向かって北に30分ほど走ると、小高い丘の上にワイン醸造所レッド・マウンテン・エステートのレストランとワイナリーがある。テイスティングと夕日を楽しもう。

外国人専用のスペシャルプールはリゾート風

カウンダイン天然温泉
Khaung Daing & Natural Hot Spring Inle
MAP P.216 住Nyaung Wun Village, Khaung Daing TEL09-4936-4876 URLwww.hotspringinle.com 営5:00～18:00 休なし 料外国人専用スペシャルプールUS$10、パブリックプールUS$7(シャンプー、石鹸、バスタオル、水付き)。ロンヂーのレンタル500K。行き方ニャウンウンから自転車で約1時間。タクシーなら約20分、1時間程度の待ち時間込みで往復1万～1万5000K。

旅のヒント Hints

インレー湖周辺の五日市

シャン州各地の町では、5日ごとに市が立つ五日市が各地で開かれている(英語ではファイブデイズ・マーケットFive Days Market)。少数民族の人々が売り買いにやってくるため、観光客にとっては民族衣装をまとった人々を目にすることができる絶好の機会となる。五日市は各地で同時に開くのではなく、場所ごとに開催日をずらして行われる。シャン州では下のA ～ Eの順で開かれる(わかりやすくするため仮にA ～ Eと呼んでおり、現地でこう呼ばれているわけではない)。Eの次にはまたAで開かれ、この順番が変わることはない。大雨などでAの市が中止になっても、次の日にはBで開かれる。満月と新月の日は休みとなり、その前日にふたつの市が開催される。

Aの市場が開かれる日
(Bは下の数字の翌日、Eなら前日となる)

2020						
1月	5	10	15	20	25	30
2月	4	9	14	19	24	29
3月	5	10	15	20	25	30
4月	4	9	14	19	24	29
5月	4	9	14	29	24	29
6月	3	8	13	18	23	28
7月	3	8	13	18	23	28
8月	2	7	12	17	22	27
9月	1	6	11	21	26	
10月	6	11	21	26		
11月	5	10	15	20	25	30
12月	5	10	15	20	25	30

満月または新月の日は休みでAの日の開催日はその前日となる。同様にほかの開催日も変更されることがあるので、念のため現地で必ず確認を。

おもなマーケット

A	ヘーホー Heho(ヘーホー空港から約3kmの村。MAP P.216) タンタウン Than Taung(インレー湖周辺。MAP P.216) タントー Taungto(インレー湖南端の町。遺跡が美しい。MAP P.216)
B	イワマ Ywamaの水上マーケット(インレー湖上。MAP P.216)　タウンヂー Taunggyi(P.234) アウンバン Aungban(カロー周辺。幹線道路からピンダヤ方面へ向かうジャンクション。MAP P.214)
C	ナンテイン Nan Taing(カロー周辺。P.229)　ファウンドーウー Phaung Daw U(MAP P.216) マインタゥク Maing Thauk(MAP P.216)
D	カロー Kalaw(P.227)　インデイン Inn Dein(インレー湖周辺。P.220) カウンダイン Khaung Daing(インレー湖畔、温泉やリゾートがある。P.221) シュエニャウン Shwe Nyaung(鉄道駅、ニャウンシュエへのジャンクションがある。MAP P.216)
E	ニャウンシュエ Nyaung Shwe(インレー湖観光拠点の町。P.218) ピンダヤ Pindaya(P.231)　ナムパン Nampan(インレー湖周辺。MAP P.216)

インレー湖周辺のホテル

HOTEL

■ニャウンシュエのホテル

2015年頃までにホテルやゲストハウスが急速に増加して、それほど広くもないニャウンシュエに約90軒もある。メインの通りとなるヨンギー通りYone Gyi St.とその南のファウンドーピャン通りPhaung Daw Pyan St.周辺を中心に、運河沿いや中心から少し離れた所にまで点在している。全体的に稼働率が下がっているので、ハイシーズンでも宿は取りやすくなった。

ただし毎年最もにぎわうファウンドーウー祭りの時期は、予約をしておいたほうが無難。たいていどの宿でもインレー湖のボートや郊外の見どころへの車の手配をしてくれるので、希望があれば相談してみよう。

H ビュー・ポイント・ロッジ&ファイン・クイジン
View Point Lodge & Fine Cuisine MAP P.218

住Taik Nan Bridge & Canal
☎(081)209062、209147、09-4500-06601
URL www.inleviewpoint.com 料AC S T US$114～(税サ別、朝食別) CC J M V 室21室

プライベート・レイクに建つコテージは、環境に配慮した建築。地元の石灰岩や土を使用し、木造梁で補強したもの。客室には最新の設備が整い、防音・防寒のために二重窓を使用している。ムーディなレストランでは、シャン料理のコースや豊富な種類のワインが楽しめる。朝食はUS$14。

H ベストウエスタン・サウザンアイランド・ホテル
Best Western Thousand Island Hotel MAP P.218

住Strand St., Win Qtr. ☎09-7613-22085
URL bestwesternthousandislandhotel.com
料AC S T スーペリアUS$55 スイートUS$80
CC J M V 室42室

船着場近くにそびえ立つ6階建てのホテル。ルーフトップカフェ＆バーからニャウンシュエの町並みを見渡す眺めは最高。ミャンマーの伝統的なテイストを取り入れたロビーや客室の内装は高級感たっぷり。ホスピタリティのよさを考えると料金はお得感がある。

H ゴールデン・エンプレス・ホテル
Golden Empress Hotel MAP P.218

住19, Phaung Daw Pyan St., Nam Pan Qtr.
☎(081)209037、209914、09-4266-28713
E goldenempresshotel@gmail.com
料AC S T US$30～35 ファミリールーム(4人)US$60 デラックスUS$60～65
CC M V (+3%のチャージ) 室13室

2012年にリニューアルオープンした館内は、チークとパイン材をふんだんに使ったナチュラルテイストで心地よい。山小屋風の部屋は清潔で快適。閑静なエリアだが、近くにレストランが数軒あるので食事にも困らない。ロビーでWi-Fi無料。

H トリニティ・ファミリー・イン
Trinity Family Inn MAP P.218

住Tharzi Qtr., Near Tharzi Pond
☎09-5162-708、09-2633-35910
URL www.trinityfamilyinn.com
E trinityfamilyinn@gmail.com
料AC S T US$40
CC M V (+3%のチャージ) 室11室

その名のとおり家族経営でアットホームな雰囲気。喧騒から離れ、花や緑に囲まれたバンガローにのんびりと滞在できる。インレー湖に精通した女性オーナーが親身に観光の相談に応じ、ボートやタクシーの手配もスムーズ。自転車レンタル無料。

H スリー・シーズンズ・イン&スパ
Three Seasons Inn & Spa MAP P.218

住17, Phaung Daw Seik St., South of Shwe Gu Kyaung ☎(081)209517、09-5068-947
E threeseasonsinn@gmail.com
料AC S T US$25、トリプルUS$35
CC なし 室15室

2015年末にオープンしたプチホテル。客室はシンプルだが、フローリングで清潔。英語が堪能なマネジャーが観光の案内や手配をしてくれる。スパだけの利用も可能で、ミャンマー式マッサージ60分US$10などが受けられる。

H インレー・エイペックス・ホテル
Inle Apex Hotel MAP P.218

住54, Phaung Daw Seik St.
☎(081) 209563、209507 FAX (081) 209270 E inleapexhotel.ns@gmail.com
料AC ⓈUS$20 ⓉUS$30、40 デラックスUS$45 CC JMV (+3%のチャージ) 室33室

快適に滞在できる設備やサービスが整ったホテル。毎日の清掃が行き届き、スタッフの応対も心地よい。トリプル仕様のデラックスにはバスタブが付く。2階の朝食会場からは、早朝にホテル前を歩く僧侶たちの托鉢の列を眺めることもできる。

H ジプシー・イン
Gypsy Inn MAP P.218

住82, Kann Narr St., Win Qtr.
☎(081) 209200、09-5141-168
E gypsyinnhotel@gmail.com
料FAN ⓈⓉUS$20、25、ファミリールームUS$30
CC MV (+3〜5%のチャージ) 室26室

西の運河沿いにある人気の宿。新館は明るく清潔で、2階の部屋にはテレビとミニバーが付く。運河沿いの部屋はボートのエンジン音がうるさいのが難。ロビーでWi-Fi無料。スタッフは親切で、ボートやバスの手配もしてもらえる。

H アクエリアス・イン
Aquarius Inn MAP P.218

住2, Phaung Daw Pyan St., Nam Pan Qtr.
☎(081) 209352、209615、09-5214-852、09-7852-14852 E aquarius352@gmail.com
料FAN ⓈUS$10 ⓉUS$15 (シャワー共同)
AC ⓈⓉUS$25、35、45 CC V (+3%のチャージ)
室20室

朝食は5種類が日替わりで出されるほか、夕方にお茶やフルーツの無料サービスがあるなど、あたたかいもてなしで人気。オーナーは英語堪能で親切。2013年完成の新棟には、バスタブ付きの部屋もある。予約は電話かメールで。電話で直接連絡したほうが安い。

H リメンバー・イン
Remember Inn MAP P.218

住Haw St., Nan Da Wunn Qtr.
☎(081) 209257、09-5214-070
URL rememberinn.jimdo.com
料FAN ⓈUS$15〜20 ⓉUS$20〜25
AC ⓈUS$25 ⓉUS$35
CC MV (+3%のチャージ) 室48室

竹を編んだナチュラルな内装のバンガローと、大小さまざまな部屋のある3階建てのビルがあり、部屋は広くて快適。毎日掃除をしてくれたり、停電に備えて薪で熱い湯を沸かしてくれるなどアットホームなサービスがうれしい。朝食は、眺めのよい屋上で食べられる。スタッフは観光情報にも詳しい。

H オステロベロ・インレー・レイク
Ostello Bello Inle Lake MAP P.218

住Yone Gyi St., Win Qtr. ☎(081) 209308、09-4579-71910 URL www.ostellobello.com
E info.nyaungshwe@ostellobello.com
料AC ⒹUS$7〜12 ⓈⓉUS$24〜
CC MV (+3%のチャージ) 室9室+114ベッド

イタリア発のブティック・ゲストハウス。ドミトリーが中心で4人〜14人部屋がある。ゲーム大会やインレー湖周辺&温泉を巡る自転車ツアーなど、楽しいイベントを毎日開催。

■ニャウンシュエ郊外のホテル

H モンテ・ディヴィーノ・ロッジ
Monte diVino Lodge MAP P.216

住Htone Bo, Aythaya Vineyard & Winery
☎(081) 208653、208548
URL www.myanmar-vineyard.com
E montedivino@gmail.com
料AC ⓈⓉUS$80〜100 CC MV 室3室

エーターヤー・ヴィンヤード(→P.220)内にある、高級感満点の自然派ロッジ。高台にある客室からのパノラマビューと夕日がすばらしい。ワインとワインに合う料理はワイナリーのレストランからルームサービスでも注文できる。

■インレー湖上のホテル

H ソフィテル・インレー・レイク・ミャット・ミン
Sofitel Inle Lake Myat Min MAP P.216

住Thale U Village
☎FAX09-4434-74200
URL sofitel.accorhotels.com
E ha095-re@sofitel.com
料AC Ⓢ Ⓣ US$115～214
CC J M V（+2～3%のチャージ）
室101室

ソフィテル・ブランドの5つ星高級ホテルが2018年3月に開業。60㎡以上と広々とした客室、レストランなど館内は優雅な雰囲気。湖に沈む夕日が美しく眺められるプールもリゾート感満点。

H インレー・プリンセス・リゾート
Inle Princess Resort MAP P.216

住Magyizin Village
☎（081）209055　FAX（081）209363
URL www.inleprincessresort.net
料AC Ⓢ Ⓣ US$270～370　CC M V（+5%のチャージ）　室36室

洗練された雰囲気の高級リゾート。チーク材を贅沢に使ったコテージは、天井が高く広々としており快適。船の形をしたバスタブの部屋もある。ホテルに併設のスパはハイシーズンのみ営業。

H ノボテル・インレー・レイク・ミャット・ミン
Novotel Inle Lake Myat Min MAP P.216

住Maing Thauk Village
☎09-2510-41570～4　URL novotel.com
E info@novotelinle.com　料AC Ⓢ Ⓣ US$85～500　CC M V　室121室

自然豊かな湖畔のマインタゥク村に建ち、水陸どちらからもアクセス可能で便利。客室はヴィラとスイートがあり、いずれも優雅で機能的。全室にバスタブとバルコニーがある。美しいインレー湖を見渡す大きなインフィニティプールやレストラン、スパなどの施設も充実している。

H ゴールデン・アイランド・コテージ・ナムパン
Golden Island Cottages Nampan MAP P.216

住Nampan Village　☎09-5210-182、09-4016-21727　URL www.gichotelgroup.com
料FAN スーペリアⓈUS$100　ⓉUS$130　デラックスⓈⓉUS$150
CC M V（+3%のチャージ）　室40室

部屋はインター族の伝統建築スタイルを取り入れた水上のバンガロータイプ。湖上のターレウー村に姉妹ホテルがあり、そちらはスーペリアのみで全35室。ロビーでWi-Fi無料。ネット用PC利用可。

インレー湖周辺のレストラン
RESTAURANT

■ニャウンシュエのレストラン

麺類やスナックを手軽に楽しめるティーショップやシャン料理、イタリアンなどのレストランは、マーケット内とその東西、ホテルの近くにある。

R ロータス
Lotus Restaurant MAP P.218

住Museum Rd., Thazi Qtr.
☎09-7643-58775　営8:00～22:00
休なし　CCなし

家族経営のアットホームなレストラン。油控えめでヘルシー、優しい味付けの料理は日本人好み。おすすめはシャン風魚の包み蒸し3500K。ベジタブル、チキン、ビーフなどが選べるカレーは各2500～3500K。カレーのファミリーフードは4500Kでおなかいっぱい。中国料理と西洋料理もある。

R ラ・リジエール
La Rizière Buvette MAP P.216

住Near Kanu Village　☎09-7630-00041
営9:00～18:30　休なし　CCなし

のどかな田園風景をパノラマで楽しみながら食事をできるツリーハウス・レストラン。料理は野菜のフリッターやカレー、パスタなど1品3500K。ニャウンシュエから自転車で約15分。カウンダイン天然温泉に行く途中か帰りに寄ってほっこり休憩しよう。

R ムセ
Muse Restaurant　MAP P.218

住Yone Gyi St., Win Qtr.　☎09-7745-92013
営5:30～22:00　休なし　CCなし

地元の人でにぎわうシャンヌードルの専門店。鶏ガラと鶏肉から取ったクリアなスープは、あっさり辛くゴクゴクと飲み干せる。ミニサラダ付きで1杯1000K、米の麺のほか小麦粉の麺、スープのかわりに豆腐がけも選べる。店内はとても清潔。売り切れ次第終了。

R シン・ヨー
Sin Yaw Restaurant　MAP P.218

住Mingalar Ashae St., Kantar Qtr.
☎09-4935-1883、09-4283-38084
Estndo77@gmail.com
営9:30～22:00　休なし　CCなし

シャン料理のメニューが豊富。ふたり以上なら、7種類の伝統料理を食べられるセットミールプラッターがおすすめ。メインが野菜なら1万K、肉と魚は各1万2000K。

R プエ・トゥ・ウィン
Pwe Taw Win　MAP P.216

住Ayetharyar Main Rd., Sikepyo Village
☎09-5213-367、09-9652-13367
営10:00～22:00　休なし　CCなし

オーガニック素材を使ったインレー湖地方の伝統料理がおいしい。単品でも注文できるが、仲間を募ってセットメニュー（4～6人用）2万5000Kを頼むのがおすすめ。ニャウンシュエから自転車で約15分。

R パブ・アジアティコ
Pub Asiatico　MAP P.218

住Museum Rd., Nan Da Wunn Qtr.
☎09-4520-96741　FBAsiatico Pub - Inle
営10:00～24:00　休なし　CCなし

ニャウンシュエでもとびきりおしゃれなパブ。プールバーがあり、夜な夜な欧米人旅行者や地元の若者たちでにぎわっている。料理はボリュームたっぷりのピザ7600～1万1000K、ポークチョップ8800Kなど。

R ドーサ・キング・レストラン
Dosa King Restaurant　MAP P.218

住Yone Gyi St., Win Qtr.　☎09-2652-06033、09-7808-38500　FBDosa King
営9:00～23:00　休なし　CCなし

網代編みの壁に囲まれた店内で本格派の南インド料理を味わえる。カリッと焼き上げたインド風クレープのドーサ4500Kは、トッピングされたチーズや野菜との相性がよく、店名にも冠した自信作。カレー4000～6000Kも豊富な種類から選べる。

R ハーベスト・カフェ＆ダイン
Harvest Cafe & Dine　MAP P.218

住Kyaung Daw Auank St., Near 81 Hotel Inlay　☎09-2544-90829　FBHarvest Cafe & Dine Nyaung Shwe　営10:00～17:30　休月（祝日の場合は営業し、翌日休）　CCなし

日本人経営で、自家焙煎したシャン州産コーヒー豆をハンドドリップで提供するコーヒー2500Kは、香り高くて美味。オーガニック卵を使ったプリン2500Kなど自家製スイーツも絶品。テラス席が気持ちよく、コーヒー豆も購入できる。

■インレー湖上のレストラン

その日のルートに応じてボートのドライバーが案内してくれる。コミッションがもらえるところに連れていかれることが多いので、要望はきちんと伝えよう。

料理は、ミャンマーでもインレー湖とミッチーナー周辺にしか生息しない固有種の魚「ンガ・フェイン（通称インレーレイク・フィッシュ）」やピーナッツ風味の各種サラダが名物。

■シュエニャウンのレストラン

シュエニャウン・ジャンクションの周辺には、ティーショップや食堂が数軒ある。各地へのバス待ちで利用できる。

シュエニャウン・ジャンクション

インレー湖周辺のショップ
SHOP

■ニャウンシュエのショップ

ニャウンシュエには、ヨンヂー通り沿いを中心にトレッキングや周辺観光地へのツアーを行う旅行会社やおみやげショップが点在している。

■インレー湖上のショップ

S ポーワロン・パダウン
Pho Walone Padaung　MAP P.216

住Heya Ywama
☎09-2592-76199、09-9755-03769
営6:00〜19:00
休なし　CC M V

シャン州の各種民族衣装やバッグをはじめ、シルクやコットンのドレス、ロンヂー、スカーフ、工芸品などを販売。首に金属のコイルを巻いて長く伸ばした、ロングネックのパダウン族女性たちに会えるほか、彼女らの生活ぶりがわかるビデオを観せてもらえる。

S シュエ・ピェ・シャン
Shwe Pyae Shun　MAP P.216

住In Paw Khon　☎09-4920-2115
営8:00〜16:30　休なし　CC M V

上質な絹織物で有名な、インポーコン村にある工房兼直売所。ハスの茎から採る細い繊維を使った高級品、ロータスファブリックも人気。

S コー・シュエ・オー＆マ・ミー・ニェ
Ko Shwe Ohe & Ma Mee Nge　MAP P.216

住555, Nampan　☎09-4283-32404
営8:00〜21:00　休1月に4日間（不定）
CC M V

タマリンドの葉、バナナ、ライスウイスキー、砂糖、ハチミツなどを混ぜて作る葉巻は、苦味が少なくほのかに甘い香りがする。10本3000K。

S トゥン・チャイ・シン
Tun Kyai Sin　MAP P.216

住Kalaygyi Qtr., Heya Ywama　☎09-4283-59115　営7:30〜17:30　休なし　CC M V

イワマ村に昔から伝わる鍛冶屋のひとつで、現在3代目。カイン州産の銀を使った純銀製品を中心に制作・販売。銀を溶かしては打ち、さらに細かい細工の指輪やチェーンを作る工程を見学できる。

インレー湖周辺のマッサージ、スパ
Massage & Spa

S ウィン・ニュン・トラディショナル・ビルママッサージ
Win Nyunt Traditional Burmese Massage　MAP P.218

住Yone Gyi St., Nan Da Wunn Qtr.
☎なし　E winnyunt.inle@gmail.com
営8:00〜20:00　休なし　CC なし

バガンのマッサージ師一家に育ったウィンさんやその弟子の極上マッサージを受けられる店。1時間かけて全身をもみほぐして7000K。トレッキングガイドでもあるウィンさんは周辺の村や洞窟を巡るツアーも催行しており、ツアーのあとでマッサージを受けることもできる。

S アクア・リリーズ・デイ・スパ＆ビューティ・センター
Aqua Lilies Day Spa & Beauty Center　MAP P.218

住Museum Rd., Thazi Qtr.
☎09-4283-63584、09-4283-15103
E aqualilies.spa@gmail.com
営9:00〜21:00　休なし　CC なし

ミンガラー・マーケットの北、運河のほとりにある一軒家のスパ。旅の最中に日焼けしたり、疲れた足におすすめなのが、タナカ（→P.211）のローションを使ったフットマッサージ＆ラッピング1万5000K。ボディマッサージは60分2万2000K、ボディスクラブは60分1万4500K、フェイシャル60分2万5000Kなどのメニューもある。ミャンマー・トラディショナル・マッサージは60分1万6000K。

インレー湖周辺のエンターテインメント
ENTERTAINMENT

N アウン・パペット・ショー
Aung Puppet Show　MAP P.218

住Yone Gyi St., Nan Da Wunn Qtr.
☎09-3620-1984
開19:00、20:30（1回30分）
休なし　料5000KまたはUS$5　CC なし

小さな劇場で、伝統ある人形劇をオンシーズンには毎晩上演。予約なしで気軽に観られる。オーナーのナインナインさんは曾祖父の代からのパペットマスター。おみやげ用のパペット（US$10〜）も販売している。

市外局番081 MAP折込表-C5

植民地時代の面影が残る高原の町

カロー

Kalaw　ကလော

ネーピードー　カロー　ヤンゴン

タウンヂーの西約70km、ターズィとタウンヂーを結ぶ幹線道路の中間に位置するカロー。シャン高原に緩やかに連なる山あいにある町で、標高は1320m。イギリス統治時代には避暑地として親しまれていた。そのため、今でもコロニアル風の洋館を何軒も見ることができる。なかにはホテルとして利用されているものもある。民族色が豊かなのも特徴で、ビルマ族、シャン族のほか、インド系ムスリムやイギリス軍を退役した元グルカ兵のネパール人も多い。周辺にはパダウン族やパオ族など山岳民族の村が点在しており、これらの村を訪れるトレッキングが、外国人旅行者の人気を集めている。

市庁舎周辺には日本企業が寄付した桜の木が植えられている（開花は数年後）

カローへの行き方　ACCESS

◆ヤンゴン、マンダレー、バガンから

✈ヘーホー空港を利用（インレー湖への行き方参照。→P.217）。空港からカローまではタクシーで約1時間、2万5000K程度。

🚆ヤンゴン発11:00のシュエニャウン行きに乗り、カロー翌13:30着。所要約26時間30分。アッパークラス9400K、オーディナリークラス4050K。ネーピードー～シュエニャウン間の列車も停車するターズィからは所要約6時間、アッパークラス4500K、オーディナリークラス2100K。スイッチバックで山を登るため時間がかかる。車窓の山の景色はのどかでよいが、木の枝が迫ってくるので窓から手や顔を出さないように。駅からマーケットまでは徒歩約10分。

🚌タウンヂー行き長距離バスで途中下車。ヤンゴンから1万3000K ～、マンダレーから7000K、VIPとミニバン1万2800K ～、バガンから1万5000K、VIP1万8500K。

◆タウンヂーから

🚌乗合ミニバンで所要約2時間30分、4000K、ホテルまでは6000K。タクシー4万K程度。

◆ニャウンシュエから

🚌ピックアップでシュエニャウンのジャンクションへ行き（所要約30分、500K）、そこでカロー行きのミニバスに乗り換える。シュエニャウンから所要約1時間30分、1日3～4本程度、3000K。タクシー往復4万K～。

🚆シュエニャウン発8:00のヤンゴン行きで11:30着。アッパークラス1150K、オーディナリー500K。

シュエニャウン行きミニバン

Information

郵便局と電話局
MAP P.227
開 月〜金9:00〜16:00
休 土・日

マーケット
MAP P.227
営 6:00〜18:00
休 満月と新月の日
野菜、果物、衣類、雑貨が売られている。ドライフルーツをおみやげに買っていく人が多い。

五日市
インレー湖周辺の町や村では5日おきにマーケットが開かれる（→P.221）。カローでも市の日はカラフルな民族衣装を着た人々が集まりにぎやか。

シュエウーミン洞窟寺院
行き方 Hパイン・ヒル・リゾートから約1km。カロー・ホテルにも近い。
開 6:00〜18:00
休 なし
料 任意の金額を寄付

竹の仏像
行き方 メインの通り（Myoma Rd.）を南下、Hカロー・ヘリテージ・ホテルへ続く道の1本西の山道を登る。マーケットから車で約10分。
開 5:00〜20:00頃
休 なし
料 無料

実は軽い仏像

カトリック・キリスト教会
行き方 Hカロー・ヘリテージ・ホテルの南600〜700mほどの所にある。マーケットから車で7〜8分。
開 月〜金7:00〜9:00、土・日7:00〜18:00
休 なし
料 無料

クリスチャン以外は立入禁止

カローの歩き方 Exploring

カローの中心はマーケットの周辺。のんびり歩き回っても2時間もかからない。郊外の見どころは少し離れていてわかりにくいので、タクシーかバイクタクシーを利用しよう。見どころすべてを回って5000K程度（要交渉）。

新鮮な果物が売られるマーケット

おもな見どころ Sightseeing

ほとんど手掘りで造られた
MAP P.227外

シュエウーミン洞窟寺院

ရွှေဥမင်ရှေးဟောင်းဘုရားလိုဏ်ဂူ
Shwe Oo Min Ancient Paya

ピンダヤと比べると小規模だが、入口付近には洞内を埋め尽くすように見える多数の仏像が並んでいる。最初の10mほどが天然の洞窟で、その先は手作業で掘り進めたもの。アノーヤター、チャンスィッター、アラウンスィードゥーの3人の王の時代に造られたものだ。右奥に続く小道には薄暗い照明のなか、ところどころ壁のくぼみに小さな仏像がある。この左隣にもうひとつ洞窟があり、ここにも仏像が収められている。

薄暗い洞窟内に仏像が何体も並ぶ

トレッキングで立ち寄ることもある
MAP P.227外

竹の仏像（ニー・パヤー）

နှီးဘုရား
Bamboo Buddha Image

仏塔のある丘の上の寺院に収められている竹の仏像は、高さ2.5mほど。竹で造った骨組みの上から漆が塗られており、さらにその上を金箔で覆っている。見た目は重たそうだが実際にはとても軽く、仏像のそばには4人の僧で持ち上げている写真が飾られている。

教会だが内部は土足厳禁
MAP P.227外

カトリック・キリスト教会

ကက်သလစ်ဘာသာဝင်ခရစ်ယာန်ဘုရားရှစ်ခိုးကျောင်း
Cathoric Church (Church of Christ the King)

1929年にふたりのイタリア人が建てた由緒ある教会で、イタリアから運ばれたキリスト像が安置されている。第2次世界大戦中は日本軍の通信所として使われていたため、空襲を受けたこともある。ミサには地域の人々が多く集まる。

郊外の見どころ Excursion

パオ族の五日市 MAP折込表-C5～C6、P.214

ナンテイン

နန်းတိန်ရွာ

Nan Taing

カローから5kmほどタウンヂー方面にある分岐点から、南へ約30kmの所にある村。ここでもシャン州の五日市が開かれパオ族の人々が多く集まる。またナンテインに向かう途中にはミヤマティ洞窟寺院Myiya Ma Htit Caveという、観光客がほとんど訪れることのない洞窟寺院がある。全長はピンダヤ洞窟の2倍以上と長いが、ピンダヤほどのインパクトはない。洞窟の入口と出口が異なるのは珍しい。

パオ族に会える村

ナンテイン
行き方 タクシーで。往復で1万5000Kほど。

ミヤマティ洞窟寺院
行き方 ナンテインへ行くついでに寄るなら、ナンテインまでの往復タクシー代プラス2000K程度。カローから洞窟寺院だけの往復なら1万K程度。シュエウーミン洞窟寺院とは異なりすべて天然の洞窟。懐中電灯を持った係員が案内してくれる。

内部は滑りやすいので注意

トレッキング Trekking

たいていどこのホテルでもトレッキングをアレンジしてくれるのでそれを利用しよう。相場は1日ひとり1万K、1泊2日ならひとり2万K程度。トレッキング中の食事や宿泊代も含まれているが、念のため何が料金に含まれるかを事前に確認しよう。日帰りなら7:30頃に出発し、14:00～16:00頃に帰ってくるのが一般的だ。

ピンダヤまで1泊2日、インレー湖まで2泊3日などコースはいろいろあり、山岳民族の村を訪れることが多い

Information

Tアンクル・サム・トラベルズ＆ツアーズ
Uncle Sam Travels & Tours
MAP P.227
住 21, Aung Chan Thar Rd.
☎ (081) 50237、09-7774-62788
E samtrekking@gmail.com
CC なし
3世代にわたり公式ガイドの家族経営旅行会社。英語も通じる。

カローのホテル

HOTEL

マーケット周辺には手頃な宿、郊外にはリゾートホテルがある。基本的に涼しい気候なので、ファンやエアコンのない宿もある。高級ホテルには逆に暖炉やヒーターがある。

H カロー・ヘリテージ・ホテル

Kalaw Heritage Hotel MAP P.227外

住 84, University Rd. ☎ (081) 50039
ヤンゴンオフィス (01) 65823
URL www.mountpleasanthotelmyanmar.com
料 AC ⓈⓉUS$75～110 スイートⓈⓉUS$140
CC MV 室 40室

マーケットから1.5kmほど南。イギリス植民地時代の1903年から続く伝統あるホテルで、コロニアル風の建物を改装して使用。第2次世界大戦中は日本軍の司令部と病院として使われていたという。チーク材を使ったデラックスルームが人気。

H ジェネシス・イン

Genesis Inn MAP P.227

住 18, Shwe Hin Thar St., 6th Qtr.
☎ 09-9739-26502
料 AC ⓈUS$25 ⓉUS$35 CC なし 室 10室

R セブン・シスターズ（→P.230）のファミリーが経営するゲストハウスで、レストランのすぐ裏にある。客室やバスルームは清潔で、スタッフの応対もいい。中心街へも徒歩約10分で便利。

H グリーン・ヘイブン・ホテル

Green Haven Hotel MAP P.227外

住 Shwe Oo Min Pagoda Rd., 10th Qtr.
☎ (081) 50639、09-5280-822
URL www.greenhavenhotel.yolasite.com
E greenhavenhotel@gmail.com
料 AC ⓈⓉUS$27～60
CC MV（+3%のチャージ）
室 26室

シュエウーミン洞窟寺院近

くのメルヘンチックなホテル。宿泊客が多い場合は朝食がビュッフェに。

H イースタン・パラダイス・モーテル
Eastern Paradise Motel MAP P.227

住5, Thiri Mingalar Rd., 5th Qtr.
☎09-9731-49596、09-4531-22154
E easternmotel@gmail.com 料FAN スタンダードⓈUS$15、20 ⓉUS$30 スーペリアⓈUS$25 ⓉUS$30 CC なし 室20室

マーケットにもユニオン・ハイウエイにも近い便利な立地。部屋はこざっぱりとしていて清潔で、シャワーはお湯がたっぷり出る。

H ゴールデン・カロー・イン
Golden Kalaw Inn MAP P.227

住5/47/92, Natsin Rd., 5th Qtr.
☎(081) 50311、09-5210-635
URL www.goldenkalawinn.com
E goldenkalawinn1@gmail.com
料ⓈⓉUS$20 CC MV 室33室

広さや設備など種類豊富な個室がある。バスのチケットやトレッキングガイドの手配可。

カローのレストラン
RESTAURANT

R エヴェレスト・ネパーリ・フードセンター
Everest Nepali Food Center MAP P.227

住20, Aung Chan Thar St., 5th Qtr. ☎(081) 50348 営9:30～21:30 休満月の日の午後、10～11月に不定休あり CC MV

ネパール人の姉妹が経営するネパール料理の店。ご飯とカレーがおかわり自由のネパール風定食、ダルバートが4000K。ニャウンシュエに支店のエヴェレスト2・ネパーリ・レストラン(MAP P.218)がある。

R セブン・シスターズ
Seven Sisters (Lulu Singh's Thirigayhar) MAP P.227

住7, Pyi Taung Su Rd. ☎09-5280-628
営8:00～21:00 休なし CC なし

マーケットから徒歩約10分。ペンション風の一軒家で、西洋、ビルマ、シャン、中国、インド料理を食べられる。特にシャン料理とインド料理がおすすめ。味は抜群で、店内の雰囲気もよい。メインは1品6000～1万K。2種類の肉料理だと2万K。

R カフェ・カロー
Café Kalaw MAP P.227外

住Hnee Pagoda Rd. ☎09-2613-92989
URL cafe-kalaw.strikingly.com
E cafekalaw@gmail.com
営8:30～19:00 休不定 CC JMV

地元産のオーガニック・コーヒー豆を自家焙煎したコーヒーが美味。カローの山あいの風景を望むテラスは居心地満点。オープンサンドやケーキなどコーヒーのお供も自家製。竹の仏像(→P.228)へ行く手前にある。

カローのショップ
SHOP

S ルーラル・ディベロップメント・ソサエティ
Rural Development Society MAP P.227

住Myoma Rd. ☎(081) 50747、09-5280-974 E anawa.rural@gmail.com
営9:00～18:00 休なし CC なし

カロー周辺に住む山岳少数民族の手工芸品を集めた直販店で、少数民族支援のNPOが運営。ロンジー、バッグ、服、帽子など、品揃えは豊富でデザインもよく、値段も手頃。ポストカードを買うと、カローの郵便局から出してもらえるサービスも。英語ガイドによるトレッキングも催行。

E ソー・テイン・パオ・マッサージ
Master Soe Thein Pa-O Massage MAP P.227

住Behind of Post Office
☎09-4283-70502
営9:30～18:00 休なし CC なし

1996年の開業以来パオ式マッサージひと筋のソー・テイン氏の店。料金は60分1万3000K。カロー市内のホテルにも出張可能(出張料2000K追加)。

仏像で埋まった洞窟で名高い伝説の町

ピンダヤ

Pindaya ပင်းတယ

ターズィとシュエニャウンを結ぶ鉄道やバスのジャンクションとなっているアウンバンAungbanの北約40km、シャン州南部にあるのどかな町ピンダヤは、標高1176m。無数の仏像が収められた洞窟寺院があることで知られている。「ピンダヤ」とはシャン語で「広大な平原」という意味。古い言い伝えのある湖があり、その湖畔に町がある。町の高台から見渡すと、緩やかに波打つ平原がどこまでも続いている。

ピンダヤ洞窟寺院は丘の中ほどにある

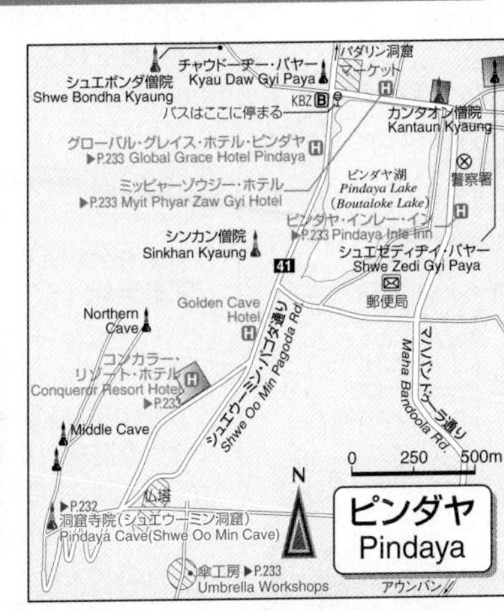

ピンダヤへの行き方 ACCESS

◆ヤンゴンから

🚌 Lumbini Expressが1日1本、17:30発。1万8000K、所要約10時間。深夜到着になるので、宿を予約して到着時刻を伝えておこう。

◆アウンバンから

🚌 6:00〜10:00の間に随時出発、2000K。

◆カローから

🚌 タウンヂー行きミニバンでアウンバン下車。1日3〜4本程度、3000K。アウンバンでピンダヤ行きのミニバンに乗り換える。どちらも本数が少ないので時間がかかる。

◆タウンヂーから

🚌 1日2本、4500K〜。直通バスでのタウンヂーからの日帰りは不可能。

タクシーをチャーターしよう

タウンヂー〜ピンダヤ間には、1日2本直通バスが運行している。ほかの町からの直通バスはなく、鉄道でもバスでもアウンバンで下車し、そこからピンダヤ行きのミニバンやタクシーを利用。洞窟寺院を見るだけなら日帰りで十分だが、村の中心からは離れているので、公共の交通機関を利用しての移動は難しい。時間を有効に使いたければタクシーをチャーターして行くのがベスト。人数が集まればさらに経済的。カロー〜ピンダヤ往復なら3万5000〜4万K、アウンバンからなら4万K程度。カローからピンダヤを観光してシュエニャウンやニャウンシュエなどのインレー湖方面あるいはタウンヂーへ向かう、もしくはその逆は6万〜7万K程度。いずれにしろ交渉が必要。

ピンダヤの歩き方 Exploring

湖の北西にマーケットがあり、その周辺がピンダヤでは最も にぎやかで、食堂も数軒ある。洞窟寺院（→P.232）は歩いていくには遠いので、マーケットのあたりでタクシーをひろうといい。洞窟寺院がとにかく有名だが、町を高台から見渡すといくつもの仏塔や寺院が点在しているのがわかる。湖の北東には白い小仏塔群

Information

郵便局

営 月〜金9:00〜16:00
休 土・日

Information

ダンヌー入域料
料US$5
　ピンダヤに入る手前のチェックポイントで支払う。2日間有効。

洞窟寺院
開6:00～18:00
エレベーターは9:00～12:00、13:00～16:00　休なし
料入域料とは別に3000K。カメラ撮影料300K、ビデオ撮影料300K
　参道口からは200段の階段を上らなければならないが、エレベーターの直下まで道があるので、車の場合そこまで行ってもらおう。エレベーターは無料。
　洞内は照明はあるがぬれていて滑りやすいので足元に注意。僧が内部を案内、説明してくれたら心づけを。

黒く塗られているのが汗をかく仏像

手仕事で作られる傘

のあるカンタオン僧院、黄金の尖塔をもつシュエゼディヂイ・パヤー、西の丘陵の中腹にはたくさんの若い修行僧が生活するシュエボンダ僧院があり、色あせたトタン屋根の建物が見える。マーケットのあたりから西の丘を見上げると、一段と映えて見えるのは黄金のチャウドーヂー・パヤーだ。

丘の中腹に見えるのが洞窟寺院の入口

おもな見どころ　Sightseeing

この洞窟寺院のためだけに各地から大勢が訪れる

洞窟寺院（シュエウーミン洞窟）

MAP P.231、232

ပင်းတယဂူ(ရွှေဥမင်ဂူ)

Pindaya Cave (Shwe Oo Min Cave)

　町の中心からやや離れた丘陵の中腹にあり、全部で3つの洞窟がある。最も有名なのは南にある全長150mの比較的広い鍾乳洞で、石筍が発達し、アラバスター（雪花石膏）、大理石、チーク材などを素材とする8094体のさまざまな仏像が収められている。チェックしたいポイントはいくつかあるが、2体の「汗をかく仏像」(Perspiring Statue) はそのひとつ。この仏像の顔に浮いた「汗」を体に塗ると、幸福な未来と美しさが手に入ると信じられている。ほかのふたつの洞窟は、岩の亀裂のなかに仏像が数体あるだけ。

洞窟内に納められた多数の仏像

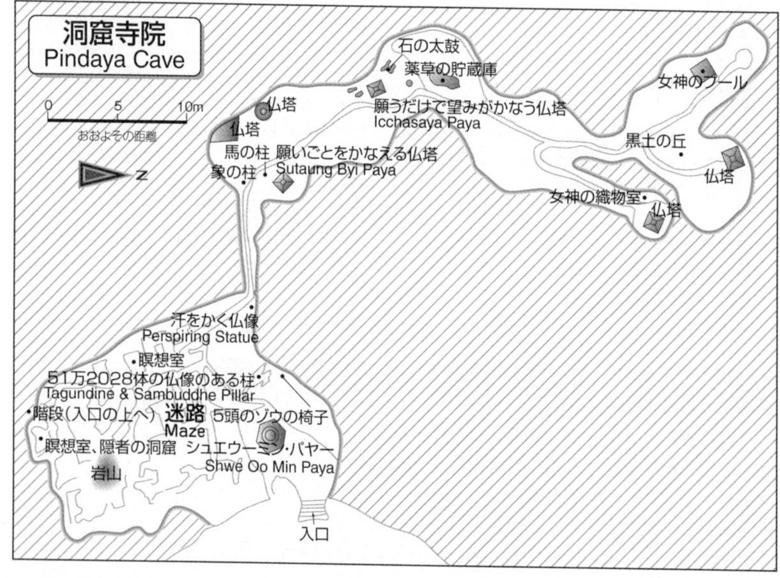

※洞窟寺院と参道周辺エリアは禁煙なので注意。飲食店もすべて禁煙。

伝統の手仕事を見学

傘工房

MAP P.231

(ရှမ်းစက္ကူဖြင့်)ထီးပြုလုပ်သောဆိုင်

Umbrella Workshops

ピンダヤには3～4世代続く傘工房が約10軒あり、昔ながらの職人技を見学させてくれる。

トレッキング　Trekking

ピンダヤ周辺はなだらかな丘陵地帯で歩きやすく、快適なトレッキングができる。ピンダヤに数日滞在してトレッキングに出かける欧米人旅行者は多い。ホテルに依頼すれば参加者の好みや体力に合わせてコースをアレンジしてくれる。料金は1日コースUS$10ほどで、この付近の主要な民族ダンヌーのほか、パオ族やダンユー族、パダウン族の村を訪れるコースが一般的。標高2100mのヤサチ山（Mt. Yasakyi）に登ることも可能。

洞窟寺院から見渡すピンダヤ周辺の丘陵

Information

ピンダヤのおみやげ

ピンダヤの名産品はお茶。ミャンマー人のなかには「ピンダヤのお茶しか飲まない」とこだわる人もいるほど。150g入りでひと袋500K～、質のよいものは1000K以上する。ピンダヤ洞窟入口のみやげ物屋やマーケットで買える。

ピンダヤのホテル

HOTEL

外国人が利用できるホテルは現在5軒のみで、湖から洞窟寺院にかけて点在している。安いゲストハウスはない。

H コンカラー・リゾート・ホテル

Conqueror Resort Hotel

MAP P.231

住Singong Qtr.　☎(081) 66106、66355

URL www.conquerorresorthotel.com

料AC ⓈUS$80、100　ⓉUS$85、105～150

CC V (+3%のチャージ)　室53室

洞窟寺院のある山の麓にある高級リゾート。全室コテージタイプで、2室のみあるエグゼクティブ・スイート・バンガローUS$150は、リビングに囲炉裏がある。宿泊客が多いときは、レストランでダンヌー族やダンユー族をはじめ5種の民族ダンスショーを開催（有料）。

H ピンダヤ・インレー・イン

Pindaya Inle Inn

MAP P.231

住Maha Bandoola Rd.　☎09-6956-00100、09-8956-00100　E inleinnpdy@gmail.com

料AC バンブーハットⓈⓉUS$95　シャレーⓈⓉUS$125

CC M V (+5%のチャージ)　室39室

客室は竹をあしらったバンガローと、暖炉があり広々としたシャレーの2タイプ。石壁とチーク材を使ったシャレーは高級感があり、バスタブ付き。庭園内にプールやスパがあり、マッサージは60分US$30～。レセプションとレストランでWi-Fi無料。

H ミッピャーゾウジー・ホテル

Myit Phyar Zaw Gyi Hotel

MAP P.231

住106, Zaytan Qtr.　☎(081) 66325、09-7858-21027　料FAN ⓈⓉUS$25

CC なし　室18室

簡素なホテル。2階以上の部屋と屋上からの眺めがいい。レストランはないがマーケットに近い。

H グローバル・グレイス・ホテル・ピンダヤ

Global Grace Hotel Pindaya

MAP P.231

住25, Shwe Oo Min Pagoda Rd.

☎(081) 66189、09-4008-83488

URL www.globalgracehotelpindaya.com

料FAN スーペリアⓈⓉUS$40、トリプルUS$50

AC デラックスⓈⓉUS$50

CC M V　室32室

客室の内装は伝統的なダンヌー様式とシティホテル風の2種類。デラックスは湖を見渡すバルコニー付き。

市外局番081 ■MAP折込表-D5

シャン州の州都となる高原の町

タウンジー

Taunggyi

တောင်ကြီးမြို့

インレー湖の北東約30km、シャン高原の標高1430mにあるシャン州の州都で、州の政治、経済の中心。タウンジーとは「大きな山の町」という意味で、近くに大きな山があることから名づけられたという。人口は約20万5000人、国内で5番目に大きな都市となっている。毎年10月末から11月のビルマ暦タザウンダイン満月の日に開催される熱気球祭りTa Zaung Daing Festivalが有名。仏塔や仏像、風景を描いた巨大な熱気球が登場し盛り上がる。

少数民族の衣装を着た女性が目立つマーケット

町を貫くボーヂョーアウンサン通り

タウンジーへの行き方

ACCESS

◆ヤンゴンから

✈ヘーホー空港を利用（インレー湖への行き方を参照。→P.217）。空港からタウンジーまではタクシーで約1時間、4万6000K程度。

🚆マンダレー方面行きに乗りターズィでシュエニャウン行きに乗り換え。1万5000～2万6000K。

🚌アウンミンガラー・ハイウエイ・バス・ターミナル（MAP P.39-C1）からタウンジー行きバスで約12時間、1万3000K～。一部のVIPバスはボーヂョーアウンサン・スタジアム南側の長距離バスチケット売り場（MAP P.33-C1）から乗車できる。

◆マンダレーから

🚆シュエニャウンで下車（→P.217）。

🚌5:00、18:00発タウンジー行きで所要約12時間、1万～1万6000K。シェアタクシーは所要約8時間、1万2800K。

◆バガンから

🚌所要約11時間、1万8500K～。前日までに予約しておくと、宿泊先のホテルまで迎えにきてくれる。

ほかに、ティーボー、ラーショー、バゴーからもバスが出ている。

バスターミナルから市街へ：長距離バスターミナルは郊外のエー・ター・ヤー Aye Thar Yarにあり、タウンジー市街へはピックアップで約15分、2000K。

シュエニャウン駅からタウンジーへ：シュエニャウン駅から徒歩約10分のマーケット前からピックアップで約30分、2000K。タクシー2万5000～3万5000K。

タウンジーのバスターミナル

おもな見どころ Sightseeing

シャン州の文化を学ぼう MAP P.234

国立シャン州文化博物館 ရှမ်းပြည်နယ်ယဉ်ကျေးမှုပြတိုက်

National Shan State Cultural Museum

タウンジーの町外れ、タウンジー・ホテル近くにある。古い建物で、1階にはシャン州に住む各民族の衣装や漆器などの生活用具、楽器、2階には歴史上の人物やできごとに関する写真や絵画、木の葉に書かれた古い経典などが展示されており興味深い。

国立シャン州文化博物館
住Bogyoke Aung San Rd.
☎(081) 2121157
開火～日10:00～16:00（最終入場15:30）
休月・祝
料5000K

博物館はタウンジーの数少ない見どころのひとつ

アーナンダ寺院にそっくり MAP P.234外

スラームニー・ローカチャンター・パヤー စူလာမုနိလောကချမ်းသာဘုရား

Sular Muni Lawka Chan Thar Paya

ボーヂョーアウンサン通りを市街から南下した丘の上にある。タウンヂーの町が開かれて100周年を記念して、1994年から1997年にかけて建設されたもの。バガンのアーナンダ寺院を模して造られたというとおり、仏塔のデザインや四方を向く巨大な立像、仏龕の雰囲気がよく似ている。

比較的新しい仏塔

スラームニー・ローカチャンター・パヤー
行き方 市街からタクシーで3000K程度。
住Bogyoke Aung San Rd.
開5:30～20:00
休なし
料無料

タウンヂーのホテル HOTEL

ボーヂョーアウンサン通り沿いにホテルが点在し、郊外には高級ゴルフリゾートがある。ゲストハウスはマーケットの近くに数軒ある。熱気球祭りの期間中はどこも満室になるので早めに予約をしよう。町の南外れにある元国営のタウンヂー・ホテル以外、町なかの宿はあまり英語が通じない。また、外国人が利用（宿泊）できるホテルもかぎられているので注意。

H シュエ・チュン・ホテル

Shwe Kyun Hotel MAP P.234

TV WiFi
住11, Corner of Sittaung & Dhamma Rakhinda Sts., Kan Shae Qtr.
☎(081)201392、201394
URL www.shwekyunhotel-myanmar.com
料AC ⓈⓉUS$70～
CC V（+3.5%のチャージ） 室24室

マーケットのすぐそばで便利な立地のブティックホテル。モダンなミャンマースタイルの客室がしゃれており、値頃感のあるデラックス以上はバスタブ付き。フィットネスジムも備えている。

H UCTタウンヂー・ホテル

UCT Taunggyi Hotel MAP P.234

TV WiFi
住4, Bogyoke Aung San St., Kyaunggyi Su Qtr.
☎(081)2125475～6、09-7823-46688 FB uct.taunggyihotel E uct.tauggyihotel@gmail.com
料AC ⓈⓉUS$45～70 トリプルUS$95 スイートUS$95 CC M V（+3%のチャージ） 室51室

2016年オープンなので新しくてきれい。客室によってはバルコニーが付く。ミャンマー料理と中国料理を出すレストランがある。

H タウンヂー・ゴールデン・ウィン・ホテル1

Taunggyi Golden Win Hotel 1 MAP P.234

TV WiFi
住3, Thanlwin Rd., Kan Shae Qtr.
☎(081)200503、201002、09-92543-71344
E goldencrown.inn@gmail.com
料AC ⓈUS$25～45 ⓉUS$30～55
CC M V（+3.5%のチャージ） 室18室

4階建ての手頃な宿。最も安い部屋は1階で、ガラスで覆われたバスルームが室内に設置されている。ダウンタウンの中心にあり便利。

市外局番064 MAP折込表-C5

旅人が行き交う交通の要衝

ターズィ

Thazi

သာစည်

ヤンゴンとマンダレーを結ぶ鉄道と、メイッティーラとタチレイを結ぶハイウエイが交差する所にある小さな町。町外れにある湖と寺院ぐらいしか見どころはないが、自然豊かな酪農地帯で、新鮮なフルーツや乳製品が食べられる。途中下車して散策を楽しんでみよう。

のどかな風景に癒やされる

ターズィへの行き方 ACCESS

◆マンダレーから

ヤンゴン行きが1日3本(5:00、15:00、16:30発)、所要約3時間。アッパークラス1950K、オーディナリークラス1000K。

◆メイッティーラから

シェアタクシーで3000K。

2万5000K。

◆インレー湖から

シュエニャウン駅7:00、8:45発で所要約11時間。アッパークラス2950K、オーディナリークラス1300K。

中部の要に位置するターズィ駅

馬車は近場なら1000Kが相場

ターズィの歩き方 Exploring

ターズィ駅は、鉄道とハイウエイの交差点の少し北にある。駅前の広場から駅を背に左へ道なりに10分ほど歩いていくと大通りに突き当たる。町の中心はその丁字路周辺。食堂や喫茶店、商店が集まっている。

ターズィのホテル HOTEL

H ムーンライト・ゲストハウス
Moon Light Guest House　MAP P.236

住 Near Post Office, Main Rd., 5th Qtr.
☎ (064) 2069056、09-2225-081
E myohtun1971@gmail.com
料 FAN Ⓢ8000K Ⓣ1万5000K(トイレ、シャワー共同) AC Ⓢ2万K Ⓣ3万K
CC なし 室 14室

鉄道駅から徒歩約10分。レストランを利用すれば、日中は乗り物の待ち時間にホットシャワーの利用が無料。車チャーターの手配も可。

シャン文化が強く感じられる山あいの町

チャイントォン

Kyaingtong ကျိုင်းတုံ

チャイントォン
ネーピードー
ヤンゴン

ナウントゥン湖とワット・ジョンカムの仏塔

シャン州東部、なだらかに広がる山岳地帯の中にチャイントォンはある。人口の8割をシャン系のクン族が占め、文化的にはタイ北部のラーンナー圏に近い。小さな湖を中心に広がる盆地状の土地には木々の緑と低い家並みが連なり、そこかしこに仏教寺院が点在している。標高が787mあるので、朝晩は涼しく快適だ。タイとの国境の町タチレイから約160kmと比較的近く、陸路も開放されているため、訪れる外国人旅行者はタイからがほとんど。タチレイからチャイントォンまでの道路はときに川沿い、ときに山中を縫って走り、車窓に広がる水田や木々の緑が美しい。タチレイ以外のミャンマー国内の町からは、外国人はバスなどの陸路は利用できず、空路でしか訪れることができない。

チャイントォン
Kyaingtong

N
ノンパー門 Naung Pha Gate
Mai Yang Rd.
古い城壁
Airport Rd.
空港
ノンカム湖 Naung Kham Lake
Wat In
Wat Jon Mangla
Wat Naung Kham
ワット・ジョンカム Wat Jong Kham
Wat Chiang Ing
ナウントゥン湖 Naung Tung Lake
Wat Chiang Ying
Amazing Keng Tong Resort
マハーミャットムニ Maha Myat Muni (Wat Pha Jao Lung)
Wat Ho Kong
カフェ21 Cafe 21 ▶P.238
Shwe Yae Kan
Golden Banyan
スタジアム
藩王の墓
Zay Tan Gyi St.
Keng Lam Rd.
パレーン門 Paleng Gate
Sam Lao
独立記念碑
Barami Motel
Wat Ahsoke
Lucky Tea & Cold Drink
タウンヂー（外国人は陸路での移動は不可）
信号のある交差点
7 Star（乗合タクシー）
プリンセス・ホテル▶P.238 Princess Hotel
Zaydankalay Rd.
Kyaine Nyan 2 Rd.
ノンヤン湖 Naung Yang Lake
Wat Chiang Khom
マーケット Central Market
▶P.238 ラウ・イー・チャン・ホテル Law Yee Chaing Hotel
ワット・パータートジョムモン Wat Pha That Jom Mon
0 100 200m
↓タチレイ、メーサーイ

チャイントォンへの行き方 ACCESS

◆ヤンゴンから

✈ヤンゴン航空が水・金・日曜の週3便、マンダレー経由で所要約2時間30分、US$155～。

◆タチレイから

🚌チャイントォン行きのバスをSam Lao (☎(084) 51898)、Shwe Yae Kan (☎(084) 22746) など数社が運行している。各バス会社から8:00～11:00の間に1～2便運行。所要約4時間30分～5時間、1万2000K。外国人は特別な書類の用意が必要なので（バス会社が代行してくれる）、希望する出発時間の1時間以上前に乗り場に行くこと。

🚗乗合タクシーも数社あり、だいたい6:00～17:00の間客が集まり次第出発、所要約4時間、6万5000K。希望の場所まで送ってもらえる。ホテルなどに依頼すれば予約も可能。

タイ側から来ると町の入口となるパレーン門

チャイントォンの歩き方 Exploring

町なかには仏教寺院が多数点在しており、町を見下ろす丘の上にも、いくつか寺院がある。小さな町だが高低差があり坂が多いので、寺院巡りはバイクタクシーを利用すると便利。町なかなら1回300～500K程度で利用できる。

朝は近隣の少数民族も集まるマーケットを見物し、昼間はバイクタクシーで寺院を巡る。夜はノントゥン湖岸沿いの道を散歩しながら、途中に何軒もある喫茶店でひと休みしよう。

少数民族の装飾も売られるマーケット

チャイントォンのホテル
HOTEL

藩王の屋敷を取り壊した跡地のリゾートホテルなど高級ホテルが2軒、中級ホテルやバックパッカー向けのゲストハウスが数軒ある。

H プリンセス・ホテル
Princess Hotel MAP P.237

住21, Zaydankalay Rd. ☎(084) 21319、22159、09-5252-366 FAX(084) 21159
E kengtung@mail44com.mm
料AC Ⓢ Ⓣ US$50～60 CC M V 室19室

パレーン門から市街へ入りすぐ南にある、小規模で家庭的な雰囲気の手頃なホテル。全室エアコン、ミニバー、衛星チャンネル付きテレビがある。ダイニングは地下。

H ラウ・イー・チャン・ホテル
Law Yee Chaing Hotel MAP P.237

住9, Kyaine Nyan 2 Rd.
☎(084) 21114 FAX(084) 23219
E hotelktg.lyc@gmail.com
料AC Ⓢ US$30～ Ⓣ US$40～ CC なし 室20室

客室は天井の高い造りで居心地がよい。ホットシャワー。Wi-Fiとビジネスセンターのインターネット利用無料。

チャイントォンのレストラン
RESTAURANT

R カフェ21
Cafe 21 MAP P.237

住19, Zay Tan Gyi St. ☎(084) 21952
営10:00～22:00 休なし CC なし

おしゃれなカフェレストラン。コーヒー各種、ビルマ料理のほか、パスタやサンドイッチなど洋食も食べられる。

タイからのほうが行きやすい国境の町
タチレイ
Tachileik တာချီလိတ်

タイの北の果てにあるメーサーイと向かい合う町タチレイ。国境の川に架かる橋を渡って、毎日大勢のミャンマー人がタイ側へ出稼ぎに出かけ、やはり大勢のタイ人やその他外国人旅行者が観光や買い物に訪れる。細い川を隔てただけで言葉や習慣などががらりと変わる国境の不思議さを味わおう。

タイ側からこの橋を渡るとミャンマー

タチレイへの行き方 ACCESS

◆ヤンゴンから
✈ヤンゴン航空が毎日1便、ヘーホーまたはマンダレー経由で所要2時間25分、US$164。欠航、変更も多いので要確認。

◆マンダレーから
✈エア・バガンが月・水・金・土曜の週4便、所要1時間10分、US$139。

◆メーサーイ（タイ）から
2020年1月現在、観光目的ならミャンマーへビザなしで入国できる。ただしタチレイから陸路で移動できるのはチャイントォン(→P.237)まで。ヤンゴンやマンダレーなどへは空路しか利用できない。メーサーイへ戻る場合、ビザなしでタイへ陸路入国できるのは1暦年に2回までなので注意。

タチレイの歩き方 Exploring

国境の橋を渡り、ゲートをくぐると橋の右側に階段がある。そこを下りるとマーケットになっており、中国産の漢方薬や日用雑貨、海賊版の映画や音楽、ゲームソフト、偽バイアグラなどが売られている。駅弁売りのように籠を首から下げた物売りが押し寄せてくるので、落ち着いて歩いていられないかもしれない。ゲートのすぐ外には三輪タクシーのドライバーが大勢待ち受けており、1時間200バーツ（1バーツは約3.5円）程度で市内観光を持ちかけてくる。市内のおもな寺院やショップなどを回ってくれるので、まずこれを利用して町の概要をつかむのもいいだろう。

橋を渡りきるとロータリーになっており、その中央には「CITY OF THE GOLDEN TRIANGLE」の看板が出ている。このロータリーから左右に延びているほこりっぽい通りがメインストリート。橋を背に左よりも右へ行ったほうがにぎやかで、ショップ、レストラン、カラオケ店、ホテルが並んでいる。

町を見下ろすシュエダゴォン・パヤー

町の外れにそびえる丘の上には、ヤンゴンのシュエダゴォン・パヤーを模して建てられたその名もシュエダゴォン・パヤーがあり、広々とした境内からタチレイと、その向こうに続くタイ側のメーサーイを眺めることができる。

Information

国境を通過できる時間
イミグレーションが開いているのはタイ側毎日6:30～21:00、ミャンマー側毎日6:00～20:30（両国の間には30分時差があるので、実質的には同じ時間）。

タイの通貨が通用
タチレイではタイの通貨バーツが使える。

町の中心になるロータリー

旅のヒント Hints

パヤー（パゴダ、仏塔）や寺院にお参り

ミャンマーに来たらパヤーを訪れたい

ミャンマー国内で外国人が自由に旅行できるエリアは、仏教徒が多数派を占める地域が多い。ミャンマーの人々は概して信仰にあつく、パヤー（パゴダ、仏塔）や寺院はとても大切にされている。仏塔や寺院を訪れることで、ミャンマーという国に暮らす人々の一面を垣間見ることができるだろう。

パヤーや寺院を訪れてみよう

どんな町にも中心となるような立派なパヤーや寺院があり、それ以外にも中小のパヤーや寺院が点在している。まずはその町で最も大きなパヤーや、代表的な寺院に行ってみよう。一般にパヤーや寺院は早朝5:00頃から夜は21:00頃まで開いている。出入口は1ヵ所の所もあるが、大きなパヤーは東西南北の四方から出入りできる。境内に入る際は履き物と靴下は脱いで完全な裸足になる必要がある。履き物は出入口にある預かり所で預かってもらうことができる。もしも別の出入口から出ようと思った場合に不便なので、袋を持参して持ち歩いたほうがいい。預けた履き物を受け取る際は、50～100K程度の心づけを渡すか、近くにある賽銭箱に入れよう。

ミャンマー人憧れの地でもあるヤンゴンのシュエダゴォン・パヤー

境内の様子

ヤンゴンのシュエダゴォン・パヤー（→P.46）やピイのシュエサンドー・パヤー（→P.107）のように丘の上に立っている場合、参道は屋根に覆われた階段になっており、両側にはお供えやおみやげ物、仏像や仏具を売る店や、占い師の小屋などが並んでいて、それらを眺めて歩くだけでも興味深い。朝の6:00～7:00頃は、人々が境内に水をまき、ほうきやモップで掃除をしている。これはそのあとお参りに来る人々が気分よく過ごせるようにとの心遣いだ。掃除が終わる頃になると参拝者が次々に訪れ、生まれ曜日の仏像（→P.24）に水をかけ、仏前に花を供え、ろうそくや線香を立ててお参りする。お供え物にはおのおの意味があり、水をかければかけるほど人生が平和に満ち、花やろうそく、線香を供えればそれぞれ美と賢さ、名声とが手に入るとされている。

町のそこかしこにある小さな祠にも大切に仏像が祀られている

仏像や聖者の像が並ぶ境内

パヤー内部には仏舎利や法舎利のほか、さまざまな印を結んだ仏像、各曜日の仏像、またパヤーによっては民間伝承に由来する聖者の像などがあり、人々は自分が信仰する仏像、好みの仏像にお参りする。

日本で一般的な仏像は、後光を表す円形や楕円形の板状をした、光背と呼ばれる装飾が背部に施されている。ミャンマーの仏像にも光背はあり、しかもLEDなどを使って実際にピカピカと光っているのがおもしろい。まるで仏教テーマパークにでも迷い込んだようで、外国人の目には興味深く映る。日本の侘び寂びとは異なり、ありがたい仏様はできるだけ華やかで美しくあってほしいと思うミャンマーの人々の気持ちが、あのような装飾に具現している。装置一式から電気代まで寄進でまかなわれているのも仏教国らしい。

静かに過ごすひとときを楽しむ

パヤーや寺院の境内にある仏像は、小さな建物に納められたものもある。そんな建物内では、仏像の前に座り、静かに瞑想にふける人を見ることもできる。あるいは屋根のある東屋や祠で友人知己と車座になって会話を楽しんだり、どこか遠くから来て疲れたのか横になって休んでいる人の姿もある。気温も湿度も高い灼熱のミャンマーは、あくせく回るのは似合わない。パヤーに集うミャンマーの人たちにならって、ゆっくりのんびり旅をしてみよう。

TRAVEL INFORMATION
ミャンマー旅の技術

旅の情報収集………… 242
旅のモデルプラン …… 243
旅の予算……………… 246
気候と旅の服装 ……… 249
パスポートとビザ …… 253
通貨、両替、
クレジットカード …… 255
渡航手段の手配……… 256
入国と出国の手続き … 258
飛行機の旅…………… 262
鉄道の旅……………… 264
バスの旅……………… 266
船の旅………………… 267
ホテル………………… 268
食事…………………… 270
マナー、習慣 ……… 273
通信事情 インターネット、
電話、郵便 ………… 274
旅のトラブルと安全対策… 276
ミャンマー史略年表 … 279
旅の会話……………… 281

ピンダヤの傘工房（→P.233）

旅の情報収集

日本で情報収集
株式会社セントラルパーク トラベルズ アンド カフェ
住〒270-0152 千葉県流山市前平井62 セントラル ルオウ1階
☎(04) 7157-8008
URL www.centralpark-travels.com
株式会社ユーラシア旅行社
住〒102-8642 東京都千代田区平河町2-7-4 砂防会館別館4F
☎(03) 3265-1691
Free 0120-287593
URL www.eurasia.co.jp

現地で情報収集
ホテル観光省案内所
Ministry of Hotels & Tourism
MAP P.33-C3
住118, Maha Bandoola Park St.
☎(01) 252859
URL www.myanmartourism.org
開9:00～17:00 休なし
ウェブサイトの情報は豊富。
サネイ・トラベル&ツアーズ
MAP P.33-C2
URL www.yangonow.com/jpn
日本語が通じスタッフも親切。
ミャンマーP.L.Gトラベル&ツアーズ
MAP P.32-B2
URL www.myanmarplg.com
現地発着ツアーや国内線航空券なども手配可能。
ミャンマー・コンパス・ツアーズ
MAP P.32-B3
URL www.compasstours.jp
E thanhlaing@compasstours.jp
25年の実績があり、各種ツアーの手配が可能。
キンキントラベル&ツアー
Khin Khin Travel & Tour
MAP P.35-D1
URL www.khinkhintravel.org
ホテルやタクシー、国内ツアーなど各種手配ならおまかせ。

日本で情報収集

日本国内にミャンマーの公的な観光案内所はなく、旅行会社に簡単なパンフレットがある程度。旅行にかぎらずとにかくどんな資料でも欲しいという場合は、各種出版されているミャンマー関連の書籍を入手するぐらいしか方法はない。

現地で情報収集

ヤンゴンやバガンなどでは旅行者向けのフリーペーパーやフリーマップが各種発行されており、最新のショップやレストラン情報は役に立つ。空港やホテルのフロント、レストランなどに置かれているので、ぜひ入手しよう。特にヤンゴンで発行されている無料地図の『ヤンゴンなびマップ』(月刊)は便利。

ミャンマー国内主要都市にはホテル観光省の案内所があり、外国人旅行者向け観光案内業務を行っているが、資料は品切れのことが多くあまり役に立たない。見どころなどの情報は、ホテルやゲストハウスのスタッフのほうが詳しいぐらい。

インターネットで情報収集

ミャンマー国内にある旅行会社や、ミャンマーが大好きな個人が詳しい情報をウェブサイトで発信しているので、出かける前に目を通してみよう。何かしら役に立つ情報が見つかるし、ミャンマーについても詳しくなれる。

ヤンゴンナウ～ミャンマー現地情報(日本語)
URL www.yangonow.com

ミャンマーにある日本人経営の旅行会社サネイ・トラベル&ツアーズのウェブサイト。ミャンマーの文化や旅行情報など、最新の情報が盛りだくさん。コラムや連載記事など、読み応えのあるコンテンツが並ぶ。

みゃんNAVI(日本語)
URL myanmar-navi.com

最新のレストランやショップ、マッサージ店情報を掲載。

ヤンゴンなび(日本語)
FB Yangon Navi - ヤンゴンなび

ヤンゴンのレストランやショップに関する最新情報が随時アップされるので、出発前にチェックしよう。

旅のヒント Hints

日本語フリーペーパーや観光地図で情報収集

凄まじい勢いで変化していくヤンゴン。在住日本人も増え、日本人向けのフリーペーパーも各種発行されている。ホテルのロビーや日本料理店などに置かれているので、見かけたらもらっておこう。

無料の地図では、月刊の『ヤンゴンなびマップ』が便利。レストランやカフェ、ショップ、ホテルなどがポイントされている。主要通り名にはビルマ語が併記されており、タクシーを利用したり道を尋ねたりする際などに助かる。

旅のモデルプラン

ミャンマー旅行モデルプラン

かぎられた日程で効率よく旅行するためには、ある程度のプラン作りが旅の準備には欠かせない。ここでは編集部おすすめのプランを3つ紹介してみるので、これを参考に自分のスケジュールに合わせたプランを作ってみよう。

渡航先で最新の安全情報を確認できる「たびレジ」に登録しよう

外務省の提供する「たびレジ」に登録すれば、渡航先の安全情報メールや緊急連絡を無料で受け取ることができる。出発前にぜひ登録しよう。
URL www.ezairyu.mofa.go.jp/tabireg

プラン1：1週間で主要な見どころを回る

旅程 ヤンゴン⇨バガン⇨インレー湖⇨ヤンゴン
1日目 ヤンゴン着
2日目 ヤンゴン観光、夜行バスでバガンへ
3日目 バガン観光
4日目 飛行機もしくはバスでインレー湖へ
5日目 インレー湖観光
6日目 飛行機でヤンゴンへ移動
7日目 ヤンゴン発

かぎられた日程で見どころを回るなら、ヤンゴン以外にはバガンとインレー湖がおすすめ。さらに余裕があればマンダレーに足を延ばしてみよう。これよりも短い旅程しか取れない場合は、バガンかインレー湖のどちらかを外し、ヤンゴンと単純往復すればいい。初めてミャンマーへ行く人におすすめの基本プラン。

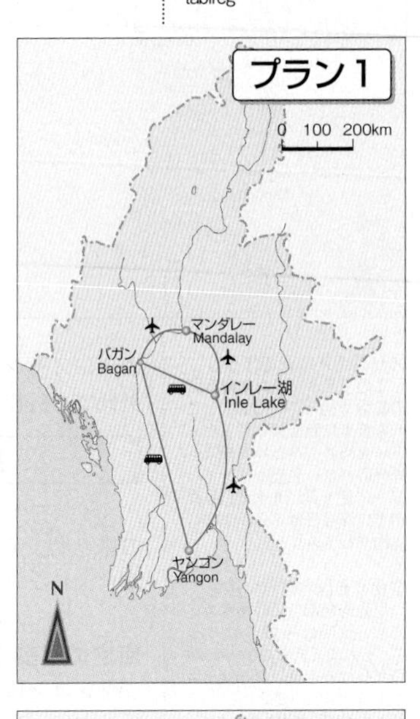

プラン2：この国ならではの旅情を体験

旅程 ヤンゴン⇨マンダレー⇨バガン⇨ヤンゴン
1日目 ヤンゴン着
2日目 ヤンゴン観光
3日目 鉄道でマンダレーへ移動
4日目 マンダレー観光
5日目 エーヤワディー川を下ってバガンへ
6日目 バガン観光
7日目 飛行機でヤンゴンへ移動
8日目 ヤンゴン発

大河を船で下るという、ミャンマーならではの移動方法を組み込んだ旅程。単純にマンダレーとバガンを回るだけならどちらを先にしてもいいのだが、川下りをするためにマンダレーを先にした。飛行機を利用する場合は、ヤンゴン→バガン→マンダレーの順にしたほうが効率がいい。

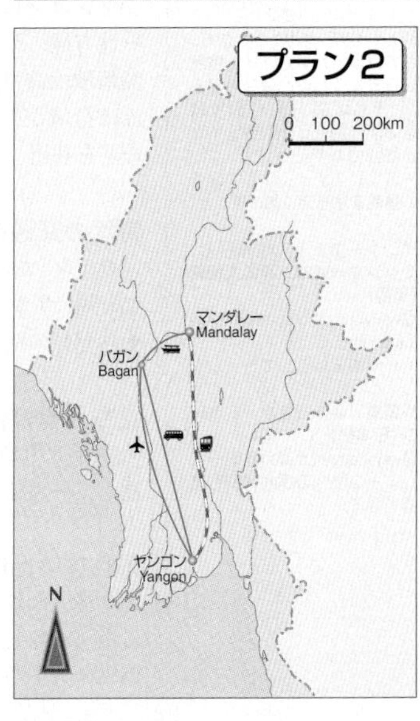

プラン3：ミャンマーをめいっぱい満喫

旅程 ヤンゴン⇨バガン⇨マンダレー⇨インレー湖⇨ヤンゴン

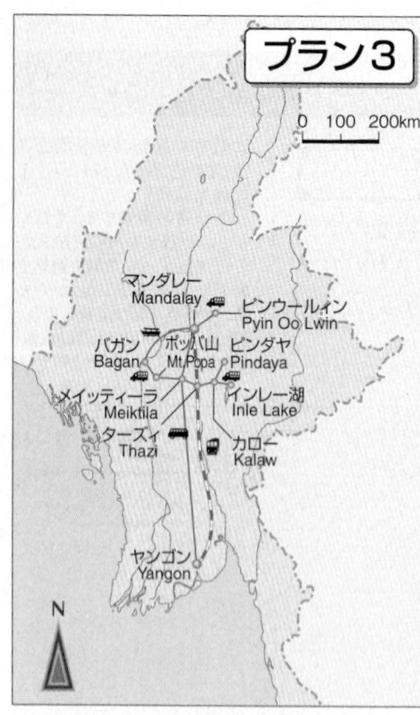

1日目 ヤンゴン着
2日目 ヤンゴン観光、夜行バスでバガンへ
3日目 バガン観光
4日目 バガン観光
5日目 バスでマンダレーへ。午後到着
6日目 マンダレー観光
7日目 ピンウールィン日帰り観光
8日目 バスでインレー湖巡りの拠点となる湖畔の町ニャウンシュエへ
9日目 インレー湖巡り
10日目 カロー、ピンダヤ観光
11日目 インレー湖郊外のヘーホーから飛行機でヤンゴンへ
12日目 バゴー日帰り観光
13日目 ヤンゴン観光
14日目 ヤンゴン観光
15日目 ヤンゴン発

ミャンマーの基本的な観光ポイントを余すところなく回ってしまう欲張りなプランがこれ。このようにミャンマーのおもな見どころをひと通り回ろうと思うと、最低でも2週間は必要になる。

開放地域と非開放地域に注意

ミャンマー国内は外国人旅行者が自由に移動できる地域、特定の乗り物でのみ移動できる地域、立ち入るのに許可が必要な地域、入れない地域の4種に分けられる（→MAP P.245）。

自由に移動できる地域

ヤンゴン地方域、バゴー地方域、マグェ地方域、エーヤワディー地方域、ヤカイン州、マンダレー地方域（ネーピードー周辺の一部地域は許可が必要、モゴックは2020年1月現在不可）。これらはほぼ全域が外国人に開放されていて、公共の交通機関やタクシーなどを利用して自由に移動できる。

特定の交通機関でのみ移動できる地域

カイン（カレン）州、タニンダーリ地方域、モン州、シャン州、カヤー州、ザガイン地方域、チン州。域内主要都市は開放されており、それぞれの都市まで許可された交通機関で行くことができる。

立ち入るのに許可が必要な地域

カチン州の4都市以外。カチン州内でも事前に旅行会社などを通して許可を取れば、入れる場所がある。

入れない地域

全域入れない州や地方域はなく、部分的に入域が禁止されている場所がほとんど。公共の交通機関が少ないため物理的に行けない場所もあるし、車をチャーターしても途中に検問がある。

オリジナルの旅を作ろう
このモデルプランは最低限の日数で組んであるので、これを参考に新首都のネーピードーを訪れてみたりヤンゴン郊外のバゴーやチャイティーヨーに足を延ばすなど、各都市での滞在日数を好みに応じて増やしてみよう。

変化する国内情勢に注意
反政府組織の活動が収まったり、政府と停戦したりして、それまで行けなかった場所が行けるようになるケースがある。情勢の変化によって新しい場所が開放されたり、あるいはそれまで行けた場所が行けなくなるケースもあるが、それは運しだい。開放政策の反作用として宗教紛争なども発生しているので、ニュースなどをチェックして最新の情報を注意深く集めること。

インターネットで情報収集
ミャンマー連邦共和国大使館（英語）
URL www.myanmar-embassy-tokyo.net
ビザ情報はここでチェックしよう。
外務省、海外安全ホームページ（日本語）
URL www.anzen.mofa.go.jp
ミャンマーの国内情勢を確認できる。

注：2020年1月現在、一部少数民族組織との紛争激化やヤカイン難民問題などにともない、訪問許可の出ない地域が増えているので注意。

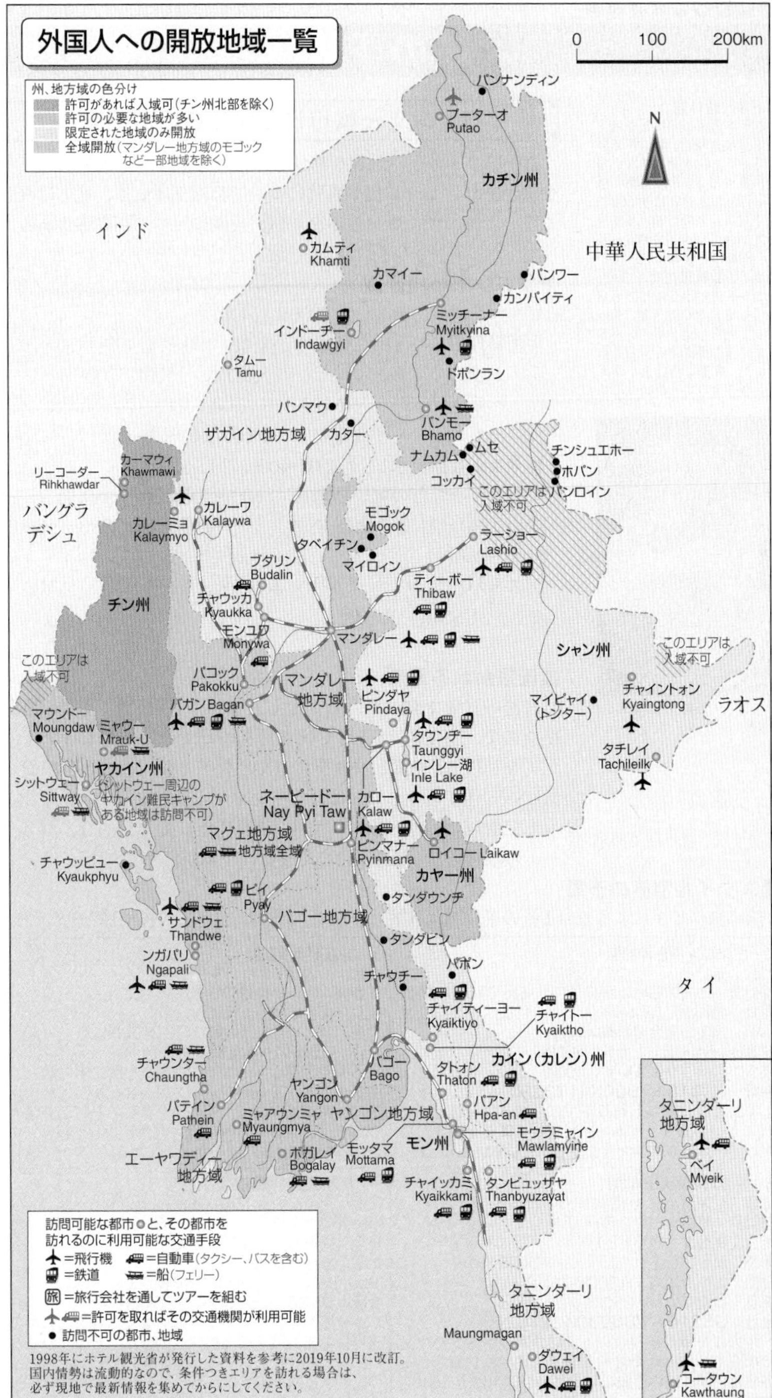
外国人への開放地域一覧
州、地方域の色分け
許可があれば入域可(チン州北部を除く)
許可の必要な地域が多い
限定された地域のみ開放
全域開放(マンダレー地方域のモゴックなど一部地域を除く)
0 100 200km
N
インド
中華人民共和国
バングラデシュ
ラオス
タイ
カチン州
チン州
ザガイン地方域
シャン州
マンダレー地方域
ヤカイン州
マグェ地方域
カヤー州
バゴー地方域
ヤンゴン地方域
エーヤワディー地方域
カイン(カレン)州
モン州
タニンダーリ地方域
パンナンディン
プータオ Putao
カムティ Khamti
カマイー
パンワー
カンパイティ
ミッチーナー Myitkyina
インドーチー Indawgyi
タムー Tamu
ドポンラン
パンマウ
バンモー Bhamo
カター
ムセ
ナムカム
コッカイ
チンシュエホー
ホパン
このエリアはパンロインン入域不可
リーコーダー Rihkhawdar
カーマウィ Khawmawi
カレーミョ Kalaymyo
カレーワ Kalaywa
モゴック Mogok
タベイチン
マイロィン
ラーショー Lashio
ブダリン Budalin
チャウッカ Kyaukka
ティーボー Thibaw
モンユワ Monywa
マンダレー
このエリアは入域不可
パコック Pakokku
バガン Bagan
ピンダヤ Pindaya
マイピャイ(トンター)
チャイントォン Kyaingtong
マウンドー Moungdaw
ミャウー Mrauk-U
タウンヂー Taunggyi
インレー湖 Inle Lake
タチレイ Tachileik
シットウェー Sittway
(シットウェー周辺のヤカイン難民キャンプがある地域は訪問不可)
ネーピードー Nay Pyi Taw
カロー Kalaw
地方域全域
ピンマナー Pyinmana
ロイコー Laikaw
チャウッピュー Kyaukphyu
ピィ Pyay
タンダウンヂ
サンドウェ Thandwe
タンダビン
ンガパリ Ngapali
パポン
チャウチー
チャイティーヨー Kyaiktiyo
チャイトー Kyaiktho
チャウンター Chaungtha
バゴー Bago
タトォン Thaton
ヤンゴン Yangon
パテイン Pathein
パアン Hpa-an
ミャアウンミャ Myaungmya
モウラミャイン Mawlamyine
ボガレイ Bogalay
モッタマ Mottama
チャイッカミ Kyaikkami
タンビュッザヤ Thanbyuzayat
ベイ Myeik
Maungmagan
ダウェイ Dawei
コータウン Kawthaung
訪問可能な都市◎と、その都市を訪れるのに利用可能な交通手段
=飛行機 =自動車(タクシー、バスを含む)
=鉄道 =船(フェリー)
旅=旅行会社を通してツアーを組む
=許可を取ればその交通機関が利用可能
● 訪問不可の都市、地域
1998年にホテル観光省が発行した資料を参考に2019年10月に改訂。
国内情勢は流動的なので、条件つきエリアを訪れる場合は、必ず現地で最新情報を集めてからにしてください。

旅の予算

米ドルの使い方

ホテルの宿泊料などを米ドルで支払う場合、おつりで戻ってくるお札が新札でない場合が多々ある。その紙幣に折れや汚れがあるとほかの所で使えない。そのため、おつりがないように1ドルや5ドルの小額紙幣を多めに持っていこう。小額紙幣がなくなり、おつりを古い米ドル札でもらわざるをえないときは、チャットでもらうといい。レートにより多少損をするかもしれないが、貴重な所持金が使えなくなるよりずっといい。

YKKO（→P.64）の麺は5000K程度

ミャンマー旅行にかかる費用の目安

2019年9月時点のおもな物価は以下のとおり。地域によって多少差があり、ホテル代や食費について都市部は高く、地方は概して安い。特にヤンゴンのホテルは、設備に比べて割高感がある。

ヤンゴンでの物価例

・ビルマ料理店でカレー：3000K（240円）～
・中国料理店でひと皿ご飯ものか麺類：3000K（240円）～
・レストランでミャンマービール大瓶1本：2500K（200円）～
・路上喫茶店でコーヒーや紅茶1杯：300～500K（24～40円）
・カフェでコーヒーや紅茶1杯：3000K（240円）～
・ボトル入り飲料水1本：250～400K（20～32円）
・モヒンガーなどの軽い麺類1杯：600～1000K（48～80円）
・歩いて30分程度の距離をタクシー利用：最低2000～3000K（160～240円）
・ゲストハウスのシングルルーム（バス、トイレ付き、エアコンなし）：US$15～20程度

最低限かかる費用

普通の食堂で食べるしっかりした食事が1回最低でも3000K程度なので、1泊US$15程度で朝食付きのそこそこ快適なゲストハウスを利用し、昼食と夕食をちゃんと食べても、交通費別で1日最低US$30程度用意しておけばミャンマーを旅行することは可能。

上記費用に日本国内での費用（出発空港までの交通費、パスポートの取得費用、航空券）を足せば、予算が算出できる。

■スタイル別旅の予算

旅のスタイルによるおおよその予算例は以下のとおり。US$1＝110円、1K＝0.08円で計算。

1）ヤンゴン滞在節約型	2）地方都市滞在型
宿代：安いゲストハウスUS$10 移動費：市内の移動に路線バス4～5回で1500K程度 昼食：麺類など1500K 休憩：路上の屋台でお茶400K 夕食：レストランでカレー4000K 夜食：スナックの買い食い500K **合計：US$10＋7900K（1732円）** ヤンゴンに滞在し毎日ぶらぶらするなら最低でこれぐらいの費用がかかる。ビジネス需要が高まり中級以上のホテル代が大きく値上がりしているのが難。	宿代：手頃な中級ホテルUS$30 移動費：町なか移動にサイカー500K 昼食：屋台で麺類など800K 夕食：レストランで中国料理ひと皿3000K **合計：US$30＋4300K（3644円）** そもそも高級ホテルが少なく、設備のととのった中級ホテルが多いので、ヤンゴンに比べると地方の宿代は割安感がある。郊外の見どころなどを見学する場合、公共の乗り物利用は不便なことが多く、タクシーなどのチャーターが必要になる。
3）地方周遊費用節約型 宿代：ゲストハウスUS$15 移動費：都市間のバス移動1万K 昼食：屋台で麺類など800K 休憩：屋台でサトウキビジュース300K 休憩：おやつに肉まん300K 夕食：食堂でカレー2500K **合計：US$15＋1万3900K（2762円）** 地方にあるシャワー、トイレ共同のゲストハウスに宿泊し、食事は屋台や食堂で済ませれば費用はこの程度。都市間の移動には公共のバスや鉄道を利用。体力の消耗に注意が必要。	**4）地方周遊時間節約型** 宿代：手頃な中級ホテルUS$30 移動費：タクシーチャーター1日US$50 昼食：街道沿いの食堂で2500K 休憩：屋台でお茶200K 夕食：レストランでビルマ料理3000K **合計：US$80＋5700K（9256円）** かぎられた日程で多くの地方を回る場合、公共の交通機関を利用すると時間がかかる。そのためタクシーなどのチャーターが必要。車代のほか、運転手の食費なども負担する必要があるので費用がかさむ。宿で仲間をつのって安く上げよう。

旅のヒント Hints

人気の嗜好品ラペッ・ソーとキンマ

食べるお茶ラペッ・ソー

お茶といえば普通は飲むもの。ミャンマーでもお茶は一般的によく飲まれている。喫茶店ではテーブルの上にポットに入ったお茶が置かれていて、コーヒーや紅茶を注文したらお茶はサービスで飲み放題。お茶を飲みながら長居していても文句は言われない。そんなお茶の国ミャンマーでは、飲み物だけでなく食べるお茶もある。ラペッ・ソーと呼ばれる、発酵させた茶葉だ。飲用するよりも前からある、古い形の茶の利用法と考えられている。

ラペッ・ソーは、茶葉を蒸してから（加熱処理）目張りをした竹籠や穴の中にぎっしりと詰め込み（嫌気状態を作り出す）、自然発酵させて作る。茶の漬物のようなもので、3〜4ヵ月で食べられるようになるという。こうしてできあがった茶葉は一見するとお茶の出し殻。それだけで食べるのではなく、油であえ、揚げニンニク、干しエビ、乾燥させた各種の豆などを添え、好みで混ぜ合わせる。おやつになればおかずにもなり、さらにはお茶うけとしても用いられる、万能のスナックだ。眠気覚ましにもなるという。町なかの喫茶店などにはたいてい置かれているので、ぜひ注文してみよう。お茶の渋味と油や薬味のうま味が調和して、独特のおいしさがある。ラペッ・ソーに各種薬味や野菜などを混ぜたおかずがラペッ・トウッとなる。これはミャンマーの家庭におけるごく一般的なご飯のおかずで、配合はまさにミャンマー人にとってのおふくろの味。

ラペッ・ソーが薬味とセットになるとラペッ・トウッ

かむ嗜好品キンマ

ミャンマーの通りを歩いていると、ときどき真っ赤な血を吐いた跡のようなものがあって、知らない人は驚く。これはキンマをかんだ人が、口の中にたまった唾液を吐いた跡だ。

キンマとはコショウ科の植物で、手のひらほどの大きさで濃い緑色をしたこの葉に石灰を塗り、ビンロウの実（ベテル・ナッツ）の胚乳部分を包んで丸めたものを口に入れ、ガムのようにかむ。東南アジア各地に見られるこの習慣は、ベテル・チューイングと呼ばれている。ミャンマーでも町のあちらこちらで売られており、台の上に木の葉が並べられ、石灰の入った白い壺が置いてあるのですぐにそれとわかる。たばこ屋を兼業しているケースも多い。

配合には個人の好みが強く反映され、たばこの葉を入れたり、カルダモンなどのスパイスや砂糖を入れる人もいる。そのため既成品は少なく、また新鮮なものが好まれるので、屋台でできたてを購入するのがほとんどらしい。かんでいると清涼感があり、舌が麻痺するような不思議な感覚にとらわれる。しかし含有物の作用で唾液が赤く染まり、それを路上に吐く行為が最近ではあまり受け入れられず、また常用すると歯も赤黒く染まるため、若い人の間でキンマを嗜む人は減っている。

廃れてきてはいるものの伝統的な嗜好品なので、博物館などに行くと漆細工や銀細工の見事な工芸品のようなキンマ入れを見ることができる。

キンマの葉の内側に水で溶いた石灰を塗る

包む中身はおまかせでもいいし、こだわりがある人は細かく注文する

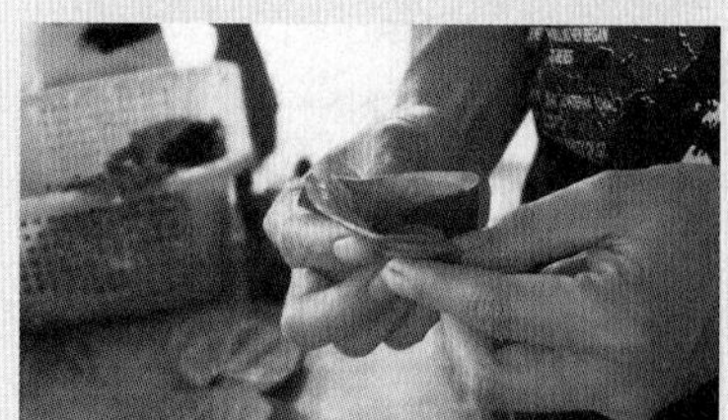

きれいにまるめて団子状になったら完成。一度に数個作ってもらい小さなビニール袋に入れて持ち歩く

気候と旅の服装

ミャンマーの気候の特徴

南北に細長い国土をもつミャンマーは、北部が温帯、中部と南部が熱帯に属している。北部山岳地帯を除いて、全体的に高温多湿な気候だ。特にマンダレーを中心とした内陸部は、暑季になると気温はぐんと上昇し、夜になっても下がらず耐え難いほど。一方、シャン州の高原地帯では乾季になると朝晩かなり厳しく冷えることもあり、この地方では年間平均気温の最高と最低の差より、1日の最高気温と最低気温の差のほうが大きいこともある。日本の1.8倍と広大な国土をもつだけあって、ミャンマー全土を見ると地域によって気候は多彩だ。

現在旅行者が訪れることができるのは、ほとんどが暑くて雨季の雨量が極端に多い地域。ミャンマーでは、暑さや雨といかに上手に付き合うかが、旅を楽しむカギになる。

まぶしく輝くシュエダゴォン・パヤーの仏塔

ミャンマーの季節、シーズン

他の東南アジア諸国同様、ミャンマーの1年は比較的はっきり3つの季節に分かれており、一般的に雨季、乾季、暑季と呼ばれている。

雨季（5月下旬〜10月中旬）

1年の半分を占めるこの季節は、国中が湿気に包まれる。もちろん晴れることはあるものの、だいたい毎日どんよりとした曇り空が続き、ときどき雨が降る。天気予報で言う「曇りときどき雨」がずっと続く感じだ。そしてときにはバケツをひっくり返したような強い雨が、1〜2時間ほど降り続くこともある。この雨はそ

暑季の強烈な日差しは南国ならでは

■東京、ヤンゴン、バガンの月別気候データ比較

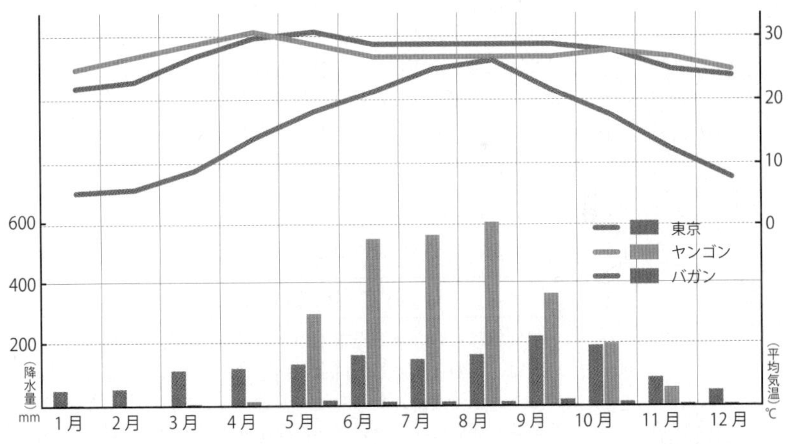

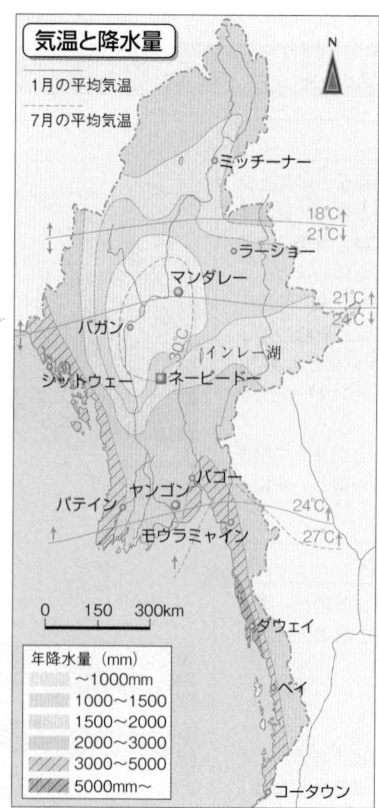

雨季は果物が豊富に出回る時期でもある

れは激しく、傘は役に立たない。道路は川や湖と化し、そこを車がスピードを落とさずに行き来する。強い雨が降り出したら町歩きはあきらめ、さっさと近くの喫茶店にでも避難するのが賢明だ。

つらいのは、ピックアップなど屋根や覆いのない乗り物に乗っている場合。たいてい降られ放題で、車体の両側に雨よけのビニールシートを下ろすこともあるが、隙間から水滴が容赦なく吹き込んでくる。雨具がなければ諦めてずぶぬれになるしかない。

高い湿度さえ我慢すれば、気温が暑季ほど上がらないので、雨の合間を上手にぬえばそこそこ町歩きはできる。ただし増水のために交通機関が寸断され、都市間の移動が難しくなる可能性もある。

乾季（10月下旬〜2月）

最も快適な時期。だいたい日本の初夏のような気候で、気温は上がるものの空気が乾燥しているので過ごしやすい。インレー湖周辺やピンウールィンなどの高原地帯では、朝晩には肌寒さを感じるほど。この時期にシャン州などの東北部や北部を訪れるなら、長袖の上着を1枚持参しよう。

暑季（3月〜5月中旬）

過ごしやすくて快適な乾季が終わると、雨季に向かって気温と湿度がぐんぐん上昇していく。特に4〜5月の暑さはたいへん厳しい。町を普通に歩けるのはせいぜい正午頃まで。それからは夕方若干涼しくなるまで、暑くて何もする気になれないほど。

生まれてからずっとこの暑さと付き合っているミャンマーの人たちは、午後になると日陰や仏塔、寺院の境内で昼寝をしたりおしゃべりに興じたりして、あまり歩き回ったりはしない。酷暑の時間帯に外をうろうろしているのは外国人旅行者で、地元の人は移動するにもできるだけ乗り物を使い、体力の消耗を防いでいる。小さな町は、強い日差しのなかで町全体が眠ってしまっているような、まどろむような雰囲気に包まれる。

おすすめ旅行シーズン

単純に最もいい季節を選ぶのなら乾季になるが、極端なことをいえば、苛烈な日差しが黄金の仏塔に照りつける暑季と、本降りになると濃密な湿気が立ち込めて息苦しささえ感じる雨季の両方を体験しないと、ミャンマーの姿は見えてこない。暑さに参って

ロンヂーをはいてみよう

都市部の若者、軍人や警察官など制服を着ている人を除き、多くのミャンマー人が着用しているのが腰巻きのロンヂー。ロンヂーは総称で、男性用はパッソー、女性用はタメインと呼ばれ、老若を問わず愛用されている。1枚の布を筒状に縫ったもので、男性は腹の前で団子状にまとめ、女性はシルエットが整うように体の横へたくし込んで留める。風通しがよくて涼しく、蒸し暑いミャンマーの気候にぴったりの合理的な衣類だ。旅行中はロンヂーを試してみてはどうだろう。マーケットに行けば既製品を売っているし、安いものなら数百K、それなりの質のものでも3000K程度。店の人たちに尋ねれば、喜んで着方を教えてくれるはず。襟付きのシャツにサンダルをはき、そしてロンヂーをまとえば、気分はすっかりミャンマー人だ（→P.212）。

半日寝て過ごしたり、屋根のない乗り物の上でびしょぬれになったりすることによって、この国がより身近に感じられるに違いない。ここではいつ行くかよりも、季節ごとに気をつけたい点を挙げておきたい。

雨季

前述したとおり町歩きは可能だが、屋根や覆いのない乗り物利用中に雨に降られたらびしょぬれ必至なので、遠出するのは不安。特にエーヤワディーデルタ地帯は毎日必ず雨が降るといっても過言ではないのでそのつもりで。また河川の増水で道路や鉄道が寸断され、移動がままならなくなることもある。スケジュールに余裕をもち、予定どおりに旅程が運んだらもうけものくらいの気持ちで出かけたい。

乾季

日本の初夏のように、とにかく快適な時期。どこへ行くにもおすすめだ。旅行者が増え、国内線の航空機や外国人旅行者向けのホテル、ゲストハウスが混雑する。朝晩は冷え込むことがあるので、標高の高い地域へ出かけるのなら防寒着を1枚用意しておこう。

暑季

交通機関はだいたい問題なく動くが、とにかく暑いので体調の維持には注意したい。汗をかくので町歩きの際には必ず飲料水を携帯し、食事もしっかり取ろう。午後の最も暑い時間帯はホテルの部屋や風通しのいい寺院の東屋で休む、疲れがたまったと感じたらエアコンの効いたホテルの部屋で1日寝ているなど、大げさに思えるかもしれないがこれくらいの対策をしたほうが安心。

旅の服装、持ち物

身軽なのが旅の鉄則。特にこの国は乗り物のコンディションが悪く、自分の足が頼りという状況になりがち。ホテルや乗り物がすべてアレンジされているようなパッケージツアーを利用するのでなければ、荷物は最小限、可能なかぎりの軽量化、小型化を図り、持ち運びのしやすいバッグを選ぼう。

身の回りの品については、旅の途中で日用品の不足に不便を感じ、「こんなものがあれば」と思っても、たいてい入手できる。もちろん限界はあり、特定ブランドの愛用品があるような人は使い慣れた品を持参する必要がある。

服装についてミャンマー独特の注意点

ミャンマーでは過度の肌の露出は好まれないし、はしたないことだと考えられている。日差しも強烈なので、日焼けを避けるためにもできるだけ肌を覆うような服装を心がけよう。特に女性はタンクトップ、ショートパンツ、ミニスカートなど腕や脚、あるいは体の線が露出するようなスタイルは控えること。男性もショートパンツなどは避け、軽くて薄いコットンパンツなどを着用しよう。上半身はTシャツや半袖シャツが無難。

ミャンマー旅行便利グッズ

懐中電灯
電力事情は首都のネーピードーを除いてあまりよくない。ヤンゴンやマンダレーなどの大都市でもしばしば停電が発生する。地方に行けば街灯の数も少なく、夜になれば通りは真っ暗になりかねない。小型の懐中電灯は必需品。特に地方では、夜に外出する際は必ず携行しよう。スマホのライトも役に立つ。

ビーチサンダル
かなりの頻度で仏塔や寺院、僧院などを訪れることになる。ミャンマーの仏塔や寺院、僧院は建物内だけでなく境内もすべて土足厳禁で、靴下やストッキングも脱いで完全な裸足にならないと入れない。靴は着脱がたいへんで、しかも裸足で歩き回ってからまたはくので汚れがち。ミャンマー滞在中はビーチサンダルで過ごしてみよう。目立つ色やデザインのものだと見付けやすい。

整腸剤
ミャンマーの料理は、すべてといってもいいほど油っこい。一般にビルマカレーと呼ばれる料理は、ちょっと深めの小さな皿に具がいくつか油の中に浮かんでいるような状態。慣れない人は旅行中に一度はおなかをこわす。それを予防し、あるいは症状を軽減するためにも、使い慣れた胃腸薬は持参したい。

虫よけ、かゆみ止め
国中どこへ行っても蚊が多い。また、安宿のベッドや乗り物の座席には、南京虫やダニなどの虫がいる可能性がある。スプレータイプの虫よけや、刺されてしまった際のかゆみ止めがあると安心。

計算機
チャットと米ドル、2種類のお金を駆使して旅行しなければならない。スマホのアプリも役に立つ。

南京錠
鍵もないような地方のゲストハウスに泊まったときは、ドアを自前の錠でロックしよう。乗り物を利用する際も、荷物に鍵をかけておけば中身を抜かれることも少ない。

ウエットティッシュ
長時間の移動の際、汗やほこりにまみれたときにあるとうれしい。

雨ガッパ
雨季には必須。荷物用にもう1着。

■旅の持ち物チェックリスト

	品　名	重要度	コメント	事前チェック	最終チェック	現地調達予定
貴重品	パスポート（旅券）	◎	データ欄のコピーを数枚取っておこう			╳
	ビザ	○	2020年1月現在、観光目的なら不要			╳
	日本円現金	◎	自宅から空港への交通費も忘れずに			╳
	米ドル現金	◎	旅の予算は米ドルの新札で			╳
	クレジットカード	◎	使える場所やATMが増加中			╳
	eチケット控え／航空券	◎	日時を確かめて			╳
	海外旅行保険	◎	買える安心は買う			╳
衣類	シャツ	◎	Tシャツ、ポロシャツ、襟付きシャツなど			
	下着	◎	着用中の物以外に上下2組程度			
	ロンヂー	○	現地に着いたら購入しよう			
	水着	○	高級ホテルはプール付きのことも			
	上着	○	夜行バスはエアコンが強く効いている			
	長ズボン、スカート	◎	寺院見物に肌の露出は禁物			
	帽子	◎	ミャンマーの日差しは強烈			
	靴下	○	靴をはく人、寒い夜行バス乗車時に			
洗面用具	シャンプー	○	リンスinシャンプーが便利			
	石鹸	○	お気に入りの物があるなら			
	洗顔料	○	いつも清潔に			
	歯ブラシ	○	中級以上のホテルにはたいていある			
	ヒゲソリ、カミソリ	○	身だしなみに注意			
	タオル	○	たいていの宿にあるが質は悪い			
医薬品等	薬品類	○	整腸剤、虫よけ、かゆみ止めなど			
	生理用品	○	使い慣れた物を			
	蚊取り線香	○	安宿に泊まる人は必要			
	洗剤	△	ホテルのランドリーが割安			
	日焼け止め	○	ビーチやインレー湖、バガンへ行く人			
電気製品	ヘアドライヤー	△	ホテルで借りられる			
	携帯音楽プレーヤー	○	スマホがない人。長時間の移動に			
	スマートフォン、タブレット端末	○	SIMフリー端末が便利			
書籍類	会話集	○	少しでも現地語を話してみよう			
	ガイドブック	◎	これ1冊で十分			
	文庫本、単行本	○	雨で出歩けないときに			
その他	つめ切り、耳かき	○	小型の物			
	鍵	○	小～中型の南京錠。荷物にかける			
	ボールペン、メモ帳	◎	メモを取る機会は意外に多い			
	アイマスク、耳栓	○	宿や夜行バスがうるさいときに			
	懐中電灯	◎	必携。通りに街灯は少なく停電も多い			
	ハンカチ、ティッシュ	○	トイレットペーパーで代用可			
	ウエットティッシュ	○	あると快適			
	ビーチサンダル	◎	仏塔、寺院への出入りに便利			
	腕時計	◎	アラーム付きが便利			
	デジタルカメラ、メディアなど	○	旅の思い出を残そう			
	計算機	◎	2種類のお金を駆使するのでややこしい			
	傘、雨ガッパ	○	やむのを待つしかないような豪雨も降る			
	ビニールカバー	○	荷物にかぶせられるサイズ			

◎：必需品　○：あると便利な物、特定の人に必要な物　△：持っていってもいかなくてもいい物

パスポートとビザ

パスポート

パスポートとは、その持ち主が発行国の国民であることを証明する公文書。盗難や紛失には十分注意すること。

パスポートの取得手続き

パスポートには有効期間が5年のもの（青い表紙。申請手数料1万1000円）と10年のもの（赤い表紙。申請手数料1万6000円）の2種類がある。申請は、自分の住民票がある都道府県の旅券窓口で行う。申請してから取得までに通常1週間から10日ほどかかる。

パスポートの申請に必要な書類

一般旅券発給申請書1通

各都道府県庁旅券課などの旅券窓口に用意されている。

戸籍抄本または戸籍謄本どちらか1通

発行から6ヵ月以内のもの。

住民票1通

発行から6ヵ月以内のもの。住民基本台帳ネットワークを運用している自治体では、原則不要。

写真1枚

縦45mm×横35mmでフチなし、正面上半身で帽子やサングラス、マスクなどをしていないこと。顔の縦の長さが34mm±2mm以内であること。無背景で、撮影時から6ヵ月以上経過していないこと。白黒、カラーどちらでも可。

身元が確認できる書類

個人番号（マイナンバー）カード、運転免許証や失効後6ヵ月以内のパスポート、船員手帳、海技免状、官公庁や公団職員の身分証明書など1点。それらがない場合はA（健康保険証、年金手帳、恩給証書、身体障害者手帳など）2点、もしくはAを1点とB（写真が貼ってある学生証、会社の身分証明証、公の機関が発行した資格証明証、失効後6ヵ月以上経過したパスポートなど）1点。

パスポートの有効期間に注意

ミャンマーの場合、入国時にパスポートの有効期間が6ヵ月以上残っていれば入国可能。有効期間が足りない場合は、新しく取り直しておくこと。

ビザ

2020年1月現在、観光目的で入国後30日以内に出国する航空便の予約済み航空券を所持していれば、ビザなしで入国し30日以内の滞在が許可されている（延長は不可）。この日数以上の滞在を予定していたり、観光以外の目的で渡航する場合はビザが必要なので、ミャンマー大使館に確認のこと。ビザなし入国は2020年9月末までの暫定措置で、2020年10月以降は経過を見ながら延長されるかどうか決まる予定。

赤い表紙の10年パスポート

パスポートに関する注意

国際民間航空機関（ICAO）の決定により、2015年11月25日以降は機械読取式でない旅券（パスポート）は原則使用不可となっている。日本ではすでにすべての旅券が機械読取式に置き換えられたが、機械読取式でも2014年3月19日以前に旅券の身分事項に変更のあった人は、ICチップに反映されていない。渡航先によっては国際標準外と判断される可能性もあるので注意が必要。

外務省による関連通達

URL www.mofa.go.jp/mofaj/ca/pss/page3_001066.html

パスポート取得情報

国内で申請する場合は各都道府県の旅券申請窓口へ問い合わせること。

外務省のウェブサイト

パスポートの申請から受領までについて解説。

URL www.mofa.go.jp/mofaj/toko/passport/pass_2.html

パスポートを紛失したら

→P.276

ミャンマー連邦共和国大使館

住 〒140-0001 東京都品川区北品川4-8-26

☎ (03) 3441-9291

URL www.myanmar-embassy-tokyo.net

「ミャンマー」と「ビルマ」

1989年6月18日、それまで「ビルマ」と呼ばれていたこの国の英語による対外的呼称が「Burma」から「Myanmar」へと変更された。日本政府やマスメディアも「ビルマ」から「ミャンマー」へと呼び方を変更した。国の正式名称は、その後2010年に「ミャンマー連邦共和国　Republic of the union of Myanmar」と変更されて現在にいたる。

本書では、タイトルは言語国名としての「ミャンマー」とし、なじみのある「ビルマ」も添えている。文中で国名を表記する場合は「ミャンマー」とし、民族名としての「ビルマ人」、あるいは「上ビルマ」「下ビルマ」「ビルマ語」など慣用的、学術的に定着している表現では、「ビルマ」を用いている。

国内の地名も現地の呼称に

ミャンマーは第2次世界大戦で日本軍と連合国軍との激戦地となり、多数の将兵が命を落とした。戦後多数の軍記物、戦記物が出版され、1980～1990年代頃まではその当時呼び習わされた地名が日本国内では一般的だったが、国名の変更にともない現地の地名ももともとの現地での名称に変更されている。日本での慣用的な呼称と現地での呼称の対応は右記のとおりとなる。

市場の中にある雑貨屋。シャンプーや石鹸は小袋でも売られる

日本での慣用的な呼称		現地での呼称
ラングーン	▶	ヤンゴン
パガン	▶	バガン
ペグー	▶	バゴー
モールメイン	▶	モウラミャイン
ミートキーナ	▶	ミッチーナー
メークテーラ	▶	メイッティーラ
アラカン州	▶	ヤカイン州
カレン州	▶	カイン州
テナセリム	▶	タニンダーリ
イラワジ川	▶	エーヤワディー川
サルウィン川	▶	タンルウィン川

新首都ネーピードーと最大都市ヤンゴン

ミャンマーの首都はネーピードー。当時の国家平和開発評議会がミャンマー中部のピンマナー郊外に建設して、2006年10月にヤンゴンから遷都したもの。しばらくの間一般の外国人は立ち入りが禁止され、まるで秘密都市の趣があった。現在では解放されて旅行者も自由に訪れることができ、異常に広いのに車がほとんど走っていない道路など、不思議な景観を眺めることができる。行政機関や国会などの立法府は移転したが、各国の大使館はヤンゴンに残っている。インドなど近隣諸国のビザが必要になってもネーピードーへ行く必要はなく、ヤンゴンで諸手続きができる。

ネーピードー市内の片側6車線もある幹線道路。車の往来は少ない

細い木の幹が売られていたら、それは薪ではなくタナカ（→P.211）

ビルマ料理レストランでカレーを1品注文すると多彩な副菜が並べられる

通貨、両替、クレジットカード

ミャンマーで使えるお金は2種類

ミャンマーで流通している通貨はチャット(チャッ)。場所によっては米ドル現金での支払いが要求される。

ミャンマーの通貨、チャット

ミャンマーの通貨はチャットもしくはチャッ(Kyat。本書ではKと表記)。補助通貨としてピャー(Pya)があり、100ピャーが1チャット。インフレが進んでピャーは使われていない。

外貨しか使えない場所もある

以下の場所ではチャットではなく外貨(おもに米ドルの現金)での支払いを要求されることがあるので注意。

・ホテル、ゲストハウスの宿泊料
・船、航空機のチケット代

旅の予算は米ドル現金での持参が便利

チャットはミャンマー国外での入手が困難。旅の予算は、両替しやすい米ドルの現金で持参しよう。両替する場合、額面の大きいほうがレートが有利になる。しかし入場料などの小さな支払いに額面の大きな紙幣を出すとおつりがないケースもあるので、大小の額面を取り混ぜて用意しよう。古いドル紙幣、新しくても折れや汚れのある紙幣は受け取ってもらえないので、必ず新札を用意すること。

ATMでのキャッシングも便利

銀行などに設置されたATMでクレジットカードを使ったキャッシングも可能。ATMはミャンマー各地で激増しており、銀行のほかホテルや空港、ショッピングセンターなど、よほどの田舎でなければどこかしらに設置されている。手数料として1回5000～6500Kが加算されるが、レートは現金を両替する場合とほとんど変わらない(日本円→米ドル→ミャンマーチャットと2回両替するよりも有利な場合もある)。挿入したカードがATMから出てこなくなることもあるので、できれば銀行やショッピングセンターなどに併設されたATMを、窓口が開いている時間(何かあったら誰か呼べる)に利用するほうがいいだろう。ホテルによってはクレジットカード払いを受け付けない代わりに、ロビーに設置されたATMからキャッシングして現金払いするよう求められる場合もある。

ミャンマーでの両替

政府公認の両替商や銀行で、市場レートでの両替が可能。米ドル以外の各国通貨を受け付ける所もあるが、米ドルのレートが最も有利で両替できる場所も多く安心。日本円は空港の両替所など両替できる場所がかぎられ、レートも悪い。

紙幣と硬貨の種類
紙幣：1、5、10、20、50、100、200、500、1000、5000、1万K
おもに流通しているのは50K以上の紙幣。ヤンゴンの路線バス乗車、寺院や仏塔での寄付や靴預かりなどのチップ、喫茶店のスナック等では100～200K紙幣をよく使うので、切らさないようにしよう。

両替レート
2020年1月27日現在
1K≒0.08円

海外専用プリペイドカード
出発前にコンビニATMなどでチャージ(入金)した円の残高範囲内で、渡航先のATMから現地通貨を引き出したりショッピングに使える。別途各種手数料がかかるものの、使い過ぎや多額の現金を持ち歩く不安はない。次のようなカードがある。
・NEO MONEY ネオ・マネー
・GAI CA ガイカ
・Manepa Card マネパカード

デビットカード
クレジットカードと同様につかえるが、支払いは発行金融機関の預金口座から即時引き落としが原則。現地ATMから現地通貨を引き出すこともできる。

クレジットカード事情
ホテルやレストラン、スーパーマーケットなど、使える場所が増加中。ビザとマスターの2ブランドが強く、アメックスとJCBはまだ少ない。

ICカード利用時の注意
ICカード(ICチップ付きのクレジットカード)で支払う際は、サインではなくPIN(暗証番号)が必要だ。日本出発前にカード発行金融機関に確認し、忘れないようにしよう。

カード払いは通貨とレートに注意
カード払いをしたとき、現地通貨でなく日本円で決済されていることがある。これ自体は合法だが、ちゃっかり店側に有利な為替レートになっていたりするので注意したい。サインする前には通貨と為替レートを確認すること。店側の説明なしで勝手に決済されたときは、帰国後でもカード発行金融機関に相談を。

ミャンマー中央銀行
URL www.cbm.gov.mm
最新レートを確認できる。

渡航手段の手配

空路でミャンマーへ

日本とミャンマーの間には成田～ヤンゴン間に全日空の直行便が1日1便あり、所要約8時間。そのほかバンコクからヤンゴン、ネーピードー、マンダレーへの便がある。またチェンマイ、プーケット、シンガポール、クアラルンプール、香港、台北などからヤンゴン行きの便がある。便数や日本からの行きやすさを考えるとバンコク経由が便利。

LCC（Low Cost Carrier）と呼ばれる格安航空会社もあり、例えばエアアジアはバンコクとヤンゴン、ネーピードー、マンダレーとの間に便がある。

航空券の種類

航空券は航空会社や旅行会社などで購入できる。航空会社で買えるのはペックス運賃などの正規運賃航空券。旅行会社では正規運賃航空券のほか、さらに安い格安航空券を扱っていることも。直行便は時間が節約できるぶん、経由便よりは高い値段で販売されることが多い。

格安航空券とは

団体旅行用などの名目で航空会社が卸した航空券を、旅行会社が個人向けにバラ売りしたもの。そのため航空会社では販売しておらず、取り扱いのある旅行会社でのみ購入できる。料金は時期によって大きく変動し、安い時期ならば探せば2～5万円台（諸費

ミャンマーまでの航空券の料金

時期によって変動するので、最新の料金は必ず航空会社のウェブサイトで確認するか、旅行会社へ問い合わせること。目安となる最安料金は以下のとおり（諸費用別）。

ペックス運賃

ヤンゴンまで4万円程度。

格安航空券

ヤンゴンまで2万円程度。

eチケットとは

現在、各航空会社とも「eチケット」と呼ばれるシステムを導入している。これは従来の紙の航空券は発行せずに、航空券の予約データを航空会社のコンピューターで管理するもの。利用者が携帯するのは、予約完了後にeメールや郵送で届くeチケット控えなので、航空券を紛失する心配はなくなった。万一eチケット控えを紛失しても搭乗は可能だが、チェックインをスムーズにするためにも帰国までなくさないこと。希望すれば控えの再発行も可能。

国際観光旅客税

2019年1月7日より日本を出国するすべての人に、出国1回につき1000円の国際観光旅客税がかかる。支払いは、原則として航空券代に上乗せされる。

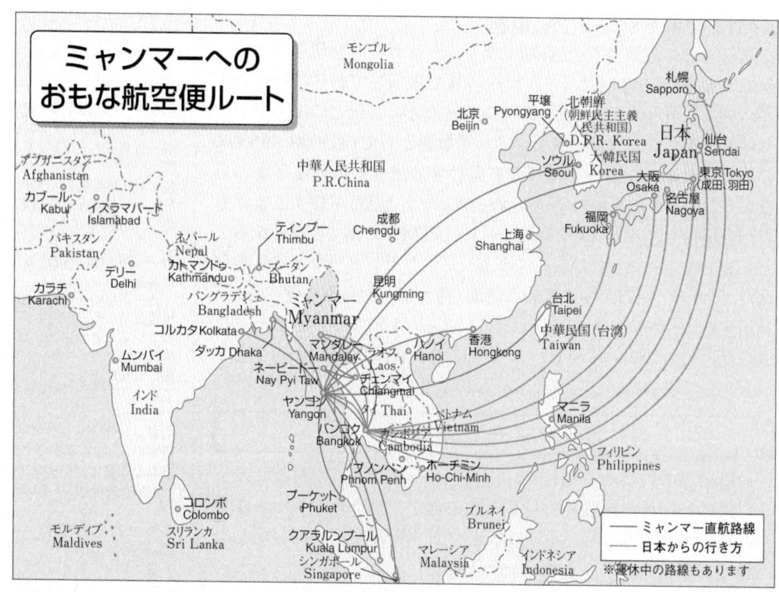

用別）で東京発ヤンゴン往復の航空券が手に入る。繁忙期はペックス航空券などと大差ない料金になることも。

ペックス航空券（正規割引運賃）とは

ペックス航空券（正規割引運賃）とは、旅行会社だけでなく航空会社からも購入できる正規割引運賃の航空券。各航空会社共通の正規運賃の範囲内で航空会社が独自に値段を決められるため、各航空会社によって微妙に値段が異なる。旅行会社で購入すると手数料が加算され、航空会社のウェブサイトから購入するより高くなるケースも。繁忙期を除くと3～6万円台（諸費用別）で販売されている。

陸路でミャンマーへ

タイや中国、インドとの国境にあるいくつかの町は外国人にも開放されており、陸路での出入国が可能。

陸路で越えられる国境の町

タイとの国境

タチレイ Tachileik

タイ最北端の町メーサーイから国境の川対岸にあるミャンマー側の町タチレイへ行ける。タチレイからはバスや乗合タクシーなどを利用して、160kmほど北にあるチャイントォンKyaingtongまで行くこともできる。それ以外の町へ陸路での移動は不可。マンダレーやヤンゴンなどへは空路のみ利用可。

ミヤワディ Myawaddy

タイ中部のメーソートから、国境にかかる橋を渡ってモエイ川の対岸にあるミヤワディへ行くことができる。

ティーキー Thi Khi

タイのカンチャナブリーと、経済特区が建設される予定のダウェイ Daweiを結ぶ道路上に、2014年に開設されたチェックポイント。

コータウン Kawthaung

タイの漁村ラノーンから、ミャンマー最南端の町コータウン（バイナウン・ポイントBayint Naung Point）へ行ける。ここは厳密には陸路ではなく、小舟をチャーターして海を渡ることになる。

インドとの国境

タムー Tamuとリーコーダー Rihkhawdar

2018年8月8日オープン。これによってタイからインドまで陸路で移動することが可能になった。インド入国にはビザが必要なので、事前に用意しておくこと。

格安航空券やツアー、ホテルの手配がオンラインで可能
格安航空券のオンライン手配なら『アルキカタ・ドット・コム』。全国23の空港発着の航空券を手配できる。業務渡航やビジネスクラスの手配も可能。ネットで検索と照会をすれば、回答はメールで。各種パッケージツアーも申し込め、世界中のホテルも予約可能。急ぎの場合は電話で部屋を確保できる。
URL www.arukikata.com

チケット取り扱いの注意
従来の紙の航空券を紛失した場合は、すぐに航空会社に連絡を取ること。

注意
下の地図は2020年1月現在での外国人の国境越え可能なポイントを紹介している。

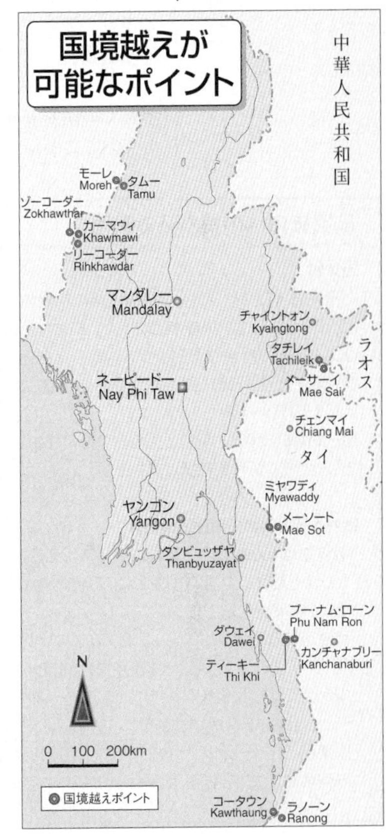

入国と出国の手続き

海外旅行の最新で最大の情報源はここ！
URL www.arukikata.co.jp
　海外旅行最新情報が満載の「地球の歩き方」ホームページ！　ガイドブックの更新情報はもちろん、136ヵ国の基本情報、エアラインプロフィール、海外旅行の手続きと準備など、旅に役立つコンテンツ満載。

「地球の歩き方」ホームページで海外旅行保険に加入
　手続きは簡単で、申し込み画面の案内に従って必要事項を入力するだけ。保険料はクレジットカード決済なので、振り込みや来店の手間は一切なし。毎日24時間、日曜、祝日いつでも受け付け。詳しくはウェブサイトで。
URL www.arukikata.co.jp/hoken

日本を出国する

　フライトの2時間前到着を目安に空港まで移動しよう。

出国手続きの流れ

①チェックイン（搭乗手続き）
　利用する航空会社のカウンターでeチケット控え（もしくは航空券）とパスポートを提示し、同時に機内持ち込み以外の荷物を預けて、搭乗券（ボーディングパス）とクレームタグ（荷物引換証）を受け取る。

②手荷物検査
　液体物や高電圧のバッテリーの持ち込みに制限があるので注意（→下のコラム）。

③税関
　外国製の時計、カメラ、貴金属などの高価な品物を持ち出す人は、「外国製品の持ち出し届け」に品名、銘柄、数を記入して税関に届けること。これを怠ると帰国時に海外で購入したものとみなされ、課税される可能性がある。

④出国審査
　パスポート、搭乗券を係員に提示し、出国のスタンプを受ける。機械での読み取りの妨げになるので、カバーをかけている人は外しておくこと。

航空機内への持ち込み制限

液体物
　日本およびミャンマー発の国際線航空機内およびミャンマー国内の航空機内へは、ジェルおよびエアゾールを含むあらゆる液体物の持ち込みが制限されているので注意が必要。
　下記の要件を満たしていないと、機内へは持ち込めない。預ける荷物に入れるのは可なので、チェックインの前に確認しておこう。

機内へ持ち込める液体物の条件
・液体物は100mℓ以内の容器に入っていること。100mℓを超える容器に100mℓ以下の液体物が入っている場合でも不可。
・再封可能な容量1ℓ以下の透明プラスチック製袋（ジップロックなど。縦横の合計が40cm以内が目安）に、余裕をもって入れること。
・ひとり当たりの袋の数はひとつ。
・医薬品、ベビーミルクやベビーフード、特別な制限食等については適用除外。当該液体物の機内での必要性について照会されることがある。
・手荷物検査を効率的に実施するため、機内へ持ち込む荷物の、取り出しやすい場所へ入れておくこと。提示する必要はないが、確認を求められることもある。そのほかノートPC、タブレット、予備の充電池などの電子機器はかばんから取り出し、上着類は脱いで、別々に検査員に提示すること。
・保安検査後の免税店等で購入した酒類や化粧品類などの液体物は機内持ち込みが可能。しかし海外で乗り継ぐ場合は、その国のルールに従って没収される可能性もあるので注意。

モバイルバッテリー
　スマートフォンやタブレットなどに使う高電圧のモバイルバッテリー（リチウム／リチウムイオン電池）は、電池単体でスーツケースなどに入れた場合預け入れ不可になるので、手荷物にすること。

⑤搭乗

搭乗券にプリントされている時刻までに、所定のゲートへ移動しておくこと。

ミャンマーに入国する

ミャンマー入国に際して、記入の必要な書類はない。

ミャンマー入国手続きの流れ

入国手続きは、検疫(Quarantine)→入国審査(Immigration)→税関(Customs)の順で行われる(俗にQICと呼ばれる)。以下はヤンゴン国際空港の場合。

①検疫

日本から訪れる場合は立ち寄る必要はない。

②入国審査

カウンターの列に並び、順番が来たらパスポートを係員に提出する。2020年1月現在、観光目的の入国で30日以内の滞在はビザ不要。

③税関

入国審査を抜けると広いホールがあり、荷物受け取り用のベルトが3基横たわっている。ここで自分の荷物をピックアップする。このホールには免税店があり、たばこや洋酒などを買える。ホールの出口手前に税関のカウンターがあり、左側(赤)は申告する人、右(緑)が申告する必要のない人用。申告する必要のない人は、緑のレーンを素通りするだけ。

④両替カウンター

ターミナル1の到着ロビーに、銀行や両替商の両替カウンター、ATMがある。レートはカウンターにより異なるので、有利なレートのカウンターで両替しよう。日本円が両替できる銀行や両替商もある(レートは悪い)。ATMで引き出せるのはミャンマーチャットのみ。

ミャンマー入国時の両替

ヤンゴン国際空港の到着ロビーや荷物受け取りエリアに両替カウンターがある。宿代は米ドルで支払えるが、食事やタクシーなどはチャット払いになるので、まずは少しでも両替しておこう。滞在日数が少ない、翌朝地方都市にフライトなどという場合は、ここである程度替えてしまったほうが手間がかからない。

両替時に渡されるのは、1万Kや5000K紙幣が中心になる。屋台やタクシー、ヤンゴンの路線バスなどではおつりがないと言われることがあるので、500K紙幣や1000K紙幣を少し混ぜてもらおう。

ミャンマーを出国する

出国時は余裕をもって各種手続きができるように、フライトの2時間前までに空港に到着するようにしたい。ヤンゴン市内は渋滞が激しいので、早めの移動を心がけよう。

出国手続きの流れ

手続きはチェックイン→出国審査→税関→セキュリティチェックの順。

①チェックイン(搭乗手続き)

国際線ターミナルビルに入り、荷物のX線検査を受けたら、チェックインカウンターへ。ここで荷物を預け、パスポートと航空券を提示してボーディングパスを受け取る。

②出国審査

ターミナルビル2階にカウンターがある。滞在日数超過などの問題がなければ、パスポートに出国のスタンプが押される。

③税関

出国審査のすぐ後ろにカウンターがある。入国時に申告する物

ミャンマー出国時の両替

ヤンゴン国際空港1階チェックインエリアや、出国手続き後の3階出発ロビーにある両替カウンターは、基本的にフライトのある間は営業しており、余ったチャットを米ドルに両替できる。深夜や早朝は閉まっている可能性もあるので、その場合はあらかじめ町なかで両替しておこう。

免税店

出国審査と税関があるホールに免税店とギフトショップがある。酒、たばこ、化粧品などが買える。

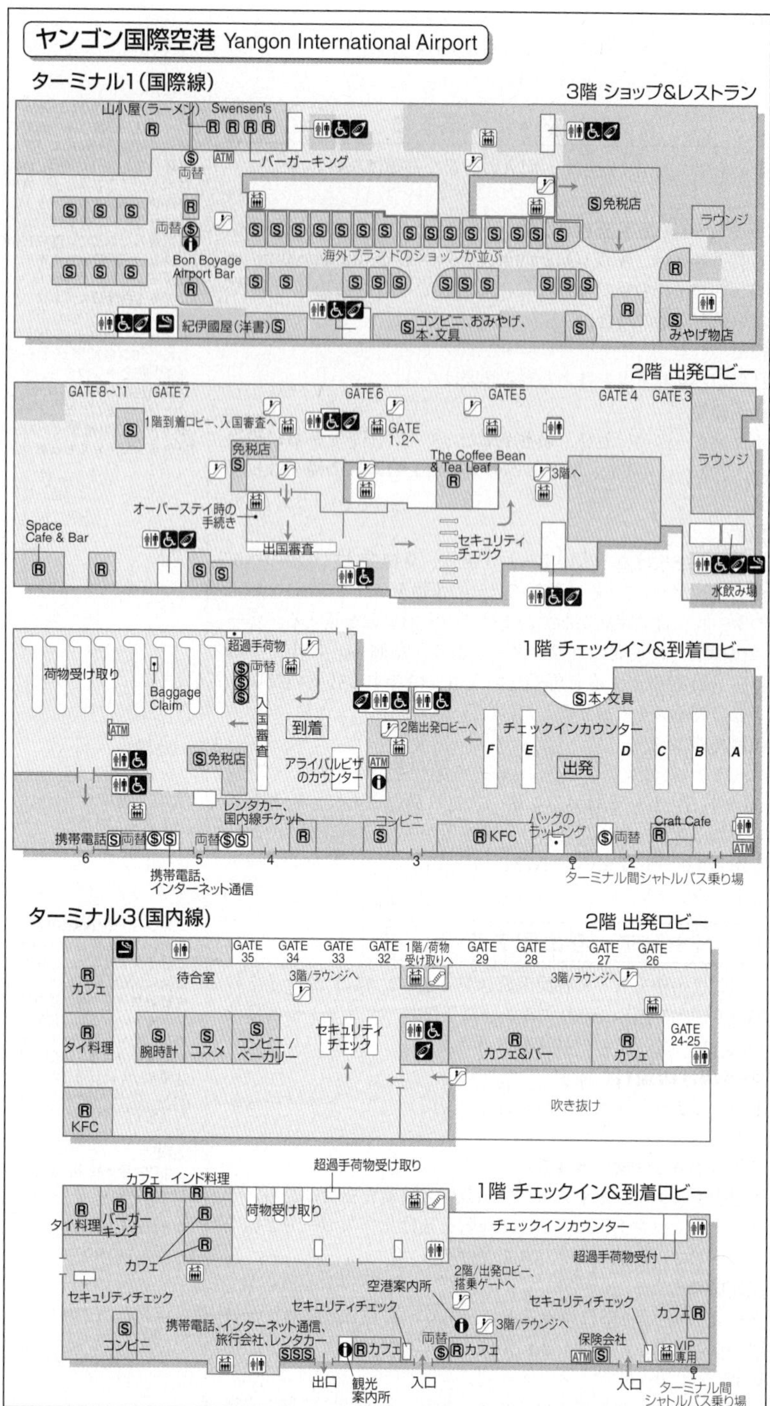
ヤンゴン国際空港 Yangon International Airport
ターミナル1(国際線)
3階 ショップ&レストラン
山小屋(ラーメン)
Swensen's
バーガーキング
両替
ATM
免税店
ラウンジ
Bon Boyage Airport Bar
海外ブランドのショップが並ぶ
紀伊國屋(洋書)
コンビニ、おみやげ、本・文具
みやげ物店
2階 出発ロビー
GATE 8~11
GATE 7
GATE 6
GATE 5
GATE 4
GATE 3
1階到着ロビー、入国審査へ
GATE 1、2へ
The Coffee Bean & Tea Leaf
3階へ
免税店
ラウンジ
オーバーステイ時の手続き
Space Cafe & Bar
出国審査
セキュリティチェック
水飲み場
1階 チェックイン&到着ロビー
超過手荷物
両替
荷物受け取り
Baggage Claim
入国審査
到着
2階出発ロビーへ
チェックインカウンター
本・文具
免税店
アライバルビザのカウンター
出発
レンタカー、国内線チケット
コンビニ
KFC
バッグのラッピング
Craft Cafe
携帯電話
携帯電話、インターネット通信
ターミナル間シャトルバス乗り場
ターミナル3(国内線)
2階 出発ロビー
GATE 35
GATE 34
GATE 33
GATE 32
1階/荷物受け取りへ
GATE 29
GATE 28
GATE 27
GATE 26
カフェ
待合室
3階/ラウンジへ
タイ料理
腕時計
コスメ
コンビニ/ベーカリー
セキュリティチェック
カフェ&バー
GATE 24-25
KFC
吹き抜け
1階 チェックイン&到着ロビー
超過手荷物受け取り
カフェ
インド料理
タイ料理
バーガーキング
荷物受け取り
チェックインカウンター
超過手荷物受付
セキュリティチェック
空港案内所
2階/出発ロビー、搭乗ゲートへ
3階/ラウンジへ
携帯電話、インターネット通信、旅行会社、レンタカー
コンビニ
保険会社
VIP専用
出口
観光案内所
入口
ターミナル間シャトルバス乗り場

がなかった人は、ここはほとんど素通り。申告した人は、申告物を持っているかどうか確認されるので、チェックインの際に預ける荷物の中に入れないこと。

④セキュリティチェック

搭乗待合エリアに入る際、セキュリティチェックがある。手荷物をX線にかけ、乗客は金属探知器でチェックされる。

日本に帰国する

日本行きの機内では携帯品・別送品申告書(税関申告用紙)が配られるので、到着までに記入を済ませておこう。別送品がある人は2枚記入すること。

入国手続きの流れ

①検疫

入国審査前に検疫のブースがある。下痢や発熱など体調に不安がある人は係員に申し出ること。

②入国審査

日本人用と外国人用に分かれているので、並ぶ列を間違えないように。

③荷物の受け取り〜税関

荷物の受け取りエリアで、預けた荷物を受け取る。生の果物や生花、種などの植物や、生きた動物や肉類、肉製品はほとんどの場合日本への持ち込みが禁止されているので注意。その後税関のカウンターへ。課税されるものがなければ緑のカウンター、あれば赤のカウンターへ並ぶ。機内で配られた携帯品・別送品申告書はここで提出する。

携帯品・別送品申告書の記入例

●A面

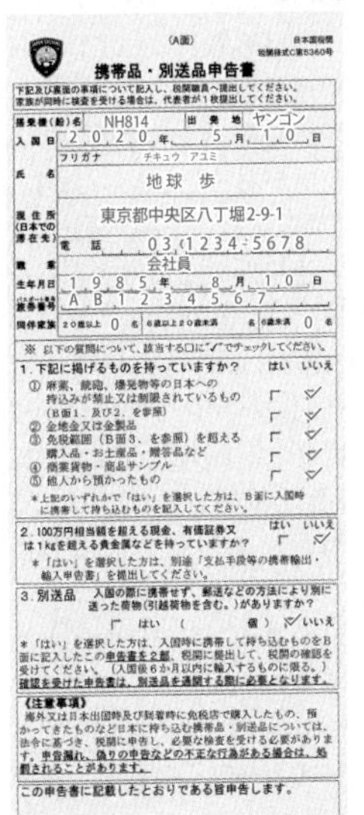
(A面)

日本国税関
税関様式C第5360号

携帯品・別送品申告書

下記及び裏面の事項について記入し、税関職員へ提出してください。
家族が同時に検査を受ける場合は、代表者が1枚提出してください。

搭乗機(船)名	NH814	出発地	ヤンゴン
入国日	2020年5月10日		
氏名	フリガナ チキュウ アユミ 地球 歩		
現住所(日本での滞在先)	東京都中央区八丁堀2-9-1 電話 03(1234)5678		
職業	会社員		
生年月日	1985年8月10日		
旅券番号	AB1234567		
同伴家族	20歳以上 0 名	6歳以上20歳未満 名	6歳未満 0 名

※ 以下の質問について、該当する□に"✓"でチェックしてください。

1. 下記に掲げるものを持っていますか? はい いいえ
① 麻薬、銃砲、爆発物等の日本への持込みが禁止又は制限されているもの(B面1. 及び2. を参照) ✓いいえ
② 金地金又は金製品 ✓いいえ
③ 免税範囲(B面3. を参照)を超える購入品・お土産品・贈答品など ✓いいえ
④ 商業貨物・商品サンプル ✓いいえ
⑤ 他人から預かったもの ✓いいえ
＊上記のいずれかで「はい」を選択した方は、B面に入国時に携帯して持ち込むものを記入してください。

2. 100万円相当額を超える現金、有価証券又は1kgを超える貴金属などを持っていますか? はい いいえ ✓いいえ
＊「はい」を選択した方は、別途「支払手段等の携帯輸出・輸入申告書」を提出してください。

3. 別送品 入国の際に携帯せず、郵送などの方法により別に送った荷物(引越荷物を含む。)がありますか?
□はい(個) ✓いいえ
＊「はい」を選択した方は、入国時に携帯して持ち込むものをB面に記入したこの申告書を2部、税関に提出して、税関の確認を受けてください。(入国後6か月以内に輸入するものに限る。)
確認を受けた申告書は、別送品を通関する際に必要となります。

《注意事項》
海外又は日本出国時及び到着時に免税店で購入したもの、預かってきたものなど日本に持ち込む携帯品・別送品については、法令に基づき、税関に申告し、必要な検査を受ける必要があります。申告漏れ、偽りの申告などの不正な行為がある場合は、処罰されることがあります。

この申告書に記載したとおりである旨申告します。
署名 地球 歩

●B面

(B面)

※入国時に携帯して持ち込むものについて、下記の表に記入してください。(A面の1. 及び3. ですべて「いいえ」を選択した方は記入する必要はありません。)
(注)「その他の品名」欄は、個人的使用に供する購入品等に限り、1品目毎の海外市価の合計額が1万円以下のものは記入不要です。また、別送品も記入不要です。

酒類		2	本
たばこ	紙巻	200	本
	加熱式		箱
	葉巻		本
	その他		グラム
香水		1	オンス

＊税関記入欄

その他の品名	数量	価格
衣類		50000円
ハンドバッグ		30000円
指輪		100000円

＊税関記入欄 円

1. 日本への持込みが禁止されている主なもの
① 麻薬、向精神薬、大麻、あへん、覚醒剤、MDMA、指定薬物など
② 拳銃等の銃砲、これらの銃砲弾や拳銃部品
③ 爆発物、火薬類、化学兵器原材料、炭疽菌等の病原体など
④ 貨幣・紙幣・有価証券・クレジットカードなどの偽造品など
⑤ わいせつ雑誌、わいせつDVD、児童ポルノなど
⑥ 偽ブランド品、海賊版などの知的財産侵害物品

2. 日本への持込みが制限されている主なもの
① 猟銃、空気銃及び日本刀などの刀剣類
② ワシントン条約により輸入が制限されている動植物及びその製品(ワニ・ヘビ・リクガメ・象牙・じゃ香・サボテンなど)
③ 事前に検疫確認が必要な生きた動植物、肉製品(ソーセージ・ジャーキー類を含む。)、野菜、果物、米など
＊ 事前に動物・植物検疫カウンターでの確認が必要です。

3. 免税範囲(一人あたり。乗組員を除く。)
・酒類3本(760mlを1本と換算する。)
・紙巻たばこ400本(外国製、日本製の区分なし。)
＊ 20歳未満の方は酒類とたばこの免税範囲はありません。
・海外市価の合計額が20万円の範囲に納まる品物(入国者の個人的使用に供するものに限る。)
＊ 海外市価とは、外国における通常の小売価格(購入価格)です。
＊ 1個で20万円を超える品物の場合は、その全額に課税されます。
＊ 6歳未満のお子様は、おもちゃなど子供本人が使用するもの以外は免税になりません。

携帯品・別送品申告書の記載に御協力頂きありがとうございました。日本に入国(帰国)されるすべての方は、法令に基づき、この申告書を税関に提出していただく必要があります。引き続き税関検査への御協力をよろしくお願いします。

帰国の際の免税範囲、持ち込み制限

日本国内に無税で持ち込めるのは以下のとおり。

酒類
3本(1本760mℓ程度のもの)

たばこ
紙巻たばこ 400本
葉巻たばこ 100本
その他のたばこ 500g

注:免税数量は、それぞれの種類のたばこのみを購入した場合の数量。複数の種類のたばこを購入した場合の免税数量ではない。

注:「加熱式たばこ」の免税数量は、紙巻たばこ400本に相当する数量となる。

なお、2021年10月1日から、
紙巻たばこ200本
葉巻たばこ50本
加熱式たばこ個装等10個
その他のたばこ250g
となる。

URL www.customs.go.jp/kaigairyoko/cigarette_leaflet_j.pdf

香水
2オンス(約56mℓ)

そのほかの品目
1品目ごとの購入金額の合計が1万円以下のもの。そのほかのものの合計額20万円まで。詳しくは税関のカウンターで相談を。

コピー商品の購入は厳禁

有名ブランドのロゴやデザイン、キャラクターなどを模倣した偽ブランド品や、ゲームや音楽ソフトを違法に複製した「コピー商品」は、絶対に購入しないように。帰国後空港の税関で没収されるだけでなく、場合によっては損害賠償請求を受けることも。「知らなかった」では済まされないのだ。

飛行機の旅

ミャンマーの国内線航空

国内線航空会社
ヤンゴン航空
Yangon Airways (YH)
URL www.yangonair.com
エア・カンボウザ
Air Kanbawza (KZ)
URL airkbz.com
ゴールデン・ミャンマー航空
Golden Myanmar Airlines (Y5)
URL www.gmairlines.com
ミャンマー国営航空
Myanmar National Airlines (UB)
URL www.flymna.com
マン・ヤダナポン航空
Mann Yadanapon Airlines (7Y)
URL www.airmyp.com

ヤンゴン国際空港のターミナル3（国内線ターミナルビル）

かぎられた時間のなかで、行動範囲を大きく広げてくれるのが飛行機。時間のない人は積極的に利用したい。ミャンマー国内にはヤンゴンやマンダレーなど外国人が利用できる空港が20ヵ所以上あり、路線はヤンゴンを中心にして放射状に発達している。ネーピードーからの路線も増加中。ただしヤンゴン、ネーピードー、マンダレー、バガン、ヘーホーを結ぶ幹線を除けば、毎日便がある路線は少なく、運航状況も流動的。特に雨季は運航が乱れがち。

ミャンマーの国内航空会社

ミャンマーのおもな国内航空会社では、ヤンゴン航空、エア・カンボウザ、マン・ヤダナポン航空、ゴールデン・ミャンマー航空、ミャンマー国営航空などが国内の主要な都市を結んでいる。航空機は、フランス製のATR72-500（約70人乗り）、ATR72-212s（約70人乗り）、ATR42-320（42人乗り）などのプロペラ機が主流。

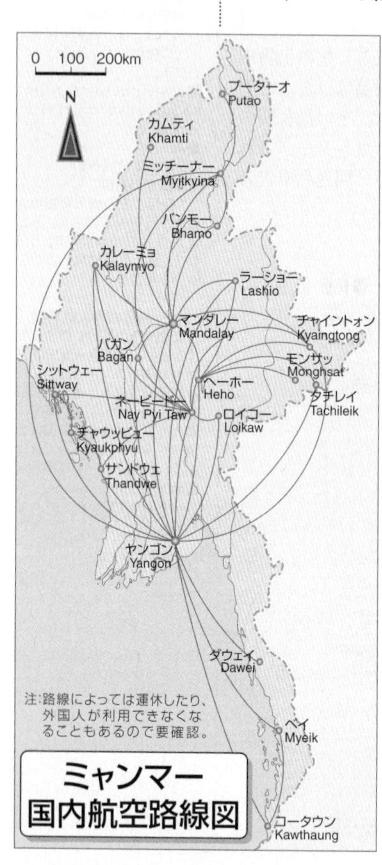

航空券の買い方

航空会社のオフィスや旅行会社、ホテルで購入できる。民間の航空会社は数ヵ月前から予約や発券はできるものの、乗客数によって前々日や前日に運航ルートや運航便数を変更することがあるので、事前に予約や発券をした場合でも直前に確認が必要。変更があったときのために、宿泊先のホテルや携帯電話などの連絡先を伝えておこう。ただし必ず連絡が来るとはかぎらないので、チケットの購入先や航空会社のオフィスでリコンファームしたほうがいい。

ヤンゴン着の翌日早朝にバガンへ飛行機で移動したいなどという場合は、日本から現地の旅行会社にチケットの手配を依頼しておこう。

航空会社によっては、オンラインでチケットの購入が可能。現地でeチケットが印刷できなくても、たいていスマートフォンやタブレット端末の画面でeチケットを見せればチェックインできる。空港でインターネットが使えないこともあるので、画面をキャプチャするなどして画像で保存しておこう。

航空券の料金

民営航空会社の航空券の正規料金は各社同一だが、実際には正規料金で購入することはあまりない。通常は、航空会社のオフィスや公式ウェブサイト、旅行会社、ホテルなどで割引価格で購入できる。同一路線なら販売料金もほぼ同じ。ホテルや旅行会社で買う場合は、これに手数料を上乗せする所と、さらに値引きする所があるので、いくつか比べてみたほうがいい。ほかの店と比較して「あそこはいくらだった」と交渉すれば、同じ程度に安くなることが多い。

ハイシーズン（10～4月）とローシーズン（5～9月）でも料金が異なる。ローシーズンには正規料金の半額近い値下げが期待できるが、フライトがキャンセルされることもあるので注意。国内線1区間搭乗ごとにかかる空港使用料3000Kは、チケット購入時に徴収される（「切り込み式」と呼ばれる）。

国内線の利用法

空港への移動

ヤンゴンを除き、空港と市街を結ぶ公共の交通機関はほとんどないので注意が必要。宿泊しているホテルに相談してタクシーなどをアレンジしてもらうか、タクシー配車アプリ（→P.290）を利用しよう。

国内線の搭乗手続き

ヤンゴンを除いて外国人の場合パスポートのチェックがあるくらいで、日本の国内線を利用するのとそれほど変わらない。チェックイン、パスポート（身分証明書）のチェック、荷物検査の順。搭乗手続きは出発時刻の1時間前までに済ませること。

時刻表はあてにしない

予定時刻よりも早く出発したり、突然キャンセルされるなど、普段からスケジュールは流動的。ローシーズンは特に変更が多いので、前日や当日に確認したり、早めのチェックインを心がけよう。ミャンマー出国便の当日に飛行機で地方からヤンゴンに戻るようなスケジュールは、くれぐれも避けること。ミャンマーの旅は心にも時間にも余裕をもって。

トラブル多いミャンマー国営航空国内線

ミャンマー国営航空国内線はフライトのキャンセルや遅延が多いので、できれば避けたほうが無難。

国内航空券比較販売サイト

URL www.flymya.com

国内線のスケジュールや運賃を一度に検索できるサイト。クレジットカードで決済可能。各社比較できるのは便利だが、料金は航空会社の公式サイトや旅行会社のほうが安い場合もある。ヤンゴン国際空港にカウンターがある。

こぢんまりとしたサンドウェ空港

■国内線航空運賃例（2019年11月の片道料金。単位はUS$）

区間	料金	便数（1日）	所要時間（分）	経由
ヤンゴン～マンダレー	128～135	1～2	60～	0～1
ヤンゴン～バガン（ニャウンウー）	118～130	1～2	55～80	0～2
ヤンゴン～ヘーホー	118～130	1～3	55～	0～1
ヤンゴン～シットウェー	130～138	1～2	55	0～1
ヤンゴン～サンドウェ	108～138	1	50～	0～1
ヤンゴン～タチレイ	165	1	145	1
ヤンゴン～ラーショー	156～165	1～2	135～225	1
ヤンゴン～ミッチーナー	160	1	170～180	1
ヤンゴン～ネーピードー	138	1	30	0
マンダレー～バガン（ニャウンウー）	78	1～2	30	0～1
マンダレー～ヘーホー	56～79	1	35～	0～1
マンダレー～タチレイ	125～140	1～2	70～140	0～1
バガン（ニャウンウー）～ヘーホー	98～108	1	30～40	0
サンドウェ～シットウェー	82	1	45	0

注：便数は1社当たりのもの。

鉄道の旅

鉄道の座席
国鉄の列車の座席は通常、アッパークラス（上等）とオーディナリークラス（普通）に分かれ、路線によってはアッパークラスはなく、それより少しランク下のファーストクラスとオーディナリークラスの2種類の場合もある。いずれのクラスにもエアコンはない。ヤンゴン〜マンダレー間の列車では、アッパークラスよりも上のエアコン付きアッパースペシャルクラスの車両が連結されているものもある。ヤンゴン〜バガン、マンダレー〜ミッチーナー間には寝台車が連結された列車もある。

アッパークラス
通路を挟んで片側1列、片側2列とゆったりした座席配置（2列と2列の車両もある）になっており、リクライニングも可能。

鉄道の旅の魅力

鉄道の運営はミャンマー国鉄 Myanmar Railwaysが行っている。車両や路床が古くて揺れがひどいため、乗り心地はよくない。しかも時間もかかる。そんななかで比較的外国人旅行者に人気があって利用もしやすいのはヤンゴン〜マンダレー間で、列車が1日3本運行されている。所要15〜16時間で、昼行が1本と夜行が2本。ヤンゴン〜バガン間にも直通列車があり、1日1本で所要約16時間。寝台（4人用コンパートメント）もあるので、寝ながら楽に移動できる。チャット払いができ割安感もある。

日本の援助で整備が進むミャンマーの鉄道

時刻表は始発駅の出発時刻ぐらいしかあてにならず、鉄路の上を走っているとは思えない横揺れや縦揺れが発生するミャンマーの鉄道だが、JICAの協力で整備事業が進行中。2020年にはヤンゴン〜マンダレー間の所要時間が8時間に短縮される予定。

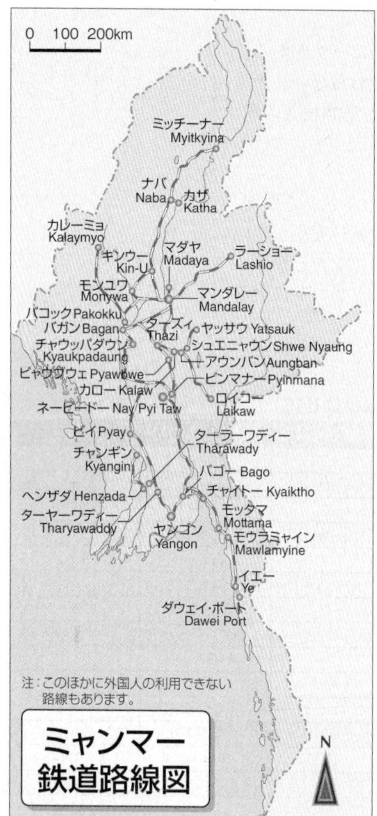

利用の際の注意

切符の購入法

外国人が切符を購入できる窓口は、駅の窓口、鉄道インフォメーション、駅員室など、駅によって異なる。行列に並ぶ前に、駅員にパスポートを見せて、どこでチケットを購入できるのか確認しておこう。大きな駅では前売り券と当日券の売り場が別になっていることもあるので注意。

当日券は、列車の出発間際に発売開始になる。特に途中駅では列車が遅れて到着することも多く、そのような場合でも発売開始は実際に列車が到着する間際になる。アッパークラスや寝台は利用3日前から発売、オーディナリークラスは利用前日から発売。当日券は売り切れのことが多いので、できれば前日までに購入しておきたい。切符購入の際にはパスポートの提示が求められる。改札が行われない場合でも検札はあるので、切符は最後まで捨てないように。駅によっては、集札される。

出発30分前までに乗車

出発時刻の30分前までには駅に到着するようにしよう。食べ物や飲み物は、駅でいつでも買える。列車が途中駅に停車すると、果物やお菓子、弁当、飲み物、壺に入れた水などを売る子供や女性が集まってくる。飲み水は市販の飲料水を持参しよう。壺の水は飲用にはせず、口をゆすいだり顔を洗うのに使われる。

車内トイレ事情

長距離列車ならトイレは設置されているが、紙が用意されていることはないと考えよう。

ファーストクラス
片側2列、向かい合わせの4人がけで、リクライニングはできず座席は木製で薄いクッションが付いている。
オーディナリークラス：木製の座席でクッションはない。長時間の移動はかなりつらい。

■主要列車時刻表（停車駅は一部省略）

マンダレー、ネーピードーへ

ヤンゴン～マンダレー						
11Up	5Up	3Up	駅名／列車番号	12Dn	6Dn	4Dn
6:00	15:00	17:00	↓ ヤンゴン	21:00	5:00	7:45
7:48	16:44	18:48	↓ バゴー ↑	18:59	3:16	5:49
12:31	20:59	23:25	↓ タウングー ↑	14:51	23:18	1:27
15:22	23:32	1:57	↓ ネーピードー ↑	11:54	20:36	22:51
18:15	2:11	4:58	↓ ターズィ ↑	8:54	17:49	19:49
21:00	5:11	7:45	マンダレー ↑	6:00	15:00	17:00

ヤンゴン～ネーピードー				
31Up	7Up	駅名／列車番号	32Dn	8Dn
8:00	20:30	↓ ヤンゴン	17:00	4:35
17:00	5:00	ネーピードー ↑	8:00	20:00

ヤンゴン中央駅に停車中の列車

インレー湖方面へ

ヤンゴン～シュエニャウン		
9Up/141Up	駅名／列車番号	10Dn/142Dn
11:00	↓ ヤンゴン	14:40
13:16	↓ バゴー ↑	12:11
22:55	↓ ネーピードー ↑	23:51
7:00	↓ ターズィ ↑	22:00
13:30	↓ カロー ↑	11:45
15:40	↓ ヘーホー ↑	9:20
17:00	シュエニャウン ↑	8:00

※ターズィでは10Dn/142Dnは3時間、9Up/141Upは3時間30分停車。ターズィで列車番号は変わるが同じ列車。

バゴー、モウラミャインへ

ヤンゴン～モウラミャイン						
35Up	89Up	175Up	駅名／列車番号	90Dn	36Dn	176Dn
20:00	7:15	18:25	↓ ヤンゴン	17:30	4:45	6:30
22:50	9:04	20:19	↓ バゴー ↑	15:25	2:45	4:40
1:30	11:55	23:07	↓ チャイトー ↑	12:33	23:55	1:57
2:44	14:04	1:26	↓ タトォン ↑	10:29	21:55	23:47
5:15	16:50	4:00	モウラミャイン ↑	8:00	19:30	20:25

ネーピードー～モウラミャイン		
16Dn	駅名／列車番号	15Up
6:00	↓ ネーピードー	22:00
－	↓ バゴー ↑	－
16:30	↓ チャイトー ↑	11:30
21:20	モウラミャイン ↑	6:15

注：バゴーへは、マンダレー、ネーピードー、シュエニャウン行きなどでも行ける。

バガンへ

ヤンゴン～バガン		
61Up	駅名／列車番号	62Dn
21:00	↓ ヤンゴン	10:30
9:40	バガン ↑	16:00

マンダレー～バガン		
118Dn	駅名／列車番号	117Up
8:30	↓ マンダレー	15:55
14:00	バガン ↑	7:00

ネーピードー～バガン		
107Up	駅名／列車番号	108Dn
5:00	↓ ネーピードー	21:50
15:10	バガン ↑	8:00

ピイへ

ヤンゴン～ピイ		
71Up	駅名／列車番号	72Dn
13:00	↓ ヤンゴン	6:15
20:45	ピイ ↑	23:30

ネーピードー～ピイ		
109Up	駅名／列車番号	110Dn
7:00	↓ ネーピードー	16:40
17:25	ピイ ↑	5:30

ピンウールィン、ラーショーへ

マンダレー～ラーショー		
131Up	駅名／列車番号	132Dn
4:00	マンダレー	21:15
8:22	↓ ピンウールィン ↑	16:40
11:03	↓ ゴッテイ ↑	13:15
13:22	↓ チャウッメ ↑	11:10
14:48	↓ ティーボー ↑	9:30
19:05	ラーショー ↑	5:00

※ピンウールィンには30分停車

マンダレー～ミッチーナー								
57Dn	37Dn	55Dn	41Dn	駅名／列車番号	42Up	56Up	38Up	58Up
9:00	11:30	16:00	17:45	↓ マンダレー	6:40	8:15	12:00	16:00
11:55	14:26	18:39	21:45	↓ シュエボー ↑	18:10	16:32	20:15	0:55
16:50	18:52	23:23	5:40	↓ ゴーリン ↑	23:20	20:00	0:26	4:35
21:12	22:25	2:53	10:05	↓ ナバ ↑	5:20	0:30	4:53	9:21
5:40	6:30	11:15	20:25	ミッチーナー ↑	9:20	3:45	8:00	13:20

■ミャンマー国鉄

URL www.railways.gov.mm
旅行者向けの情報はない。

注：時刻表は2019年11月現在。時刻が変更されるだけでなく、運行中止になることもあるので利用の際は必ず現地で確認のこと。始発駅の出発時刻は比較的正確だが、途中駅の到着時刻は大きく遅れることが多い。

バスの旅

便利なバスの旅

ミャンマー国内をくまなく結ぶ、地元の人々にとって最も一般的な交通手段がバス。車体のサイズやスタイルは実にさまざま。近距離で活躍するのは、トラックの荷台を改造して座席を取り付けただけのピックアップ（トラックバス）や、日本や韓国から輸入された中古の観光バスやスクールバスなど。マンダレー、バガン、インレー湖行きなどの主要路線では、2列+1列のVIPバスが人気だ。スウェーデンのScania製バスを使っているところもある。VIPと普通のエアコンバスの価格差は5000K（400円）程度なので、長距離なら迷わずVIPバスをおすすめする。

割安感のあるバスの旅

ほとんどのバス運賃はチャットで払え、しかも地元の人と同じ料金で利用できることが多いため、割安感がある。路線によっては外国人料金があり、地元の人の倍以上の料金が請求される。

ヤンゴンを中心に地方の主要な都市へは必ず民営バスの便がある。全席指定なので、長い距離をずっと立たされたり、狭いスペースに押し込められる心配もない。しかもほとんどがエアコン付きで、気温の高いこの国では比較的快適な乗り物だ。

そのほかの路線バス

主要路線以外のバスは古い車両が多く、当然乗り心地はあまりよくない。しかも故障やパンクなどのトラブルも頻繁に発生する。ずいぶん改善されてきたものの、地方の道路はまだまだ状態が悪い。幅が狭く路肩も弱いので、追い越しやすれ違いも減速して慎重に行われる。雨季には道端の水田が増水してどこまでが路面なのかわからなくなるような場合もあり、長距離バスの所要時間は運しだいとなる。

バスの利用法

ヤンゴン〜マンダレー間などの路線を走らせている民間のバス会社なら、その会社のオフィスに行けばチケットは手に入る。ヤンゴンなら、ヤンゴン中央駅の向かいにあるボーヂョーアウンサン・スタジアムの南側に、バス会社のオフィスがたくさん並んでいるし、ホテルやゲストハウス、旅行会社でも扱っている。民間の長距離バスは基本的に全席指定。購入の際、座席表に名前を書いてくれる。休憩時間、降車地点などわかりにくいことが多いので、ビルマ語がわからなければ前方の列に席を取ろう。ドライバーや乗務員が気にかけてくれるだろう。ローカルな路線では、チケットはバスターミナルで購入するか、バスに乗り込んでから車掌に料金を支払う。

3列シートで快適なVIPバス

バス車内のサービス

特にヤンゴン〜マンダレー間は、多数の会社が競合しているのでサービスもいい。たいていヤンゴンを夕方出発しマンダレーに翌朝到着するが（逆も同じ）、おしぼりや飲料水のサービスは当たり前。夜行なら歯ブラシをサービスするところもある。会社によっては途中ドライブインで夕食、夜食、朝食が付き、車中ではドラマや映画の上映などもある。食事が付かない会社と食事付きの会社とで運賃が同じ場合もあるので、しっかり確認しよう。座席はもちろんリクライニング。ゆっくり横になれる寝台席を設けているバス会社もある。

バス利用の際の注意

夜行は寒い

エアコンが効き過ぎるので、はおるものや靴下を用意しておこう。

夜行バス車内はうるさい

夜行でもずっと映画や音楽が流されるバスもあり、しかも概して音が大きいので、気になる人は耳栓やアイマスクもあったほうが安心。

座席は早い者勝ち

座席指定のない場合、乗客は乗れるだけ詰め込まれるので、座席を確保したかったら早めにバスターミナルへ行くこと。ただしそれも始発を利用する場合。途中から乗車する場合は、席に座れるなどとは思わないこと。屋根の上に乗っている人も多く、涼しくて快適そうだが、転落の可能性があり危険。

出発30分前集合

予約したり事前に切符を購入してあるバスを利用する場合は、遅くとも出発時刻の30分前には乗り場に到着して、チェックインしておくこと。

中距離ならシェアタクシーもおすすめ

所要4〜6時間の中距離ルートを中心に、シェアタクシーも利用できる。車は乗用車またはミニバンで、定員以上に詰め込まれることが多いが、バスより速い。ルート周辺なら、宿泊先のホテルなど希望の場所で乗り降りできるのもメリット。流しのシェアタクシーでは、後部座席や荷台から人が出てきて襲われ、金品を奪われるなどのトラブルもあるので、必ず宿泊先のホテルや旅行会社で手配した車を利用すること。

■おもな長距離バス会社リスト

ヤンゴンと地方を結ぶおもな長距離バス会社は下記のとおり。番号はP.39内アウンミンガラー・ハイウエイ・バス・ターミナル地図に対応している。

	バス会社名	電話番号	URL
バガン、マンダレー、インレー湖方面			
①	Bagan Minthar	09-7323-8057、09-5158-650	baganminthar.com
②	BOSS	09-9250-428828	bossexpress.com.mm
③	ELite Express	09-9778-38311～377	www.eliteexpress.com.mm
④	Famous	09-7880-06611/622/633/644	famoustravellerinternational.com
⑤	GI	09-4210-12001	www.giexpressmm.com
⑥	JJ	09-7312-3571/572/573/574	www.jjexpress.net
⑦	Lumbini	09-9779-08011、09-9779-08022	www.lumbinimm.com
⑧	Mandalar Minn	09-5020-181	mandalarminn.com.mm
⑨	Shwe Mandalar	09-5042-644、09-4593-95553	shwemandalarexpress.com
⑩	Golden Sin Setkyar	(01) 704759、09-4251-40341～2	ssskexpress.com
⑪	Myat Mandalar Htun	09-2050-907、09-2050-919	myatmandalartun.com
ピイ方面			
⑫	New Generation (Myo Sat Thit)	09-8017-129、09-4282-07042	－
チャイティーヨー、モウラミャイン方面			
⑬	Thein Than Kyaw	09-4200-41345、09-7966-37001	－
⑭	Win	(01) 706886、09-7774-44095～6	FB Win Express + Win Guest House
⑮	Yoe Yoe Lay	09-9778-28870	FB Yoe Yoe Lay Express
モウラミャイン、ダウェイ、ベイ、コータウン方面			
⑧	Mandalar Minn	09-5020-181	mandalarminn.com.mm
⑯	ATW	09-4252-66283	www.atw-minthitsar.com
⑰	Golden Mandalay	09-2050-907、09-2050-919	－
⑱	Man Yar Zar	09-4200-49777、09-7315-2527	mannyarzar.com
パアン、ミャワディ方面			
⑤	GI	09-4210-12001	www.giexpressmm.com
⑧	Mandalar Minn	09-5020-181	mandalarminn.com.mm

船の旅

ミャンマーならではの船旅体験

エーヤワディー川、チンドウィン川、タンルウィン川と大河が多く、デルタ地帯には大きな支流が無数に流れているミャンマーでは、河川を利用した水運が盛んだ。船の旅は時間がかかるが、大河をのんびり移動する体験はなかなかできるものではない。時間に余裕があったら、ぜひ試してみよう。海と違って波がないので揺れることが少なく、のんびりと移動できる。

川下りを楽しむ

外国人旅行者に人気なのが、エーヤワディー川をマンダレーからバガンまで下る路線。だいたい毎日運航されており、マンダレーを早朝発、バガンには同日夕方着。大きな川を下るだけなので揺れもほとんどないし、途中何ヵ所か寄港するので珍しい風物を見物することもできる。所要9～14時間となっているが、天候や水量に大きく左右される。予定よりもかなり早く到着することがあるかと思えば、砂嵐に巻き込まれたり、水量が足りなくて船が進めず、途中で引き返すといったアクシデントもある。

切符の買い方

マンダレーとバガンを結ぶ路線は、ヤンゴン、マンダレー、バガンのMTTや旅行会社で買える。ホテルで扱っている場合もあるのでスタッフに聞いてみよう。

飛行機、バスなどのチケット予約サイト（URL flymya.com →P.263）でも買える。

船利用の注意

船にも外国人料金が適用され、割高な料金を取られる。その代わり居住スペースとなるデッキの一部が外国人専用に割り当てられ、ミャンマー人用よりは居心地のいい場所が確保されている。

ホテル

ミャンマーのホテル事情

ヤンゴンやバガン、マンダレー、ネーピードーなどで新しいホテルの建設や既存のホテルの増改築が進んでいる。

ホテルの種類

ミャンマーで外国人が利用できる宿泊施設には、ホテルとゲストハウス、ホステルがある。名称による設備の差はなく、ゲストハウスやホステルは料金の安いホテルの一種と考えよう。

ホテルの料金

定価は一応あるもののシーズンによって変動が大きく、空いている時期や連泊なら割引に応じてくれる可能性が高い。チェックインの際に交渉してみよう。中～高級ホテルなら、直接予約するより旅行会社を通したほうが安くなる場合がほとんど。

朝食について

ホテルのグレードにかかわらず、外国人の利用が多い所ではたいてい朝食が付く。本書掲載の料金も、特記がなければ朝食付き。内容はホテルによってさまざまだが、基本はトーストと簡単な卵料理に果物、コーヒーか紅茶のアメリカン・ブレックファスト。麺やインドのチャパティ、パンケーキなどが選べるホテルもある。ホテルのグレードが上がれば料理も豪華になり、ビュッフェになる所もある。

グレード別ホテル解説

高級ホテル（1泊US$100程度～）

ミャンマーのなかにある別世界。広々とした客室にはWi-Fi、エアコン、衛星放送チャンネル付きテレビ、国際直通回線付き電話、冷蔵庫などの設備は当たり前。バスルームにはアメニティキットが備えられ、お湯もふんだんに出る。制服を着た従業員のサービスも行き届いており、停電になっても自家発電装置を備えているので安心だ。プールやフィットネスセンターはもちろん、西洋料理や日本料理の本格的なレストランがあり、どうしてもミャンマーの食事になじめない人には助かるだろう。

中級ホテル（1泊US$30～100）

エアコンの効いた室内には清潔なシーツで覆われたベッド。床には絨毯が敷かれ、Wi-Fi、電話、冷蔵庫、衛星放送チャンネル付きテレビ、クローゼットやライティングテーブルなども備えられている。バス、トイレ付きだがバスタブがあるかどうかはホテルや客室による。レストランでは比較的まともな洋食や中国料理を食べられる。古くからあるホテルの場合、例えばイギリス植民地時代の建物を改装したような趣のあるホテルは、チークなどの

ヤンゴンのホテル事情

2012～2013年には、ビジネス客の急速な増加に伴い、ビジネス客向けホテルの予約が困難を極めた。新しいホテルの建設が追いつかず、客室の絶対数が足りないのをいいことに、宿泊料の高騰が続いていた。しかし2014～2015年には大型ホテル、中級ホテルが増えたことにより、法外な宿泊料金の値上げも減り、価格は少し落ち着いてきた模様。2020年以降もダウンタウン周辺でも高級ホテルのオープンが相次ぐ予定で、アップタウンにも建設中のホテルが多数あり、選ぶ楽しみも増えそう。

安宿では、ダウンタウンを中心に、こぎれいなドミトリー（大部屋）形式のゲストハウスが増えている。なかには、カプセルホテルのようなスタイルの宿もある。1ベッドUS$10程度と安いので、バックパッカーに人気だ。

高級ホテルのウエルカムフルーツ

宿泊を決める際のチェックポイント

- 部屋に窓はあるか
- 部屋やバスルームが清潔か
- お湯が出るか
- トイレはちゃんと流れるか
- エアコンの効き
- 電気が使える時間
- インターネットの接続
- 従業員の雰囲気
- ホテル周辺の環境（隣がカラオケレストランだったりすると、深夜までうるさくて眠るどころではない）

木を多用した造りになっており、部屋は広くて天井も高く、優雅な気分を味わえる。

ホステル（1泊US$10～）

ヤンゴン市内に増加中のモダンな安宿。ビルの数フロアを改装し、客室はドミトリー（大部屋）式が多い。ベッドを並べるだけではなく、各ベッドにカーテンや仕切りを設けるなどしてプライバシーに配慮、電源や読書灯なども設置し、共用スペースでは簡単な飲食もできるところが多い。当然無料Wi-Fiあり。外国人旅行者の利用が多く、旅の情報交換にも適している。

安ホテル、ゲストハウス（1泊US$8～30）

タイル張りか板張りの狭い部屋に古ぼけたベッドが1台か2台。ほかには小さな机と椅子がある程度。バス、トイレ共同でエアコンなしというような部屋ならさらに安く利用できることもある。マンダレーなど安宿間の競争が激しい町では、シングルUS$10程度の部屋でもエアコン、テレビ、電話が備えられているところがある。大きなビルのフロアを小さく仕切って使っている場合、部屋には窓のないことが多い。

各部屋にエアコンがないような安宿の場合でも、ロビーはエアコンが効いていて大きなテレビが置いてあったり自由にお茶を飲めるようになっていることが多い。そこでは従業員や宿泊客、あるいは自称ガイドがたむろしており、旅の情報交換に適している。

予約の必要性

ヤンゴンとネーピードーは、初日は予約が必須。ほかの地方では、安いゲストハウスは電話が通じにくいこともあり、特に予約の必要はない。たいていフロントには24時間誰かがいるが寝ている場合もあるので、深夜や早朝に着く場合は予約しておいたほうがいい。地方都市ではそもそも旅行者の数が少ないので、満室になることはあまりない。ただしご当地のお祭りやイベントなどが行われる場合は、早めに予約をしよう。

ホテルの探し方

ミャンマーでのホテル探しは、基本的には自力がすべて。飛行機でヤンゴンに到着した場合、まずタクシーで市内へ入り、適当な場所で降ろしてもらって宿を探さなければならない。あるいはタクシーの運転手に紹介してもらう方法もある。到着が夜で不安なら最初の1泊は本書で紹介しているようなホテルを利用し、翌日明るくなってから本格的な宿探しをしよう。

地方都市へ行けば町は小さいし、外国人が泊まれる宿もかぎられている。バスターミナルや鉄道駅にいるサイカーやタクシーのドライバーは、相手が外国人と見れば身なりで判断して、バックパッカーなら安宿、そうでなければそこそこのホテルへ連れていってくれるだろう。ただしチェックインする前に、必ず料金や部屋の様子を確認すること。高級ホテルを除いて、同じホテルのなかでも部屋のコンディションが大きく異なるケースがある。

ホテル利用の注意点

歩いて探す場合

外国人が宿泊できるホテルは、政府が発行したライセンスをもっている。英語でゲストハウスやホテルの看板を出していても、ライセンスがないと外国人は利用できない。明らかにガラガラなのに宿泊を断られた場合、そのホテルはライセンスをもっていないと考えよう。

宿泊料の支払い

基本的に米ドルまたはチャットの現金で支払うが、安宿の場合、米ドルだと若干割高になる。中級以上のホテルではクレジットットカードが使える所が増加中だが、高い手数料が加算されるケースがあるので注意が必要。

予約の方法

メールやネットでの予約は反応が遅いことが多い。ホテル予約サイトや電話が確実。

電気の使える時間

ミャンマーでは停電は日常茶飯事。そのためほとんどの宿は自家発電装置を備えている。同じレベルのホテルでも自家発電装置を稼働させる時間に差があるので、宿泊の際は電気が何時から何時まで使えるのかも確認したほうがいい。電気がなければエアコンが使えないのはもちろんのこと、ホットシャワーがほとんど電気湯沸かしタイプなので、お湯も浴びられなくなる。

バスルームの清潔さも大切なポイント

インターネットでホテル探し

ミャンマーのホテルが予約できるおもなウェブサイトは以下のとおり。

Agoda
URL www.agoda.com
ブッキング・ドットコム
URL www.booking.com
HotelClub.com
URL www.hotelclub.com

予約サイト利用時の注意

予約サイトを使う場合、高級ホテルは安くなることが多いが、安いホテルやゲストハウスはむしろ直接予約したほうが安い場合もある。

食事

店先にズラリと並んだカレー各種。おいしそう

ビルマ料理店での注文方法
ビルマ風カレーを注文した場合、同時に皿に盛られたご飯、スープ、箸休めの生野菜、煮つけなどの副菜が運ばれてくる。スープはンガピ（小エビを発酵させたミャンマー独特の調味料）の風味が効いており、不思議な酸味がありおいしい。スープの具には葉野菜や歯応えのある根菜がいろいろ入っているのが普通。店によっては西アジアっぽい豆のスープや、ハルサメなどが入った中華風のスープを出すこともある。生野菜は小ぶりのキュウリやナスなどの実野菜やいろいろな葉野菜などが茎ごと数種類盛られている。副菜の種類や数は、店によってばらつきがある。10種類以上出される店もあれば、ほんの1～2種類のこともある。ご飯やスープ、生野菜、副菜はたいてい食べ放題だ。
数人で食事する場合、ご飯はボウルからそれぞれの皿によそって食べる。一見かなり大量だが、パラパラのインディカ種のうるち米なのでけっこうたくさん食べられる。数人での食事なら、カレーをそれぞれ注文するだけでもずいぶん豪華な雰囲気になる。もちろん肉や野菜の煮物や炒め物、サラダ風のあえ物など、ほかの料理も注文できる。

油責めから逃れるには
ミャンマーの料理は全体的に非常に油っこいので、胃腸が油に負けそうになったら中国料理店で湯麺類を食べたりするという方法もある。チャーハンやヤキソバは、ほかの国で出されるものに比べるとかなり油っこく、たいてい目玉焼きがのっている。

ミャンマーの食事

食事は旅行中の大きな楽しみのひとつ。せっかくはるばるミャンマーを訪れたのだから、いろいろな食べ物を体験して帰りたい。ミャンマーでは以下のようなものが食べられる。

ミャンマーのレストラン

ビルマ料理

飲食店のなかで最も多いのはもちろんビルマ料理店だ。一般的な店では、店頭に大きな鍋がいくつか並べられており、その中にそれぞれ具の違うビルマ風カレー（→P.272）が入っている。食べたい物が決まっている場合は席に着いてから注文すればいいし、何があるのかわからなければ鍋の中を見せてもらえばいい。地元の人でも、鍋の中身を見ておたまでかき混ぜたりしながらどれにしようか思案する人がよくいる。

中国料理

ビルマ料理店に次いでよく見かけるのが中国料理店だ。地方都市では、テーブルクロスがかかりエアコンが効いているような高級レストランは、たいてい中国料理店。漢字の看板が出ているので日本人には探しやすい。さらにほとんどの店でメニューに漢字が併記されているのもありがたい。日本でなじみのあるメニューが並んでいるのを発見するはずだ。ヤキソバやチャーハンなどご飯や麺のひと皿ものを注文すると、スープが付くことが多いのがミャンマー風。

インド料理

大きな町ではインド料理店も見かける。サフランライスとチキンやマトンの炊き込みご飯「ダンバウ（ビリヤニ）」を店頭の大鍋で蒸らしていたりする。くぼみの付いた大皿にご飯と数種類のカレー、チャツネ類を盛った定食風の料理も食べられる。カレーやご飯がなくなりそうになるとすぐにお替わりを盛ってくれるのも本場風。そういう店ではおいしいミルクティーが飲める。

そのほかの料理

日本料理店が増加中。日本人経営の高級レストランには日本人が集まり、ひと皿1000Kという日本の回転寿司並みの価格の寿司屋はミャンマー人でにぎわっている。洋食を食べさせるレストランは、高級ホテルやショッピングセンター、ヤンゴンのアップタウンに続々オープンしている。

ファストフード、カフェチェーン

ハンバーガーやフライドチキン、ドーナツの店がヤンゴンをはじめとする主要都市に何軒もある。いちばん人気はKFC（ケンタッキー・フライドチキン)。外資系はタイやシンガポールなどアジア系チェーンの進出に始まり、ショッピングモールの中などに多数出店している。

屋台

市場やバスターミナル周辺といった人出の多い場所には、必ず何かしら食べ物の屋台が出ている。大鍋をいくつも並べて何種類ものカレーを提供するような、普通の食堂と遜色のない屋台もある。

しかし屋台で一般に食べられるのは、おもに麺類だ。すでにゆであげられた麺がテーブルの上に並んでおり、その脇では鍋に入ったスープが火にかけられ温められている。麺やスープの種類が選べる所もあり、指さすだけで1杯作ってくれる。テーブルの上にはいろいろな具や薬味が並んでおり、自由に入れられる。

スナックと喫茶店

小腹がすいたら屋台に座って麺を1杯食べるのが地元流だが、喫茶店でお茶を飲むのもいいだろう。ミャンマーの人は喫茶店でお茶を飲むのが好きだ。低いテーブルと日本の風呂場にあるような低い木やプラスチックの椅子を並べた路上の喫茶店から、車で乗りつけるような郊外型のおしゃれなカフェまで、スタイルはさまざま。

支払いの方法

ファストフードの店を除いて、支払いは飲食終了後が普通。食事が終わったら席に着いたまま、合図をして会計をしてもらおう。ビルマ語で「シンメー」、英語で「Check, please.」と言ったり、自分のテーブルを指さすなどすれば通じる。ミャンマーでは店の人を呼ぶのに、「チュッ、チュッ」とネズミの鳴き声のような音を口で出す。屋台や喫茶店ならひと皿、1杯いくらの明朗会計だし、レストランでもたいてい明細付きのレシートを書いてくれる。

ミャンマー風のコーヒーや紅茶
高級ホテルのレストランなどではコーヒーや紅茶を注文するとミルク、砂糖は別々に持ってくるが、町なかの喫茶店では最初からコンデンスミルクや砂糖が大量に入った甘いコーヒーや紅茶が出される。普通のミルクよりもコンデンスミルクの入ったものが高級で、「コーヒー・シェー」「ティー・シェー」(“シェー”は“スペシャル”がなまったもの)と呼ばれる。必ず中国茶のサービスがあり、テーブルの上にポットやヤカンに入ったお茶と小さな湯飲みが用意されている。こちらは飲み放題。注文したコーヒーや紅茶がなくなったあとに中国茶を飲みながら延々とねばっていても、文句は言われない。

喫茶店のおつまみ
喫茶店では、お茶と一緒につまむお菓子が各種用意されている。インド系の喫茶店なら店頭でロティー(インド風クレープ)を焼いているし、普通の喫茶店でも席に着くと同時にクッキーやカステラ風のお菓子、サモサや揚げパン、店によっては蒸した饅頭や焼売などの点心類がある。これらは注文しなくても運ばれて来て、食べたぶんだけ支払うシステム。

支払い額はしっかり確認を
概して人心のいいミャンマーだが、外国人旅行者の多い地域ではボラれたりごまかされたりするケースも散見されるので、支払いの際のチェックは怠らないように。

ミャンマーの料理あれこれ　土橋泰子

最も気軽に食べられるモヒンガー

ミャンマーの代表的な食べ物といえば、どこででも食べられるものとしてまず「モヒンガー(麺類のスナック)」を挙げたい。麺は外見も口当たりも日本のそうめんにそっくりだが、米の粉から作られている。基本的にはゆでた麺の水気を切って小鉢に盛り、別に煮てある魚をベースにした汁をかけて供される。

この場合の魚は淡水魚、それも味がよいとされる高級ナマズを材料にしたものが一級品である。いずれにしろ魚をまるごと煮込んだうえ、骨などを除いて身とだし汁を使うのだから、味が悪いはずがない。しかもタマネギ、ニンニク、ショウガ、トウガラシを下味に、パプリカ、きな粉、バナナの若芽の芯、魚醤油などでさらに煮込むから、麺のつゆとしては栄養学的にも完璧といえる。

薬味もいろいろあり、ゆで卵のスライス、魚のすり身の揚げもの(日本のさつま揚げそっくりで薄切りにする)、ライム、トウガラシ粉、ラー油、魚醤油、そしてなくてはならない香菜(独特の香りがあるコリアンダーの葉)などを食べる人の好みで添える。

屋台などでは、ゆで卵やさつま揚げは別料金になることもある。家庭でも作るが、市場や寺院周辺といった人出の多い場所には必ず屋台が出ている。

もうひとつの麺類

「オンノゥ・カウソエ」という麺料理もおいしい。オンノゥとはココナッツミルクのことで、カウソエは麺（特に中華そば系）を意味する。そばは普通にゆで、いくらか油をからませくっつかないようにしてある。かけ汁は小指大に刻んだ鶏肉をタマネギ、ショウガ、ニンニク、トウガラシ、魚醤油などで煮込み、色づけと風味出しにパプリカときな粉も加える。途中でココナッツミルクを加えるのがミソで、これがまろやかさとコクを醸し出す。オンノゥ・カウソエも薬味はモヒンガー同様多数揃え、食べる人の好みに任せる。モヒンガーとの違いは、薬味としてカリカリに揚げた麺を少々つぶしてふりかけること、麺が必ず中華麺であることなどだ。

地方の名物

マンダレー（ミャンマー第2の都市。最後の王都でもあった）では名物の麺類「マンダレー・モンティー」を食べたい。ヤンゴンでも食べられるようになってきたが、マンダレーに行くとこの看板が目につく。これもビルマ麺だが、きしめんのように幅が広い。やはりゆでた麺にたれの汁をかける。汁の主材料は小さく刻んだ鶏肉で、タマネギ、ニンニク、トウガラシのほか、完熟トマトも下味として鶏肉ともども煮込む。下味は、塩と魚醤油でつける。薬味はきな粉、薄切りタマネギを水にさらしたもの、薄切りタマネギをカリカリに揚げたもの、ゆでモヤシ、ライム、コリアンダーの葉、ラー油など。

ご飯物とカレー

ご飯とおかずのセットを食べる場合は、普通の白いご飯なら「タミン」と言えば通じる。カレー風の煮込みは名前の最後に「ヒン」とついているはずで、例えば鶏肉カレーなら鶏肉を意味する「チェッター」＋「ヒン」で「チェッター・ヒン」。エビ（バズン）のカレーなら「バズン・ヒン」だ。

日本でカレーを食べる場合はスプーンだけを使うが、ミャンマーをはじめインド、東南アジア食文化圏では右手にスプーン、左手にフォークを持って食事をする。鶏肉カレーのように骨付きの料理は、スプーンをナイフ代わりに使って身を外す。ご飯とカレーを混ぜる際にはフォークを手前に、スプーンをその後ろに添え、前後に寄せ合うように混ぜて食べる。本来この食文化圏では右手を使って食べるのが普通なのだが、レストランやホテルではフォークとスプーンが使われる。

ご飯物では、純ビルマ風とはいえないが、炊き込みご飯系でおいしいのが「ダンバウ・タミン」だ。インド、あるいはそれ以西から伝わったといわれている。大ぶりに切った骨付き鶏肉のカレーをなるべく汁を少なく煮ておく。おおかた炊き上がったご飯を別の大鍋に少し入れ、その上に鶏肉カレーを平らに敷く。その上にまたご飯、そしてカレーという具合に何段もの層を作り、最後に味がしみてご飯に火が通るようにもう一度弱火で炊いた料理だ。これは清潔なバナナの葉（この国ではお皿代わり、あるいは日本の竹の皮のようにバナナの葉を使う）の上にどさっと置いてもらい、右手で混ぜたり鶏肉をつまんでしゃぶったりして食べるのがいちばんおいしい。

食べるお茶

この国独特の食べ物として忘れてならないのが食べるお茶の「ラペッ・トウッ」だろう。ミャンマー東北部はお茶どころだが、お茶は飲用だけでなく食用としても生産されている。

つみ取ったお茶の葉を湯通ししてから大きい壺に詰めて密封し、土中に埋めて発酵させる。この漬け茶に、カリカリ揚げのニンニクや薄切りタマネギ、揚げた豆類、塩、油などを混ぜて少量食べる。漬け茶にはお茶独特の渋味、苦味のほか、発酵による若干の匂いもあるが、油の多いビルマ食のあとにはさっぱりしていい。眠気覚ましにもなる。

当然お茶も愛飲されている。もしビルマ茶が飲みたければ、「ラペッイエ・ジャン」と注文すれば濃いウーロン茶のようなお茶が出るはずだ。「ジャン」まで言わず「ラペッイエ」とだけ言うと、紅茶が出てくる。

飲食する場所

ビルマ料理や麺類をどこで食べるかというと、市場など人出の多い所には必ず屋台が出ているが、外国人にはやはり屋台ではなく名の通ったホテルやレストランが無難だろう。かつてビルマ人には仏教思想から、食べ物は人に振る舞うものでお金で売るものではないという観念があって、零細な屋台のモヒンガー屋などは別として、ビルマ料理店はほとんどなかった。経済観念の高まりにつれて、ビルマ料理を出すホテルや料理店も増えているので、食いしん坊の外国人にはありがたい。

マナー、習慣

気をつけるべきミャンマーのマナー

軍の施設は撮影禁止：軍人や軍の施設、制服警官は撮影禁止なので、カメラやスマホを向けないように。

仏塔や寺院の境内は土足厳禁：仏塔、寺院の敷地内は土足厳禁で、ストッキングや靴下も不可。完全な裸足になること。靴は不便なので、ゾウリやサンダルなどの用意を。

女人禁制の場所に注意：仏塔内部、寺院の本堂には、女性が入れないエリアがある。特に本尊近くの区画は女人禁制のことが多い。

僧侶には敬意を払う：仏教の僧侶はたいへんに敬われている。外国人でも僧侶は尊重し、敬意を払うこと。僧侶の戒律のひとつに「禁欲戒」というものがあり、それを乱すことになるので女性は僧侶に触れてはいけない。

頭を触らない、人を指ささない：人の頭は神聖な場所なので、むやみに触らないように。人を指さすのは失礼な行為なので、これもしないこと。

怒らない：怒りの感情を表に出すことは、はしたないことだと考えられている。特に大声を出して怒るのはみっともない行いなので、万一腹が立つ事態に遭遇しても怒鳴ったりせず、冷静に対処しよう。

相手の文化を尊重しよう
無用のトラブルを避けるためにも、ミャンマーを旅する際に最低限注意しておきたいことがある。現地のマナーに気をつけて、周囲の人に迷惑をかけないようにしよう。

準軍事施設に注意
鉄道駅や大きな鉄橋、空港、港湾施設、ガソリンスタンドなども準軍事施設にあたり、基本的には撮影禁止。

履き物預かり所
大きな仏塔や寺院なら履き物預かり所があるので、履き物を放置するのが心配ならそこに預けよう。預かり所を利用した場合は、履き物の受け取りの際に100K程度の心づけを渡すこと。

写真撮影について
外国人旅行者が僧侶を撮影する際にポーズを要求するケースがあり、失礼だと問題になっている。たとえ観光名所となっている寺院や僧院でも、そのような行為は厳禁。

INFORMATION

ミャンマーでスマホ、ネットを使うには

まずは、ホテルなどのネットサービス（有料または無料）、Wi-Fiスポット（インターネットアクセスポイント。無料）を活用する方法がある。ミャンマーでは、主要ホテルや町なかにWi-Fiスポットがあるので、宿泊ホテルでの利用可否やどこにWi-Fiスポットがあるかなどの情報を事前にネットなどで調べておくとよいだろう。ただしWi-Fiスポットでは、通信速度が不安定だったり、繋がらない場合があったり、利用できる場所が限定されたりするというデメリットもある。ストレスなくスマホやネットを使おうとするなら、以下のような方法も検討したい。

☆各携帯電話会社の「パケット定額」

1日当たりの料金が定額となるもので、NTTドコモなど各社がサービスを提供している。

いつも利用しているスマホを利用できる。また、海外旅行期間を通しではなく、任意の1日だけ決められたデータ通信量を利用することのできるサービスもあるので、ほかの通信手段がない場合の緊急用としても利用できる。なお、「パケット定額」の対象外となる国や地域があり、そうした場所でのデータ通信は、費用が高額となる場合があるので、注意が必要だ。

☆海外用モバイルWi-Fi ルーターをレンタル

ミャンマーで利用できる「Wi-Fiルーター」をレンタルする方法がある。定額料金で利用できるもので、「グローバルWiFi（【URL】https://townwifi.com/）」など各社が提供している。Wi-Fiルーターとは、現地でもスマホやタブレット、PCなどでネットを利用するための機器のことをいい、事前に予約しておいて、空港などで受け取る。利用料金が安く、ルーター1台で複数の機器と接続できる（同行者とシェアできる）ほか、いつでもどこでも、移動しながらでも快適にネットを利用できるとして、利用者が増えている。

ルーターは空港などで受け取る

ほかにも、いろいろな方法があるので、詳しい情報は「地球の歩き方」ホームページで確認してほしい。
【URL】http://www.arukikata.co.jp/net/

通信事情 インターネット、電話、郵便

地方都市の通信事情
ヤンゴンやマンダレー、ネーピードーなど以外の地方都市はまだまだ発展途上。Wi-Fiが使えるだけありがたい、ぐらいに考えよう。固定電話はしばしば断線する。ホテルやレストランがたいてい固定電話と携帯電話それぞれの番号をもっているのはこのため。

インターネット・カフェ
都市や観光地には、店内にパソコンが並ぶインターネット・カフェがあるが、スマートフォンの普及により、その数は減少している。店やパソコンによっては、日本語表示不可。日本語は読めるが入力できないこともあるので、利用する前に確認しよう。料金は1時間500K程度〜。

通話料は携帯がお得
固定電話からかける国際電話は1分間US$3など高額。携帯電話では、プランによるが1分200K程度。

日本の携帯で国内通話
ミャンマー滞在中に日本の携帯電話からミャンマー国内に電話をかける場合、国際電話になるので注意。

インターネット事情

ほとんどのホテルやゲストハウスではWi-Fiが無料で利用できる。Wi-Fiはレストランやカフェ、ショップやマッサージ店にも導入されており、店のサービスを利用すれば無料で使える。客室位置や通信サービスによっては接続が不安定で遅いこともある。停電も多く、ホテルや航空券の予約途中で通信不能になってしまって困った、という事態もしばしば。重要なやりとりをする場合は、最寄りの高級ホテルのカフェなどでWi-Fiを利用するのもひとつの手。お茶代は少々かさむが、冷房の効いた快適な環境でネットサーフィンできる。「地球の歩き方ホームページ」では、ミャンマーでのスマートフォンなどの利用方法をまとめた特集ページを公開中。

URL www.arukikata.co.jp/net

ミャンマーの電話事情

スマートフォンや携帯電話を持っていない場合は固定電話を利用。固定電話はホテルからかけるのが確実。

国内電話

受話器を上げ、発信音を確認したら電話番号をダイヤルする。呼び出し音は長めのパルス音で、話し中の場合は断続的に短いパルス音。何も聞こえなければ断線中。

国際電話

一般の加入電話ならダイヤル直通で国際電話がかけられる。料金は事前に確認しよう。

国際電話のかけ方

ミャンマーから日本へ ＋ 国際電話識別番号 00 ＋ 日本の国番号 81 ＋ 市外局番と携帯電話の最初の0を取る ＋ 相手の番号

日本からミャンマーへ ＋ 国際電話会社の番号 ＋ 国際電話識別番号 010 ＋ ミャンマーの国番号 95 ＋ 市外局番と携帯電話の最初の0を取る ＋ 相手の番号

電話の種類	国際電話会社	国際電話番号	問い合わせ・渡航中紛失の際の利用停止	通話料	着信料(1分)
日本国内から					
固定電話	KDDI	001 ※1	Free 0057	153円(30秒)	−
	ソフトバンク	0061 ※1	Free 0120-0088-82	138円(30秒)	−
	NTTコミュニケーションズ	0033 ※1	Free 0120-506506	65〜90円(30秒)	−
ミャンマー滞在中					
携帯電話	au	005345 ※2	+81+3+6670-6944 ※2	国内180円/国際480円(1分)	230円
	ソフトバンク	0046 ※2	+81+92+687+0025 ※2	国内200円/国際500円(1分)	250円
	NTTドコモ	009130 ※2	+81+3+6832-6600 ※2	国内200円/国際500円(1分)	220円

※1:「マイライン・マイラインプラス」の国際区分に登録している場合は不要。詳細は、URL www.myline.org
※2 年中無休。そのキャリアの端末からかける場合は通話料無料。国際電話番号を押さずに、「0」を長押しして「+」を表示の後に国番号から続けてもかけられる。NTTドコモは事前登録が必要

スマートフォン、携帯電話の利用

日本との連絡手段や、ミャンマー国内でのホテルや交通機関の予約など、現地で使える携帯電話を持っていると何かと便利。

日本の携帯をそのまま使用

ミャンマー国内でNTTドコモ、au、ソフトバンクの3社が国際ローミングサービスを行っている。日本国内で使っている携帯がそのまま利用できるが、地方では通じない、あるいはヤンゴンでも圏外になることもある。通話料やデータ通信料が高く、着信時にも料金がかかるので注意しよう（通信料等は→P.274）。

SIMフリー携帯、スマートフォンを使用

2019年10月現在、ミャンマー国内で携帯電話ネットワークを展開しているのはMPT、テレノール（ミャンマー風発音は“テリノー”）、ウーレドゥー、マイテルの4社。プリペイドSIMは一律1500Kで、通話やインターネットのデータ通信料金をトップアップ（チャージ）する。SIMはヤンゴン国際空港の到着ロビーにある通信各社のショップで購入でき、データ通信用のトップアップも同時にできる。設定なども店の人がやってくれる。

携帯電話&スマホの料金目安

携帯電話やスマートフォンの通話／データ通信料金は、日本に比べるととても安い。旅行者向けツーリストSIMも各社が販売している。国内最大手のMPT（ミャンマー国営電気通信事業体）の料金を例にとると、国内通話23K/分、国内SMS10K/回、日本への国際通話200K/分、データ通信6K/MB。ツーリストSIMパッケージ（30日間有効）だと4Gインターネット1GB+1000Kの通話料で2500K（2020年1月現在）。

ミャンマーの郵便

ミャンマーから日本へ送る場合は、はがきや封書の表に大きく「JAPAN」と書いておけば、残りの宛先はすべて日本語でも大丈夫。ミャンマーの郵便事情は、日本が郵便ノウハウに関する技術指導を実施し、サービスの品質が改善、向上しているところ。小包はEMSが確実で便利。

現地で携帯端末購入

SIMフリーの端末は現地でも調達できる。通信会社各社が3万K程度の格安スマートフォンを販売しているので、ウェブサイトや公式ショップでチェックしよう。中古品を言い値で販売している店で買うより安心。日本語入力が可能かどうかの確認も忘れずに。

お得なパックをチェック

インターネットをメインに使う場合は、各社が提供しているデータ通信用のパッケージがお得。随時プロモーションも行われており、旅行者用SIMもある。

MPT
URL www.mpt.com.mm/en

テレノール
URL www.telenor.com.mm

ウーレドゥー
URL www.ooredoo.com.mm

マイテル
URL www.mytel.com.mm

意外にある！　充電スポット

旅先で困るのが携帯電話の充電。実はミャンマーではいろいろな場所で充電できる。空港、寺院や鉄道駅に設置された充電コーナー、長距離バスが休憩に立ち寄るレストラン、ファストフード店や喫茶店のテーブルや柱にあるコンセント。座席にUSB充電ポートがついているVIPバスもある。いつでも充電できるよう、USBケーブルと充電器は手荷物に常備しておこう。

中央郵便局
MAP P.33-D4
住 125, Maha Bandoola Rd. (Corner of Pansodan Rd.), Kyauktada T/S
開 月～金7:00～18:00
休 なし

日本までの郵便料金
はがき：1000K
封書：20gまで1000K～
EMS：URL www.ems.com.mm

旅のヒント Hints

日本の協力でミャンマーの郵便事情改善

ミャンマーの郵便事情は、日本の技術協力により改善している。送達率の上昇だけでなく、国内各地でふるさと切手を発行したり、郵便局ごとに特徴のある風景印（消印）を押印してくれたり、切手付き封筒を販売するなど、旅行者にとっても手頃なおみやげになるうれしいサービスも展開中。

ヤンゴンの中央郵便局は、植民地時代に建てられた趣きのある建物。前述の切手や封筒なども販売されているので、建物の見学がてら足を運んでみよう。正面入口前の歩道脇には、日本の協力で立てられた日本風の郵便ポストも設置されている。

2014年には安倍総理も視察に訪れた中央郵便局

旅のトラブルと安全対策

在ミャンマー日本国大使館
MAP P.35-C1
住 100, Nat Mauk Rd., Bahan T/S
☎ (01) 549644～8
FAX (01) 549643
URL www.mm.emb-japan.go.jp
開 月～金8:30～17:15
領事窓口は月～金8:30～16:00(緊急の場合は24時間対応)
休 土・日、年末年始、ミャンマーの祝日

パスポート紛失時の必要書類および費用
■失効手続き
・紛失一般旅券等届出書
・共通：写真（縦45mm×横35mm） 1枚 ※3
■発給手続き
・新規旅券：一般旅券発給申請書、手数料（10年用旅券1万6000円、5年用旅券1万1000円） ※1 ※2
・帰国のための渡航書：渡航書発給申請書、手数料（2500円） ※2
・共通：現地警察署の発行した紛失・盗難届出証明書
・共通：写真（縦45mm×横35mm） 1枚 ※3
・共通：戸籍謄本または抄本1通 ※4
・帰国のための渡航書：旅行日程が確認できる書類（旅行会社にもらった日程表または帰りの航空券）
※1：改正旅券法の施行により、紛失した旅券の「再発給」制度は廃止
※2：支払いは現地通貨の現金で
※3：撮影から6ヵ月以内。IC旅券作成機が設置されていない在外公館での申請では、写真が3枚必要
※4：発行から6ヵ月以内。

一般的な感染対策
よく手を洗う
基本中の基本はこれ。
生水、氷は避ける
生水はできるだけ口にしないこと。ボトル入り飲料水を常に1本携帯しておこう。
生物、生野菜、カットされた果物も避ける
ビルマ料理レストランで出される生野菜は肥料に人糞を使っている場合寄生虫の心配がある。カットされて出される果物も、包丁や皿が菌で汚染されていたらアウト。果物は自分でむいた物を食べよう。川魚は寄生虫がいる可能性もあるので、しっかり火の通った料理を食べること。
カレーなどは煮込まれているので安心。

ミャンマー旅行のトラブル

ときどき政治的な騒動が発生することがあるが、そのような時期はまず入国できなくなることが多いので、自ら望まないかぎり旅行者が巻き込まれる可能性は低い。比較的安心して旅行できる国だといえるだろう。

小さなトラブル

ヤンゴンのバス会社オフィスで、さもスタッフのような顔をしてカウンターに座り、旅行者のチケット購入を取り次ぐだけでこっそり手数料を上乗せした金額をせしめている連中がいる。また、ホテルなどで切符の手配を依頼すると、切符の料金に、いくらか上乗せされた値段を請求されることがある。前者は論外だが、後者のようにチケット購入代行などを依頼した場合、コミッション入りの料金を請求されるケースは多い。親切、もしくは善意の発露と思って依頼したらコミッションを取られて不愉快に思う旅行者も多いようだ。このような支払いが発生するのを好まないのであれば、チケットは自力で購入しよう。もしも誰かに依頼する際には、手数料は取るのか、それはいくらなのかを事前にしっかり確認しておこう。

パスポート（旅券）をなくしたら

万一パスポート（以下旅券）をなくしたら、まず現地の警察署へ行き、紛失・盗難届出証明書を発行してもらう。次に日本大使館・領事館で旅券の失効手続きをし、新規旅券の発給（※1）または、帰国のための渡航書の発給を申請する。旅券の顔写真があるページと航空券や日程表のコピーがあると手続きが早い。コピーは原本とは別の場所に保管しておこう。

ミャンマーでかかりやすい病気に対する注意

現在ミャンマー国内でかかりやすい病気や流行している感染症は以下のとおり。

下痢、食中毒（病原性大腸菌が多い） Diarrhea, Food poisoning

料理に大量に使われる油でおなかをこわすのは、いわばミャンマー旅行の「通過儀礼」のようなもの。単純な下痢なら薬を服用して数日休めばよくなる。発熱や嘔吐をともなうようなら食中毒の可能性があるので、すぐに病院へ行くこと。

コレラ Cholera

コレラ菌に感染すると発病する。下痢と嘔吐をともない、脱水症状を引き起こす。潜伏期間は1～5日。予防接種もあるが、効果は50％程度だとか。

「旅券申請手続きに必要な書類」の詳細や「IC旅券作成機が設置されていない在外公館」は、外務省のウェブサイトで確認を。 URL www.mofa.go.jp/mofaj/toko/passport/pass_5.html

細菌性赤痢、アメーバ赤痢 Dysentery

赤痢菌に経口感染して引き起こされる。潜伏期間は1～5日。症状は下痢、腹痛のほか血便が出ることも。かかったとしても軽い症状が出るだけで治ってしまうこともあるが、体内に菌が残っていて帰国後他人に感染する可能性もあるので（身近に老人や幼児がいると危険）、旅行中にあやしい症状があった人は必ず帰国時に検疫で申し出ること。

デング熱 Dengue fever

ネッタイシマカやヒトスジシマカが媒介するウイルス性の病気。潜伏期間は4～7日。症状は38～40度の高熱が約1週間続き、頭痛、関節痛、筋肉痛、肝機能の低下などをともなう。都市部でも流行することが多いので、蚊に刺されないよう注意しよう。

マラリア Malaria

マラリア原虫をもつハマダラカ属の蚊に刺されることによって感染する。感染後の潜伏期間は12～30日程度。発病すると悪寒、震えと同時に体温が上昇し、それが1～2時間続く。その後発汗とともに解熱することもあるが、症状は長引くこともある。このような発作を繰り返すうちに体力を消耗し、死にいたる。予防薬もあるが副作用が強いので、医師の指導に従って慎重に服用すること。ヤンゴンやマンダレーの市内のような都市部ならほとんど心配はないが、農村地帯や山間部に長期滞在するような場合には注意が必要。

A型肝炎 Viral hepatitis A

発熱、黄疸（目の白い部分も真っ黄色になる）、茶褐色の尿、白色の便等の症状が出たらまず肝炎を疑おう。その後強烈な倦怠感におそわれ、食事すらできなくなる。潜伏期間は15～50日で、生水、市販の氷、なま物の飲食によって感染する。ガンマグロブリンの注射である程度は予防できる。ミャンマーではB型キャリア率も10～12%と比較的高いので、長期滞在するならB型の予防接種もするとなお安心だ。

結核 TB (Tuberculosis)

ミャンマー国内に結核菌の感染者は非常に多いといわれている。健康ならばそう簡単に罹患、発病しないが、注意するにこしたことはない。

破傷風 Tetanus

傷口から破傷風菌が入り感染する。潜伏期間は4～14日。傷口が突っ張るなどの異常を感じ、飲み込みが困難になったり筋肉の硬直、発汗、微熱などの症状が出る。おかしいと思ったらすぐに病院へ行くこと。予防接種が可能だが、4～8週間あけて2回必要。

狂犬病 Hydrophobia

菌をもっている犬や猫、コウモリなどの動物にかまれるなどし

不衛生な屋台、食堂での飲食を避ける

屋台の食器はため水などで洗っているのでどうしても不衛生になりがち。はやっていない店は古い材料を使っていることもあるので、避けたほうが無難。

野良犬や猫に構わない

動物はさまざまな病原菌をもっている可能性があるので、むやみに触らないように。動物にかまれると狂犬病に感染する危険性がある。食堂などでは人懐っこい猫が寄ってくることもあるが、たいていノミがいるので遊ぶならそのつもりで。

寒さへの備えも

場所によっては朝晩冷え込むことがある。夜行バスはしばしばエアコンが効き過ぎるので、上着を1枚持参しよう。

ヤンゴンの病院

外国人患者を扱い慣れていて、比較的安心して利用できる医療機関は以下のとおり。

ミャンマー・インターナショナル SOS
Myanmar International SOS Ltd.
MAP P.37-C1
住 37, Kabar Aye Pagoda Rd., Mayangone T/S
☎ (01) 667879、09-4201-14536、24時間受付 (01) 657922
URL www.internationalsos.com/en
営 24時間　休 なし
日曜、祝日は追加料金US $95。日本人看護師がいる。

アジア・パシフィック & センター・フォー・メディカル & デンタル・ケア
Asia Pacific & Centre For Medical & Dental Care
MAP P.37-C4
住 98A, Kabar Aye Pagoda Rd., Bahan T/S
☎ (01) 553783、09-7305-6079
FAX (01) 542979
開 8:00～19:00
休 ミャンマー暦の満月の日
おもな海外旅行保険に対応。

パンライン・インターナショナル・ホスピタル
Pan Hlaing International Hospital
MAP P.31-A4
住 Pan Hlaing Golf Estate Avenue, Hlaing Thar Yar T/S
☎ (01) 684321～28
24時間受付。設備などもヤンゴン最先端。

ミャッ・モン東京クリニック
Myat Mon Tokyo Clinic
MAP P.37-D1
住 990 Thu Mingalar Rd. South Okkalapa T/S
☎ 09-9568-36131
URL mmclinic.tokyo
営 月～金 9:00～13:00、17:00～20:00　土・日・祝 9:00～13:00
CC JMV
東京医科歯科大学医学部卒のミント先生は感染症が専門。急な発熱や腹痛などミャンマーの風土病治療が得意。完全予約制＆日本語診療。

トントン・トゥエ歯科
Dr. Tun Tun Thwe
MAP P.33-C2
住 2nd Floor, Sakura Tower, 339, Bogyoke Aung San Rd., Kyauktada T/S
☎ (01) 255118
開 月 ～ 金9:00～18:00、土9:00～15:00（トントン先生）
休 日・祝
トントン先生は東京医科歯科大学大学院卒なので日本語を話せる。要予約。

て感染する。潜伏期間は2～8週間と長い。ミャンマーでは毎年1500～2500人程度が狂犬病に感染している。安易に動物に近づかないように。予防接種は可能だが、3回に分けて注射を打つ必要があり、しかも3回目は初回接種の6ヵ月後になる。

エイズなどの性感染症 Sexual infection

注射器の使い回しなどで、麻薬中毒患者にHIV感染者が多い。病院で使用する医療器具や輸血用血液もあまり信用できない。

ミャンマーの医療事情

病気になったりけがをした場合は、ホテルの人に事情を話して病院へ連れていってもらおう。公的な救急車のサービスはない。ヤンゴンには外国人の利用できる医療機関がいくつかある（→P.277～278欄外）。地方都市の場合は、たぶんその町で最も立派な病院へ連れていってくれる。

技術的な問題はさておき、医薬品や医療器材が不足しているため、この国の医療水準は少々劣る。外傷や虫垂炎（盲腸）程度の簡単な手術なら国内の病院でも可能だが、旅行中に交通事故などで重傷を負ったり緊急を要する疾患などにかかった場合は、タイやシンガポールへ移送され、そこで治療を受けることになる。移送にかかる費用は患者の負担になるので、海外旅行保険に加入しておくと安心できる。薬品は薬局で自由に買えるが、使い慣れた薬品があれば日本から持参したほうが安心だ。

病院で見せるチェックシート

※該当する症状があれば、チェックをしてお医者さんに見せよう

□吐き気 nausea	□悪寒 chill	□食欲不振 poor appetite
□めまい dizziness	□動悸 palpitation	
□熱 fever	□脇の下で計った armpit	＿＿＿°C／°F
	□口中で計った oral	＿＿＿°C／°F
□下痢 diarrhea	□便秘 constipation	
□水様便 watery stool	□軟便 loose stool	1日に　回　times a day
□ときどき sometimes	□頻繁に frequently	絶え間なく continually
□風邪 common cold		
□鼻詰まり stuffy nose	□鼻水 running nose	□くしゃみ sneeze
□咳 cough	□痰 sputum	□血痰 bloody sputum
□耳鳴り tinnitus	□難聴 loss of hearing	□耳だれ ear discharge
□目やに eye discharge	□目の充血 eye injection	□見えにくい visual disturbance

※下記の単語を指さしてお医者さんに必要なことを伝えよう

●どんな状態のものを
生の　raw
野生の　wild
油っこい oily
よく火が通っていない
uncooked
調理後時間が経った
a long time after it was cooked
●けがをした
刺された・かまれた bitten
切った cut
転んだ　fall down
打った　hit
ひねった　twist
落ちた　fall
やけどした　burn
●痛み
ヒリヒリする　burning
刺すように　sharp
鋭く　keen
ひどく　severe
●原因
蚊　mosquito
ハチ　wasp
アブ　gadfly
毒虫　poisonous insect
サソリ　scorpion
くらげ　jellyfish
毒蛇　viper
リス　squirrel
（野）犬　(stray) dog
●何をしているときに
ジャングルに行った
went to the jungle
ダイビングをした
diving
キャンプをした
went camping
登山をした
went hiking (climbling)
川で水浴びをした
swimming in the river

ミャンマー史略年表

世紀	時代	年	おもなできごと
6	古代王朝	6~7C	モン族、インドシナ半島を西進。現ミャンマー南部に定住。
7		8C	エーヤワディー川中流、ピイを中心にピュー国家おこる。
8			ビルマ族、雲南省方面より南下。現ミャンマー中部に定住。
9		9C	ピュー国家が滅ぶとともに、ビルマ族の勢力が拡大。
10		850	ビルマ族パガンを築城。ピンビャー王即位。
11	パガン王朝	1044	アノーヤター王即位。パガン王朝強力になる。
		1084	チャンシッター王即位。パガン王朝全盛期を迎える。多数の仏塔が造られる。
	モンゴル領	1287	モンゴル軍侵入。パガン王朝事実上滅ぶ。
12			(上ビルマ)
13		1364	シャン系民族によるインワ王国がおこる。ほかにも小国が群立。
14	戦国時代	16C初頭	中部にビルマ族によるタウングー王朝おこる。
			(下ビルマ)
		14C	モン族、モウラミャイン近くのマルタバンを中心に王国を再建。後にバゴーに遷都しバゴー王国となる。
		1472	ダーマゼディ王即位。シュエダゴォン・パヤーの原型ができる。この頃ヨーロッパとの接触がある。
15	タウングー王朝	1550	タウングー王朝、バゴーを首都として国土を再統一し、モン族を包摂する。
16		1569	タイのアユタヤー王朝を攻略する。タウングー王朝の版図、最大となる。
17		1635	インワに遷都。
		1752	モン族が勢力を取り戻し、インワを占領する。
18	コンバウン王朝	1755	ビルマ族、アラウンパヤー王のもとにインワを奪還し、エーヤワディーデルタに進出。コンバウン王朝となる。
		1767	アユタヤー王朝を再征服する。
		19C初頭	イギリスとビルマの間に紛争が起こり始める。
		1824	第1次英緬戦争でヤカイン(アラカン)とテナセリムを失う。
19		1852	第2次英緬戦争。エーヤワディーデルタ地方を失う。
		1857	マンダレーに遷都。
		1885	第3次英緬戦争。最後の王ティーボーはインドに連行され、イギリスの支配が始まる。
	イギリス植民地	1886	イギリス、ビルマとインドを併せて植民地支配を行う。
20		1920年代	ビルマ民族主義運動台頭する。
		1937	インドより分離される。
		1941	日本軍の進出開始。アウンサン、ネ・ウィンらの率いる独立義勇軍結成。
		1942	日本軍、独立義勇軍の解体を命令。泰緬鉄道の建設を強行。
		1944	ヤカイン(アラカン)地方を手始めに、抗日戦準備始まる。
		1945	反日蜂起。
		1947	アウンサン暗殺される。
	ビルマ連邦共和国	1948	ビルマ連邦共和国として独立する。ウー・ヌ、首相となる。
		1949	カレン族の反乱が起きる。
		1956	第2回総選挙で野党進出、政界抗争始まる。
		1962	ネ・ウィン将軍の率いる軍事クーデター起きる。ウー・ヌ失脚、革命評議会が結成され、ネ・ウィンが議長となる。社会主義化が始まる。
	ビルマ社会主義連邦共和国	1972	新憲法を採択、民政移管。ビルマ社会主義連邦共和国となる。ネ・ウィン、大統領に。
		1981	ネ・ウィン、大統領職をサン・ユに譲るがビルマ社会主義計画党議長の職にはとどまる。
		1983	アウンサン廟爆破事件、韓国閣僚ら19名死亡。北朝鮮工作員の犯行と断定し、同国と断交。
		1987	高額紙幣の効力停止措置(廃貨)。怒った学生の暴動。国連から後発開発途上国(LLDC)の認定を受ける。
		1988.3~6	ヤンゴン(ラングーン)で学生らが反政府デモ。デモは各地へ波及。
		.7	計画党(BSPP)臨時党大会でネ・ウィン議長ほか5名の幹部の退陣を決定。
		.8	反政府デモが全国的な民主化運動に発展。
		.9	計画党臨時大会で、複数政党制の導入を可決。ソウ・マウン参謀長率いる国軍が全権掌握。全国でデモ隊に発砲し、多数の死傷者。国家法秩序回復評議会(SLORC)を設置。

(古代史は考証の方法により、多少年代がずれます)

世紀	時代	おもなできごと	
20	ミャンマー連邦	1989.6	軍政、国名の英語表記を「Burma」から「Myanmar」へ変更。
		.7	軍政、最大野党・国民民主連盟（NLD）の書記長アウンサンスーチーを自宅軟禁し、同議長ティンウーを逮捕、懲役3年に付す。
		1990.5	総選挙実施。野党・国民民主連盟（NLD）が全議席485の約8割を占めて圧勝。与党国民統一党（NUP、計画党の後身）はわずか10議席にとどまるが、政権移譲を拒否。
		.8	マンダレーで僧侶の反軍政デモ。軍関係者が行う宗教行事を僧侶がボイコット。
		.12	タイ国境付近マナプローで、暫定政権樹立声明（国民民主党議長セイン・ウイン、NLD選出議員の一部およびカレン民主同盟を中心とする）。
		1991.12	アウンサンスーチー、ノーベル平和賞受賞。
		1993.1	法制定のための国民会議（制憲国民会議）が召集される。
		1995.7	アウンサンスーチー、6年にわたる自宅軟禁から解放される。自宅前にて毎週集会が行われ、民主化運動が再燃。
		.11	NLD、国民会議（制憲国民会議）が民主的に行われていないと主張し会議をボイコット、軍政と一層対立を深める。
		1997.5	アメリカ、対ミャンマー経済制裁を開始。
		.7	ASEAN（東南アジア諸国連合）、欧米諸国の反対を受けつつミャンマーの加盟を承認。
		.11	軍政、ASEAN加盟によりある程度の、もしくは見せかけの民主化を余儀なくされる。強硬派軍幹部を更迭、国家法秩序回復評議会（SLORC）を国家平和発展評議会（SPDC）に改組。
		1998.8	アウンサンスーチー、地方遊説を阻止され、3回にわたって車内に籠城。
		.9	NLD、独自の政権づくりを目的とした「国会議員を代表する10人委員会」を設立し、軍政との対決を強める。
		1999.10	在タイのミャンマー大使館占拠事件をはじめ、反政府組織による事件が多発。
		2000.9	アウンサンスーチー、ヤンゴン中央駅で地方行きを阻まれ籠城となり、その後再び自宅軟禁状態に入る。
21		2001.2	ミャンマー東部タイ国境地域でミャンマー国軍と反政府武装勢力との戦闘が発生し、以後緊張状態が続く。
		.12	中国の江沢民国家主席、タン・シュエ国家平和発展評議会議長と会談。
		2002.5	アウンサンスーチー、約1年7ヵ月ぶりに自宅軟禁を解かれる。
		.12	ネ・ウィン死去。
		2003.5	地方遊説に出たアウンサンスーチー率いるNLD一行が軍政翼賛団体の構成員に襲撃され、多数の死傷者を出す。アウンサンスーチーも負傷し、その後再び軟禁状態に。
		2004.11	キンニュン首相失脚。
		.12～2005.5	立て続けに爆弾事件発生。2005年5月にヤンゴンで発生した3ヵ所同時爆発事件では死者11名、負傷者162名の惨事に。背後関係は不明。
		2006.10	ヤンゴンからピンマナー近郊のネーピードーへ遷都。
		2007.9	反政府デモを取材中の日本人ジャーナリストが治安部隊に射殺される。
		2008.5	サイクロン「ナルギス」が上陸し甚大な被害を受ける。
		2009.5	自宅に侵入したアメリカ人を無許可で滞在させ接触したとの罪でアウンサンスーチーが逮捕、起訴される。
		2010.10	10月21日、突然国旗のデザインが変更される。
		.11	総選挙が行われる。軍事政権が組織した政党の連邦団結発展党は、選挙結果が発表される前に勝利宣言。民主化勢力は不正選挙と主張。
	ミャンマー連邦共和国	.11	11月13日、アウンサンスーチー自宅軟禁を解かれる。
		2011.3	テイン・セインが大統領に就任。国家平和評議会解散。
		2012.3	ヤカイン州でムスリムが多いロヒンギャ族と仏教徒との対立激化、暴動状態となる。
		2012.5	アメリカの対ミャンマー経済制裁停止。
		2012.11	オバマ大統領、米国現職大統領として初のミャンマー訪問。
		2013.3	メイッティーラでも宗教的な対立が原因とされる暴動が発生し、放火によって市街が広範囲で消失、非常事態宣言が出される。
		2015.6	ロヒンギャ難民が国際問題化。
		2015.11	総選挙でアウンサンスーチー率いるNLDが勝利。
		2016.3	政権交代。NLDのティンチョー氏が大統領に就任。アウンサンスーチーは外相、大統領府相兼新設の国家顧問に。
		2018.3	ティンチョー大統領辞任。ウィン・ミン前下院議長が新大統領に就任。
		2019.10	兵士や警察官50人近くが武装組織に拉致され死亡する事件発生。

旅の会話

ミャンマーの外国語事情

ミャンマーの第1外国語は英語。ホテルや航空会社、旅行会社など外国人相手の仕事をしている人なら上手に英語を操ることが多いが、一歩町へ出るとなかなかそうもいかない。サイカーやタクシーのドライバーは数字が通じればいいほうで、まったく英語が通じないこともしばしば。しかし困っているとどこからか英語のできる人が現れて、間に入って通訳してくれることも多い。いつの間にか誰かが助けてくれて、けっこうスムーズに旅行できるのがこの国のよさだ。

ビルマ語基礎知識

基本単語

■ 数字

アラビア数字	0	1	2	3	4	5	6	7	8	9
ビルマ数字	၀	၁	၂	၃	၄	၅	၆	၇	၈	၉

0	သုည	トウンニャ
1	တစ်	ティッ
2	နှစ်	ニッ
3	သုံး	トウン
4	လေး	レー
5	ငါး	ンガー
6	ခြောက်	チャウッ
7	ခုနစ်	クンニッ
8	ရှစ်	シッ
9	ကိုး	コー
10	တဆယ်	タセー
11	ဆယ့်တစ်	セェティッ
12	ဆယ့်နှစ်	セェニッ
13	ဆယ့်သုံး	セェトウン
14	ဆယ့်လေး	セェレー
15	ဆယ့်ငါး	セェンガー
16	ဆယ့်ခြောက်	セェチャウッ
17	ဆယ့်ခုနစ်	セェクンニッ
18	ဆယ့်ရှစ်	セェシッ
19	ဆယ့်ကိုး	セェコー
20	နှစ်ဆယ်	ナッセー
30	သုံးဆယ်	トウンゼー
40	လေးဆယ်	レーゼー
50	ငါးဆယ်	ンガーゼー
60	ခြောက်ဆယ်	チャウッセー
70	ခုနစ်ဆယ်	クンナセー
80	ရှစ်ဆယ်	シッセー
90	ကိုးဆယ်	コーゼー
100	တစ်ရာ(တရာ)	タヤー
200	နှစ်ရာ(နှရာ)	ナヤー
1000	တစ်ထောင်	タタウン
10000	တစ်သောင်း	タタウン

■ 年月日

～年	ခုနှစ်	クンニッ
2009	၂၀၀၉	ナタウンコー
2010	၂၀၁၀	ナタウンタセー
2011	၂၀၁၁	ナタウンセェティッ
2012	၂၀၁၂	ナタウンセェニッ
2013	၂၀၁၃	ナタウンセェトウン
2014	၂၀၁၄	ナタウンセェレー
2015	၂၀၁၅	ナタウンセェンガー
2016	၂၀၁၆	ナタウンセェチャウッ
2017	၂၀၁၇	ナタウンセェクンニッ
2018	၂၀၁၈	ナタウンセェシッ
2019	၂၀၁၉	ナタウンセェコー
2020	၂၀၂၀	ナタウンナッセー
2021	၂၀၂၁	ナタウンナッセェティッ
2022	၂၀၂၂	ナタウンナッセェニッ
2023	၂၀၂၃	ナタウンナッセェトウン
2024	၂၀၂၄	ナタウンナッセェレー
2025	၂၀၂၅	ナタウンナッセェンガー

～月	လ	ラァ
1月	ဇန်နဝါရီလ	ザナワリーラァ
2月	ဖေဖော်ဝါရီလ	ペーポーワーリーラァ
3月	မတ်လ	マッラァ
4月	ဧပြီလ	エーピーラァ
5月	မေလ	メーラァ
6月	ဇွန်လ	ズンラァ
7月	ဇူလိုင်လ	ズーラインラァ
8月	ဩဂုတ်လ	オーゴウッラァ
9月	စက်တင်ဘာလ	セッティンバーラァ
10月	အောက်တိုဘာလ	アウットーバーラァ
11月	နိုဝင်ဘာလ	ノーウィンバーラァ
12月	ဒီဇင်ဘာလ	ディージンバーラァ

～日	ရက်(နေ့)	イエッ（ネェ）
1日	တစ်ရက်နေ့	タイエッネェ
2日	နှစ်ရက်နေ့	ニイエッネェ
月曜日	တနင်္လာနေ့	タニンラーネェ
火曜日	အင်္ဂါနေ့	インガーネェ
水曜日	ဗုဒ္ဓဟူးနေ့	ボゥダフーネェ
木曜日	ကြာသပတေးနေ့	チャーダバデーネェ
金曜日	သောကြာနေ့	タウッチャーネェ
土曜日	စနေနေ့	サネーネェ
日曜日	တနင်္ဂနွေနေ့	タニンガヌエネェ
朝	မနက်	マネッ
昼	နေ့လယ်	ネェレー

夕方	ညနေ	ニャネェ
夜	ည	ニァ
午前	မနက်ပိုင်း	マネェッパイン
正午	မွန်းတည့်	ムンテェ
午後	မွန်းလွဲပိုင်း	ムンルェパイン
今日	ဒီနေ့	ディーネェ
明日	မနက်ဖြန်	マネェッピャン
昨日	မနေ့	マネェ

～時	နာရီ	ナーイー
1時	၁နာရီ	タナーイー
午後8時	ည၈နာရီ	ニャァシッナーイー

～分	မိနစ်	ミニッ
10分	၁၀မိနစ်	セーミニッ
2時30分	၂နာရီ၃၀မိနစ်	ニナーイートウンゼーミニッ

～半	ခွဲ	クェ
10時半	၁၀နာရီခွဲ	セーナーイーグェ

季節	ရာသီ	ヤーディー
雨季	မိုးရာသီ	モーヤーディー
暑季	နွေရာသီ	ヌェヤーディー
乾季	ဆောင်းရာသီ	サウンヤーディー

よく聞く言葉、どんな意味？

カラウェイ *Karaweik*：ビシュヌ神の乗る鳥。ガルーダ

カンマ *Kamma*：因果律、カルマ

シマ *Sima*：出家の儀式を行う場所

ストゥーパ *Stupa*：卒塔婆。仏教のモニュメント。一般的に円錐形をしており、内部には仏陀の髪や遺骨などの聖遺物が収められている

ゼディ *Zedi*：仏教の伝統的モニュメント、卒塔婆

ダー *Dah*：長剣

タウン *Taung*：長さの単位。1Taung = 46cm

タザウン *Tazaung*：廟

タナカ *Thanaka*：おしろい

チャウン *Chaung*：川、運河

チュン *kyun*：島

テイン *Thein*：シマ。出家の儀式を行う場所

ナーガ、ナガ *Naga*：蛇

ナッ *Nat*：土着信仰にある精霊

パーリ *Pali*：古代の言語。例えるなら仏教のラテン語

パゴダ *Pagoda*：仏教の伝統的な建築物、塔・寺院・卒塔婆などを表す英語起源の単語

パトゥマ *Patma*：大太鼓、ミャンマー太鼓

パヤー *Paya*：「聖なるもの」を表すビルマ語起源の単語。転じて仏塔など

ヒンタ *Hintha*：白鳥に似た神話の鳥

ボ・チー *Boh Gyi*：偉大なる指導者

ミッ *Myit*：河川

ミョー *Myo*：町、「町の」は**ミョーマ** *Myoma*

ヨマ *Yoma*：山脈

チャウン *Kyaung*：僧侶が生活する僧院。パヤーには僧侶は住まない。

サバイバル会話

こんにちは（ていねいに）	မင်္ဂလာပါ။	ミンガラーバー
（友人に）	ထမင်းစားပြီးပြီလား။	タミンサーピービーラー
どこに行きますか？	ဘယ်သွားမလို့လဲ။	ベートゥワマロォレー
ご機嫌いかがですか？	နေကောင်းပါရဲ့လား။	ネーカウンバーイェラー
（その答え）	နေကောင်းပါတယ်။	ネーカウンパーデー
はい（そうです）	ဟုတ်ပါတယ်။	ホウッパーデー
（あいづちとして）	ဟုတ်ကဲ့။	ホウッケェ
いいえ（違います）	မဟုတ်ပါဘူး။	マホウッパーブー
（あいづちとして）	ဟင့်အင်း။	ヒンイン
すみません、失礼します	စိတ်မရှိပါနဲ့။	サイッマシーバーネェ
ありがとう	ကျေးဇူးတင်ပါတယ်။	チェーズーティンバーデー
ごめんなさい	တောင်းပန်ပါတယ်။	タウンバンバーデー
いくらですか	ဘယ်လောက်လဲ။	ベーラウッレー
○○をください	○○ ပေးပါ။	○○ペーバー
○○はどこですか	○○ ဘယ်မှာလဲ။	○○ベェーマーレー
これは何ですか	ဒီဟာဘာလဲ။	ディーハーバーレー
これはビルマ語で何と言いますか	ဒီဟာဗမာစကားနဲ့ ဘယ်လိုခေါ်ပါသလဲ။	ディーハーバマーサカーネェ ベーローコーバーダレー
大丈夫です	ရပါတယ်။	ヤァバーデー
だめです	မရဘူး။	マヤブー
（話していることが）わかりません	နားမလည်ဘူး။	ナーマレブー
（どこにあるか）わかりません	မသိပါဘူး။	マティバブー

単　語

これ（は）	ဒီဟာ / ဒါ	ディーハー / ダー
それ（は）	အဲဒီဟာ / အဲဒါ	エーディーハー / エーダー
あれ（は）	ဟိုးကဟာ / ဟိုးဟာ	ホーカハー / ホーハー
この	ဒီ	ディー
その	အဲဒီ / အဲ	エーディー / エー
あの	ဟိုးက / ဟိုး	ホーカァ / ホー
どの / どこ	ဘယ် / ဘယ်(နေရာ)	ベー / ベー(ネーヤー)
いつ（未来）	ဘယ်တော့	ベードォ
いつ（過去）	ဘယ်တုန်းက	ベードウンガー
どんな	ဘယ်လို	ベーロー
どれ	ဘယ်ဟာ	ベーハー
なぜ	ဘာဖြစ်လို့	バーピッロゥ
何	ဘာ	バー
誰	ဘယ်သူ	ベードゥ
どれくらい	ဘယ်လောက်	ベーラウッ

あいさつ

はじめまして （お会いできてうれしいです）	တွေ့ရတာဝမ်းသာပါတယ်။	トゥヤターワンターバーデー
私は日本人です	ကျွန်တော်ဟာဂျပန်လူမျိုးပါ။	チャノーハージャパンルーミョーバー
さようなら	သွားတော့မယ်နော်။	トゥアートゥメーノー
私（男性）はミャンマーが好きです	ကျနော်မြန်မာပြည်ကို ကြိုက်နှစ်သက်ပါတယ်။	チャノーミャンマーピーコーチャ イッニタッパーデー
またお会いしましょう	နောက်တွေ့ကြသေးတာပေါ့။	ナウットゥェチャテーターボゥ
住所（連絡先）を教えてください	လိပ်စာပေးပါ။	レィッサーペーバー

明日帰国します	မနက်ဖြန်ဂျပန်ကိုပြန်မယ်။	マネェッピャンジャパンゴーピャンメー
私を忘れないでください	ကျွန်တော်ကိုမေ့မသွားပါနဲ့။	チャノコーメェマトゥワバーネェ

単　語

私（男性）	ကျွန်တော်	チャノー	**兄、姉**	အကို / အမ	アコー / アマァ
私（女性）	ကျွန်မ	チャマァ	**弟**	ညီ(話者が男性) / မောင်(話者が女性)	ニィー / マウン
あなた（男性）	ခင်ဗျား	カミャー	**妹**	ညီမ	ニャマァ
あなた（女性）	ရှင်	シィン	**祖父、祖母**	အဘိုး / အဖွား	アポー / アプワー
彼、彼女	သူ / သူမ	トゥー / トゥーマァ	**日本**	ဂျပန်	ジャパン
父、母	အဖေ / အမေ	アペィ / アメィ	**ミャンマー**	မြန်မာ	ミャンマー

注）ビルマ語では１人称代名詞と２人称代名詞に男性用と女性用がある。男性がしゃべるときは［チャノー］、［カミャー］を用い、女性なら［チャマー］、［シィン］を用いる。また、人に何かを依頼するとき、文末に［あなた］を意味する［カミャー／シィン］を添えるとていねいな表現になる。

乗り物に乗る

サイカースタンドはどこですか	ဆိုက်ကားဂိတ်ဘယ်မှာလဲ။	サイッカーゲイッベーマーレー
タクシー乗り場はどこですか	တက္ကစီကားဂိတ်ဘယ်မှာလဲ။	タックシーカーゲイッベーマーレー
運賃はいくらですか	ဘယ်လောက်ကျမလဲ(ဘယ်လောက်လဲ)။	ベーラウッチャァマレー(ベーラウッレー)
○○まで行ってください	○○ အထိသွားပါ(○○ ကိုမောင်းပါ)။	○○アティトゥワーバー(○○コーマーウンバー)
○○までいくらですか	○○ အထိဘယ်လောက်ကျမလဲ(အထိဘယ်လောက်လဲ)။	○○アティーベーラウッチャァマレー(○○アティーベーラウッレー)
もっと安くしてください	ပိုပြီးလျှော့ပေးပါ(ထပ်လျှော့ပေးပါ)။	ポーピーショオペーバー（タッショオペーバー）
時間はどれくらいかかりますか	အချိန်ဘယ်လောက်ကြာမလဲ။	アチェインベーラウッチャーマレー
1時間くらいです	အချိန်တနာရီလောက်ကြာမယ်။	アチェインタナーイェラウッチャーメー

単　語

飛行機	လေယာဉ်ပျံ	レーインビャン	**上・中・下**	အပေါ် / အထဲ / အောက်	アポー / アテー / アウッ
列車	မီးရထား	ミーヤター	**東・西・南・北**	အရှေ့ / အနောက် / တောင် / မြောက်	アシェ / アナウッ / タウン / ミャウッ
バス	ဘတ်စ်ကား	バスカー	**空港**	လေဆိပ်	レーゼイッ
タクシー	တက္ကစီ	タックシー	**駅**	ဘူတာရုံ	ブーダーヨウン
サイカー	ဆိုက်ကား	サイッカー	**港**	ဆိပ်ကမ်း	セイッカン
馬車、牛車	လှည်း	フレー	**停留所**	မှတ်တိုင်	マッタイン
自転車	စက်ဘီး	セッベイン	**切符**	လက်မှတ်	レッマッ
自動車	ကား	カー	**荷物**	ပစ္စည်း	ピッシー
前・後	အရေ့ / အနောက်	アシェ / アナウッ	**税関**	အကောက်ခွန်	アカウックン
右・左	ညာ / ဘယ်	ニャー / ベー			
高・低	မြင့် / နိမ့်	ミン / ネイン			

宿　泊

よいホテルを紹介してください	ဟော်တယ်အကောင်းစားကိုရှာပေးပါ။	ホーテーアカウンザーコーシャーペーバー
安いゲストハウスはありますか	ဈေးပေါတဲ့ဂတ်စ်ဟောက်ရှိပါသလား။	ゼーポーテェゲスッハウッシーバーダラー

空室はありますか	အခန်းလွတ်ရှိပါသလား။	アカンルッシーバーダラー
シングルはいくらですか	တစ်ယောက်အိပ်အခန်း ကဘယ်လောက်လဲ။	タヤウッエイッアカンガベーラウッレー
何泊しますか	ဘယ်နှစ်ရက်တည်းမှာလဲ။	ベーネーイェッテーマレー
2泊します	နှစ်ရက်တည်းမယ်။	ナイェッテーメー
朝食は付いていますか	မနက်စာပါသလား။	マネッサーバーダラー
お湯は出ますか	ရေနွေးရပါသလား။	イェーヌェヤァバーダラー

単　語

バス	ရေချိုးခန်း	イェーチョーガン
トイレ	အိမ်သာ	エインダー
タオル	ရေသုတ်ပုဝါ	イェートウッパワー
石鹸	ဆပ်ပြာ	サッピャー

電話	တယ်လီဖုန်း	テーリーポウン
1階	၁ထပ်	タタッ
2階	၂ထပ်	ナタッ
冷蔵庫	ရေခဲသေတ္တာ	ヤェィケーティッター

食　事

安くてよいレストランを教えてください	ဈေးသက်သာပြီးအရသာရှိတဲ့ထမင်း ဆိုင်ကောင်းကောင်းကိုရှာပေးပါ။	ゼータッターピーアヤァダーシィデェタミン サインカウンガウンゴーシャーペーバー
何を食べたいですか	ဘာစားချင်ပါသလဲ။	バーサーチンバータレー
ビルマ料理が食べたい	မြန်မာစာစားချင်ပါတယ်။	ミャンマーザーサーチンバーデー
メニューを見せてください	မီနယူးပြပါ။	ミーニューピャァバー
ビールは冷えていますか	ရေခဲစိမ်ဘီယာရှိပါသလား။	イェーゲーセインビーヤーシーバーダラー
お茶（モヒンガー）をください	ရေနွေးကြမ်း(မုန့်ဟင်းခါး) ပေးပါ။	イェヌェジャン（モウンヒンガー）ペー バー
おかわりをください	လိုက်ပွဲပေးပါ။	ライップェペーバー
ナイフとフォークはありますか	ဓါးနဲ့ခရင်းရှိပါသလား။	ダーネェケッイェンシーバーダラー
果物は何がありますか	ဘာသစ်သီးရှိပါသလဲ။	バーティッティーシーバーダレー
お勘定してください（いくらですか）	ဘယ်လောက်ကျပါသလဲ(ဘယ်လောက်ကျလဲ)။	ベーラウッチャバーダレー(ベーラウッチャレー)

単　語

食べる	စား	サー
飲む	သောက်	タウッ
中国料理	တရုတ်စာ	タヨウッサー
日本料理	ဂျပန်စာ	ジャパンザー
インド料理	ကုလားစာ	カラーザー
朝食	မနက်စာ	マネッサー
昼食	နေ့လည်စာ	ネェレーザー
おやつ	မုန့်ပဲသရေစာ	モウンペーター イェサー
夕食	ညစာ	ニャザー
氷	ရေခဲ	イェーゲー
水（飲料水）	သောက်ရေ	タウッイェー
紅茶	လက်ဖက်ရည်	ラペッイェ
コーヒー	ကော်ဖီ	カピー
お茶	ရေနွေးကြမ်း	イェヌェジャン

パン	ပေါင်မုန့်	パウンモウン
豚肉	ဝက်သား	ウェッター
鶏肉	ကြက်သား	チェッター
牛肉	အမဲသား	アメーダー
羊肉	ဆိတ်သား	セイッター
魚	ငါး	ガー
卵	ကြက်ဥ	チェッウ
エビ	ပုစွန်	パズン
サラダ	အသုပ်	アトウッ
野菜	ဟင်းသီးဟင်းရွက်	ヒンディーヒンユエッ
スープ	ဟင်းချို	ヒンジョ
デザート	အချိုပွဲ	アチョーブェー
ご飯	ထမင်း	タミン
砂糖	သကြား	ダジャー
塩	ဆား	サー

買い物

これを見せてください	ဒါပြပါ။	ダーピャァバー
これはいくらですか	ဒါဘယ်လောက်လဲ။	ダーベーラウッレー
○○チャットです	○○ ကျပ်ပါ။	○○チャッパー
高いです	ဈေးကြီးတယ်။	ゼーチーデー
もっと安くしてください	ထပ်လျှော့ပေးပါ။	タェッショッペィーバー
もっと大きいのはありませんか	ပိုကြီးတာရှိပါသလား။	ポーチーターシーバーダラー
○○をください	○○ ပေးပါ။	○○ペーバー

単語

(値段が) 高い	ဈေးကြီးတယ်။	ゼーチーデー
(値段が) 安い	ဈေးပေါတယ်။	ゼーポーデー
サイズ	အရွယ်အစား	アユエアサー
大きい	ကြီးတယ်။	チーデー
小さい	သေးတယ်။	テーデー
好み	အကြိုက်	アチャイッ
白い	အဖြူ	アピュー
赤い	အနီ	アニー
黒い	အမဲ	アメー
青い	အပြာ	アピャー
黄色い	အဝါ	アワー
茶色い	အညို	アニョー
漆塗	ယွန်းထည်	ユーンデー
宝石	ကျောက်မျက်ရတနာ	チャウッミェッヤダナー
ルビー	ပတ္တမြား	バダミャー
ヒスイ	ကျောက်စိမ်း	チャウッセイン
金	ရွှေ	シウェ
銀	ငွေ	ングェ
絵	ပန်းချီကား	バジカー
ロンヂー	လုံချည်	ロウンジー
絹	ပိုးထည်	ポーデー

観光

スーレー・パヤーはどこですか	ဆူးလေဘုရားကဘယ်မှာလဲ။	スーレーパヤーガァベーマーレー
これが市場です	ဒီဟာဈေးဖြစ်ပါတယ်။	ディーハーゼーピッパーデー
何時まで営業していますか	ဘယ်အချိန်ထိဖွင့်ပါသလဲ။	ベーアチェインティープィンバーダレー

単語

日本大使館	ဂျပန်သံရုံး	ジャパンタンヨウン
動物園	တိရစ္ဆာန်ရုံ	タレイッサンヨウン
公園	ပန်းခြံ	パンジャン
パゴダ	ဘုရား	パヤー

通信、両替

郵便局はどこですか	စာတိုက်ကဘယ်မှာလဲ။	サータイッガァベーマーレー
日本まで送ってください	ဂျပန်အထိပို့ချင်ပါတယ်။	ジャパンアティポゥジンバーデー
両替をしたいのですが	ငွေလဲချင်ပါတယ်။	グウェーレージンバーデー
どこで両替できますか	ဘယ်မှာငွေလဲလို့ရပါသလဲ။	ベーマーグウェーレーロォヤァバーダレー
国際電話はどこでかけられますか	ပင်လယ်ရပ်ခြားတယ်လီဖုန်းဘယ်မှာဆက်ရပါသလဲ။	ピンレーヤッチーテレフォンベーマーセッヤァバーダレー
SIMカードはどこで買えますか	ဆင်းကတ်ဘယ်မှာဝယ်လို့ ရနိုင်ပါသလဲ။	セインケッベマーワェーロッヤナイバーダレー
Wi-Fiはありますか	ဝိုင်ဖိုင်ရှိလား။	ワイファイシラー

単　語

銀行	ဘဏ်	バン
両替	ငွေလဲခြင်း	グェレーチン
郵便局	စာတိုက်	サータイッ
絵はがき	ပို့စကတ်	ポゥスカッ
手紙	စာ	サー
切手	တံဆိပ်ခေါင်း	ダゼイッガウン
小包	ပါဆယ်ထုပ်	パーセートウッ
航空便	လေကြောင်းစာ	レーチャウンサー
封筒	စာအိတ်	サーエイッ
国際電話	ပင်လယ်ရပ်ခြား တယ်လီဖုန်း	ピンレーヤッチャ ーテレポウン
Wi-Fi (ワイファイ)	ဝိုင်ဖိုင်	ワイファイ
SIM カード	ဆင်းကတ်	セィンケッ

病　院　で

病院はどこですか	ဆေးရုံဘယ်နားမှာလဲ။	セーヨウンベーナーマーレー
医者を呼んでください	ဆရာဝန်ခေါ်ပေးပါ။	サヤウンコーペーバー
どうしましたか	ဘာဖြစ်သလဲ။	バーピッタレー
頭が痛い	ခေါင်းကိုက်တယ်။	ガウンカイッテー
おなかをこわしました	ဝမ်းလျှောနေတယ်။	ウンショーネーデー
寒気がします	အအေးမိနေတယ်။	アエーミネーデー
骨が折れました	အရိုးကျိုးသွားတယ်။	アヨーチョートゥアーデー

単　語

頭	ခေါင်း	ガウン
胸	ရင်ဘတ်	ヤィンバッ
おなか	ဝမ်းဗိုက်	ワウンバイッ
手	လက်	レッ
足	ခြေထောက်	チーダウッ
口	ပါးစပ်	バザッ
歯	သွား	トゥワー
目	မျက်စိ	ミェッシィ
耳	နား	ナー
鼻	နှာခေါင်း	ナカウン
胃	အစာအိမ်	アサーエイン
腸	အူ	ウー
血	သွေး	トゥウェー
骨	အရိုး	アヨー
熱	အပူ	アプー
風邪	အအေးပတ်	アエーパッ
痛み	နာတယ်	ナーデー
薬	ဆေး	セー

生　活

今日は暑い	ဒီနေ့ပူတယ်	ディーネェプーデー
いつも何時頃起きますか	အမြဲတမ်းဘယ်အချိန်လောက် အိပ်ရာထပါသလဲ။	アミェーダンベーアチェインラウッ エイッヤータァバーダレー
眠い	အိပ်ချင်တယ်	エイッチンデー
休憩しましょう	အနားယူကြမယ်	アナーユジャメー
おなかがすいた	ဗိုက်ဆာတယ်	バイッサーデー
のどが渇いた	ရေငတ်တယ်	イェーガッテー
映画を観ましょう	ရုပ်ရှင်ကြည့်ကြမယ်	ヨウッシンチィジャメー

単　語

暑い	ပူတယ်	プーデー
寒い	ချမ်းတယ်	チャンデー
涼しい	အေးတယ်	エーデー
晴れ	နေသာတယ်	ネーターデー
曇り	မိုးအုံ့	モーオウン
雨	မိုး	モー
豪雨	မိုးကောင်း	モーカウン
風	လေ	レー

ミャンマーの三種の神器－ロンヂー、ヤーバデー、サヤマ

安藤和雄（東南アジア研究所）

1997年1月に初めてミャンマーを訪れて以来、地域研究者という職業柄、フィールドワークを兼ねて通い続けている。そんな旅の日常から得られたミャンマーの特徴でもあり、私が特にひかれているのが「ロンヂー」「ヤーバデー」「サヤマ」である。これからもミャンマーの人々に自覚的に大切にしてもらいたい特徴であり、旅行者にもミャンマーのユニークさを味わってもらいたいという思いを込めて、ミャンマーの三種の神器と名づけてみた。

神器の1、ロンヂー

ロンヂー（1枚の筒状に縫われた腰巻）、カッターシャツにゴムサンダルという格好で、エーヤワディーデルタや中央平原、ラカイン州のベンガル湾に面した村や町を歩いてきた。多少のこぎれいさは要求されるが、この「民族衣装」で農作業もできれば役所にも出かけられ快適である。私はこの身なりにたいへんひかれている。

ロンヂーはミャンマー以外に、東南アジア、南アジア、中東の一部でも利用されている。バングラデシュでは男性のみが身につけるが、ミャンマーのように男女がロンヂーを身につける国も多い。ビルマ語で男性用のロンヂーをパッソー、女性用をタメインと呼ぶ。バングラデシュでは役所でのルンギー（呼び方が微妙に異なる）着用は原則認められていないし、こうした国が多いことだろう。しかしミャンマーでは、ロンヂーがフォーマルな「民族衣装」として認められており、「ロンヂー大国」とでもいえるユニークな国となっているのである。

熱帯の国の村の暮らし

ロンヂーが愛されている背景には、政府がフォーマルな「民族衣装」として認めていることもあるが、ミャンマーが「熱帯の国」であることが影響している。熱帯モンスーン気候が卓越していて、雨季と乾季は明瞭であり、デルタや中央平原では年間を通じて高温（月最低気温が20～25℃、月最高気温が30～40℃）で、雨季には湿度80～90%の多湿となる。

村の暮らしは、服装同様に、熱帯モンスーン気候に適応するよう伝統的に工夫されている。家は高床式で風が通る。エーヤワディーデルタの洪水地帯では、高床で浸水を防ぐ。トタン葺きの屋根や板壁の家々も多いが、伝統的にはニッパの葉が屋根や壁に利用されてきた（写真1）。中央平原では夕方になると、道路沿いの掘り抜き井戸で、1日の汗を流す男女、子供たちが楽しそうである。人工の池から娘たちが、ふたを取った丈夫な一斗缶に水を入れて天秤棒で担いで運んでいる姿をよく見かける。男性は水の入ったドラム缶を牛車で運んだりしている。現在でも飲用や料理用の水運びが日課となっており、水のありがたみをよく知っているからだろうか、娘たちはいやな顔せずに仲間とともに水を運ぶ。

写真1：高床式の家

村の高床の部屋の中はたいてい整理されていて広々と片づいている。持ち物は決して多くない。全人口の6～7割を占めるビルマ族のほとんどは上座部仏教徒で、私が訪れた村の家々も仏教徒の家がほとんどだった。物があふれていないのは経済的な貧しさゆえであると指摘されることだろうが、「持たざるを善とする」仏教徒の基本的な生活態度が実践されているように私は思う。この精神はロンヂーを正装としていることに通底していることだろう。

生活のなかでの宗教実践

仏教徒の家では、部屋の中に日本の神棚のような棚がある。そこには釈迦仏の像か絵が置かれている。仏像の色は黄金である。これが仏壇で、日本と同じように朝にはお花、ご飯、飲み物（お茶または水）も供えられる。正午までにご飯などの供物は下げられる。日本は大乗仏教であるが、ミャンマーは上座部仏教で、お坊さんは正午以降に食を取らない。家の中の仏様にもそうしているのだそうだ。

仏壇が置かれた部屋の片隅には、守護神が祀られていることが多い。ナッ（精霊）である。部屋の片隅にココヤシの実がつり下げられ、棚があり水や花が供えられていることもある。家の守護神はマハーギーリ・ナッと呼ばれ、ココヤシの実で表されている。伝説があり名前をもった37のナッ（マハーギーリ・ナッもそのひとつ）が有名であるが、無名のナッも多い。イギリス領時代に導入された

写真2：精霊の祠

アメリカネムノキ（現地名をココ、英名はレイン・ツリー）を道路沿いや広場、耕地の中によく見かけることができる。大木の幹には家形の箱のようなものが幹に結びつけられていたりしている（写真2）。これはナッセインと呼ばれる精霊の祠である。注意して観察していると、道路沿いや、地域によっては家の庭にもナッセインがあって精霊が祀られている。木、石、水などの自然物にもナッが宿ると信じられている（注）。

神器の2、ヤーバデー

実践する仏教信仰や絶えず自然を敬う精霊信仰が、ロンヂーを大切にし、自然に適応するシンプルな暮らしを選ばせる独特で個性的な精神文化を作っている。その精神文化を体現しているのが「ヤーバデー」という言葉であろう。

町や村で、会話のなかに「ヤーバデー」の言葉がよく使われているのを聞き分けることができる。「ヤァバーデー」と表記されるらしいが、私にはヤーバデーと聞こえる。「大丈夫です」と訳されることが多いようだ（本書の「サバイバル会話」→P.283を参照）。しかし、ヤーバデーは、その発音の仕方で意味が微妙に異なる。はっきりとした力のこもった発音でヤーバデーと言われれば「大丈夫」なのだが、どことなく力が入っていないヤーバデーは、「期待しないでください」という意味にも聞こえる。このニュアンスを知らずに、ヤーバデーと言われたから安心と思っていると、あとで「あれ？」と思うことになる。ミャンマーに通い始めた当初、ヤンゴンの安宿で出会ったインドのグジャラート人と自称していた英語、ベンガル語、ビルマ語が話せるミャンマーの商人に、「ヤーバデーには気をつけろ」と注意された。ミャンマーでは約束ごとがなかなか履行されず商いが難しいのだそうだ。ビジネスの世界ではそういうことがあるのかもしれないが、私はヤーバデーというビルマ語が気に入っていて、気分的に救われることが多い。私にとっては、「何とかなるよ」「そんなにくよくよしなさんな」と聞こえてくる。とにかくミャンマーの人たちは、仕事を頼んでも期日のぎりぎりまでかかるのはいつものことで、期日を越えて結局間に合わなかったということも珍しくない。それでも声を荒げて責めたりするところを見たことがない。日本では、特に最近の傾向として、人の失敗や間違いが責められることばかりである。身につけていて快適なロンヂーを大切にする姿勢や生活のなかでの実践仏教が影響しているのか、諦めに映るのかもしれないが、ミャンマーの人たちは、何かにこだわったり、とらわれることをよしとしないようだ。与えられた情況のなかで前向きに暮らしを楽しむことがヤーバデーの言葉に現れていると私は感じている。実際、自分でヤーバデーを使ってみると、心が解き放たれる気がしてくる。

神器の3、サヤマ

ミャンマーでは男性の上司や先生をサヤ、女性の上司や先生をサヤマと呼ぶ。英語のマダムは使わない。このサヤマという言葉も役所や学校では頻繁に使われている。

ミャンマーでは日本とは比較にならないほど女性が社会進出していることにも驚かされる。私の共同研究者が所属するヤンゴン大学やイエジン農業大学の教員は、8割近くが女性である。公務員の給与が安いことが理由だという説明を受けたこともあるが、教員に採用されるには学部卒業時の成績がおおいに関係していることもあり、「公平」に採用の機会を与えるとこういう結果になるらしい。農業関係の役所にも女性が多く、軍政の頃の採用方針だったという陰口を聞いたこともあるが、とにかく、女性が役人にも教員にも多い。私も必然的に女性の共同研究者とフィールドワークに出かけることが多く、その時々の様子や、農作業の休憩時の農民たちの話しぶりを見ていると（写真3）、この国では女性が男性に劣らずリーダーシップを発揮し、輝いているように思える。女性の役割はこの国では大きい。アウンサンスーチーさんの活躍もそんな社会的背景があるからだろうと私には思える。

写真3：明るい女性たち

ミャンマーをロンヂーとサンダルで旅して、日本人が本当に学ぶべき大切にしなければならないことをぜひ発見し、経済発展というキーワードがいかに色あせているかということを実感してもらいたいと願っている。

（注）田村克己1994「宗教と世界観」『もっと知りたいミャンマー』第2版　弘文堂：P.111－150。

無料アプリで快適にミャンマー旅行

ミャンマーはSIMカードやデータ通信料が安いので、以下に紹介するスマホのアプリを活用して、より快適に旅をしよう。特記がない場合、iOSとAndroidで使える。OSの対応バージョンはアプリにより異なる。通信料節約のために、アプリは出発前に入れておこう。

SNS系でコミュニケーション

Facebook、LINE、Messenger、Viberはミャンマーでもポピュラー。特にFacebookは利用者が多い。あとの3アプリは、Wi-Fiを使えば国際電話やメッセージのやりとりが無料。

通信キャリア系でどこでもネット

MPT、Telenorなど携帯キャリア(→P.275)の公式アプリなら、通話料とデータ通信の残高がひと目でわかる。プリペイドのチャージカードを買えば、アプリ上でチャージも簡単。そのキャリアがカバーする通信エリアに注意。

Google Mapで迷わない

現在地や目的地、飲食店などの情報や距離の検索に役立つ。長距離バスなどに乗車中も、リアルタイムで現在地がわかるのがとても心強い。

タクシーを乗りこなす

料金の安さとサービスのよさで人気なのがタクシー配車サービスのGrab(グラブ)。時間帯にもよるが、ヤンゴン国際空港からダウンタウンまで7000K程度と、空港タクシーよりも安い。

・Grabの使い方

1.携帯電話番号や名前を登録(プリペイドSIMカードは空港で購入可能)。クレジットカードは日本国内から登録できない。ミャンマー到着後に。
2.目的地を検索、選択して予約。
3.近くにいる運転手の名前と顔写真、車のナンバー、到着までの時間と料金が表示される。
4.運転手から確認の電話かメッセージがくる(こないことも)。
5.タクシーが到着すると再び電話かメッセージがくる(こないことも)。予約した車かどうか、乗り込む前にナンバーや名前で確認する。
6.到着したら表示された料金を支払う。クレジットカード払いならそのまま降りるだけ。

車の位置は地図上にリアルタイムで表示される。電話で言葉が通じない、場所を説明できない場合は、近くにいる人に助けてもらおう。ミャンマーの人は親切なので、たいてい誰かが力になってくれる。

ヤンゴンの路線バス利用で交通費大幅節約

旅行者にも使いやすいヤンゴンの路線バス。Y Busはバス停や路線を英語で検索でき、現在地近くのバス停が探せる。公式アプリのYBSはビルマ語表示のみだが、自分が乗っているバスの現在地がGPSで表示されるのが便利。路線の新設や変更が多いのか、更新されていないことも。どちらもAndroidのみ。

長距離バスもらくらく予約

バガンやマンダレーをはじめとする国内主要都市を結ぶ長距離バス会社のいくつかは、公式アプリでチケットの予約、座席指定、クレジットカード決済が可能。BNF Expressは複数社のバスを一度に検索でき、予約もできる。カード払いだと手数料が発生する場合もあるので要確認。

ホテル宿泊予約で寝床を確保

Agoda(アゴダ)、Booking.com(ブッキングドットコム)はドミトリーやゲストハウスなどの安宿から高級ホテルまでオールジャンルの料金を検索、予約できる。比較サイトのTribago(トリバゴ)、Tripadvisor(トリップアドバイザー)は複数予約サイトの料金比較から最安値を探せる。口コミも役に立つ。注意が必要なのはAgodaの予約。AgodaにはBooking.comの情報も掲載されているが、区別が非常にわかりにくい。Agodaでクレジットカード決済したつもりが、実はAgoda経由で現地払いが基本のBooking.comの予約になっていて、どちらのサイトで予約をしたのか、支払い済みか否かをめぐり、チェックイン時にもめるトラブルが頻発している。予約手続きの際の「現地払い」表示や予約確認書でしっかり確認しよう。

翻訳アプリでコミュニケーション

VoiceTra(ボイストラ)は音声またはテキストから多言語に翻訳できるスグレモノ。日本語からビルマ語、その逆もスライドひとつで切り替えられるので使いやすい。翻訳された言葉は音声と現地語表示に。その言葉本来の意味も出てくるので、内容を確認できて安心。

旅のヒント Hints

ミャンマー関連書籍案内

日本国内で出版されているミャンマーに関する書籍のなかでも、比較的入手しやすく、おもしろそうなものを選んで紹介してみる。

『物語　ビルマの歴史』
根本敬　中公新書　1000円
資料に残されたビルマ（ミャンマー）の歴史を、王朝時代から現代にかけてわかりやすく概説。多数掲載されたうんちく系コラムが興味深い。421ページに掲載されている子供たちの写真がとてもいい。

『ミャンマーを知るための60章』
田村克己　松田正彦編著　明石書店　2000円
2013年に刊行されたミャンマー入門書。研究やビジネスなどさまざまなスタイルでミャンマーとかかわってきた専門家がそれぞれの視点でこの国を紹介している。開放政策に転じて活気があふれ始めたミャンマーの勢いが感じられる好著。

『ビルマ万華鏡』
土橋泰子　連合出版　2200円
1957年から1年間ビルマ（当時）に留学し、以来ビルマひと筋の著者による手頃な解説書。この国に暮らす人々の心のありようや生活文化、少数民族などについてエッセイ風に平易に解説されており気軽に読める。同じ著者のビルマ関連書籍はどれも良書なのでおすすめ。

『はじめてのミャンマー』
板坂真季　東京ニュース通信社　1500円
世界各地をバックパッカーとして旅行した著者がたどり着いたのがミャンマー。以後在住5年、一般的なイメージを覆す「おしゃれ」「かわいい」「おいしい」今のミャンマーを大紹介。ヤンゴンだけでなくバガンやインレー湖など地方都市のレストランやショップも大きめの写真とともに掲載されており、『地球の歩き方』とセットで使えばより充実した旅を楽しめる。

『ミュージック・マガジン 2020年1月号』
ミュージック・マガジン　900円
第2特集が「ミャンマー音楽の現在」。まだ馴染みが薄いもののマニアの注目を集めつつあるミャンマーの音楽について、伝統音楽から最近人気の歌手まで概観できる好記事。少数民族の伝統音楽を記録するプロジェクトに参加しているエンジニアのインタビューが興味深い。

『ミャンマー人材雇用活用実践ガイドブック』
西垣充　日本実業出版社　1850円
長年ミャンマーに関わってきた著者による、企業経営者、雇用担当者向けの書籍。特に第二章の「ミャンマーについて知っておきたい基礎知識」はミャンマー人の特質や、ミャンマー人との付き合い方がよくわかるので、旅行者が読んでもおもしろい。

『ミャンマーの柳生一族』
高野秀行　集英社文庫　429円
ミャンマーの反政府ゲリラ支配地域に関する本を何冊も出版している著者が意外にあっさりとビザを取得し、大学時代在籍した探検部の先輩である小説家船戸与一とミャンマー国内を取材して回る。そこで見たミャンマーは、江戸時代の幕藩体制だった！

『ガラスの宮殿』
アミタヴ・ゴーシュ／小沢自然、小野正嗣訳
新潮社　3000円
マンダレーにあったビルマ最後の王朝がまさに滅びようとする瞬間にインド人孤児と宮廷の侍女が電撃的に出会い、そこから100年以上にも及ぶとうとうと流れる大河のような物語が始まる。600ページを超えるボリュームながらぐいぐい引き込まれる傑作小説。

『象を撃つ』
ジョージ・オーウェル／川端康雄編、
井上摩耶子、小野寺健、小野協一、河合秀和訳
平凡社ライブラリー　1165円
短編『絞首刑』と『象を撃つ』が収められている。オーウェルは1922年から27年まで、大英帝国の警察官としてビルマで生活しており、モウラミャインなどで暮らした。『象を撃つ』はモウラミャインを舞台としており、ちらりと登場する刑務所は現在でもそのまま使われている。後年オーウェルが到達するナショナリズムについての洞察につながる、重要な一編。

注：価格はすべて税抜きの本体価格。

ミャンマーの猫に歴史を見る

旅のヒント Hints

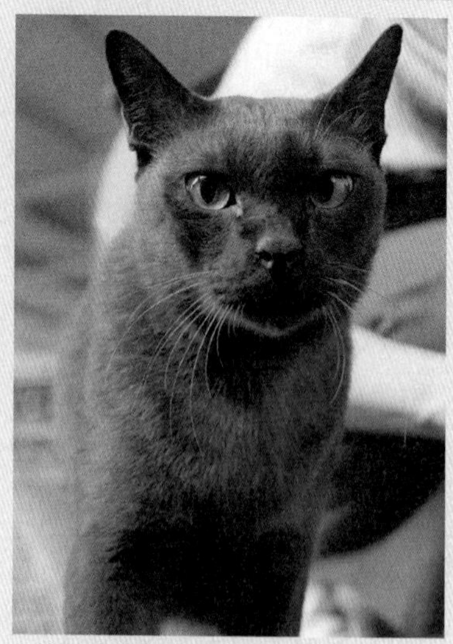
ミャンマーに遊びに来ニャさい

いろいろな動物と触れ合える国

日本とは異なり、ミャンマーの特に地方を旅していると、日常的にさまざまな動物と触れ合う機会がある。町を歩けばちょっとした日陰や物陰で犬が寝ているし、バガン(→P.124)やピンウールィン(→P.194)ではタクシー代わりに使うのが馬車。マンダレーからエーヤワディー川を船で渡ってミングォン(→P.184)へ着けば、幌にペンキで「TAXI」となぐり書きされた牛車が待機している。ポッパ山(→P.144)やポーウィン山(→P.190)には多数のサルが出没し、参道を汚したり参拝者の荷物を奪うなどのいたずらをして、少々困りもの扱いされている。ペットとしての動物ではなく、使役動物や半野生の動物との距離が近いのだ。

幌に「TAXI」とペンキ書きされた牛車

ミャンマーで猫と遊びたい

あまりなじみのない動物だけでなく、もっと身近な動物と触れ合う機会も多い。暑いミャンマーのほこりっぽい町を歩き疲れてカフェでひと休みしたり、パヤーや寺院を訪れて涼しい木陰で憩っていると、両替詐欺師や押し売りガイドなどの胡散臭い人間ではなく、もっと小さな愛らしい生き物が静かに近寄ってくることがある。猫である。

先方から寄ってくるぐらいだから概してフレンドリーで、存分にもふもふして猫欲を満足させてくれる。ただしミャンマーの猫はノミをもっていることが多いので、過剰な触れ合いは控えたほうが無難。

かつては芸をする猫が人気を博した

インレー湖上に建てられたファウンドーウー・パヤー(→P.218)は、一時期「ジャンピングキャット・テンプル」として有名だった。境内に多数飼われていた猫の一部が、仕込まれて芸をしたのである。

当初は僧侶や世話人がしゃがみ、両腕で作った輪を外へぴょんと飛ぶ素朴なもので、暇な僧侶が仕込んだといううわさも真実味が感じられた。やがて評判が評判を呼び猫の芸を見るための外国人旅行者が増えると、枠だけの団扇のような専用の道具も登場。世話人がそれをかざすと猫が飛んで輪をくぐるという進化を遂げ、旅行者の人気を集めていた。残念ながら猫に芸を仕込んでいた僧侶が亡くなってしまい、その後徐々に猫の芸は廃れてしまった。ファウンドーウー・パヤーには現在でも猫は多数飼われているが、芸はもう見られない。

かつて見られたぴょんとジャンプして輪をくぐる猫

猫に重なる苦難の歴史

前述の猫は、日本猫に似たトラ猫やブチ猫など普通の種。猫にはそれとは別にサイベリアンやターキッシュアンゴラ、ペルシャなど世界各地に固有の種があり、ミャンマーにも旧称ビルマを名に冠した「バーミーズ(Burmese)」と呼ばれる猫の品種があった。タイ原産のシャムとの交配で生まれたもので、短毛で毛色は茶色や青、シャンパン色で手足や耳の部分が少し濃く、体つきは全体にシャム猫よりも丸みを帯びている。性格は柔和。

ビルマの王朝では、代々王族の間でこの猫をペットとして愛玩していたという。やがてイギリスに攻められてビルマ族のコンバウン王朝は滅び、その後イギリス植民地化から第2次世界大戦にいたる混乱のなかでバーミーズ純血種の血統は国内では途絶えてしまった。かろうじて1930年に国外に持ち出された1匹のメス猫と、それ以前にアメリカとイギリスに連れ出されていた猫からアメリカン・バーミーズとヨーロピアン・バーミーズの2種類のバーミーズが生み出され、細々と命脈を保っている。

大切に飼われているバーミーズの猫

ビルマ猫の里帰りプロジェクト

インレー湖にあるインレー・ヘリテージ(→P.219)は、観光を通じてインレー湖周辺やミャンマーの伝統的な文化を未来へと伝えるための、リゾートホテルを併設した複合施設。現在ではミャンマーでしか生産されていないとされる蓮の繊維を使った織物などインレー湖周辺に暮らすインダー族の文化を紹介するほか、バーミーズ種の復活プロジェクトを中国のNGOと共同で行っている。ミャンマー国内では消滅していたバーミーズ種の猫を2008年にロンドンとシドニーから移送。細心の注意を払って飼育し、現在では30匹ほどがインレー湖畔の自然豊かな環境のなかでのんびりと生活している。一般の見学もできるので、インレー湖を訪れたらぜひインレー・ヘリテージにも足を運び、ミャンマーという国の苦難の歴史とバーミーズ種が体験した波乱万丈の来歴を重ね合わせ、思いをはせてみてはどうだろう。ひと味違う旅の思い出になるはずだ。

広い敷地で自由に過ごせ幸せそうな猫

インレー湖畔のリゾート、インレー・ヘリテージに併設された保護施設

ミャンマー国内あらゆる所に猫はいる
左上/単車の上に猫　中上/宿でも猫　左下/店先に猫
中下/僧院にも猫
右/猫好きの心をわしづかみにするおみやげ

読者投稿

ヤンゴンの悪質な客引き

スーレー・パヤー周辺に、「ここよりもっといい所があるよ」と客引きし、船に乗せて対岸のダラに連れて行こうとする人がいます。私も十分に警戒せずについていって、ガイドしてもらったあとに、US$300よこせと言われました。さすがに怒ってなんとか額は下げましたが、痛い出費となりました。あとで調べてみると、最近被害がよく起こっており、なかには20万円相当のお金を取られた人もいるそうです。みなさんにぜひ注意喚起したいです。

（2019年10月　匿名）

金銭をせびる現地人に注意

海外を旅行する場合、日本語で話しかけてくる人間は詐欺だと思えが鉄則ですが、ヤンゴンでは、有料施設内の関係者が英語で話しかけてきて金銭を要求する事案が多いようです。

ヤンゴン市内スーレー・パヤーに入場後、僧侶に参拝経路を示され言われたとおりに行動。見学をしていると勝手に説明を始めます。私は、ひとりで大丈夫なので、ついてこないでほしい旨を伝えるも、最後まで勝手に説明を続け、挙げ句の果てにはドネーション（寄附）を求められました。僧侶であっても、油断は禁物です。丁重にお断りしましたが、かなりの金額（日本円で3～4000円程度）を吹っかけてきますので、ご注意ください。僧侶は片言の日本語を話します。

その後、名札を付けたどこかの職員の男性（会話は英語）が、スーレー・パヤーから出る際についてきました。直前に僧侶で面倒なことになったので、ついてこないでほしいと告げました。しかし、彼は自分の勤め先を言い、今から休憩で、何も金銭も求めないし方向が同じだからしばらく会話でもと折れません。日本出発前に、フェリー乗り場で「向こう岸に行こう詐欺」が横行しているという情報を見ており、彼が「フェリーを見に行こう」と告げた時点で、同様の詐欺と判断。疲れたのでホテルに戻るという旨を伝えると、ドネーション（寄附）もガイド料も要らないので、お礼に飲食を奢ってくれと強要し始めました。彼にも「お金を払わないと約束しているので支払わない」と、説明し別れましたが。日本人だと、簡単に支払いをしてしまうと思われそうなのでお気をつけください。

余談ですが、ヤンゴン市内からヤンゴン川を渡ってダラ側に渡るフェリーは30分おきに出ており、日本のパスポートを係員に提示すると無料で乗ることができます。ダラ側には小さな屋台が並んでおり、生ビールも飲めますので、フェリーで川を渡る経験をされたい方は気軽に遊びに行ってみてもよいと思います。この無料措置は、日本の支援に対するミャンマー側の好意とのこと。係の人に、無料で乗船できると聞いたが、乗れるかと聞いてみてください。英語は通じます。

（2019年7月　匿名）

旅行者狙いのぼったくり

スーレー・パヤー付近で、日本人に「友達になろう」と声をかけ、ヤンゴン市内外を案内する若者がいます。私は同じホテルに宿泊していた日本人から友達だと紹介され（紹介した日本人はぼったくられたことに気づいていなかったようです）、市内からヤンゴン川を挟んだ対岸を案内されました。この辺ではタクシーがつかまらないからとトゥクトゥクを電話で呼び、蛇のいる仏塔（ミンガラー・カンポーエー・パヤー）に案内すると乗せられますが、最終的にUS$70払えと言われました。かなり広いネットワークでぼったくりをやっているようで、連れて行かれた店などのどこまでがグルだったのかはわかりません。旅慣れない日本人をターゲットに声をかけ、日本人つながりでカモを探しているようです。

（2019年1月　T.G.）

旅行会社は複数回る

ヤンゴン中央駅前にあるバスチケット売り場で、早朝発のチャイティーヨー日帰りチケットを買おうとしました。しかし9月は雨季だから、早朝の便はないので深夜便で行けと言われました。試しに隣の別会社に相談したら、早朝発の便がありました。

（2019年9月　ねぶくろ）

ヤンゴンの日本人墓地

位置としては、ヤンゴン国際空港のすぐ先です。アウンミンガラー・ハイウエイ・バス・ターミナルの北を西に進み、右へ直角に曲がる角にあるゲート内部の奥です。墓地からは、晴れた平和な空を飛行機が飛んでいくのを仰ぎ見ることができます。その先に日本もあると思うと、どんなにか故郷に帰りたかったであろう戦没者の方々のことを考えずにはいられませんでした。
（2019年9月　金坂厚宏）

バガンでのサンセット見物の客引き

バガンで夕方にシュエサンドー・パヤーやスラマニ寺院周辺を観光していると、「地元民しか知らない仏塔に登って日没を見物できる」などと声をかけられます。当然金を要求されますが、案内されたのは崩壊して原形をとどめないれんが積み。景観も公式の展望台と変わらないうえ、ひと気のない場所に行くのでむしろ安全面の不安もあり、相手にしないほうがいいでしょう。
（2019年4月　匿名）

カックーへのアプローチが簡単に

これまでニャウンシュエからカックーへは、タクシーをチャーターしタウンヂーでガイドの申し込みと入域料の支払いをして現地へというのが、ガイドブックなどで紹介されていました。今回私もそのつもりでホテルでタクシーのチャーターを依頼しましたが、大きな変更が2点ありました。まずガイドの申し込みは必要なく入域料も現地で支払えるということ。またそれにともなってタウンヂーを経由せず直接カックーへアプローチできるようになったこと。これにより片道はこれまでの2時間から1時間に短縮。タクシーのチャーター料も6万K ～とされていましたが4万5000Kでした。これで午前中カックー観光、午後からインレー湖観光というプランが余裕をもって楽しめるようになりました。
（2019年1月　匿名）

ゴールデン・カロー・インはいい宿

230ページ掲載のゴールデン・カロー・インはバス停から徒歩で行ける距離、宿泊料も安くて朝食付き、ツアーも手配してくれます。夜番がいるので、早朝にバスで着いても安心です。朝4時に着き、その日のトレッキングツアーに参加させてもらえました。チェックアウト後にシャワーを浴びることもできました。
（2019年1月　Hero）

空港シャトルはおすすめ

ミャンマーでは、空港とバスターミナルにいるタクシーに気をつけろと聞いておりました。悪人ではないのでしょうが外国人旅行者のほとんどはぼられます。ミャンマーを旅行して、この国を好きになっている旅行者は多いのですが、アウンミンガラー・ハイウェイ・バス・ターミナルだけは嫌いと言います。事実現地人でもぼられてます。

私は73歳になるものですが、たまたま飛行機の中でミャンマー人と話し始めたとき、彼が空港行きバス（→P.45）をすすめるので、彼の助けも借りて初めて乗ってみました。とてもきれいで、エアコン付き、始発で頻発ですから、待たずに座れます。市内の中心地スーレー・パヤーに向かうルートはふたつあります。運転手に私が予約をしたホテルの住所を見せると、ルートと降りるバス停を教えてくれました。料金は500K（約40円）で通常バスの200Kよりは高くても、タクシー料金の1万K（約800円）よりは大幅に安く気分も快適でした。私の場合はバス停で降りてから、500mくらい歩きましたが、荷物のある人はそこでタクシーに乗ってもよいでしょう。

これに味を占めて、ミャンマー国内旅行のあとアウンミンガラー・ハイウェイ・バス・ターミナルに戻るときも車内で若いミャンマー人に相談しましたところ、こちらもヤンゴン中心部に行くエアコン付きミニバスがあることがわかり、2000K（160円）払って乗りました。こちらはルートが1本しかなく、教えてもらったバス停からはホテルにタクシーで行きました。これが2000Kで計4000Kでしたが、嫌な思いもせずに快適でした。ぜひともおすすめしたいと思います。
（2019年3月　SBPKY）

マンダレーの大型ショッピングセンター

マンダレーのバスターミナルに行く途中にある、「オーシャン」というショッピングモール（MAP P.160-B4）がおすすめです。「フジ・レストラン」に立ち寄ろうと思い行きましたが、大規模なスーパーマーケット、フードコートが入っていて、食品のみやげ物もあり、ヤンゴン行きバス乗車前の買い物に最適です。タクシー利用で行くことをおすすめします。
（2019年2月　ワシ）

懐中電灯は必携

『地球の歩き方』には懐中電灯が必携と書かれていますが実際には持っていかない人が多いようです。特にバガンの寺院は照明がない場合がほとんどなので、昼であっても懐中電灯は必要です。日本のような電気屋さんはありませんので、「行ってから買う」ということは考えないほうがよいです。スマホの懐中電灯アプリでもある程度はなんとかなりますが……。
（2018年8月　かるけん）

索引

Index

都市名

ア 行

アマラプラ…… 178
インレー湖…… 216
インワ…… 180

カ 行

カロー…… 227
コータウン…… 92

サ 行

ザガイン…… 182
シットウェー…… 113
シュエボー…… 192

タ 行

ターズィ…… 236
ダウェイ…… 88
タウンヂー…… 234
タチレイ…… 239
チャイティーヨー…… 72
チャイントォン…… 237
チャウンター…… 102
ティーボー（シーポー）…… 201

ナ 行

ネーピードー…… 93

ハ 行

パアン…… 80
バガン…… 124
バゴー…… 75
パテイン…… 98
ピイ…… 106
ピンウールィン（メイミョー）…… 194
ピンダヤ…… 231
ベイ…… 90

マ 行

マンダレー…… 158
ミッチーナー…… 207
ミャウー…… 116
ミャワディ…… 82
ミングォン…… 184
メイッティーラ…… 153
モウラミャイン…… 83
モンユワ…… 187

ヤ 行

ヤンゴン（ラングーン）…… 30

ラ 行

ラーショー…… 204

ン

ンガパリ…… 111
ングエサウン…… 104

見どころ

ア 行

アーナンダ寺院（バガン）…… 134
アーミィン（モンユワ）…… 190
アーレインガーシン・パヤー（ヤンゴン）…… 52
アカウタウン（ピイ）…… 109
アシャペッレイ・パヤー（バガン）…… 141
アトゥラマジ・ピロン・チャンタ・パヤジー（シットウェー）…… 115
アナーペッレイ・パヤー（バガン）…… 141
アルメニア教会（ヤンゴン）…… 54
アンドー・テイン寺院（ミャウー）…… 118
イエジーウー・パヤー（パテイン）…… 100
インデイン（インレー湖）…… 220
インヤー湖（ヤンゴン）…… 55
インレー・ヘリテージ（インレー湖）…… 219
インワ鉄橋（ザガイン）…… 182
ウィンセントーヤ（モウラミャイン）…… 85
ウー・タント・ハウス（ヤンゴン）…… 53
ウー・ヌ記念博物館（ヤンゴン）…… 53
ウー・ベイン橋（アマラプラ）…… 178
ウェザリ（ミャウー）…… 119
ウッパタサンティ・パヤー（ネーピードー）…… 95
エインドーヤー・パヤー（マンダレー）…… 167
エーターヤー・ヴィンヤード（インレー湖）…… 220
王宮跡（ミャウー）…… 116
王宮考古博物館（バガン）…… 133
王宮発掘現場（バゴー）…… 78
黄金王宮（バガン）…… 133
織物工房（マンダレー）…… 170

カ 行

ガーペー僧院（インレー湖）…… 219
カウナット・パゴダ・コンパウンド（モウラミャイン）…… 87
ガウンセー島（モウラミャイン）…… 84
カウンムードー・パヤー（ザガイン）…… 183
傘工房（ピンダヤ）…… 233
カチン州立民俗博物館（ミッチーナー）…… 208
カックー（インレー湖）…… 220
カトリック・キリスト教会（カロー）…… 228
カバーエー・パヤー（ヤンゴン）…… 51
カンヂーダウン・パヤー（パテイン）…… 101
カンドーヂ湖（ヤンゴン）…… 55
旧王宮（マンダレー）…… 166
金箔工房（マンダレー）…… 170
グービャウッヂー寺院（バガン）…… 140
クドードォ・パヤー（マンダレー）…… 164
軍事博物館（ネーピードー）…… 96
考古学博物館（バガン）…… 133
考古学博物館（ミャウー）…… 116
コウタウン・パヤー（ミャウー）…… 118
国立カンドーヂ植物園（ピンウールィン）…… 196
国立シャン州文化博物館（タウンヂー）…… 235
国立博物館（ネーピードー）…… 95
国立博物館（ヤンゴン）…… 52
ゴドーパリィン寺院（バガン）…… 135

サ 行

ザガインヒル（ザガイン）…… 182
サチャムニ像（シットウェー）…… 115
サッセ（モウラミャイン）…… 86
サットーヤ・パヤー（ミングォン）…… 185
サパダ・パヤー（バガン）…… 138
サファリ・パーク・ネーピードー（ネーピードー）…… 96
座仏（モウラミャイン）…… 85
サレー（バガン）…… 145
サンダームキ（マンダレー）…… 163
サンダムニ・パヤー（マンダレー）…… 164
サンドウェ（ンガパリ）…… 112
漆器博物館（バガン）…… 133
シッタウン寺院（ミャウー）…… 117
市民公園（ヤンゴン）…… 55
シャン藩王の邸宅（ティーボー）…… 202
シュエインビン僧院（マンダレー）…… 168
シュエウーミン洞窟（ピンダヤ）…… 232
シュエウーミン洞窟寺院（カロー）…… 228
シュエグーヂー寺院（バガン）…… 134
シュエグーレー・パヤー（バゴー）…… 77
シュエサンドー・パヤー（バガン）…… 136
シュエサンドー・パヤー（ピイ）…… 107
シュエズィーゴォン・パヤー（バガン）…… 138
シュエズィーゴォン・パヤー（モンユワ）…… 188
シュエターリャウン（モンユワ）…… 189
シュエターリャウン寝仏（バゴー）…… 77
シュエタウンザー・パヤー（ダウェイ）…… 89
シュエダゴォン・パヤー（ヤンゴン）…… 46
シュエチミン・パヤー（マンダレー）…… 166
シュエナッタウン・パヤー（ピイ）…… 109
シュエナンドー僧院（マンダレー）…… 165
シュエミェッマン・パヤー（ピイ）…… 109
シュエモードー・パヤー（バゴー）…… 76
シュエモートー・パヤー（パテイン）…… 99
シュエヤンピイ僧院と仏塔（インレー湖）…… 219

シリアム（ヤンゴン）……57
シンピューメェ（ミングォン）……185
スウェドーミャッ・パヤー（ヤンゴン）……51
スータウンピー・パヤー（ミッチーナー）……209
スーレー・パヤー（ヤンゴン）……50
スタウンピー・パヤー（マンダレー）……163
スラームニー・ローカチャンター・パヤー（タウンヂー）……235
スラマニ寺院（バガン）……137
スリ・クシェトラ（ピイ）……108
聖マリア大聖堂（ヤンゴン）……54
セィンニェ・アマ寺院（バガン）……140
セィンニェ・ニィーマ・パヤー（バガン）……140
ゼーヂョーマーケット（マンダレー）……168
セッチャーティハ・パヤー（マンダレー）……168
セットーヤ・パヤー（パテイン）……100
ソーミィンヂー僧院（バガン）……140

タ 行

タイエーキッタヤー（ピイ）……108
大理石工房（マンダレー）……170
タウンボッデー寺院（モンユワ）……188
タガウン・パヤー（パテイン）……100
竹の仏像（カロー）……228
竹の仏像（パテイン）……100
ダッカンゼイン寺院（ミャウー）……118
ダットゥジャイ滝（ピンウールイン）……197
タニン（ヤンゴン）……57
タビィニュ寺院（バガン）……134
タペストリー工房（マンダレー）……170
ダマヤッズィカ・パヤー（バガン）……141
ダマヤンヂー寺院（バガン）……136
タムサム洞窟（インレー湖）……220
タラバー門（バガン）……133
タンドーヂャ石仏（バガン）……134
タンビュッザヤ（モウラミャイン）……85
タンブラ寺院（バガン）……142
チェードーヤ・パヤー（マンダレー）……162
チャイッカミ（モウラミャイン）……86
チャイティーヨー・パヤー（チャイティーヨー）……72
チャイプーン・パヤー（バゴー）……78
チャウセー（マンダレー）……169
チャウタン（ヤンゴン）……57
チャウッカ（モンユワ）……189
チャウッカラッ・パヤー（パアン）……81
チャウッターヂー・パヤー（ヤンゴン）……50
チャウットーヂー・パヤー（アマラプラ）……179
チャウットーヂー・パヤー（マンダレー）……165
チャウンター・ビーチ（チャウンター）……102
チャカッワイン僧院（バゴー）……78
チンテーヂーナッカウン（マンダレー）……162
ティーボー温泉（ティーボー）……202
ティローミィンロー寺院（バガン）……139
洞窟寺院（ピンダヤ）……232
トワンテー（ヤンゴン）……57

ナ 行

ナーガ洞窟パヤー（ヤンゴン）……51
ナガーヨン寺院（バガン）……139
ナガーヨン・パヤー（メイッティーラ）……154
ナショナル・ランドマーク・ガーデン（ネーピードー）……96
ナショナル・ランドマークス・ガーデン（ピンウールィン）……196
ナッチェーシースー・パヤー（パテイン）……99
ナッラウン寺院（バガン）……135
ナラティハパティ・パヤー（バガン）……143
ナンダマンニャ寺院（バガン）……142
ナンテイン（カロー）……229
ナンミイン監視塔（インワ）……181
日本人慰霊碑（マンダレー）……163
ニャウンウーのマーケット（バガン）……138
ニャウンシュエ文化博物館（インレー湖）……219
ネーピードー動物園（ネーピードー）……96
ノアラボー・パヤー（モウラミャイン）……86

ハ 行

バガヤー僧院（インワ）……181
バガン・ビューイング・タワー（バガン）……142
博物館（バゴー）……78
パトドーヂー・パヤー（アマラプラ）……179
バハードゥル・シャー・ザファーの墓所（ヤンゴン）……54
パヤーヂー・パヤー（ピイ）……108
パヤートンズー寺院群（バガン）……143
パヤーマー・パヤー（ピイ）……108
ハリン（シュエボー）……193
ピーロンチャンター・パヤー（マンダレー）……163
ピタカタイ（バガン）……135
ピャーデイペー・パヤー（マンダレー）……163
ビルー島（モウラミャイン）……85
ヒンターゴン・パヤー（バゴー）……77
ファウンドーウー・パヤー（インレー湖）……218
ブー・パヤー（バガン）……136
ペイチンミャウン（ピンウールィン）……196
ペッレイ・パヤー（バガン）……141
宝石博物館（ネーピードー）……95
宝石博物館（ヤンゴン）……53
ボウボウヂー・パヤー（ピイ）……108
ポーウィン山（モンユワ）……190
ボータタウン・パヤー（ヤンゴン）……51
ボーヂョーアウンサン博物館（ヤンゴン）……53
ボーヂョーアウンサン・マーケット（ヤンゴン）……56
ボーヂョー・パヤー（ティーボー）……202
ポッパ山……144

マ 行

マーケット（パテイン）……100
マーケット（ピンウールィン）……195
マヌーハ寺院（バガン）……139
マハーアウンミェ僧院（インワ）……181
マハーガンダーヨン僧院（アマラプラ）……179
マハーゼディー・パヤー（バゴー）……77
マハーボディー・シュエグー（ミャウー）……118
マハーボディー・パヤー（バガン）……135
マハーボディー・ミンガラー・ゼディ（パテイン）……100
マハカラヤニシマ（バゴー）……78
マハムニ・パヤー（マンダレー）……167
マハムニ・パヤー（ミャウー）……119
マンダレーヒル（マンダレー）……162
ミッソン（ミッチーナー）……209
ミャゼディ寺院（バガン）……140
ミャッターリャウン寝仏（バゴー）……78
ミャンマー民俗村（ヤンゴン）……56
ミンガラー・ゼディ（バガン）……137
ミングォンの鐘（ミングォン）……185
ミングォン・パヤー（ミングォン）……184
ミン・ナン・トゥ村（バガン）……142
ムイヂーナッカウン（マンダレー）……163
ムイ・パヤー（マンダレー）……169
メーラムー・パヤー（ヤンゴン）……52
モーゼ・ヨシュア・シナゴーグ（ヤンゴン）……54
モーヂョーピッ村（ピンウールィン）……197
木工工房（マンダレー）……170
モン州立博物館（モウラミャイン）……84

ヤ 行

ヤカイン州文化博物館（シットウェー）……114
ヤタナーシンメ・パヤー（インワ）……181
ヤダナー・ホワイト・エレファント・ガーデン（ヤンゴン）……55
ヤダナマンアウン・パヤー（インレー湖）……219
ヤンキンヒル（マンダレー）……169
ヤンゴン動物園（ヤンゴン）……55
ヤンゴン日本人墓地（ヤンゴン）……54

ラ 行

ラーショー温泉（ラーショー）……205
レイミャナー寺院群（バガン）……143
レーチョン・サチャー・ムニ（モンユワ）……189
ローカタラピェ・パヤー（インワ）……181
ローカタラピュ・パヤー（ダウェイ）……89
ローカチャンタ・アーバヤ・ラバムニ大仏（ヤンゴン）……52
ローカナンダー・パヤー（シットウェー）……115
ローカナンダー・パヤー（バガン）……141

ン

ンガータッジー・パヤー（ヤンゴン）……50
ンガパリ・ビーチ（ンガパリ）……111
ングエサウン・ビーチ（ングエサウン）……105
ンコンミーンストゥーパ（マンダレー）……163

地球の歩き方 ホームページのご案内

海外旅行の最新情報満載の「地球の歩き方ホームページ」！ガイドブックの更新情報はもちろん、各国の基本情報、海外旅行の手続きと準備、海外航空券、海外ツアー、現地ツアー、ホテル、鉄道チケット、Wi-Fiレンタルサービスなどもご紹介。旅先の疑問などを解決するためのQ&A・旅仲間募集掲示板や現地Web特派員ブログ、ニュース＆レポートもあります。

URL **https://www.arukikata.co.jp/**

■ 多彩なサービスであなたの海外旅行をサポートします！

旅のQ&A・旅仲間募集掲示板

世界中を歩き回った多くの旅行者があなたの質問を待っています。目からウロコの新発見も多く、やりとりを読んでいるだけでも楽しい旅行情報の宝庫です。

URL **https://bbs.arukikata.co.jp/**

国内外の旅に関するニュースやレポート満載

地球の歩き方 ニュース＆レポート

国内外の観光、グルメ、イベント情報、地球の歩き方ユーザーアンケートによるランキング、編集部の取材レポートなど、ほかでは読むことのできない、世界各地の「今」を伝えるコーナーです。

URL **https://news.arukikata.co.jp/**

航空券の手配がオンラインで可能

地球の歩き方 arukikata.com

航空券のオンライン予約なら「アルキカタ・ドット・コム」。成田・羽田のほか、全国各地の空港を発着する航空券を手配できます。期間限定の大特価バーゲンコーナーは必見。

URL **https://www.arukikata.com/**

空港とホテル間の送迎も予約可能

地球の歩き方 Travel 現地発着オプショナルツアー

効率よく旅を楽しめる世界各地のオプショナルツアーを取り揃えています。観光以外にも快適な旅のオプションとして、空港とホテル間の送迎や空港ラウンジ利用も人気です。

URL **https://op.arukikata.com/**

ホテルの手配がオンラインで可能

地球の歩き方 Travel 海外ホテル予約

「地球の歩き方ホテル予約」では、世界各地の格安から高級ホテルまでをオンラインで予約できます。クチコミなども参考に評判のホテルを探しましょう。

URL **https://hotels.arukikata.com/**

海外Wi-Fiレンタル料金比較

地球の歩き方 Travel 海外Wi-Fiレンタル

スマホなどによる海外ネット接続で利用者が増えている「Wi-Fi ルーター」のレンタル。渡航先やサービス提供会社で異なる料金プランなどを比較し、予約も可能です。

URL **https://www.arukikata.co.jp/wifi/**

LAのディズニーリゾートやユニバーサルスタジオ入場券の手配

地球の歩き方 Travel 地球の歩き方 チケットオンライン

アナハイムのディズニー・リゾートやハリウッドのユニバーサル・スタジオの、現地でチケットブースに並ばずに入場できる入場券の手配をオンラインで取り扱っています。

URL **https://parts.arukikata.com/**

ヨーロッパ鉄道チケットがWebで購入できる「ヨーロッパ鉄道の旅」

ヨーロッパ鉄道の旅 Travelling by Train

地球の歩き方トラベルのヨーロッパ鉄道チケット販売サイト。オンラインで鉄道パスや乗車券、座席指定券などを予約できます。利用区間や日程がお決まりの方におすすめです。

URL **https://rail.arukikata.com/**

海外旅行の情報源はここに！ 地球の歩き方 

台北近郊 魅力的な町めぐり
16 wonderful day trip destinations from Taipei
台北から ひと足延ばして 素顔の台湾に 出合える小さな旅

ラダック ザンスカール スピティ
Ladakh Zanskar & Spiti
スピティを新規掲載

台南 高雄 とっておきの歩き方
台湾南部の旅ガイド
なぜか懐かしい 台湾の魅力をじっくり味わう すてきな町歩き

イスタンブール 路地裏さんぽ

「世界イケメンハンター」窪咲子の
GIRL'S TRAVEL
グルメ、雑貨、絶景、そしてイケメン

撮り・旅！
旅と写真に魅せられて、

ONE & ONLY MACAO
～マカオ、世界にひとつだけの街～
produced by LOVETABI
「カワイイ」「おいしい」、そして「世界にひとつだけ(ONE & ONLY)」。新しいアジアの旅先、マカオの魅力を詰め込んだトラベルブック

台湾おしゃべりノート
地球の歩き方編集女子が見つけた Taiwan 最強の楽しみ方教えます
最旬の台湾を楽しみつくす！

「地球の歩き方」の書籍

地球の歩き方 GEM STONE

「GEM STONE(ジェムストーン)」の意味は「原石」。地球を旅して見つけた宝石のような輝きをもつ「自然」や「文化」、「史跡」などといった「原石」を珠玉の旅として提案するビジュアルガイドブック。美しい写真と詳しい解説で新しいテーマ&スタイルの旅へと誘います。

- 006 風街道 シルクロードをゆく
- 022 北京 古い建てもの見て歩き
- 030 バリ島ウブド 楽園の散歩道
- 038 世界遺産 イースター島完全ガイド
- 040 マラッカ ペナン 世界遺産の街を歩く
- 041 パプアニューギニア
- 042 イスタンブール路地裏さんぽ
- 044 南アフリカ自然紀行 野生動物とサファリの魅力
- 045 世界遺産 ナスカの地上絵完全ガイド
- 050 美しきアルジェリア7つの世界遺産を巡る旅
- 051 アマルフィ&カプリ島 とっておきの散歩道
- 052 とっておきのポーランド 世界遺産と小さな村、古城ホテルを訪ねて
- 053 台北近郊 魅力的な町めぐり
- 054 グリム童話で旅するドイツ・メルヘン街道
- 056 ラダック ザンスカール スピティ 北インドのリトル・チベット [増補改訂版]
- 057 ザルツブルクとチロル・インスブルック アルプスの山と街を歩く
- 059 天空列車 青海チベット鉄道の旅
- 060 カリフォルニア・オーガニックトリップ サンフランシスコ&ワインカントリーのスローライフへ
- 061 台南 高雄 とっておきの歩き方 台湾南部の旅ガイド

地球の歩き方 BOOKS

「BOOKS」シリーズでは、国内、海外を問わず、自分らしい旅を求めている旅好きの方々に、旅に誘う情報から旅先で役に立つ実用情報まで、「旅エッセイ」や「写真集」、「旅行術指南」など、さまざまな形で旅の情報を発信します。

- 日本の島旅シリーズ
- ニューヨークおしゃべりノート
- キレイを叶える週末バンコク♡
- 「世界イケメンハンター」窪咲子のGIRL'S TRAVEL
- ONE & ONLY MACAO produced by LOVETABI
- エスニックファッション シーズンブック
- 撮り・旅！ 地球を撮り歩く旅人たち
- 台湾おしゃべりノート

エスニックファッション・シーズンブック

地球の歩き方シリーズ 地球の歩き方 編集部 検索 www.arukikata.co.jp/guidebook/

地球の歩き方 シリーズ年度一覧

地球の歩き方ガイドブックは1～2年で改訂されます。改訂時には価格が変わることがあります。表示価格は本体価格(税別)です。
●最新情報は、ホームページでもご覧いただけます。URL www.diamond.co.jp/arukikata/

2020年3月現在

地球の歩き方 ガイドブック

A ヨーロッパ

No.	タイトル	年度	価格
A01	ヨーロッパ	2020～2021	¥1700
A02	イギリス	2019～2020	¥1700
A03	ロンドン	2020～2021	¥1600
A04	湖水地方&スコットランド	2018～2019	¥1700
A05	アイルランド	2019～2020	¥1800
A06	フランス	2020～2021	¥1700
A07	パリ&近郊の町	2019～2020	¥1700
A08	南仏プロヴァンス コート・ダジュール&モナコ	2020～2021	¥1600
A09	イタリア	2020～2021	¥1700
A10	ローマ	2018～2019	¥1600
A11	ミラノ ヴェネツィアと湖水地方	2019～2020	¥1700
A12	フィレンツェとトスカーナ	2019～2020	¥1700
A13	南イタリアとシチリア	2019～2020	¥1700
A14	ドイツ	2019～2020	¥1700
A15	南ドイツ フランクフルト ミュンヘン ロマンティック街道 古城街道	2019～2020	¥1600
A16	ベルリンと北ドイツ ハンブルク ドレスデン ライプツィヒ	2020～2021	¥1700
A17	ウィーンとオーストリア	2020～2021	¥1700
A18	スイス	2019～2020	¥1700
A19	オランダ ベルギー ルクセンブルク	2019～2020	¥1600
A20	スペイン	2020～2021	¥1700
A21	マドリードとアンダルシア&鉄道とバスで行く世界遺産	2019～2020	¥1600
A22	バルセロナ&近郊の町 イビサ島/マヨルカ島	2020～2021	¥1600
A23	ポルトガル	2019～2020	¥1650
A24	ギリシアとエーゲ海の島々&キプロス	2019～2020	¥1700
A25	中欧	2019～2020	¥1800
A26	チェコ ポーランド スロヴァキア	2019～2020	¥1700
A27	ハンガリー	2019～2020	¥1700
A28	ブルガリア ルーマニア	2019～2020	¥1800
A29	北欧	2019～2020	¥1700
A30	バルトの国々	2019～2020	¥1700
A31	ロシア	2018～2019	¥1900
A32	極東ロシア シベリア サハリン	2019～2020	¥1800
A34	クロアチア スロヴェニア	2019～2020	¥1600

B 南北アメリカ

No.	タイトル	年度	価格
B01	アメリカ	2019～2020	¥1900
B02	アメリカ西海岸	2020～2021	¥1700
B03	ロスアンゼルス	2019～2020	¥1700
B04	サンフランシスコとシリコンバレー	2019～2020	¥1700
B05	シアトル ポートランド ワシントン州とオレゴン州の大自然	2019～2020	¥1700
B06	ニューヨーク マンハッタン&ブルックリン	2019～2020	¥1750
B07	ボストン	2020～2021	¥1800
B08	ワシントンDC	2020～2021	¥1700
B09	ラスベガス セドナ&グランドキャニオンと大西部	2019～2020	¥1700
B10	フロリダ	2019～2020	¥1700
B11	シカゴ	2018～2019	¥1700
B12	アメリカ南部	2019～2020	¥1800
B13	アメリカの国立公園	2019～2020	¥1900
B14	ダラス ヒューストン デンバー グランドサークル フェニックス サンタフェ	2020～2021	¥1800
B15	アラスカ	2019～2020	¥1800
B16	カナダ	2019～2020	¥1700
B17	カナダ西部	2020～2021	¥1600
B18	カナダ東部	2018～2019	¥1600
B19	メキシコ	2019～2020	¥1800
B20	中米	2018～2019	¥1900
B21	ブラジル ベネズエラ	2018～2019	¥2000
B22	アルゼンチン チリ パラグアイ ウルグアイ	2020～2021	¥2000
B23	ペルー ボリビア エクアドル コロンビア	2020～2021	¥2000
B24	キューバ バハマ ジャマイカ カリブの島々	2019～2020	¥1850
B25	アメリカ・ドライブ	2020～2021	¥1800

C 太平洋/インド洋の島々&オセアニア

No.	タイトル	年度	価格
C01	ハワイI オアフ島&ホノルル	2019～2020	¥1700
C02	ハワイII ハワイ島 マウイ島 カウアイ島 モロカイ島 ラナイ島	2019～2020	¥1600
C03	サイパン	2018～2019	¥1400
C04	グアム	2020～2021	¥1400
C05	タヒチ イースター島	2019～2020	¥1700
C06	フィジー	2018～2019	¥1500
C07	ニューカレドニア	2018～2019	¥1500
C08	モルディブ	2020～2021	¥1700
C10	ニュージーランド	2020～2021	¥1700
C11	オーストラリア	2019～2020	¥1900
C12	ゴールドコースト&ケアンズ グレートバリアリーフ ハミルトン島	2020～2021	¥1700
C13	シドニー&メルボルン	2019～2020	¥1600

D アジア

No.	タイトル	年度	価格
D01	中国	2019～2020	¥1900
D02	上海 杭州 蘇州	2019～2020	¥1700
D03	北京	2019～2020	¥1600
D04	大連 瀋陽 ハルビン 中国東北地方の自然と文化	2019～2020	¥1800
D05	広州 アモイ 桂林 珠江デルタと華南地方	2019～2020	¥1800
D06	成都 重慶 九寨溝 麗江 四川 雲南 貴州の自然と民族	2020～2021	¥1800
D07	西安 敦煌 ウルムチ シルクロードと中国西北部	2020～2021	¥1800
D08	チベット	2018～2019	¥1900
D09	香港 マカオ 深圳	2019～2020	¥1700
D10	台湾	2020～2021	¥1700
D11	台北	2020～2021	¥1500
D13	台南 高雄 屏東&南台湾の町	2019～2020	¥1500
D14	モンゴル	2020～2021	¥1900
D15	中央アジア サマルカンドとシルクロードの国々	2019～2020	¥1900
D16	東南アジア	2020～2021	¥1700
D17	タイ	2020～2021	¥1700
D18	バンコク	2019～2020	¥1600
D19	マレーシア ブルネイ	2020～2021	¥1700
D20	シンガポール	2020～2021	¥1500
D21	ベトナム	2019～2020	¥1700
D22	アンコール・ワットとカンボジア	2020～2021	¥1700
D23	ラオス	2019～2020	¥1900
D24	ミャンマー	2020～2021	¥1900
D25	インドネシア	2020～2021	¥1700
D26	バリ島	2019～2020	¥1700
D27	フィリピン	2020～2021	¥1700
D28	インド	2020～2021	¥1900
D29	ネパールとヒマラヤトレッキング	2018～2019	¥1900
D30	スリランカ	2020～2021	¥1700
D31	ブータン	2018～2019	¥1800
D32	パキスタン	2007～2008	¥1780
D33	マカオ	2018～2019	¥1600
D34	釜山・慶州	2017～2018	¥1400
D35	バングラデシュ	2015～2016	¥1900
D36	南インド	2016～2017	¥1700
D37	韓国	2020～2021	¥1800
D38	ソウル	2019～2020	¥1500

E 中近東 アフリカ

No.	タイトル	年度	価格
E01	ドバイとアラビア半島の国々	2020～2021	¥1900
E02	エジプト	2014～2015	¥1700
E03	イスタンブールとトルコの大地	2019～2020	¥1900
E04	ペトラ遺跡とヨルダン レバノン	2019～2020	¥1900
E05	イスラエル	2019～2020	¥1900
E06	イラン	2017～2018	¥2000
E07	モロッコ	2019～2020	¥1800
E08	チュニジア	2020～2021	¥1900
E09	東アフリカ ウガンダ エチオピア ケニア タンザニア ルワンダ	2016～2017	¥1900
E10	南アフリカ	2020～2021	¥2000
E11	リビア	2010～2011	¥2000
E12	マダガスカル	2020～2021	¥1800

女子旅応援ガイド aruco

1	パリ '19～20	¥1200
2	ソウル '19～20	¥1200
3	台北 '20～21	¥1200
4	トルコ	¥1300
5	インド	¥1400
6	ロンドン '20～21	¥1200
7	香港 '19～20	¥1200
8	エジプト	¥1200
9	ニューヨーク '19～20	¥1200
10	ホーチミン ダナン ホイアン '20～21	¥1300
11	ホノルル '19～20	¥1200
12	バリ島 '20～21	¥1200
13	上海	¥1200
14	モロッコ '19～20	¥1400
15	チェコ '19～20	¥1200
16	ベルギー '16～17	¥1200
17	ウィーン ブダペスト '20～21	¥1200
18	イタリア '19～20	¥1200
19	スリランカ	¥1400
20	クロアチア スロヴェニア '19～20	¥1300
21	スペイン '19～20	¥1200
22	シンガポール '19～20	¥1200
23	バンコク '20～21	¥1300
24	グアム '19～20	¥1200
25	オーストラリア '18～19	¥1200
26	フィンランド エストニア '20～21	¥1300
27	アンコール・ワット '20～21	¥1300
28	ドイツ '18～19	¥1200
29	ハノイ '19～20	¥1200
30	台湾 '19～20	¥1200
31	カナダ '17～18	¥1200
32	オランダ '18～19	¥1200
33	サイパン テニアン ロタ '18～19	¥1200
34	セブ ボホール エルニド '19～20	¥1200
35	ロスアンゼルス '20～21	¥1200
36	フランス '20～21	¥1300
37	ポルトガル '20～21	¥1500
38	ダナン ホイアン フエ '20～21	¥1300

地球の歩き方 Plat

1	パリ	¥1200
2	ニューヨーク	¥1200
3	台北	¥1000
4	ロンドン	¥1200
5	グアム	¥1000
6	ドイツ	¥1200
7	ベトナム	¥1000
8	スペイン	¥1200
9	バンコク	¥1000
10	シンガポール	¥1000
11	アイスランド	¥1400
12	ホノルル	¥1000
13	マニラ&セブ	¥1000
14	マルタ	¥1400
15	フィンランド	¥1200
16	クアラルンプール マラッカ	¥1000
17	ウラジオストク	¥1300
18	サンクトペテルブルク モスクワ	¥1400
19	エジプト	¥1200
20	香港	¥1000
21	ブルックリン	¥1200
22	ブルネイ	¥1300
23	ウズベキスタン	¥1200
24	ドバイ	¥1200
25	サンフランシスコ	¥1200

地球の歩き方 Resort Style

R01	ホノルル&オアフ島	¥1500
R02	ハワイ島	¥1500
R03	マウイ島	¥1500
R04	カウアイ島	¥1700
R05	こどもと行くハワイ	¥1400
R06	ハワイ ドライブ・マップ	¥1800
R07	ハワイ バスの旅	¥1200
R08	グアム	¥1300
R09	こどもと行くグアム	¥1500
R10	パラオ	¥1500
R11	世界のダイビング完全ガイド 地球の潜り方	¥1800
R12	プーケット サムイ島 ピピ島	¥1500
R13	ペナン ランカウイ クアラルンプール	¥1700
R14	バリ島	¥1300
R15	セブ&ボラカイ ボホール シキホール	¥1500
R16	テーマパークinオーランド	¥1700
R17	カンクン コスメル イスラ・ムヘーレス	¥1500
R19	ファミリーで行くシンガポール	¥1400
R20	ダナン ホイアン ホーチミン ハノイ	¥1500

地球の歩き方 BY TRAIN

1 ヨーロッパ鉄道の旅	¥1700
ヨーロッパ鉄道時刻表 2020年冬号	¥2300

地球の歩き方 トラベル会話

1 米語+英語	¥952
2 フランス語+英語	¥1143
3 ドイツ語+英語	¥1143
4 イタリア語+英語	¥1143
5 スペイン語+英語	¥1143
6 韓国語+英語	¥1143
7 タイ語+英語	¥1143
8 ヨーロッパ5ヵ国語	¥1143
9 インドネシア語+英語	¥1143
10 中国語+英語	¥1143
11 広東語+英語	¥1143
12 ポルトガル語(ブラジル語)+英語	¥1143

地球の歩き方 成功する留学

オーストラリア・ニュージーランド留学	¥1600
成功するアメリカ大学留学術 世界に飛びだそう! 目指せ!グローバル人材	¥1429

地球の歩き方 JAPAN

島旅01 五島列島	¥1500
島旅02 奄美大島(奄美群島①)	¥1500
島旅03 与論島 徳之島 沖永良部島(奄美群島②)	¥1500
島旅04 利尻・礼文	¥1500
島旅05 天草	¥1500
島旅06 壱岐	¥1500
島旅07 種子島	¥1500
島旅08 小笠原 父島 母島	¥1500
島旅09 隠岐	¥1500
島旅10 佐渡	¥1500
島旅11 宮古島 伊良部島 下地島 来間島 池間島 多良間島 大神島	¥1500
島旅12 久米島	¥1500
島旅13 小豆島(瀬戸内の島々①)	¥1500
島旅14 直島・豊島 女木島 男木島 犬島 本島 牛島 広島 小手島 佐柳島 真鍋島 粟島 志々島(瀬戸内の島々②)	¥1500
島旅15 伊豆大島 利島(伊豆諸島①)	¥1500
島旅16 新島 式根島 神津島(伊豆諸島②)	¥1500
島旅17 沖縄本島周辺15離島	¥1500
島旅22 島旅ねこ にゃんこの島の歩き方	¥1222
ダムの歩き方 全国版 はじめてのダム入門ガイド	¥1556

地球の歩き方 御朱印シリーズ

御朱印でめぐる鎌倉のお寺 三十三観音完全掲載 三訂版	¥1500
御朱印でめぐる京都のお寺	¥1500
御朱印でめぐる奈良の古寺 改訂版	¥1500
御朱印でめぐる江戸・東京の古寺 改訂版	¥1500
御朱印でめぐる東京のお寺	¥1500
御朱印でめぐる高野山	¥1500
日本全国 この御朱印が凄い! 第壱集 増補改訂版	¥1500
日本全国 この御朱印が凄い! 第弐集 都道府県網羅版	¥1500
御朱印でめぐる全国の神社 ~開運さんぽ~	¥1300
御朱印でめぐる関東の神社 週末開運さんぽ	¥1300
御朱印はじめました 関東の神社 週末開運さんぽ	¥1100
御朱印でめぐる秩父の寺社 三十四観音完全掲載改訂版	¥1500
御朱印でめぐる関東の百寺 坂東三十三観音と古寺	¥1500
御朱印でめぐる関西の神社 週末開運さんぽ	¥1300
御朱印でめぐる東京の神社 週末開運さんぽ	¥1300
御朱印でめぐる関西の百寺 西国三十三所と古寺	¥1500
御朱印でめぐる北海道の神社 週末開運さんぽ	¥1300
御朱印でめぐる神奈川の神社 週末開運さんぽ	¥1300
御朱印でめぐる埼玉の神社 週末開運さんぽ	¥1300
御朱印でめぐる九州の神社 週末開運さんぽ	¥1300
御朱印でめぐる千葉の神社 週末開運さんぽ	¥1300
御朱印でめぐる東海の神社 週末開運さんぽ	¥1300

地球の歩き方 コミックエッセイ

北欧が好き! フィンランド・スウェーデン・デンマーク・ノルウェーのすてきな町めぐり	¥1100
北欧が好き!2 建築×デザインでめぐるフィンランド・スウェーデン・デンマーク・ノルウェー	¥1100
きょうも京都で京づくし	¥1100
女ふたり 台湾、行ってきた。	¥1100
日本てくてくゲストハウスめぐり	¥1000
アイスランド☆TRIP 神秘の絶景に会いに行く!	¥1100

地球の歩き方 BOOKS

●日本を旅する本

子連れで沖縄 旅のアドレス&テクニック117	¥1000
武智志穂のかわいい京都*しあわせさんぽ	¥1429
おいしいご当地スーパーマーケット	¥1600
地元スーパーのおいしいもの、旅をしながら見つけてきました。47都道府県!	¥1600
京都 ひとりを楽しむまち歩き	¥1200
青森・函館めぐり クラフト・建築・おいしいもの	¥1300
日本全国開運神社 このお守りがすごい	¥1384
えらべる!できる!ぼうけん図鑑 沖縄	¥1500

●個性ある海外旅行を案内する本

世界の高速列車Ⅱ	¥2800
世界の鉄道	¥3500
WE LOVE エスニックファッション ストリートブック	¥1500
エスニックファション シーズンブック ETHNIC FASHION SEASON BOOK	¥1500
へなちょこ日記 ハワイ嗚咽編	¥1500
GIRL'S GETAWAY TO LOS ANGELES	¥1500
絶対トクする! 海外旅行の新常識	¥1000
アパルトマンでパリジェンヌ体験 5日間から楽しめる憧れのパリ暮らし	¥1700
地球の歩き方フォトブック 旅するフォトグラファーが選ぶスペインの町33	¥1500
宮脇俊三と旅した鉄道風景	¥2000
キレイを叶える♡週末バンコク	¥1500
「幸せになる、ハワイのパンケーキ&朝ごはん」~オアフ島で食べたい人気の100皿~	¥1500
MAKI'S DEAREST HAWAII ~インスタジェニックなハワイ探し~	¥1400
撮り・旅! 地球を撮り歩く旅人たち	¥1600
秘密のパリ案内Q77	¥1500
台湾おしゃべりノート	¥1200
HONG KONG 24 hours 朝・昼・夜で楽しむ 香港が好きになる本	¥1500
ONE & ONLY MACAO produced by LOVETABI	¥1300
純情ヨーロッパ 呑んで、祈って、脱いでみて	¥1280
人情ヨーロッパ 人生、ゆるして、ゆるされて	¥1380
雑貨と旅とデザインと	¥1400
とっておきのフィンランド 絵本のような町めぐり	¥1600
LOVELY GREEN NEW ZEALAND 未来の国を旅するガイドブック	¥1600
たびうた 歌で巡る世界の絶景	¥1200
はなたび 絶景で巡る世界の花	¥1200
気軽に始める!大人の男海外ひとり旅	¥1000
気軽に出かける!大人の男アジアひとり旅 地球の歩き方編集者がすすめる最高の楽しみ方	¥1000
総予算33万円・9日間から行く! 世界一周 大人の男海外ひとり旅	¥1000
FAMILY TAIWAN TRIP #子連れ台湾	¥1380
MY TRAVEL, MY LIFE Maki's Family Travel Book	¥1600
香港 地元で愛される名物食堂	¥1400
マレーシア 地元で愛される名物食堂	¥1300
いろはに北欧 わたしにちょうどいい旅の作り方	¥1600
ヴィクトリア朝が教えてくれる英国の魅力	¥1200
ダナン&ホイアン PHOTO TRAVEL GUIDE ~絶景プロデューサー・詩歩が巡るベトナム~	¥1500
WORLD FORTUNE TRIP イヴルルド遙華の世界開運★旅案内	¥1500
HAWAII RISA'S FAVORITES 大人女子はハワイで美味しく美しく	¥1500

●乗り物deおさんぽ

パリの街をメトロでお散歩 改訂版	¥1500
台北メトロさんぽ MRTを使って、おいしいとかわいいを巡る旅♪	¥1380
台湾を鉄道でぐるり	¥1380
香港トラムでぶらり女子旅	¥1500
香港メトロさんぽ MTRで巡るとっておきスポット&新しい香港に出会う旅	¥1500
NEW YORK, NEW YORK! 地下鉄で旅するニューヨークガイド	¥1500

●ランキング&マル得テクニック

沖縄 ランキング&マル得テクニック!	¥900
ニューヨーク ランキング&マル得テクニック!	¥1000
香港 ランキング&マル得テクニック!	¥1000
台湾 ランキング&マル得テクニック!	¥900

●話題の本

パラダイス山元の飛行機の乗り方	¥1300
パラダイス山元の飛行機のある暮らし	¥1300
なぜデキる男とモテる女は飛行機に乗るのか?	¥1300
「世界イケメンハンター」窪咲子のGIRL'S TRAVEL	¥1400
さんぽで感じる村上春樹	¥1450
発達障害グレーゾーン まったり息子の成長日記	¥1500
鳥居りんこの親の介護は知らなきゃバカ見ることだらけ	¥1200
親の介護をはじめたらお金の話で泣き見てばかり 知らなきゃ損する!トラブル回避の基礎知識	¥1200
熟年夫婦のスペイン 行き当たりばったり移住記	¥1350
海外VIP1000人を感動させた外資系企業社長の「おもてなし」術	¥1500
理想の旅は自分でつくる!失敗しない個人旅行のつくり方	¥1500
日本一小さな航空会社の大きな奇跡の物語 業界の常識を破った天草エアラインの「復活」	¥1500
娘にリケジョになりたい!と言われたら 文系の親に知ってほしい理系女子の世界	¥1400
食事作りに手間暇かけないドイツ人、手料理神話にこだわり続ける日本人	¥1000
ゆるゆる神様図鑑 古代エジプト編	¥909
やり直し英語革命 最短でキチンと話せるようになるための7つの近道勉強法	¥1000

地球の歩き方 中学受験

お母さんが教える国語	¥1800
お母さんが教える国語 親子で成績を上げる魔法のアイデア	¥1300
こんなハズじゃなかった中学受験	¥1500
なぜ、あの子は逆転合格できたのか?	¥1500
小6になってグンと伸びる子、ガクンと落ちる子	¥1500
偏差値が届かなくても受かる子、充分でも落ちる子	¥1500
名門中学の子どもたちは学校で何を学んでいるのか	¥1650
はじめての中学受験 第一志望合格のためにやってよかった5つのこと	¥1500
第一志望に合格したいなら「社会」の後回しは危険です。	¥1300
進路で迷ったら中高一貫校を選びなさい 6年間であなたの子供はこんなに変わる	¥1200
親が後悔しない、子供に失敗させない進学塾の選び方	¥1200
わが子を合格させる父親道 ヤル気を引き出す「神オヤジ」と子どもをツブす「ダメおやぢ」	¥1200
まんがで学ぶ!国語がニガテな子のための読解力が身につく7つのコツ	¥1400
新お母さんが教える国語 わが子を志望校に合格させる最強の家庭学習法	¥1500
小6になってグンと伸びる子、ガクンと落ちる子 6年生で必ず成績の上がる学び方 7つのルール【完全版】	¥1500

地球の歩き方 GemStone

001 パリの手帖 とっておきの散歩道	¥1500
003 キューバ 増補改訂版	¥1600
014 スパへようこそ 世界のトリートメント大集合	¥1500
021 ウィーン旧市街 とっておきの散歩道	¥1500
025 世界遺産 マチュピチュ完全ガイド	¥1500
026 魅惑のモロッコ 美食と雑貨と美肌の王国	¥1500
029 イギリス人は甘いのがお好き プディング&焼き菓子がいっぱいのラブリーな生活	¥1500
030 改訂版 バリ島ウブド 楽園の散歩道	¥1500
033 改訂新版 フィンランド かわいいデザインと出会う街歩き	¥1600
037 新装改訂版 ベルリンガイドブック	¥1600
047 プラハ迷宮の散歩道 改訂版	¥1600
052 とっておきのポーランド 増補改訂版	¥1600
054 グリム童話で旅するドイツ・メルヘン街道	¥1600
056 ラダック ザンスカール スピティ 北インドのリトル・チベット 増補改訂版	¥1700
057 ザルツブルクとチロル アルプスの山と街を歩く	¥1600
058 スイス 歩いて楽しむアルプス絶景ルート 改訂新版	¥1600
059 天空列車 青海チベット鉄道の旅	¥1600
060 カリフォルニア オーガニックトリップ サンフランシスコ&ワインカントリーのスローライフへ!	¥1500
061 台南 高雄とっておきの歩き方 台湾南部の旅ガイド	¥1500
062 イングランドで一番美しい場所 コッツウォルズ	¥1700
064 シンガポール 絶品! ローカルごはん	¥1500
065 ローマ美食散歩 永遠の都を食べ歩く	¥1500
066 南極大陸 完全旅行ガイド	¥1500
067 ポルトガル 奇跡の風景をめぐる旅	¥1500
068 アフタヌーンティーで旅するイギリス	¥1500

地球の歩き方 MOOK

●海外最新情報が満載されたMOOK本

海外1 パリの歩き方[ムックハンディ]	¥1000
海外3 ソウルの歩き方[ムックハンディ]	¥1000
海外4 香港・マカオの歩き方[ムックハンディ]	¥1000
海外6 台湾の歩き方[ムックハンディ]	¥1000
海外8 ホノルルの歩き方[ムックハンディ]	¥1000
海外9 ホノルルショッピング&グルメ[ムックハンディ]	¥1000
海外10 グアムの歩き方[ムックハンディ]	¥1000
海外11 バリ島の歩き方[ムックハンディ]	¥1000
ハワイ ランキング&マル得テクニック!	¥790
ソウル ランキング&マル得テクニック!	¥790
バリ島 ランキング&マル得テクニック!	¥740
海外女子ひとり旅☆パーフェクトガイド!	¥890
ハワイ スーパーマーケットマル得完全ガイド	¥890
海外子連れ旅☆パーフェクトガイド!	¥890
世界のビーチBEST100	¥890
ヘルシーハワイ[ムックハンディ]	¥890
aruco magazine vol.2	¥920

●国内MOOK

沖縄の歩き方[ムックハンディ]	¥917
北海道の歩き方[ムックハンディ]	¥926

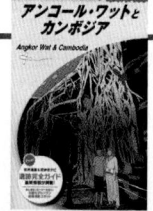

地球の歩き方　投稿　検索

あなたの旅の体験談をお送りください

『地球の歩き方』は、たくさんの旅行者から
ご協力をいただいて、改訂版や新刊を制作しています。
あなたの旅の体験や貴重な情報を、これから旅に出る人たちに分けてあげてください。
なお、お送りいただいたご投稿がガイドブックに掲載された場合は、
初回掲載本を１冊プレゼントします！

ご投稿は次の３つから！

インターネット

URL www.arukikata.co.jp/guidebook/toukou.html
画像も送れるカンタン「投稿フォーム」
※「地球の歩き方　投稿」で検索してもすぐに見つかります

郵便

〒160-0023　東京都新宿区西新宿 6-15-1
セントラルパークタワー・ラ・トゥール新宿 705
株式会社地球の歩き方メディアパートナーズ
「地球の歩き方」サービスデスク「○○○○編」投稿係

ファクス

(03)6258-0421

郵便とファクスの場合

次の情報をお忘れなくお書き添えください！　①ご住所　②氏名　③年齢　④ご職業　⑤お電話番号　⑥ E-mail アドレス　⑦対象となるガイドブックのタイトルと年度　⑧ご投稿掲載時のペンネーム　⑨今回のご旅行時期　⑩「地球の歩き方メールマガジン」配信希望の有無　⑪地球の歩き方グループ各社からの DM 送付希望の有無

ご投稿にあたってのお願い

★ご投稿は、次のような《テーマ》に分けてお書きください。

《新発見》ガイドブック未掲載のレストラン、ホテル、ショップなどの情報
《旅の提案》未掲載の町や見どころ、新しいルートや楽しみ方などの情報
《アドバイス》旅先で工夫したこと、注意したいこと、トラブル体験など
《訂正・反論》掲載されている記事・データの追加修正や更新、異論・反論など
※記入例：「○○編 201X 年度版△△ページ掲載の□□ホテルが移転していました……」

★データはできるだけ正確に。

ホテルやレストランなどの情報は、名称、住所、電話番号、アクセスなどを正確にお書きください。
ウェブサイトの URL や地図などは画像でご投稿いただくのもおすすめです。

★ご自身の体験をお寄せください。

雑誌やインターネット上の情報などの丸写しはせず、実際の体験に基づいた具体的な情報をお待ちしています。

ご確認ください

※採用されたご投稿は、必ずしも該当タイトルに掲載されるわけではありません。関連他タイトルへの掲載もありえます。
※例えば「新しい市内交通パスが発売されている」など、すでに編集部で取材・調査を終えているものと同内容のご投稿をいただいた場合は、ご投稿を採用したとはみなされず掲載本をプレゼントできないケースがあります。
※当社は個人情報を第三者に提供いたしません。また、ご記入いただきましたご自身の情報については、ご投稿内容の確認や掲載本の送付などの用途以外には使用いたしません。
※ご投稿の採用の可否についてのお問い合わせはご遠慮ください。
※原稿は原文を尊重しますが、スペースなどの関係で編集部でリライトする場合があります。
※従来の、巻末に綴じ込んだ「現地最新情報・ご投稿用紙」は廃止させていただきました。

制　作：高島正人	Producer：TAKASHIMA Masato
編　集：岡沢真文	Editor：OKAZAWA Mabumi
取材、撮影：鶴岡和也 火田博文 岡沢真文	Reporters：TSURUOKA Kazuya HIDA Hirofumi OKAZAWA Mabumi
写真協力：堂本玲以 比留間章	Photographers：DOUMOTO Rei HIRUMA Akira
グラビアデザイン：エメ龍夢	Gravure：EMERYUMU
本文デザイン：山中遼子（開成堂印刷株式会社） 織田壮一郎（開成堂印刷株式会社）	Designer：YAMANAKA Ryoko (Kaiseido Co., Ltd.) ODA Soichiro (Kaiseido Co., Ltd.)
地　図：高棟博（ムネプロ） 株式会社アトリエ・プラン	Maps：TAKAMUNE Hiroshi (Mune Pro.) atelier PLAN Co., Ltd.
校　正：槍楯社	Proofreading：Sojunsha
表　紙：日出嶋昭男	Cover Design：HIDEJIMA Akio

Special Thanks（敬称略）:
西垣充、Kyawt Kyawt Lwin (Sanay Travel and Tours Co., Ltd., Yangon)、ワーワーミィン（ビルマ語印字）
ヤンゴン市内地図：『これでもう迷わない！ ミャンマービジネス・出張・駐在ガイド』（ダイヤモンド社）をもとに作成

■読者投稿
〒160-0023　東京都新宿区西新宿 6-15-1　セントラルパークタワー・ラ・トゥール新宿 705
株式会社地球の歩き方メディアパートナーズ　地球の歩き方サービスデスク「ミャンマー編」投稿係
FAX. (03) 6258-0421　URL www.arukikata.co.jp/guidebook/toukou.html

■地球の歩き方ホームページ（海外旅行の総合情報）
http://www.arukikata.co.jp/

■ガイドブック『地球の歩き方』（検索と購入、更新・訂正情報）
http://www.arukikata.co.jp/guidebook/

地球の歩き方　D24　ミャンマー（ビルマ）　2020～2021 年版

1986 年 12 月 22 日　初版発行
2020 年 3 月 18 日　改訂第 21 版　第 1 刷発行

Published by Diamond-Big Co., Ltd.
2-9-1 Hatchobori, Chuo-ku, Tokyo, 104-0032, Japan
TEL. (81-3) 3553-6667 (Editorial Section)
TEL. (81-3) 3553-6660　FAX. (81-3) 3553-6693 (Advertising Section)

著作編集　『地球の歩き方』編集室
発 行 所　株式会社ダイヤモンド・ビッグ社
〒104-0032　東京都中央区八丁堀 2-9-1
編集部　TEL. (03) 3553-6667
広告部　TEL. (03) 3553-6660　FAX. (03) 3553-6693
発 売 元　株式会社ダイヤモンド社
〒150-8409　東京都渋谷区神宮前 6-12-17
販　売　TEL. (03) 5778-7240

■落丁・乱丁本はお手数ですがダイヤモンド社販売宛にお送りください
送料小社負担にてお取り替えいたします。ただし、古書店で購入されたものについてはお取り替えできません。

印刷製本　開成堂印刷株式会社　Printed in Japan

ISBN978-4-478-82458-0

発売元　　　株式会社学研プラス

〒141-8415　東京都品川区西五反田 2-11-8

2021 年 1 月 26 日発行

●この本に関する各種お問い合わせ先

・本の内容については　Tel 03-6431-1616（編集部）

・在庫については　Tel 03-6431-1250（販売部）

・不良品（乱丁、落丁）については　Tel 0570-000577
学研業務センター
〒354-0045
埼玉県入間郡三芳町上富 279-1

・上記以外のお問い合わせは　Tel 0570-056-710（学研グループ総合案内）

学研の書籍・雑誌についての新刊情報・詳細情報は、下記をご覧ください。
学研出版サイト　https://hon.gakken.jp

・本書は、ダイヤモンド社で発売したものを、学研プラスが引き継いで発売しております。
・表４（裏表紙）の ISBN コードが、学研プラスの ISBN コードとなります。